Rita Hofstetter / Bernard Schneuwly

Zur Geschichte der Erziehungswissenschaften in der Schweiz

Rita Hofstetter und Bernard Schneuwly
Unter Mitarbeit von Lucien Criblez, Martina Späni, Valérie Lussi Borer
und Marco Cicchini

Zur Geschichte der Erziehungswissenschaften in der Schweiz

Vom Ende des 19. bis zur Mitte des 20. Jahrhunderts

hep der bildungsverlag

der bildungsverlag
www.hep-verlag.ch

Rita Hofstetter und Bernard Schneuwly
Zur Geschichte der Erziehungswissenschaften in der Schweiz
Vom Ende des 19. bis zur Mitte des 20. Jahrhunderts
Unter Mitarbeit von Lucien Criblez, Martina Späni, Valérie Lussi Borer und Marco Cicchini

ISBN 978-3-03905-407-7

Umschlagbilder: Archives Institut Jean-Jacques Rousseau, Université de Genève,
Fonds Maison des Petits
Satz und Layout: Christoph Gassmann, Zürich

Bibliografische Information der Deutschen Nationalbibliothek:
Die Deutsche Nationalbibliothek verzeichnet diese Publikation
in der Deutschen Nationalbibliografie;
detaillierte bibliografische Daten sind im Internet
über http://dnb.d-nb.de abrufbar.

1. Auflage 2011

hep verlag ag
Brunngasse 36
CH-3011 Bern

www.hep-verlag.ch

Inhalt

Teil II
Professionelle, kommunikative und kognitive Herausforderungen

Vorwort

Der vorliegende Band ist eines der Ergebnisse einer umfassenden kollektiven Forschungsarbeit zur Entstehung der Erziehungswissenschaften in der Schweiz zwischen dem Ende des 19. und der Mitte des 20. Jahrhunderts, die dank der Unterstützung des Schweizerischen Nationalfonds zur Förderung der wissenschaftlichen Forschung (SNF)[1] durchgeführt werden konnte. Er fasst die Resultate unserer Untersuchungen zum allmählich entstehenden disziplinären Feld der Erziehungswissenschaften an den wichtigsten akademischen Standorten der Schweiz zusammen. Der Band befasst sich in erster Linie mit der Schweiz, vermittelt jedoch auch ein Bild anderer akademischer Kulturen, da in der Schweiz sich kontrastierende linguistische und kulturelle Traditionen zusammenfliessen.

Um dieses plurale disziplinäre Feld in einem ebenso pluralen Kontext erfassen zu können, erschien es uns angebracht, bei unseren Untersuchungen Wissenschaftler mit unterschiedlichen disziplinären und kulturellen Horizonten zu berücksichtigen. Die Forschungsgruppe ERHISE *(Equipe de recherche sur l'histoire des sciences de l'éducation – Equipe for Research on the History of Sciences of Education)* – setzte sich demzufolge aus Erziehungs- und Geschichtswissenschaftlern, Didaktikern, Philosophen und Psychologen aus der deutsch- und der französischsprachigen Schweiz zusammen, deren Profile und institutionelle Verankerungen einander ergänzen.

Der vorliegende Band ist das Ergebnis kollektiver Arbeiten, aber auch des Engagements und der Initiative Einzelner. Projektplanung und Konzeption der Arbeit lagen in der Verantwortung der beiden Leiter der ERHISE, waren aber von Anfang an Gegenstand fortgesetzter kollektiver Reflexion, sodass der gemeinsame Fragenkatalog mit den untersuchten Archivquellen und den Erkenntnissen über historische Entwicklungsprozesse an einzelnen Standorten abgeglichen werden konnte. Da alle Beteiligten sich auf bestimmte Orte und Themen spezialisiert haben, war

1 Beitrag Nr. 1114-057097-99: *Emergence et premiers développements des sciences de l'éducation comme champ disciplinaire. L'exemple de Genève. 1890–1948;* Beiträge Nr. 12-653000-01 und Nr. 101312-101797: *Configurations contrastées du processus de disciplinarisation des sciences de l'éducation en Suisse (fin 19e–première moitié 20e siècle). Beitrag CRSII1-127576: La fabrique des savoirs dans le champ pédagogique* im Rahmen des Sinergia-Projekts «*Acteurs de la fabrique des savoirs et construction de nouveaux champs disciplinaires*». Valérie Kiciman und Christian Müller (Universität Genf, Fakultät für Psychologie und Erziehungswissenschaften *[Faculté de psychologie et des sciences de l'éducation]*) waren während des ersten Jahres beteiligt. Als Gesprächspartner für einzelne Universitäten haben sich freundlicherweise zur Verfügung gestellt: Joseph Coquoz und Bernard Voutat für den Standort Lausanne sowie Pierre-Philippe Bugnard für den Standort Freiburg.

es möglich, individuelle Kompetenzen zu nutzen und die Arbeit entsprechend den verfügbaren Quellen aufzuteilen. Alle haben ein oder mehrere Kapitel des Bandes verfasst, die den andern ERHISE-Mitgliedern dann zur kritischen Lektüre und Kommentierung vorgelegt wurden. So konnten spezifische individuelle Kenntnisse den Kolleginnen und Kollegen zugänglich gemacht und die Kohärenz und Stringenz des Gesamtwerks gefördert werden.

Unsere Nachforschungen haben uns mit einer Vielzahl von Standorten und Institutionen, Bibliotheken und Archiven in Kontakt gebracht (siehe den Überblick am Ende des Bandes). Das grosszügige Entgegenkommen und die Unterstützung der jeweiligen Verantwortlichen haben ebenfalls zum Gelingen unserer Projekte beigetragen; wir möchten uns dafür an dieser Stelle herzlich bedanken.

Das ursprüngliche Manuskript war in zwei Sprachen verfasst, eine erste Veröffentlichung erfolgte in Französisch.[2] Die nun vorliegende deutschsprachige Fassung soll den Dialog zwischen Forschenden aus unterschiedlichen akademischen Kulturen erleichtern. Die Texte wurden nicht aktualisiert. Die Übersetzungen erfolgten sinngemäss, nicht wortgetreu.

Die ursprünglich französischsprachigen Texte wurden von Jörg Ohnacker übersetzt. Ihm danken wir hier für die Geduld und Sorgfalt, mit der er sich dieser Aufgabe gewidmet hat. Die deutschsprachige Fassung wurde von Christa Bühler formal betreut, Anne Bosche, Lucien Criblez und Steffi Rothe (alle: Institut für Erziehungswissenschaft, Universität Zürich) haben sie korrigiert, Lucien Criblez hat sie inhaltlich durchgesehen, Christoph Gassmann hat die druckfertige Vorlage erstellt und Claudia Bislin die Schlussfassung Korrektur gelesen. Auch dafür bedanken wir uns.

Genf, im Juni 2011
Rita Hofstetter und Bernard Schneuwly

2 Hofstetter, R., Schneuwly, B. avec la collaboration de V. Lussi, M. Cicchini, L. Criblez et M. Späni (2007). *Emergence des sciences de l'éducation en Suisse à la croisée de traditions académiques contrastées. Fin du 19e–première moitié du 20e siècle*. Bern: Lang.

An der Forschungsgruppe ERHISE *(Equipe de recherche sur l'histoire des sciences de l'éducation – Equipe for Research on the History of Sciences of Education)* und der vorliegenden Publikation waren folgende Personen beteiligt (mit den aktuellen institutionellen Zugehörigkeiten):

- Rita Hofstetter und Bernard Schneuwly, Universität Genf, Fakultät für Psychologie und Erziehungswissenschaften *(Université de Genève, Faculté de psychologie et des sciences de l'éducation [FPSE]),* Leiter der ERHISE
- Valérie Lussi Borer, Universität Genf, Fakultät für Psychologie und Erziehungswissenschaften *(Université de Genève, Faculté de psychologie et des sciences de l'éducation [FPSE])*
- Marco Cicchini, Universität Genf, Geisteswissenschaftliche Fakultät, Fachbereich Allgemeine Geschichte *(Université de Genève, Faculté des lettres, département d'histoire générale)*
- Lucien Criblez, Universität Zürich, Institut für Erziehungswissenschaft
- Martina Späni, Pädagogische Hochschule der Fachhochschule Nordwestschweiz, Aarau
- Sabine Campana, Pädagogische Hochschule der Fachhochschule Nordwestschweiz, Brugg
- Danièle Périsset Bagnoud, Pädagogische Hochschule Wallis *(Haute école pédagogique du Valais)* und Universität Genf, Fakultät für Psychologie und Erziehungswissenschaften *(Université de Genève, Faculté de psychologie et des sciences de l'éducation [FPSE])*
- Astrid Thomann, Höhere Fachschule für Kleinkindererzieherinnen und -erzieher, Genf *(Ecole supérieure d'éducatrices et d'éducateurs de l'enfance, Genève)*
- Béatrice Haenggeli-Jenni, Universität Genf, Fakultät für Psychologie und Erziehungswissenschaften *(Université de Genève, Faculté de psychologie et des sciences de l'éducation [FPSE])*

Einleitung

Rita Hofstetter und Bernard Schneuwly

Die Erziehungswissenschaften verfügen heute über die wesentlichen institutionellen «Embleme» einer anerkannten wissenschaftlichen Disziplin: Sie weisen eine grosse Anzahl an Lehrstühlen auf, die dem disziplinären Feld zugehörigen Forschenden sind in bedeutenden wissenschaftlichen Organisationen zusammengeschlossen und treffen sich auf zahlreichen nationalen und internationalen Kongressen, ihre Arbeiten werden von einer Vielzahl nationaler und internationaler Fachzeitschriften veröffentlicht und bilden so ein engmaschiges Kommunikationsnetz.[1] In letzter Zeit beschäftigen sich zudem eine ganze Reihe von Forschungsarbeiten mit der Analyse der institutionellen Entwicklung und der intellektuellen Produktion der Erziehungswissenschaften und tragen so zur kritischen Reflexion des Feldes sowie zu dessen öffentlicher Wahrnehmung und institutioneller Konsolidierung bei.[2] In diesen Arbeiten werden die Erziehungswissenschaften als disziplinäres Feld, vergleichbar mit andern Disziplinen, beschrieben, aber es wird auch gezeigt, dass sie – ohne den Anspruch auf Exklusivität zu erheben – über einige besondere Eigen-

1 Diese Aussagen sollen durch einige ausgewählte Daten untermauert werden: 1997 gab es in Deutschland 900 Lehrstühle für Erziehungswissenschaft, die damit zu einer der grössten Disziplinen der Sozialwissenschaften des Landes geworden war (Otto, Krüger, Merkens, Rauschenbach, Schenk, Weishaupt & Zedler, 2000). In England kann die Zahl der Professoren im Bereich Erziehung auf 200 bis 300 geschätzt werden (Lawn, persönliche Information), die in 22 Fakultäten und Instituten tätig sind (vgl. dazu den Bericht CERI/OECD von 2002, http:/www.oecd.org/dataoecd/17/56/1837550.pdf; Stand: 13. Juni 2010). In den meisten europäischen Ländern existieren wissenschaftliche Vereinigungen, in denen die Forscher aus dem Feld der Erziehungswissenschaft organisiert sind. 22 solcher Vereinigungen mit insgesamt über 10 000 Mitgliedern sind in der *European Education Research Association* (EERA) organisiert. Jede dieser Vereinigungen veranstaltet Kongresse und Konferenzen. Auf europäischer Ebene treffen jedes Jahr mehr als 1000 Teilnehmer auf der von der EERA veranstalteten *European Conference on Educational Research* (ECER) zusammen, und ebenso viele auf dem alle zwei Jahre stattfindenden Kongress der *European Association for Research on Learning and Instruction* (EARLI). Der Kongress der *American Education Research Association* (AERA) versammelt jährlich mehr als 10 000 Teilnehmende.

2 Siehe dazu für Frankreich: Prost (2001); für Deutschland: Otto et al. (2000); die aktuellen Gutachten des CERI *(Center for Educational Research and Innovation)* der OECD für Dänemark, England, Mexiko und Neuseeland (www.oecd.org/document/36/0,3343,en_2649_35845581_36003780.html; Stand: 13. Juni 2010; für die Schweiz siehe Hofstetter und Schneuwly (2001).

schaften verfügen, die teilweise auf ihr wissenschaftliches Objekt zurückgeführt werden können:

- Die Erziehungswissenschaften entwickeln sich über eine enge Interaktion mit ihren gesellschaftlichen und beruflichen Bezugsfeldern, wobei die gesellschaftlichen Praxen Erziehung und Bildung, denen hohe gesellschaftliche Bedeutung zukommt, ihrerseits entscheidenden Einfluss auf die Erziehungswissenschaften ausüben; dies zeigt sich unter anderem daran, dass erziehungswissenschaftliche Begriffe und Konzepte schnell in den öffentlichen Diskurs Eingang finden,[3] aber auch an der Vielfalt und am Einfluss der Berufsverbände der im Erziehungs- und Bildungswesen Tätigen sowie an der Durchlässigkeit der Grenzen zwischen den Aufgabenbereichen der für Bildungs- und Erziehungsfragen zuständigen wissenschaftlichen, politischen, beruflichen und sozialen Instanzen.
- Der Gegenstand der Erziehungswissenschaften – Erziehungs- und Bildungsphänome, insbesondere die Schule – unterliegt in erster Linie der Zuständigkeit politischer und administrativer Instanzen, die fest in ihrem jeweiligen lokalen, kantonalen, regionalen, nationalen und, in bestimmter Hinsicht, auch internationalen Kontext verankert sind und deren Logiken unter sich und, wenn auch eher indirekt, mit dem disziplinären Feld interferieren.
- Die Grenzen der – pluridisziplinären – Erziehungswissenschaften sind fliessend und nicht exakt festzulegen, da Bildung und Erziehung auch von anderen Disziplinen als Forschungsfeld beansprucht werden. Die Erziehungswissenschaften gelten einigen als pluridisziplinäres disziplinäres Feld, undisziplinierte Disziplin (Hoffmann & Neumann, 1998) oder auch als «elusive science» (Lagemann, 2000).

Wie lassen sich diese Phänomene historisch bearbeiten? Wie kann man sich der dynamischen Entwicklung dieses disziplinären Feldes nähern, das ständig seine Umrisse, Gegenstände und Strukturen in einem permanenten Differenzierungs-, Spezialisierungs-, Professionalisierungs- und Institutionalisierungsprozess neu definiert? Und was noch schwieriger ist: Wie lässt sich ein Feld im Augenblick seiner Entstehung – unter Einbezug der gesamten Bandbreite des bereits bestehenden Möglichen – fassen, um die Bedingungen seines Entstehens zu begreifen, die zu sei-

3 Davon zeugen die Themen, die in den meisten europäischen Ländern regelmässig in den Medien debattiert werden: Notengebung, Selektion und Schulstrukturen, Rechtschreibunterricht und Rechtschreibreform oder die Methoden des Lesenlernens. Bei all diesen Diskussionen greifen Experten, Wissenschaftler, Eltern und Politiker, oftmals ohne sich dessen bewusst zu sein, auf ursprünglich im Rahmen der Erziehungswissenschaften erarbeitete Konzepte und Terminologien zurück.

ner besonderen Form geführt haben, ohne sich dabei lediglich auf die Genealogie der Institutionen zu beschränken, die es in der Folgezeit verkörpern? So wie auch andere Wissenschaftshistoriker und -soziologen befassen wir uns mit dem *Prozess der Disziplinenbildung* und betrachten das disziplinäre Feld als soziale Konstruktion, die, sowohl in ihrem Bezug zu den entsprechenden sozialen und beruflichen Feldern als auch zu anderen Disziplinen, in einem von Spannungen und Widersprüchen geprägten Prozess ständig neu konstruiert wird.

Der untersuchte Zeitraum erstreckt sich von den letzten Jahrzehnten des 19. Jahrhunderts, als die ersten ganz oder teilweise der Pädagogik bzw. den Erziehungswissenschaften – wir werden auf diese Bezeichnungen noch eingehen – gewidmeten Lehrstühle etabliert wurden, bis zur Mitte des 20. Jahrhunderts: So kann im Zeitverlauf analysiert werden, wie sich Studiengänge und Institute nach und nach institutionalisierten und differenzierten, was eine zunehmende Spezialisierung und Professionalisierung der Forschung im Bereich von Bildung und Erziehung ermöglichte. Dabei richten wir unser Augenmerk vor allem auf die Schweiz, die den Vorteil bietet, dass hier auf kleinem Raum unterschiedliche Kulturräume aufeinandertreffen, und die somit eine Art «Laboratorium» darstellt, in dem die Auswirkungen unterschiedlicher akademischer Traditionen auf die frühen Phasen der Entwicklung der Erziehungswissenschaften erfasst werden können.

Der vorliegende Band verfolgt somit drei Ziele: In erster Linie geht es um die faktische Beschreibung der *Entwicklung des disziplinären Feldes der Erziehungswissenschaften in der Schweiz*, die zum besseren Verständnis der Triebkräfte seiner Entstehung und Entwicklung beitragen soll. Zudem sollen, in Form *kontrastierender Konfigurationen*, die institutionellen und kognitiven Logiken herausgearbeitet werden, die den verschiedenen akademischen Traditionen, in denen die ausgewählten Standorte stehen, latent eigen sind. Und schliesslich möchten wir die Erziehungswissenschaften als *Prototyp eines Prozesses der Disziplinenbildung* begreifen, der eng verzahnt ist mit dem gesellschaftlichen Kontext, in dem er verortet ist, von dem er abhängt und der ihn beeinflusst.

Vom «Reformnebel» zur Konstruktion eines disziplinären Feldes

Im abendländischen 19. Jahrhundert gewannen Fragen und Probleme der Erziehung und Bildung zunehmend an Bedeutung: Man war der Überzeugung, dass die Schule einer der zentralen Orte ist, an denen die Zukunft der Nation ebenso wie diejenige ihrer Angehörigen entschieden wird. Auf der Grundlage dieses kollektiven Ideals wurde die Einrichtung des allgemeinen Schulwesens und der Aufbau eines organisatorisch und rechtlich an den Staat gebundenen öffentlichen Unterrichtswesens gefördert. Die Bildungssysteme unterlagen anschliessend einem Differenzierungsprozess, mit dem sie auf die zunehmend unterschiedlichen und steigenden Qualifikationsanforderungen reagierten. Die in der Praxis Tätigen organisierten sich in Berufsverbänden, um als legitime Verhandlungspartner bei der Definition ihrer Funktionen, Qualifikationen und ihres Status auftreten zu können. Die Schule zog grosse Aufmerksamkeit auf sich – nicht nur wegen ihres Potenzials, sondern auch aufgrund der Probleme, die durch ihre Entwicklung zutage traten (Lernschwierigkeiten, Schulversagen, Überforderung, Anpassung der Lernprogramme an individuelle Fähigkeiten und sozioökonomische Zwänge, schulische Diskriminierung usw.). Mit den Investitionen in Bildung und Erziehung und entsprechenden strukturellen Veränderungen ging eine verstärkte Nachfrage nach pädagogischer Theoriebildung einher, die zur Lösung der auftretenden Probleme beitragen und die Effizienz des Systems und der pädagogischen Praktiken gewährleisten sollte.

Eine ähnliche Dynamik begünstigte in diesem Zeitraum das Entstehen neuer wissenschaftlicher Disziplinen, die den Menschen und die Gesellschaft zum Gegenstand haben. Diese Disziplinen postulierten die Möglichkeit und Notwendigkeit empirischer Ansätze, um die gesellschaftlichen Phänomene besser verstehen und auf die neuen «sozialen Fragen» besser reagieren zu können.

> *Die Sozialwissenschaften haben wesentlichen Anteil an der Modernisierung der westlichen Gesellschaften des 19. und beginnenden 20. Jahrhunderts. Sie entstehen im Rahmen eines dialektischen Ineinandergreifens von einerseits sozialen, politischen und ökonomischen Veränderungen, die mit dem Entstehen liberaler Gesellschaften und der Industrialisierung einhergehen (die wiederum Auslöser vielfach noch nicht thematisierter Probleme und Fragestellungen sind), und andererseits der Entwicklung parlamentarischer und in der Folge interventionistischer Staaten, die sich mit Imperativen von Verwaltung und Reglementation konfrontiert sehen. […] Die Sozialwissenschaften und ihre Aufgabe, das Funktionieren von Gesellschaft zu verstehen, verorten sich am Schnittpunkt unterschiedlicher Räume der sozialen Welt, in denen sie sowohl theoretische Matrizen als auch Antriebskräfte zur Weiterentwicklung vorfinden. So verknüpfen sie die von verschiedenen Milieus genährten Reflexionen mit ihrem primären Anliegen, Lösungen für die drängenden Probleme der «sozialen Frage» zu finden. […]. Diese Milieus, die in ihrer Vielfalt eine Art Reformnebel* [nébuleuse réformatrice] *bilden, benötigen für ihre interventionistischen Vorhaben Theorien und Daten über die Gesellschaft – entsprechend dem Prinzip, nach dem Wissen die Grundlage des Handelns sei.* (Le Dinh, 1997b, S. 5/8; Übersetzung RH/BS).

Die Entstehung der Sozialwissenschaften – und, in ihrem Gefolge, auch der Erziehungswissenschaften – ist damit teilweise sowohl mit den gesellschaftlichen Turbulenzen, dem intellektuellen Aufruhr und den positivistischen Anliegen als auch mit dem gesellschaftlichen Reformdruck des ausgehenden 19. Jahrhunderts verbunden. Die Sozialwissenschaften wie auch die Erziehungswissenschaften entstehen aus den gemeinsamen Überzeugungen und Bemühungen einer Vielzahl gesellschaftlicher Gruppen, die an unterschiedlichsten Schauplätzen aktiv sind. Das «Schaffen einer neuen Wissenschaft», so Favre (1989, S. 8; Übersetzung RH/BS), ist in der Tat Ergebnis «einer ganzen Gesellschaft, die an der Arbeit ist».

Diesen allgemeinen Analysen folgend, wollen wir untersuchen, wie sich aus der Beschäftigung mit den Phänomenen Bildung und Erziehung nach und nach ein wissenschaftliches Feld differenzierter Theoriebildung und Forschung entwickelt, das sich zunehmend von der pädagogischen Praxis unterscheidet und sich gleichzeitig dem Puls der sozialen Welt angleicht, die es umgibt. Dieses im Entstehen begriffene Feld nährt sich zudem aus den Theorien, Kenntnissen und Methoden anderer Wissenschaften, die ihrerseits imstande sind, Erkenntnisse über die Phänomene Bildung und Erziehung zu produzieren. Trotz seiner Verortung in einem Raum mit durchlässigen und fliessenden Grenzen kann sich dieses auf die Phänomene Bildung und Erziehung zentrierte wissenschaftliche Feld dennoch institutionalisieren, indem es nach und nach bestimmte charakteristische Züge der «sozialen Form» annimmt, die bestimmend für die Konstruktion wissenschaftlicher Erkenntnisse ist, nämlich der disziplinären Form.

Die soziale Form der Produktion wissenschaftlicher Erkenntnisse

Die begrifflichen Werkzeuge, die uns in unseren Analysen leiten, stammen aus der Geschichte und der Soziologie der (Sozial-)Wissenschaften.[4] Da sich die Produktion von Erkenntnissen über Bildung und Erziehung mehr oder weniger aus dem System «Wissenschaft» herausbildet, sollen hier zunächst einige distinktive Merkmale dieses Systems definiert werden. Danach sollen unser Standpunkt und – der

4 Ein ausführlicherer Literaturüberblick findet sich bei Hofstetter und Schneuwly (2002b, 2002c). Zur Soziologie der Wissenschaften seien hier die Darstellungen von Dubois (1999, 2000), Heintz (1998), Martin (2000) und, für Frankreich, Bertholet, Martin und Collinet (2005) genannt. Bezüglich der Geschichte der Sozialwissenschaften verweisen wir auf Blanckaert (1999), Smith (1997, 1999) sowie Porter und Ross (2003).

Saussure'schen Maxime folgend, dass der Standpunkt den Gegenstand definiert – der Erkenntnisgegenstand bestimmt werden.

In unseren zeitgenössischen Gesellschaften findet die Produktion wissenschaftlicher Erkenntnisse innerhalb eines «Wissenschaft» genannten, spezialisierten sozialen Systems statt, das sich in eine Vielzahl von Disziplinen oder disziplinären Feldern[5] aufteilt. Ein disziplinäres Feld, als gleichermassen institutionelle wie kognitive Einheit (Becher, 1989; Bourdieu, 2001; Favre, 1985), kann durch vier Dimensionen charakterisiert werden, die, eng miteinander verzahnt, in konstanter Veränderung begriffen sind und sich gegenseitig bedingen (dazu auch, ausser den bereits erwähnten Autoren: Schriewer, 1998; Stichweh, 1991):[6]

- *Schaffen einer institutionellen Basis – Professionalisierung der Forschung:* Ein disziplinäres Feld setzt eine gewisse Institutionalisierung voraus, die sich aus der Gründung von Institutionen und dem Heranbilden von Fachleuten ergibt, die auf die systematische Produktion und Verbreitung neuer Kenntnisse spezialisiert sind. Das disziplinäre Feld hat eine oder mehrere Bezeichnungen und ist sozial als solches anerkannt.
- *Bildung von Kommunikationsnetzwerken:* Die Etablierung von Publikationen (Zeitschriften, wissenschaftlichen Buchreihen, Grauer Literatur), wissenschaftlichen Gesellschaften und Vereinigungen auf verschiedenen Ebenen des akademischen Betriebes sowie wissenschaftlichen Veranstaltungen (Kongressen, Kol-

---

5 Dieser Begriff dient dazu, die ungenauen, fliessenden und sich erweiternden Grenzen eines Bereichs mitzudenken, der mehr und mehr die institutionellen Formen einer Disziplin annimmt; er bietet zudem die Möglichkeit, auf das von Bourdieu vorgeschlagene Konzept des sozialen Feldes hinzuweisen. Im wissenschaftlichen System der Disziplinen gibt es in der Tat Bereiche, die dadurch gekennzeichnet sind, dass sie innerhalb ein und derselben Disziplin unterschiedliche Disziplinen vereinen. So umfasst die Medizin sowohl ihr ureigene Disziplinen wie etwa die Physiologie oder die Anatomie als auch andere, die ihr zum Teil eigentlich fremd sind, aber durch deren Integration eine Transformation erfahren haben, wie etwa die Immunbiologie oder die Soziologie der Krankheiten. In solchen Fällen schlagen wir die Verwendung des Begriffs des disziplinären Feldes vor, der unserer Meinung nach für die im Zentrum unserer Untersuchung stehende Erziehungswissenschaften besonders geeignet ist.

6 Hier einige Arbeiten zur Entstehung von Disziplinen: Lemoine, McLeod, Mulkay & Weingart, 1976; Matalon & Lécuyer, 1988; Stichweh, 1993; zwar verkünden einige Autoren das Ende dieses Wissensproduktionsmodus und seine Ablösung durch einen neuen Produktionsmodus, der unmittelbarer im Dienst von Gesellschaft und Wirtschaft steht (Gibbons, Limoges, Nowotny, Schwartzman, Scott & Trow, 1994) und pluridisziplinär hinsichtlich konkreter Probleme organisiert ist. Wir werden zeigen, dass a) die Erziehungswissenschaften bereits zum Zeitpunkt ihrer Entstehung eindeutig eine Organisationsform dieses letzteren Typus aufweisen und dass b) sie sich dennoch in das disziplinäre System einfügen.

loquien, Seminaren usw.) ermöglichen den Aufbau einer Forschergemeinschaft, die sich mit den gleichen Problemstellungen auseinandersetzt.

- *Wissenschaftliche Produktion von Erkenntnissen:* Die institutionelle und kommunikative Infrastruktur des disziplinären Feldes erlaubt die Konstruktion von Erkenntnisgegenständen und macht dieses Feld zum kollektiven Unternehmen, in dem Erkenntnisse im Gebiet seines Forschungsgegenstandes produziert werden. Diese Erkenntnisproduktion erfolgt über die kontinuierliche Entwicklung und Erneuerung theoretischer Modelle und Konzepte sowie der Methoden zur Erhebung und Analyse von Daten im Feld, die Bedingung für die gesellschaftliche und wissenschaftliche Anerkennung der Disziplin sind.
- *Sozialisierung und Ausbildung des Nachwuchses:* Ein disziplinäres Feld übernimmt institutionell die Funktion der Verbreitung des erarbeiteten Wissens: Fachkräfte werden eingeführt, ausgebildet und sozialisiert, die sich auf das Feld berufen und/oder in ihm tätig sind. Dieser für die Ausbildung geleistete Einsatz ist an die Fähigkeit einer Disziplin gebunden, die Kriterien für die Legitimation ihrer Reproduktion und die Ausbildung ihres Nachwuchses selbst zu bestimmen.

Diese vier Dimensionen werden von den Mechanismen geregelt, die Bourdieu in seiner Feldtheorie beschrieben hat (2001; vgl. für die explizite Anwendung der Feldtheorie auf wissenschaftliche Disziplinen insbesondere S. 129 ff.). Eine Disziplin stellt von sich aus ein Feld dar, was seitens der Akteure die Aneignung eines «disziplinären Habitus» (S. 86) voraussetzt, d. h. gemeinsamer Schemata der Wahrnehmung und Beurteilung. Im disziplinären Feld setzen sich die Akteure miteinander auseinander und machen je ihre Auffassung eines Objekts oder einer Methode geltend, wodurch sie die Letzteren permanent verändern. Ein disziplinäres Feld unterliegt jedoch auch externen Regelungsmechanismen und ist insgesamt Teil eines Systems von Disziplinen, innerhalb dessen es eine gegebene hierarchische Position einnimmt. Diese Position wird hauptsächlich durch den Grad seiner Autonomie und Heteronomie in Bezug auf andere soziale Felder bestimmt, zu denen auch die anderen Disziplinen gehören.

Die institutionelle Form eines disziplinären Feldes ist untrennbar an seine kognitive Form gebunden. Die Unterscheidung von Wissensgebieten, deren Organisation sowie die Standpunkte, die sich darin entwickeln und behaupten, sind kein Abbild der Realität, sondern stellen, wie die Sozialgeschichte der Wissenschaften (Blanckaert, 1999) deutlich zeigt, ein Konstrukt dar, um von einem gegebenen Standpunkt aus bestimmte Aspekte der Realität zu erkennen. Wissenschaftsgeschichte zu betreiben, heisst deshalb auch, die kognitive Form, die ein disziplinäres

Feld zu einem gegebenen Zeitpunkt annimmt, theoretisch zu rekonstruieren und die Bedingungen, Gegenstände, Fragestellungen und Zuständigkeiten dieses Konstrukts zu erfassen zu versuchen. Dabei ist dieses Konstrukt immer das provisorische Ergebnis von Kontroversen, die sich aus unterschiedlichen Bezügen zu den realen Gegebenheiten und unterschiedlichen Methoden, diesen Bezug zur Realität herzustellen, ergeben.

Der Prozess der Disziplinenbildung – Gegenstand und Forschungsperspektive

Ein disziplinäres Feld ist das immer provisorische Ergebnis eines Prozesses der Spezialisierung, Differenzierung und Institutionalisierung von Praktiken historisch und gesellschaftlich verorteter wissenschaftlicher Forschung. Die disziplinären Grenzen definieren und verändern sich in einer dynamischen Wechselbeziehung und legen es somit nahe, die Frage nach der Entwicklung der «disziplinären Grenzen» in den Mittelpunkt der Untersuchungen zu stellen, gleichzeitig aber auch die transdisziplinären Dimensionen zu berücksichtigen, die in der Geschichte der notwendigerweise transversalen Human- und Sozialwissenschaften, aber auch in den Erziehungswissenschaften von Bedeutung sind (Carroy, 2000; Hofstetter & Schneuwly, 2002a; Le Dinh, 1997a; Loty, 2000). Um eine *a priori*-Einteilung der Vergangenheit auf der Grundlage aktueller Erkenntnisse zu vermeiden, wird die Entwicklung der Erziehungswissenschaften als Prozess der Disziplinenbildung betrachtet und analysiert (Blanckaert, 1993, S. 135; Mucchielli, 1998, S. 9), durch den die Disziplinen beziehungsweise die disziplinären Felder und ihre Beziehungen ständig neu definiert werden. Das Konzept der Disziplinenbildung beschreibt den Veränderungsprozess des Forschungsobjekts, definiert gleichzeitig aber auch einen Standpunkt, der unter anderem folgende Forschungstätigkeiten impliziert:

- Analysieren der Entwicklung der konkreten institutionellen Formen der Disziplin, ihrer bevorzugten eigenen oder mit anderen geteilten Forschungsbereiche, ihrer personellen oder finanziellen Ressourcen, ihrer Forschungsnetzwerke und Verbände sowie ihrer Fähigkeiten zur Ausbildung und Selbstreproduktion;
- Beobachten und Analysieren der Transformationen der kognitiven Formen, die manchmal durch Spaltung, manchmal durch Fusion, manchmal auch durch Erweiterung der Forschungsbereiche (Becher, 1989) erfolgen, das heisst ihrer internen und externen Differenzierungen, sowie der Entwicklung der kognitiven Kontroversen, die sich auf die Transformationsprozesse beziehen und aus denen sich die Transformationen auch ergeben;

- Herstellen des Bezugs der wissenschaftlichen Praktiken zu anderen, sozialen, insbesondere sozioprofessionellen Praktiken, und Untersuchen, auf welche Art und Weise diese Interdependenzen funktionieren und sich entwickeln.

Um den Prozess der Disziplinenbildung der Erziehungswissenschaften besser fassen zu können, kann man, ausgehend von den Vorschlägen Stichwehs (1987), eine Achse mit zwei Polen bilden.[7] Der eine Pol ist dadurch definiert, dass sich eine Disziplin mit Bezug auf ein bereits bestehendes professionelles und/oder soziales Feld konstituiert und entwickelt (sekundäre Disziplinierung; Beispiele: Medizin [Barras, 2002]; Politikwissenschaften [Gottraux, Schorderet & Voutat, 2000]), der andere dadurch, dass die dazugehörigen Berufe sich aus der Disziplin heraus entwickeln (sekundäre Professionalisierung; Beispiele: Psychologie [Ash & Geuter, 1985; Ben David & Collins, 1966; Parot, 1994]; Soziologie [Mucchielli, 1998]). Im ersten Fall kann man feststellen, dass die disziplinären Problem- und Fragestellungen eher in Bezug auf die das professionelle Feld strukturierenden sozialen Fragen und beruflichen Kenntnisse definiert werden. Entstehung und Entwicklung des disziplinären Feldes, die zum Teil aus der Entwicklung der Profession und des sozialen Feldes selbst resultieren, verändern Letztere jedoch dadurch, dass ein Teil des ihnen Zugehörigen quasi vom disziplinären Feld vereinnahmt wird und mit ihnen interagiert. Im zweiten Fall werden, genau umgekehrt, ausgehend von einem disziplinären Kern von Konzepten und Methoden, Frage- und Problemstellungen definiert, die möglicherweise auf unterschiedliche soziale und berufliche Felder anwendbar sind. Die Professionen sind die Emanation der Intervention der Disziplinen in unterschiedlichen sozialen Feldern, die ihrerseits zu deren Transformation und Restrukturierung beitragen.

Die Positionierung auf der skizzierten Achse mit zwei Polen hat beträchtliche Auswirkungen auf die Entwicklung von Forschung und Theoriebildung. Als allgemeine Tendenz lässt sich feststellen: Eine dominant sekundäre Disziplinenbildung führt im Allgemeinen zu einer grösseren Heteronomie des disziplinären Feldes, das sich eher pluridisziplinär und in starker Interaktion mit den sozialen und beruflichen Feldern konstituiert.

---

7 Wir reformulieren an dieser Stelle Stichwehs Typologie. Er unterscheidet die Felder eindeutig danach, ob sie einen Prozess sekundärer Disziplinbildung oder sekundärer Professionalisierung durchlaufen. Wir verwenden diese Typologie, indem wir sie als Achse mit zwei Polen konzipieren, um damit der Dynamik der Disziplinenbildung Rechnung tragen zu können, deren Bezug zu den sozialen und beruflichen Referenzfeldern sich ständig entsprechend den historischen und kulturellen Kontexten ändert.

Akademische Traditionen im Kontrast

Die Formierung der Sozialwissenschaften als akademische Disziplinen verläuft parallel zur Entwicklung der Nationalstaaten, zu deren Konstruktion sie wesentlich beitragen. Denn die neuen Wissenschaften finden ihre hauptsächliche Legitimation im Sozialen und Politischen. Dies lässt sich eindeutig für die Erziehungswissenschaften feststellen, deren Institutionalisierung mit der Einführung der allgemeinen Schulpflicht und der Entstehung des staatlichen Unterrichtswesens einhergeht. Gleichzeitig verorten sich die Sozialwissenschaften zunehmend in einer universitären Dynamik, die auf eine Überwindung der staatlichen und nationalen Organisationsstrukturen und die Teilnahme an einem internationalen Diskurs[8] ausgerichtet ist (Charle, Schriewer & Wagner, 2004). Diese Disziplinen entwickeln sich, wie viele andere auch, in einer Dialektik zwischen nationalen und internationalen Determinierungen, was zu «disziplinären Kulturen» führt wie zum Beispiel der Biologie (Harwood [2004] weist auf unterschiedliche akademische Kulturen hin, die ihre Grundlage in sich unterscheidenden Institutionen haben) oder der Mathematik (Dhombres, 2004). Andere Untersuchungen verweisen hinsichtlich der Differenzen im Disziplinenbildungsprozess allgemeiner auf «kontrastierende akademische Kulturen» hin, insbesondere auf französische und deutsche Kulturen (Charle, 1995, 1996; Ringer, 1992). Kaelble (2003) stellt jedoch die Einheit der «Nation», die von den meisten vergleichenden Studien über akademische Kulturen als relativ homogene Grösse vorausgesetzt wird, infrage und verweist auf die jedem Transformationsprozess eigene, unvermeidbare kulturelle Hybridisierung, was von empirischen Untersuchungen, die sich mit solchen Transformationen befassen, eindeutig belegt wird.

Auch die Erziehungswissenschaften[9] sind Gegenstand mehrerer komparativer Untersuchungen gewesen, denen die Einheit «Nation», zumindest implizit, oft als Grundlage diente, die sich jedoch allgemeiner auch auf akademische Traditionen beziehen. Schriewer und Keiner (1993; vgl. auch Keiner, 1999; Keiner & Schriewer, 2000) betrachten Disziplin als «Kommunikationsnetz» von Forschenden und untersuchen die Formen dieser Kommunikation seit 1945, wobei sie ihren Schwerpunkt auf die diesbezügliche Rolle der Fachzeitschriften, Fachenzyklopädien oder auch

8 Diese universitäre Dynamik kann auch als gegen den Nationalismus gerichtetes politisches Projekt interpretiert werden.

9 Bezüglich der Entstehung der Erziehungswissenschaften seien hier folgende Sammelbände genannt, die Beiträge aus mehreren Ländern und Regionen enthalten: Drewek & Lüth, 1998; *European Educational Research Journal,* 2002; Hofstetter & Schneuwly, 2002a, 2006; Horn, Németh, Pukánsky & Tenorth, 2001; Zedler & König, 1989.

der Lehrerhandbücher legen. Sie verweisen insbesondere auf sich unterscheidende «nationale Denkstile». Der deutsche Stil ist durch grosse disziplinäre Geschlossenheit gekennzeichnet, die sich in einem Corpus dauerhafter und in der Disziplin selbst verankerter (Zitations-)Referenzen zeigt. Der französische Stil steht ebenfalls in einer europäischen disziplinären Tradition, unterscheidet sich jedoch durch ein pluridisziplinäres Referenzsystem und einen weitgefassten Bezugsrahmen ohne eigenes und dauerhaftes Corpus. Der amerikanische Stil schliesslich räumt Autoren aus den Erziehungswissenschaften und aus anderen disziplinären Feldern den gleichen Stellenwert ein und ist weitgehend entlang politischer und professioneller Nachfrage strukturiert. Eine Untersuchung sich gegenseitig zitierender deutscher und amerikanischer Publikationen (Drewek, 2003) zeigt die deutsche Ablehnung einer Verwissenschaftlichung und Akademisierung der Pädagogik nach dem amerikanischen psychologisch-empirischen Modell, obwohl dieses Modell ursprünglich aus der deutschen Wissenschaftstradition stammt. Für einen weniger kontrastierenden, aber ebenso interessanten geografischen Raum beschreiben Nóvoa, Carvalho, Correia, Madeira und do O (2002) das lusophone pädagogische Denken als imaginäre Gemeinschaft, die entgegen kolonialen Einflüssen bzw. globalen homogenisierenden Tendenzen einen Ort der Differenzierung darstellt. Zum besseren Verständnis dieser Gemeinschaft und insbesondere von deren unterschiedlichen Praktiken, die sich gleichzeitig überlagern, gegenseitig beeinflussen, sich verbinden und trennen, wird das Konzept der Hybridisierung herangezogen.

Die Schweiz als Ort des Zusammentreffens unterschiedlicher Kulturkreise ist durch ihren bundesstaatlichen Aufbau gekennzeichnet, in dem eine nationale politische Struktur mit kantonalen Strukturen eng verbunden wird. Daraus entsteht eine doppelte Logik, die vor allem im Hinblick auf Fragen von Bildung und Erziehung, die lange Zeit vornehmlich in den Zuständigkeitsbereich der Kantone gehörten, von Bedeutung ist. Die vorliegende Arbeit befasst sich mit dieser besonderen Situation mit dem Ziel, die Interaktion lokaler, regionaler, nationaler und internationaler Dynamiken zu untersuchen. Sind die Erziehungswissenschaften, ebenso wie die kantonalen Schulsysteme, von kontrastierenden (insbesondere germanophonen und frankophonen[10]) Kulturkreisen abhängig? Unsere Aufmerksamkeit gilt der Untersuchung der Transfereffekte von Referenzkulturen auf die Konstituierung des disziplinären Feldes an den Standorten, an denen die Erziehungswissenschaften in der Schweiz entstanden, wobei die Hypothese kontrastierender Konfigurationen hinsichtlich unterschiedlicher akademischer Traditionen überprüft wird.

10 Im hier untersuchten Zeitraum bleibt ein Institutionalisierungsprozess der Erziehungswissenschaften in der italienischsprachigen Schweiz vollständig aus.

Gleichzeitig sollen eventuell vorhandene vereinheitlichende Tendenzen in Form von regionalen, interkantonalen oder nationalen Netzwerken, Publikationen oder Vereinigungen sichtbar gemacht und die Verortung des Feldes in internationalen Netzwerken untersucht werden, wobei diese Verortung entsprechend den jeweiligen Konfigurationen unterschiedlich ausfallen kann – und dadurch zur Definition der Konfigurationen beiträgt.

Die Erziehungswissenschaften – ein ideales Observatorium für einen sozialwissenschaftlichen Zugang zu den Sozialwissenschaften

Die Erziehungswissenschaften entwickeln sich, ebenso wie andere disziplinäre Felder, durch Spaltung, Fusion und Erweiterung, in Interaktion mit anderen sozialwissenschaftlichen Disziplinen und sozialen Bereichen. Sie lassen jedoch mit besonderer Deutlichkeit gewisse Eigenschaften sichtbar werden, die auch in anderen disziplinären Feldern vorhanden sind. Diese Eigenschaften sind Bedingung ihres Entstehens und bedingen gleichzeitig ihre institutionelle und kognitive Entwicklung.

Ein professionsorientiertes disziplinäres Feld, das eine enge Verzahnung zwischen Beruf und Disziplin impliziert: Zum Zeitpunkt der Entstehung der Erziehungswissenschaften sind die Berufe im Bereich Erziehung und Bildung bereits vorhanden und haben bereits Wissen hervorgebracht, auf dessen Basis, in einem zweiten Schritt, das disziplinäre Feld aufgebaut wird.[11] Sie sind als professionsorientierte Wissenschaften gedacht und entwickeln sich in engem Zusammenspiel mit den pädagogischen Berufen – insbesondere den Lehrberufen – sowie den administrativ-politischen Instanzen, denen Letztere unterstehen. Die Entwicklung der pädagogischen Berufe bestimmt auch diejenige des disziplinären Feldes. Dies zeigt sich insbesondere daran, dass die grundlegende Unterscheidung zwischen Primar- und Sekundarlehrern (hinsichtlich Kultur, Ausbildung, Anspruch und Status), die den inegalitären Strukturen des Schulsystems entspricht, sich auf die Entwicklung des disziplinären Feldes auswirkt, das sich dadurch mit besonders widersprüchlichen Funktionen und Erwartungen konfrontiert sieht (Drewek, 2002). Es ist davon auszugehen, dass einer der Gründe für die «verspätete» Entwicklung (Tenorth, 1989) der Erziehungswissenschaften im Spannungsfeld zwischen deskriptiven und explikativen wissenschaftlichen Ansprüchen einerseits sowie normativen Erwartungen

11 Dazu z. B. Apel, Horn, Lundgreen und Sandfuchs (1999); Bertolini, Ghisla und Monighetti (2000); Lang (1999); Nóvoa (1987, 1998).

und praxeologischem Druck aus dem professionellen Referenzfeld andererseits zu suchen ist. Gewiss erzeugen andere Disziplinen ebenfalls eine Tendenz zur Professionalisierung, etwa die Rechtswissenschaften oder die Medizin. Im Gegensatz zu den pädagogischen Berufen suchen deren Referenzberufe jedoch ihre Legitimation über die jeweiligen Referenzdisziplinen zu erlangen – in einer sich wechselseitig verstärkenden dialektischen Beziehung und unter Beibehaltung ihrer Autonomie. Dies trifft nur sehr bedingt für die Erziehungswissenschaften zu, deren Referenzberufe (sogar die Lehrberufe) eine ausgeprägte Ambivalenz gegenüber dem Wissen aufweisen, das «ihrem» disziplinären Feld entstammt (Tardif, Lessard & Lahaye, 1991).

Lokale und internationale Determination: Aufgrund ihrer Entstehung in der Folge der Einrichtung des öffentlichen Unterrichtswesens und um besser auf dessen Erfordernisse eingehen zu können, sind die Erziehungswissenschaften stark durch ihre soziale und politische, oft lokale, Verortung determiniert. Deren Ressourcen sind in der Regel an Interventionsbedarf und lokale Problemlösebedürfnisse gebunden. Die Mittelzusprache erfolgt grösstenteils durch die Erziehungs- und Bildungsbehörden, die dadurch nicht nur die institutionelle, sondern auch die kognitive Entwicklung des disziplinären Feldes zumindest teilweise lenken. Die lokale Verortung ist umso bedeutender, als kommunikative Strukturen und Machtverhältnisse sich im sozialen Referenzfeld nach einer andern Logik entwickeln als die disziplinären Kommunikationskanäle, die Entwicklung des disziplinären Feldes jedoch direkt beeinflussen (Prondczynsky, 1999). Dazu kommt, dass die zögerlichen Versuche zur Einrichtung internationaler Netzwerke kaum von Erfolg gekrönt sind, obwohl sie der Forschungsarbeit eine jeder Wissenschaft inhärente universelle Ausrichtung verleihen könnten. Es ist mehr die Stärke der Determination als das Phänomen selbst, welche die Erziehungswissenschaften auszeichnet. Denn andere Sozialwissenschaften, die im Kontext der Suche nach Lösungen für das entstanden sind, was allgemein als «soziale Frage» bezeichnet wird, sind ebenfalls eng mit dem Sozialen und dessen örtlichen Kontexten verbunden (Gottraux, Schorderet & Voutat, 2000; Le Dinh, 1997b; Wagner & Wittrock, 1991).

Ein pluridisziplinäres disziplinäres Feld: Die Erziehungswissenschaften entwickeln sich insgesamt pluridisziplinär, auch wenn in bestimmten Zeiträumen und bestimmten Regionen ein einzelnes Paradigma vorzuherrschen scheint. Verschiedene historische Analysen[12] belegen in der Tat, dass hier Philosophie, Pädagogik (die, je nach historischem Zeitraum, das gesamte Feld oder einen Teil davon besetzt) und

12 Neben zahlreichen anderen verweisen wir hier auf Depaepe (1993), Gautherin (2002), Goodchild (2006), Horn (2003) und Németh (2001).

Psychologie, aber auch Soziologie, Anthropologie, Linguistik, Medizin sowie weitere Disziplinen zusammentreffen, ja miteinander konfrontiert werden. Aus dieser sich ständig wandelnden «Gesamtheit» heben sich Teildisziplinen oder -bereiche ab, die das disziplinäre Feld mehr als andere repräsentieren: die systematische und historische Pädagogik, die Kinderpsychologie und die experimentelle Pädagogik, Themen der Lehr- und Lernprozesse sowie der Organisation der Bildungs- und Erziehungssysteme usw. In diesem Zusammenhang nimmt der Begriff «Feld» eine weitere Bedeutung an als ein durch Kräfte strukturiertes Ganzes mit Zentren der Anziehung und der Abstossung. Die kognitive Form erscheint dadurch als Ergebnis der Interaktion vielfältiger, sich ständig ablösender Teildisziplinen und Fachbereiche. Auch wenn man davon ausgehen kann, dass diese Hybridität Merkmal jedes in Bildung begriffenen disziplinären Feldes ist und sogar, wie Favre (1989, S. 9) anmerkt, das «verlässlichste Zeichen für das Entstehen einer Disziplin» darstellt, und dass die Pluridisziplinarität auch andere disziplinäre Felder prägt und von ihnen für sich beansprucht wird (insbesondere die Politikwissenschaften oder die Medizin), kann man trotzdem annehmen, dass ganz besonders auch die Erziehungswissenschaften von diesen Merkmalen geprägt werden, zumal ihr Gegenstand auch von andern disziplinären Feldern reklamiert wird, von denen die Erziehungswissenschaften überdies nicht notwendigerweise als legitime akademische Verhandlungspartner anerkannt werden.

Die Erziehungswissenschaften scheinen in ihrer Entwicklung tendenziell mit ihrem Gegenstand Bildung und Erziehung verschmolzen gewesen zu sein. Dessen Merkmale werden wie «natürlich» auf das disziplinäre Feld übertragen, bisweilen sogar von den eigenen Vertretern. Sie sind deshalb wahrscheinlich einzigartig hinsichtlich des Ausmasses an Heteronomie, insbesondere bezüglich der Abhängigkeit von den sozioprofessionellen Referenzfeldern und ihren Nachbardisziplinen. Deshalb bilden sie ein ausgezeichnetes «Observatorium» für die Sozialgeschichte der Sozialwissenschaften, deren neueste Ergebnisse und die daraus abgeleiteten Thesen (kontextualisierende und historisierende Geschichte der Wissenschaften, Verortungen weltweit oder im sozialen Nahraum, fliessende Grenzen zwischen den Disziplinen usw.) ohne Einschränkung auf die Entwicklung dieses disziplinären Feldes zutreffen, das mit eindrücklicher Deutlichkeit einige dieser Phänomene sichtbar macht.

Wir werden diesen Aspekten im weiteren Verlauf besondere Aufmerksamkeit widmen, indem wir sie in Form einer Dialektik von Spannungen aufgreifen: Spannung zwischen der Ausrichtung auf die sozialen und insbesondere professionsbezogenen Erfordernisse des pädagogischen Feldes einerseits und der Suche nach wissenschaftlicher Anerkennung, die zumindest vorübergehend die Aufhebung der praxeologischen Ausrichtung notwendig macht, andererseits; Spannung zwischen lokaler Einbindung und universeller Ausrichtung; Spannung zwischen dem Streben der Referenzdisziplinen nach «Autonomisierung» und der pluridisziplinären Entwicklung der Erziehungswissenschaften.

Methodologische Fragen

Wie lassen sich nun die so umrissenen Problem- und Fragestellungen untersuchen? Welches sind die Analyseeinheiten des Forschungsvorhabens? Welche Orte und Institutionen sind zu berücksichtigen? Welche Dimensionen des disziplinären Feldes und welches Archivmaterial soll analysiert werden? Welche Ansätze sind für deren Untersuchung und historische Darstellung zu bevorzugen?

Die Analyseeinheit: Das «disziplinäre Feld» Erziehungswissenschaften

In Übereinstimmung mit unserer epistemologischen und theoretischen Ausrichtung haben wir als Analyseeinheit das «disziplinäre Feld» Erziehungswissenschaften gewählt. Dieses Feld umfasst Disziplinen und Themenbereiche, die zum einen oder andern Zeitpunkt sowie an unterschiedlichen Standorten und in unterschiedlichen Kulturräumen als wissenschaftliche Referenzen eines pädagogischen Berufsfeldes, in diesem Fall der Bildung und Erziehung, entstehen oder geschaffen werden. Die Wahl dieser Analyseeinheit bedeutet zweierlei: Hinsichtlich des pädagogischen Berufsfeldes wird angenommen, dass eine bestimmte Anzahl von Disziplinen in ständig variablen Konstellationen potenziell verfügbar sind, die sich als (Ko-)Referenzdisziplinen eignen. Hinsichtlich des disziplinären Feldes der Erziehungswissenschaften wird angenommen, dass die Beziehungen zwischen den Disziplinen und deren Themenbereichen in ständiger Entwicklung begriffen und Fluktuationen unterworfen sind, entsprechend ihrer jeweiligen Legitimität, den definierten Problemstellungen sowie den ständig neu verhandelten, neu definierten, neu übernommenen und neu konstituierten Aufgabenbereichen. Gleichwohl ist dieses Feld disziplinär, d. h., es ist in institutionellen Formen des Systems der wissenschaftlichen Disziplinen verortet und entwickelt kognitive Formen, die, trotz ihrer beträchtlichen Heterogenität, bestimmte wiedererkennbare Modelle reproduzieren.

Was wir im vorliegenden Band mit dem Begriff «Erziehungswissenschaften» bezeichnen, wird in unterschiedlichen kulturellen, geografischen und historischen

Kontexten unterschiedlich benannt, wobei diese wechselnden Bezeichnungen gleichzeitig auch Ausdruck der sozialen Realitäten sind, aus denen sie hervorgegangen sind: pédagogie, science [Singular] de l'éducation, sciences [Plural] de l'éducation, sciences pégagogiques, recherche éducationnelle im französischen, «Pädagogik», «Erziehungswissenschaft» oder «Bildungswissenschaften» im deutschen Sprachbereich sowie zahlreiche Äquivalente in anderen Sprachen.[13] Im Französischen und im untersuchten historischen, linguistischen und kulturellen Kontext sind die ersten drei Begriffe die gebräuchlichsten, im Deutschen wird bis in die 1960er-Jahre eher der Begriff »Pädagogik», später eher der Begriff «Erziehungswissenschaft(en)» verwendet. Wir werden deshalb im Folgenden von «Pädagogik» oder «Erziehungswissenschaft(en)» sprechen. Um den Text nicht zu überfrachten, bevorzugen wir den heute im frankophonen Sprachraum klassischen Terminus «Erziehungswissenschaften» (sciences de l'éducation) als Oberbegriff zur Bezeichnung des disziplinären Feldes als Gesamtheit und Analyseeinheit, werden jedoch im Rahmen der vorliegenden historischen Darstellung, den untersuchten Kontexten entsprechend, auch auf die anderen, zeitgenössisch verwendeten Begriffe problematisierend verweisen.

Signifikante Standorte und Institutionen – dreifach kontextualisiert

Die von uns durchgeführte Untersuchung des Prozesses der Disziplinenbildung beschäftigt sich mit den tatsächlichen Bedingungen und Praktiken wissenschaftlicher Produktion sowie der Entwicklung der institutionellen und kognitiven Formen eines disziplinären Feldes. Dies setzt empirische und kontextualisierte Forschungsarbeiten voraus. Wir berücksichtigen sämtliche Standorte, an denen sich, auf die eine oder andere Weise, die Erziehungswissenschaften im untersuchten Zeitraum institutionalisieren. Es handelt sich dabei um Basel, Bern, Freiburg, Genf, Lausanne und Zürich – sechs Universitätsstädte, die über Forschungs- und Ausbildungsinstitutionen eine signifikante Aktivität im disziplinären Feld entwickeln. Da es sich dabei weder ausschliesslich um akademische Institutionen noch ausschliesslich um «kantonale» Einheiten handelt, verwenden wir den Begriff «Standort», um die Gesamtheit dessen einzubeziehen, was in den Bereich des disziplinären Feldes fällt

13 Im Englischen finden sich *education, educational research, educational science/educational sciences* und natürlich *pedagogy;* das Spanische verwendet *pedagogía* und *investigación educativa;* auf Niederländisch spricht man von *onderwijswetenschapen, pedagogiek, pedagogische wetenschapen, onderwijskunde.*

oder es bedingt. Diese sechs Standorte werden hier zwar ähnlich behandelt, verfügen jedoch hinsichtlich unserer Problemstellung in Wirklichkeit nicht über dieselbe Bedeutung: Einige bringen es kaum zu einem – zum Teil lediglich provisorischen oder halben – der Pädagogik gewidmeten Lehrstuhl, andere hingegen erleben während dieser Jahrzehnte eine Vervielfachung der Stellen, Institute und Abteilungen im Bereich der Erziehungswissenschaften. Um die beim Entstehen des disziplinären Feldes wirkenden Kräfte zu verstehen, sind die einen jedoch nicht weniger wichtig als die anderen. Neben diesen Standorten gilt unsere Aufmerksamkeit drei weiteren Institutionen, weniger wegen ihrer Bedeutung, sondern wegen der Besonderheiten, die die Erziehungswissenschaften dort aufweisen: der Universität Neuenburg, der Handelshochschule St. Gallen und der Eidgenössischen Technischen Hochschule Zürich (ETH; auf die auch in der Monografie zum Standort Zürich verwiesen wird, da sie den Standort mitprägt). Alle diese Standorte werden dreifach kontextualisiert:

- Sie werden analysiert unter Berücksichtigung der Gesamtheit der Referenzinstitutionen am Standort, in denen sich die Erziehungswissenschaften entwickeln (das gesamte akademische und ausseruniversitäre Feld der Wissenschaften, die sich mit Themen der erziehungswissenschaftlichen Disziplin beschäftigen, in seiner Vielfalt, die betroffenen Fakultäten, Disziplinen und Bereiche, die Kommunikationsnetzwerke und Studiengänge).
- Jeder Standort bzw. jede Institution wird im Hinblick auf einen Vergleich mit den übrigen untersucht, und zwar hinsichtlich Kontrast oder Zugehörigkeit zu kulturellen oder nationalen Entitäten, wobei – so weit als möglich – das disziplinäre Feld als Einheit auf interkantonaler, nationaler und internationaler Ebene berücksichtigt werden soll.
- Der soziale, kulturelle, politische und ökonomische Kontext, in dessen Rahmen der Prozess der Disziplinenbildung an den jeweiligen Standorten bzw. den jeweiligen Institutionen stattfindet, wird genau analysiert, um sichtbar zu machen, auf welche Weise er den Prozess beeinflusst oder von diesem verändert wird.

Unter Berücksichtigung aller für die Geschichte des disziplinären Feldes signifikanten Schweizer Standorte und Institutionen dieses Zeitraums legen wir eine erste gesamtschweizerische Untersuchung zur Geschichte des Prozesses der Disziplinenbildung der Erziehungswissenschaften vor, die auch als Beitrag zur bis anhin unzureichend bekannten Geschichte der Ausbildungsinstitutionen und der Schweizer

Universitäten sowie zur allgemeineren Geschichte der Sozialwissenschaften und der wissenschaftlichen Gemeinschaft in der Schweiz zu verstehen ist.[14]

Ausgewählte Dimensionen

Auf welche Dimensionen des disziplinären Feldes soll sich die Archivarbeit erstrecken? Entsprechend unserer Sichtweise und Definition eines disziplinären Feldes räumen wir der Untersuchung der Institutionen Vorrang ein, die in den Bereich der Erziehungswissenschaften fallen und die Professionalisierung der Forschung, die Einrichtung von Kommunikationsnetzwerken und die wissenschaftliche Produktion von Erkenntnissen fördern. Genauer gesagt, richtet sich unser Blick auf die Institutionen, in denen und mittels deren der Prozess der Disziplinenbildung stattfindet: Lehrstühle, Seminare,[15] Institute, Fakultäten, Laboratorien; damit verbundene Institutionen, zum Beispiel diejenigen der Berufsausbildung, werden nur und ausschliesslich dort berücksichtigt, wo ihre Entwicklung Einfluss auf die Entwicklung des disziplinären Feldes nimmt. Welche Bedingungen sind für ihre Entstehung und Entwicklung massgeblich? Wie und von wem werden sie definiert? Welche Interaktionen finden zwischen den verschiedenen Instanzen – in erster Linie der Universität, dem Staat und der Bildungsverwaltung sowie den pädagogischen Be-

14 Eine umfassende Untersuchung der wissenschaftlichen Disziplinen in der Schweiz scheint seit der Arbeit von Luck (1964) nicht mehr erfolgt zu sein. Für die Sozialwissenschaften hat Le Dinh (1997a) eine Textsammlung herausgegeben, welche die Entstehung der Sozialwissenschaften in der Schweiz nachzeichnet, insbesondere der Soziologie, der Geisteswissenschaften, der Politikwissenschaft, der Ökonomie und der Erziehungswissenschaften. Für die Soziologie verweisen wir auf das ausführliche Werk von Zürcher (1995), der eine systematische Bestandesaufnahme der Soziologie an den verschiedenen Universitäten vorlegt. Für die Psychologie liefert die Arbeit von Rüegsegger (1986), obwohl hauptsächlich auf Zürich bezogen, Daten über die Entwicklung dieser Disziplin in der Schweiz. Gottraux, Schorderet und Voutat (2000) zeichnen die Geschichte der Politikwissenschaft in der Schweiz nach und gehen dabei von einem dem unseren analogen theoretischen und methodologischen Ansatz aus. Joye (2002) richtet seine Aufmerksamkeit auf die Humanwissenschaften und stellt gleichermassen ihre Stellungnahmen angesichts der herrschenden sozioökonomischen Zwänge während der Entstehungsphase einer föderalen Finanzpolitik und ihre Institutionalisierung in einer Schweizerischen Geisteswissenschaftlichen Gesellschaft (*Société suisse des sciences morales;* 1946) dar. Fleury und Joye (2002) beschreiben allgemeiner die Entstehung des Schweizerischen Nationalfonds zur Förderung der wissenschaftlichen Forschung, der gegen Ende des hier betrachteten Zeitraums eine Rolle zu spielen beginnt.

15 Unsere Untersuchung bezieht sich auf beide Bedeutungen des Begriffs «Seminar» – sowohl als akademische Veranstaltungsform als auch als Lehr- und Forschungsinstitut, wobei jeweils spezifiziert wird, um welchen Begriff es sich handelt.

rufen – statt? Innerhalb dieser Institutionen sind Akteure mit unterschiedlichsten Verortungen, Funktionen und unterschiedlichstem Status tätig: haupt- und nebenberufliche Wissenschaftler, Lehrer, Pädagogen, Studierende, Verwaltungskräfte usw. Wer sind diese Akteure, wie sind sie sozial und disziplinär verortet? Welche Diskurse führen sie über sich selbst und das Feld? Wo agieren sie gemeinsam, und wo entstehen Konflikte, welche Allianzen gehen sie ein, und wo kämpfen sie gegeneinander, worin bestehen ihre Ideale und ihre Zielvorstellungen? Aus der Vielfalt ihrer Aktivitäten heben sich das Gewinnen und Weitergeben von Erkenntnissen als zentrale Tätigkeiten hervor und ermöglichen einen Zugang zur kognitiven Form dieses Feldes. Wir fahren folglich in unserer Untersuchung mit der Analyse dieser Aktivitäten fort, die ebenfalls in Entwicklung begriffen sind. In welche professionellen, wissenschaftlichen, sozialen oder politischen Netzwerke bringen sich die massgeblichen Vertreter der Erziehungswissenschaften ein? Welche Art Austausch pflegen sie untereinander, und worauf zielt der Austausch ab? Welches sind ihre bevorzugten Forschungsgegenstände und -methoden? Wie stellen sie die Verbreitung und Weitergabe des entsprechenden Wissens sicher? Auf welche herausgeberischen Dienste greifen sie dafür bevorzugt zurück? Welche Art Lehre erteilen sie, und in welchen Studiengängen wird welches Wissen vermittelt? Welches sind die Ziele der Ausbildung, und wie werden die Anliegen der Professionalisierung – der pädagogischen Berufe sowie der Forschung – gesichert? Alle diese Fragen haben unsere Arbeit bestimmt und waren massgeblich für die Auswahl der durchforschten Archive sowie die Bildung von Langzeitreihen (vgl. dazu die entsprechend unserem Lektüreraster systematisch gebildeten Reihen im Anhang dieses Bandes, die sich auf die vier definitorischen Dimensionen eines disziplinären Feldes beziehen) und die Art und Weise der Analyse.[16]

16 Bei der Darstellung der Dokumente sind wir, soweit dies möglich war, seriell vorgegangen, um das Erkennen von Kontinuitäten und Veränderungen innerhalb eines Standortes oder einer Institution sowie von Analogien und Unterschieden zwischen den Standorten und Institutionen zu erleichtern; diesbezüglich ist unser Ansatz notwendigerweise von Beginn an komparativ, wobei das «Spezifische» nach Veyne (1971, S. 73) hier gleichermassen als das «Allgemeine» und das «Besondere» verstanden wird.

Fallstudien – kontrastierende Konfigurationen – transversale Analysen

Bei der Datenanalyse haben wir mehrere, sich ergänzende Vorgehensweisen gewählt, die Fallstudien, komparative Ansätze und thematisch-transversale Analysen verbinden.

In einer ersten Phase wurde rekonstruiert, beschrieben und analysiert, wie der Prozess der Disziplinenbildung an den ausgewählten Standorten und Institutionen je vonstatten geht, indem die bearbeiteten Quellen, die Analyseebenen, Zugänge und Themenfelder möglichst breit gehalten wurden, um die «Schichtenstruktur des Sozialen» in ihrer ganzen historischen Dichte berücksichtigen zu können (Revel, 1996, S. 13).[17] Diese Fallstudien haben uns die Erstellung von Monografien[18] ermöglicht, die sich einerseits in den Rahmen eines vergleichenden Projekts einfügen und deshalb von den gleichen Fragenkatalogen und Standpunkten ausgehen, die andererseits aber in Form und Inhalt die den untersuchten Standorten und Institutionen je eigene Logik berücksichtigen. Anders ausgedrückt: Jede Monografie hat denselben Typus von Institutionen, Akteuren und Ereignissen zum Gegenstand, den sie aber auf unterschiedliche Art darstellt, indem sie den ihrem Gegenstand eigenen «Rhythmus» und dessen eigene Konstruktionslogik berücksichtigt.

Wir haben dann versucht, die Standorte und Institutionen in ihrem gegenseitigen Bezug zu betrachten, um ein neues Verständnis des einzelnen Falles jenseits seiner lokalen Verortungen erzeugen zu können und um sogenannte Konfigurationen aufzuzeigen. «Konfigurationen» sind eine Gesamtheit institutioneller und kognitiver Formen, die aufgrund einer besonderen Disposition in einem Geflecht von Beziehungen und Abhängigkeiten angelegt sind, die nicht auf individuelle Eigenarten oder makrosoziale Determinanten zurückführbar sind.[19]

---

17 Die interessante Studie von Prondczynsky (1999) über Jena ist auch insofern besonders aufschlussreich, als sie verallgemeinernde Synthesen hinterfragt, die diesen empirischen Schritt der Kontextualisierung vernachlässigen. In diesem Zusammenhang zitieren wir auch das Plädoyer von Revel (1996, S. 12; Übersetzung RH/BS): «ein Körnchen Information ernst nehmen und […] zu verstehen zu versuchen, wie dieses einzelne Detail, diese bruchstückhaften Erfahrungen einen Zugang zu den sozialen und symbolischen Logiken ermöglichen, die der grösseren Gruppe, aber auch wesentlich grösseren Gesamtheiten, eigen sind».

18 Wir verwenden den Begriff «Monografie» in der von Monceau und Savoye (2001) verwendeten Bedeutung: «Diese Methode konzentriert sich auf eine in kleinem Massstab klar umschriebene und untersuchte menschliche oder soziale Wirklichkeit und gewinnt Gestalt durch *in situ* durchgeführte Untersuchungen und eine Formalisierung der Forschungsergebnisse im Hinblick auf vergleichbare Untersuchungen» (S. 3).

19 Wir erlauben uns hier am Rande eine Bemerkung zur Methode des Vergleichs in Geschichte und Sozialwissenschaften. Schriewer (2003) schlägt eine Typologie der Forschungsansätze

Ausgehend von diesen Daten und Erkenntnissen, sind wir dann zu transversalen Analysen übergegangen, die auf die Fragestellungen zu den wichtigsten Entwicklungen der Erziehungswissenschaften ausgerichtet sind. Die Auswahl dieser Fragestellungen erfolgte vor dem Hintergrund des von uns vorgesehenen theoretischen Rahmens, der Besonderheiten des disziplinären Feldes in den bearbeiteten historischen, geografischen und kulturellen Kontexten sowie der von anderen Historikern der Erziehungswissenschaften in anderen Zusammenhängen erarbeiteten Erkenntnisse. Zudem haben wir unsere Aufmerksamkeit besonders auf die Verschränkungen des disziplinären Feldes mit den professionellen und disziplinären Referenzfeldern gerichtet und dabei versucht, die intellektuellen und pädagogischen Aktivitäten in ihrer ganzen Komplexität zu erfassen und sie nicht in Abhängigkeit dessen vorzudefinieren, was aus heutiger Sicht dem einen bzw. andern Bereich des Feldes zugehört, sondern in Abhängigkeit der tatsächlichen, in ihrer Vielfalt und ihrem Ausmass erstaunlichen Produktionen und Aktivitäten der Protagonisten dieser Geschichte.

Vom lokalen Fall zur globalen Struktur

Der Weg, den wir den Leserinnen und Lesern dieses Bandes zum besseren Verständnis der Entwicklung der Erziehungswissenschaften in der Schweiz vorschlagen, besteht aus zwei Teilen. Der erste bietet die Gelegenheit, sich mit diesem Feld anhand der Geschichte seiner Institutionen und Akteure vertraut zu machen, und zwar zunächst in ihrem entsprechenden lokalen und dann in ihrem nationalen Kontext, um so die unterschiedlichen akademischen Traditionen erfassen zu können, in denen sich das disziplinäre Feld in der Schweiz insgesamt entwickelt. Der zweite

vor, die drei Achsen vorsieht; eine dieser Achsen, die für uns von besonderer Bedeutung ist, liegt zwischen folgenden zwei Polen: Auf der einen Seite finden sich Ansätze, die Generalisierungen anstreben, auf der anderen liegen individualisierende und fallorientierte Ansätze. Für Letztere seien, so Mahoney und Rueschemeyer (2003; vgl. auch Kaelble, 1999), zeitspezifische Prozesse zu berücksichtigen, definierte historische Sequenzen zu analysieren und die Interaktion zwischen ähnlichen, aber ungleichzeitigen Phänomenen zu beachten; zudem greifen sie auf den systematischen und kontextualisierenden Vergleich ähnlicher oder kontrastierender Fälle zurück. Indem sie mit einer relativ geringen Anzahl ihnen bis ins Detail vertrauter Fälle arbeiten, bewegen sich die auf diesem Gebiet arbeitenden Wissenschaftler «back and forth between theory and history in many iterations of analysis as they formulate new concepts, discover novel explanations, and refine pre-existing theoretical expectations in light of detailed case evidence» (S. 13). Nach Mahoney und Rueschemeyer zielt die komparative historische Analyse auf eine Kausalanalyse, die es erlaubt, Konfigurationen und von ihnen produzierte Phänomene zu identifizieren und zu erklären.

Teil bietet die Möglichkeit einer transversalen, themenorientierten Lektüre, die es erlaubt, das disziplinäre Feld in seinen Beziehungen zu anderen sozialen Feldern zu verorten und seine spezifischen Formen und Inhalte zu erkennen.

Das Zusammentreffen lokaler akademischer Traditionen mit internationalen Konfigurationen

Jede Monografie kann unabhängig von den übrigen gelesen werden und gibt Aufschluss über den konkreten Ablauf des Prozesses der Disziplinenbildung der Erziehungswissenschaften am jeweiligen Standort, über die sich entwickelnden Institutionen, über das Vorgehen der massgeblichen Protagonisten sowie über die beteiligten Akteursgruppen, die ihre Entwicklung ermöglichen oder behindern. Dabei ist, auch wenn insgesamt ein ähnlicher Prozessverlauf festzustellen ist, die Vielgestaltigkeit der Logiken und Formen auf den ersten Blick auffallend.

In der deutschsprachigen Schweiz bildet sich das disziplinäre Feld schon zu einem sehr frühen Zeitpunkt in *Zürich* heraus, unter der Ägide der Philosophie, deren Vorrangstellung mehrere Jahrzehnte anhält. Es zeigt sich in einer Konstellation spezialisierter Institutionen, die aufgrund jeweiliger Bedürfnisse geschaffen werden und Aufgaben der Ausbildung, Reflexion und Forschung übernehmen. Sie bieten das Bild eines wuchernden Feldes, pluridisziplinär und mit einer Vielzahl von Zentren, das nur schwer als Ganzes zu erfassen ist. Ganz anders stellt sich die Situation in *Bern* dar, auch wenn dort ebenfalls eine an der Philosophie orientierte Pädagogik vorherrschend ist. Das Feld ist hauptsächlich auf die Lehrerausbildung ausgerichtet, die Gegenstand dauernder Verhandlungen zwischen den universitären, professionellen und administrativen Akteuren und Instanzen ist, die ihrerseits die Definition und Grenzen des Feldes sowie die Form seiner Ausbildungsfunktionen hinterfragen. In *Basel* entsteht an der Universität zusätzlich zu einem Lehrstuhl schon früh eine spezialisierte Struktur im disziplinären Feld, die ebenfalls von der Philosophie gesteuert wird. Diese Struktur wird dann jedoch aus der Universität ausgelagert, was zur Folge hat, dass das disziplinäre Feld über einen langen Zeitraum verschwindet. *Freiburg*, das geografisch auf der Grenze zwischen deutsch- und französischsprachiger Schweiz liegt, erhält einen von Anfang an autonomen Lehrstuhl für Pädagogik, der von den katholischen Instanzen, die seine dauerhafte Institutionalisierung befürworten, ausgestattet wird. Er wird zunächst hauptsächlich von der frankophonen katholischen Welt wahrgenommen. Dort entsteht auch der Plan für ein psychologisches und pädagogisches Institut, dessen

Aufbau sich jedoch über Jahrzehnte hinzieht und erst in den 1930er-Jahren tatsächlich abgeschlossen ist. Es übernimmt schliesslich unterschiedliche Funktionen, die nun gleichermassen auf die französischsprachigen und deutschsprachigen Gebiete ausgerichtet sind. In der französischsprachigen Schweiz wird, in *Lausanne,* in engem Zusammenspiel zwischen Universität und Verwaltung, ebenfalls ein autonomer Lehrstuhl und danach ein Fachbereich für die pädagogischen Wissenschaften *(sciences pédagogiques)* eingerichtet. Dieser anfängliche Elan lässt jedoch mit der Zeit nach, und die Existenz des disziplinären Feldes als Teil der akademischen Institution ist nachhaltig bedroht. *Genf* unterscheidet sich von allen anderen durch das Bestehen eines Instituts für Erziehungswissenschaften, an dem eine Vielzahl von Akteuren zusammentreffen. Diese verfügen von Anfang an über ein Potenzial, das aufgrund von Synergien mit der Profession und der Verwaltung sowie aufgrund eines besonders vorteilhaften lokalen Kontextes eine andere disziplinäre Entwicklung auch auf internationaler Ebene ermöglicht. Die kurzen Abrisse über die Universität *Neuenburg*, die Handelshochschule *St. Gallen* und die Eidgenössische Technische Hochschule *Zürich* bieten, gerade weil das disziplinäre Feld dort nur eine marginale Stellung erreicht, die Möglichkeit einer besseren Erfassung der Faktoren, die seine Entwicklung begünstigen oder bremsen.

Die Monografien zeichnen somit vorwiegend narrativ und deskriptiv die Institutionalisierung des disziplinären Feldes der Erziehungswissenschaften an jedem der ausgewählten Standorte nach. Sie bilden das Grundlagenmaterial für eine vergleichende Analyse mit dem Ziel, die Konvergenzen und Divergenzen zwischen den Standorten herauszuarbeiten und, wenn möglich, die Gründe dafür zu finden. Diese Analyse zeigt nicht nur den Einfluss der – insbesondere deutschsprachigen und französischsprachigen – Kulturräume, in denen die jeweiligen Standorte gelegen sind, sondern macht auch andere Faktoren und Grenzlinien sichtbar, die sich vor dem Hintergrund des entsprechenden sozialen, kulturellen und zeitspezifischen Kontextes herausbilden. Das Ergebnis ist die Beschreibung von *Konfigurationen*, von ihrer Funktion her eine Typologie mit heuristischem Wert.

Diese Perspektive bildet den Angelpunkt des vorliegenden Bandes: Sie ermöglicht es, die Monografien der jeweiligen Standorte unterschiedlich zu lesen und zu verstehen, und dient gleichzeitig als Grundlage für die transversalen Untersuchungen, die bestimmte Phänomene erklären sollen.

Professionelle, soziale und kognitive Aspekte – thematische Untersuchungen

Nachdem die Leserinnen und Leser das Feld mit seinen einzelnen Standorten in ihrem Verhältnis zueinander zu Kenntnis genommen haben, können sie es nun in seinen transversalen *Beziehungen zu verschiedenen anderen sozialen Feldern* und in seiner *kommunikativen und kognitiven internen Struktur* kennenlernen. Dazu dienen die sieben thematischen Untersuchungen im zweiten Teil des Bandes.

Die Geschichte der Erziehungswissenschaften führt zwangsläufig zur Geschichte der *Lehrerbildung*, wobei beide sich wechselseitig bedingen. Das erste Kapitel des zweiten Teils beschäftigt sich in erster Linie mit dem Verhältnis zwischen Profession und Disziplin und geht der Frage nach, wie sich diese Beziehung in Verbindung mit Fragen von Macht und Wissen entwickelt. Dazu werden die Ausbildungsgänge der Primar- und Gymnasiallehrer kontrastiert, deren gegenseitige Abgrenzungen sichtbare Auswirkungen auf das Feld haben und seine Entwicklung beeinflussen. Diese Entwicklung nimmt entsprechend den kulturellen und historischen Kontexten unterschiedliche Formen an, auch wenn überall Schulverwaltungen, akademische Disziplinen und Instanzen sowie Berufsverbände wegen analoger Widersprüche in Konflikt geraten, die sich alle mit unterschiedlichen Ansprüchen darum bemühen, die Definitionsmacht über Inhalte und Ausbildungsformen der akademischen Lehrerbildung zugesprochen zu bekommen (Kapitel 9).

Das Problem der geeigneten Bildung und Erziehung sogenannt zurückgebliebener Kinder sowie der Ausbildung der damit betrauten Erzieher und Lehrer verweist auf die Frage nach dem verfügbaren und noch zu konstruierenden Wissen, das notwendig ist, um diese gleichermassen soziale, pädagogische, psychologische und medizinische Aufgabe nachhaltig angehen zu können. Das Entstehen des Bereichs der *Heil- und Sonderpädagogik* lässt sich als eine Form wechselseitiger Konstituierung beschreiben, wobei die Profession sich von Beginn an unter Bezugnahme auf Konzepte entwickelt, die ihren Ursprung im disziplinären Feld haben, dessen Entwicklung wiederum von der Verknüpfung mit dem entstehenden sozialen Feld begünstigt wird. Während sich jedoch die Heilpädagogik an einigen Standorten als autonomer Bereich etabliert, entstehen anderswo Strukturen, die eine pluridisziplinäre Perspektive aufweisen (Kapitel 10).

Die *Berufsberatung* entwickelt sich als berufliche Praxis, um den Übergang zwischen der Welt von Bildung und Erziehung und der Arbeitswelt zu gewährleisten. Sie ruft eine große Zahl an Protagonisten der Erziehungswissenschaften auf den Plan, deren Interesse der Frage der Definition von Fertigkeiten sowie der beruflichen und, im Weiteren, der schulischen Orientierung gilt und die zur Ausbildung der Berater beitragen möchten. Dieses Interesse ist auch auf die angewandte Psychologie der Rationalisierung der Arbeit gerichtet, die sich mit der Organisation von Arbeit und der Personalauswahl beschäftigt. Die Berufsberatung ist im Randbereich der Erziehungswissenschaften angesiedelt, und ihre Entwicklung vollzieht sich auf der Grundlage zweier stark kontrastierender Modelle: Nach dem einen folgt sie im Wesentlichen der Logik des sozialen Feldes; das andere versucht die Umsetzung der Hypothese einer weitergehenden Bildung der Berufsberater auf der Grundlage der Erziehungswissenschaften, jedoch ohne grossen Erfolg (Kapitel 11).

Die anschliessende Untersuchung siedelt sich in einem ganz andern Bereich an und befasst sich mit den vielfachen Bezügen zwischen wissenschaftlicher Forschung und *Schulreform.* Zur Verbesserung der Praktiken und Systeme im Bildungs- und Erziehungssektor arbeiten zahlreiche Pädagogen an neuen Ansätzen für diese Phänomene. Die empirischen Ansätze, auf die sich dieses Kapitel hauptsächlich bezieht, sollen gleichermassen dazu dienen, die Pädagogik als andern gleichberechtigte Wissenschaft zu konstituieren und die schulischen Angebote und pädagogischen Methoden den Bedürfnissen der Kinder anzupassen. Diese empirischen Ansätze lassen sich, zu unterschiedlichen Zeitpunkten, an allen Standorten feststellen, finden jedoch kaum einen gesicherten Platz im Rahmen der Erziehungswissenschaften, ausgenommen in Genf, dem Vorreiter der Reformpädagogik *(Education nouvelle)* und der Entwicklungspsychologie (Kapitel 12).

Während die ersten vier Untersuchungen sich hauptsächlich mit der Beziehung zwischen disziplinärem Feld und sozialen Feldern (einschliesslich ihrer Referenzberufe) befassen, liegt der Schwerpunkt der drei folgenden auf der Organisation und internen Struktur des disziplinären Feldes, wobei die Aufmerksamkeit vor allem den konkreten (intellektuellen, verbands- und ausbildungsbezogenen) Tätigkeiten der wichtigsten Protagonisten des Feldes gilt.

Die Untersuchung der *Akteure und Netzwerke* basiert auf einer kollektiven Biografie der wichtigsten Akteure des Feldes (71 Hochschullehrer und -forscher) und zeigt eine ebenso hybride wie eigenständige disziplinäre Identität auf. Jenseits der Unterschiede hinsichtlich der disziplinären und professionellen Herkunft sowie der Tätigkeits- und Einflussbereiche zeichnet sich eine analoge Konzentration der Tätigkeiten auf lokaler bzw. regionaler Ebene ab. Die innovativsten Akteure erheben sich über den lokalen Alltag und begeben sich auf eine internationale Ebene, um mit ihren Netzwerken die Institutionalisierung des Feldes in der Schweiz zu konsolidieren. Es gibt jedoch bis zur Mitte des 20. Jahrhunderts keine umfassende Initiative und keine gemeinsame Plattform, die zur Schaffung einer nationalen Identität der Erziehungswissenschaften in der Schweiz beigetragen hätte. Diese Eigentümlichkeit des disziplinären Feldes in der Schweiz relativiert den in zahlreichen wissenschaftshistorischen und -soziologischen Untersuchungen stark betonten nationalen Faktor und stärkt die Konfigurationshypothese (Kapitel 13).

Die Analyse der *Wege der Sozialisation* zeigt Autonomie und Heteronomie, Spezifität und Diversität des Feldes. Zwar behauptet sich das Feld überall als möglicher Hauptstudiengang mit eigenen Prüfungsanforderungen, bleibt bezüglich der Promotion jedoch von der Philosophie abhängig. Das Lehrangebot wächst stark und beständig. Als Beleg für die Hybridität umfasst dieses Angebot sowohl Lehrveranstaltungen aus dem Bereich Bildung und Erziehung als auch solche aus Nachbardisziplinen der Erziehungswissenschaften wie Entwicklungspsychologie, Anthropologie, Biologie oder Schulhygiene. Das Veranstaltungsangebot im Bereich Bildung und Erziehung ist fast unüberschaubar: Ein Prozess fortgesetzter Differenzierung lässt die Zahl der Fachbereiche und Unterdisziplinen ständig wachsen. Die behandelten Probleme sind so zahlreich wie vielfältig und erstrecken sich auf alle Dimensionen von Bildung und Erziehung, von der Familie bis zur internationalen Bildung und Erziehung und von der Moralerziehung bis zur Schulverwaltung, wobei der Schwerpunkt auf Schule und Unterrichtsmethoden liegt (Kapitel 14).

Diese Hybridität lässt sich auch aus den *Publikationen* der Akteure des Feldes herauslesen. Die Analyse der editorischen Infrastruktur des Feldes und der effektiven intellektuellen Tätigkeit seiner Vertreter offenbart ein hohes Mass an Pluridisziplinarität der Arbeiten sowie an Interaktionen mit den sozialen Referenzfeldern, denen eine beeindruckende Zahl von Arbeiten gewidmet ist. Diese doppelte Heteronomie nimmt unterschiedliche, von Zeitraum und Ort abhängige Formen an, die in ihrer Gesamtheit die aus den Monografien abgeleiteten Konfigurationen durchziehen, die wiederum auf institutionellen Dimensionen beruhen (die mit Sicherheit immer Auswirkungen auf die kognitiven Formen haben); die vertiefende Analyse der kognitiven Formen selbst macht jedoch auch Nuancen sichtbar, die belegen, dass hinter einer offensichtlichen Überlagerung des Institutionellen durch das Kognitive Distinktionen stattfinden, die jenseits der institutionellen Strukturen bisweilen erstaunliche Räume des Möglichen erkennen lassen (Kapitel 15).

Der Anhang umfasst Kurzüberblicke zur Chronologie der einzelnen Standorte bzw. Institutionen sowie Kurzbiografien der wichtigsten Akteure, die im vorliegenden Band Erwähnung finden (mit einem * gekennzeichnet).

Wie man sieht, beschränkt sich unser Vorgehen keinesfalls auf einen geschlossenen akademischen Raum, sondern bewegt sich zwischen den verschiedenen, mit dem Bereich Bildung und Erziehung verbundenen sozialen, professionellen und disziplinären Feldern. Die Beziehungen zwischen diesen verschiedenen Feldern, die wir in der Form dialektischer Spannungen problematisieren, bilden das Kernelement der vorliegenden Arbeit, der die Hypothese zugrunde liegt, dass diese Spannungen den Prozess der Disziplinenbildung der Erziehungswissenschaften prägen. Dies trifft natürlich auch auf andere Disziplinen zu, jedoch unterscheiden sich die Erziehungswissenschaften von anderen Disziplinen durch die Schärfe dieser Determinationen und dadurch, dass ihre Entwicklung eng mit der anderer Wissenschaften, insbesondere der Sozialwissenschaften, verknüpft ist. Zudem können die Erziehungswissenschaften als idealer Untersuchungsgegenstand angesehen werden, der ein besseres Verständnis der Triebkräfte anderer wissenschaftlicher Disziplinen, insbesondere der anderen Sozialwissenschaften und pluridisziplinären Felder ermöglicht.

Teil I

Die Institutionalisierung der Erziehungswissenschaften in der Schweiz

Kapitel 1
Pädagogik an der Universität Zürich

Eine Disziplin für unterschiedliche Professionsansprüche (1857–1949)

Lucien Criblez

«Pädagogik ist freilich nicht eine im luftleeren Raum existierende Wissenschaft [...]»[1]

Die Gründung der Universität Zürich 1833 war Teil des Vollzugs eines liberalen Bildungsprogramms der innovativen politischen Kräfte im Anschluss an die revolutionsartigen Umbrüche Anfang der 1830er-Jahre.[2] Die neue Universität wurde nach neuhumanistischem Vorbild deutscher Universitäten konzipiert: Alle wissenschaftlichen Disziplinen für alle wissenschaftlichen Berufe sollten vertreten sein (Ärzte, Juristen, Theologen), die philologischen, historischen und naturwissenschaftlichen Fächer hatten nicht mehr nur propädeutische Funktion, sondern waren zu einer eigenständigen Fakultät erhoben. Die Universitätskonzeption ging von drei Grundprinzipien aus: Wissenschaftsorientierung der Ausbildung für die entsprechenden Berufe, Lehrfreiheit für die Lehrenden und Lernfreiheit für die Studierenden sowie Einheit von Forschung und Lehre.

Die Universität war eng in das politische System des Kantons Zürich eingebunden, was mitunter auch als Abhängigkeit erlebt und kritisiert wurde (Gagliardi, Nabholz & Strohl, 1938, S. 473). Die Wahl der Professoren war ein zentrales Steue-

1 S. Theseus (1949) in einem feurigen Plädoyer für die Stärkung der Pädagogik an der Universität und für die Verbindung der Primarlehrerausbildung mit der Universität. Der Autor (Theseus ist ein Pseudonym) verband sein Plädoyer mit einer pointierten Kritik an der bisherigen Situation, dass die Pädagogik an der Universität der Philosophie und Psychologie als «Nebenerscheinung» nachgeordnet war, und mit einer Kritik am Vorschlag, Leo Weber auf die zu besetzende Pädagogikprofessur zu wählen und nicht den Zürcher Kandidaten und Direktor des Oberseminars Walter Guyer.

2 Zum Folgenden siehe Gagliardi, Nabholz & Strohl, 1938; Meyer von Knonau, 1914; Stadler, 1983.

rungsinstrument für die Weiterentwicklung der auf die Funktion der Professur zentrierten Universität: Der Zürcher Regierungsrat definierte mit Wahl und Wiederwahl den Lehrbereich und legte die Besoldung fest. Der Erziehungsrat kontrollierte das Lehrangebot, indem das Vorlesungsverzeichnis durch ihn genehmigt werden musste. Trotz universitärer Lehrfreiheit griff der Erziehungsrat verschiedentlich in die Ausschreibung von Lehrveranstaltungen ein und verlangte Änderungen im Lehrangebot.

Innerhalb der Universität sind für die Disziplinengeschichte vor allem zwei Funktionsebenen von Bedeutung: die Fakultäten und die einzelnen Professuren. Die Fakultäten bzw. die Dekane verhandelten in fast allen wesentlichen Fragen direkt mit den Behörden. Lehre und Forschung lagen in den Händen der Professoren und Privatdozenten, Assistenzstellen existierten nur in wenigen Fällen. Eine nicht unwichtige Funktion kam den Privatdozenten zu, weil sie einen Teil der Lehre zu für den Staat günstigen Konditionen erteilten. Die *venia legendi* und damit der Status des Privatdozenten blieb Voraussetzung für die Durchführung von Lehrveranstaltungen. Nur widerwillig erteilten die Behörden seit Ende des 19. Jahrhunderts Lehraufträge an Nicht-Habilitierte, vor allem für didaktische Lehrveranstaltungen in der universitären Lehrerbildung. Gleichzeitig waren die Privatdozenten schlecht gestellt, wurden nicht entlöhnt, sondern erhielten lediglich ihren Anteil an den Kollegiengeldern und mussten zunächst alle drei, dann alle sechs Jahre ihre *venia legendi* erneuern lassen. Ihren Lebensunterhalt verdienten sie ausserhalb der Universität.

Die meisten Stellen mit pädagogischem Lehrauftrag und die entsprechenden Lehrangebote für die berufsorientierten Ausbildungsgänge im pädagogischen Bereich waren mehrheitlich der ersten Sektion der philosophischen Fakultät[3] zugeordnet. Eine Nebenrolle spielte die zweite Sektion der philosophischen Fakultät seit Ende des 19. Jahrhunderts mit ihren Lehrveranstaltungen in der Anthropologie sowie seit 1915 in der Didaktik der naturwissenschaftlichen Fächer. Zudem bekundete diese Fakultät immer wieder Interesse an der Definition und Ausgestaltung der Philosophielehrstühle, insbesondere im Hinblick auf Logik, Erkenntnis- sowie Wissenschaftstheorie und -geschichte. Die medizinische Fakultät definierte und besorgte im Wesentlichen das Lehrangebot im Schnittbereich zwischen Pädagogik und Medizin (Kinder- und Jugendpsychiatrie, Schulhygiene, medizinische Grundlagen der Heilpädagogik).

---

3 Die philosophische Fakultät wurde auf das Sommersemester 1899 hin in eine erste (Geisteswissenschaften) und eine zweite Sektion (naturwissenschaftliche Fächer) unterteilt.

Sowohl die Gesamtuniversität als auch die philosophische Fakultät I blieben bis Ende des 19. Jahrhunderts kleine und überblickbare Institutionen. Die Zahl der Studenten an der gesamten philosophischen Fakultät lag vor 1860 unter 50. Erst Ende des 19. Jahrhunderts verzeichnete die erste Sektion der philosophischen Fakultät mehr als hundert Studierende. Bis 1950 versiebenfachte sich die Studentenzahl; ein starkes Wachstum setzte anschliessend seit Mitte der 1950er-Jahre ein.

Pädagogik gehörte an der Universität Zürich zu den von Anfang an gelehrten Fächern. Sie wurde als integraler Teil der Philosophie vom Lehrstuhlinhaber für Philosophie gelehrt: vom Sommersemester 1833 bis zum Wintersemester 1856/57 zunächst vom Herbartschüler Eduard Bobrik. Bobrik hielt erstmals im Wintersemester 1833/34 eine Vorlesung in Pädagogik und wiederholte diese in lockerer Folge. Erst in den 1850er-Jahren ging er zu einem regelmässigen Angebot über. Neben Pädagogik bot er regelmässig Veranstaltungen zu psychologischen Themen an, etwa Anwendung der Differenzial- und Integralrechnung auf Psychologie, Psychologie mit besonderer Rücksicht auf die Verbindung der Seele mit dem Körper sowie Psychologie unter Berücksichtigung der Anthropologie. Das Lehrangebot in Pädagogik blieb bis 1860 eng begrenzt und bestand in einer alle paar Semester, zunächst unregelmässig angebotenen Grundvorlesung. Die Ausprägung des Faches entsprach der Definition des Lehrstuhls für *Philosophie und Psychologie,* der diese beiden Schwerpunkte in den Vordergrund rückte.

Der 1851 zum ausserordentlichen und 1856 zum ordentlichen Professor für Philosophie beförderte Theologe Andreas Ludwig Kym* las zunächst ausschliesslich zu philosophischen Themen. Von den Privatdozenten, die in Philosophie habilitiert waren, bot Daniel Fehr ab Wintersemester 1850 Psychologie, ab Wintersemester 1858 auch regelmässig Pädagogik an. Ähnlich verhielt sich Otto Jäger, der im Wintersemester 1857/58 über Psychologie und im Sommersemester 1861 über Pädagogik las, ohne jedoch das Angebot später fortzusetzen. Das Lehrangebot bezog sich – anders als bei den Theologen, den Juristen und den Medizinern – nicht auf einen Beruf. Faktisch wurden zwar Studierende ausgebildet, die später Lehraufgaben in den Sekundarschulen und Gymnasien übernahmen, ohne dass aber ein formalisierter Studiengang an der Universität auf ein solch spezifisches Berufsprofil vorbereitet hätte. Der philosophischen Fakultät fehlte eine explizite Berufsorientierung.

Moderate Disziplinenbildung – Institutionalisierung der Pädagogik durch die akademische Lehrerbildung (1857–1897)

Die Institutionalisierung der Gymnasiallehrerausbildung an der Universität war mehrfach motiviert. Erstens hatten die Universitäten in Deutschland ergänzend zum Vorlesungsbetrieb Seminare geschaffen, mit denen sowohl eine fachwissenschaftliche Vertiefung als auch eine Verbesserung der Vermittlung des (gymnasialen) Unterrichtsstoffes angestrebt wurde (Müller-Rolli, 1992, S. 99 ff.). Da ein Teil der Professoren an der Universität Zürich aus Deutschland stammte, lagen Bestrebungen, Ähnliches zu realisieren, nahe. Zweitens konnte an der philosophischen Fakultät ein Studium absolviert werden, ohne dass dieses auf einen besonderen Beruf vorbereitet hätte. In der Lehrerbildung fand die philosophische Fakultät deshalb ihre Berufsorientierung. Drittens war die Universität bestrebt, ihren Einfluss auf die Gymnasien aufrechtzuerhalten. Da sich die ehemals eng aufeinander bezogenen Institutionen Gymnasium und Universität auseinanderzuentwickeln begannen, sah die Universität die Möglichkeit der weiteren Einflussnahme vor allem in der Ausbildung des Personals für die Gymnasien.

Nachdem der Altphilologe Hermann Köchly bereits 1856 die Einführung einer Staatsprüfung für Kandidaten des höheren Lehramtes vorgeschlagen hatte, konnte er 1857 nach dem Vorbild deutscher Universitäten ein philologisch-pädagogisches Seminar einrichten (*Pädagogische Monatsschrift der Schweiz,* 1857, S. 188 f.). Der Gründung dieses Seminars folgten bis Ende des 19. Jahrhunderts weitere, u. a. das historische, das romanisch-englische und das deutsche Seminar. Die Funktion dieser Seminare war eine mehrfache: Ergänzung der fachwissenschaftlichen Ausbildung; Interpretation, Diskussion und Kritik von Texten; Übungen im mündlichen Ausdruck (Rhetorik) sowie praktische Einführung in das eigene Unterrichten. In einzelnen Seminaren wurden auch Schulbesuche in den Gymnasien organisiert. Die Seminare waren so gleichzeitig erster Institutionalisierungsschritt der Disziplinen auf dem Weg zu eigentlichen Universitätsinstituten, neue Veranstaltungsform universitärer Lehre und Ort der Vorbereitung auf das Unterrichten ihres Faches für zukünftige Gymnasiallehrer. Gegen Ende des Jahrhunderts verloren sie jedoch allmählich die letztgenannte Funktion.

Die Ausbildung der Gymnasiallehrer blieb bis zum Ersten Weltkrieg fast ausschliesslich fachwissenschaftlicher Art, sieht man von den bescheidenen Übungen in den neu eingerichteten Seminaren ab. Der Regierungsrat regelte 1861 zunächst die Ausbildung an der philologisch-historischen Sektion der philosophischen Fakultät (Diplomprüfungsreglement höheres Lehramt, 1861), erst mehr als 20 Jahre später auch diejenige an der mathematisch-naturwissenschaftlichen Sektion (Diplomprüfungsreglement höheres Lehramt, 1886). Die Organisation der Ausbildung blieb «virtuell», mit den Reglementen bestimmte der Regierungsrat lediglich eine Prüfungskommission, welche die Kandidaten in definierten fachwissenschaftlichen Bereichen zu prüfen hatte. Pädagogik, Psychologie, Didaktik oder Lehrpraxis waren vorerst *keine* Prüfungsfächer. Das Lehrdiplom dokumentierte die fachliche, nicht etwa die didaktische Lehrbefähigung.

Anfang der 1860er-Jahre hatte der Schweizerische Lehrerverein (SLV) im Rahmen einer Diskussion über die Zentralisation des Bildungswesens (Fries, 1861) vom Bundesrat die Ausbildung von Sekundarlehrern am Eidgenössischen Polytechnikum in Zürich verlangt mit dem Ziel, die Sekundarlehrerausbildung zu harmonisieren und zu verbessern (Antenen & Minnig, 1862). Die Lehrgebiete der sechsten Abteilung des Polytechnikums sollten deshalb durch Geschichte der Pädagogik, Psychologie, allgemeine Pädagogik, theoretische und praktische Methodik sowie Schulkunde ergänzt und ein *Lehrstuhl für Pädagogik* eingerichtet werden (Antenen & Minnig, 1862; vgl. Kapitel 9 in diesem Band).

Die Initiative des Schweizerischen Lehrervereins führte zur Verbesserung der Fachlehrerausbildung am Polytechnikum (Reglement Polytechnikum, 1866; Rüegg, 1880, S. 16), aber weder zur Einrichtung einer Professur für Pädagogik, die der Schulrat noch in Erwägung gezogen hatte (Schweiz. Schulrath, 1863), noch zu einer nationalen Lösung für die Ausbildung von Sekundarlehrern: Die Kantone Basel, Bern, Zürich und St. Gallen etablierten in einem föderalistischen Reflex in kurzer Zeit eigene Ausbildungsinstitutionen (Brenner, 1930; Messerli, 2002; Müller, 1917; *Thätigkeit der schweizerischen Hochschulen,* 1869; Ziegler, 1994).

So schuf auch der Erziehungsrat des Kantons Zürich 1865 versuchsweise einen Kurs für Sekundarlehrer an der Universität, im Herbst 1869 wurde die Lehramtsschule provisorisch, im April 1870 definitiv eingerichtet. Pädagogik wurde zum Prüfungsfach, wobei die Prüfung 1875 in Psychologie und Pädagogik, Methodik des Sekundarunterrichts sowie die Probelektion in zwei Fächern (Reglement Fähigkeitsprüfungen, 1875, § 15), 1881 in Psychologie, allgemeine Pädagogik und Geschichte der Pädagogik sowie Methodik des Sekundarschulunterrichts und Probelektion (Reglement Fähigkeitsprüfungen, 1881, § 10) unterteilt wurde.

1881 wurde die Patentierung von Sekundarlehrern vom Besuch eines zweijährigen Studienganges abhängig gemacht (Gesetz Sekundarlehrerausbildung ZH, 1881), damit aber die Lernfreiheit der Studierenden eingeschränkt. Auf Wunsch des Rektorates wurde die Lehramtsschule vollständig in die Universität integriert: Die Studierenden waren neu an der Universität immatrikuliert und «nach Pflichten und Rechten den übrigen Studierenden gleichgestellt» (Ziegler, 1994, S. 20). Pädagogik,

Psychologie und Methodik des Sekundarschulunterrichts wurden für alle Kandidaten obligatorisch.

Die Sekundarlehrerausbildung blieb bis Anfang des 20. Jahrhunderts auf die fachwissenschaftliche Ausbildung ausgerichtet – wenn auch weniger einseitig als die Gymnasiallehrerausbildung: Der methodisch-didaktische Teil der Ausbildung beschränkte sich auf eine Methodikveranstaltung, die berufspraktische Ausbildung blieb marginal. Pädagogik und Psychologie hörten die Lehramtsstudierenden bei den mit diesem Lehrgebiet betrauten Philosophieprofessoren und bei den entsprechenden Privatdozenten. Mit Otto Hunziker* stand der Universität seit 1890 erstmals ein Hochschullehrer zur Verfügung, der mit dem Zürcher Unterrichtswesen und der Schulpraxis verbunden war. Er bestritt weitgehend das für Sekundarlehramtskandidaten definierte Lehrangebot.

Mit der akademischen Lehrerbildung wurden pädagogische Lehrveranstaltungen an der Universität, die bisher dem Spiel von Angebot und Nachfrage unterworfen gewesen waren, institutionalisiert. Die Prüfungsreglemente für Sekundar- und Gymnasiallehrer, also die Notwendigkeit der Ausbildung der Profession, sorgten nach 1870 dafür, dass Pädagogik, Psychologie und Methodik permanent angeboten werden mussten. Mit steigenden Studierendenzahlen in den Lehramtsstudiengängen wuchs deshalb die Bedeutung der Pädagogik innerhalb der Philosophie: Die Pflichtveranstaltungen der universitären Lehrerbildung sicherten die Kontinuität des Lehrangebots, und die zunehmenden Studentenzahlen legitimierten einen weiteren Ausbau. Gleichzeitig wurden dadurch zwei grundlegende Diskussionen ausgelöst, die seither die Universität und die Bildungspolitik immer wieder beschäftigten: einerseits über die Ausdifferenzierung der Disziplinen Philosophie, Pädagogik und Psychologie, andererseits über das Verhältnis von theoretischer und berufsorientierter Ausbildung von Lehramtskandidaten sowie die Qualifikation des dafür benötigten Personals.

Neben der definitiven Etablierung der Pädagogik als Lehrdisziplin an der Universität bewirkte die Institutionalisierung der Lehrerbildung innerhalb der Universität, dass das «Lehramt» als neue Struktur quer zur bisherigen Fakultätsstruktur aufgebaut wurde. Dadurch war es der Bildungsverwaltung möglich, die Lehrfreiheit der Universität zu begrenzen, weil die für die Lehramtsausbildung vorgesehenen und in Reglementen festgelegten Inhalte gegenüber Fakultät und Lehrstuhlinhabern eingefordert werden konnten. Zudem wurde die Bedingung der *venia legendi* für einen Lehrauftrag vorerst für die Methodikveranstaltung der Sekundarlehramtskandidaten aufgehoben. Für die Privatdozenten, die sich über die Besucherfrequenz ihrer Veranstaltungen legitimieren mussten, bedeuteten die Vorlesungen für die Lehramtsstudierenden eine Absicherung der Nachfrage. Einzelne Privatdozenten konnten so auf eines der Extraordinariate aufsteigen, die *ad personam* vor allem zugunsten der Lehramtsausbildung geschaffen wurden.

Mit der Integration der Pädagogik und Methodik in die Studiengänge und die Diplomprüfungen der Sekundarlehrer wurde die Nachfrage nach Pädagogik an der Universität formal abgesichert und Lehrveranstaltungen in diesem Fach dauerhaft angeboten. Pädagogik und Geschichte der Pädagogik waren seit 1881 Prüfungsfach am Sekundarlehramt, mussten also in der Lehre angeboten werden. In den 1860er- und 1870er-Jahren dürften neben der Etablierung der Sekundarlehrerausbildung die gesetzliche Formulierung eines Berufsziels Gymnasiallehrer und die in Aussicht stehende akademische Volksschullehrerbildung den Druck zur Institutionalisierung der Pädagogik als universitäres Lehrfach verstärkt haben. Dass das universitäre Lehrangebot auf Nachfrage reagierte, zeigte sich bereits Ende der 1850er- und Anfang der 1860er-Jahre, als einerseits Köchly 1857 das philologisch-pädagogische Seminar und eine Vorlesung zur Gymnasialpädagogik anbot, andererseits die Professoren und Privatdozenten dazu übergingen, ein dauerhaftes Lehrangebot zunächst in systematischer Pädagogik, ab 1867 auch in Geschichte der Pädagogik zu etablieren. Bobrik und Jäger engagierten sich allerdings nur kurz für die Pädagogik, Kym las kaum Pädagogik.[4] Die systematische Pädagogik wurde nach dem Weggang von Bobrik seit 1857 von Privatdozent Daniel Fehr übernommen, 1874–1880 las er auch Geschichte der Pädagogik.

Eine stärkere Vertretung der Pädagogik durch einen der beiden Philosophielehrstühle wurde wegen der erwähnten Nachfrage nach Pädagogik durchaus angestrebt: Da sich Kym fast 50 Jahre lang vor allem der Psychologie widmete, musste entweder der zweite Lehrstuhl auf die Pädagogik verpflichtet oder ein neuer Lehrstuhl geschaffen werden. Bestrebungen, den Berner Seminardirektor Hans-Rudolf Rüegg* für eine neu zu errichtende Professur für Pädagogik mit gleichzeitiger Verpflichtung zur Lehre an der Lehramtsschule zu gewinnen, führten 1875 nicht zum Ziel, da Rüegg in Bern eine Professur angeboten wurde. Die Situation verschärfte sich durch den schnellen Wechsel auf dem Lehrstuhl für systematische Philosophie nach dem Weggang Bobriks: Otto Jäger (1859–1862), Friedrich Albert Lange (1870–1872), Wilhelm Wundt (1874–1875) und Wilhelm Windelband (1876–1877) hatten den Lehrstuhl jeweils nur ganz kurze Zeit inne, sodass thematische Kontinuität und eine Profilierung des Lehrstuhls nicht möglich waren. Erst Richard Avenarius*, 1876 bis 1896 Ordinarius für *systematische Philosophie, Pädagogik und Psy-*

4 Die Aufgabenteilung zwischen den beiden Philosophielehrstühlen war so konzipiert, dass die Geschichte der Pädagogik dem historischen Philosophielehrstuhl, die allgemeine Pädagogik dem Lehrstuhl für systematische Philosophie zugeordnet war.

chologie, sorgte für thematische Kontinuität, indem er Psychologie und Pädagogik abwechslungsweise und regelmässig las. Inhaltlich widersetzte er sich mit seiner klaren Positionierung gegen die experimentelle Psychologie dem Zeitgeist, was eine Rückkehr nach Deutschland, die er offensichtlich angestrebt hatte, erschwerte (Gagliardi, Nabholz & Strohl, 1938, S. 706 ff.). Neben den Professuren ist auf die wichtige Rolle der Privatdozenten (zunächst vor allem Daniel Fehr, später Otto Hunziker und Ludwig Stein*) im Prozess der Disziplinenbildung hinzuweisen: Sie sorgten dafür, dass die in den Prüfungen für Sekundarlehrer vorgesehenen Inhalte kontinuierlich angeboten wurden – und entlasteten zugleich die Ordinarien von der – oft ungeliebten – Lehrerbildung.

Für die Entwicklung der Pädagogik an der Universität Zürich sollte sich jedoch ein weiterer Mechanismus im Zusammenhang mit der beschriebenen Funktion der Privatdozenten als entscheidend erweisen. Er lässt sich an der Ernennung von Otto Hunziker 1890 zum ausserordentlichen Professor für *Pädagogik und schweizerische Schulgeschichte* auf sein eigenes Ersuchen hin zeigen, wiederholte sich aber dann sowohl in der Volksschuldidaktik mit Hans Stettbacher*, in der Didaktik des Mittelschulunterrichts mit Max Zollinger* als auch in der Heilpädagogik mit Heinrich Hanselmann*: Privatdozenten, welche für die Lehrerbildung wichtige Themen vertraten und mit dem Zürcher Bildungssystem vertraut waren, zudem die formale Voraussetzung fürt eine Habilitation erfüllten, wurden auf politischen Druck hin zu ausserordentlichen Professuren *ad personam* befördert, in der Regel zunächst mit einem kleinen (heisst: teilzeitlichen) Extraordinariat ausgestattet, das auf weiteren Druck seitens der Erziehungsbehörden und aufgrund des Lehrerfolgs später zu einem vollwertigen Extraordinariat ausgebaut wurde. Während auf die Philosophielehrstühle Deutsche berufen wurden, waren diese Privatdozenten, die auf dem Beförderungsweg zu Extraordinarien wurden, ausnahmslos Schweizer. Die Institutionalisierung der Pädagogik und deren Herauslösung aus der Philosophie vollzog sich an der Universität Zürich weitgehend auf diesem Wege, nicht zuletzt, weil sich die philosophische Fakultät I bis Ende der 1940er-Jahre durch *Ad-personam*-Wahlen einem irreversiblen Entscheid zur disziplinären Differenzierung entzog.

Sozialwissenschaftliche Wende in der Pädagogik? – Aspirationen der Lehrerschaft nach der Jahrhundertwende

Die grosse Aspiration – experimentelle Pädagogik, Didaktik und Psychologie als Grundlagen der Schulreform

Am Übergang vom 19. ins 20. Jahrhundert sollte die Pädagogik (und die Psychologie) auch an der Universität Zürich aus ihren traditionellen philosophischen Wurzeln herausgelöst und auf dem Fundament einer an den Naturwissenschaften orientierten experimentellen Wissenschaft neu aufgebaut werden (Schmidt, 1995). Vielschichtige sozioökonomische Veränderungen (u. a. die Folgen von Industrialisierung und Urbanisierung), die zunehmende Bedeutung der Naturwissenschaften und die Übertragung des naturwissenschaftlichen Paradigmas auf psychologische, soziale, gesellschaftliche und kulturelle Fragen und Probleme führten dazu, dass Ende des 19. Jahrhunderts die Metaphysik als Orientierungsrahmen für die Pädagogik zunehmend in Zweifel gezogen wurde. Verschiedene Vertreter der akademischen Disziplin – in Zürich Ernst Meumann*, dessen Nachfolger Friedrich Schumann*, Gustav Störring* sowie – abgeschwächt – dessen Nachfolger Gotthold Friedrich Lipps* – vertraten die experimentelle Ausrichtung und versuchten, auch die akademische Lehrerbildung entsprechend neu auszurichten.

Zur «empirischen Wende» gehörten im Zürcher Umfeld die experimentelle Pädagogik (vgl. Meumann, 1900; Winteler, 1900), die sich der empirischen Psychologie als «Hilfswissenschaft» bediente, eine sich empirisch verstehende Psychoanalyse (Messmer, 1911; Pfister, 1919; Weber, 1989) sowie eine experimentelle Didaktik (Messmer, 1906), von der man sich erhoffte, die Handlungsreflexion auf experimenteller Basis zur sicheren Handlungsanleitung weiterentwickeln zu können. Für Schule und Lehrerbildung als Anwendungsfelder der experimentellen Pädagogik interessierte sich vor allem Meumann (1900), der die neue Ausrichtung der Pädagogik theoretisch begründete (vgl. Kapitel 12 in diesem Band). Die Lehrerschaft, motiviert durch die Hoffnung, mit Resultaten der empirischen Sozialwissenschaften die Institution Schule besser am Kind als Individuum orientieren zu können, aber auch in der Hoffnung, die Neuorientierung der Pädagogik als wissenschaftliche Disziplin würde die Notwendigkeit einer aus standespolitischen Gründen erwünschten akademischen Lehrerbildung unter Beweis stellen, rezipierte diese neuen Strömungen.

Die experimentelle Pädagogik wurde von Ernst Meumann, Schüler und persönlicher Assistent Wilhelm Wundts in Leipzig (Müller, 1942; Probst, 1991), seit 1897 ausserordentlicher Professor für *induktive Philosophie und allgemeine Pädagogik* an der Universität Zürich, 1900 zum ordentlichen Professor für *systematische Philoso-*

phie, Geschichte der Philosophie und allgemeine Pädagogik befördert, programmatisch gefasst und umzusetzen versucht. In seiner Rede vor der Zürcher Schulsynode 1900 ging er davon aus, dass die Pädagogik vor einer Entscheidung stehe: «Entweder sie macht sich die methodischen Fortschritte und die Resultate der experimentellen Behandlung geistiger Probleme zu eigen, oder sie wird nicht mehr beanspruchen können, eine Wissenschaft oder auch nur die wissenschaftliche Begründung einer Praxis genannt zu werden» (Meumann, 1900, S. 70). Er forderte, dass die Pädagogik sich mehr mit den Lernenden als mit den Lehrenden beschäftigen müsse und dass sich die Methoden der Untersuchung «nach den strengen Regeln der psychophysischen Experimente» richten müssten (Meumann, 1900, S. 91). Das psychologische Laboratorium müsse deshalb der Ausgangspunkt pädagogischer Arbeit werden, aus der Analyse der kindlichen Arbeit liessen sich dann «Normen der Didaktik und Methodik» ableiten (Meumann, 1900, S. 92).

Dieses Programm setzte Meumann in Zürich um. Er gründete ein psychologisches Laboratorium, richtete seine Vorlesungen weitgehend an Themen der experimentellen Psychologie und Pädagogik aus, arbeitete mit Dissertanden und Dissertandinnen experimentell und bereitete in der Zürcher Zeit die Herausgabe seines Hauptwerkes, der dreibändigen *Vorlesungen zur Einführung in die experimentelle Pädagogik und ihre experimentellen Grundlagen* (Meumann, 1907/14; vgl. Hopf, 2004, S. 144 f.) vor.

Die Neuausrichtung der universitären Pädagogik gab den Philosophie-Lehrstühlen, die vonseiten der Profession zunehmend unter Legitimationsdruck geraten waren, und der akademischen Disziplin Pädagogik eine neue Legitimation und diente der philosophischen Fakultät I dazu, das «Image» des Elfenbeinturms und der gesellschaftlichen und sozialen Nutzlosigkeit zu relativieren. Insbesondere für die Lehrerbildung versprach man sich von der Neuorientierung der Pädagogik einiges. Oskar Messmer, Schüler Meumanns und Rorschacher Seminarlehrer, umschrieb den erwarteten Gewinn der neuen Ausrichtung für die Lehrerbildung wie folgt:

> *Nicht entzückende Resultate, deren Eintritt nur die optimistische Hoffnung garantiert; kein Grund zu selbstgefälliger Überhebung, wie sie bei zünftigen Pädagogen häufig ist, die aber den kindlichen Geist um kein Haar besser kennen, als Vater und Mutter, die nicht jahrelang «wissenschaftliche Pädagogik» studiert haben; kein System, das mit einemmal da ist, von Anfang an fertig und abgeschlossen und das um dieser Fertigkeit und Abgeschlossenheit willen glänzt und den urteilslosen Blick blendet. Sondern man erwarte bescheidene, sichere Ergebnisse, die nicht imponieren als Glieder*

eines grossen Systems, sondern weil man sie nachprüfen und nachkontrollieren kann. (Messmer, 1906, S. 28)

Die experimentelle Aspiration der Pädagogik blieb allerdings auf einige wenige Personen im Umfeld Meumanns, insbesondere Dissertanden Meumanns, beschränkt. Zwar interessierten sich die Lehrerverbände und die Zürcher Schulsynode für die neue Ausrichtung der Pädagogik und organisierten Kurse und Referate. Aber die neue Ausrichtung der Pädagogik konnte sich bei der Lehrerschaft nicht wirklich durchsetzen. Die Innovationshoffnungen wurden zunächst allerdings durch die Berufung von Gustav Störring als Nachfolger von Heinrich Georg Maier, der nach Kyms Tod die Philosophiegeschichte kurze Zeit vertreten hatte, unterstützt. Mit Störring, ebenfalls Schüler Wundts, wurde die experimentelle Ausrichtung verstärkt, aber er hatte anders als Meumann nie die Ambition, die Pädagogik als experimentelle Wissenschaft zu begründen, sondern interessierte sich in seinen Experimenten vor allem für die Psychopathologie als Schnittstelle zwischen Psychologie und Medizin. Dank seiner langjährigen Erfahrung als Mitarbeiter Wundts konnte er als Inhaber des Lehrstuhls für *Geschichte der Philosophie, Logik, Erkenntnistheorie und Geschichte der Pädagogik* nach Friedrich Schumanns Weggang auch das von Meumann gegründete psychologische Laboratorium übernehmen. In der Lehre vertrat er die Geschichte der Pädagogik durch Vorlesungen zu einzelnen pädagogischen Epochen und zu einzelnen Personen der Pädagogikgeschichte. Ähnliches kann für Friedrich Schumann gelten, der 1905 als Nachfolger von Meumann auf den Lehrstuhl für *systematische Philosophie, allgemeine Pädagogik und experimentelle Psychologie* und zugleich als Leiter des psychologischen Laboratoriums berufen wurde. Er beschäftigte sich vorwiegend mit experimenteller Sinnespsychologie. Auch wenn er zum Beispiel experimentalpsychologische Studien zum Lesen durchführte, stand nicht das pädagogische, sondern das psychologische Interesse im Vordergrund. Er las zwar zweimal allgemeine Pädagogik, im Vordergrund stand jedoch auch in der Lehre neben der Philosophie vor allem die Psychologie.

Die Besetzung der Nachfolge Schumanns durch Gotthold Friedrich Lipps setzte den Schwerpunkt in der Psychologie fort. Lipps sah die wissenschaftlichen Grundlagen der Psychologie vor allem in der Mathematik. Auch er stammte aus dem Umfeld von Wundt, vertrat aber – im Gegensatz zur frühen Phase der experimentellen Psychologie, in der in naturwissenschaftlicher Manier die Elemente der psychischen Prozesse untersucht wurden – eine Position, in der das Geistige als Einheit angesehen wurde. Lipps trat für eine philosophische Grundlegung der Psychologie ein (Honegger, 1932) und wandte sich mit der Unterzeichnung der Erklärung deutscher Philosophieprofessoren, die 1913 allen Universitäten zugeschickt wurde, gegen die

Besetzung von Philosophielehrstühlen mit experimentellen Psychologen.[5] Lipps beförderte insbesondere den Aufbau einer angewandten Psychologie in Zürich, die vor allem von seinem Assistenten Julius Suter* vertreten wurde (Rüegsegger, 1986, S. 52 ff.; Spreng, 1959). Er geriet wegen der Assistenten des psychologischen Laboratoriums verschiedentlich in Schwierigkeiten: Mit dem ersten Assistenten, Arthur Wreschner*, trug Lipps einen langen Streit um die Abgrenzung der Lehrgebiete aus, der bereits bei der Berufung von Lipps begonnen hatte, als Lipps dem in Zürich habilitierten Wreschner bei der Lehrstuhlbesetzung vorgezogen wurde.[6] Suter wurde vorgeworfen, die Anwendungsorientierung der experimentellen Psychologie so weit zu treiben, dass die angewandte Psychologie keine Wissenschaft mehr sei (Baumgarten, 1961). Er wurde deshalb von der Fakultät nur widerwillig und nach mehreren Anläufen zum ausserordentlichen Professor befördert.[7]

Lipps bot zwar regelmässig «Pädagogische Übungen» und «Allgemeine Pädagogik» an, überliess das pädagogische Feld ansonsten aber den verschiedenen Privatdozenten[8] und ausserordentlichen Professuren,[9] die sich allmählich etablierten. Die Hoffnungen auf eine empirische Wende und auf den Aufstieg der experimentellen Pädagogik und Psychologie zerschlugen sich jedenfalls immer mehr, sodass Willibald Klinke* 1923 kurz nach seinem Rücktritt als Privatdozent[10] bilanzieren konnte:

> *In der experimentellen Psychologie erschien der Pädagogik ein vielversprechender und zuverlässiger Führer zu erstehen. Vorbei schien die Zeit zu sein, wo man über das Wesen der Seele flunkerte und über psychische Vorgänge blosse Meinungen und Ansichten vertrat. Wie die Naturwissenschaften durch die Anwendung der experimentellen Methode einen ungeahnten Aufschwung nahmen und zu sichern, allgemeingültigen Erkenntnissen kamen, so hoffte man auch bei einem ähnlichen Vorgehen über die seelischen Zustände sichere und klare Einsichten zu erhalten. Die Psychologie wurde zur bedeutendsten und vielversprechenden Hilfswissenschaft für die Pädagogik. Allein der*

---

5 Die Erklärung wurde aus der Schweiz auch von Fritz Medicus und Robert Seidel* unterzeichnet (Staatsarchiv Zürich [StAZ]: U 109.1. Erklärung vom 13. Februar 1913).

6 Universitätsarchiv Zürich (UAZ): AB. Arthur Wreschner & Gotthold Friedrich Lipps; STAZ: U 109 b2, Nr. 67 Arthur Wreschner; Nr. 68 G. F. Lipps.

7 UAZ: AB. Julius Suter.

8 Friedrich Wilhelm Foerster*, Robert Seidel, Willibald Klinke und Jean Witzig*; vgl. die entsprechenden Dozentenakten (UAZ: AB).

9 Hans Stettbacher, Heinrich Hanselmann und Max Zollinger.

10 Klinke trat wegen gesundheitlicher Probleme und mangels Aussicht auf einen Lehrstuhl als Privatdozent zurück. Die Frustrationen über die gescheiterte akademische Laufbahn mögen das hier vorgetragene Urteil mit beeinflusst haben (UAZ: AB und ABE. Willibald Klinke).

grossen Begeisterung für die neue Methode in der Psychologie ist ziemlich bald eine grosse Ernüchterung gefolgt. Man erkennt immer deutlicher, dass sich die Methoden der Naturwissenschaft nicht ohne weiteres auf die Psychologie übertragen lassen, da das seelische Leben nicht den Gesetzen der mechanischen Natur untersteht. Man fing bald an mit Recht daran zu zweifeln, dass es durch die neue Methode je möglich sein werde, einen genaueren Einblick in die höheren, zusammengesetzten Probleme des geistigen Lebens zu bekommen. Die letzten Motive unseres Wollens und Handelns, unseres Fühlens und Denkens haben ohnehin einen so schwachen Bewusstseinsgrad, dass sie dem Experiment nicht mehr zugänglich sind. [...] Die Erfolge der experimentellen Methode blieben auf die Gebiete der elementareren Vorgänge beschränkt, während die komplizierteren Probleme des geistigen Lebens gar nicht erfasst wurden. Und die wirklich «sichern» Ergebnisse der experimentellen Forschung, die aus Versuchen von Hunderten von Versuchspersonen resultieren, sind blosse Durchschnittswerte und Durchschnittsergebnisse, die, auf den einzelnen Menschen bezogen, von recht geringer praktischer Bedeutung sind. (Klinke, 1923, S. 33)

Das Primarlehramt an der Universität (1908–1942)

Bereits im letzten Drittel des 19. Jahrhunderts wurde im Kanton Zürich intensiv über die Akademisierung der Volksschullehrerausbildung nachgedacht. Die Professionalisierung und Verwissenschaftlichung der Lehrerbildung gehörte zum Kern des Bildungsprogramms der demokratischen Regierung, die am Ende der 1860er-Jahre zur führenden politischen Kraft im Kanton Zürich wurde. Nicht nur die Gymnasial- und Sekundarlehrer, sondern auch die Volksschullehrer sollten an der Universität ausgebildet werden, und der gesamte Lehrerstand sollte damit zu einer den Ärzten, Juristen und Pfarrern vergleichbaren Profession angehoben werden.

Der demokratische Erziehungsdirektor Johann Caspar Sieber hatte bereits als Sekundarlehrer in seinem Referat *Die zeitgemässe Lehrerbildung* an der Schulsynode 1865 für eine Reform der Lehrerbildung plädiert. «Die Pädagogik als Theorie und praktische Schulwissenschaft kann nicht in gehörigem Grade kultiviert werden, weil sie im Stiche gelassen ist von den verschwisterten und Hülfswissenschaften. Lehrer und Schüler entbehren in ihrer Jsolirtheit der erquickenden Luft wissenschaftlicher Einflüsse» (Protokoll Synode, 1865, S. 8). In der Reformvorlage (Bericht Unterrichtsgesetz ZH, 1871; Vorlage Unterrichtsgesetz ZH, 1872) sah Sieber für die Volksschullehrer ein ein- bis eineinhalbjähriges Studium an der Universität vor, wofür eine eigene Sektion an der philosophischen Fakultät I für die Lehrerbildung geschaffen werden sollte (Vorlage Unterrichtsgesetz ZH, 1872, § 103). In der Volksabstimmung vom 14. April 1872 wurde die Akademisierung der Lehrerbildung vom Zürcher Souverän jedoch mit 43 240 Nein- gegen 13 035 Ja-Stimmen verworfen (Bloch, 2007, S. 492 ff.; Kreis, 1933, S. 494). Aber die Akademisierung der Lehrerbildung blieb im Kanton Zürich noch lange ein Desiderat der Lehrerverbände und beeinflusste auch die Weiterentwicklung der Pädagogik an der Universität.

Nach der Jahrhundertwende wurde zur Behebung des Lehrermangels dann trotzdem ein Primarlehramt an der Universität Zürich geschaffen. Obwohl bislang zu den Fähigkeitsprüfungen für Sekundarlehrer nur zugelassen worden war, wer über ein Primarlehrerpatent und Unterrichtserfahrung verfügte, wurden seit 1907/08 neu auch Maturandinnen und Maturanden zum Sekundarlehramtsstudium zugelassen (Zulassung Abiturienten ZH, 1907), gleichzeitig aber ein ergänzender Studiengang mit entsprechender Ergänzungsprüfung eingerichtet, in dem die Studierenden ein Primarlehrerdiplom erwerben konnten (Egli, 1908, S. 41; Kreis 1940, S. 36). Organisatorische Idealvorstellung war ein pädagogisches Universitätsseminar nach dem Vorbild von Wilhelm Reins Universitätsseminar in Jena (Gubler, 1905, S. 185), an dem alle Zürcher Volksschullehrer ausgebildet werden sollten (Lüthi, 1906).

In den folgenden Jahren wurde das Primarlehramt an der Universität systematisch ausgebaut. 1912 erliess der Erziehungsrat eine *Studienordnung zur Erlangung des Primarlehrerpatentes an der Universität Zürich* (Studienordnung, 1912) und das *Reglement betreffend die Fähigkeitsprüfung zur Patentierung zürcherischer Primarlehrer an der Universität* (Reglement Fähigkeitsprüfung ZH, 1912; vgl. auch Gassmann, 1933, S. 588). Die Primarlehramtskandidaten besuchten die Vorlesungen in Psychologie, in systematischer Pädagogik und in der Geschichte der Pädagogik mit anderen Studierenden. Diese Disziplinen wurden jedoch nur theoretisch beleuchtet «und nicht im Hinblick auf ihre Bedeutung für eine praktische, erzieherische und Unterrichtstätigkeit» (Klinke, 1913, S. 12).

Das universitäre Primarlehramt blieb jedoch neben dem staatlichen Lehrerseminar in Küsnacht, dem privaten evangelischen Seminar Unterstrass und dem Lehrerinnenseminar der Höheren Töchterschule der Stadt Zürich eine quantitativ eher zu vernachlässigende Nebenerscheinung, die vor allem auf die Ausbildung von Sekundarlehrern ausgerichtet war. In den 1920er-Jahren bemühte sich die Zürcher Lehrerschaft deshalb noch einmal um eine vollständige Akademisierung der Lehrerbildung. Sekundarlehrer Karl Huber legte an der Schulsynode 1922 erstmals ein ausformuliertes Programm für eine Berufsausbildung der Lehrer an der Universität vor (Huber, 1922). Die Universität müsse für die Aufgabe der Lehrerbildung entsprechend ausgebaut werden. Das Primarlehramt sollte eine Abteilung der philosophischen Fakultät werden. Als Vorbild diente das *Institut Jean-Jacques Rousseau* in Genf (vgl. Kapitel 4 in diesem Band).

> *Die angehenden Lehrer würden darum die allgemeinen Vorlesungen der philosophischen Fakultät in den Hauptfächern Pädagogik, Geschichte der Pädagogik, Sozialpädagogik, Psychologie und Seminarien besuchen. Daneben würden für sie besondere Vorlesungen eingerichtet, wie sie die praktische Ausbildung des Primarlehrers verlangt, Methodik, Didaktik, Schulgesundheitspflege.*
> (Huber, 1922, S. 133)

Dazu sei jedoch ein Ausbau der Pädagogik an der Universität notwendig. Denn bislang fehle eine selbstständige Professur für Pädagogik und ein entsprechendes Institut. Pädagogik werde von Psychologie- und Philosophieprofessoren gelesen. Die bisherige Einrichtung sei der Zufälligkeit überlassen. Um die notwendige Selbstständigkeit zu erlangen, sei die Schaffung einer *Professur für Pädagogik und Sozialpädagogik* und einer *Professur für Didaktik* nötig (Huber, 1922, S. 134).

Die Zürcher Schulsynode unterstützte Hubers Vorschläge und bestätigte damit noch einmal die seit 1865 verfolgte Professionalisierungsstrategie. Erziehungsdirektor Heinrich Mousson stellte 1926 jedoch klar, dass eine Hochschulausbildung für die gesamte Volksschullehrerschaft nicht infrage komme: In den *Richtlinien für die künftige Gestaltung der Primarlehrerbildung im Kanton Zürich* (Richtlinien Primarlehrerbildung, 1926) und in seinem Referat an der ausserordentlichen Schulsynode vertrat er die Position, dass die Lehrerbildung nicht wesentlich wissenschaftlichen Charakter habe, sondern wesentlich «berufstechnischer Natur» sei (Mousson, 1926, S. 59). Er schlug deshalb eine Lehrerbildung im ausseruniversitären tertiären Bildungsbereich, an einem Oberseminar vor, die an eine Matur anschliessen, aber nicht Hochschulstatus haben sollte. Diese Lösung wurde 1938 (Lehrerbildungsgesetz ZH, 1938) realisiert und das Primarlehramt an der Universität 1942 aufgehoben.

Disziplinenbildung in doppelter Orientierung – an der Philosophie und der pädagogischen Praxis (1915–1949)

Die kulturphilosophische Rückwendung

Mit der Wahl von Willy Freytag* als Nachfolger von Friedrich Schumann als Professor für *Philosophie, vorzugsweise Geschichte derselben, Logik, Metaphysik, Erkenntnistheorie und Geschichte der Pädagogik*[11] fand die experimentelle Ausrichtung des einen Lehrstuhls 1910 bereits ein Ende. Neben Störring sollte jemand verpflichtet werden, der die philosophischen Grundlagen wieder vermehrt ins Zentrum rückt. Freytag wurde zunächst als Extraordinarius eingestellt, seine Beförderung von der Fakultät jedoch schon 1911 beantragt. Hochschulkommission und Erziehungsrat willigten in die Beförderung nur mit Bedenken und nach Vorlesungsbesuchen bei Freytag ein.

> *Die dabei gewonnenen Urteile waren aber nicht durchaus so, dass für die Aufsichtsorgane der Hochschule ausser Zweifel war, es bestehe ein dringendes Bedürfnis für sofortige zustimmende Weiterleitung der Eingabe der Fakultät. Bei aller Anerkennung der wissenschaftlichen Eignung schien es den vorberatenden Behörden, dass Professor Freytag anfänglich nicht alle Befähigung besass, sich seinen Hörern in ausreichendem Masse verständlich zu machen.*[12]

Freytag, der im Ruf stand, Fragen sehr abstrakt und logisch anzugehen – was im Hinblick auf die Aufgaben in der akademischen Lehrerbildung vielen als Nachteil erschien –, galt nicht als exzellenter Hochschullehrer. Trotz der Einwände wurde Freytag zum Ordinarius befördert.

Während rund zwanzig Jahren blieb die Situation auf den beiden Philosophielehrstühlen stabil: Lipps vertrat vor allem die psychologische Ausrichtung, Freytag die Philosophie- und Pädagogikgeschichte. Allerdings spielte sich insbesondere auf der Ebene von Privatdozenten und ausserordentlichen Professoren ein anhaltender Kampf um Macht und Einfluss ab.

Der lang anhaltende Richtungsstreit in der Zürcher Fakultät über die inhaltliche und forschungsmethodische Orientierung ihrer Kerndisziplin Philosophie

---

11 UAZ: AB, Willy Freytag, Mappe 1. Auszug aus dem Protokoll des Regierungsrates vom 31. März 1910. 547. Hochschule.

12 UAZ: AB, Willy Freytag, Mappe 1. Auszug aus dem Protokoll des Regierungsrates vom 8. April 1911. 681. Hochschule, Wahl.

und den Stellenwert der Psychologie wurde mit der Besetzung der Nachfolge Lipps' nach dessen Tod 1931 als Abwendung von der experimentellen Psychologie und als kulturphilosophische Wendung neu entschieden. Obwohl sich Willy Freytag in seinem Gutachten über den Fakultätsantrag dafür einsetzte, der Psychologie weiterhin einen wichtigen Stellenwert zu geben,[13] setzte sich die philosophische Fakultät mit ihrer kulturphilosophischen Positionierung durch: Die Philosophie sei im Moment in Zürich unter ihrer Bedeutung vertreten, die beiden Ordinariate seien vor allem für Philosophie und Pädagogik bestimmt, nicht für Psychologie. Die Aufteilung der beiden Disziplinen auf zwei Lehrstühle lehnte die Fakultät explizit ab, da diese beiden Fächer vereinigt bleiben sollten. Auch im Hinblick auf die «noch nie so wie heute umkämpften allgemeinen Probleme der Kultur, der Wissenschaft, der Ethik, zu deren innerer Verarbeitung die studierende Jugend geführt werden muss»,[14] sei die Besetzung der freien Stelle mit einem Kulturphilosophen unabdingbar. Gewählt wurde Eberhard Grisebach* auf ein Ordinariat für *Philosophie und Pädagogik;* er las jedoch nur sporadisch Pädagogik. Verschiedentlich wurde die Wahl von Grisebach vor allem im Hinblick auf die universitäre Lehrerbildung als Fehlbesetzung bezeichnet, da er die philosophischen Grundfragen der Pädagogik nicht positiv, sondern aus kritischer Warte analysierte.[15] Insbesondere in der Motion von Kantonsrat Gerteis, der 1949 die Neuordnung der Pädagogik an der Universität verlangte, wurde Grisebach implizit als Beispiel für die Nutzlosigkeit einer philosophischen Metaphysik für die Lehrerbildung herangezogen.

Die Situation der Philosophie und der Pädagogik wurde nach dem politisch veranlassten Rücktritt von Willy Freytag[16] Ende 1933 und Anfang 1934 wieder diskutiert. Die Interessenpositionen im wissenschaftlichen Differenzierungsprozess zwischen Philosophie, Psychologie und Pädagogik wurden noch einmal bezogen. Im Zentrum stand wiederum der Stellenwert der experimentellen Forschung, für deren Fortführung sich Hans Stettbacher einsetzte. Eine Zeit lang schien die Berufung von Eduard Spranger möglich; allerdings lehnten die Behörden dies wegen Zweifeln an seiner demokratischen Gesinnung ab. Sie entschieden, die Stelle von Freytag nicht auszuschreiben, sondern die Lehrveranstaltungen auf das vorhandene Personal zu

13 UAZ: ALE, Ph und Rest Päd., Mappe Philosophie/Psychologie. Nachfolge Lipps 1931.

14 UAZ: ALE, Ph und Rest Päd., Mappe Philosophie/Psychologie. Nachfolge Lipps 1931, Antrag der philosophischen Fakultät I an die Erziehungsdirektion vom 9. Juni 1931, S. 1.

15 UAZ: AB und ABE. Eberhard Grisebach.

16 Freytag hatte sich gegenüber einem jüdischen Studenten zum Nationalsozialismus bekannt. Nachdem dies zu Presseberichten geführt hatte, trat Freytag aufgrund des öffentlichen Druckes, u.a. Debatten in der Zürcher Legislative, am 26. September 1933 von seiner Professur zurück (UAZ: AB. Willy Freytag).

verteilen. Freytags pädagogische Lehrverpflichtungen übernahmen Max Zollinger, Hans Stettbacher sowie Heinrich Hanselmann; die philosophischen Lehrverpflichtungen Karl Dürr.[17] Dürr wurde 1934 zum Extraordinarius für *Logik, Erkenntnistheorie und Geschichte der neueren Philosophie* befördert. Dieser Philosophielehrstuhl hatte damit keinen Lehrauftrag mehr im Bereich der Pädagogik.

Dagegen war die Psychologie im Lehrauftrag Grisebachs nicht mehr erwähnt. Nach dem Tod von Arthur Wreschner 1932 war Julius Suter 1938 gegen die Widerstände der Fakultät zum Extraordinarius für *Systematische Psychologie* befördert worden. Die Psychotechnik (vgl. Kapitel 11 in diesem Band) wurde jedoch nach und nach durch Kinder- und Jugendpsychologie ersetzt, die von Hanselmann und Freytag bzw. Grisebach, Zollinger und Stettbacher gelesen wurde, übersiedelte zudem mit einem arbeits- und betriebswissenschaftlichen/-psychologischen Fokus zunehmend an die ETH, wo Alfred Carrard*, seit 1926 Privatdozent für Psychotechnik, 1945 zum ausserordentlichen Professor für Arbeitswissenschaften befördert wurde. Ein Teil der Anliegen, die mit der experimentellen Psychologie an der Universität verbunden waren, nahm seit 1923 das von Suter gegründet *Psychotechnische Institut* (später: *Institut für Angewandte Psychologie*) wahr (Rüegsegger, 1984; Spreng, 1959; kritisch: Baumgarten, 1961). Die Vertretung der Pädagogik wurde erst mit der Nachfolge von Hans Stettbacher Ende der 1940er-Jahre personell neu geregelt.

Pädagogik und Didaktik im Dienste der Lehrerbildung

«Im Laufe der Zeit hatte sich das Bedürfnis nach einem engeren Kontakt der wissenschaftlichen Pädagogik mit der pädagogischen Praxis, insbesondere dem Unterricht auf den Stufen der Volksschule und der Mittelschule, geltend gemacht.»[18] Pädagogik blieb zwar auch in der ersten Hälfte des 20. Jahrhunderts Aufgabenbereich der beiden Philosophielehrstühle. Den wachsenden Bedürfnissen des Primarlehramtes, des Sekundarlehramtes und der Gymnasiallehrerausbildung sowie der Lehrerbildung im heilpädagogischen Bereich konnten die beiden Ordinariate in ihrer traditionellen Ausrichtung jedoch nicht mehr gerecht werden, insbesondere weil für einen Teil dieser Ausbildungsaufgaben nicht mehr allein die wissenschaftliche

17 UA: ALE, Ph und Rest Päd., Mappe Philosophie und Neuordnung + Nachfolge Freytag 1933/34.

18 UAZ: ALE, Pädagogik/Philosophie, Motion Gerteis. Bericht und Antrag des Regierungsrates an den Kantonsrat zu der Motion Heinrich Gerteis-Winterthur über die Neuordnung des Unterrichtes in Pädagogik an der Universität. Vorlage der Erziehungsdirektion vom 9. Februar 1950, S. 4.

Qualifikation des Hochschullehrers entscheidend war, sondern Kenntnisse der Praxis und des schweizerischen Bildungssystems unabdingbar waren. Für diese Ausbildungsbedürfnisse wurden deshalb zwischen 1925 und 1931 nach dem Vorbild des Extraordinariates von Otto Hunziker drei neue Extraordinariate geschaffen, mit denen die Pädagogik auch institutionell einen Autonomiestatus gegenüber der Philosophie gewann. Der Status einer weitgehend autonomen Disziplin Pädagogik wurde Schritt für Schritt erreicht, weil durch die universitäre Lehrerbildung ein permanenter und wachsender Bedarf an pädagogischer und didaktischer Ausbildung gegeben war. Dass die Behörden dabei die universitäre Lehrfreiheit immer wieder einschränkten und insbesondere von der philosophischen Fakultät I immer wieder verlangten, ihren Ausbildungsauftrag gegenüber der Lehrerbildung wahrzunehmen, hat die Autonomisierung der Pädagogik gefördert. Dagegen versuchte die philosophische Fakultät I ihr Kernfach Philosophie gegenüber der anwendungsorientierten Pädagogik und der experimentellen Psychologie permanent zu verteidigen.

Hans Stettbacher leitete zunächst als Nachfolger des 1909 verstorbenen Gustav Egli die didaktische und berufspraktische Ausbildung der Sekundarlehrkräfte und die 1911 an einer Sekundarschule der Stadt Zürich geschaffene Übungsschule;[19] zudem übernahm er die Volksschulkunde und die Allgemeine Didaktik des Volksschulunterrichtes während der gesamten Existenzzeit des universitären Primarlehramtes. Parallel zu seiner Lehramtstätigkeit habilitierte er sich 1917 für *Allgemeine Didaktik, Schulgesetzgebung und Organisation des modernen Unterrichtswesens, spezielle Didaktik des Primar- und Sekundarschulunterrichts.* 1922 übernahm er zusätzlich die Direktion des Pestalozzianums (Wymann, 1975, S. 22 ff.). Verschiedentlich ersuchte er die Behörden und die Universität um Entlastung und Klärung seiner Stellung: Stettbacher war nach der Übernahme der Lehramtstätigkeit weder als Lehrer an der Volksschule noch als Hochschullehrer an der Universität angestellt. Nach einer persönlichen Intervention von Erziehungsdirektor Mousson beim Dekan der philosophischen Fakultät I ernannte die Fakultät Stettbacher 1925 zum Extraordinarius *ad personam* für *Didaktik des Volksschulunterrichts,* nicht ohne gegenüber den Behörden klargestellt zu haben, dass Stettbacher seit seiner Habilitation mit keiner wissenschaftlichen Arbeit mehr an die Öffentlichkeit getreten sei.

Nach Freytags Rücktritt übernahm Stettbacher als zusätzliches Lehrgebiet die Geschichte der Pädagogik und etablierte auf Intervention des Erziehungsrates hin eine spezielle Vorlesung mit Übungen für Primarlehramtskandidaten zur systematischen Pädagogik, da sich Grisebach seiner Lehrverpflichtungen gegenüber den Lehramtsstudierenden entzog. Nach dem Tod von Grisebach 1945 – die Pädago-

19 UAZ: AB und ABE. Hans Stettbacher.

gik war nun verwaist, nachdem die Nachfolge von Willy Freytag 1933 nicht besetzt worden war – wurde Stettbacher 1946 zum Ordinarius für *Allgemeine Pädagogik, Geschichte der Pädagogik und Didaktik des Sekundarschulunterrichts* ernannt. Damit wurde an der Universität Zürich erstmals ein von der Philosophie unabhängiges Ordinariat für Pädagogik geschaffen.

Im Bereich der Mittelschullehrerausbildung hatten die Universitätsseminare nach der Jahrhundertwende in den meisten Wissenschaftsdisziplinen ihre Funktion im Hinblick auf die Vorbereitung für den gymnasialen Unterricht verloren. Eine andere Vorbereitung als die theoretischen Vorlesungen in Pädagogik und Psychologie existierte nicht, sieht man davon ab, dass verschiedene Fächer Ende des 19. Jahrhunderts dazu übergegangen waren, einzelne fachwissenschaftliche Veranstaltungen explizit für Gymnasiallehrkräfte anzubieten (z. B. Mathematik für Mittelschulen). An seiner Jahresversammlung 1913 forderte der Verein schweizerischer Gymnasiallehrer die Verbesserung der pädagogischen Vorbereitung auf das Mittelschullehramt. Die beiden Zürcher Konrad Brandenberger, Prorektor der Oberrealschule, und Wilhelm von Wyss, Rektor der Töchterschule Zürich, verlangten die Ergänzung der Fachstudien durch Fachdidaktik und allgemeine Didaktik (Brandenberger, 1914; Wyss, 1914). An der Universität Zürich wurden daraufhin im Wintersemester 1915/16 zunächst an der philosophischen Fakultät II, 1916/17 auch an der philosophischen Fakultät I, Kurse für spezielle Didaktik (Fachdidaktik) der Unterrichtsfächer eingeführt.[20] Um zudem der «Verfächerung», einem beziehungslosen Nebeneinander verschiedener Unterrichtsfächer, entgegenzuwirken, sollten die künftigen Lehrer in die gemeinsamen, schulfachunabhängigen Aufgaben des Gymnasiallehrers eingeführt werden. Die philosophische Fakultät I schuf deshalb 1929 ein mit einer Lehrstelle an einer Kantonsschule verbundenes kleines Extraordinariat *Allgemeine Didaktik des Mittelschulunterrichts* und besetzte die Stelle mit Privatdozent Max Zollinger, der seit 1916 einen Lehrauftrag für Didaktik des Deutschunterrichts innehatte. Neben Didaktik des Mittelschulunterrichts las Zollinger über Psychologie des Jugendalters, über Mittelschulpädagogik sowie über den Aufbau des Höheren Bildungswesens und führte praktische Übungen in der Muttersprache für Gymnasiallehrer ein. 1931 erklärten auch die rechts- und staatswissenschaftliche Fakultät, 1948 die philosophische Fakultät II und die ETH die Mittelschuldidaktik für ihre Gymnasiallehramtsstudierenden für obligatorisch.

---

20 Zur folgenden Darstellung vgl. UAZ: AB und ABE. Max Zollinger; UAZ: AB und ABE. Carl Helbling; UAZ: ALE Ph und Rest Pädagogik, Pädagogik, Allg. Didaktik, Nachfolge Zollinger 1954 (52–55) (C. Helbling).

Als Max Zollinger 1955 zurücktrat, war der Lehrstuhl in der Zürcher Gymnasiallehrerausbildung etabliert. Dies bescheinigte insbesondere die Konferenz der schweizerischen Gymnasialrektoren (KSGR), die sich in den 1940er-Jahren intensiv mit Fragen der Ausbildung und des Berufsstandes der Gymnasiallehrer beschäftigt hatte. Die erarbeiteten Vorschläge zielten weitgehend auf das in Zürich bereits Realisierte (Buchner, 1942; KSGR, 1945b). Insbesondere wurde gefordert, dass die didaktische Ausbildung der Gymnasiallehrer und diejenige der Volksschullehrer voneinander getrennt erfolgen sollten (Buchner, 1942, S. 65). Als Nachfolger Zollingers wählte der Regierungsrat Carl Helbling, Prorektor am kantonalen Realgymnasium Zürich, schränkte das Extraordinariat jedoch wieder auf seinen ursprünglichen Aufgabenbereich der Mittelschuldidaktik ein.

Ähnlich wie die Mittelschuldidaktik wurde auch die Heilpädagogik an der Universität etabliert. Der Anstoss kam jedoch nicht aus Schulkreisen, sondern aus Fürsorgekreisen. Hintergrund für die Forderung nach einer universitären Ausbildung in Heilpädagogik war die Notwendigkeit der Professionalisierung des sozialkaritativen Berufsfeldes. Institutionell war die Durchsetzung der Schulpflicht für *alle* Kinder die Voraussetzung, dass eine Selektion zwischen schulfähigen Kindern und solchen, die eine besondere Schulung benötigten, vorgenommen werden musste (Wolfisberg, 2002, S. 67 ff.). Im Kanton Zürich wurde mit dem Unterrichtsgesetz von 1899 die Schulpflicht auch auf die «Anormalen» ausgeweitet, ungefähr gleichzeitig wurden die sogenannten Hilfsklassen institutionalisiert. Die sich etablierenden Sozialwissenschaften stellten die entsprechenden Diagnoseinstrumente zur Verfügung: Die «Anormalen» wurden statistisch erfasst,[21] und die Entwicklung von psychologischen (Intelligenz-)Testverfahren erlaubte es, die notwendigen Selektionen vorzunehmen. Auch in dieser Hinsicht war die experimentelle Phase der Zürcher Psychologie und Pädagogik zu Beginn des 20. Jahrhunderts ein Hoffnungsprogramm.

1899 wurde, getragen von der Schweizerischen Konferenz für das Idiotenwesen, verschiedenen kantonalen Erziehungsdirektionen und der Schweizerischen Gemeinnützigen Gesellschaft, ein erster (Fort-)Bildungskurs als heilpädagogische Zusatzausbildung für Lehrerinnen und Lehrer durchgeführt. Weitere Kurse folgten, allerdings konnten die Inkonstanz des Angebots und die wechselnden Kursorte auf Dauer nicht befriedigen (Schindler, 1975, S. 39 ff.). In Zürcher Fürsorgekreisen entstand deshalb kurz vor 1920 die Idee, ein Heilpädagogisches Seminar (HPS) zu gründen. Die Diskussionen um die Gründung kreisten unter anderem um folgende Grundfragen (vgl. Schindler, 1965, S. 65 ff.; Schriber, 1994; Wolfisberg, 2002,

21 Vgl. die Resultate zur ersten Zählung der schwachsinnigen Kinder in der Schweiz in *Schweizerische Statistik 114* (1897) und *123* (1900); zu den Ergebnissen: Auer (1899).

S. 97 ff.; 50 Jahre HPS, 1974): Wer kann eine solche Institution finanzieren? Wer soll Träger sein? Soll ein HPS innerhalb oder ausserhalb der Universität realisiert werden? Welche Einflussmöglichkeiten sollen die Wissenschaft, welche die fürsorgerische Praxis haben? Wie kann optimal qualifiziertes Personal für ein HPS gewonnen werden?[22]

Innerhalb der Universität fanden Absprachen statt, in denen die Einflussbereiche der medizinischen und der philosophischen Fakultäten I und II definiert wurden. Der Kanton unterstützte die Bemühungen insgesamt, machte aber gegenüber einer Vollintegration in die Universität wegen ihrer präjudizierenden Wirkung in der noch nicht entschiedenen Frage der Akademisierung der Lehrerbildung grundlegende Vorbehalte geltend. Nach längeren Diskussionen zeichnete sich für die Trägerschaft eine private Lösung ab. Das Ausbildungsprogramm sah eine zweisemestrige Ausbildung vor, wovon ein Semester vor allem für die theoretische Ausbildung mit dem Besuch von Vorlesungen an der Universität und Veranstaltungen am HPS, das andere vor allem für die praktische Ausbildung in Fürsorgeinstitutionen reserviert war. Der Kanton stellte Räumlichkeiten zur Verfügung, sodass das Heilpädagogische Seminar am 8. April 1924 eröffnet werden konnte. Als Direktor wurde Heinrich Hanselmann (Moor, 1959), Zentralsekretär der Pro Juventute, verpflichtet, der sich gleichzeitig an der Universität habilitierte und damit für Heilpädagogik lehrberechtigt wurde. Am 6. Juni 1931 wählte ihn der Zürcher Regierungsrat zum ausserordentlichen Professor *ad personam* für *Heilpädagogik* und besetzte damit den ersten heilpädagogischen Lehrstuhl in Europa.[23] Als Hanselmann auf Ende Sommersemester 1950 zurücktrat, war die Heilpädagogik zu einem «festen Bestandteil des Arbeitsprogramms der Philosophischen Fakultät I» geworden.[24] Die Fakultät beantragte, ein kleines Extraordinariat zu schaffen und es mit Paul Moor*, Schüler Hanselmanns, Privatdozent an der Universität Zürich und Direktor des Heilpädagogischen Seminars Zürich, zu besetzen. Die Zürcher Regierung verweigerte aller-

22 Die Diskussionen sind dokumentiert in den Protokollbüchern des HPS Zürich; Archiv der Hochschule für Heilpädagogik, Zürich (HfH ZH), insbesondere im 1. und 2. Band; vgl. auch Hepp, 1920, 1923.

23 UAZ: AB und ABE. Heinrich Hanselmann. Auszug aus dem Protokoll des Regierungsrates vom 6. Juni 1931. 1214. Universität; vgl. zu Hanselmann und den Strukturdiskussionen um die Heilpädagogik, insbesondere auch zur Abgrenzung zwischen Medizin und Pädagogik, UAZ: AB und ABE. Heinrich Hanselmann; ALE H,J. Heilpädagogik bis 1951 sowie Heilpädagog. Seminar vor med. Fakultät.

24 UAZ: AB. Paul Moor. Dekanat der philosophischen Fakultät I der Universität Zürich: Die Vertretung der Heilpädagogik an der philosophischen Fakultät I nach dem Rücktritt von Prof. Hanselmann. 17. Februar 1951, S. 5.

dings die feste Etablierung eines Extraordinariats und wählte Moor *ad personam* zum Extraordinarius für Heilpädagagogik.[25]

Grössere Autonomie für die Pädagogik – im Rahmen der Philosophie

Nach dem Rücktritt von Hans Stettbacher 1948 war die Zukunft des Faches Pädagogik an der Universität noch einmal offen. Der Anspruch auf einen Pädagogiklehrstuhl war inzwischen zwar unbestritten, aber die Verhandlungen zwischen Behörden und Fakultät gestalteten sich wegen parlamentarischer Interventionen schwierig, was dazu führte, dass die Fakultät insgesamt drei Berichte vorlegen musste. Vorgesehen wurde schliesslich die Schaffung zweier Lehrstühle für Pädagogik: Neben einem Extraordinariat für *Allgemeine Pädagogik und Geschichte der Pädagogik* sollte ein zweites, kleines Extraordinariat geschaffen werden, das sich mit sämtlichen Fragen beschäftigen sollte, die mit der pädagogischen Situation der Schweiz in Geschichte und Gegenwart zusammenhängen, und das für die Sekundarlehrerausbildung zuständig war (Müller, 2005, S. 153 ff.). Personell war die Auswahl eingeschränkt, da in der Nachkriegszeit die Berufung eines Deutschen kaum infrage kam. Für den ersten Lehrstuhl wurde Leo Weber* (junior) vorgeschlagen, Seminardirektor in Solothurn, dem die Weiterentwicklung der theoretischen Pädagogik auf philosophischer Grundlage zugetraut wurde. Er nahm die Wahl an. Das kleine Extraordinariat sollte der Direktor des Zürcher Oberseminars, Walter Guyer, neben seiner bisherigen Funktion versehen. Guyer schlug die Wahl aus, weil er selber die systematische Pädagogik lehren wollte und nicht schlechter gestellt sein wollte als der jüngere Leo Weber. Die Nichtwahl des Zürchers wurde als Affront interpretiert und die Diskussion um die Besetzung der beiden Lehrstühle weltanschaulich aufgeladen: Leo Weber passe als Christkatholik nach Bern, aber nicht nach Zürich.[26] Die Stelle blieb unbesetzt. Ein zweites Ordinariat wurde erst 1970 für Konrad Widmer geschaffen, der 1965 Assistenzprofessor und 1968 Extraordinarius geworden war.

Der Prozess der Disziplinenbildung im Fach Erziehungswissenschaft an der Universität Zürich war um 1950 bei Weitem nicht abgeschlossen. Im Bericht und Antrag

25 UAZ: AB. Paul Moor. Auszug aus dem Protokoll des Regierungsrates vom 19. April 1951. 993. Universität.

26 Die öffentliche geführte Diskussion ist mit den entsprechenden Fakultätsberichten zur Motion Gerteis und den Berufungsunterlagen gut dokumentiert: UAZ: ALE Pädagogik 1948–1950. Motion Gerteis 1949.

des Regierungsrates an den Kantonsrat zur Motion Gerteis, die von der Regierung verlangte, «die Neugestaltung des Unterrichts im Fach Pädagogik […] einer eingehenden Prüfung zu unterziehen», wurde die Situation wie folgt beschrieben:

> *Der Rücktritt von Prof. Stettbacher (1948) bot Anlass, die Vertretung der pädagogischen Hauptdisziplinen aus dem Zustand provisorischer Behelfe in eine auf längere Sicht bemessene Regelung überzuleiten. Der Grundsatz der engen Verbindung zwischen Philosophie und Pädagogik blieb dabei unbestritten; würde es doch weder im Interesse der Pädagogik noch der Philosophie liegen, der Pädagogik den Rang einer autonomen Wissenschaft zuzuerkennen und sie damit des Charakters einer philosophischen Disziplin zu entkleiden. Die Philosophie steht heute mit der Wirklichkeit des praktischen Lebens durch keine einzige Disziplin in so unmittelbarer Beziehung wie durch die Pädagogik. Sie dieser Verbindung berauben, hiesse sie in vermehrtem Masse auf die reine Spekulation verweisen. Umgekehrt würde eine autonome Pädagogik die Pädagogik als Wissenschaft der Gefahr einer Verflachung und einer falschen Pädagogisierung der Wissenschaften des Lebens, der Versuchung zu einer Einengung auf das für die Erziehung Brauchbare aussetzen.*[27]

Die Pädagogik wurde also noch um 1950 nicht als autonome Disziplin verstanden, auch wenn seit 1946 ein Ordinariat für Pädagogik ohne expliziten philosophischen Lehrauftrag bestand. Sie hatte sich zwar von der Philosophie zu lösen begonnen, aber durch die konstitutive Anbindung der Disziplin an die Ausbildung der Profession waren neue Problemlagen entstanden: Die Loslösung von der Philosophie war nur dank der Legitimation durch die Profession überhaupt möglich geworden. Als Folge der erfolgreichen Autonomisierung blieb die Disziplin aber permanent dem Erwartungsdruck der Profession ausgesetzt, die den Leistungsausweis einer akademischen Pädagogik nicht nach innerwissenschaftlichen Kriterien, sondern nach Verwertungskriterien der Profession beurteilt. Der Preis für die relative Autonomie der Disziplin Pädagogik von andern Disziplinen ist die neue Abhängigkeit von der Profession. Dass am Schluss der hier bearbeiteten Periode Seminardirektoren auf Pädagogiklehrstühle berufen wurden und nicht mehr Philosophen auf Philosophielehrstühle mit zugeordnetem pädagogischem Lehrauftrag, ist Ausdruck dieser Entwicklungen.

27 UAZ: ALE, Pädagogik/Philosophie. Motion Gerteis, Bericht und Antrag des Regierungsrates an den Kantonsrat zu der Motion Heinrich Gerteis-Winterthur über die Neuordnung des Unterrichtes in Pädagogik an der Universität. Vorlage der Erziehungsdirektion vom 9. Februar, 1950, S. 6–7.

Kapitel 2
Pädagogik an der Universität Bern

Gemächliche Institutionalisierung (fast) jenseits grosser Sprünge (1870–1950)

Martina Späni

Die neue Berner Universität wurde im Jahre 1834 von den Liberalen gegründet, die nach dem Umschwung von 1830 die Regierung übernommen hatten. Als Vorbild dienten die deutschen Universitäten – also eine Ordinarienuniversität, in der Forschungs-, Lehr- und Lernfreiheit herrschte –, wobei die in diesem Rahmen generierten wissenschaftlichen Erkenntnisse in das öffentliche Leben einfliessen sollten. Dass es insbesondere ein politisches Projekt war, das keine Kosten scheute, zeigt die Tatsache, dass noch 1860 auf einen Professor gerade drei Studierende kamen.[1]

Was die Studierendenanzahl anbelangt, so entwickelte sich die Berner Universität bis 1920 im Gleichschritt mit der Zürcher Universität.[2] Danach vergrösserten sich die Unterschiede. Sie blieb jedoch zwischen 1920 und 1950 die zweitgrösste kantonale Hochschuleinrichtung in der Schweiz. Bereits 1834 war im Rahmen des neuen bernischen Hochschulgesetzes die Rede von «Pädagogik» als «Zweig der Wissenschaften», über den sich die universitären Lehrvorträge ausdehnen sollen (*Hochschulgesetz,* 1834, § 24).[3]

«La science, la grande science de l'éducation»,[4] wie sie von Carl Neuhaus, dem Berner Erziehungsdirektor anlässlich der Universitätseröffnung bezeichnet wurde (1834, S. 29), figurierte auf Anregung von Ignaz Paul Vital Troxler im akademischen

---

1 An der philosophischen Fakultät war zeitweilig sogar fast ein Verhältnis von 1 : 1 gegeben (Ritzmann-Blickenstorfer, 1996, S. 1186 /1191); zur Universitätsentwicklung siehe Feller, 1935, und *Hochschulgeschichte Berns,* 1984.

2 Zahl der Studierenden im Jahre 1920: Bern: 1787, Zürich: 1825, Genf: 1086, Basel: 1070 und Lausanne: 999 (Ritzmann-Blickenstorfer, 1996, S. 1186).

3 Zum politischen Hintergrund der Neugründung der Universität Bern siehe Im Hof, 1984, S. 54 ff.

4 Die Festansprache von Carl Neuhaus, der aus dem zweisprachigen Biel/Bienne stammte, erfolgte auf Französisch.

Fächerkanon.[5] Für ihn war die Pädagogik eine philosophische Disziplin, welche den kulturellen Fortschritt unter der Perspektive von Erziehung und Unterricht reflektiert. Diese wissenschaftsphilosophische Legitimation der Pädagogik als Universitätsfach wurde zugleich durch die Forderung unterstrichen, dass die Entwicklung der Disziplin nicht durch staatliche oder kirchliche Einflussnahme tangiert werden dürfe (Troxler, 1834/1989, S. 349). Das wurde, historisch betrachtet, nicht respektiert.

Ausgerechnet an der theologischen Fakultät, die in staatlicher Verantwortung kirchliche Amtsträger ausbildete, wurde ab 1840 regelmässig Pädagogik gelesen,[6] und ausgerechnet der Staat erwirkte mit seiner Ausbildungs- und Anstellungspolitik nach 1870, dass Pädagogik auch an der philosophischen Fakultät tatsächlich gelesen und nicht nur gesetzlich postuliert wurde.

Die damit angedeutete mögliche Friktion zwischen dem Wissenschaftssystem der Universität – seinen Regeln, Normen und Idealen – und dem staatlich verantworteten Ausbildungssystem, zeigte sich im Falle Berns immer wieder. Dass sich deswegen die Entwicklungsperioden der lokalen Disziplingeschichte überschnitten, je nachdem, was in den Fokus der Betrachtung fällt, soll am Ende des Beitrags genauer erklärt werden.

Pädagogik als Ausbildungsfunktion (1870–1900)

Die Anfänge der akademischen Lehrerbildung und erste Pädagogikdozenten

Vor 1900 etablierte sich die Pädagogik als universitäres Lehrfach in enger Abhängigkeit von Ausbildungsstrukturen, die für Kandidaten des Sekundar- und Gymnasiallehramts sukzessive geschaffen wurden. Dabei wurde nicht einfach ein klar definierter Plan umgesetzt, sondern dieser «Systemfindungsprozess», in dem die gesetzlichen Grundlagen – ein Rahmengesetz sowie Ausbildungs- und Prüfungsreglemente – geschaffen wurden und ein regulärer Lehrbetrieb entstand, dauerte rund 20 Jahre.

5 Brief von Troxler an Neuhaus vom 5. Oktober 1934, zitiert nach Troxler, 1834/1989, S. 352.

6 Die Pädagogikveranstaltungen an der theologischen Fakultät lassen sich bis in unseren Berichtszeitraum nachweisen. Kontakte mit der sich an der philosophischen Fakultät entwickelnden Pädagogik gab es nur in der Person von Hans Rudolf Rüegg, dem ersten Ordinarius für Pädagogik, der zeitweilig auch Theologiestudenten unterrichtete. Rüegg war der liberalen Theologie zugetan und sass im Berner Kirchenrat.

Nach harten innenpolitischen Auseinandersetzungen im Kanton Bern zwischen 1834 und 1852, in denen es auch immer wieder um die Ausrichtung der Bildungspolitik ging (Feller, 1935; Junker, 1990), begann nach 1854 eine Konsolidierungsphase, in der eine Vielzahl schulischer Reformvorhaben der vorangegangenen Jahre wieder aufgegriffen,[7] aber auch auf neue Herausforderungen reagiert wurde.[8] Eine grosse Bedeutung kam dabei der Sorge um eine verbesserte Ausbildung der höheren Lehrerschaft zu, mit der man sich zudem «vom Auslande zu emanzipieren» hoffte.[9]

Auf der Grundlage des bestehenden Universitätsgesetzes von 1834 forderte die Regierung «die Heranbildung einer Höheren Lehrerschaft».[10] Und im *Gesetz über die Organisation des Schulwesens im Kanton Bern vom 24. Juni 1856* wurde die Idee der Staatsprüfung für angehende Sekundarschul- und Gymnasiallehrer verankert.

Eine erste Konkretisierung des Vorhabens, den eigenen Nachwuchs zu qualifizieren, erfolgte aus einer inneruniversitären Initiative heraus, also nicht seitens der Berner Bildungsadministration. Für angehende Gymnasiallehrer wurden pädagogische Universitätsseminare eingerichtet. Den Anfang machte das im Jahr 1859 eröffnete philologisch-pädagogische Seminar, welches auf Initiative des Altphilologen Otto Ribbeck entstand.[11] Dass der Deutsche Ribbeck als Erster und in dieser Form auf die Beschlüsse des Parlaments reagierte, war kein Zufall, hatten sich in Deutschland doch bereits seit Jahrzehnten solche Seminare etabliert (vgl. Führ, 1985; Jeismann, 1999).

Im philologisch-pädagogischen Seminar sollten angehende Gymnasiallehrer durch Referate und Diskussionsrunden einen diskursiven Umgang mit dem Fachwissen lernen. Zudem waren begleitete Praktika im städtischen Gymnasium Teil des Seminarbetriebs (Criblez & Späni, 2002, S. 469 ff.). In der Folge entstanden weitere, fachwissenschaftlich ausgerichtete Seminare. Diese, unter der Ägide der Fachwis-

7 Gemeint sind die Reformversuche von 1846, 1849 und 1852 (Kummer, 1874).

8 Sehr wichtig war das Eidgenössische Polytechnikum, das 1855 in Zürich eröffnet wurde (*Allgemeiner Bericht der Kantonalschulkommission*, 1856, S. 45).

9 «[...] denn unter den bisherigen Umständen kamen uns zum grossen Theil Lehrer aus solchen Staaten zu, wo deren Heranbildung begünstigt wird, sodass bei Ausschreibung von Sekundarlehrer- oder andern Stellen 3–4 fremde Bewerber auf einen Berner kommen: diesem Uebelstande soll entgegengewirkt werden» (*Staatsverwaltungsbericht*, 1854, S. 151); vgl. auch *Tagblatt des Grossen Rats*, 1856, S. 83.

10 *Staatsverwaltungsbericht*, 1854, S. 151; vgl. zudem Feller, 1935, S. 188; Kummer, 1874, S. 59.

11 Otto Ribbeck aus Erfurt (1827–1898) war zunächst Gymnasiallehrer in Elberfeld, ab 1856 Extraordinarius für Altphilologie an der Universität Bern. 1861 ging er wegen der Belastung durch den Unterricht an der Universität und am Gymnasium nach Giessen (Feller, 1934, S. 209; Ribbeck, 1901).

senschaftler stehenden Seminare avancierten zum Kernmodell, in dem das Lehrerbildungsverständnis der Universitätsprofessoren *in nuce* gefasst und sogar noch nach 1950 pointiert gegen eine Vereinnahmung der Fachlehrerausbildung durch die Pädagogik verteidigt wurde: Guter Schulunterricht ist primär das Ergebnis eines profunden Verständnisses der Fachwissenschaften und nicht von psychologischen und allgemein-didaktischen Prinzipien.

Im Unterschied zur Besserqualifizierung der angehenden Gymnasiallehrer war jene der angehenden Sekundarschullehrer zunächst durch Diskussionen zwischen der Regierung und der Hochschule blockiert. Zwar konnten sich die Lehramtsanwärter ab 1863 als Hörer einschreiben, um ihre fachwissenschaftlichen Kenntnisse zu vertiefen; Studienplan und Prüfungsreglement wurden jedoch erst 1878 erlassen (Messerli, 2002).

Zu dieser schwachen Ausbildungsstruktur gesellte sich im Jahre 1870 der erste Ordinarius für Pädagogik hinzu, eine eher zufällige und ungeplante Entwicklung, die aber durchwegs ins Szenario mit seinen rudimentären Organisationsformen passte: Hans Rudolf Rüegg*, eine zentrale Figur der Berner Schulreformen nach 1856 und langjähriger Direktor des kantonalen Lehrerseminars, hatte sich 1869 entschieden, wegen fehlender Altersvorsorge im Kanton Bern sein Domizil nach St. Gallen zu verlegen.[12] Das aber versuchten die Berner Lehrerschaft, diverse schulische Aufsichtskommissionen und Privatvereine zu verhindern. Eine breit abgestützte Petition forderte den Regierungsrat auf, Rüegg ein Angebot zu unterbreiten, das ihn bewegen sollte, in Bern zu bleiben.[13] Der für das Erziehungswesen zuständige Regierungsrat Johann Jakob Kummer bot Rüegg deshalb einen Lehrstuhl für Pädagogik an. Kummer legitimierte Rüeggs Nominierung vor der Fakultät mit dem Argument, dass die Sekundarlehramtskandidaten bislang keinen qualifizierten Ansprechpartner hätten, der sie in ihrer Ausbildung unterstützte.[14] Dieses Argument vermochte die Fakultät nicht zu überzeugen; sie war strikt gegen das Projekt (Späni, 2002, S. 556 ff.),[15] was aber die Regierung nicht umzustimmen vermochte. Rüegg wurde im Jahre 1870 von der Regierung zum Extraordinarius für Pädagogik gewählt. Sie betraute ihn in der Folge auch mit dem Kommissionsvorsitz zur Ausarbei-

12 Staatsarchiv Bern (StAB): BB III b 620. Schreiben von Hans Rudolf Rüegg an den Erziehungsdirektor vom 15. Dezember 1869 und vom 21. Januar 1870.

13 Alle Bittschreiben an die Regierung unter StAB: BB III b 620.

14 StAB: BB III b 669. Schreiben des Direktors der Erziehung des Kantons Bern an den h. Regierungsrath vom 28. Januar 1870.

15 StAB: BB III b 669. Schreiben der philosophischen Fakultät der Hochschule Bern an die h. Erziehungsdirektion vom 21. Januar 1870.

tung einer universitären Ausbildungsstruktur für angehende Sekundarschullehrer (*Gutachten,* 1875).

Noch auf einem andern Weg erhielt um 1870 der Unterricht in Pädagogik Verstärkung: Johann Jakob Bäbler* nutzte im Jahr 1870 eine Bestimmung des Universitätsgesetzes von 1834, welche besagte, dass jemand aus eigener Initiative heraus eine Lehrbefugnis beantragen könne.[16] Bäbler beantragte bei der Fakultät und der Regierung eine *venia docendi,* um angehende Lehrkräfte, die an der Universität studierten, in ihrer beruflichen Vorbereitung zu unterstützen. Eine Kommission schlug nach Prüfung des Kandidaten eine Lehrberechtigung für «Geschichte der Pädagogik» vor, was auch seitens der Regierung ihre Unterstützung fand. Bäblers Engagement endete jedoch mangels studentischer Nachfrage und finanzieller Unterstützung durch den Staat bereits fünf Jahre später.[17] In gleicher Weise, nämlich auch aufgrund persönlicher Initiative, erfolgte die Nominierung des ambitionierten Altphilologen Hermann Hitzig* zum Extraordinarius für Gymnasialpädagogik.[18] Wenige Monate später erfolgte die Wahl Hitzigs zum Ordinarius für *Altphilologie und Gymnasialpädagogik.*

Pädagogik in Studiengängen, Lehrveranstaltungen und Lehraufträgen (1878–1900)

Pädagogik fehlte weder im ersten Studien- und Prüfungsreglement für angehende Sekundarschullehrer von 1878 noch im Patentprüfungsreglement für Gymnasiallehramtskandidaten aus dem Jahre 1883. Diese ersten Prüfungsrichtlinien für Pädagogik wurden auf Anfrage der Regierung durch die beiden Ordinarien Hitzig und Rüegg ausgearbeitet, die beide auch den Unterricht in Pädagogik besorgten.

Gemäss Patentprüfungsreglement für angehende Gymnasiallehrer von 1883 sollten die Kenntnisse in theoretischer Pädagogik, nämlich Kenntnisse über empirische Psychologie sowie – je nach Studienrichtung – Kenntnisse über Gymnasialpädagogik oder «Anwendung der Psychologie auf die Allgemeine Pädagogik» (Patentprüfungsreglement Gymnasiallehrer, 1883, § 15) überprüft werden. Die praktisch-pädagogische Eignung sollte in einer Probelektion festgestellt werden

16 Vgl. Bäbler, 1873; in dieser Publikation formuliert er seine Vorstellungen über eine akademische Lehrerbildung.

17 StAB: BB III b 612. Schreiben von Bäbler an die hohe Erziehungsdirektion vom 4. Februar 1874.

18 StAB: BB III b 616. Schreiben von Hitzig an den Erziehungsdirektor vom 29. Januar 1878.

(vgl. Criblez & Späni, 2002, S.473ff.). Pädagogik als Fach im Rahmen des Studienplans und des Patentprüfungsreglements für die Sekundarlehramtskandidaten umfasste allgemeine Psychologie, allgemeine Pädagogik, Geschichte der Pädagogik und Didaktik der Sekundarschulstufe.[19]

Die Vorlesungen über pädagogische Themen waren denn auch zwischen 1870 und 1900 beinahe vollständig auf die reglementarisch statuierten Bedürfnisse der akademischen Lehrerbildung ausgerichtet. Trotzdem: Das für angehende Lehrer gedachte Wissen ging über ein blosses *training on the job* weit hinaus und suchte sich historisch, philosophisch und psychologisch zu orientieren. Zudem wurde die Lehre von unterschiedlich qualifizierten Personen erteilt. Mit Hitzig und Bäbler – später auch Haag* (siehe unten) – wurde der Pädagogikunterricht von Personen vertreten, die ihre akademischen Wurzeln im Studium der klassischen Philologie, der Philosophie und des Neuhumanismus hatten und somit auch beste texthermeneutische Kenntnisse besassen. Rüegg vertrat demgegenüber eine «Schulmännerpädagogik», die den Studienplan für Sekundarlehrer im Bereich der pädagogischen Ausbildung wesentlich strukturierte. Mit ihm lässt sich die institutionelle Übertragung des vor allem für die Primarlehrerseminare erarbeiteten Lehrbuchwissens zeigen, welches kompilatorisch aus philosophischen oder psychologischen Standardwerken zusammengetragen und systematisiert wurde.[20] Wenn auch auf reglementarischer Ebene der Unterricht in Pädagogik ein gewisses Profil gewann, zeigten sich allerlei Unsicherheiten und Unstimmigkeiten im Zusammenhang mit den Lehraufträgen.

Hermann Hitzig, der Vertreter der Gymnasialpädagogik, verliess Bern wegen Auseinandersetzungen mit dem neuen Erziehungsdirektor Henri Gobat, der 1882 ins Amt kam. Gobat, der durch seinen autoritären Führungsstil berühmt und berüchtigt wurde, hatte dem primär altsprachlich ausgerichteten Gymnasium den Kampf angesagt und stiess im Zuge der Gymnasialreform auf den Widerstand Hitzigs. Dieser zog es vor, im Jahre 1886 an die Universität Zürich überzusiedeln (Feller, 1935, S.329ff./362). Das Gutachten der Fakultät zur Wiederbesetzung des Lehrstuhls Hitzig wurde von Gobat ignoriert. Er nominierte den ihm bildungspolitisch nahestehenden Altphilologen und Gymnasiallehrer Friedrich Haag. Politisch betrachtet, war dies ein wichtiger Schachzug, da der Professor für Altphilologie an der Ausbildung der Gymnasiallehrer beteiligt war, auch wenn der Lehrauftrag die Gymnasialpädagogik zunächst nicht mit einschloss (Feller, 1934, S. 362).

19 *Reglement Patentprüfung Sekundarlehrer*, 1878, § 14.

20 Vgl. Rüegg 1862, 1870, 1876; sein 1876 erschienenes *Lehrbuch der Psychologie* geriet in den Verdacht eines Plagiats, was Rüegg zunächst seine Beförderung zum Ordinarius kostete.

Fünf Jahre später beantragte die Fakultät die Beförderung von Haag zum Ordinarius, und Gobat nahm dies zum Anlass, die Gymnasialpädagogik wieder ins Spiel zu bringen und sie erneut mit der Professur für Altphilologie zu verbinden: 1891 wurde Haag durch den Regierungsrat zum Ordinarius für *Altphilologie und Gymnasialpädagogik* gewählt. Zudem übernahm er auf Vorschlag Gobats und mit Zustimmung der Aufsichtskommission der Lehramtsschule die Lehraufträge des inzwischen erkrankten Pädagogikprofessors Rüegg.[21] Als Rüegg schliesslich 1893 starb, erfolgte eine Art Strukturbereinigung des Pädagogikunterrichts und der Lehrstühle: Regierungsrat Gobat sorgte auf Vorschlag der Aufsichtskommission für die Aufhebung des Lehrstuhls für Pädagogik mit dem Argument, dass «Psychologie & anderes» beim Ordinarius für Philosophie, Ludwig Stein* gehört werden und dass «die im Studienplan der Lehramtsschule vorgesehenen Vorlesungen» vom Ordinarius für Altphilologie und ehemaligen Gymnasiallehrer Friedrich Haag erteilt werden könnten.[22] In der Person Haags konzentrierte sich für die nächsten 13 Jahre fast der gesamte Pädagogikunterricht, welcher gemäss Lehrerbildungsreglementen an der Universität Bern zu erteilen war. Haag spezialisierte sich dadurch auf die Geschichte des bernischen Schulwesens und dessen Gesetzgebung.

Die berufsbildenden Veranstaltungen für die angehenden Lehrer wurden bis 1896 nur und ausschliesslich von Ordinarien oder Extraordinarien erteilt. Dann wurde durch den Beschluss des Grossen Rates eine Hilfslehrerstelle für Methodik geschaffen. Das Parlament war der Meinung, dass grösseres Gewicht auf die praktische Ausbildung der Kandidaten des Sekundarlehramtes gelegt werden sollte, «insbesondere durch eingehende Behandlung des Unterrichtsplanes mit Rücksicht auf Stoffauswahl und Methodik».[23] Am 11. März 1898 wurde Gottlieb Stucki* gegen den Willen der Sekundarlehrer, der Studierenden und der Aufsichtskommission zum *Hülfslehrer für Methodik* gewählt. Die Legislative schuf damit eine neue Funktion an der Universität, die bislang nur zwischen Dozenten, Ordinarien und Extraordinarien unterschied. Dem neuen Hilfslehrer für Methodik und seinen Nach-

21 StAB: BB III b 668. Schreiben von Forster an den Erziehungsdirektor vom 14. Dezember 1893; vgl. auch , StAB: BB III b 616. Vortrag der Erziehungsdirektion an den Regierungsrath vom 2. Juli 1891.

22 StAB: BB III b 620. Vortrag der Erziehungsdirektion an den Regierungsrat vom 27. Juli 1894.

23 StAB: BB III b 668. Vortrag der Erziehungsdirektion an den Regierungsrat bezüglich praktischer Ausbildung der Lehramtskandidaten, d. h. Ausbildung in Didaktik und Methodik vom 10. März 1898. Im Hinblick auf diese Stelle bewarb sich auch der Bieler Johann Erni 1896 um eine *venia docendi für pädagogische Fächer, spez. für Methodik*; der Antrag führte aber offensichtlich zu keinem Erfolg (StAB: BB III b 668. Bewerbung von Dr. Joh. Erni, Biel, für pädagogische Fächer vom 8. September 1896).

folgern wurde allerdings der Zugang zu den Fakultätsgeschäften verwehrt. Eine «Zweiklassenpädagogik» begann sich damit abzuzeichnen. Ein Lehrer der städtischen Mädchensekundarschule, Kaspar Fischer, folgte im Jahre 1908 auf Stucki.[24] Ebenso von den Fakultätsgeschäften ausgeschlossen blieben die neuen Kursleiter, die ab 1908 die Lehramtskandidaten, die kein Primarlehrerpatent besassen, in die Pädagogik einführten. Erster Leiter dieser Kurse war Eduard Balsiger*, Direktor des städtischen Lehrerinnenseminars Bern, der sich 1906 für den Lehrstuhl für Pädagogik und Psychologie bewarb.[25]

Abgesehen von der kurzen Episode mit Bäbler zwischen 1870 und 1875 konzentrierten sich die Lehrangebote vor 1900 ausschliesslich auf die Klientel der angehenden Lehrer bzw. orientierten sich nach den Lehrerbildungsreglementen. Ab 1895 tauchen die ersten, reglementarisch nicht gebundenen Vorlesungen in Pädagogik auf. Ludwig Stein, Ordinarius für Philosophie, referierte über «Pädagogik als angewandte Psychologie» und «Grundzüge einer experimentellen Pädagogik» und zudem mehrfach über «physiologische Psychologie». Und mit Ludwig Stein dürfte wohl auch weitgehend der Umstand zu erklären sein, dass die Erziehungsdirektion um 1906 das Projekt einer experimentellen Pädagogik für die Universität und die Lehrerbildung lancierte.

Empirisch-experimentelle Pädagogik – ein Intermezzo (1906–1913)

Eine neue Universitätspädagogik soll die veralteten Schulen auffrischen

Die Aussicht der Pädagogik zu Beginn des 20. Jahrhunderts, als forschende Disziplin im Rahmen eines regulären Lehrstuhls in die Universität Einzug zu halten, war vielversprechend. Im Jahre 1906 wurde nämlich eine ausserordentliche Professur für *allgemeine und experimentelle Pädagogik und Leitung eines experimentellen pädagogischen Institutes* ausgeschrieben.

Die Motive für diese Ausschreibung waren vielfältig: Zum einen quittierte Friedrich Haag seinen Dienst als Lehrbeauftragter für Pädagogik im Rahmen der

24 StAB: BB III b 668. Auszug aus dem Verwaltungsbericht der Direktion des Unterrichtswesens des Kantons Bern über das Jahr 1908, S. 49.

25 StAB: BB III b 668. Auszug aus dem Verwaltungsbericht der Direktion des Unterrichtswesens des Kantons Bern über das Jahr 1908, S. 49.

Sekundarschullehrerausbildung, was einer Nachfolgeregelung bedurfte.[26] Zum andern drängte sich nach Ansicht des langjährigen Erziehungsdirektors Gobat eine Reform von Volksschule und Lehrerbildung auf (Weber, 1999, S. 37ff.). Die Schaffung eines neuen Lehrstuhls für Pädagogik sollte einen Beitrag leisten, um die als rückständig empfundene Berner Lehrerschaft zum Umdenken zu bringen.[27]

An der Konzeptualisierung der neuen Pädagogik, die an der Universität realisiert werden sollte, wirkten neben Gobat ihm vertraute Professoren mit und zwar Gustav Tobler, Ordinarius für Schweizer Geschichte, Friedrich Haag, Ordinarius für Altphilologie und Gymnasialpädagogik, und Ludwig Stein, Ordinarius für Philosophie. Der Fakultät als Körperschaft kam wiederum nur die Rolle als Kritikerin für ein zwar regelkonformes, aber nicht kooperatives Ernennungsverfahren zu.[28]

Viele Indizien deuten darauf hin, dass Ludwig Stein die entscheidenden Stichworte für die Schaffung und Ausrichtung des neuen Lehrstuhls für Pädagogik und Psychologie lieferte. Ludwig Stein war seit 1891 Inhaber des Lehrstuhls für Philosophie an der Universität Bern. Sein wissenschaftliches Interesse war positivistischer Natur und auf die Lösung der sozialen Frage hin orientiert (Stein, 1903). Die experimentelle Pädagogik, über die Stein wiederholt publizierte und auch referierte, war Teil dieses umfassenden sozialen Reformprogramms (Stein, 1896; 1899). Regierungsrat Gobat war stark von diesem wissenschaftlichen Positivismus angetan, was im *Vortrag der Direktion des Unterrichtswesens an den Regierungsrat* über die Schaffung eines experimentell ausgerichteten Pädagogiklehrstuhls zum Ausdruck kommt. Gefordert wird im Gutachten ein Bruch mit der alten, an den Primarlehrerseminaren und an der Hochschule gelehrten Pädagogik. Anstelle der «Geschichte des Schulwesens und der Erziehungsgrundsätze» und der «auf rein abstrakter spekulativer Grundlage ruhenden Psychologie, die meistens aus Kompendien geschöpft wurde», sollte eine neue Pädagogik treten, die auf einer neuen Grundlage ruht: auf der Grundlage «der naturwissenschaftlichen Beobachtung» und des «physiologischen Experiments».[29]

---

26 StAB: III b 616. Demissionsgesuch von Friedrich Haag an die Erziehungsdirektion vom 20. Mai 1906. Haag blieb aber weiterhin Professor für klassische Philologie und Gymnasialpädagogik.

27 Diese Absicht des Berner Erziehungsdirektors entstand nicht zuletzt durch eine mehrjährige Auseinandersetzung (1895–1901) über die Frage, ob Prügelstrafen ein zulässiges Mittel der schulischen Erziehung darstellen oder nicht (Scandola, Rogger & Gerber, 1992, S. 85 ff.; Weber, 1999, S. 42).

28 StAB: III b 613. Die philosophische Fakultät der Universität Bern an die Direktion des Unterrichtswesens des Kantons Bern vom 18. Juli 1906.

29 StAB: BB III b 613. Vortrag der Direktion des Unterrichtswesens an den Regierungsrat vom 31. Mai 1906.

Der Vortrag bezeichnete auch sogleich den zu Berufenden: Es ist der 28-jährige promovierte und an der Universität Würzburg habilitierte Deutsche Ernst Dürr – ein Schüler Oswald Külpes[30]. Ernst Dürr wurde nach einer trotzdem noch erfolgten öffentlichen Ausschreibung und einer Bewerbungsfrist von zwei Wochen zum *ausserordentlichen Professor für Pädagogik und Psychologie* gewählt. Das *Berner Schulblatt,* Vereinsorgan des Bernischen Lehrervereins, erwähnte die Besetzung des Lehrstuhls mit keinem Wort; entweder aus Desinteresse oder aus Protest gegen die Reformpolitik Gobats, mit der der Lehrerverein früh in Konflikt geraten war.

Bereits Ende 1907 erfolgte mit der Beförderung Dürrs zum Ordinarius die Umbenennung des Lehrstuhls für *Pädagogik und Psychologie* in einen für *Philosophie, mit besonderer Berücksichtigung von Psychologie und Pädagogik.* Der Grund für die Umbenennung war die Tatsache, dass die beiden Fächer Psychologie und Pädagogik zum Leidwesen des neuen Professors nicht promotionsberechtigt waren und Dürr somit niemanden promovieren durfte. Mit der neuen Bezeichnung konnten psychologische und pädagogische Themen für eine Promotion im Windschatten der Philosophie abgenommen werden.[31]

Die Psychologie wurde bereits 1909 zum Promotionsfach erklärt, und zwar mit Unterstützung der Studierenden und der Fakultät. Die Pädagogik hatte noch rund 30 Jahre zu warten!

Das Forschungsinstitut: Ein ambitioniertes Projekt, das scheitert

Die Reform der Universitätspädagogik, welche 1906 ins Auge gefasst wurde, sollte nicht nur die Lehre auf eine veränderte Grundlage stellen, sondern sie sollte auch die Gründung eines Forschungsinstitutes beinhalten. In der ausgeschriebenen Stelle von 1906 war die Rede von einem «experimentellen pädagogischen Institut».[32] Im Gutachten der Erziehungsdirektion, welches kein anderer als Ernst Dürr verfasst haben konnte, wird von «psychologischen Laboratorien» gesprochen.[33] Im Jahr

30 Oswald Külpe (1862–1915) war langjähriger Assistent Wilhelm Wundts. Er gründete während seiner akademischen Tätigkeit mehrere psychologische Institute mit experimenteller Ausrichtung; u. a. in Würzburg. Das Hauptinteresse galt den höheren Denkprozessen (Hammer, 1999; Mack, 1999).

31 StAB: BB III b 613. Schreiben der philosophischen Fakultät der Universität in Bern an die h. Direktion des Unterrichtswesens vom 1. Oktober 1907.

32 StAB: BB III b 613. Inserat vom 18. Juni 1906.

33 StAB: BB III b 613. Gutachten Dürrs z. H. der Regierung, [ohne Datum], S. 6.

1912 sprach Dürr von einem «psychologischen Institut».[34] Zu vermuten ist, dass damit immer dieselbe Einrichtung gemeint war: eine Einrichtung zu pädagogischen und psychologischen Forschungszwecken, deren gleichzeitige Berücksichtigung auf dem ersten Grundsatz fusste, dass «die Lehre vom Unterricht und von der Erziehung selbst als ein Teil der Psychologie» zu betrachten sei; und zweitens, dass es sich in der Pädagogik wie in der allgemeinen Psychologie «um ein System von Ursachen [handelt], durch welches ein System von Wirkungen erzielt werden soll».[35]

Was Dürr an Forschung realisieren wollte, lässt sich vielleicht am ehesten mit dem Stichwort Denkpsychologie in pädagogischer Absicht umschreiben. Es ist anzunehmen, dass Dürr einen Teil der Würzburger Forschung, in der die Selbstbeobachtung im Zentrum des Experiments stand, in Bern fortzuführen beabsichtigte. Dazu zählten Reaktionszeitexperimente, Aufgaben aus der Psychophysik sowie Denk- und Lernaufgaben (Mack, 1999, S. 51).

Für das projektierte Forschungsinstitut wurden drei Zimmer, eine Dunkelkammer, ein Konferenzraum und die nötigen Gerätschaften für ein Forschungsinstitut in Aussicht gestellt. Die Räumlichkeiten sollten, gemäss Dürr, für Einführungskurse in experimenteller Psychologie, für Übungen mit Studierenden, aber auch der empirischen Forschung dienen.[36]

Das Projekt eines Laboratoriums scheiterte vor allem an den politischen Rahmenbedingungen. Nach dem politisch erzwungenen Departementswechsel des langjährigen und omnipräsenten Erziehungsdirektors Gobat, der die Berufung von Dürr durchgesetzt hatte, fehlte die Unterstützung. Ritschard, der neue Erziehungsdirektor, interessierte sich wenig für das Projekt, obwohl der neue Lehrstuhlinhaber Dürr sich wiederholt an ihn wandte. Überliefert sind verschiedene Bittschreiben an den neuen Direktor des Unterrichtswesens, in denen es um Geld, Räumlichkeiten, Studienplanänderungen und Personal geht. Vonseiten der Regierung wurden allerdings nur halbherzige Anstrengungen unternommen. Im Jahre 1908 liess sie zwar Räume bereitstellen; der Dozent für Elektrotechnik sollte diese jedoch mitbenutzen dürfen. Im Dezember 1912, kurz vor seinem Tod, teilte Dürr der Regierung mit, dass es ihm gelungen sei, die Räumlichkeiten wenigstens für Lehrzwecke brauchbar zu machen.[37] Die Ausbaupläne für eine empirisch-experimentell verfahrende päda-

34 StAB: BB III b 669. Schreiben von Dürr an den Erziehungsdirektor vom 5. Dezember 1912.

35 StAB: BB III b 613. Gutachten von Dürr z. H. der Regierung, [ohne Datum], S. 6.

36 StAB: BB III b 613. Schreiben von Dürr an den Erziehungsdirektor Ritschard vom 17. März 1907.

37 StAB: BB III b 669. Schreiben von Dürr an den Erziehungsdirektor vom 5. Dezember 1912.

gogische und psychologische Forschung wurden mit dem Tod Dürrs im Jahre 1913 zunächst einmal begraben.[38]

Doch noch einmal zurück: Dürr war nach 1906 nicht der einzige Ordinarius für Pädagogik. Neben ihm wirkte Friedrich Haag. Wie koordinierten die beiden die Lehre, und in welchem Verhältnis standen die angehenden Lehrer und Kommissionen zum Lehrbetrieb in Pädagogik?

Disziplin mit schwerem Stand – Pädagogik im Lehrbetrieb (1900–1920)

Mit dem Neueintritt Dürrs in die Universität Bern drängte sich eine Absprache mit Friedrich Haag über die pädagogischen Veranstaltungen auf. Die philosophische Fakultät und die Regierung akzeptierten den Vorschlag, dass Dürr eine zweiteilige Einführung in die systematische Pädagogik auf psychologischer Grundlage vortrug, eine Einführung in die experimentelle Psychologie veranstaltete, über Psychologie des Gefühls und des Willenslebens und über Psychologie der Wahrnehmungs-, Erinnerungs-, Fantasie- und Denkfunktionen las; Haag sollte demgegenüber die Geschichte der Pädagogik bis zum Ende des 18. Jahrhunderts, die Schweizer und Berner Schulgeschichte und die Methodik des Gymnasialunterrichts behandeln. Dürr übernahm zusätzlich die Geschichte der Pädagogik im 19. Jahrhundert.[39]

Zweifellos gewann damit der Pädagogik- und Psychologieunterricht an der Universität Bern an empirisch-experimentellem Zuschnitt. Mit Zustimmung der Aufsichtskommission für die Lehramtsschule gelang es Dürr zudem, die «systematische Pädagogik auf experimentell-psychologischer Grundlage» im Studienplan der Sekundarlehrerausbildung zu verankern.[40]

Doch die Lehramtskandidaten, und zwar sowohl die angehenden Sekundar- als auch die Gymnasiallehrer,[41] zeigten sich mehrheitlich wenig erpicht auf das Fach Pädagogik und seine Themen, und zwar schon vor der Neuausrichtung des Lehrbetriebs im Jahre 1906. Bereits seit 1878 waren die Sekundarlehramtskandidaten,

38 Dürr starb 1913 im Tessin an den Folgen einer Blutvergiftung.

39 StAB: BB III b 613.9. Schreiben der philosophischen Fakultät der Universität Bern an die h. Direktion des Unterrichtswesens vom 1. Oktober 1907.

40 StAB: BB III b 668. Schreiben der Direktion des Oberseminars Bern, Vorsteher der Lehramtsschule, Prof. Dr. Forster, an die Direktion des Unterrichtswesens vom 22. Oktober 1906.

41 StAB: BB III b 668. Schreiben der Studierenden des höheren Lehramts an die Direktion des Unterrichtswesens vom 25. Februar 1906; vgl. auch Criblez & Späni, 2002, S. 485.

ab 1907 auch die angehenden Gymnasiallehrer, vom Pädagogikunterricht befreit,[42] vorausgesetzt, sie konnten ein Lehrdiplom vorweisen. Mehrere Motive waren für das generelle Desinteresse am Pädagogikunterricht verantwortlich: zum einen die starke fachwissenschaftliche Belastung im Rahmen der Ausbildung; zum andern wurde der Unterricht in Pädagogik für die Ausbildung als nicht mehr nützlich bewertet, denn das Gros der Kandidatinnen und Kandidaten besass bereits ein Lehrdiplom und nahm die neue Ausbildung im Hinblick auf einen Berufsaufstieg in Angriff. Pädagogikunterricht war hilfreich für Quereinsteiger ohne pädagogische Ausbildung, nämlich für die Maturanden.

Der neu ausgerichtete Pädagogikunterricht von Dürr führte bei den Studierenden wie auch bei den Lehrerbildungskommissionen nicht zum Erfolg. Die Reglementsreform von 1912 beabsichtigte sogar, dass fortan kein einziger Sekundarlehramtskandidat die pädagogischen Veranstaltungen mehr besuchen müsse.[43] Wäre das Ansinnen durchgekommen, hätte Pädagogik vollends ihre Ausbildungsfunktion an der Universität verloren. Dürr drückte in mehreren Schreiben an den Erziehungsdirektor seine Enttäuschung über den Gang der Dinge an der Universität aus und versuchte, sich für «seine» beiden Disziplinen Psychologie und Pädagogik zu wehren.[44] Er forderte, dass jegliche Dispensation vom Pädagogikunterricht aufzuheben und die Prüfungsfächer Psychologie und Pädagogik auch als Patentierungsfächer zuzulassen seien; im Gegenzug bot er eine Vermehrung seiner Lehrtätigkeit an, um die verschiedenen Gruppen zu bedienen. In seinen Voten unterstrich er die aufklärerische Wirkung einer wissenschaftlichen Psychologie und Pädagogik gegenüber «verbohrten Vorurtheilen».[45]

Die Reformdiskussion über die akademische Ausbildung der Sekundarlehrer und den Stellenwert der Pädagogik dauerte auch nach dem Tod Dürrs an, setzte

42 *Reglement für die Patentprüfung von Kandidaten des höheren Lehramtes vom 16. Januar 1907*, § 11.

43 StAB: BB III b 669. Reglement Sekundarlehramt 1913.

44 Schon 1907 schrieb er dem neuen Erziehungsdirektor Ritschard u. a.: «Ich würde nie dran gedacht haben, meine Lehrtätigkeit in Würzburg, die sich auf das Gesamtgebiet der Philosophie, nicht bloss auf die zwei Fächer der Psychologie und Pädagogik, erstreckte, meine Tätigkeit als Mitarbeiter an einem der angesehensten psychologischen Institute […] und meine materiell bessere Position aufzugeben, um als Extraordinarius in Bern zwei Fächer zu vertreten, von denen keines Prüfungsfach im Doktorexamen ist und von denen keines auch nur annähernd die literarischen Hilfsmittel in der Berner Bibliothek besitzt». Die Studierenden würden nach Zürich abwandern, um dort zu promovieren (StAB: BB III b 613. Dürr, 17. März 1907).

45 StAB: BB III b 669. Schreiben von Ernst Dürr an den Erziehungsdirektor vom 5. Dezember 1912.

aber während der ersten Kriegsjahre aus. Sie wurde 1916 fortgeführt und endete schliesslich in der Bestimmung, wonach für alle Studierenden, also auch für jene, die bereits ein Lehrdiplom besassen, «Kurse in theoretischer und praktischer Pädagogik mit Lehrübungen und methodischer Unterweisung» obligatorisch seien.[46] Damit war die Trennung zwischen der pädagogischen Ausbildung an den Primarlehrerseminaren und an der Universität vollzogen.

Nichts bewegt sich: Die Disziplin zwischen 1913 und 1946

Für die seit ihrer Gründung von 1834 immer wieder ins Rampenlicht der Öffentlichkeit gerückte Universität begannen mit dem Ausbruch des Ersten Weltkrieges Jahrzehnte des «Gleichgewichts», der «Beharrung» und des «Konservativismus» – dies behauptet jedenfalls der Historiker Im Hof (1984, S. 82). Es spricht einiges dafür, dass der Abbruch des Experiments mit der experimentell-empirisch ausgerichteten Pädagogik, die Rücknahme des Faches unter die Fittiche der Philosophie, aber auch die ausschliessliche Wahl von Schweizer Bürgern auf die Lehrstühle, Ausdruck dieses Konservativismus sind. Beobachtbar ist für diese Phase auch, dass die staatlichen Eingriffe in die Universitätspolitik kleiner und bescheidener wurden und die gesetzlich festgelegten Regeln, wie Wissenschaftspolitik zwischen Fakultät und Regierung auszuhandeln ist, griffen. Gleichzeitig zeigt sich auch eine Reihe von Aktivitäten, mit denen versucht wurde, die pädagogische und psychologische Forschung an der Universität weiter auszubauen.

Die Ära der Philosophielehrstühle «mit besonderer Berücksichtigung»

Die Frage nach der Präsenz der Pädagogik an der Universität wurde mit dem Tode Dürrs im Jahre 1913 wieder virulent. Eine Aufbruchseuphorie ist nicht mehr zu beobachten. Vorsicht und Bedächtigkeit traten an die Stelle des forschen Vorgehens wie zu Gobats Zeiten: Die Erziehungsdirektion fragte bei der philosophischen Fakultät sowie bei der Aufsichtskommission der Lehramtsschule an, «ob die frei-

46 StAB: BB III b 669, Mappe Lehramtsschule 1913–1925. Bericht der Subkommission für Reform der Lehramtsschule an die Direktion des Unterrichtswesens des Kantons Bern vom 26. März 1918; vgl. auch *Studienplan Lehramt*, 1919.

gewordene Professur mit dem gleichen Lehrauftrag wieder zu besetzen sei oder ob das Bedürfnis nach einer Änderung bestehe».[47]

Beide angefragten Gremien stimmten betreffend Nationalität und pädagogische Erfahrungen überein: Der künftige Ordinarius müsse über Kenntnisse des schweizerischen Schulwesens und über praktische Erfahrungen im Schuldienst verfügen und bestenfalls ein Schweizer sein.[48] Differenzen ergaben sich aber in der Ausrichtung des Lehrstuhls. Die philosophische Fakultät wünschte, einen Lehrauftrag für *Philosophie besonders Pädagogik* zu vergeben. Die Kommission der Lehramtsschule schlug dagegen eine Professur für *Psychologie und Pädagogik* vor.[49] Damit war zum einen ein disziplinensystematischer Unterschied markiert: Sind Pädagogik und Psychologie von der Philosophie abhängige Disziplinen oder nicht? Zum andern spielten aber auch unterschiedliche wissenschaftspolitische Bewertungen der Fächer eine Rolle: Sollte tatsächlich die Fachvertretung der Philosophie an der Universität verkleinert werden, um den beiden Fächern Pädagogik und Psychologie im Rahmen eines eigenen Lehrstuhls Platz zu machen?

Die schliesslich erfolgte Ausschreibung kann als Kompromiss interpretiert werden oder eben als Schritt, mit dem keine neuen Experimente mehr gewagt wurden. Die nominelle Ausrichtung des Lehrstuhls, wie ihn Dürr nach 1908 innegehabt hatte, blieb erhalten. Ausgeschrieben und besetzt werden sollte eine Professur für *Philosophie mit besonderer Berücksichtigung von Psychologie und Pädagogik.*[50] Unter den 13 Bewerbern befand sich auch der Wunschkandidat der Fakultät, Paul Häberlin*. Häberlin, Privatdozent an der Universität in Basel, entspreche in «so hohem Masse» den Anforderungen, «dass ihn die Fakultät mit gutem Gewissen zur Wahl empfehlen könne».[51]

Gemäss Fakultätsgutachten sollte Paul Häberlin die «Leitung des vom verstorbenen Professor Dürr begründeten psychologischen Instituts» übernehmen.[52] Häberlin betrachtete sich jedoch in dieser Sache als nicht gebunden. Er selbst lege

47 StAB: BB III b 13013. Schreiben der Direktion des Unterrichtswesens an die philosophische Fakultät der Universität Bern vom 14. Oktober 1913.

48 StAB: BB III b 13013. Schreiben der philosophischen Fakultät der Universität Bern an die Erziehungsdirektion des Kantons Bern vom 18. November 1913.

49 StAB: BB III b 616. Schreiben der Aufsichtskommission der Lehramtsschule an die Erziehungsdirektion vom 31. Oktober 1913.

50 StAB: BB III b 613. Durch die Regierung genehmigter Ausschreibungsentwurf vom 29. November 1913.

51 StAB: BB III b 616. Gutachten über die Neubesetzung der Professur für Philosophie, insbesondere Psychologie und Pädagogik, an der Universität Bern vom 5. Februar 1914.

52 StAB: BB III b 616. Gutachten über die Neubesetzung der Professur für Philosophie, insbesondere Psychologie und Pädagogik, an der Universität Bern vom 5. Februar 1914.

«persönlich keinen grossen Wert auf die Experimentalpsychologie im engern Sinne», schrieb er dem Hochschulverwalter Jenni, der nach den Apparaten des Psychologischen Instituts fragte.[53] Häberlin überliess das mühselig erstrittene psychologische Institut und die Apparate dem Ordinarius für Philosophie, Richard Herbertz, der «gelegentlich Vorlesungen + Übungen experimentell-psychologischer Art abhalte», um nicht von der Psychologie ganz entfremdet zu werden.[54] Häberlin richtete Lehre und Forschung in der Pädagogik vor allem geisteswissenschaftlich und kulturphilosophisch aus. Nach acht Jahren Lehr- und Forschungstätigkeit an der Universität Bern wechselte Häberlin an die Universität Basel und übernahm dort 1922 das Ordinariat vom verstorbenen Deutschen Otto Braun* (vgl. Kapitel 3 in diesem Band).

Die neuerliche Vakanz an der Universität Bern wurde 1922 nach einem ähnlichen Muster wie 1913–1914 bewältigt, begleitet von den gleichen Wünschen und Erwartungen. Es bewarben sich 52 Personen für den Lehrstuhl für *Philosophie mit besonderer Berücksichtigung der Psychologie und Pädagogik,* darunter zwei Österreicher, 44 Deutsche und sechs Schweizer.[55] Das Gutachten der Fakultät machte einleitend sogleich klar, dass «keiner der Bewerber die Bedingungen der Ausschreibung *voll* erfülle».[56] Die Schwierigkeit sah sie in der anspruchsvollen Ausrichtung des ausgeschriebenen Lehrstuhls, der die drei Gebiete Philosophie, Psychologie und Pädagogik umfasste.[57]

Dennoch setzte die Fakultät den Tessiner Carlo Sganzini*, der in München und Bern studiert, in Bern promoviert und habilitiert hatte, auf den ersten Platz. Dass er Schweizer sei und «im Lande Pestalozzis» die Schulverhältnisse kenne sowie als Lehrer an der Handelshochschule in St. Gallen und Seminarleiter in Locarno tätig gewesen sei, unterscheide ihn von andern Bewerbern. Die Fakultät betonte am Ende ihres Gutachtens eindeutig, «dass sie sich bei diesen Vorschlägen in erster Linie von den besonderen Bedürfnissen der Berner Hochschule leiten liess; wenn

53 StAB: BB III b 616. Schreiben von Häberlin an Hochschulverwalter Jenni vom 22. Januar 1921.

54 Das Material des psychologischen Instituts wanderte schliesslich 1921 ins Oberseminar. Das Verfügungsrecht behielt sich die Unterrichtsdirektion für den Fall der Regeneration der experimentell-psychologischen Studien an der Universität vor.

55 Unter den Bewerbern, die an Universitäten in der Schweiz bereits tätig waren, befanden sich Arthur Stein, Julius Suter und Eberhard Grisebach (vgl. Kapitel 1 in diesem Band).

56 StAB: BB III b 621. Gutachten der philos. Fakultät I über die Neubesetzung der Professur für Philosophie, Psychologie und Pädagogik an der Universität Bern vom 17. Oktober 1922; Hervorhebung im Original.

57 StAB: BB III b 621. Gutachten der philos. Fakultät I über die Neubesetzung der Professur für Philosophie, Psychologie und Pädagogik an der Universität Bern vom 17. Oktober 1922.

nur die wissenschaftliche Tüchtigkeit und die akademische Lehrerfahrung zu beurteilen gewesen wäre, so hätten zweifellos noch andere Bewerber auf die Liste genommen, z. T. wohl auch dem Vorgeschlagenen vorgezogen werden müssen».[58] Die Pädagogik erscheint hier als eine akademische Disziplin, an welche die sonst üblichen Beurteilungskriterien nicht angelegt werden.

Nach einer einsemestrigen Probezeit und nach eingeholten Gutachten bei Bertoni (Kanton Tessin), Chiesa (Kanton Tessin) und Malche (Kanton Genf)[59] wurde Sganzini schliesslich am 16. Januar 1923 definitiv zum Ordinarius für *Philosophie mit besonderer Berücksichtigung der Psychologie und Pädagogik* gewählt.[60]

Ausbauversuche in der Forschung (1928–1933)

Die Jahre 1928 bis 1933 sind von einer erstaunlichen Anzahl von Anregungen und Anstrengungen gekennzeichnet, die pädagogische und psychologische Forschung an der Universität Bern zu fördern. Dass Sganzini dabei immer wieder im Mittelpunkt der Auseinandersetzungen stand, zeigt, wie klein die Universität und wie omnipotent die Rolle eines ordentlichen Professors war.

Im Juni 1928 erreichte die Berner Regierung eine Eingabe, die zur Gründung eines psychotechnischen Instituts anregte. Unterschrieben war sie vom Bernischen Lehrerverein (BLV), von der Berufsberatungsstelle, vom städtischen Arbeitsamt Bern, vom Jugendamt, von der Gewerbeschule, von der Lehrwerkstätte, vom medizinischen Bezirksverein und von weiteren Institutionen.[61] Dieses psychotechnische Institut sollte vor allem den Übertritt von Jugendlichen ins Erwerbsleben sichern, und zwar durch Berufseignungsprüfungen und Berufsauslese.

Carlo Sganzini, Ordinarius für Philosophie, Pädagogik und Psychologie an der Universität, warb bei der Regierung seinerseits für die Schaffung eines solchen Instituts und empfahl Franziska Baumgarten, sich im Bereich der Psychotechnik zu

58 Mit «besonderen Bedürfnissen» ist die akademische Ausbildung von Lehrerinnen und Lehrern gemeint. Die *Neue Berner Zeitung* vom 21. Oktober 1922 prangerte Sganzinis Wahl sogleich als «romanischen und klerikalen Fanatismus» an, da man «ein halbes Hundert deutschschweizerische und deutsche, darunter erstklassige Kräfte als ‹unzulänglich› habe abblitzen lassen», um «einen in der pädagogischen Wissenschaft bis heute ziemlich unbekannten Herrn romanischer Zunge [...] auf den Stuhl zu heben».

59 Alle Gutachten sind im StAB: BB III b 621 verfügbar.

60 StAB: BB III b 621. Vortrag der Direktion des Unterrichtswesens an den Regierungsrat vom 16. Januar 1923.

61 StAB: BB III b 636. Das Schreiben wird im Vortrag vom Direktor des Unterrichtswesens an den Regierungsrat vom 4. April 1930 zitiert.

habilitieren. Zwar wurde Baumgarten im Mai 1929 mit Eingrenzung des Lehrgebietes auf «Psychotechnik (Psychologie der Berufseignung und der Arbeitsverfahren)» habilitiert, doch die Regierung entschied sich 1933 gegen die Einrichtung eines psychotechnischen Instituts mit der Begründung, es seien zwischenzeitlich zwei privatwirtschaftlich geführte Institute gegründet worden, und somit sei die Tätigkeit des Staates überflüssig.[62] Das Argument der Initianten, dass ein universitäres Institut vor «gewerbsmässiger Ausbeutung»[63] schütze, verfing bei der Regierung nicht: Sparen hatte um 1933 Priorität.

Gleichzeitig mit den Diskussionen über die Errichtung eines psychotechnischen Instituts versuchte Sganzini mit Jancke (siehe unten) und Baumgarten eine Erziehungsberatungsstelle im psychologischen Institut zu etablieren.[64] Und drittens liefen Bemühungen um einen eigenen Studiengang für Psychotechniker.[65] Auch diese Reformvorschläge wurden von der Regierung aus Spargründen abgelehnt.[66]

In allen genannten Aktivitäten spielte die Psychologie als Forschungsdisziplin mit sozialtechnischen Aspirationen eine Schlüsselrolle. Die Pädagogik wurde als Subdisziplin berücksichtigt, was sich an den vorgeschlagenen Ausbildungsgängen zur Psychotechnik zeigen lasse. Doch auch der Pädagogik als solcher zollte man während einiger Jahre grössere Aufmerksamkeit, vor allem vonseiten der bernischen Lehrerschaft.

An erster Stelle beschäftigte sich die Abgeordnetenversammlung des BLVs mit der Frage der Gründung eines pädagogischen Instituts an der Universität Bern. Es sollte «vor allem Forschungsinstitut» sein und «in Verbindung mit Versuchs- und Übungsschule, der Erziehungspraxis Wege weisen» (*Berner Schulblatt, 1929* [32], S. 438).

Die Forderung nach einem pädagogischen Institut war Teil eines umfassenden Programms, das die pädagogischen Zielsetzungen des Lehrervereins neu ausrich-

62 Eines der genannten Institute wurde von Hanns Spreng* in Biel ab August 1928 geleitet, dessen Gründung, laut *Bund* vom 28. August 1929, durch Industrielle angeregt worden war. Spreng war Assistent von Suter* und Carrard* in Zürich.

63 StAB: BB III b 636. Schreiben von Sganzini an die Unterrichtsdirektion vom 21. Juni 1921.

64 StAB: BB III b 636. Schreiben von Sganzini an die Unterrichtsdirektion vom 7. Januar 1932.

65 Dieser Diplomstudiengang, an dem Sganzini beratend mitwirkte, wurde von der Schweizerischen Stiftung für Psychotechnik im Jahre 1931 angeregt. Ein Jahr später regte die Schweizerische Arbeitsgemeinschaft für praktische Psychologie eine Reglementierung des freien Berufs des praktischen Psychologen an.

66 StAB: BB III b 621. Schreiben der Direktion des Unterrichtswesens an die Schweizerische Arbeitsgemeinschaft für praktische Psychologie, Frau Privatdozent Dr. F. Baumgarten-Tramer, vom 12. Januar 1933. Die Direktion des Unterrichtswesens an die Direktion des Innern vom 24. April 1933.

ten sollte. Damit sollte aber explizit keine Standespolitik zwecks Verbesserung von Status und Einkommen verbunden werden. «Eine umfassende Unterstützung der pädagogischen Praxis von Lehrern aller Stufen erfordert einen zeitgemässen Ausbau der pädagogischen Forschungsmöglichkeiten an unserer Hochschule» (*Berner Schulblatt, 1929* [32], S. 438). Das pädagogische Vereinsprogramm von 1929 sollte vorerst an der Basis und in den Sektionen diskutiert werden. Dieser Aufforderung kam jedoch nur etwa die Hälfte der Sektionen nach (Scandola et al., 1992, S. 319), sodass das Programm mit seinen Thesen und Forderungen wieder aus der Vereinstätigkeit verschwand.

Das Bestreben, die schulpädagogischen Kenntnisse durch Forschung zu mehren, fand zweitens auch Ausdruck in der Gründung der Arbeitsgemeinschaft bernischer Lehrer, welche gezielt einige psychopädagogische Untersuchungen durchführen wollte.[67] Als wissenschaftlicher Leiter figurierte kein anderer als Universitätsprofessor Carlo Sganzini. Die Gruppe – «eine stattliche Anzahl» von Lehrern, die sich für die erste Sitzung angemeldet hatten – traf sich mindestens zweimal, und zwar im Psychologischen Institut der Universität Bern: Sganzini referierte dabei über «forschungsmethodische Anleitung an Lehrkräfte, die bei der Erforschung der geistigen Entwicklung des Schulkindes mitwirken wollen» (*Berner Schulblatt, 1930,* S. 430). Die heutige Psychologie gebe der Beobachtung wieder den Vorzug vor dem Experiment. «Systematische Beobachtungen, in einem Tagebuch festgehalten, soll deshalb die Hauptarbeit bilden.» Experimente sollten ergänzend hinzutreten. «Allgemeines Ziel soll die Erforschung des Schulkindes nach seinem erkennenden Verhalten sein.» Doch auch dieses Werk gedieh nicht.[68]

Alle die genannten Bemühungen um eine Intensivierung psychologischer und pädagogischer Forschung fruchteten in der Zeit nach 1930 wenig und blieben bis 1948 ohne Fortsetzung. Nach anfänglichen Versuchen, eine empirische psychologisch-pädagogische Forschung aufzubauen, orientierte sich auch Carlo Sganzini mehr und mehr an grundlagentheoretischen, philosophisch orientierten Fragestellungen der Pädagogik und Psychologie. Der eigenwillige, aus heutiger Sicht schwer verständliche und nicht unbescheidene Versuch bestand darin, im Rahmen einer philosophischen Kategorienlehre als transzendentaler Strukturlehre eine wissen-

---

67 *Berner Schulblatt, 1929* [32], S. 430.

68 Nicht viel anders erging es der Psychologischen Arbeitsgemeinschaft des Lehrervereins Bern-Stadt, deren Sitzungen 1929 alle 14 Tage stattfinden sollten. Leiter der Gruppe war der Mediziner und «Irrenarzt» Walther von der Klinik Waldau, der 1929 in mehreren Sitzungen «über psychogene Störungen im Kindesalter» referierte (*Berner Schulblatt, 1929* [34], S. 463).

schaftlich-philosophische Grundlage für die pädagogische Reflexion von Praktikerinnen und Praktikern zu bieten (Sganzini, 1936).

Kontinuität in den Reglementen und der Lehre (1920–1950)

Die beiden Versuche, die Pädagogik an der Universität neu zu profilieren – jener zwischen 1906 und 1912 und jener zwischen 1928 und 1933 – scheiterten also. Bilanziert man nun dazu die Ressourcen, welche seit 1900 in die Erziehungswissenschaften an Stellenprozenten investiert wurden, so zeigt sich, dass der Anteil an Pädagogik, dem statusmässig das Prädikat «wissenschaftlich» bzw. «akademisch» zukam, bis nach dem Zweiten Weltkrieg stagnierte. Einzig die Zahl der Lektoren und Praktikumsleiter für die akademische Lehrerbildung vergrösserte sich nach 1900 in bescheidenem Masse.[69]

Wenn auch die Anstellungen stagnierten, die Forschungsinstitute nicht realisiert wurden, so hatte sich um 1920 immerhin im Rahmen der akademischen Lehrerbildung die Überzeugung durchgesetzt, dass die pädagogische Qualifizierung in ihrer dreifachen Ausfächerung ein Muss darstellt: (a) als sogenannte Theorie mit philosophischer, historischer und psychologischer Ausrichtung, (b) als Stufen- und Fachdidaktik sowie (c) als geleitetes Praktikum. Diese dreifache Ausrichtung hatte in der Ausbildung der Sekundarlehrer um 1919, bei den Gymnasiallehrern um 1927 endgültig ihren Platz erobert.

Seit 1920 hatte Paul Häberlin, Inhaber des Lehrstuhls für *Philosophie mit Berücksichtigung der Psychologie und [der theoretischen] Pädagogik,* sämtliche Lehramtsanwärter in seinen Veranstaltungen. Er las – notabene neben weiteren Veranstaltungen in Philosophie und Psychologie – eine zweiteilige «Allgemeine Erziehungslehre»: im ersten Teil wurde eine «philosophische Grundlegung» geboten, und im zweiten Teil folgten Ausführungen zur «Methodik und Kinderpsychologie».[70] Gewisse

69 In der Regel handelte es sich um Personen, die an einem der kantonalen Lehrerseminare unterrichteten; dazu kamen auch Fachlehrkräfte von Sekundarschulen und Gymnasien. Die Nähe zur Praxis stellte ein wichtiges Auswahlkriterium für den Unterricht an der Universität dar. Auf Gottlieb Stucki, den «Hülfslehrer» für Methodik des Sekundarunterrichts (siehe oben), folgte Eduard Balsiger, der zudem die Einführungskurse in Pädagogik übernahm, die für Maturanden ohne Primarlehrerpatent eingerichtet wurden. Auf Balsiger folgte Arnold Schrag, seines Zeichens Schulinspektor. Ihn ersetzte 1934 Adolf Schweizer, der 1940 zurücktrat. Mit der Person Paul Pulvers, dem Nachfolger von Schweizer, fand ein langer universitätsinterner Institutionenbildungsprozess seinen vorläufigen Abschluss: Das Sekundarlehramt erhielt mit Pulver nämlich um 1950 seinen ersten vollamtlichen Direktor.

70 Vgl. Häberlins Veranstaltungen im Vorlesungsverzeichnis der Universität Bern, 1920–1923.

Schwerpunkte der Vorlesungen wurden nachträglich in sogenannten Übungen, die oft auch historisch ausgerichtet waren, vertieft. Häberlins Nachfolger, Carlo Sganzini, setzte diesen formal vorgegebenen, aber inhaltlich wenig bestimmten Veranstaltungsturnus fort. Ab 1927 las er zusätzlich regelmässig über Themen der Jugendkunde, die im neuen Patentprüfungsreglement für angehende Gymnasiallehrer auf dem Programm stand.[71]

Im Jahre 1934 erfolgte schliesslich ein für die Disziplin bedeutungsvoller Schritt: Pädagogik avancierte zum Promotionsfach.[72] Dazu gehörte die Psychologie als Pflichtnebenfach.

Strukturell betrachtet, hatte die Krisen- und Kriegszeit zwischen 1933 bis 1945 keinen Einfluss auf die institutionelle Verankerung des Fachs. Sie vermochte aber die gänzliche Abkehr von einer empirisch-experimentell ausgerichteten Disziplin zu begründen, wie sie zwischen 1928 bis 1933 noch diskutiert worden war, und thematisch überzuleiten auf politische und moralische Probleme der Zeit.[73]

Welche Pädagogik darf es sein? Streit um den neuen Lehrstuhl (1946–1948)

Mit dem Jahr 1946 brach eine weitere Aushandlungsphase um Platz und Ausrichtung der Disziplin an der Universität Bern an. Hervorgerufen wurde diese neuerliche Diskussion durch den Rücktritt des Lehrstuhlinhabers Carlo Sganzini. Bis 1945 war die Befriedigung der universitären Interessen (also des Wissenschaftssystems) und der Interessen der Lehrer (also des Berufssystems) im Schnittbereich der akademischen Lehrerbildung und insbesondere des Pädagogik-Lehrstuhls ohne wirklich grössere Friktionen möglich. Die Wiederbesetzung bzw. Neuausrichtung des Lehrstuhls von Sganzini zeigte ein anderes Bild.

Die Regelung der Nachfolge Sganzini wurde von den Philosophen noch vor dessen Rücktritt anvisiert, da am philosophischen Institut zwei Ordinariate und ein Extraordinariat im Verlaufe von vier Jahren zur Wiederbesetzung anstanden.[74] Ziel

71 *Patentprüfungsreglement Gymnasiallehrer*, 1927, S. 29.

72 StAB: BB 8.1.306. Auszug aus dem Protokoll des Regierungsrates – Sitzung vom 6. Februar 1934.

73 Als Übungen erscheinen Themen wie: «Autorität und Freiheit» (Sommersemester 1939), «Die Aufgabe der Erziehung unserer Zeit» (Sommersemester 1940) oder «Das Problem der nationalen Erziehung» (Sommersemester 1943).

74 StAB: BB 8.1.306. Das Dekanat der philosophischen Fakultät I der Universität Bern an die Erziehungsdirektion des Kantons Bern vom 6. Februar 1946.

der Philosophen – mit Einwilligung der Fakultät – war es, die Fächer Philosophie, Psychologie und Pädagogik auf die Philosophielehrstühle neu so zu platzieren, dass ein Lehrstuhl für Psychologie geschaffen werden konnte. Pädagogik sollte demgegenüber an die Philosophie im Rahmen des Lehrstuhls für Philosophie gebunden bleiben.

Was sich die Universitätsvertreter um 1946 noch erhoffen konnten, war eine unspektakuläre Aushandlung um die Neuausrichtung und Neubesetzung der Philosophielehrstühle mit der Berner Regierung, wie es seit 1913 der Fall war. Die erste, provisorische Besetzung des einen Ordinariats durch Arthur Stein* gelang dann sozusagen auch in aller Stille.[75] Stein, um 1919 an der Universität in Kulturphilosophie habilitiert und seither Gymnasiallehrer, übernahm als Ordinarius für Philosophie auch die Pädagogikveranstaltungen des krankgeschriebenen Sganzini. Nach Vorstellung der Fakultät sollte Stein nach Sganzinis Rücktritt die Pädagogik übernehmen. Im Herbst 1946 trat Sganzini zurück. Doch statt dass nun die philosophische Fakultät das Ordinariat für Philosophie und Pädagogik mit Stein besetzen und das Ordinariat für Psychologie für einen noch zu nominierenden Vertreter mit der Regierung aushandeln konnte, übernahm die Regierung die Regie: Auf den 6. Januar 1947 lud die Erziehungsdirektion Delegationen der Aufsichtskommission der Lehramtsschule, der Patentprüfungskommission des höheren Lehramts, der philosophischen Fakultät I und eine Delegation des BLV zur «Nachfolgeregelung Sganzini» ein.[76] Mit anderen Worten: Der Pädagogiklehrstuhl wurde mehr oder weniger zu einer öffentlichen Angelegenheit, zumal in einer späteren Phase der Direktor des Armenwesens und der Bernische Gymnasiallehrerverein sich noch zu Wort meldeten.

Der BLV, insbesondere die darin vertretenen Primarlehrer, und der Direktor des Armenwesens wünschten sich einen Lehrstuhl für Pädagogik und Psychologie. Legitimiert wurde dies damit, dass an der Universität Bern bislang nicht für die Aus- und Fortbildung von Schul- und Heimleitern, von Personen der Bildungsverwaltung und der Forschung, wie auch von Erziehungsberatern, Lehrern in Erziehungsheimen und für Spezialklassen gesorgt wurde.[77] Die Fakultät und mit ihr die Aufsichtsgremien der akademischen Lehrerbildung sowie der Bernische Gymnasiallehrerverein stellten sich auf den Standpunkt, dass die Pädagogik an der Universität

75 StAB: BB 8.1.306. Auszug aus dem Protokoll des Regierungsrates vom 12. März 1946.

76 StAB: BB III b 621. Schreiben der Erziehungsdirektion an den Dekan der philosophischen Fakultät I der Universität Bern vom 30. Dezember 1847.

77 StAB: BB 8.1.315. Schreiben des Kantonalvorstands des BLV an die Erziehungsdirektion des Kantons Bern vom 4. Juni 1947; Direktor des Armenwesens vom 28. August 1947.

aufs Beste vertreten sei.[78] Zudem sei sie nur in ihrer philosophischen Rückbindung an der Universität tolerierbar – als «theoretische Pädagogik», als «Philosophie der Erziehung», die das «historische und systematische Feld erzieherischen Denkens und Wollens» kritisch sichte.[79]

Die Voten der philosophisch-historischen Fakultät, der Aufsichts- und Prüfungskommissionen für die akademische Lehrerbildung wie auch des Bernischen Gymnasiallehrervereins lassen sich hypothetisch auf drei Motive zurückführen: (a) das geisteswissenschaftliche Paradigma, welches die Fächer der historisch-philosophischen Fakultät spätestens nach dem Ersten Weltkrieg einte; (b) die alte Angst vor der «praktischen Pädagogik», sie könnte das Fachstudium durch Fragen nach seinem Nutzen, seinen Zielen und seiner Lehrbarkeit ruinieren; (c) das Markieren einer Statusdifferenz zwischen den verschiedenen Ausbildungssystemen und Lehrergruppen.

Der Streit wurde schliesslich durch die Regierung sprichwörtlich salomonisch entschieden: Die Stelle Sganzinis wurde in ein Extraordinariat für *Psychologie*[80] und in ein halbes Extraordinariat für *Praktische Pädagogik mit besonderer Berücksichtigung der psychologischen und pädagogischen Problematik der Schule* aufgeteilt. Darüber hinaus wurde Arthur Steins Lehrstuhl für *Philosophie,* in den nach Absicht der Philosophen die Pädagogik Sganzinis hätte intergriert werden sollen, in eine Professur für *Philosophie, Theoretische Pädagogik und Geschichte der Pädagogik* umbenannt.[81]

Das vom BLV erstrittene neue halbe Extraordinariat wurde mit Jakob Robert Schmid* besetzt, seines Zeichens Direktor des Lehrerinnenseminars in Thun. Auch nach seiner Wahl wollte die Fakultät «prinzipiell keine Verantwortung für die allfälligen Folgen, die sich hieraus für den Lehrbetrieb und den wissenschaftlichen Ruf der Fakultät ergeben könnten, übernehmen».[82] Mit dem Rücktritt von Arthur Stein 1955 wurde Schmid jedoch Ordinarius für *Pädagogik mit Einschluss ihrer philosophischen und psychologischen Grundlagen.* Die akademische Assimilation und Verein-

78 StAB: BB 8.1.315. Stellungnahme des Bernischen Gymnasiallehrervereins zur Neubesetzung des Lehrstuhls Sganzini; an die Erziehungsdirektion des Kantons Bern vom 12. Juli 1947; Lehramtsschule der Universität Bern an die Erziehungsdirektion des Kantons Bern vom 18. Juli 1947; Brief des Dekanats der phil. Fakultät I an die Erziehungsdirektion des Kantons Bern vom 9. Februar 1948.

79 StAB: BB 8.1.315. Stellungnahme des Bernischen Gymnasiallehrervereins zur Neubesetzung des Lehrstuhls Sganzini; an die Erziehungsdirektion des Kantons Bern vom 12. Juli 1947.

80 Auf diesen Lehrstuhl wurde Richard Meili* gewählt.

81 StAB. BB 8.1.317. Auszug aus dem Protokoll des Regierungsrates vom 26. Oktober 1948.

82 StAB: BB 8.1.315. Schreiben des Dekans der philosophischen Fakultät I an die Erziehungsdirektion des Kantons Bern vom 16. Oktober 1948.

nahmung des verschmähten Aussenseiters war geglückt! Zu vermuten ist aber auch, dass damit die berufspraktischen Anliegen, wie sie vom BLV und dem Vorsteher des Armenwesens vorgebracht worden waren, in den Hintergrund rückten.

Zwei akademische Welten der Pädagogik

Die Integration und Formung der Pädagogik als universitärer Disziplin fand auch an der Universität Bern in der Schnittstelle von zwei Systemen statt: des Hochschulsystems als ausgeprägter Ordinarienuniversität und des Ausbildungssystems. Unter diesem Gesichtspunkt gesehen, hatte die Pädagogik zwei Herren zu dienen, war von zwei Systemen abhängig, die unterschiedlichen Normen und Regeln der Reproduktion folgten, unterschiedliche Aushandlungspartner hatten und auch auf unterschiedliche Bedürfnislagen reagierten.

Mit der Einstellung des ersten Methodiklehrers von 1897 als «Hülfslehrer» wurde die Spaltung eines sich entwickelnden disziplinären Feldes in eine theoretische und eine praktische Pädagogik vollzogen. Als akademischer Zweig des disziplinären Feldes wurde seitens der Universität nur die *theoretische* Pädagogik betrachtet und akzeptiert, wie sie seit 1907 im Ordinariat für *Philosophie mit Berücksichtigung der Psychologie und Pädagogik* ihren Platz gehabt hatte.

Diese Zweiteilung der Pädagogik in eine theoretische und eine praktische Pädagogik implizierte auch ihre Aufteilung in ein der philosophischen Fakultät zugehörendes Fach und einen zwar an der Universität unterrichteten, aber trotzdem nicht akademischen Ausbildungszweig. Diese Zweiteilung setzte sich auch in den für sie zuständigen Gremien fort: Die sogenannte theoretische, systematische oder auch allgemeine Pädagogik verantwortete die Fakultät, die praktischen Teile die Aufsichts- und Prüfungsgremien. Und weiter: Die theoretische Pädagogik hatte ihren Platz im Rahmen einer akademischen Planstelle (Professur), die praktischen Anteile wurden dagegen im Rahmen von Lektoraten unterrichtet, mit denen kein Zutritt zu den Geschäften der Universität oder der philosophischen Fakultät gegeben war.

Kapitel 3
Pädagogik an der Universität Basel

Frühe und vielversprechende Anfänge, Auslagerung und Niedergang (1870–1950)

Sabine Campana und Lucien Criblez

Früher Versuch der Disziplinenbildung nach 1820

Die Universität Basel ist die älteste und bis um 1830 neben verschiedenen Akademien die einzige Universität in der Schweiz. Gegründet 1460 in humanistischem Geist, richtete sie sich in einer grundlegenden Reform 1818 auf neuhumanistische Ideen aus (Bonjour, 1960, S. 350 ff.; Staehelin, 1960; Vischer, 1906, S. 24 ff.). Die philosophische Fakultät wurde zur selbstständigen Fakultät aufgewertet, die Universität insgesamt der Oberaufsicht des Basler Regierungsrates und einer besonderen Aufsichtskommission, der Kuratel, unterstellt (Bonjour, 1960; Ruck, 1930; Vischer, 1911). Die nächsten Reformen der 1860er-Jahre führten zur Überwindung der durch die Trennung von Stadt- und Landkanton verursachten Krise (Teichmann, 1885) und schufen die Grundlage für ein starkes Wachstum bis zur folgenden grundlegenden Reform 1937, in der u. a. die Trennung der philosophisch-historischen von der philosophisch-naturwissenschaftlichen Fakultät vollzogen wurde (Bonjour, 1960, S. 790).

Im Hinblick auf die Entwicklung der Pädagogik stellt die Universität Basel einen Spezialfall in mehrfacher Hinsicht dar: Erstens wurde bereits in den 1820er-Jahren durch Rudolf Hanhart* Pädagogik gelehrt und eine akademische Lehrerbildung eingerichtet, die allerdings nur kurze Zeit existierte. Zweitens war Basel der einzige deutschsprachige Schweizer Kanton, der akademische Ausbildungsgänge für Mittel- und Oberlehrer[1] *vor* Ausbildungsgängen für Primarlehrkräfte etablierte. Basel bot seit 1892 mit den Fachkursen die erste tertiäre Ausbildungsmöglichkeit für Primarlehrer in der Schweiz an, deren Absolventen auch Pädagogikvorlesungen

1 In Basel wurden die Gymnasiallehrkräfte Oberlehrer, die Lehrkräfte für die Sekundarstufe I Mittellehrer genannt.

an der Universität besuchten. Zudem war Basel der erste Kanton, der mit dem Lehrerbildungsgesetz von 1922 eine «Gesamtkonzeption» der Lehrerbildung einführte. Da diese Lehrerbildung jedoch ausserhalb der Universität eingerichtet wurde, wurde die Disziplinenbildung in der Pädagogik trotz Schaffung eines Lehrstuhls für Pädagogik 1917 behindert, was dazu führte, dass die Pädagogik sich – bis Ende des 20. Jahrhunderts – in Basel nicht ganz aus der Philosophie herauslösen konnte.

Die Geschichte der Pädagogik an der Universität Basel ist jedenfalls sehr eng mit der Geschichte der Lehrerbildung im Stadtkanton verbunden: Zur ersten Lehrerbildung kam es nach verschiedenen Versuchen seit dem 17. Jahrhundert (vgl. Brenner, 1930, 1934; Kantonales Lehrerseminar Basel-Stadt, 1947/49, S. 79) schliesslich durch Rudolf Hanhart, der seit 1820 privat Lehrer ausbildete (Felten, 1970, S. 28f). Diese Bemühungen wurden ab 1822 offizialisiert, indem die Universität Hanhart den Titel eines ausserordentlichen Professors für Philosophie und Pädagogik verlieh. Hanhart hatte damit die erste Professur in der Schweiz inne, die explizit mit einem Lehrauftrag für das Fach Pädagogik versehen war. Er las zunächst über griechische Philosophen, ab Sommersemester 1826 auch «Pädagogik mit Übungen» (*Wissenschaftliche Zeitschrift*, 1826, S. 96). Lehrerbildung war für Hanhart, der sich als Neuhumanist gegen das philanthropinistische Utilitarismusdenken aussprach, *höhere Bildung.* Lehrer sollten formal und wissenschaftlich am Stoff gebildet werden, was eine universitäre Ausbildung rechtfertigte. Hanharts Ziel war deshalb eine Art Lehrerseminar an der Universität (Staehelin, 1959, S. 78). Allerdings konnte er sein Programm (Hanhart, 1826a, 1826b) nur teilweise realisieren.

1827 organisierte Hanhart für die Lehrerkandidaten neben dem theoretischen Unterricht regelmässigen Unterricht in Basler Schulklassen, damit sie den theoretischen Unterricht durch eigene Übungen ergänzen konnten. Um diesen praktischen Ausbildungsteil zu verbessern, forderte er eine «Musterschule». Die Behörden zögerten jedoch mit der Einrichtung: Hanhart sollte sich auf einen einfacheren Plan und weniger Lektionen beschränken. Er zog sich darauf von seiner Lehrtätigkeit an der Universität zurück und kehrte 1831 als Pfarrer in den Kanton Thurgau zurück. Zwar wurde 1830 Ignaz Paul Vital Troxler als Nachfolger zum Professor für theoretische und praktische Philosophie sowie Pädagogik gewählt. Er las aber in der kurzen Zeit bis zu seiner Amtsenthebung 1831 (Troxler stand in den Trennungswirren auf der Seite der Landschaft) nie Pädagogik. Die ersten Versuche einer akademischen Pädagogik in Basel waren damit gescheitert (Brenner, 1930, S. 286ff.).

1841 wurden die Erziehungsbehörden in einem politischen Vorstoss aufgefordert, die Pädagogikvorlesungen wieder aufzunehmen (Brenner, 1930) und Abraham Heusler, Lehrer am Gymnasium, damit zu beauftragen. In einem Gutachten betonte die philosophische Fakultät zwar die Wichtigkeit des Faches, weil eine Lehrerbildung in Basel fehle. Dennoch entschied sie sich für die Ablehnung des Vorstosses, weil sie befürchtete, Heuslers Lehrtätigkeit am Gymnasium könne durch einen Lehrauftrag für Pädagogik beeinträchtigt werden (Brenner, 1930). Erst im Jahre 1873 wurde an der Universität ein eigentliches Pädagogisches Seminar für die Ausbildung von Lehrern der mittleren und oberen Stufe – und damit Pädagogik – wieder als akademisches Lehrfach eingerichtet.

Das Pädagogische Seminar an der Universität (1873–1925)

Studierende der Philosophie und der Theologie übernahmen nach ihrem Universitätsabschluss oft eine Lehrerstelle, ohne jedoch pädagogisch-didaktisch ausgebildet zu sein. Denn vor 1873 bot die Universität nur sehr sporadisch pädagogische Veranstaltungen an. Erst das Pädagogische Seminar garantierte ab 1873 eine kontinuierliche und organisierte Form der Mittel- und Oberlehrerbildung an der Universität – und damit kontinuierliche Pädagogikveranstaltungen.

Die Leiter des Pädagogischen Seminars zwischen 1873 und 1916

1868 wurde Gustav Teichmüller als Nachfolger Wilhelm Diltheys nach Basel berufen. Als Inhaber des zweiten philosophischen Lehrstuhls las er Logik und Psychologie. Teichmüllers Wunsch, auch Pädagogik zu unterrichten, wurde in Basel sehr begrüsst. Als man Teichmüller auf die geringe Anzahl Studenten in Basel hinwies, erachtete er dies gerade als Vorteil: Der Unmöglichkeit, in der Lehre auf die individuellen Bedürfnisse der Studierenden einzugehen, hatte er bereits zuvor in Göttingen entgegenzuwirken versucht, indem er mit den Studierenden sogenannte Sozietäten abgehalten hatte. Solche Sozietäten – eine Art Seminarübungen – wurden in der Folge auch in Basel eingeführt (Bonjour, 1960, S. 711). Teichmüller las in seiner kurzen Zeit in Basel vor allem Geschichte der Pädagogik und Philosophie der alten Griechen.[2] Mit den neuen pädagogischen Inhalten und der neuen Unterrichtsform der Sozietäten wurde in Basel bereits der Grundstein für das Pädagogische Seminar gelegt, das unter Teichmüllers Nachfolger gegründet wurde.

1872 folgte Teichmüller einem Ruf nach Dorpat (Russland). Der junge Ostfriese Rudolf Eucken* übernahm die erledigte Professur. Eucken gründete auf Beginn

2 Staatsarchiv Basel (StABS): Universitätsarchiv (UA), Drucksachen AA2. Lektionskataloge und Vorlesungsverzeichnisse.

des Wintersemesters 1873/74 das Pädagogische Seminar der Universität. Als Ordinarius der Philosophie wurde er zugleich zum Direktor des Seminars ernannt.[3] Die Schaffung des Seminars war damit begründet worden, dass eine gewisse Orientierung der Studierenden über wichtige pädagogische Probleme schon während des Fachstudiums wünschenswert sei. Die Pädagogik müsse sich aber auch in gewissen Schranken halten, um nicht die Vertiefung der Wissenschaft selbst, den eigentlichen Zweck der Universitätsstudien, zu gefährden (Teichmann, 1885). In der ersten Seminarordnung von 1873 wird die Aufgabe des Seminars mit der Förderung der wissenschaftlichen und praktischen Ausbildung von Studierenden, welche sich auf ein höheres Lehramt vorbereiten, umschrieben. Dieses Ziel sollte durch die Einführung in die Probleme des höheren Unterrichtswesens und durch die Behandlung methodischer Fragen der einzelnen Unterrichtsfächer erreicht werden. Daneben sollten die Teilnehmer Gelegenheit erhalten, sich mit dem praktischen Unterricht der Basler Schulen vertraut zu machen (Ordnung PS, 1873, §3–4).

Bereits ein Jahr nach Eröffnung des Pädagogischen Seminars wurde Eucken nach Jena berufen (Bonjour, 1960, S. 712). Als Nachfolger standen Hermann Siebeck* und der in Leipzig in Philosophie habilitierte Max Heinze zur Diskussion. Heinze wurde berufen,[4] erklärte sich auch bereit, die Leitung des Pädagogischen Seminars zu übernehmen.[5] Bereits ein Jahr später folgte Heinze jedoch dem Ruf nach Königsberg. Die Kuratel beschloss einstimmig die Berufung Siebecks auf den frei gewordenen Lehrstuhl.[6] Unter Siebeck fanden ab 1877 die ersten praktischen Übungen am Gymnasium statt. Die zunehmende Belastung durch die praktischen Übungen, die steigende Anzahl Teilnehmer am Seminar und die stärkere Beanspruchung durch die philosophischen Vorlesungen führten dazu, dass Siebeck 1881 um Entlastung im praktischen Teil der Ausbildung bat. Auf Siebecks Vorschlag hin wurde der Rektor des Humanistischen Gymnasiums, Fritz Burckhardt, zum zweiten Direktor des Pädagogischen Seminars ernannt.[7] Das Seminar wurde in der Folge in eine theoretische bzw. historische und in eine praktische Abteilung unterteilt (Ordnung PS, 1882, §4). Siebeck übernahm die theoretische Abteilung und Burckhardt die Leitung der praktischen Übungen. Bis zur Errichtung eines Lehr-

3 Bis 1882 oblagen sämtliche Aufgaben des Pädagogischen Seminars dem einzigen Seminardirektor, dem jeweiligen Ordinarius für Philosophie.

4 StABS: Protokolle T 2,3. Curatelprotokoll der Sitzung vom 22. 1. 1874.

5 StABS: Protokolle T 2,3. Curatelprotokoll der Sitzung vom 4. 2. 1874.

6 StABS: Protokolle T 2,3. Curatelprotokoll der Sitzung vom 30. 12. 1874.

7 StABS: Erziehungsakten (EA) CC 1b. Präsident der Curatel an die Curatel, Basel, 17. 6. 1881.

stuhls für Pädagogik 1917 wurde die Leitung des Pädagogischen Seminars jeweils auf zwei Direktoren aufgeteilt.

1883 folgte Siebeck einem Ruf nach Giessen. Johannes Volkelt* aus Jena übernahm den Lehrstuhl für Philosophie und damit auch die Leitung der theoretischen Abteilung für Pädagogik neben Burckhardt. Volkelt lehrte sechs Jahre in Basel, während deren er vor allem zur Geschichte der Pädagogik und zur allgemeinen Pädagogik las,[8] bevor er einem Ruf nach Würzburg folgte. Hans Heussler, sein Nachfolger, wäre auch für die Leitung des Pädagogischen Seminars zuständig gewesen. Für diese Aufgabe hatte man jedoch einen anderen Kandidaten in Aussicht: Friedrich Heman hatte 1883 an der theologischen Fakultät habilitiert und war in Basel als Privatdozent für Theologie tätig.[9] Als man bei ihm eine Neigung zu katholisierenden Tendenzen zu entdecken glaubte, wurde ihm der Lehrauftrag an der theologischen Fakultät entzogen. Gleichzeitig zerschlugen sich seine Hoffnungen auf einen Lehrstuhl an der neu gegründeten Universität Freiburg.[10] Die philosophische Fakultät ernannte daraufhin Heman, der bereits innerhalb der theologischen Fakultät Pädagogik gelesen hatte, zum ausserordentlichen Professor und übertrug ihm die Leitung der theoretischen Abteilung des Pädagogischen Seminars. Die ordentliche Professur für Philosophie – auf Heussler folgten Karl Gross und Karl Joel – war fortan nicht mehr für die Leitung des Pädagogischen Seminars verantwortlich. Die Pädagogik hatte sich damit ein Stück von der Philosophie emanzipiert, was ihre Position in der Fakultät aber auch schwächte.

Im Januar 1893 zog sich Burckhardt, der vor allem didaktische und praktische Übungen in Schulklassen angeleitet hatte, von seiner Aufgabe als Direktor der praktischen Abteilung des Pädagogischen Seminars zurück. Anton Philipp Largiadèr* trat an seine Stelle und führte gleichzeitig die neue Seminarordnung ein, welche nach seinem Entwurf verfasst worden war. Neu wurde das Seminar in eine sprachlich-historische und eine mathematisch-naturwissenschaftliche Abteilung unterteilt (Ordnung PS, 1893, § 2). Heman zeigte sich für die erstere und Largiadèr für die letztere zuständig. Noch im gleichen Jahr kam es aber wegen ihrer Stellung zu Differenzen zwischen den beiden Direktoren – Heman war Professor und Largiadèr Privatdozent –, was schliesslich zur Kündigung Largiadèrs führte. Auf Wunsch des Erziehungsdepartementes führte Largiadèr seine theoretischen und praktischen

8 StABS: EA.CC 1b. Berichte über das Pädagogische Seminar der Universität Basel 1886, 1887.

9 *Basler Anzeiger,* 6.4.1919.

10 *Basler Nachrichten,* 8.4.1919.

Kurse der mathematisch-naturwissenschaftlichen Abteilung aber weiter,[11] bis 1898 Robert Flatt* diese Funktion übernahm. Flatt setzte sich in den folgenden Jahren mit grossem Engagement für die Lehramtskandidaten seiner Abteilung ein. Immer wieder stellte er Anträge: für die Ausdehnung der Wochenstundenzahl, für die Einstellung einer weiteren Lehrkraft für Biologie und für die Erweiterung der zur Verfügung stehenden Übungsklassen. Während es ihm gelang, die Zahl der Übungsstunden von zwei auf sechs zu erhöhen, führten seine anderen Bemühungen zu keinen konkreten Ergebnissen (Thommen, 1914, S. 183). Neben seiner Tätigkeit am Seminar galt Flatts Leidenschaft dem Sport. Er initiierte während seiner Zeit als Direktor des Pädagogischen Seminars eine «akademische Vereinigung zur Pflege der Leibesübungen an der Basler Universität»,[12] führte 1922 den ersten einjährigen Turnlehrerkurs in der Schweiz an der Universität Basel durch und war an der Schaffung eines eidgenössischen Turnlehrer-Diploms massgeblich beteiligt (Flatt, 1935).

Insgesamt kann die Zeit zwischen 1898 und 1917 als Konsolidierungsphase interpretiert werden: Während die ersten zwanzig Jahre des Pädagogischen Seminars von vielen personellen, strukturellen und inhaltlichen Veränderungen geprägt waren, fand es in den folgenden zwei Jahrzehnten unter Heman und Flatt zu einer Stabilität, die erst mit der Emeritierung Hemans, die zur Diskussion über die Schaffung einer ordentlichen Professur für Pädagogik führte, unterbrochen wurde. Die Pädagogik hatte sich im Pädagogischen Seminar innerhalb der Universität aufgrund ihrer Funktion in der akademischen Lehrerbildung in quantitativ bescheidenem Ausmass etabliert. Das Pädagogische Seminar als institutionelle Organisationsform gruppierte akademisches Personal und pädagogische Lehrangebote aber vor allem im Hinblick auf die Notwendigkeiten der akademischen Lehrerbildung. Eine weitergehende Disziplinenbildung der Pädagogik war deshalb nicht möglich. Die Lehrerbildungsfunktion, und damit die Funktion des Pädagogischen Seminars, lag quer zu den Fakultäten und die Zielsetzung war berufsorientiert. Deshalb blieb die Stellung der Pädagogik in der philosophischen Fakultät marginal.

Strukturen und Ausbildungsinhalte am Pädagogischen Seminar

Während der Gründungsphase des Pädagogischen Seminars fanden unter Eucken für Kandidaten, die seit mindestens drei Semestern studiert hatten, zweimal wö-

---

11 StABS: EA.CC 1b. Erziehungsdepartement an Largiadèr, 6. 2. 1893.

12 StABS: EA.CC 1b. Flatt an den Delegierten-Convent der Studentenschaft der Universität Basel, 15. 12. 1911.

chentlich pädagogische Übungen statt. Die Studenten[13] besuchten während ihrer fachlichen Ausbildung zudem mindestens während zwei Stunden pro Woche eine pädagogische Veranstaltung.[14] Später kamen unter Siebeck die praktischen Übungen in den Schulklassen hinzu. Nach dem ersten Reglement von 1873 durften maximal vier immatrikulierte Studenten als ordentliche Mitglieder ins Pädagogische Seminar aufgenommen werden. Die Zahl der ausserordentlichen Mitglieder, meist im Amt stehende Lehrer,[15] war unbeschränkt (Ordnung PS, 1873, § 4). In den ersten Jahren besuchten deshalb meist nur 2 bis 3 ordentliche Mitglieder und 4 bis 7 ausserordentliche Mitglieder die Veranstaltungen. Einen beachtlichen Zuwachs an ausserordentlichen Mitgliedern erfuhr das Seminar im Jahre 1875, als auf Anregung von Erziehungsdirektor Wilhelm Klein vor allem jüngere Lehrer dazu aufgefordert wurden, an den Übungen teilzunehmen.[16] In den folgenden Jahren dehnte sich die Teilnehmerzahl konstant weiter aus; dadurch änderte sich auch die Unterrichtsform: Zu Beginn noch als Übungen konzipiert, wurden die Veranstaltungen in der Folge vermehrt als Vorlesungen abgehalten. Die Inhalte der Übungen bzw. der Vorlesungen waren anfangs eher allgemein gehalten und spezifizierten sich nach und nach durch die strukturellen Veränderungen des Seminars. Typische Inhalte der theoretischen Abteilung in der Anfangsphase waren «Geschichte der Pädagogik» oder «Allgemeine Pädagogik».[17] In der praktischen Abteilung standen vor allem Übungen in Unterrichtsklassen im Vordergrund; am Rande wurde auch die spezielle Didaktik einzelner Unterrichtsfächer behandelt.[18] Mit der Unterteilung des Seminars in eine sprachlich-historische und eine mathematisch-naturwissenschaftliche Abteilung veränderten sich auch die Lehrinhalte (Ordnung PS, 1893, § 2). In der Ordnung von 1893 wurden erstmals die inhaltlichen Ziele des Seminarunterrichts definiert:

> *§ 6 Zum Zweck der theoretischen Ausbildung erhalten die Mitglieder des Seminars Anleitung zu selbständiger Erfassung und Verarbeitung einzelner hervorragender päd-*

13 Studentinnen waren an der Universität Basel erst seit 1890 offiziell zugelassen (Bonjour, 1960, S. 451; Thommen, 1914, S. 9).

14 StABS: EA.CC 1b. Bericht über das Pädagogische Seminar im Jahre 1873.

15 Das Pädagogische Seminar diente also nicht nur der Ausbildung, sondern auch der Weiterbildung des Lehrpersonals.

16 StABSS EA.CC 1b. Heman, F. (1913). Statistik über den Besuch des Pädagogischen Seminars seit seiner Stiftung.

17 StABS: EA.CC 1b. Bericht über das Pädagogische Seminar Sommersemester 1886, Wintersemester 1886/87 und Sommersemester 1887.

18 StABS: EA.CC 1b. Bericht über das Pädagogische Seminar Wintersemester 1886/87 und Sommersemester 1887.

agogischer Werke [...] und zu selbständiger Lösung pädagogischer und methodischer Aufgaben. – § 7 Behufs Vorbereitung auf das Lehramt werden die Mitglieder des Seminars angeleitet, die pädagogischen Ziele des Unterrichts in den einzelnen Lehrfächern zu erfassen, eine entsprechende Auswahl und Gliederung des Unterrichtsstoffes zu treffen und denselben methodisch richtig zu behandeln; in geordneter Weise beim Unterrichte auf entsprechender Stufe zu hospitieren, auf Grund sorgfältig ausgearbeiteter Präparationen selber im Unterrichten sich zu üben und die Lehrübungen richtig zu beurteilen. (Ordnung PS, 1893).

Während in der sprachlich-historischen Abteilung im theoretischen Teil vor allem bedeutende Pädagogen behandelt wurden,[19] stand in der mathematisch-naturwissenschaftlichen Abteilung die Methodik des mathematischen Unterrichts im Zentrum.[20] Das Ausbildungsjahr war nun unterteilt in einen theoretischen Teil während des Sommersemesters und einen praktischen Teil während des Wintersemesters, welche die beiden Seminarleiter in ihren jeweiligen Abteilungen durchführten.

1881 wurden mit der *Ordnung betreffend die Einrichtung von Prüfungen für Candidaten des Lehramts auf der obern und der mittleren Stufe des Unterrichtes* besondere Examina für Lehramtskandidaten eingeführt (Ordnung PR, 1881). Neben der Prüfung in mindestens drei Unterrichtsfächern war für alle Kandidaten eine Prüfung in Pädagogik obligatorisch. Die Pädagogik bestand für die Mittellehrer aus einem theoretischen und einem praktischen Teil, für die Oberlehrer war der praktische Teil fakultativ. Die von Oberlehrern verlangten theoretischen Kenntnisse umfassten hauptsächlich Psychologie, Methodik, Geschichte der Pädagogik und einzelne pädagogische Autoren. Kandidaten der mittleren Schulstufe verfassten eine Klausurarbeit zu einem methodischen Thema (Ordnung PR, 1881). Ab 1883 mussten Bewerber um eine Lehrerstelle an einer öffentlichen oder privaten Primar- oder Mittelschule ein Fähigkeitszeugnis vorlegen und sich in einer Probezeit von mindestens einem Jahr in der Praxis bewährt haben, bevor sie eine definitive Anstellung erhielten (Ordnung AS, 1883). Während der Zugang zum Lehrerberuf für die Volksschule von einem Diplom abhängig gemacht wurde, blieb die Zulassung zum Gymnasiallehrerberuf liberaler: Für die Anstellung an höheren Schulen wurde statt des Oberlehrerexamens das philosophische Doktorat, verbunden mit dem Mittellehrerexamen, häufig als ausreichend erachtet (Brenner, 1925).

19 StABS: EA.CC 1b. Jahresbericht über das Pädagogische Seminar der Universität im Unterrichtsjahr 1910–1911.

20 StABS: EA.CC 1b. Bericht über die mathematisch-naturwissenschaftliche Abteilung des Pädagogischen Seminars 1909/10.

Die praktische Ausbildung der Lehramtskandidaten, die seit 1877 in Klassen der Volksschule abgehalten wurde, gab immer wieder zu heftigen Diskussionen Anlass. Mangels eines engen Kontaktes zu den Übungsklassen und durch die ständigen personellen Veränderungen im Pädagogischen Seminar schien keine Konstanz aufzukommen (Brenner, 1930). Die Diskussionen, die sich später auch auf die Ausbildung der Primarlehrer in den Fachkursen bezogen, führten schliesslich im Zusammenhang mit der Eröffnung des kantonalen Lehrerseminars 1925 zur Einrichtung einer eigenen Übungsschule.

Die Ausbildung der Mittel- und Oberlehrkräfte verlangte seit 1873 formal ein pädagogisch-didaktisches Ausbildungsangebot. Dessen Institutionalisierung war damit wohl der wichtigste Anlass für die Etablierung der Pädagogik an der Universität Basel. Aber die Pädagogik verfügte über keine eigene ordentliche Professur, sodass das Lehrangebot während 45 Jahren nur dann gesichert war, wenn sich geeignete Personen für deren Durchführung finden liessen. Erst mit der Errichtung eines Ordinariats für Pädagogik 1917 wurden die institutionellen Voraussetzungen geschaffen, um die Kontinuität der Disziplin unabhängig von der Personalfrage zu gewährleisten.

Die Schaffung eines ordentlichen Lehrstuhls für Pädagogik 1917

Als Friedrich Heman 1916 emeritiert wurde, setzte ein vierjähriges Ringen um die Wiederbesetzung der vakanten Stelle ein, das schliesslich mit der Schaffung eines Ordinariats für Pädagogik beendet wurde. Heman trat von seiner engagierten Lehrtätigkeit im Pädagogischen Seminar und in den Fachkursen zurück, ohne je eine gesicherte Stellung innegehabt zu haben. Es zeigte sich, dass sich zu den Bedingungen, unter denen Heman doziert hatte, kein qualifizierter Nachfolger finden lassen würde.[21] So wurde bereits im November desselben Jahres Albert Barth, Rektor der Basler Töchterschule, beauftragt, ein *Gutachten zur Errichtung einer Professur der Pädagogik* zu erstellen. Barth unterstrich in diesem Gutachten die Notwendigkeit einer ordentlichen Professur. Die jungen, wissenschaftlich an der Universität oft vorzüglich gebildeten Lehrer, seien oft nicht konkurrenzfähig gegenüber ihren Mitbewerbern, die eine gewisse Unterrichtstechnik von den Seminaren her mitbringen. Die Ausbildung der Mittelschullehrer bedürfe einer stärkeren Fürsorge, die am besten gedeihe, wenn eine Stelle geschaffen würde, die hierfür verantwortlich sei,

21 StABS: EA.CC 74. Fritz Mangold an das Erziehungsdepartement Basel-Stadt, 8.2.1916.

d.h. eine pädagogische Professur. Gegen den Einwand, Pädagogik sei keine Wissenschaft, argumentierte Barth:

> *Dieses Tatsachengebiet [die Erziehung; Anmerkung SC/LC] in seinem geschichtlichen Werden und seinen gedanklichen Zusammenhängen zu ergründen, es in seiner Ausprägung bei den verschiedenen Völkern und in seinem Verhältnis zu andern Gebieten des Kulturlebens zu untersuchen […], es in seiner Bedingtheit vom Ablauf der psychologischen Vorgänge beim einzelnen zu erkennen, schliesslich der Versuch einer systematischen Darstellung der Ergebnisse, alles mit den vorhandenen Methoden des naturwissenschaftlichen, geschichtlichen und philosophischen Arbeitens, das alles gibt zweifellos der Pädagogik den Charakter einer Wissenschaft, in gleichem Masse, wie irgendeine Natur- oder Geisteswissenschaft.*[22]

Für dieses Gutachten wurden auch die Universitäten Zürich, Bern, Freiburg, Genf, Lausanne und Neuenburg zur Situation der universitären Pädagogik und der Ausbildung von Mittelschullehrern in ihrem Kanton befragt. Barth sprach sich deutlich für ein Pädagogikordinariat aus, die philosophische Fakultät machte ihre Zustimmung jedoch von der Personenwahl abhängig. Für das Ordinariat müsse eine Person mit praktischer Erfahrung und einer wissenschaftlichen Philosophieausbildung gefunden werden.[23] Wilhelm Brenner, Lehrer für Naturwissenschaften an der Realschule Basel, verfasste schliesslich – in enger Anlehnung an das Gutachten Barths – im Auftrag der Universitätskuratel einen *Ratschlag zur Schaffung eines zweiten Lehrstuhls für Philosophie,*[24] welcher vom Grossen Rat am 5.7.1917 gutgeheissen wurde. In der entsprechenden Änderung des Universitätsgesetzes wird die neue Professur als *Lehrstuhl für Pädagogik und allgemein philosophische Disziplinen* bezeichnet (Änderung Universitätsgesetz, 1917). Die Universitätskuratel beauftragte eine Expertenkommission mit der Ausarbeitung der Wahlvorschläge. Heman wurde vorerst um die Fortsetzung seiner Lehrtätigkeit gebeten. Als dieser aber erkannte, wie gering die ihm zustehende Pension ausfiel, machte er die Fortführung der Veranstaltungen von der Ernennung zum Ordinarius abhängig. In seinem Antrag für die Verleihung einer ordentlichen Professur schrieb er, er müsse einem ordentli-

22 StABS. EA.CC 14a. Barth, A. (1917). Zur Frage der Errichtung einer pädagogischen Professur an der Universität Basel und der Ausbildung der Mittelschullehrer überhaupt. Gutachten vom Februar 1917, S. 8f.

23 StABS: EA.CC 14a. Bericht der philosophischen Fakultät Abt. I über die Frage der Errichtung einer pädagogischen Professur vom 1.2.1917.

24 StABS: EA.CC 14a. Beschluss des Regierungsrates des Kantons Basel-Stadt vom 22. August 1917.

chen Professor gleichgestellt werden, um sich genügend Hörer sichern zu können.[25] Der Regierungsrat beschloss jedoch, den Antrag Hemans abzulehnen.[26] So blieb der Lehrstuhl Hemans für die folgende Zeit verwaist, worunter vor allem die Lehramtsstudierenden der philosophisch-historischen Abteilung litten. Einzelne Vorlesungen wurden zwar von Albert Barth und Fritz Wartenweiler[27] übernommen, die Lehrveranstaltungen und vor allem die praktischen Übungen fielen aber in der Folge immer öfter aus.[28]

Die Expertenkommission nannte in einem ersten Vorschlag Paul Häberlin*, Joseph Petzold, Aloys Fischer[29], Otto Braun* und Willi Nef*. Der Vorschlag der Kommission, Paul Häberlin zu berufen, wurde vom Erziehungsrat vorerst zurückgewiesen mit der Bitte, genauere Informationen zu Friedrich Foerster*, Paul Häberlin und Aloys Fischer einzuholen. Bei der Abstimmung im Erziehungsrat unterlag Foerster, da er im Gegensatz zu Häberlin und Fischer mit der Praxis nicht vertraut war.[30] Häberlin lehnte eine allfällige Berufung ab, als er hörte, dass die Mehrheit der Stimmen der Expertenkommission nicht auf ihn gefallen war.[31] So wurde Fischer im Januar 1919 zum ersten Inhaber des Lehrstuhls für *Pädagogik und Philosophie* gewählt.[32] Bevor er jedoch seine Stelle antreten konnte, fand von verschiedenen Seiten eine «Hetzjagd» gegen den Reichsdeutschen Fischer statt, die vom Basler Linguistikprofessor Max Niedermann in der Westschweizer Presse ausgelöst worden war.[33] Die Freiwillige Schulsynode[34] verlangte in einem Schreiben an das Erziehungsde-

---

25 StABS: EA.CC 74. Universitätskuratel an die philosophische Fakultät, 1.5.1916.

26 StABS: EA.CC 74. Beschluss des Regierungsrates vom 12.7.1916.

27 Fritz Wartenweiler (1889–1984), Dr. phil., war 1914–1917 Direktor des Lehrerseminars Solothurn; er leitete später in Frauenfeld das Volksbildungsheim für junge Männer (*HBLS*, 1934, Bd. 7, S. 424).

28 StABS: EA.CC 74. Barth an das Erziehungsdepartement, 16.3.1918; Wartenweiler an das Erziehungsdepartement, 9.4.1918.

29 Aloys Fischer (1880–1937), Schüler von Theodor Lipps, befasste sich eingehend mit experimenteller Psychologie und Pädagogik, gründete 1910 das Pädagogisch-Psychologische Institut des Münchner Lehrervereins und wurde 1915 zum ausserordentlichen, 1918 zum ordentlichen Professor der Pädagogik in München gewählt.

30 StABS: ED-REG 1a,1. Verhandlungen des Erziehungsrates, 29.8.1918.

31 StABS: ED-REG 1a,1. Erziehungsdepartement an den Regierungsrat, 3.2.1919.

32 StABS: EA.CC 14a. Beschluss des Regierungsrates vom 11.1.1919.

33 Die Stimmung gegenüber Deutschland war vor allem in der französischsprachigen Schweiz seit dem Ersten Weltkrieg, als die Sympathien der Schweizer Bevölkerung entlang der Sprachgrenze für die beiden Kriegsparteien geteilt waren, belastet. Während des Ersten Weltkrieges wurde deshalb an den nationalen Zusammenhalt appelliert, sehr öffentlichkeitswirksam zum Beispiel von Carl Spitteler in seiner Rede vor der Neuen Helvetischen Gesellschaft in Zürich am 14. Dezember 1914 unter dem Titel *Unser Schweizer Standpunkt*.

34 Die Freiwillige Schulsynode ist die Standesorganisation der Basler Lehrerschaft.

partement, die Wahl Fischers rückgängig zu machen, und betonte die Wichtigkeit der Berufung eines Schweizers, der die schweizerische Art, das Schulwesen und die Basler Schulverhältnisse kenne, also eines Mannes mit schweizerischer Gesinnung und schulpraktischen Kenntnissen.[35] Wegen der Anfeindungen verzichtete Fischer auf die Professur, bevor er seine Stelle angetreten hatte.[36]

So nahm im Sommer die Expertenkommission ihre Arbeit wieder auf. Neben Foerster und Häberlin wurde nun auch Pierre Bovet* neu in die Diskussion einbezogen. Der Vorschlag der Kuratel, Foerster zu berufen, wurde vom Erziehungsdepartement abgelehnt, da dieser sich unterdessen politisch betätige. Im Januar 1920 wurde stattdessen Pierre Bovet berufen,[37] der aber einem Ruf an die Universität Genf den Vorrang gab (vgl. Kapitel 4 in diesem Band). Ohne die Expertenkommission nochmals zuzuziehen, schlug die Kuratel Otto Braun für den Lehrstuhl vor.[38] Eduard Spranger hatte Braun als Philosophen Eucken'scher Richtung aufs Wärmste empfohlen. Braun trat seine Stelle im Juni 1920 an. Damit schien die lange Phase der personellen Unsicherheit und der Diskontinuität für die Studierenden beendet.

Bald nach seiner Anstellung beantragte Braun beim Erziehungsdepartement einen Kredit für die Einrichtung einer Abteilung für experimentelle Pädagogik. Drei Mitglieder des Erziehungsrates begutachteten darauf die Aktivitäten von Lipps* in Zürich im Bereich der experimentellen Pädagogik. Schliesslich lehnte der Erziehungsrat den Antrag Brauns aus finanziellen Gründen ab.[39] Braun wurde nie richtig heimisch in Basel; finanzielle Sorgen und Überarbeitung setzten ihm zu.[40] Am 15. April 1922 nahm er sich nach zweijähriger Lehrtätigkeit in Basel das Leben.[41]

Um einen nochmaligen Unterbruch für die Studierenden zu vermeiden, verzichtete die Wahlkommission auf weitere Sitzungen und beschloss, einen der Kandidaten anzufragen, die bereits bei der Wahl Brauns zur Diskussion gestanden hatten: Paul Häberlin vor Aloys Fischer. Häberlin akzeptierte die Wahl,[42] trat von seinem Philosophieordinariat an der Universität Bern zurück und füllte bereits im Herbst die Lücke, die der Tod Brauns hinterlassen hatte. Damit war der kurze Versuch einer experimentellen Ausrichtung der Pädagogik in Basel beendet und mit Paul

35 StABS: EA.CC 14a. Freiwillige Schulsynode an das Erziehungsdepartement, 10. 3. 1919.
36 StABS: EA.CC 14a. A. Fischer an das Erziehungsdepartement, 24. 3. 1919.
37 StABS: EA.CC 14a. Beschluss des Regierungsrates vom 17. 1. 1920.
38 StABS: EA.CC 14a. Kuratel an das Erziehungsdepartement, 23. 2. 1920.
39 StABS: EA.CC 1b. Erziehungsdepartement an Otto Braun, 11. 2. 1921.
40 StABS: EA.CC 14a. Otto Braun an den Regierungsrat [ohne Datum].
41 *Nationalzeitung,* 20. 4. 1922.
42 StABS: EA.CC 14a. Erziehungsdepartement an den Regierungsrat, 16. 6. 1922.

Häberlin die kulturphilosophische Rückwendung vollzogen. Häberlin las über «Allgemeine Pädagogik», «Geschichte der Pädagogik» und methodische Themen.

Die Kontinuität, die mit der raschen Übernahme des Lehrstuhls durch Häberlin gesichert werden sollte, war nicht von langer Dauer. Im Jahr der Wahl Häberlins wurde das neue Lehrerbildungsgesetz verabschiedet, mit dem die Ausbildung sämtlicher Lehrerinnen und Lehrer neu geregelt und dem 1925 eröffneten kantonalen Lehrerseminar zugeordnet wurde. Das neue Lehrerseminar war für die Ausbildung der Lehrerinnen und Lehrer *aller Stufen und Fächer* zuständig, übernahm also auch die pädagogisch-didaktische Ausbildung der Lehrkräfte der mittleren und oberen Stufe. Das Pädagogische Seminar wurde 1926 als selbstständiges Institut der Universität aufgehoben und als pädagogische Abteilung dem Philosophischen Seminar angegliedert (Brenner, 1930).

Die Pädagogik an der Universität Basel erfuhr mit der Schaffung des Ordinariats zwar eine Aufwertung als Disziplin. Als Teil des Lehrauftrages des zweiten gesetzlichen Lehrstuhls für Philosophie blieb sie jedoch klar in der Philosophie verankert. Dem Pädagogischen Seminar garantierte das Ordinariat keine grössere Kontinuität. Durch das langwierige erste Besetzungsverfahren, durch den Tod Brauns und schliesslich durch die Neuorganisation der Lehrerbildung gelangte das Seminar nicht zur erhofften Stabilität. Mit der Gründung des kantonalen Lehrerseminars wurden die Aufgaben der Universität in der pädagogischen Ausbildung der Lehrkräfte neu definiert: Sie übernahm für das Lehrerseminar einen Teil der theoretischen Ausbildung der Mittel- und Oberlehrer sowie der Primarlehrkräfte. Die vorgesehenen Veranstaltungen wurden vor allem von Paul Häberlin und Hermann Gschwind* angeboten. Während Häberlin «Allgemeine Pädagogik» las, behandelte Gschwind vornehmlich die «Geschichte der Pädagogik». Die Ausbildung der Lehrer der mittleren und oberen Stufe rückte so im kantonalen Lehrerseminar näher an die Ausbildung der Primarlehrer heran, die zuvor in den Fachkursen weitgehend unabhängig von der Universität organisiert worden war. Die Universität spielte zwar für die theoretisch-pädagogische Ausbildung auch weiterhin eine bestimmte Rolle, aber die Strukturlogik war die einer *Gesamtkonzeption Lehrerbildung* in einer *tertiären, ausseruniversitären* Bildungsinstitution. Die Pädagogik an der Universität hatte nach der Einstellungen der akademischen Lehrerbildung ihre Legitimation zumindest teilweise eingebüsst.

Nach 1925: Kantonales Lehrerseminar statt universitäres Pädagogisches Seminar

Basel hatte 1892 neben der akademischen Ausbildung der Mittel- und Oberlehrer und der Ausbildung der Primarlehrerinnen (seit 1881 an der Töchterschule Basel) sogenannte Fachkurse für die Ausbildung der Primarlehrer eingerichtet. Eine Kommission unter Hermann Kinkelin, Rektor der Oberen Realschule in Basel und Mathematikprofessor an der Universität Basel, hatte im Auftrag des Erziehungsdepartementes ein maturitätsgebundenes Ausbildungskonzept erarbeitet, das sich von den bisherigen seminaristischen Ausbildungskonzeptionen wesentlich unterschied (Kinkelin, 1890). Wissenschaftliche (Allgemein-)Bildung und berufliche Bildung für den Lehrberuf sollten *nacheinander in getrennten Institutionen* erworben werden.

Als Ausbildungsort war auch die Universität in Erwägung gezogen, dann aber ausgeschlossen worden, weil die praktische Ausbildung der Lehramtskandidaten an der Universität nicht genügend gepflegt werden könne (Kinkelin, 1890, S. 9; Largiadèr, 1896, S. 36). Zudem hatte sich Largiadèr dezidiert gegen eine Vereinigung der Fachkurse mit dem Pädagogischen Universitätsseminar ausgesprochen (Metz, 1998, S. 46). Vorgeschlagen wurde deshalb eine dreisemestrige Ausbildung an einem Lehrerseminar *neben* der Universität. Einige theoretische Fächer (Geschichte der Pädagogik, allgemeine Pädagogik und Schulkunde) sollten jedoch auch von den Absolventen der Fachkurse an der Universität besucht werden können. Die Trennung der Ausbildung von Primarlehrkräften und universitär ausgebildeten Lehrkräften für die Sekundarstufen I und II wurde mit deren unterschiedlichen Aufgaben begründet:

> *Über das Verhältnis dieser Lehrerbildungskurse zu dem Pädagogischen Seminar der Universität ist zu bemerken, dass sich die Verschiedenheit der beiden Anstalten sofort aus ihrem Zweck ergibt. Das Pädagogische Seminar der Universität bezweckt die pädagogische Ausbildung von Lehrern auf der obern und untern Mittelstufe, welche ihre Studienzeit von mindestens 6 bis 8 Semestern hauptsächlich auf die Bewältigung des wissenschaftlichen Lehrstoffes verwenden müssen und nur in den letzten Semestern sich näher mit der Pädagogik befassen können. Vermöge ihrer grössern wissenschaftlichen Bildung wird sich ihr Unterricht in der Pädagogik im allgemeinen auf einer höhern Stufe bewegen können und müssen als bei denen, die sich lediglich auf das Primarlehramt vorbereiten. Es ist daher nicht tunlich, die Kandidaten des Primarlehramts, für welche die methodische Ausbildung die Hauptsache ist, auf das Pädagogische Seminar der Universität zu verweisen, das für sie nach einer Richtung ungenügend und nach [der] andern Richtung zu hoch gelegen wäre. Indessen können*

einige theoretische Fächer, wie die Geschichte der Pädagogik, allgemeine Pädagogik, Schulkunde ganz wohl für beide Kategorien von Schülern gemeinsam behandelt werden, und es haben sich die betreffenden Universitätslehrer hiezu bereit erklärt. (Ratschlag, 1892, S. 8)

Der Bericht der Kommission Kinkelin wurde ohne wesentliche Änderungen vor den Grossen Rat gebracht (Ratschlag, 1892) und von diesem am 11. Januar 1892 verabschiedet. Der erste Kurs begann im gleichen Herbst mit zwei Kandidaten.[43] Als Leiter der Fachkurse amtete Xaver Wetterwald, Lehrer der Mathematik an der Realschule. Auch wenn die Absolventen der Fachkurse Veranstaltungen an der Universität besuchten, blieb die organisatorische Verbindung mit der Universität eher schwach. Da die Pimarlehrerkandidaten jedoch die theoretische Pädagogik an der Universität bezogen, haben die Fachkurse bei der Schaffung eines Lehrstuhls für Pädagogik an der Universität Basel dennoch eine wesentliche Rolle gespielt.

War bei der Schaffung der Basler Fachkurse 1892 der unterschiedliche Ausbildungsort noch mit der unterschiedlichen Aufgabe der einzelnen Lehrerkategorien legitimiert worden, begann bereits zehn Jahre später eine lange und intensive Reformdiskussion, die vor allem die *Einheit* des gesamten Lehrerstandes betonte. Theodor Moosherr, Lehrer an der Realschule und Privatdozent am Pädagogischen Seminar der Universität Basel, forderte in seinem Referat an der Basler Freiwilligen Schulsynode 1902 eine einheitliche Lehrerbildung für alle Lehrerkategorien. «Die Lehramts-Kandidaten aller Schulstufen erhalten ihre Berufsbildung an dem mit einer Schule verbundenen Pädagogischen Universitäts-Seminar unter Leitung des Professors für Pädagogik und der einzelnen Übungslehrer» (Moosherr, 1903, S. 7). Die Lehrerbildungsinstitution sollte lediglich für die Berufsbildung zuständig sein, die wissenschaftliche Ausbildung beim Eintritt in die Lehrerbildung abgeschlossen sein. Denn Lernen und Lehren seien zwei unterschiedliche Dinge, die nacheinander organisiert werden müssten. Die pädagogische Ausbildung aber gehöre an eine Berufsschule, die jedoch nach dem Vorbild des Universitätsseminars des Herbartianers Wilhelm Rein in Jena (Wetterwald, 1900) Teil der Universität sein sollte (Metz, 1998).

---

43 Die Zahl der Absolventen der Fachkurse blieb während deren gesamter Existenzzeit eher gering. So wurden bis zur Eröffnung des Lehrerseminars 1925 insgesamt lediglich 277 Primarlehrer ausgebildet, pro Jahr also durchschnittlich weniger als zehn (Brenner, 1930, S. 294).

Das Lehren sei der Beruf der Lehrerinnen und Lehrer aller Kategorien, deshalb sei eine «einheitliche methodische Schulung für alle künftigen Lehrer» vorzusehen (Moosherr, 1903, S. 13). Diese Forderung nach einheitlicher methodischer Schulung zielte vor allem auf die Ausbildung der Mittel- und Oberlehrer, wie der zweite Referent, Xaver Wetterwald, zeigte: «Die Lehramtskandidaten für mittlere und höhere Schulen müssen eine bessere methodisch-pädagogische und schultechnische Ausbildung erhalten, als es bis jetzt der Fall war» (Wetterwald, 1903, S. 32). Organisatorisch bedeutete dies nach Moosherr auch, dass nur *eine* Institution für die Lehrerbildung zuständig sein konnte (Moosherr, 1903, S. 15).

Einheit der Vorbildung, Einheit der pädagogischen Ausbildung, Einheit der Methode für alle Lehrerkategorien sowie Einheit der Leitung in der Person des Pädagogikprofessors: «[...] die volle Einheit des Ganzen verbürgt endlich der Direktor des Seminars, der Professor für Pädagogik an der Universität» (Moosherr, 1903, S. 18). Xaver Wetterwald wandte dagegen ein, «dass der Professor der Pädagogik mit der Praxis der Volksschule nicht genügend vertraut ist, während umgekehrt der praktische Schulmann die pädagogische Theorie, die eine gründliche philosophische Schulung voraussetzt, nicht zu lehren im stande wäre» (Wetterwald, 1903, S. 32).

Die Umsetzung der Vorschläge dauerte aus verschiedenen Gründen einige Zeit. Eine zweite Kommission schlug statt einer «Gesamtkonzeption Lehrerbildung» die weitgehende Beibehaltung der bisherigen Organisation mit einigen sektoriellen Reformen vor (Zollinger, 1905). Die für die universitäre Pädagogik wesentlichen Reformvorschläge waren: Erteilen aller theoretisch-pädagogischen Fächer der Lehrerbildung an der Universität, was die Einrichtung eines Ordinariates voraussetze; Erlassen von Studienplänen für die fachwissenschaftliche Ausbildung der Mittel- und Oberlehrer, die den Studierenden als Wegleitung bei der Auswahl der Vorlesungen dienen sollten; Splitting der pädagogisch-didaktischen Ausbildung für die Mittel- und Oberlehrer zwischen Universität (theoretisch pädagogische Vorlesungen) und Seminar (Einführung in die praktische Pädagogik, Methodik) (Zollinger, 1905, S. 33 ff.). Nach langen bildungspolitischen Diskussionen und weiteren Verzögerungen während der Kriegsjahre (Porchet, 1987, S. 19) wurde eine «Gesamtkonzeption Lehrerbildung» 1922 realisiert, aber nicht nach Moosherrs Vorschlägen unter der Ägide des Pädagogikprofessors an der Universität, sondern extrauniversitär (Grossratskommission, 1920, 1922; Ratschlag, 1919): 1925 wurde das Lehrerseminar Basel-Stadt eröffnet und mit der theoretisch- und praktisch-pädagogischen Ausbildung *aller* Lehrkräfte beauftragt. Nach Wilhelm Brenner, dem ersten Seminardirektor, näherte sich das Basler Modell stark dem von vielen Volksschullehrern erträumten Ideal der «Einheitlichkeit des Lehrerstandes» an (Brenner, 1925,

S. 262). Konsequenterweise wurde ein Jahr nach der Eröffnung des Lehrerseminars das Pädagogische Universitätsseminar als eigenständiges Seminar aufgehoben und dem Philosophischen Seminar als Abteilung unterstellt. Zwar besuchten Absolventinnen und Absolventen des Lehrerseminars auch nach 1925 Vorlesungen zur theoretischen Pädagogik an der Universität Basel, aber die institutionelle Herauslösung der akademischen Lehrerbildung aus der Universität schwächte die Stellung der Pädagogik an der Universität und trug wesentlich dazu bei, dass die Disziplinenbildung in der Pädagogik nach 1925 nicht wie an andern Universitäten fortschritt, sondern ausblieb.

Verpasste Disziplinenbildung: Pädagogik an der Universität Basel nach 1925

Die pädagogische Abteilung des Philosophischen Seminars betreute nach 1925 einerseits die rein wissenschaftliche Arbeit von Doktoranden und war andererseits für einzelne theoretische Ausbildungsbereiche in der Lehrerbildung verantwortlich (Brenner, 1930). Auch nach der Gründung des Lehrerseminars besuchten Primar-, Mittel- und Oberlehrerkandidaten gemeinsam Vorlesungen an der Universität in den Themenbereichen allgemeine Erziehungslehre, Psychologie und Geschichte der Pädagogik.[44] Pädagogik blieb eine Aufgabe der Philosophie, und der zweite Lehrstuhl für Philosophie war bis 1976 weiterhin für das Fach Pädagogik zuständig. Neben Paul Häberlin lasen von 1920 bis 1945 Hermann Gschwind über Geschichte der Pädagogik und von 1949 bis 1956 Leo Weber* über System und Geschichte der Pädagogik. Daneben etablierte sich allmählich die Psychologie: Ernst Probst las seit 1947 über Psychologie Anormaler, Heinrich Meng seit 1944 über Psychohygiene und Hans Kunz seit 1945 über Psychologie (Bonjour, 1960, S. 716). Auch der Psychologie wurde jedoch bis zum Abschluss der hier interessierenden Periode kein auf Psychologie spezialisierter, ordentlicher Lehrstuhl zugestanden.

Paul Häberlin, der als Leiter der pädagogischen Abteilung des Philosophischen Seminars weiterhin allgemeine und spezielle Psychologie und allgemeine Pädagogik gelesen hatte, kündigte 1944 seinen Rücktritt an und trat 1948 definitiv von seinem Lehrstuhl zurück. Als mögliche Nachfolger wurden Arthur Stein* und Heinrich Barth, ausserordentlicher Professor für Philosophie an der Universität Basel, in Betracht gezogen. Da aber weder Stein noch Barth je Psychologie gelesen hatten, wur-

44 StABS: ED-REG 9a, 2-3-2 (1). Beschluss des Erziehungsrates vom 8. 3. 1929.

den diese Vorschläge verworfen. Im Sommer 1945 hielt Karl Jaspers[45] Gastvorträge in Basel und Genf, die auf grosses öffentliches Interesse stiessen. Die Regierungsbehörde regte die Berufung Jaspers an, worauf sich die Fakultät, welche sich ein Ordinariat für Heinrich Barth gewünscht hätte, widerstrebend fügte. Jaspers war zum Zeitpunkt seiner Wahl bereits 65 Jahre alt, sodass von verschiedenen Seiten Bedenken geäussert wurden, dass die Wirkungszeit Jaspers sehr beschränkt sein würde.[46] Seine Schlussvorlesung hielt Jaspers dann allerdings im Alter von 78 Jahren, nach dreizehnjähriger Beschäftigung an der Universität, während deren er die Philosophie in Basel nachhaltig geprägt hatte.[47]

Da Jaspers zwar Philosophie und Psychologie las, die Pädagogik aber ausschloss, endete mit seiner Wahl 1948 die seit 75 Jahren fast ununterbrochene Tradition der Übernahme der Pädagogik durch einen der Lehrstuhlinhaber der Philosophie. Während der Lehrstuhl unter Braun und Häberlin noch sehr konkret auf die Pädagogik ausgerichtet war, scheinen sich die ursprünglichen Bemühungen um die Pädagogik, die zur Schaffung eines Lehrstuhls für Pädagogik und Philosophie geführt hatten, mit der Wahl Jaspers in nichts aufgelöst zu haben. Trotz wiederkehrenden Bemühungen, die Lehrerbildung an die Universität zurückzuholen und einen selbstständigen pädagogischen Lehrstuhl zu schaffen, nahm die Pädagogik an der Universität Basel bis Anfang des 21. Jahrhunderts eine Randstellung ein. Die Auslagerung der gesamten Lehrerbildung ans Lehrerseminar und die Wahl Jaspers 1948, für den der zweite Philosophielehrstuhl neu als *Philosophie einschliesslich Psychologie und Soziologie* definiert wurde, haben die Disziplinenbildung für die Pädagogik an der Universität Basel behindert. Zwar beantragte 1969 die Fakultät wiederum, einen Lehrstuhl für Pädagogik zu schaffen, und schlug vor, Hans Aebli zu berufen. Aber die Regierung verzichtete auf die Berufung, weil die Schaffung eines einzigen Lehrstuhls in Pädagogik nicht als sinnvoll erachtet wurde (Kreis, 1986, S. 94). Dagegen wurde 1971 ein Institut für Spezielle Pädagogik und Psychologie geschaffen, das Ausbildungsgänge in Heilpädagogik, Logopädie und Erziehungsberatung anbot (Institut für Spezielle Pädagogik und Psychologie, 1981). Dieses Institut wurde 2006 in die neu geschaffene Pädagogische Hochschule der Fachhochschule Nord-

45 Karl Jaspers promovierte in Medizin und habilitierte 1913 in Psychologie bei Wilhelm Windelband in Heidelberg. 1922 wurde er als Ordinarius für Philosophie nach Heidelberg berufen. Er war mit Max Weber und Martin Heidegger befreundet und widmete sich der Existenzphilosophie. Nach der Machtübernahme durch die Nationalsozialisten wurde er von der Universitätsverwaltung in Heidelberg ausgeschlossen und ab 1943 mit einem Publikationsverbot belegt.

46 StABS: UA.XI 3,3. Expertenkommission an die Kuratel der Universität, 4.10.1947.

47 *Basler Nachrichten*, 8.7.1961.

westschweiz integriert. Zudem schufen die Universität Basel und diese Pädagogische Hochschule auf 2008 ein gemeinsames Ordinariat Pädagogik. In Zukunft soll in Basel ein Masterstudiengang Pädagogik angeboten werden.

Kapitel 4
Genf: Von der Pädagogik als Teil der Geisteswissenschaften zu den Erziehungswissenschaften

Entstehung und Entwicklung eines (pluri-)disziplinären Feldes (1890–1950)[1]

Rita Hofstetter

Während der zweiten Hälfte des 19. Jahrhunderts wird in Genf, ebenso wie in anderen westlichen Staaten, die allgemeine Schulpflicht eingeführt, die Schulen aller Schulstufen expandieren, die Bildungsinstitutionen werden diversifiziert, und die Lehrerbildung wird erstmals institutionalisiert. Insgesamt wird ein öffentliches Schulwesen etabliert, das organisatorisch und rechtlich in die öffentlichen Machtverhältnisse eingebunden ist (Hofstetter, 1998). Die Genfer Akademie *(Académie de Genève)* wird zur Universität (1876) weiterentwickelt. Sie übernimmt das deutsche Humboldt'sche Universitätsmodell, das die Professionalisierung der wissenschaftlichen Forschung sowie disziplinäre Spezialisierungen und Differenzierungen begünstigt. Gleichzeitig gewinnt die Ausrichtung bestimmter Fakultäten an den akademischen Berufen, ja an gesellschaftlich-sozialen Problemlagen und Herausforderungen an Bedeutung (Marcacci, 1987). Diese Reformen gehen mit einer steigenden Nachfrage nach qualifizierten Lehrkräften und Postulaten nach Verstärkung der pädagogischen Theoriebildung einher, wodurch das Wissen über die pädagogische Praxis und die Effizienz der Bildungs- und Erziehungssysteme gesteigert werden sollen. Seit der Wende vom 19. zum 20. Jahrhundert vervielfachen sich deshalb die Bestrebungen, die Pädagogik als Wissenschaft neu zu fundieren und einen neuen Forschungsbereich, die Kinderforschung, zu etablieren. Diese Initiativen stehen in einer langen Tradition, auf die sich die Genfer gern berufen: die naturwissenschaftliche Denk- und Forschungstradition Genfs *(Genève naturaliste)* (Montandon, 1975; Sigrist, 2004), die Tradition als «Mekka der Pädagogik» *(Mecque*

1 Die vorliegende Monografie stützt sich weitgehend auf zwei Arbeiten (Hofstetter 2010; Hofstetter & Schneuwly, in Vorbereitung), die sich mit der Entwicklung der Erziehungswissenschaften in Genf auf der Grundlage der Bearbeitung und Analyse umfangreicher Quellenbestände zahlreicher Archive befassen.

de la pédagogie), aber auch als «protestantisches Rom» *(Rome protestante)* – Charakterisierungen, die für die Untersuchung der Entstehung und der Konfigurationen des disziplinären Feldes Erziehungswissenschaften in Genf von Bedeutung sind, wo schon früh Akteure mit einem naturwissenschaftlich-empirischen Zugang zur Lebensphase Kindheit *(naturalistes de l'enfance)* auftreten.

Zwei Lehrstuhlgründungen begünstigen das Entstehen der Erziehungswissenschaften als universitärer Disziplin (1890–1911)

Gleichzeitig mit der Einrichtung eines Lehrstuhls für Pädagogik eröffnet die Universität Genf eine neue Perspektive auf Erziehungs- und Bildungsphänomene, indem sie die experimentelle Psychologie institutionalisiert. Seit dem ausgehenden 19. Jahrhundert lassen sich mit der Etablierung von Pädagogik und experimenteller Psychologie an der Universität Genf zwei allerdings nicht sehr eng aufeinander bezogene Entwicklungen ausmachen, die beide als Ergebnis der Expansion der Erziehungs- und Bildungssysteme entstehen. Diese Expansion wiederum wird von einer erhöhten Nachfrage nach Qualifikation und Theoriebildung im Bereich Bildung und Erziehung begleitet.

Ein Lehrstuhl für die Erziehungswissenschaft als Teil der Geisteswissenschaften (1890–1911)

Im Jahr 1890 wird an der Universität Genf auf Anregung nicht etwa der Universität, sondern des Erziehungsdepartementes (*Département de l'instruction publique;* DIP[2]) der erste Lehrstuhl für Pädagogik eingerichtet. Der mit dem Privatdozenten Paul Duproix* besetzte Lehrstuhl wird den Geisteswissenschaften – zu denen auch die Philosophie zählt, die zu dieser Zeit den Hauptbezugspunkt für die Pädagogik

2 *Département de l'instruction publique* und andere, ähnliche französischsprachige Bezeichnungen für die Bildungsverwaltung auf kantonaler Ebene werden im Folgenden mit den damals in der deutschsprachigen Schweiz üblichen Begriffen «Erziehungsdepartement» oder «Erziehungsdirektion» übersetzt; alternative Bezeichnungen wären etwa: Bildungsdirektion, Unterrichtsdirektion, Erziehungs- und Kulturdepartement (Anmerkung der Übersetzer).

darstellt – angegliedert und 1896 in eine ordentliche Professur umgewandelt.[3] Worin besteht die Bedeutung dieser ersten Form der Anerkennung der Pädagogik als universitärer Disziplin? Welches sind die Bedingungen dieser Anerkennung, und wie wirkt sie sich aus? Diese Fragen sollen im Folgenden beantwortet werden.

Die Einrichtung dieses Lehrstuhls steht im weiteren Kontext einer tief greifenden Restrukturierung des Erziehungs- und Bildungssystems, die alle Ebenen des Schulwesens betrifft. Durch diese Restrukturierung steigt die Nachfrage nach beruflich gut qualifiziertem Personal, und es wird viel mehr Lehrpersonal benötigt. Die Gründung eines neuen Lehrstuhls für Pädagogik durch die Bildungsverwaltung – die Universität Genf folgt damit dem Beispiel anderer europäischer Universitäten – soll der wissenschaftlichen Profilierung sowie der Rekrutierung neuer Studenten[4] zur Befriedigung dieser Nachfrage dienen. Die Analyse der Argumentation[5] der universitären und parlamentarischen Instanzen lässt drei Erwartungen erkennen: In erster Linie wird der Lehrstuhl gefordert, um das Fehlen eines Lehrerseminars *(Ecole normale)* in Genf auszugleichen; er soll einen Beitrag zur Ausbildung und «geistigen Vitalität» *(vitalité intellectuelle)* der Lehrkräfte leisten. Zweitens soll die Erziehungswissenschaft die Schulverwaltung bei der Steuerung der Reformen und der Interventionen im Bildungs- und Erziehungsbereich unterstützen, indem sie generalisierbare und in die Praxis übertragbare Regeln erarbeitet, die den in Verruf geratenen Empirismus durch rationelle und effiziente Methoden ersetzen kann. Schliesslich erwartet man, dass die Pädagogik als moralische Wissenschaft eine kohärente Doktrin für Bildung und Erziehung erarbeitet, indem sie moralische Werte vorgibt, um so die soziale Kohäsion zu stärken und die Entwicklung der Demokratie zu fördern.

Insbesondere mit der letzten Aufgabe beschäftigt sich der Philosoph Duproix über 20 Jahre hinweg: In seinen Veröffentlichungen legt er den Schwerpunkt auf die Ideengeschichte der Pädagogik mit dem Ziel, eine pädagogische Doktrin zu

---

3 Dieser Institutionalisierungsprozess geht für eine damals wenig differenzierte, in der akademischen Welt nur schwach repräsentierte und wenig unterstützte Disziplin bemerkenswert leicht vonstatten; dies insbesondere, weil die Regierung mit der Erziehungswissenschaft hohe Erwartungen hinsichtlich der Schulpolitik verbindet und entsprechend Druck auf die Universität ausübt. Die geisteswissenschaftliche Fakultät *(Faculté des lettres)* ist in zwei Sektionen aufgeteilt, die Geistes- und die Sozialwissenschaften *(lettres et sciences sociales)*.

4 Was zu dieser Zeit als wichtiges Kriterium für die akademische Reputation der Universität gilt.

5 Die wichtigsten Quellen, um die Motive für die Gründung eines Lehrstuhls für Pädagogik zu verstehen, sind die 1896 im Parlament vorgebrachten Argumente zur Rechtfertigung der Umwidmung des ausserordentlichen in einen ordentlichen Lehrstuhl *(Memorial du Grand Conseil, 1896,* S. 964/1056, Anhang, S. 771 ff./797 ff.).

erarbeiten, die faktisch einer präskriptiven Pädagogik gleichkommt. Es geht dabei um eine Pädagogik, die hinsichtlich Bildungs- und Erziehungszielen von der Philosophie und hinsichtlich des Wissens über das Kind von der Psychologie geprägt ist. Dieser Ansatz erfüllt aber ganz offensichtlich die sozialen, professionellen und politisch-administrativen Erwartungen, denen der Lehrstuhl sein Entstehen verdankt, nicht. Zudem kann er mit dieser Ausrichtung weder hinsichtlich Forschung und Wissensgenerierung noch hinsichtlich des universitären Status der Disziplin mit akademischer Anerkennung rechnen. Obwohl Duproix' Lehrveranstaltungen gut besucht sind,[6] ist die Pädagogik in keinem Studiengang der geisteswissenschaftlichen Fakultät Pflichtdisziplin. Ab 1903 wird sie Teil der Prüfung für das sozialwissenschaftliche Lizenziat *(licence ès sciences sociales)* und ab 1908 für das Fähigkeitszeugnis für den Unterricht in Naturwissenschaften auf den Sekundarstufen *(certificat d'aptitude à l'enseignement des sciences dans le secondaire).* In beiden Fällen soll der Einbezug der Erziehungswissenschaft ins Ausbildungsprogramm den Diplominhabern grössere Anerkennung im Berufsfeld verschaffen, indem sie die Berufsorientierung des Studiums verstärkt.

Ab 1909 zeichnen sich neue Versuche ab, die Verankerung der Pädagogik in der geisteswissenschaftlichen Fakultät zu verbessern. Der 1909 von Lucien Cellérier* eingebrachte Vorschlag für ein pädagogisches Seminar *(séminaire de pédagogie)* wird gleichermassen von Jules Dubois*, Paul Duproix und sogar von Edouard Claparède* unterstützt – jedoch nicht umgesetzt.[7] 1910/11 beschäftigt die geisteswissenschaftliche Fakultät vier Privatdozenten für Pädagogik, allerdings nur kurzfristig: die Philosophen Cellérier und Dubois, beide Autoren pädagogischer Werke und Inhaber eines Lizenziats in Sozialwissenschaften; den unermüdlichen Aktivisten Adolphe Ferrière*, der sich mit Publikationen und seinem (1899 gegründeten) *Bureau international d'Education nouvelle* der Verbreitung einer neuen Konzeption der Pädagogik verschrieben hat (Hameline, 1981, 1994); sowie den Sekretär des Erziehungsdepartementes, Albert Malche*, die rechte Hand des radikalen Vorstehers des Erziehungsdepartementes, William Rosier. Diese Versuche, den Stellenwert der Pädagogik zu erweitern, sind zweifellos mit der Frage der Nachfolgeregelung in der Pädagogik verbunden; der schon seit einiger Zeit kranke Duproix stirbt dann auch im Januar 1912.

6 Insbesondere Studierende aus dem Ausland, die zum Erwerb der französischen Sprache nach Genf kommen, sind an Kursen in Pädagogik interessiert, damit ihr philologisches Examen sie in ihrem Herkunftsland zur Aufnahme einer Lehrtätigkeit berechtigt.

7 Diese Informationen entnehmen wir Bovet, 1932, S. 11; siehe auch Dubois, 1910 und Cellérier, 1910.

Die experimentelle Psychologie als Nährboden für einen neuen Zugang zu Phänomenen des Bildungs- und Erziehungswesens (1891–1911)

Während die Pädagogik ihre erste Professur im Bereich der Geisteswissenschaften einrichten kann, eröffnet sich – etwa zeitgleich – mit der Institutionalisierung der Psychologie als akademischer Disziplin eine weitere Möglichkeit des wissenschaftlichen Zugangs zu den Phänomenen des Bildungs- und Erziehungswesens.

Der erste – ausserordentliche – Lehrstuhl für Psychologie wird 1891 von der naturwissenschaftlichen Fakultät *(Faculté des sciences)* für den Privatdozenten Théodore Flournoy, dessen Arbeiten zu einer neuen Konzeption der menschlichen Psyche führen, eingerichtet. Der Lehrstuhl wird mit der Absicht der naturwissenschaftlichen Fakultät angegliedert, die Psychologie aus der Abhängigkeit der Philosophie zu lösen, um einen wissenschaftlichen und empirischen Zugang zu den psychischen Phänomenen zu fördern. 1892 richtet Flournoy ein Laboratorium ein, dem das 1879 von seinem akademischen Lehrer Wilhelm Wundt in Leipzig gegründete Labor als Modell dient (Flournoy, 1896). Mit der Zeit gewinnt er die Anerkennung durch die akademischen Instanzen, und ihm wird eine Assistentenstelle bewilligt, die er mit seinem Cousin, dem jungen und dynamischen Mediziner und Psychologen Edouard Claparède, besetzt. Dieser beginnt sofort mit der Erarbeitung eines Programms für die Psychologie (1901): Wenn die Psychologie als unentbehrlich gelten und anerkannt werden soll, muss sie ihre Spezifität und ihre gesellschaftliche und wissenschaftliche Relevanz unter Beweis stellen – wie dies Flournoy bereits begonnen hat. Dieser Mission verschreibt sich der junge Mediziner und Psychologe zu Beginn seiner beruflichen Laufbahn.

Durch die gemeinsamen Bemühungen von Flournoy und Claparède zu Beginn des 20. Jahrhunderts wird die institutionelle Basis der Psychologie gestärkt, und ihre möglichen Anwendungsbereiche, insbesondere hinsichtlich der Pädagogik, werden erweitert.[8]

1904 wird Claparède offizieller Leiter des Laboratoriums für experimentelle Psychologie *(Laboratoire de psychologie expérimentale)* und beginnt, zusammen mit

8 Die von den beiden Genfer Psychologen 1901 gegründeten und herausgegebenen *Archives de psychologie* finden bald eine internationale Leserschaft; die Zeitschrift vertritt einen eindeutig experimentell-psychologischen Ansatz und trägt auch zur Verbreitung der Arbeiten über Kinderpsychologie sowie allgemein solcher Arbeiten bei, die – nach dem Vorbild Claparèdes – einen experimentellen und psychologischen Zugang zu den Phänomenen des Bildungs- und Erziehungswesens bevorzugen. Claparède befasst sich zu dieser Zeit auch mit möglichen Anwendungen der Psychologie im klinischen, juristischen und ökonomischen (Arbeitspsychologie) Bereich.

anderen, mit der Entwicklung einer neuen Disziplin, der Kinderforschung *(science de l'enfance),* die teils als Psychologie der Erziehung *(psychologie de l'éducation)* oder pädagogische Psychologie *(psychologie pédagogique),* teils als Erziehungswissenschaft *(science de l'éducation)* oder auch als experimentelle Pädagogik *(pédagogie experimentale)* bezeichnet wird. Seine Untersuchungen treffen sich zunehmend mit den Interessen von Pädagogen und Bürgern, Ärzten und Psychologen, Praktikern und Entscheidungsträgern aus dem Schulbereich, die Antworten auf die Probleme suchen, die sich im Bildungs- und Erziehungsbereich stellen (Klassifizierung der Schüler nach ihren Fähigkeiten, Bildungs- und Erziehungsfähigkeit «Abnormaler», Effizienz der pädagogischen Systeme und Methoden usw.). Mehrere von Claparède ins Leben gerufene Initiativen werden sowohl vom Genfer Lehrerverein (*Société pédagogique genevoise;* SPG) als auch vom Erziehungsdepartement und anderen Fachleuten oder «Freunden» des Kindesalters unterstützt und weitergeführt. So nimmt etwa die SPG im Juni 1905 einen Vorschlag Claparèdes auf, der die Gründung einer Gruppe für psychologische Kinderforschung *(Groupe pour l'étude psychologique de l'enfant)* zum Ziel hat, die sich in der Folge ein Jahr lang unter Claparèdes Leitung in dessen Laboratorium für Psychologie an der naturwissenschaftlichen Fakultät trifft. Claparède verfasst zu dieser Zeit eine Reihe von Artikeln für die Arbeit dieser Gruppe, die er, aufgrund des regen Interesses, in einem Sammelband mit dem Titel *Psychologie de l'enfant et pédagogie expérimentale. Aperçu des problèmes et des méthodes de la nouvelle pédagogie* (1905) veröffentlicht. Der Band erregt grosses Aufsehen und beschert Claparède ein hohes Ansehen bei der ständig wachsenden Gruppe derer, die sich für die neue Kinderforschung engagieren.[9] In dieser Periode wird Claparède auch gebeten, einer Kommission des Erziehungsdepartementes beizutreten, die 1904 zur Lösung des schwierigen Problems der Bildungs- und Erziehungsfähigkeit sogenannt abnormaler/zurückgebliebener Kinder gegründet wurde (Ruchat, 2003). Medizin und Psychologie sollen für bessere Wissensgrundlagen in diesem Problembereich sorgen und so zur Problembewältigung beitragen. 1905 legt Claparède einen Bericht vor, der eine Reform der Sonderklassen *(classes spéciales)* empfiehlt und für spätere Reformen in diesem Bereich richtungsweisend ist.

Die Erfahrungen mit der Gruppe für psychologische Kinderforschung der SPG und der Kommission für Sonderschulfragen sind Auslöser für mehrere experimentelle Forschungsarbeiten, die im Genfer Schulsystem so bislang nicht vorgenommen worden waren. Sie führen auch zu ersten offiziellen Vorschlägen, die Genfer Leh-

9 Dieser kleine Band bildet die Grundlage für sein 1909 unter demselben Titel erschienenes Hauptwerk, das während der ersten Hälfte des 20. Jahrhunderts ständig erweitert (1909: 283 Seiten, 1911: 471 Seiten), neu aufgelegt und übersetzt wird.

rerbildung an der Psychologie und der experimentellen Pädagogik auszurichten. Sie dienen Claparède aber offensichtlich auch als Grundlage für die Konkretisierung eines grösseren Projektes: der Einrichtung eines Seminars für pädagogische Psychologie an der Universität, das auch der Lehrerbildung dienen soll – wie er 1906 verdeutlicht. Ein erstes Seminar wird im Wintersemester 1906/07 durchgeführt, und Claparède hat nach eigenen Angaben (1907, 1941) die Absicht, diese Veranstaltung mit Schulbesuchen und verschiedenen anderen disziplinären Zugängen zu ergänzen, insbesondere mit Beiträgen der medizinischen Fakultät (Kurse in Physiologie, Schulhygiene, Kinderkrankheiten, Kinderpathologie). Statt der erhofften Erweiterung wird das Seminar jedoch nach nur einem Jahr aus vielfältigen, bisher wenig erforschten Gründen (politische Gründe, disziplinäre Abgrenzungen, personelle Differenzen usw.) nicht fortgeführt.

Eine neue Phase wird jedoch 1908 eingeleitet, als es Flournoy nach unermüdlichen Verhandlungen gelingt, die Doppelbesetzung der Professur für Psychologie zu erreichen: Flournoy teilt seinen Lehrstuhl, um die Nomination Claparèdes zu ermöglichen. Flournoy wird ordentlicher, Claparède ausserordentlicher Professor für experimentelle Psychologie (der erste Vorschlag für die Benennung war *angewandte physiologische Psychologie [psychologie physiologique appliquée]*).[10]

Diese Ernennung kann als Anerkennung der Pionierarbeit Claparèdes verstanden werden, der auf lokaler wie internationaler Ebene – über Netzwerke, Kongresse und herausgeberische Tätigkeiten – die neue Psychologie und die Kinderforschung beförderte. Aber immer noch ist die Psychologie nicht als Prüfungsfach zugelassen, was ihre Anerkennung und Entwicklung beeinträchtigt. Vor allem aber besteht noch keine Promotionsmöglichkeit in dieser Disziplin.[11] Dasselbe gilt, wie wir gesehen haben, auch für die Kurse des Lehrstuhlinhabers für Pädagogik, Duproix – etwa den Kurs in angewandter Erziehungspsychologie *(psychologie appliquée à*

10 Vgl. dazu die Briefe und Berichte im Staatsarchiv Genf (*Archives de l'Etat de Genève,* AEG), Erziehungsdepartement (*Département de l'instruction publique,* DIP). Psychologie Sciences, 1985 va 5.3.25 1900/1909.

11 1915 wird Claparède auf Initiative der naturwissenschaftlichen Fakultät und durch offene Unterstützung sowohl des Rektorats als auch des Vorstehers des Erziehungsdepartementes, Rosier, zum ordentlichen Professor auf den nunmehr vereinten Lehrstuhl für *experimentelle Psychologie* berufen. Diese Ernennung stellt zweifellos eine Anerkennung nicht nur der Person Claparèdes, sondern auch der Kinderforschung dar, deren Förderung er sich verschrieben hat. Weiterhin ist anzumerken, dass die naturwissenschaftliche Fakultät 1918 die Promotion zum Doktor der psychologischen Wissenschaften *(doctorat ès sciences psychologiques)* mit dem Hauptfach experimentelle Psychologie und den Nebenfächern Botanik und Zoologie einführt. Das Prestige der Genfer Psychologie ist eines der wesentlichen Motive für diesen Schritt.

l'éducation), der auch unter der Bezeichnung «vergleichende Psychologie des Menschen und des Kindes» *(psychologie comparée de l'homme et de l'enfant)* läuft –, der zwar ein offensichtlich freundschaftliches Verhältnis zu den beiden Vertretern der Psychologie unterhält, dessen Aktivitäten jedoch, wie gezeigt wurde, in eine eher philosophische und spekulative Richtung weisen.

Es ist wohl dieser Unterschied in der Orientierung der beiden Lehrstühle, der zu erklären vermag, warum das Laboratorium für experimentelle Psychologie und sein Direktor Claparède und nicht der Lehrstuhl für Pädagogik und sein Inhaber Duproix an der Wende vom 19. zum 20. Jahrhundert die Schaltstelle bilden, von der aus sowohl auf universitärer als auch auf der Ebene der Praktiker und der offiziellen schulischen Institutionen die Entwicklung der angewandten Psychologie und damit indirekt auch der experimentellen Pädagogik in Genf vorangetrieben wird.

Erste Entwicklungen der Erziehungswissenschaften (1912–1929)

Seit dem zweiten Jahrzehnt des 20. Jahrhunderts lassen sich verschiedene Initiativen zur Erweiterung der Basis der Kinderforschung *(science de l'enfant),* die immer häufiger auch als «Erziehungswissenschaften» *(sciences de l'éducation)* bezeichnet wird, verzeichnen. Doch obwohl diese Initiativen ihren Ursprung in miteinander verflochtenen Institutionen haben und sie sich sowohl auf die Ausbildung in den pädagogischen Berufen als auch auf das disziplinäre Feld auswirken, entwickeln sie sich anfänglich parallel und sind nur am Rande institutionell miteinander verbunden, was auch die Gefahr von Konkurrenzsituationen in sich birgt. Erst in den 1920er-Jahren findet ein Zusammenwirken mit dem Ziel statt, die universitäre Basis des neuen disziplinären Feldes zu verbreitern.

Das Institut Rousseau: Erziehungswissenschaften im Dienste der Reform von Bildung und Erziehung

Trotz der beachtlichen Erfolge seiner verschiedenen Initiativen verfolgt Claparède weiterhin sein Vorhaben, der Kinderforschung eine institutionelle Basis zu verschaffen, die den Erwartungen gerecht wird.

Eine unabhängige Schule (école libre) *für die Erziehungswissenschaften*

Offensichtlich von einer umfassenden internationalen Bewegung inspiriert,[12] konzentriert Claparède seit dem Sommer 1911 seine ganze Energie auf die Gründung eines Forschungsinstituts, das sich gezielt dem Aufbau der Kinderforschung sowie der Verbesserung der psychologischen und pädagogischen Ausbildung des pädagogischen Personals widmet.[13] Diesmal gelingt es ihm, die notwendigen Allianzen und Mittel für eine dauerhafte Umsetzung seines Vorhabens zu sichern: Die *Ecole des sciences de l'éducation,* auch *Institut (Jean-Jacques) Rousseau* (IJJR) genannt, wird der Leitung des Philosophen und Psychologen Pierre Bovet* anvertraut, Professor für Psychologie in Neuchâtel (Lussi Borer, 2008), und nimmt ihren Betrieb im Oktober 1912 mit gut 20 Studierenden und ebenso vielen Lehrenden und Mitarbeitenden auf.

Obwohl das Institut privaten Status hat, ist eine enge Verbindung mit den öffentlichen Schulen und vor allem mit der Universität vorgesehen: Das Programm des Instituts umfasst mehrere universitäre Lehrveranstaltungen und viele der am Institut Lehrenden sind – falls es sich nicht um Funktionsträger aus dem öffentlichen Schulwesen handelt – Universitätsangehörige aus unterschiedlichen Fakultäten mit unterschiedlichem disziplinärem Hintergrund (Anthropologie, Recht, Medizin, Pädagogik, Philosophie und Soziologie). Claparède macht aus der Not eine Tugend: Nachdem es ihm nicht gelungen war, ein entsprechendes Projekt an der *alma mater* zu realisieren, wählt er die Form einer privaten Institution, die er als

12 Wie Claparède selbst zugibt, liegt die Idee für ein Institut dieser Art «in der Luft», und das Genfer Projekt kann nicht wirklich als originell bezeichnet werden, sondern entspricht weitgehend dem Zeitgeist. Das erste Jahrzehnt des Jahrhunderts ist bekanntlich von einer Vielzahl von Initiativen geprägt, die nahezu weltweit mit Laboratorien, Instituten und Schulexperimenten auf eine Verbreiterung der Basis der Forschung im Bereich Bildung und Erziehung hinarbeiten (Depaepe, 1993; Drewek & Lüth, 1998); Claparède kennt diese Initiativen und bezieht daraus Anregungen für sein Vorhaben, was insbesondere durch den historischen Teil seines Standardwerkes (1909, 1911) und seine diesbezügliche Korrespondenz (Trombetta, 1976) mit den bedeutendsten Pädologen, Pädagogen und Psychologen seiner Zeit belegt ist. Während der Erarbeitung seines Konzepts diskutiert er ausführlich mit Milloud, der Professor in Lausanne ist und dort, auf seine Art, ebenfalls versucht, die Grundlage des disziplinären Feldes zu erweitern (vgl. Kapitel 5 zu Lausanne in diesem Band).

13 Diese beiden Ambitionen stehen in engem Zusammenhang, da Claparède überzeugt ist, dass sich zwar besondere Institutionen der Erziehungswissenschaft annehmen müssen, um die Spezialisierung und Professionalisierung der Forschung zu gewährleisten, dass die Erziehungswissenschaft aber nur mit der Unterstützung der im pädagogischen Berufsfeld Tätigen weiterentwickelt werden könne. Die pädagogische Praxis *(le terrain éducatif)* funktioniere gewissermassen wie ein grosses Laboratorium.

flexibler, beweglicher und geeigneter erachtet, eine neue Dynamik des Zusammenwirkens der verschiedenen Disziplinen auszulösen. Denn die Pluridisziplinarität ist ein Schlüsselelement seines Ausbildungsprogramms (nicht jedoch der Disziplin, die er zu gründen beabsichtigt). Es ist auch anzumerken, dass Claparède sich in einem soziokulturellen und politischen Kontext bewegt, der seine Aktivitäten in vielen Bereichen prägt. Im als «Mekka der Pädagogik» bezeichneten Genf halten es die Mitglieder der alteingesessenen protestantischen Familien schon seit Langem für ihre Pflicht, zum öffentlichen Wohl beizutragen, indem sie sich in hohem Masse für die Entwicklung von Schule und Wissenschaft engagieren. Claparède hat dementsprechend auch keine Probleme, die zur Gründung seines Instituts notwendigen finanziellen Mittel zusammenzubringen.

Die Programmschrift für das Institut (Claparède, 1912) enthält eine klare Darstellung des Konzepts sowie der vier Funktionen des Instituts (S. 32–35), die für die Arbeit während der ersten Jahre bestimmend sind:

- Das Institut als Schule ermöglicht es dem pädagogischen Personal, sich zu orientieren und zu informieren, sich wissenschaftliche Methoden anzueignen und am Aufbau der pädagogischen Wissenschaft mitzuwirken;
- das Institut als Forschungszentrum betreibt die für die Weiterentwicklung der Erziehungswissenschaften notwendigen Forschungsarbeiten;
- das Institut als Informationszentrum sammelt die psychopädagogischen Forschungsarbeiten und macht sie durch eine eigene Zeitschrift und eine Bibliothek zugänglich;
- dazu kommt die Funktion als Propagandazentrum für die pädagogische Reform, die auf der Respektierung der Rechte des Kindes beruht.

Die Verflechtung dieser Funktionen ist bezeichnend und für die allgemeine Entwicklung des Instituts Rousseau, und sie ist darüber hinaus auch für die Erziehungswissenschaften wegweisend (siehe dazu die Beiträge in Hofstetter & Schneuwly, 2006; ausserdem in Hameline, Helmchen & Oelkers, 1995): Der Imperativ einer besseren Ausbildung für die pädagogischen Berufe und der Etablierung der Kinderforschung ist zu dieser Zeit stark von der Überzeugung bestimmt, das Schulsystem bedürfe einer grundlegenden und vollständigen Reform. Ebenso wie zahlreiche andere Psychologen, Mediziner, Pädagogen (insbesondere Alfred Binet, Ernst Meumann*, Ovide Decroly und Maria Montessori), bei denen er sich viele Anregungen holt, ist Claparède der Ansicht, das gesamte pädagogische Gebäude müsse auf einem neuen Fundament, welches das Wissen über das Kind und seine Rechte in den Mittelpunkt rückt, errichtet werden. Für Claparède ist die Richtung dieser Reform – die er als funktionell bezeichnet – bereits von Rousseau vorgezeichnet – daher der Name des Instituts: Sie erfordert vermehrtes Wissen über das Kind und über die Gesetze seiner Entwicklung. Claparède plädiert deshalb für eine wissenschaftlichere, pädologische und psychologische Ausbildung für die pädagogischen Berufe, um entsprechende Reformen auf den Weg bringen zu können. Die Reformen sollen sich an den Bedürfnissen des Kindes orientieren, das von nun an – in einer Art «kopernikanischer Revolution» – zum «Mittelpunkt des Bildungs- und Erziehungssystems» werden soll (1912, S. 9; Übersetzung RH).

Pädagogischer Aktivismus des Instituts zur Sicherung seiner Zukunft

Wie gestaltet sich die Umsetzung dieses Programms? Wenn man den *Chroniques de l'Institut* und dem Bericht seines Direktors zum fünften Jahrestag der Gründung (Bovet, 1917) Glauben schenkt, sind die ersten Jahre des Instituts von einer beeindruckenden pädagogischen Aktivität gekennzeichnet. Um die – insbesondere finanzielle – Zukunft des Instituts zu sichern, die Anzahl der Studenten hoch zu halten, die Wissenschaft auf empirische Untersuchungen im Praxisfeld zu gründen und die eigenen Arbeiten und Thesen zu verbreiten, vervielfachen die Vertreter des Instituts die Zahl der institutionellen Tätigkeiten, Lehrveranstaltungen und Konferenzen, pädagogischen Stellungnahmen und Beratungen, Umfragen und Publikationen.

Von Beginn an ist das Institut sehr darum bemüht, eine internationale Gemeinschaft von Studenten an sich zu binden, die für den Fortbestand und den Ruf der Schule ausschlaggebend ist. Die Zahl der Studenten verdoppelt sich 1913, und für das folgende Jahr sind 60 vorgesehen, was jedoch durch den Krieg verhindert wird. Für die Mehrzahl der Studenten ist jedoch die Anerkennung der erworbenen beruflichen Qualifikation wichtiger als die Einführung in wissenschaftliche Forschung. Diese Präferenzen beeinflussen sichtbar die weitere Entwicklung des Instituts, dessen Lehrangebot eine eindeutig berufsbezogene Ausrichtung aufweist,[14] denn es zielt vor allem auf den Aufbau praktischer Kompetenzen ab (Lehrübungen und Praktika). Das Institut beansprucht die Vorreiterrolle im Hinblick auf eine funktionelle Bildung und Erziehung *(éducation fonctionnelle),* und es legt Wert darauf, dass die von ihm ausgestellten Diplome tatsächliche Fähigkeiten und nicht nur oberflächliche Gelehrsamkeit attestieren. Auf diese Weise bezieht das Institut die pädagogische Szene ein und erweitert seine praktischen Interventionen: Es kommt

14 1916 haben drei der vier eingeführten Studienrichtungen eine explizit berufsbezogene Ausrichtung: Kleinkindererziehung *(Education des petits),* Schulleitung *(Direction d'école),* Kinderschutz *(Protection de l'enfance)* und Pädologie *(Pédologie).*

zur Gründung von Versuchsschulen – 1913 des berühmten *Maison des petits* (Perregaux, Rieben & Magnin, 1996) und 1917 des *Maison des grands,* das 1918–1920 in die *Ecole Toepffer* integriert wird. Erzieherische Spiele und pädagogisches Material werden hergestellt und vertrieben; 1913 wird die medizinisch-pädagogische Beratungsstelle *(Consultation médico-pédagogique)* eröffnet, die 1916 mit einer Übungs- und anschliessend mit einer Entwicklungsklasse ergänzt wird. 1918 wird eine Berufsberatungsstelle *(Cabinet d'orientation professionnelle)* gegründet, und es werden Untersuchungen zur beruflichen Eignung und rationellen Arbeitsorganisation durchgeführt (Thomann, in Vorbereitung; vgl. auch Kapitel 11 in diesem Band); die Interaktionen mit sozialen Einrichtungen, insbesondere für «Abnormale», dem dazugehörigen Netz von Sonderschulklassen, den Freiluftschulen und Reformschulen, werden intensiv gepflegt.

Die hektische pädagogische Betriebsamkeit bewirkt zwar eine allmähliche Steigerung der sozialen Anerkennung des Instituts, bindet jedoch auch seine Personalkapazitäten und führt zu einer Beschränkung der wissenschaftlichen Tätigkeiten, die eigentlich als vorrangig erachtet werden.

Obschon die Tragödie des Ersten Weltkriegs die Überzeugung stärkt, dass Bildung und Erziehung der Barbarei Einhalt gebieten können, und so zur Förderung der Ideale des Instituts beiträgt, gefährden die Auswirkungen des Krieges schon bald seine Existenz. Wegen der Abnahme der Schülerzahlen (und der entsprechenden Immatrikulationen) muss das Institut seine Ausgaben erheblich kürzen – insbesondere indem die Gehälter und Honorare reduziert werden – und nach allen Seiten um Unterstützung und Subventionen ersuchen. Ab 1916 läutet der Verwaltungsrat die Alarmglocken: Das Institut kann nur überleben, wenn drastische Massnahmen getroffen werden, da das Startkapital sich gefährlich verringert (1920 ist es dann endgültig aufgezehrt). Die *Ecole Toepffer* und das *Maison des grands* müssen, kaum eröffnet, wieder schliessen. Am Ende des Krieges muss das Institut, um seine Schliessung zu vermeiden, neue Allianzen finden; und dies umso dringlicher, da es durch andere Projekte konkurrenziert werden könnte.

Parallele und konkurrierende Projekte von Universität und Erziehungsdepartement (1912–1919)

Während des zweiten Jahrzehnts des 20. Jahrhunderts werden sowohl seitens der Universität als auch des Erziehungsdepartementes Initiativen ergriffen, die gleichermassen eine Reformierung der Strukturen, der Praktiken sowie des Lehrangebots im Bereich Bildung und Erziehung anstreben und eine neue Pädagogik fördern wollen.

Die Erziehungswissenschaft – eine Sozialwissenschaft? (1912–1915)

Anfang des Jahres 1912, als es um die Wahl des Nachfolgers von Duproix geht, bewerben sich lediglich zwei Kandidaten,[15] Jules Dubois und Albert Malche, beide Privatdozenten für Pädagogik an der Fakultät für Geistes- und Sozialwissenschaften. Die Berufungskommission, die aus Vertretern der Universität und des Erziehungsdepartementes besteht, stimmt aufgrund seiner Lehrerfahrung, seiner Titel und seiner Veröffentlichungen für Dubois. Der Staatsrat *(Conseil d'Etat)* übergeht diesen Entscheid und setzt seinen Kandidaten durch: Malche, den Sekretär des Erziehungsdepartementes. Selbst wenn dieser, so die Argumentation, nicht die gewünschten Titel und entsprechenden Publikationen vorweisen könne, sei er doch umfassend mit dem Genfer Schulwesen vertraut und in der Lage, ein streng soziales und empirisches Konzept der Pädagogik zu fördern. Er kann dieses Konzept sogar noch besser fördern, da er am selben Tag (23. März 1912) nicht nur zum Professor für Pädagogik, sondern auch zum Direktor der Genfer Primarschulen *(directeur de l'enseignement primaire)* ernannt wird, um in der Lage zu sein, «das ganze Genfer Schulwesen als Laboratorium zu nutzen».[16] Die Lehrverpflichtung des Lehrstuhls für Pädagogik wird gegen den Willen der Universität zeitweise halbiert, offensichtlich um diese Doppelfunktion zu erleichtern.

Unmittelbar nach seiner Berufung nutzt Malche das Projekt zur Gründung der sechsten Fakultät, der Fakultät für Wirtschafts- und Sozialwissenschaften *(Faculté*

15 Es ist wahrscheinlich, dass der Umstand der Bevorzugung eines Kandidaten durch das Erziehungsdepartement weitere Bewerber abgehalten hat.

16 Archiv der Universität Genf (*Archives de l'Université de Genève;* AUG): 110b/7. Sitzung des Senatsbüros *(Bureau du Sénat)* vom 13. Februar 1912, Protokoll des Senatsbüros; AEG DIP: U1/1 und 3 1985 va 5.3.43 1912. Nominationsschreiben der vorbereitenden Kommission für die Besetzung einer Professur in Pädagogik vom 20.03.1912; AEG DIP: 1985 va 5.3.43 1912. Nomination Malche; vgl. auch *Le Genevois* vom 23.3.1912.

des sciences économiques et sociales), um die Angliederung der Pädagogik an die Sozialwissenschaften vorzuschlagen, da er der Ansicht ist, dass es sich dabei um eine Soziologie der Kindheit und nicht um eine philosophische und spekulative Disziplin handelt. Im Verlauf der polemisch geführten Debatte erheben Geistes- und Sozialwissenschaften gleichermassen Anspruch auf den Lehrstuhl, denn sie sind sich bewusst, dass dieser die Berufsorientierung ihrer Diplome garantiert. Das Gesetz vom 19. Oktober 1912, das die Gründung dieser wirtschafts- und sozialwissenschaftlichen Fakultät vorsieht, geht von der Einbindung des Pädagogiklehrstuhls in diese Fakultät aus. Allerdings kann das Gesetz nicht in Kraft treten, weil es in der Volksabstimmung scheitert.

Als 1915 die wirtschafts- und sozialwissenschaftliche Fakultät doch noch gegründet wird, bleibt der Lehrstuhl für Pädagogik der geisteswissenschaftlichen Fakultät angegliedert, sicher das Ergebnis eines Kompromisses, um die Gründung der neuen Fakultät nicht zu erschweren; aber eigentlich ist die Pädagogik, entsprechend der vom Lehrstuhlinhaber Malche vertretenen Ansicht, von nun an als Disziplin an der Schnittstelle anderer Disziplinen zu verstehen, um gleichermassen deren Entwicklung für eigene Zwecke nutzen und besser auf die neuen Anforderungen der Bildungs- und Erziehungssysteme eingehen zu können.

Unmittelbar danach führt die Fakultät für Geistes- und Sozialwissenschaften ein Lizenziat in Erziehung *(licence mention éducation)* ein, und die Geisteswissenschaften schaffen ein Fähigkeitszeugnis für das Unterrichten an den Sekundarstufen *(certificat d'aptitude à l'enseignement).* Die beiden Diplome, als Reaktion auf soziale Entwicklungen und Forderungen seitens der Berufsverbände geschaffen (insbesondere seitens des Vereins Schweizerischer Gymnasiallehrer *[Société suisse des professeurs de l'enseignement secondaire]*), beziehen die Pädagogik ein und gewährleisten dadurch die Berufsbezogenheit dieser Studiengänge. Malche fordert sogar die Einführung eines Diploms in Pädagogik *(diplôme d'études pédagogiques).* Dazu soll ein pädagogisches Seminar bzw. Institut an der Schnittstelle mehrerer Fakultäten gegründet werden, dem eine Versuchsschule zur Erprobung neuer Methoden angegliedert werden soll. Im Juni 1915 legt Malche ein Konzept für diesen Diplomstudiengang vor, der auf die unterschiedlichen Berufe im Bildungs- und Erziehungsbereich und insbesondere auf die Lehrertätigkeit vorbereiten soll. Hinsichtlich der Prüfungsanforderungen, die gleichzeitig als Programm gelten können, sowie der genannten Zielgruppe und der empirischen Ausrichtung kommt dieses Konzept dem des *Institut Rousseau* sehr nahe; interessanterweise wird aber während des Jahres, das mit der Ausarbeitung dieses Konzepts verstreicht, in keinem der entsprechenden Berichte das *Institut Rousseau* erwähnt, das Malche doch gut kennt, da seine Pädagogikveranstaltungen in dessen Programm aufgeführt werden.[17]

Der Diplomstudiengang und das Projekt eines mehreren Fakultäten angegliederten Instituts werden aus nicht eindeutig rekonstruierbaren Gründen nicht realisiert. Man kann annehmen, dass zu dieser Zeit die akademischen und politischen Instanzen durch den Weltkrieg gezwungen sind, ihre Prioritäten neu zu setzen, und dass der Vorsteher des Erziehungsdepartementes, Rosier, das Projekt vielleicht nicht wirklich unterstützt, sondern die Gründung eines Instituts bevorzugt, das direkt seiner Aufsicht untersteht.

Die Konkurrenzprojekte des Erziehungsdepartementes (1912–1919)

Im gleichen Zeitraum beschäftigt sich tatsächlich auch das Erziehungsdepartement (DIP) mit der Entwicklung von Institutionen im Bereich pädagogischer Forschung und Ausbildung – ohne Konsultation der Universität oder des *Institut Rousseau*. Diese Projekte sind vor allem durch die Notwendigkeit der Lehrerbildungsreform motiviert. Aber auch andere, mit der Verwaltung und Weiterentwicklung des gesamten Bildungssystems verbundene Problemlagen, insbesondere die Kohärenz der Schulorganisation, die Relevanz der Programme, die Anpassung der schulischen Selektionskriterien und -verfahren sowie die Wirksamkeit der Unterrichtsmethoden, tragen dazu bei, dass diese Projekte lanciert werden.

Malche wird als Direktor der Primarschulen und Professor für Pädagogik 1914 vom Vorsteher des DIP, Rosier, mit der Verbesserung der Lehrerbildung beauftragt. Die einzuschlagende Reformrichtung ist eindeutig von der experimentalpsychologischen Kinderforschung und einer sogenannt liberalen Pädagogik beeinflusst: Aufwertung der Interessen des Kindes, Kampf gegen Verbalismus und Enzyklopädismus, weitgehende Orientierung an Resultaten der Sozialwissenschaften auf empirischer Grundlage, insbesondere der empirischen Kinderforschung usw. 1914 werden Versuchsklassen eingerichtet, und ab 1915 werden die Lehrerbildungskurse *(cours normaux)* für Primarlehrer sowie die pädagogischen Sektionen des Gymnasiums *(Collège)* und der Höheren Töchterschule *(Ecole secondaire et supérieure de jeunes filles)* umgestaltet, um die Erkenntnisse der experimentellen Kinderforschung einbeziehen zu können. Vor allem aber zeichnet sich 1918 im Zuge dieser Reformen ein Projekt des DIP zur Einrichtung eines pädagogischen Universitätsinstituts

17 AUG: 1984/20/94. Sitzungsprotokolle der geisteswissenschaftlichen Fakultät, insbesondere der Sitzungen vom 29. Mai sowie vom 7., 12., 19. und 22. Juni 1915.

(Institut universitaire des études pédagogiques) sowie eines Büros für pädagogische Dokumentation und Forschung *(Bureau d'archives et de recherche pédagogique)* ab. Malche übernimmt im Juni 1918 persönlich die Erarbeitung eines Konzepts für das Universitätsinstitut.[18] Die Ideen, das geplante Institut in die universitären Strukturen einzubinden und die Ausbildung aller Lehrerinnen und Lehrer der öffentlichen Schulen in diesem Institut anzusiedeln, ähneln dem Konzept des *Institut Rousseau* sehr. Die beiden Projekte sehen analoge Funktionen, Ansätze, Lehrinhalte und Zielgruppen vor. In beiden Fällen geht es in erster Linie darum, durch die Erweiterung des wissenschaftlichen Wissens über die Kindheit die Lehrerbildung und damit die pädagogische Praxis zu verbessern. Weil zwischen den beiden Institutionen keinerlei Verbindung vorgesehen ist, tritt das Projekt des DIP in Konkurrenz zum *Institut Rousseau.*

Es ist anzunehmen, dass es die politische Ausrichtung der Regierung und insbesondere die Position des Radikalen Rosier war, die das DIP dazu geführt haben, eine neue, vollständig staatlich definierte und in erster Linie den Bedürfnissen des DIP angepasste Institution zu schaffen – ohne die bestehenden Angebote, von denen man sich freilich inspirieren liess, zu berücksichtigen. Dass der Aufbau des *Institut Rousseau* der Grosszügigkeit der alteingesessenen protestantischen Familien zu verdanken ist und die öffentliche Hand lediglich am Rande damit zu tun hat, muss den republikanischen Überzeugungen Rosiers zuwidergelaufen sein. Er strebt im Gegenteil die Erweiterung der staatlichen Gestaltungsmöglichkeiten im Bildungs- und Sozialbereich sowie die Abschaffung jeglicher Form von Privilegien und Korporatismus – auch an den Hochschulen – an, selbst wenn bewährte private Institutionen dadurch Schaden nehmen.[19]

Der Vorsteher des DIP kann das Projekt jedoch nicht umsetzen: Nach den Wahlen im November 1918 übernehmen die Konservativen die Macht in der Republik, und Rosier scheidet aus der Regierung aus. Kurz bevor er das Erziehungsdeparte-

---

18 Zur Unterstützung seiner Argumentation führt er Modelle aus dem Ausland an: aus Deutschland vor allem das deutsche Zentralinstitut für Erziehung und Unterricht in Berlin; aus dem Belgien der Vorkriegszeit die *Groupe de sociologie de l'enfant* des *Institut Solvay* und die *Faculté internationale de pédologie;* aus Italien die den Universitäten angegliederten *Scuole pedagogiche;* aus Frankreich schliesslich das noch im Aufbau befindliche *Institut de pédagogie* in Lyon und das der Primarschule in der Rue Grange-aux-Belles angegliederte *Laboratoire de pédagogie experimentale* von Binet; schliesslich erwähnt er auch das *Institut Rousseau.*

19 Eine detailliertere Begründung dieser Interpretation, die sowohl die retrospektiven Beurteilungen durch die damaligen Protagonisten als auch diejenige der bisherigen historischen Darstellungen infrage stellt, dass nämlich Rosier gegen das Institut und die pädagogische Wissenschaft gewesen sei, findet sich bei Hofstetter (2010, Kapitel 6).

ment verlässt, gelingt es ihm dennoch, eine pädagogische Dokumentations- und Forschungsstelle für das Genfer Schulwesen einzurichten. Die Leitung wird Emmanuel Duvillard* anvertraut, der bereits im Dezember 1918 sein Forschungsprogramm vorstellt: bessere Kenntnis der Ursachen schulischer Leistungsdefizite, ausgehend von der These, dass es sich dabei um soziologisch einzuordnende Diskriminierung handelt; Einrichtung psychologischer Beratung;[20] Verstärkung der psychologischen und wissenschaftlichen Ausbildung der Referendare *(stagiaires);* aktive Beteiligung an den reformpädagogischen Bestrebungen zur Erneuerung der Unterrichtsmethoden. Auch diese Initiativen finden sich allesamt schon im Konzept des *Institut Rousseau,* das Duvillard sehr genau kennt, da er als Mitarbeiter an diesem Institut experimentelle Pädagogik lehrt.

Mit dem Ende des Krieges und dem Wechsel der politischen Mehrheit öffnen sich aber auch für das *Institut Rousseau* neue Perspektiven.

Synergiebildungen begünstigen die Anerkennung des *Institut Rousseau* (1919–1929)

Als Genf nach Kriegsende international eine immer wichtigere Rolle zu spielen beginnt,[21] scheint die Gelegenheit zur Wiederaufnahme der Initiativen zur Rettung des von Insolvenz bedrohten *Institut Rousseau* günstig und der Moment gekommen zu sein, das disziplinäre Feld mit nun vereinten Kräften weiterzuentwickeln. Das Engagement einer kleinen Gruppe von entschlossenen und einflussreichen Akteuren, die gleichzeitig Schlüsselpositionen in unterschiedlichen Instanzen und Netzwerken innehaben, begünstigt ein immer engeres Zusammenwirken auf lokaler wie auf internationaler Ebene, das für die Erweiterung der Basis des disziplinären Feldes und die Annäherung des Instituts an die offiziellen Institutionen vorteilhaft ist.

---

20 «Um sich genauen Einblick in die Fortschritte der am wenigsten begabten Kinder und die Wirksamkeit der bei ihnen angewandten Lehrmethoden zu verschaffen» (AEG DIP: DIP 5.3.92 1918 EP 1/1. Brief von Duvillard an den Direktor der Primarschulen vom 12. Dezember 1918; Übersetzung RH).

21 Eben zu dieser Zeit verändert sich die politische Konstellation des Kantons Genf zugunsten der Konservativen (Guichonnet, 1974/1986). Die Ablösung Rosiers durch den Demokraten Mussard wird vom *Institut Rousseau* insofern positiv aufgenommen, als der neue Leiter des DIP dort eine Zusammenarbeit vorsieht, wo die gross angelegten pädagogischen Projekte Rosiers (z. B. sein Plan zur Einrichtung eines Universitätsinstituts für Pädagogik) die Eigenständigkeit und damit die Existenz des Instituts hätten gefährden können.

Lösungen durch Ausgleich (1919–1920)

Unter der Schirmherrschaft des neuen Vorstehers des DIP, des Konservativen Jules Mussard, definiert Malche – der immer noch gleichzeitig Professor für Pädagogik an der Universität, Direktor des kantonalen Primarschulwesens und Mitarbeiter des *Institut Rousseau* ist – seine Strategie und seine Allianzen neu mit dem Ziel, ein Universitätsinstitut für Pädagogik zu gründen. Gegenüber den offiziellen Instanzen tritt er weiterhin als Antragsteller und Verhandlungsführer auf. Allerdings geht es jetzt darum, den möglichen Beitrag des *Institut Rousseau* – dessen materiell prekäre Situation Malche ebenso kennt wie seinen guten internationalen Ruf – mit in die zahlreichen Verhandlungen einzubeziehen, und nicht mehr darum, mit ihm zu konkurrieren.

1919 erreicht er, dass die Universität über ein Gutachten befindet, das die Angliederung des *Institut Rousseau* an die geisteswissenschaftliche Fakultät vorschlägt; dieses Projekt soll gleichermassen der Stärkung der akademischen Basis der Erziehungswissenschaften, der Verbesserung der Lehrerbildung durch ihre Einbindung in die Universität[22] und der Anerkennung des Instituts dienen, wobei die drei Gründe intrinsisch miteinander verknüpft sind:

> *Es ist nicht zu leugnen, dass wir eine schnelle Entwicklung im Bereich der Bildung und Erziehung miterleben. Durch die Fortschritte der Pädagogik werden die* a priori *von der Philosophie abgeleiteten Systeme überall durch wissenschaftlichere, fachgerecht begründete Ansätze ersetzt, und man kann sagen, dass vor unseren Augen eine Erziehungswissenschaft entsteht. Die Pädologie existiert. Die experimentelle Pädagogik existiert. […]*
> *So wie aus dem Dorfbarbier mit der Zeit der moderne Chirurg geworden ist, der zehn oder fünfzehn Semester Medizin studiert hat, so muss auch der moderne Erzieher zum akademischen Bürger werden. Der Schulmeister klopft an die Tür der Universität und verlangt nach der Wissenschaft, die er braucht. Man muss ihm diesen Zugang öffnen – er wird ihm überall geöffnet. In den letzten zehn Jahren sind an zehn Universitäten pädagogische Seminare, Laboratorien oder Gruppen zur Erforschung des Kindesalters eingerichtet worden. […]*
> *Die Ereignisse unserer Zeit führen uns die gesellschaftliche Bedeutung der Leistungen guter Bildung und Erziehung vor Augen. Die Ausbildung von hochklassigen Lehrern*

22 Aufgrund der Bemühungen Malches beinhaltet die Ausbildung für Anwärter auf den Primarschuldienst im ersten Jahr Kurse im Umfang von 10 Stunden an der Universität und am *Institut Rousseau*. Diese Kurse umfassen Psychologie, experimentelle Pädagogik, allgemeine Pädagogik und Didaktik. Neben der Einbindung der Primarlehrerausbildung in die Universität geht es auch darum, die Einheitsschule und die einheitliche Ausbildung aller Lehrkategorien zu fördern.

und Erziehern ist eine der vordringlichsten Aufgaben einer modernen Demokratie. [...] Man kann sich keine bessere Werbung für den guten Ruf Genfs vorstellen, dessen Aushängeschild die Universität ist. Lassen wir uns nicht dieser Initiative berauben, die, wie wir behaupten möchten, nirgends so gut Erfolge zeigen könnte wie bei uns.[23]

Trotz der einstimmigen Unterstützung durch alle akademischen Instanzen wird das Projekt nicht in dieser Form realisiert. Im Staatsrat entsteht Widerstand gegen neue Ausgaben wegen der defizitären öffentlichen Finanzen, aber auch, und dies erstmals, wegen der möglichen Übertragung des liberalen Geistes des *Institut Rousseau* auf das gesamte Genfer Schulwesen.

Um das Institut zu retten und zu verhindern, dass der Institutsleiter Bovet an die Universität Basel wechselt, die ihm eine Professur für Pädagogik und Philosophie angeboten hat (vgl. Kapitel 3 zu Basel in diesem Band), schlägt die Genfer geisteswissenschaftliche Fakultät seine Berufung an die Universität und damit die Verdoppelung des Lehrstuhls für Pädagogik vor, eine Idee, die von Malche als Lehrstuhlinhaber rückhaltlos unterstützt wird:

Die Erziehungswissenschaft macht bedeutende Fortschritte, ihre Situation kann mit der Psychologie vor gut dreissig Jahren verglichen werden. Die Forschungsfragen werden präziser und betreffen relevante Punkte. Es handelt sich dabei nicht um [fromme Wünsche] oder [gelehrsames Forschen], sondern um eine wissenschaftliche Disziplin mit eigenen Methoden und Zielen. Es gibt also noch viel zu tun. [...]
Bei der Zusammenarbeit in der Lehre geht es nicht darum, zwei Lehrstühlen ex cathedra *verschiedene Bereiche zuzuordnen, sondern um Laborpraktiken. Die Gründung eines Universitätsinstituts ist zwingend. Die praxisbezogene Arbeit wird mit der Berufung Herrn Bovets verstärkt und er wird durch Experimentieren Forschungsmethoden und -techniken verbessern. Wir werden Psycho-Pädagogik betreiben, und die Lehrer werden sich in der Ausbildung mit den Kindern befassen, die sie später unterrichten. Wir werden eine Genfer Schule für Bildung und Erziehung haben, die im Einklang mit*

23 Das Gutachten ist unterzeichnet von A. Malche, P. Oltramare und Ch. Seitz von der geisteswissenschaftlichen Fakultät (AUG: IB1/47. Der geisteswissenschaftlichen Fakultät von der Kommission zur Prüfung der Einrichtung eines pädagogischen Instituts vorgelegtes Gutachten, 1919, S. 1–3/17; Übersetzung RH).

> *unseren nationalen Traditionen steht. Anderswo wird bereits – mit wesentlich mehr Forschungsmitteln – daran gearbeitet, in Brüssel, in Berlin. [...] Zwei Männer zu haben, die ihre ganze Kraft dieser Arbeit widmen, wird sicher nicht zu viel sein.*[24]

Dank der Unterstützung aller Instanzen wird Bovet am 1. April 1920 zum Professor für *Erziehungswissenschaft und experimentelle Pädagogik (science de l'éducation et pédagogie expérimentale)* berufen.[25] Genf ist damit die erste Universität in der Schweiz, die über zwei ordentliche Lehrstühle für Pädagogik bzw. Erziehungswissenschaften verfügt. Im Frühjahr desselben Jahres erhält das Institut die Zusage einer staatlichen Subvention als Gegenleistung für seine nun offizielle Beteiligung an der theoretischen Ausbildung der Primarlehrer. Zudem werden die Lehrveranstaltungen des Instituts nun auch im Vorlesungsverzeichnis der Universität aufgeführt.

Da diese Massnahmen zur Sicherung des Fortbestandes des Instituts noch immer nicht ausreichen, wetteifern eine ganze Reihe von Protagonisten darum, neue Wege und andere Allianzen zu finden, die dem Institut zu einer neuen ökonomischen Grundlage und einer neuen internationalen Bestimmung verhelfen sollen.

Lokale und internationale Synergiebildungen (1920–1929)

Die Aufbruchstimmung der Nachkriegszeit und der in Genf herrschende «internationale Geist» führen dazu, dass das *Institut Rousseau* während der gesamten 1920er-Jahre immer mehr Unterstützung aus den unterschiedlichsten Lagern findet. In erster Linie ist die Unterstützung durch die Primarlehrer zu nennen, die es dem Institut ermöglicht, seine ökonomische Grundlage neu zu definieren und sein Budget auszugleichen.

Am 25. Juni 1921 kommt es zur Gründung eines Vereins der Freunde des *Institut J.-J. Rousseau (Association des amis de l'Institut J.-J. Rousseau),* in dem sich Lehrerverbände und ehemalige Studenten zusammenfinden. Dieser Verein verwaltet

24 AEG DIP: 5.3.11, Geisteswissenschaftliche Fakultät *(Faculté des lettres),* Primarunterricht *(Enseignement primaire)* 1/1. Sitzungsprotokoll der Berufungskommission *(commission de préavis)* vom 23. Februar 1920; Übersetzung RH.

25 Sämtliche Instanzen einigen sich schnell auf diese Berufung. Sie ermöglicht die Rettung des Instituts – der Institutsleiter kann in Genf bleiben, und ein Teil der Kosten des Instituts wird übernommen – und trägt zu seiner Anerkennung bei, indem durch die Ernennung des Institutsleiters zum Professor die Verbindung zur Universität gestärkt wird. Für eine eigene Definition des Lehrstuhls vgl. Bovet (1921).

und subventioniert künftig das Institut. Es wird von einem dynamischen Netzwerk von Praktikern und Freunden unterstützt, das sich um die Verbreitung seiner Ideen kümmert. Im Gegenzug sorgen die wichtigsten Akteure des Instituts – Bovet, Claparède, Alice Descœudres*, Emmanuel Duvillard, Adolphe Ferrière und schliesslich Jean Piaget* –, parallel zu den am Institut und an der Universität durchgeführten Lehrveranstaltungen und Forschungsarbeiten, für eine dichte Folge von Aktivitäten bei den in der Praxis Tätigen: pädagogische Wochen, Ferienkurse, Konferenzen und sogar Praxisberatungen folgen rasch aufeinander, wirken weit über Kantons- und Bundesstaatsgrenzen hinaus und tragen so zur Bekanntheit und zur breiten Abstützung des Instituts bei. Dies wird insbesondere durch die starke Zunahme der Anzahl Studierender belegt (ab 1925 waren es fast hundert), deren geografische Herkunft sich ständig erweitert.

Diese Popularität, zu der die Reformpädagogik der Nachkriegszeit ihren Teil beiträgt, begünstigt die Anerkennung des Instituts auf lokaler Ebene: zunächst seitens der Verwaltung, die ihm eine jährliche Subvention bewilligt und ihm dafür einen Teil der theoretischen Ausbildung der Primarlehrer überträgt; dann seitens der Universität, die 1922 das pädagogische Zertifikat *(certificat de pédagogie)* und 1925 die Fachrichtung «Pädagogik» für die Promotion einführt, wodurch es den Diplomierten des Instituts möglich wird, ihre hier erbrachten Leistungen beim Erwerb des Lizenziats und der Promotion anerkannt zu bekommen. Zudem werden die Verbindungen zum Laboratorium für Psychologie enger, was insbesondere Piaget zu verdanken ist, der in der Funktion eines wissenschaftlichen Leiters ab 1921 seine Forschungsarbeiten am *Institut Rousseau* durchführt.

Die Popularität wirkt sich auch auf die internationale Ausstrahlung des Instituts aus, vor allem aufgrund der zahlreichen dort entstandenen Arbeiten und Publikationen. In den 1920er-Jahren organisieren die Mitarbeitenden des Instituts eine ständig wachsende Zahl von Kongressen, Konferenzen und Reisen und tragen so zum Aufbau und zur Verfestigung internationaler Netzwerke bei,[26] 1923 richtet das Institut durch die Angliederung des von Ferrière geleiteten *Bureau international des écoles nouvelles* seinen internationalen Beratungsdienst *(Service de renseignements internationaux)* ein. Trotz der steigender Teilnehmerzahl und wachsendem inter-

26 1920: Organisation des Internationalen Kongresses für Psychotechnik *(Congrès international de psychotechnique);* 1922: Organisation des Internationalen Kongresses für Moralerziehung *(Congrès international d'Education morale)* und des Kongresses für Esperantounterricht an den Schulen; 1921: aktive Beteiligung am Weltbund für die Erneuerung der Erziehung *(Ligue internationale de l'Education nouvelle* bzw. *New Education Fellowship)* seit dessen Gründung usw.

nationalem Ruf sind der Entwicklung des Instituts aufgrund materieller Beschränkungen aber Grenzen gesetzt.

Unerwartete Hilfe kommt aus Amerika: Ab dem Winter 1925 gewährt die Stiftung *Laura Spelman Rockefeller Memorial*[27] dem Institut eine Subvention in gleicher Höhe wie die bereits bestehenden Subventionen (die Obergrenze ist dabei auf 25000 Franken festgesetzt). Daraufhin richtet das Institut sofort die Stelle des wissenschaftlichen Leiters wieder ein (die aus finanziellen Gründen gestrichen worden war[28]), verdoppelt das damals sehr bescheidene Gehalt der Mitarbeitenden, stellt zusätzliche Assistierende ein, übernimmt die Miete des Labors für Psychologie und nimmt die Realisierung eines Projekts in Angriff, das seit Langem im Kreis derjenigen heranreift, die das Institut als ihren Mittelpunkt sehen: die Gründung des *Bureau international d'éducation* (BIE).

Mit Unterstützung der Schweizerischen Vereinigung für den Völkerbund und eines Initiativkomitees (dem über 50 Persönlichkeiten unter der Schirmherrschaft Albert Einsteins und des Direktors des Internationalen Arbeitsamtes *[Bureau international du travail]* angehören) findet 1926 die Gründung des BIE durch das Institut statt.[29] Seine Verwaltung wird in die Hände eines Verwaltungsrats gelegt, die Leitung übernimmt der Institutsdirektor Bovet selbst; Ferrière und Elisabeth Rotten werden zu Vizedirektoren ernannt. Die explizite Aufgabe des BIE besteht gleichermassen in der Förderung der Dokumentation und Forschung im Bereich Bildung und Erziehung und der Schulreformen. Es soll die intellektuelle Zusammenarbeit auf internationaler Ebene fördern und als Sammelpunkt für die unzähligen Institutionen fungieren, die weltweit im Dienst derselben Sache tätig sind. Um diese Ziele zu erreichen, investieren die Vertreter des BIE und des *Institut Rousseau* sämtliche ihrer Kräfte in die Organisation internationaler Kongresse und Netzwerke.[30]

27 Diese Stiftung widmet sich der Förderung des Wissens über das Kindesalter; ihr Ziel ist die Gründung von Forschungsgruppen zur Kinderforschung, die sich sowohl an die Eltern als auch an die in Bildungs- und Erziehungsberufen Tätigen richtet. Ausserdem werden Institutionen, die auf pädagogische Forschung spezialisiert sind, gefördert und unterstützt.

28 Der Staat Genf befindet sich zu dieser Zeit in einer Krise und stellt die Subvention des Instituts sowie die Finanzierung zweier ihm angeschlossenen Institutionen, des Labors für Psychologie *(Laboratoire de psychologie)* und des *Maison des petits,* infrage.

29 Die neue Institution wird vom *Institut Rousseau* mit jährlich 12000 (später 15000) Franken sowie über Mitgliederbeiträge finanziert.

30 1926: *Conférence internationale de l'enseignement secondaire* und *Journées éducatives de l'Union internationale des associations pour la Société des Nations* in Genf; 1927: Kongress des Weltbundes für die Erneuerung der Erziehung in Locarno; 1928: Kongress über Bilingualität, organisiert vom BIE in Luxemburg; 1929: Kongress der *World Federation of Education Associations* in Genf.

Ist dieses Vorhaben nicht zu ehrgeizig? Die finanzielle Situation der Institution ist von Anfang an schwierig und zieht offensichtlich die personellen und finanziellen Mittel des *Institut Rousseau* in Mitleidenschaft. 1929 wird anlässlich des vom Institut und vom BIE in Genf organisierten III. Kongresses der *World Federation of Education Associations* die Lage kritisch. Auch wird auf der dritten Hauptversammlung der *Association du Bureau International d'Education* am 25. Juli 1929 der Verein aufgelöst und ein neues BIE ins Leben gerufen, das als intergouvernementale Institution konzipiert ist (Magnin, 2002). Die Leitung wird zwei jungen Mitarbeitern des Instituts (das sich als Institution nicht mehr direkt einschaltet) anvertraut, Pedro Rosselló* und Jean Piaget, die diese Funktion dann fast vierzig Jahre lang wahrnehmen.

Die Neugestaltung der Beziehungen zwischen BIE und *Institut Rousseau* erfolgt gleichzeitig wie die Umgestaltung des Instituts selbst, mit der seine Anbindung an die Universität in einer Zeit ermöglicht wird, in der die Lehrerbildung zum wiederholten Mal geändert wird.[31] Die Wahl des Pädagogikprofessors und vehementen Verteidigers des Instituts, Malche, an die Spitze des DIP, erleichtert die Neuorganisation ab Herbst 1927. Im Februar 1929 wird die Angliederungsvereinbarung unterzeichnet und das Institut vor dem Ruin bewahrt. Diese Anbindung kann auch als Anerkennung des *Institut Rousseau* und des disziplinären Feldes interpretiert werden – und das ständig wachsende nationale und internationale Publikum begünstigt weiterhin seine lokale Anerkennung.

Auf dem Weg zu einer vollständigen akademischen Anerkennung der Erziehungswissenschaften als disziplinäres Feld (1929–1948)

Die Vereinbarung zur Angliederung des Instituts an die Universität symbolisiert das Ende eines Prozesses und ist der Anfang einer neuen institutionellen Dynamik. Die Unterzeichnung bildet somit ein Schlüsseldatum für unsere Periodisierung der Geschichte des *Institut Rousseau* und, im weiteren Sinne, der Entwicklung des disziplinären Feldes der Erziehungswissenschaften in Genf, dessen Konkretisierung letztlich mehr Zeit und Energie erfordert hat als zunächst angenommen.

31 Seit 1927 ist die Lehrerbildung der Universität angegliedert, und seit 1928 steht ihr mit der *Ecole du Mail* eine eigene Übungsschule *(école expérimentale)* zur Verfügung.

Die Zeit der Leidenschaften: Der Streit zwischen Alten und Jungen (1929–1933)

Bei der Erarbeitung der Grundlagen für die Angliederung scheinen DIP, Universität und Institut sich vollständig über die Grundsätze der Vereinbarung einig zu sein: Die theoretische Lehrerbildung wird im universitären Rahmen durchgeführt und die Verantwortung dafür hat das nun ebenfalls der Universität angegliederte *Institut Rousseau.* Dadurch erhält das Institut einen offiziellen Charakter, bewahrt aber seine administrative, finanzielle und pädagogische Autonomie weitgehend.

Es zeigt sich jedoch, dass die Implikationen dieser Angliederung von Anfang an umstritten sind. Am Übergang in die 1930er-Jahre beginnt eine Periode der Konflikte, die durch einen extrem sensiblen sozioökonomischen und politischen Kontext verstärkt werden, der das finanzielle Überleben des Instituts gefährdet. Angesichts der öffentlichen Defizite stellt die neue politische Mehrheit die staatliche Subvention infrage, obwohl diese Subvention jetzt lediglich die Gegenleistung für die Dienste darstellt, die im Auftrag des DIP erbracht werden.

Diese Periode der Turbulenz (Vidal, 1988) bringt vor allem die grundlegenden internen Differenzen hinsichtlich der tatsächlichen Definition des Mandats sowie der Identität und des Status des Instituts, also der grundlegenden Positionierung im disziplinären Feld, zutage. Diese Differenzen, die durch politische Turbulenzen noch verstärkt werden, führen zu Auseinandersetzungen zwischen den Alten (Bovet und vor allem Claparède, die von verschiedenen Mitarbeitenden und Studierenden des Instituts unterstützt werden und denen sich ihre Gesprächspartner im Primarschulbereich anschliessen) und den Neuen (Piaget und Dottrens*, die von ihren Gesprächspartnern an der Universität unterstützt werden). Für Erstere muss das Institut sich entsprechend seiner neuen Verortung in der Universität und der an ihm geübten Kritik umstellen. Diese Umstellungen sollten jedoch bescheiden bleiben und Schritt für Schritt vollzogen werden, um den «eigentlichen Geist des Hauses», die massgeblichen Kontakte zur pädagogischen Praxis und die Propagandatätigkeit für die reformpädagogische Bewegung aufrechterhalten zu können, denen das Institut seine Leistungsfähigkeit und seinen grossen Wirkungskreis verdankt. Bei der zweiten Gruppe handelt es sich dagegen um Verfechter eines schnellen und grundlegenden Wandels, die explizit eine wissenschaftlichere Orientierung des Instituts fordern und die Propagandatätigkeit als zweitrangig erachten. Der zuletzt genannte Kurs setzt sich schliesslich im 1932–1933 mühsam erarbeiteten «Kompromiss» durch und findet einen symbolischen Niederschlag in der neuen Bezeichnung der Einrichtung: Universitätsinstitut für Erziehungswissenschaften *(Institut universitaire des sciences de l'éducation)* – der Name Rousseaus ist im Untertitel erwähnt.

Die Leitung des Instituts wird ab jetzt einem Triumvirat anvertraut: Bovet ist für pädagogische Fragen zuständig, Claparède für die Psychologie, und Piaget kümmert sich um die Verwaltung. Dadurch ist es möglich, die Restrukturierung in die Wege zu leiten, ohne Bovet mit der Ausführung zu beauftragen. Piaget, der nun eine Schlüsselrolle innehat, verkörpert den Richtungswechsel und den Nachwuchs, der auf eine neue Konzeption des Instituts und der wissenschaftlichen Forschung ausgerichtet ist.

Die 1930er-Jahre sind von einer Professionalisierung der wissenschaftlichen Forschung geprägt, die in disziplinäre Spezialisierungen mündet. Die bis dahin eng verbundenen Fächer Pädagogik und Psychologie lösen sich langsam voneinander und bilden disziplinäre Unterschiede heraus, die sich nach und nach institutionell festigen: auf der Ebene der Institutsleitung, auf der Ebene der Ausbildung, auf der Ebene der Dienstleistungen und Aktivitäten des Instituts, auf der Ebene der Investitionen der Mitarbeitenden und Studierenden und auf der Ebene der Publikationen und der editorischen Tätigkeiten des Instituts.

Zunehmende Professionalisierung und Disziplinenbildung

Die staatliche und akademische Anerkennung des Instituts für Erziehungswissenschaften ist eng mit dem Umstand verbunden, dass ihm 1929 vom DIP offiziell die Zuständigkeit für die theoretische Ausbildung der Primar- und auch der Sekundarlehrer übertragen wird; diese Entscheidung ist Teil des Professionalisierungsprozesses: Von Lehrerinnen und Lehren wird eine breite Allgemeinbildung und ein umfassendes berufliches Wissen erwartet, das die Universität und die Erziehungswissenschaften zur Verfügung stellen könnten.

Die Ausbildungsgänge für Primar- und Sekundarlehrer sind zu dieser Zeit vollkommen differenziert und vermitteln unterschiedliche praktische, pädagogische oder professionelle Fertigkeiten und unterschiedliche disziplinäre oder wissenschaftliche Kenntnisse. Die Herausforderung, den Erziehungswissenschaften die theoretische und berufsbezogene Lehrerbildung zu übertragen, stellt an sie höchst unterschiedliche Ansprüche, je nachdem, ob es sich um die Ausbildung von Primarlehrern handelt, deren Referenzfeld zunehmend die Erziehungswissenschaften bilden, oder um die Ausbildung von Sekundarlehrern, deren in den einzelnen Wissenschaftsdisziplinen erworbene Diplome die Ausbildung bescheinigen und bei denen der Nachweis über das Wissens, das man unterrichtet, weit wichtiger ist als der Nachweis über das Wissen, wie man unterrichtet.

Die Institutionalisierung sowohl der Primar- als auch der Sekundarlehrerausbildung, beides in den 1930er- und 1940er-Jahren umgesetzt und letztlich Teil desselben Professionalisierungsprozesses, ist sehr unterschiedlich ausgeprägt und bestimmt die Entwicklung der Erziehungswissenschaften nachhaltig. Von den Erziehungswissenschaften wird einerseits ein immer substanziellerer Beitrag zur professionellen Ausbildung der Primarlehrer erwartet: Seit 1933 sind sie für ein ganzes Jahr der neuen, dreijährigen Ausbildung zuständig (Dottrens, 1933a). Die *Ecole expérimentale du Mail* (1928) unter der Leitung von Dottrens, der auch Direktionsmitglied des Instituts ist, wird als Übungsschule geführt (1944 wird ihr das Labor für experimentelle Pädagogik angeschlossen). Das nun staatliche *Maison des petits* nimmt entsprechende Funktionen in der Ausbildung für die Kleinkindererziehung wahr. Andererseits werden die Erziehungswissenschaften nach mühseligen Verhandlungen letztlich aus der Sekundarlehrerausbildung hinausgedrängt. Diese wird 1940 der Profession und der Bildungsadministration übertragen – und findet im Wesentlichen ausserhalb der Universität statt.

Diese Entwicklungen sind in Verbindung mit den akademischen Restrukturierungen der 1930er-Jahre für die Lehre und die Diplomanforderungen des Instituts, darüber hinaus aber auch für die Genfer Erziehungswissenschaften ganz allgemein richtungsweisend. Um die Studierendenzahlen zu stabilisieren und zu erhöhen, werden die Diplomanforderungen berufsbezogener und differenzierter ausgestaltet. Die auf pädagogische Berufe ausgerichteten Diplome, die hauptsächlich ein weibliches Publikum anziehen, folgen weiterhin einer grösstenteils praktischen Logik und führen nicht zwangsläufig zu «akademischen Weihen», sondern zu Spezialdiplomen des Instituts. Die Ausbildung in Psychologie, die ein neues Publikum anzieht, das sich für neue, im Entstehen begriffene Berufsmöglichkeiten interessiert, ist stark wissenschaftsorientiert und universitär anerkannt, obwohl auch sie mit einer berufsorientierten Dimension versehen ist. Dies zeigt die Schaffung eines Diplomstudiengangs für angewandte Psychologie *(psychologie appliquée)* 1937: Dieser Studiengang bereitet zwar auf neue psychologische Berufe – insbesondere Berufsberatung Schulpsychologie – vor, vermittelt jedoch in erster Linie wissenschaftliche, psychologische Inhalte und umfasst kein Lehrangebot in Pädagogik.

Auf dem Weg zu einem interfakultären Institut für Erziehungswissenschaften mit Schwerpunkt Kinderpsychologie

Auch nach seiner Restrukturierung und Anbindung an die Universität bleibt das Institut von externen Mitteln abhängig, da in der Vereinbarung die administrative und finanzielle Autonomie beibehalten wurde. Die Verringerung und anschliessende Aufhebung der Rockefeller-Subvention sowie der Zweite Weltkrieg, der eine Verminderung der Studierendenzahlen bewirkt, gefährden erneut seinen Fortbestand. Am Kriegsende ist das Institut «ausgeblutet», obwohl sein guter Ruf weiterbesteht. Es steht ohne seine beiden Gründer da, nachdem Claparède 1940 gestorben und Bovet 1944 in den Ruhestand getreten ist (Dottrens wird Lehrbeauftragter und ersetzt Bovet, allerdings ohne dessen Lehrstuhl zu übernehmen).

Ab 1946 wenden sich die Leiter des Instituts zu dessen Rettung und Weiterentwicklung wiederum an die offiziellen Instanzen, da die Zeit – hinsichtlich der politischen und finanziellen Situation des Kantons – für neue Investitionen günstig und auch die Universität auf dem Weg der Weiterentwicklung und Professionalisierung ist. In hartnäckigen Verhandlungen, die von den Vertretern der neuen Generation, Piaget und Dottrens, seit 1944 Mitdirektoren des Instituts, geführt werden, nimmt das Projekt, dem Institut und damit seinen Studiengängen und Mitarbeitenden volle akademische Anerkennung zu verleihen, Gestalt an. Von den vielen für das Projekt vorgebrachten Argumenten sind zwei, die eng miteinander verbunden sind, ausschlaggebend: die Lehrerbildung und die internationale Bedeutung des Instituts.

Die Frage der Lehrerbildung ist entscheidend, da sich die berufliche Qualifizierung in einer Zeit der Expansion der Bildungssysteme als zentral erweist. Die Notwendigkeit einer vollständigen akademischen Trägerschaft der Ausbildung und damit auch des Instituts scheint alle Parteien zu einen. Sie sind offensichtlich vom wohltuenden Wirken der Universität bei der Heranbildung von «freien Geistern und Spezialisten» überzeugt, die «über die wesentlichen Kenntnisse in ihrem Beruf verfügen».[32] Das finanzielle Argument trägt ebenfalls zur Einigung bei, da eine vollständige Anbindung des Instituts an die Universität weniger kostenaufwendig ist als eine durch eine spezielle Institution getragene theoretische Ausbildung.

Der internationale Ruf des Instituts wird immer wieder hervorgehoben: Es sei europaweit einmalig und trage zur internationalen Wertschätzung Genfs bei. Die Exponenten des Instituts verweisen auf die Konkurrenz zwischen den Universitäten und die offensichtlichen Risiken einer regionalen Verlagerung des Instituts oder

32 AUG: 1984/16/1. Bericht über die vollständige Anbindung des Instituts für Erziehungswissenschaften an die Universität vom 23. September 1947; Übersetzung RH.

eines Exodus seines «Führungsstabes».[33] Durch die Veränderungen der Bildungs- und Erziehungssysteme entstünden neue Bedürfnisse und Zukunftsperspektiven, und Genf, so wird betont, müsse Avantgarde der Bewegung bleiben:

> *Genf, unsere Stadt, war eine der ersten bei der Schaffung eines pädagogischen Hochschulzentrums, das sich schnell einen guten Ruf erworben hat. Das von Edouard Claparède und Pierre Bovet gegründete Institut ist zum Vorbild für viele geworden, die sich in verschiedenen Ländern neu formieren und uns sogar voraus sind, da man woanders bereits Lizenziate und Promotionen in Pädagogik erteilt, was in Genf noch nicht der Fall ist. Unsere Stadt, Ort internationaler, vom* Bureau international d'éducation *organisierter Konferenzen über das öffentliche Unterrichtswesen, bleibt dennoch weiterhin ein bedeutendes und attraktives Zentrum. Wir glauben, dass es zum Nutzen unserer Stadt, unserer Universität und all unserer Schulen ist, wenn das Institut so schnell wie möglich eine universitäre Einrichtung wird, die sämtlichen Bedürfnissen der Studierenden aus dem In- und Ausland entspricht.*[34]

Der Vorschlag eines interfakultären Instituts findet die unmittelbare Zustimmung der akademischen und politischen Instanzen sowie der Vertreter des Instituts. Die Anbindung wird im Februar 1948 beschlossen und sofort umgesetzt.

Das Institut behält dabei weitgehende Autonomie bei gleichzeitiger Einräumung (fast) aller Rechte, die mit der Integration in die Universität verbunden sind: Budgetsicherheit, akademischer Status der Mitarbeitenden, deren Ernennung nach dem klassischen universitären Prozedere erfolgt, sowie insbesondere: die Möglichkeit, akademische Titel zu verleihen. Die Kontrolle durch eine interfakultäre Kommission und das Senatsbüro *(Bureau du Sénat)* lässt relativ weitgehende Freiheiten bezüglich Personalpolitik, Studienplänen und Arbeitsweise. Durch die Einrichtung eines interfakultären Instituts erhalten die neu in der Kommission vertretenen Fakultäten (Naturwissenschaften, Wirtschafts- und Sozialwissenschaften, Medizin) – und damit auch die von ihnen vertretenen Disziplinen – denselben Status wie die Geisteswissenschaften und sorgen für den pluridisziplinären Referenzrahmen für die Erziehungswissenschaften. In den Studiengängen bestätigt sich die Trennung von Pädagogik und Psychologie, allerdings nach einer asymmetrischen Logik:

---

33 Dies ist in mehreren Briefen der beunruhigten Direktoren belegt (AUG: 1984/16/1). Das Institut hat tatsächlich Angebote erhalten, sich andernorts zu etablieren.

34 AUG: 1984/16/1. Brief von Dottrens, Piaget und Rosselló an den Vorsteher des DIP, Albert Picot vom 20. März 1947, S. 3; Übersetzung RH. Rosselló ist damals für die Verwaltung des Instituts zuständig.

Der immer häufiger gewählte Diplomstudiengang Psychologie weist eine wesentlich höhere disziplinäre Spezialisierung auf, die sich aus der innerdisziplinären Differenzierung und starken wissenschaftlichen Ausrichtung ergibt. Der Studiengang Pädagogik ist dagegen deutlich pluridisziplinär und praxisorientiert ausgerichtet (die Forschung spielt eine geringere Rolle), vor allem im Bereich der nicht akademischen Spezialdiplome *(diplômes spéciaux)*. Bei diesen nicht akademischen Diplomen liegt der Schwerpunkt im Wesentlichen auf der Pädagogik. Auf gewisse Weise reproduziert sich im Studium der «Pädagogik» ihre pluridisziplinäre Dimension, die das eigentliche Erbe des Instituts darstellt. Offensichtlich ist aus den Erziehungswissenschaften die Disziplin Psychologie hervorgegangen, die nach und nach autonom wird und, obwohl noch immer am Institut für Erziehungswissenschaften angesiedelt, ihren eigenen Weg geht. Aber trotz der wachsenden Autonomie und der weltweiten wissenschaftlichen Anerkennung wird in Psychologie kein eigener akademischer Titel verliehen. Das Studium in Psychologie wird nach wie vor unter dem Titel «Erziehungswissenschaften, Schwerpunkt Psychologie» abgeschlossen.

Coda

Mit der Anerkennung als fakultätsübergreifendes Institut ist ein starker institutioneller Entwicklungsschub verbunden (Piaget, 1959): Zum Studienbeginn 1948 werden (zusätzlich zum Lehrstuhl und zum Lehrauftrag in Pädagogik der geisteswissenschaftlichen Fakultät und zum Lehrstuhl für Psychologie der naturwissenschaftlichen Fakultät) vier neue Lehrstühle für Mitarbeitende des Instituts geschaffen:

- Kinderpsychologie *(Psychologie de l'enfant)* (Bärbel Inhelder*);
- Angewandte Psychologie *(Psychologie appliquée)* (André Rey*);
- Motorik und sensomotorische Funktionen *(Motricité et fonctions sensori-motrices)* (Marc Lambercier*);
- vergleichende Pädagogik *(Education comparée)* (Pedro Rosselló).

Das Ungleichgewicht zwischen Psychologie und Pädagogik ist offenkundig: Es gibt zwei Professuren in Pädagogik und vier in Psychologie. Zwar wird diese ungleiche Gewichtung teilweise durch die grosse Zahl von Lehrbeauftragten in Pädagogik[35] ausgeglichen, dabei handelt es sich aber vor allem um Stellen in der Lehre.

---

35 Insbesondere in den Bereichen Kinderschutz (*Protection de l'enfant;* Marguerite Loosli-Usteri, 2h), Pädagogik und Psychologie des Kleinkindalters (*Pédagogie et psychologie de la*

Schliesslich sei noch erwähnt, dass nach der 1952 erfolgten Demission von Malche die beiden Stellen für Pädagogik zu einem einzigen Lehrstuhl zusammengefasst werden, den Dottrens erhält.[36] Dottrens ist der erste Professor für Pädagogik an der Universität Genf und auch der erste Professor aller Schweizer Universitäten, der bei seiner Berufung einen akademischen Abschluss in Erziehungswissenschaften (ein 1922 am Institut erworbenes Diplom), eine Dissertation mit pädagogischer Fragestellung und Publikationen zu Bildungs- und Erziehungsfragen vorweisen kann und somit, anders ausgedrückt, eine vollständige akademische Sozialisation in Erziehungswissenschaften aufweist – eine Bedingung für die Spezialisierung und Professionalisierung eines disziplinären Feldes.[37]

Die Erziehungswissenschaften als Nische für einen empirischen und psychologischen Zugang zur Kindheit und zur Entwicklung von Kindern

Die Pädagogik entsteht in Genf zunächst als Teil der Geisteswissenschaften und, im weiteren Verlauf, als experimentelle Wissenschaft und Sozialwissenschaft im Rahmen einer internationalen Entwicklung. Diese Entwicklung hat seit dem Ende des 19. Jahrhunderts zu einer ständig wachsenden Zahl an Lehrstühlen, Laboratorien und Instituten geführt, die sich ganz oder teilweise dem Studium von Bildungs- und Erziehungsfragen widmen. Obwohl Genf beispielhaft ist für diese Entwicklung, sind von Anfang an spezifische Charakteristika nachzuweisen, die sich sichtbar und nachhaltig auf die Entwicklung des disziplinären Feldes auswirken. Unter anderem muss darauf hingewiesen werden, dass Genf bereits im 19. Jahrhundert als «Mekka der Pädagogik» *(Mecque de la pédagogie)* bezeichnet wird. Genf hütet diesen Ruf, der teilweise mit seinem Ruf als «protestantisches Rom» *(Rome protestante)* und der Verbundenheit seiner Eliten mit der Wissenschaft zusammenhängt, eifersüchtig. Während die Pädagogik sich als Teil der Geisteswissenschaften etabliert, findet die Psychologie ihren Platz zunächst bei den Naturwissenschaften. Dort wird eine experimentelle Wissenschaft der Seele «konstruiert», ein Unternehmen, das später

petite enfance; Germaine Duparc, 2h), experimentelle Pädagogik (*Pédagogie expérimentale;* Samuel Roller, 2h); dazu kommt noch Dottrens an der geisteswissenschaftlichen Fakultät.

36 Er demissioniert bereits 1958 und verzichtet sowohl auf den Lehrstuhl als auch auf die Funktion des Mitdirektors des Instituts, da die gemeinsame Leitung mit (oder im Schatten von) Piaget offensichtlich zu anstrengend ist.

37 Vgl. dazu auch die Kapitel 13 und 14 des vorliegenden Bandes.

in einem Institut für Erziehungswissenschaften fortgeführt wird, wobei ein streng wissenschaftlicher – selbstverständlich psychologischer – Zugang zu Bildungs- und Erziehungsphänomenen gefördert wird. Erst nach dem Ersten Weltkrieg kommt es aufgrund der grossen pädagogischen, pazifistischen und internationalistischen Aufbruchstimmung, mit der die Überzeugung verbunden ist, dass «die Zukunft der Demokratie auf Wissenschaftler zur Erforschung der Kindheit angewiesen ist», zu Synergiebildungen: Das Institut wird an die Universität angebunden, und damit werden die Bedingungen geschaffen, die sein Weiterbestehen und die akademische Anerkennung der Erziehungswissenschaften ermöglichen. Als die Erziehungswissenschaften – im Plural – in Genf institutionalisiert werden, ist die Geschichte dieses disziplinären Feldes bereits vollständig mit der Geschichte der Psychologie verwoben. Das Institut schafft für die Psychologie schrittweise eine Nische, die Piaget die beispiellose Ausarbeitung der Entwicklungspsychologie und der Psychologie der Intelligenz ermöglicht.

Kapitel 5
Erziehungswissenschaften in Lausanne

Disziplinäres Feld im Spannungsfeld zwischen autonomer Entwicklung und lokalen Zwängen (1880–1951)

Marco Cicchini und Valérie Lussi Borer

Ein Lehrstuhl in Verbindung mit der Lehrerbildung (1880–1916)

Gegen Ende des 19. Jahrhunderts wird der Kanton Waadt von den Radikalen regiert, deren politisches Streben darauf ausgerichtet ist, demokratische Ideale zu verbreiten und die Schaffung einer neuen Gesellschaft durch die Weiterentwicklung der Ausbildung von der Primarschule bis zur Universität zu unterstützen (Delessert, 1991, S. 78). In dieser Perspektive scheint die Umwandlung der bestehenden Akademie in eine Universität mit dem doppelten Auftrag von Lehre und Forschung eine notwendige Voraussetzung, um den Kanton Waadt an die umfassende europäische wissenschaftliche Bewegung des ausgehenden 19. Jahrhunderts anzuschliessen und so zum sozialen und geistigen Fortschritt im Kanton beizutragen (Tissot, 1996, S. 26). Die Umwandlung der Akademie in eine Universität folgt zwar den Idealisierungen der deutschen Universitätsform, erlaubt aber wichtige Entwicklungsprozesse. Nach dem Bruch mit den schulischen Zwängen und dem herrschenden theologischen Wertesystem steht die Universität nun im Dienste der Wissenschaft und beruht auf der Grundlage der «Rede- und Hörfreiheit» *(liberté de dire et liberté d'entendre).*[1] Die von den Radikalen in der Regierung geförderte Gründung der

1 Staatsarchiv des Kantons Waadt (*Archives cantonales vaudoise,* ACV): Bulletin der Sitzungen des Grossen Rates des Kantons Waadt *(Bulletin des séances du Grand conseil de l'Etat de Vaud,* BGC*),* 1890. Vorlage zum Gesetz über das höhere Unterrichtswesen, S. 6; Übersetzung MC/VL.

Universität[2] nimmt gegen Ende der 1880er-Jahre Gestalt an und wird insbesondere vonseiten der Akademielehrer unterstützt, die ihre korporativen Interessen erweitern und ihren professionellen Status verbessern wollen (Delessert, 1991, S. 78 f.).

Neben der Umwandlung der Akademie in eine Universität ist während der 1880er-Jahre die Weiterentwicklung des Sekundarschulwesens Gegenstand von Projekten und Debatten, insbesondere die entsprechende Lehrerbildung. Der 1881 dem Grossen Rat vorgelegte Jahresbericht des Erziehungsdepartementes (*Département de l'instruction publique et des cultes,* DIPC) empfiehlt die Schaffung eines Lehrstuhls für Pädagogik an der geisteswissenschaftlichen Fakultät *(Faculté des lettres)* sowie die Einführung von Fähigkeitszeugnissen für den Unterricht im Sekundarbereich.[3] Der Staatsrat stimmt diesem Projekt zu, macht seine Umsetzung jedoch von einer Steigerung der Anzahl Studierender in den Natur- und Geisteswissenschaften abhängig, die sich auf den Lehrberuf vorbereiten. Die Einrichtung eines Lehrstuhls für Pädagogik ist also offensichtlich schon zu Beginn der entsprechenden Debatten eng mit dem Anliegen der Verbesserung der Lehramtsausbildung *(formation à l'enseignement secondaire)*[4] verbunden. Die Universität, insbesondere die geisteswissenschaftliche Fakultät, nimmt das Projekt zur Einrichtung eines solchen Lehrstuhls gut auf, auch wenn dadurch Spannungen zwischen wissenschaftlichem Auftrag und beruflicher Ausbildung entstehen können. Um ihre Attraktivität für die Studierenden zu erhöhen, verlangt die Fakultät, dass das Lizenziat, nach dem Vorbild der für «die Berufsausübung für Ärzte, Anwälte oder Priester»[5] erforderlichen Titel, offiziell als Berufszulassung für das Unterrichten auf den Sekundarstufen anerkannt wird.

Die Frage der Pädagogik belebt auch die Diskussionen über die Primarlehrerausbildung. Über den Waadtländer Lehrerverein (*Société pédagogique vaudoise,* SPV) stellen die Primarlehrer 1888 das Konzept des Lehrerseminars infrage und

2 Wir weisen darauf hin, dass zwischen 1885 und 1945 alle für das Erziehungsdepartement (*Département de l'instruction publique et des cultes,* DIPC) zuständigen Staatsräte des Kantons Waadt der radikalen Partei angehören.

3 ACV: BGC 1881. Bericht der Unterkommission für die Verwaltungsprüfung des DIPC für das Geschäftsjahr 1880, S. XXII, Anhang.

4 Mit der universitären Lehrerbildung bzw. der Lehramtsausbildung ist im Folgenden immer die Ausbildung von Lehrpersonen für die Sekundarschulen und die Gymnasien gemeint, sofern nicht explizit die Akademisierung der Primarlehrerausbildung diskutiert wird. In der Lehrerbildungstradition der französischsprachigen Schweiz werden Lehrpersonen für die Sekundarschulen (Sekundarstufe I) *und* die Gymnasien (Sekundarstufe II) – anders als in der deutschsprachigen Schweiz – gemeinsam ausgebildet (Anmerkung der Übersetzer).

5 ACV: K XIII 252 C 1886. Bericht der geisteswissenschaftlichen Fakultät an den akademischen Senat, Juli 1886, S. 29; Übersetzung MC/VL.

schlagen vor, die Primarlehrerausbildung in einer pädagogischen Sektion auf gymnasialem Niveau anzusiedeln und sie durch eine akademische Ausbildung zu ergänzen.[6] Diese Diskussionen ziehen sich bereits über einen langen Zeitraum hin.[7] Der Vorschlag zur Einrichtung einer dem Gymnasium oder der Akademie angegliederten pädagogischen Sektion oder Fakultät bestimmt regelmässig die Debatten und verbindet sich allmählich mit dem Vorhaben zur Umwandlung der Akademie in eine Universität.

Das Interesse der Regierung an der Pädagogik und an François Guex*

In diesem Kontext der pädagogischen Reformen wird 1890 das Gesetz über das höhere Unterrichtswesen *(loi sur l'instruction publique supérieure)* verabschiedet, mit dem das höhere Bildungswesen von den Sekundarschulen getrennt und die Akademie in eine Universität umgewandelt wird. Zwischen DIPC und geisteswissenschaftlicher Fakultät kommt es allerdings hinsichtlich der Pädagogik zur Kraftprobe: Während das DIPC für die Zuordnung der Pädagogik zu den Studiengegenständen der Fakultät eintritt, lehnt die Fakultät dies ab, weil sie den Lehrstuhl für Kunstgeschichte dafür aufgeben müsste.[8] Die vom DIPC vertretene, berufsorientierte Option setzt sich schliesslich durch.[9] Ohne vorherige Konsultierung der Fakultät ernennt das DIPC François Guex zum ausserordentlichen Professor für Pädagogik und beauftragt ihn gleichzeitig mit der Leitung des Lehrerseminars.[10] Guex, der über eine exzellente pädagogische Ausbildung, jedoch über kein Universitätsdiplom verfügt,[11] befürwortet einerseits eine Erneuerung der pädagogischen

6 *L'Educateur* (4), 15. Februar 1888, S. 73. Entgegen dem Wunsch des Waadtländer Lehrervereins (SPV) lehnt das DIPC den Vorschlag, das Lehrerseminar in das Gymnasium einzugliedern, kategorisch ab (*L'Université de Lausanne* (24), 8. Juli 1888).

7 Seit 1877; vgl. *L'Educateur* (7), 1. April 1888, S. 126.

8 ACV: K XIII 287/1 1890. Dossier des Programms der Universität für das Wintersemester 1890–1891, Neuorganisation der Universität. Die Priorisierung der Kunstgeschichte gegenüber der Pädagogik findet sich bereits im Bericht über die Neuorganisierung der geisteswissenschaftlichen Fakultät 1886 (ACV: K XIII 252 C 1886).

9 ACV: Gesetzessammlung des Kantons Waadt (*Recueil des lois du canton de Vaud,* RL) 1890. Gesetz über das höhere Unterrichtswesen vom 10. Mai 1890, S. 270, und Allgemeine Statuten der Universität vom 19. Juli 1890, S. 45.

10 ACV: K 1.12, K XIII 252K, 1889. Dossier Auswahlverfahren und Nomination des Seminardirektors. Ausser der Bewerbung von Guex wurden noch zwei weitere eingereicht, die jedoch nicht in Betracht kamen.

11 Als bester Absolvent des Seminarjahrgangs 1880 erhält er von den Schulbehörden ein Stipendium, um seine Studien in Gotha und Jena zu vervollkommnen, wo er sich bei Professor

Prinzipien sowohl auf der theoretischen (Herbart'sche Pädagogik) als auch auf der praktischen (Übungsklassen) Ebene und unterstützt andererseits eine Verbesserung der Ausbildung der Seminaristen durch akademische Kurse in Pädagogik. Durch die Berufung derselben Person als Professor für Pädagogik und Direktor des Lehrerseminars gelingt dem DIPC nicht nur die Annäherung zweier Lehrsysteme, sondern es reduziert auch die Kosten für den Lehrstuhl.[12]

Zwar zeugt die Doppelberufung Guex' vom Willen des DIPC, sowohl am Lehrerseminar[13] als auch an der Universität eine zeitgemässe Pädagogik zu etablieren. Jedoch muss der neue Professor seine Aufgabe unter eher ungünstigen Umständen angehen. Angesichts einer Art symbolischen und institutionellen Defizits dieses Lehrstuhls, den er an einer Fakultät übernehmen soll, die ihn nicht gewollt hat, ist der Professor für Pädagogik bemüht, anlässlich seiner Antrittsvorlesung im Oktober 1890 seine Anwesenheit an der Universität zu rechtfertigen. Guex sieht die Einrichtung des Lehrstuhls als Anerkennung der – insbesondere in den Lehrerseminaren bereits präsenten – Pädagogik als Disziplin, der es zustehe, «einen Platz in der universitären Lehre zu erhalten» (Guex, 1891, S. 295; Übersetzung MC/VL). Synonym für eine «Philosophie der Erziehung» und eine «Philosophie und Geschichte der Erziehung» oder auch eine «Erziehungswissenschaft», ist sein Kurs als «historischer, theoretischer und […] praktischer» Überblick «über die Lehren der Erziehung» gedacht. Das unkoordinierte Vorantasten der Pädagogen wird angeprangert: Bei der «Erziehungswissenschaft» gehe es um «die wissenschaftliche Koordination der Lehren und Erfahrungen der Pädagogik, nicht etwa um die Ansammlung bruchstückhafter, unzusammenhängender Rezepte, sondern um die Gesamtheit philosophischer Wahrheiten, die sich durch Prinzipien und Methode ineinanderfügen». Nach der wissenschaftlichen Legitimation des Lehrstuhls umreisst Guex die

Stoy mit der Hebart'schen Lehre befasst (ACV: K XIII, 122/69. Brief Delormes an den Direktor des Gothaer Seminars vom 28. Mai 1880; K XIII 122/8. Brief des Vorstehers des DIPC an Delorme vom 1. Juni 1880.

12 Die Aufnahme der Pädagogik verursacht der Universität keine grösseren Kosten, da Guex als Direktor des Lehrerseminars bereits ein Jahreseinkommen von 5000 Franken bezieht, das aus dem Budget der Universität lediglich mit jährlich 1000 Franken für seine Lehrtätigkeit in Pädagogik aufgestockt wird (ACV: K XIII 252 C 1900, Dossier 121). Zum Vergleich: Die Gehälter der anderen Professoren bewegen sich zwischen 3600 und 6000 Franken (ACV: K XIII 252 C 1890, Dossier 83. Nominierung von Professoren).

13 Dieses Bestreben gibt es bereits seit 1880, als der Direktor des Lehrerseminars, Delorme, eine Studienreise in Europa unternahm; in seinem 1881 kostenlos an alle Lehrpersonen des Kantons Waadt versandten Bericht (Delorme, 1881) schlägt er hauptsächlich die Gründung einer Übungsschule vor, die dann im Mai 1882 auch eröffnet wird.

Zweckmässigkeit seiner Ausbildung, die in erster Linie auf Lehramtskandidaten, aber auch auf Pfarrer und Lehrerseminaristen ausgerichtet ist.[14]

In Verbindung mit dem Lehrstuhl für Pädagogik und im Rahmen der 1892 erfolgten Revision des Gesetzes über die Sekundarschulen *(loi sur l'enseignement secondaire)* unterbreitet Guex den Vorschlag eines stark praxisorientierten Studiums mit Praktika an Sekundarschulen und Lehrproben, welches mit einem von einer speziellen Prüfungskommission des DIPC abzunehmenden Examen in Pädagogik abgeschlossen wird (Guex, 1892). Das verabschiedete Gesetz erklärt das Lizenziat der geistes- bzw. naturwissenschaftlichen Fakultät der Universität Lausanne zur notwendigen Voraussetzung für die Lehrtätigkeit im Sekundarschulbereich des Kantons.[15] Die jeweiligen Fakultäten profitieren von diesem erstmals eingeräumten Monopol für einen berufsbefähigenden Abschluss. Insbesondere die Geisteswissenschaften können die Anzahl Studierender von 1890 bis 1894 verdreifachen (Tissot, 1996, S. 208).[16] Für den Lehrstuhl in Pädagogik sind die Vorteile dieses Gesetzes weniger offensichtlich: Zwar verlangt es vom Lehramtskandidaten den «Nachweis der theoretischen und praktischen Kenntnisse in Pädagogik»,[17] jedoch sind die Modalitäten des Erwerbs dieser Kenntnisse nicht präzise festgelegt. Diese gesetzgeberische Unentschlossenheit führt in den darauf folgenden Jahren zum Streit zwischen dem DIPC, der geisteswissenschaftlichen und der naturwissenschaftlichen Fakultät.

Die Auseinandersetzungen entzünden sich 1893 an der Frage, welche pädagogischen Übungen für die Lehramtskandidaten zu veranstalten seien. Während die naturwissenschaftliche Fakultät den Anspruch erhebt, diese in ihrem Bereich eigenverantwortlich durchzuführen,[18] verweigert die geisteswissenschaftliche Fakul-

---

14 Das DIPC gestattet den Schülern der beiden letzten Klassen des Lehrerseminars «die Teilnahme an Lehrveranstaltungen über Erziehungswissenschaft an der Universität» nur mit spezieller Betreuung (ACV: Staatsverwaltungsbericht der Kantons Waadt (*Compte rendu du Conseil d'Etat du canton de Vaud sur l'administration* 1891, DIPC, Lehrerseminare, S. 167 f.; Übersetzung MC/VL).

15 ACV: RL 1892. Gesetz über die öffentlichen Sekundarschulen *(loi sur l'instruction publique secondaire)* vom 19. Februar 1892, Art. 72, S. 79.

16 Wenngleich die Schaffung eines Fähigkeitszeugnisses durch die geistes- und naturwissenschaftlichen Fakultäten allgemein vom Waadtländer Sekundarlehrerverein *(Societé vaudoise des maîtres secondaires)* gebilligt wird, erschien eine praktische Vorbereitung doch nicht allen vonnöten (siehe insbesondere die Ansicht von Maillefer, 1891).

17 ACV: RL 1892. Gesetz über die öffentlichen Sekundarschulen vom 19. Februar 1892, Art. 72, S. 79; Übersetzung MC/VL.

18 Universitätsarchiv Lausanne *(Archives de l'Université de Lausanne)*: BRA. Protokoll des Rats der naturwissenschaftlichen Fakultät, Sitzung vom 24. Juli 1893; BRA: Vorlesungsverzeichnis der Universität Lausanne (*Programmes des cours de l'Université de Lausanne,* PCUL).

tät die Durchführung, obwohl Guex darauf besteht. Letzterer versucht sogar, mithilfe des DIPC[19] die akademische Freiheit zu übergehen und die Studienordnung der geisteswissenschaftlichen Fakultät um einen Passus zu ergänzen, der Kurse in Pädagogik sowie praktische Übungen für Lehramtskandidaten zur Pflicht macht.[20] Das zwiespältige Verhältnis der geisteswissenschaftlichen Fakultät zur Pädagogik kommt deutlich in der 1897 erlassenen Studienordnung zum Ausdruck, in der die Pädagogik vollständig fehlt.[21] Gleichzeitig setzt aber das DIPC eine spezielle Studienordnung für die berufliche Vorbereitung der Lehramtskandidaten in Kraft.[22]

Die Pädagogik erhält nach und nach eine institutionelle Basis

Mit der Wahl von Maurice Millioud* zum Dekan der geisteswissenschaftlichen Fakultät 1900 erhalten die Auseinandersetzungen mit dem DIPC um die Weiterentwicklung der Pädagogik eine neue Dynamik. 1901 setzt Millioud eine Kommission ein, in der auch Guex mitarbeitet und die sich mit der Frage der Schaffung einer pädagogischen Sektion, die über den Rahmen der Lehramtsausbildung hinausgeht, befasst.[23] Gegen dieses Projekt opponieren die Professoren der geisteswissenschaftlichen Fakultät: Sie wollen sich mehrheitlich ausschliesslich auf die Vorschriften des Gesetzes von 1892 beschränken.[24] Die geisteswissenschaftliche Fakultät geht

19 ACV: K XIII 369/39. Brief des DIPC an die Universität vom 22. Januar 1895.

20 ACV: K XIII 252 C 1895, Dossier 10. Brief Guex' an das DIPC vom 19. Oktober 1894.

21 Die Studienordnung von 1897 bezieht die Pädagogik in keinerlei Hinsicht in die Lehre ein, die für die Erlangung eines Lizenziats in Alt- oder Neuphilologie zu absolvieren ist, und es gibt keinen berufsvorbereitenden Abschluss für Sekundarlehrer (ACV: K XIII, 369/75/5–4. Studienordnung der geisteswissenschaftlichen Fakultät 1897).

22 ACV: RL. Allgemeines Reglement für die öffentlichen Sekundarschulen vom 30. April 1897, Art. 49. Das Bestreben des DIPC, an der geisteswissenschaftlichen Fakultät eine berufsbildende Ausbildung zu etablieren, führt ebenfalls 1901 zur Schaffung eines speziellen Studiengangs für den Französischunterricht *(Ecole spéciale pour l'enseignement du français moderne)*, der sich am Lehramtsstudium für höhere Schulen in Preussen orientiert und die Pädagogikkurse von Guex einschliesst (BRA: Protokoll des Rats der geisteswissenschaftlichen Fakultät [*Procès-verbaux du Conseil de la Faculté des lettres,* PVFL] vom 19. Juni 1901, S. 146 f.).

23 BRA: PVFL. Sitzung vom 5. Februar 1902, S. 158; Millioud wird vom Waadtländer Staatsrat beauftragt, am Kongress über das höhere Unterrichtswesen *(Congrès d'enseignement supérieur)* in Paris teilzunehmen, der 1900 im Rahmen der Weltausstellung stattfindet (Millioud, 1901, S. 7 f./59; Kantonale Universitätsbibliothek Dorigny: Manuskripte Is 1912 VIII. Brief des DIPC an Millioud vom 26. Mai 1900).

24 BRA: PVFL. Sitzungen der Monate Oktober 1901, Februar, März und Mai 1902.

nicht auf die von Millioud und Guex vorgeschlagene Erweiterung des Lehrangebots (Millioud, 1903, S. 184 ff.; Guex, 1903, S. 340) ein, schlägt aber immerhin eine spezifische pädagogische Vorbereitung der Lehramtskandidaten vor, die mit einem pädagogischen Fähigkeitszeugnis *(certificat d'études pédagogiques)* der Fakultät zertifiziert wird.[25] Das DIPC kommt dieser Forderung nicht sofort nach, jedoch ergreift die Fakultät hier zum ersten Mal die Initiative zur Stärkung des Lehrstuhls für Pädagogik an der Universität.

Im Rahmen der umfassenden Revision verschiedener Gesetze über das staatliche Unterrichtswesen im Kanton Waadt wird die Stellung der Pädagogik wieder diskutiert. Die Neufassung des Gesetzes über die Primarschulen *(loi sur l'enseignement primaire)* 1906 sieht nämlich die Einrichtung von Klassen auf der Primaroberstufe *(classes primaires supérieures)* vor.[26] Obwohl vorgesehen ist, dass die Universität für die Ausbildung dieser neuen Lehrkategorie zuständig ist, übernimmt schliesslich das Lehrerseminar diese Aufgabe (*Une école pour l'école,* 1983, S. 126).[27] Um den Unterschied zwischen Sekundarschule und Primaroberstufe zu verdeutlichen, fordert das Gesetz über die Sekundarschulen von 1908 von den Lehramtskandidaten neben dem Lizenziat in Geistes- oder Naturwissenschaften ein Sekundarlehrdiplom. Der einige Jahre zuvor vorgebrachte Vorschlag eines Diploms der geisteswissenschaftlichen Fakultät wird damit realisiert. Letztere lehnt ebenso wie die naturwissenschaftliche Fakultät die Durchführung pädagogischer Übungen an der Primaroberstufe ab.[28] Guex' didaktisches Projekt, am Vorbild in Jena orientiert, nach dem die Übungsklassen der Primarschulen als Praxisfeld für die Lehramtsausbildung dienen sollen, trifft auf korporatistischen Widerstand seitens der Fakultäten.[29] Als Kompromiss schreibt die Studienordnung für die pädagogische Vorbereitung der Lehramtskandidaten von 1909 schliesslich das von Guex veranstaltete zweisemestrige Seminar für allgemeine Pädagogik sowie praktische Übungen in Fachdidaktik an den Sekundarschulen vor. Das Fähigkeitszeugnis wird von der Universität ausgestellt, wenn die jeweilige Fakultät den Erhalt des Lizenziats bestätigt.

---

25 Das Fähigkeitszeugnis sieht ein viersemestriges Studium mit Pflichtfächern (pädagogische Ideengeschichte, allgemeine Didaktik, Fachdidaktik) und zwei Wahlfächern (zur Auswahl stehen Psychologie, Schulhygiene, nationale Schulsysteme oder jeder andere Bereich der Pädagogik) vor (BRA: PVFL. Sitzung vom 4. Mai 1902, S. 166).

26 ACV: BGC 1906. Vorlage zum Gesetz über die Primarschulen.

27 ACV: K XIII 252 C1 1909, Dossier 108. Brief der Dekane der geistes- und naturwissenschaftlichen Fakultäten an den Erziehungsdirektor vom 5. Juni 1908.

28 BRA: PVFL. Sitzung vom 16. Januar 1909, S. 22 ff.

29 Das Gesetz über das höhere Unterrichtswesen von 1890 sieht eine weitgehende Übereinstimmung der Studiengänge und Lehrbefähigungen für Sekundar- und Gymnasiallehrer vor und begrenzt die Aufstiegsmöglichkeiten von Primarlehrern drastisch (ACV: RL 1890).

Die Autonomie der Universität im Bereich der Pädagogik ist jedoch keinesfalls selbstverständlich – ganz im Gegenteil: Wie Tissot feststellt, steht die Universität zwischen 1890 und 1916 «unter Aufsicht» (1996, S. 9; Übersetzung MC/VL). Wie der Konflikt um die Unterzeichnung der Diplome zeigt,[30] räumt das DIPC der Berufsausbildung Vorrang gegenüber der wissenschaftlichen Forschung ein und will deshalb vor allem «die universitären Bestrebungen auf die besonderen Bedürfnisse des Kantons Waadt abstimmen» (Tissot, 1996, S. 147; Übersetzung MC/VL). Gleichzeitig fügen sich die Fakultäten, die dem ökonomischen und utilitaristischen Kalkül der radikalen Regierung in Sachen Pädagogik ohnmächtig gegenüberstehen, diesem für sie letztlich doch förderlichen Plan: Das Fähigkeitszeugnis trägt zur Steigerung der Studentenzahlen an der geisteswissenschaftlichen und der naturwissenschaftlichen Fakultät bei.[31]

Die Stellung der Pädagogik wird trotz Abwesenheit des Lehrstuhlinhabers gestärkt

Während Guex seit 1911 seine akademischen Funktionen krankheitsbedingt nur noch teilweise ausübt,[32] unternimmt das DIPC zu Beginn des Jahres 1914 Schritte zur Stärkung der Pädagogik. In erster Linie werfen die Schulbehörden der geisteswissenschaftlichen und der naturwissenschaftlichen Fakultät die fehlende pädagogische Erfahrung der jungen Sekundarlehrer vor, was der Abwesenheit des Professors für Pädagogik in den Praxislektionen zugeschrieben wird.[33] Auch wenn das DIPC präzisiert, dass es dabei weniger um eine Verpflichtung als darum gehe,

30 Obgleich der Universität gesetzlich das Recht der Diplomvergabe zusteht, fordert das an der Vergabe nicht beteiligte DIPC von den Fakultäten die Bekanntgabe der erfolgreichen Absolventen, um die Kontrolle über seine künftigen Beamten zu behalten (ACV: SB 84/2. Protokolle des Senats und der Universitätskommission [*Procès-verbaux du Sénat et de la commission universitaire,* PVSCU], S. 17).

31 BRA: Protokolle des Rats der naturwissenschaftlichen Fakultät (*Procès-verbaux du Conseil de la Faculté des sciences,* PVFS), Sitzung vom 26. Juni 1911. Weil das Lizenziat in Naturwissenschaften im Kanton Waadt für das Unterrichten auf den Sekundarstufen erforderlich ist, bevorzugen Studierende die Universität Lausanne, wo die Studiendauer länger ist.

32 Aufgrund seines Gesundheitszustandes unterrichtet Guex seit April 1911 weder an der Universität noch am Lehrerseminar, aus dem er im April 1914 ausscheidet. Die Pädagogikkurse finden also nicht mehr statt. Guex widersetzt sich der Nominierung eines Stellvertreters und schlägt vor, die Lehramtskandidaten von zu Hause aus zu betreuen, was vom DIPC und der geisteswissenschaftliche Fakultät unter der Bedingung bestimmter Modifizierungen seines Unterrichts akzeptiert wird (BRA: PVFL. Sitzung vom 4. November 1912, S. 69).

33 BRA: PVFL. Sitzung vom 16. Januar 1914; BRA: PVFS. Sitzung vom 6. Februar 1914.

«eine Ausbildungsmöglichkeit zur Verfügung zu stellen»,[34] verlangt der Staatsrat die Anwesenheit des Pädagogikprofessors während der Praxislektionen. Zudem beschliesst das DIPC, die Lehre in Pädagogik um zwei jeweils einsemestrige Kurse zu erweitern: Die allgemeine Didaktik und die Vorlesungen in Pädagogik, die Guex bereits unterrichtete, werden mit einem Kurs zur pädagogischen Ideengeschichte sowie einem Kurs in vergleichendem Schulrecht ergänzt.[35] Diese «Erweiterung» entspricht allerdings eher einer Rückkehr zu den drei Stunden regulärer Lehre, die Guex anfänglich bis zum Winter 1907 erteilt hatte und die dann auf zwei reduziert worden sind.

Angesichts der andauernden Krankheit des Lehrstuhlinhabers für Pädagogik vermittelt das DIPC in der Tat den Eindruck, die Praktika institutionalisieren zu wollen, worüber bisher lediglich verhandelt wurde. Die wichtigste Folge dieser Bemühungen ist die Aufstockung der finanziellen Mittel für den Lehrstuhl in Pädagogik.[36] Zudem nimmt das DIPC zum ersten Mal explizit zum Gegenstand der Kurse in Pädagogik und zur Organisation der praktischen Übungen im Rahmen der Lehramtsausbildung Stellung. Paradoxerweise kann Guex weder seine Kurse abhalten noch die praktischen Übungen betreuen, weil sich sein Gesundheitszustand ständig verschlechtert. Trotz der Schwierigkeiten, die sich daraus für die geisteswissenschaftliche Fakultät und die Vorbereitung der Lehramtskandidaten ergeben, genehmigt das DIPC Guex' Antrag, die Studierenden bei sich zu Hause zu unterrichten, und verzögert damit Ersatzlösungen für die Kurse in Pädagogik. Guex demissioniert schliesslich im Jahr 1916.[37]

Nachdem Guex 25 Jahre lang als Lehrstuhlinhaber tätig gewesen war, sind die Entwicklungen, die er in diesem Bereich, den er 1890 als «Erziehungswissenschaft» bezeichnet hatte, initiieren wollte, grösstenteils Papier geblieben. Sein Lehrangebot ist zwar vielfältig und umfasst – in der Reihenfolge der Häufigkeit – die Geschichte der Pädagogik und der bedeutenden Pädagogen, die Methodik oder Didaktik, Vorlesungen zur Pädagogik (die er seit 1906 regelmässig hält), zu aktuellen pädagogischen Diskussionen (Bücher, Ideen) sowie über pädagogikrelevante philosophische Psychologie. Aber die Pädagogik, die er im Rahmen seines Lehrstuhls vertritt,

---

34 BRA: PVFS. Sitzung vom 28. April 1914.

35 BRA: K XIII 252 C1 1914, Dossier 25.

36 Nach Guex' Demission als Direktor des Lehrerseminars erhöht das DIPC dessen Bezüge von der Universität von 1000 auf 2500 Franken, was die Reduktion seines vorherigen Einkommens teilweise kompensiert. Dieses neue Budget bedeutet einen Ressourcengewinn für den Lehrstuhl für Pädagogik und wird bei der Regelung der Nachfolge Guex' nicht infrage gestellt.

37 ACV: K XIII 369/44. Brief des DIPC an die Universität vom 16. März 1916.

bleibt eng an ein – im Wesentlichen Herbart'sches – moralisches Konzept von Erziehung und an eine spekulative Philosophie gebunden und weist keine Verbindung mit empirischer oder experimenteller Forschung auf.[38]

Im Übrigen erfährt der vom DIPC an der geisteswissenschaftlichen Fakultät institutionalisierte Lehrstuhl erst nach zwanzigjährigem Bestehen universitäre Anerkennung, als Pädagogik 1908–1909 zum obligatorischen Ausbildungsinhalt für die Erlangung des Sekundarlehrerdiploms wird. Während Guex vom Waadtländer DIPC anerkannt wird und Letzteres sogar bestrebt ist, die Universität an seinem internationalen Ruf teilhaben zu lassen,[39] ist der Einfluss seines universitären Wirkens deutlich geringer. Für diejenigen, die seine Aktivitäten – wie etwa Millioud – mitverfolgt haben, erklärt sich dies zum Teil aus den Widerständen, auf die er mit seinen pädagogischen Positionen zur Lehramtsausbildung gestossen ist, und vor allem aus der heftigen Kritik seitens der geisteswissenschaftlichen Fakultät an seinem Professorenstatus ohne universitären Abschluss (*L'Educateur,* 15. Juni 1918, S. 363). Diese mangelnde Anerkennung auf universitärer Ebene unterscheidet sich stark von Guex' Erfolgen im Lehrerseminar, wo er die pädagogische Theorie und Praxis auf Jahrzehnte entscheidend und bis weit über seinen Tod hinaus geprägt hat.

Das Profil von Guex, der eher ein Mann des Lehrerseminars als der Universität war, hat bei den Universitätsprofessoren korporatistische Reflexe ausgelöst, die zur Randstellung der Pädagogik innerhalb der Universität beigetragen haben. Die ausseruniversitären Aktivitäten des Professors für Pädagogik und seine Veröffentlichungen, die ihm aufgrund ihrer Qualität eine gewisse Anerkennung verschafft haben, sind im universitären Umfeld nie wahrgenommen worden. Obwohl sie zu keinem spezifisch pädagogischen Titel führen, finden an der geisteswissenschaftlichen Fakultät zwischen 1906 und 1916 vier Promotionsverfahren zu pädagogischen Themen in Verbindung mit praktischen, teilweise mit psychologischen Anwendungen statt, bei denen Guex und Millioud als Gutachter auftreten (Joos, 1971). Es kann also davon ausgegangen werden, dass die Gründe für die Reserviertheit der Kollegen und Funktionsträger der Universität gegenüber dem Lehrstuhl für Päda-

38 Briod schreibt in seinem Nachruf: «Guex gab nicht vor, ein Laborgelehrter zu sein; er war der Meinung, dass eine intelligente Beobachtung des Kindes nach dem Vorbild von Comenius, Rousseau, Pestalozzi, Herbart und deren Nachfolgern ausreiche, um eine fruchtbare und auf die Bedürfnisse des öffentlichen Schulwesens abgestimmte pädagogische Doktrin entwickeln zu können» (*L'Educateur,* 15. Juni 1918, S. 364; Übersetzung MC/VL).

39 Das DIPC ist mindestens daran interessiert, «die Universität vom Namen profitieren zu lassen, den er sich im Ausland durch seine Schriften erworben hat» (ACV: K XIII 252 C1 1914, Dossier 25. Anmerkungen der Dienststelle für das höhere Bildungswesen vom 5. März 1914; Übersetzung MC/VL).

gogik vielmehr im Gegenstand selbst als in der Person von Guex zu suchen sind; denn die Pädagogik könnte etablierte Disziplinen konkurrenzieren.

Vom Lehrstuhl zum Fachbereich Erziehungswissenschaften: Projekte und Entwicklungen (1917–1943)

Ein gemeinsamer Entwurf von Millioud und vom DIPC

Nach der Demission Guex' eröffnet das DIPC unverzüglich das Berufungsverfahren für den Lehrstuhl für Pädagogik, und schnell werden Namen ins Spiel gebracht. Als «Kronfavorit» gilt Millioud, der das Angebot jedoch ablehnt und stattdessen als Berater im Verfahren tätig wird.[40] Während im Berufungsverfahren davon ausgegangen wird, dass der Lehrstuhl in seiner bisherigen Form wiederbesetzt wird,[41] kursiert innerhalb des DIPC, und zwar sowohl in der Dienststelle für das Sekundarschulwesen als auch in derjenigen für das höhere Bildungswesen, ein von Millioud konzipiertes Projekt für einen Fachbereich Pädagogik *(section de pédagogie)*.[42] Dieses Projekt greift allgemein die 1902/03 formulierten Vorschläge (Millioud, 1903, S. 197) wieder auf, die Lehre in Pädagogik durch zusätzliche, bereits an der Universität gelehrte Themen wie Hygiene oder Psychologie zu erweitern.[43] Zusätzlich

40 Der Ablauf der Ereignisse in dieser Nachfolgregelung ist in den Akten ersichtlich unter: ACV: K XIII, 252 C1 1917, Dossiers 34 und 46. Millioud rechtfertigt seine Ablehnung mit dem Hinweis auf die zu erwartenden Schwierigkeiten seitens der geisteswissenschaftlichen Fakultät und betont, «unter derartigen Bedingungen ist es unmöglich, das Pädagogikstudium neu zu gestalten und zu beleben» (ACV: K XIII 252 C1 1917, Dossier 34. Brief Millioudes an die Dienststelle für das höhere Bildungswesen des DIPC vom 22. November 1916; Übersetzung MC/VL).

41 Edouard Vittoz* wird diesbezüglich direkt angesprochen (ACV: K XIII 252 C1 1917, Dossier 34. Brief des DIPC an Vittoz vom 7. Januar 1917 und Brief Vittoz' an das DIPC vom 10. Januar 1917). Pierre Bovet*, Direktor des *Institut Jean-Jacques Rousseau* an der Genfer Universität, wird von Millioud vorgeschlagen, während der Dekan der geisteswissenschaftlichen Fakultät den Pädagogen und Waadtländer Mathematiklehrer Henri Roorda ins Spiel bringt. Beide letztgenannten Vorschläge werden nicht weiterverfolgt.

42 Aus den Dokumenten des DIPC geht hervor, dass Millioud sein Projekt eines Fachbereichs für Pädagogik spontan vorgeschlagen hat. Indessen weist ein Brief des Rektors darauf hin, dass Millioud auf Wunsch des DIPC einen Bericht über die Neuorganisation des Lehrstuhls für Pädagogik verfasst hat (ACV: K XIII 252 C1 1917, Dossier 46. Brief des Rektors an den Leiter des DIPC vom 4. April 1917).

43 ACV: K XIII 252 C1 1917, Dossier 34. Die pädagogische Lehre an der Universität *(L'enseignement pédagogique à l'Université)*.

zum Sekundarlehrdiplom wird ein Diplom in «Pädagogik» vorgeschlagen, mit dem für pädagogische Studien ein spezieller Titel verliehen wird. Der hauptsächliche – und auf institutioneller Ebene entscheidende – Unterschied zum früher geplanten Projekt besteht darin, diesen Fachbereich nicht mehr der geisteswissenschaftlichen Fakultät, sondern der Schule für Sozial- und Politikwissenschaften (*Ecole des sciences sociales et politiques,* ESSP) anzugliedern. Millioud begründet dies mit der Art der vorgesehenen berufsbezogenen Ausbildung, die Theorie und Praxis verbinden und die sich durch «angeleitetes Studium und eine Übungsschule» auszeichnen soll. Millioud verbindet die Lehramtsausbildung eher «mit schulischen Ausbildungskonzepten als mit solchen von Fakultäten».[44] Durch diese neue institutionelle Einbindung wäre die geisteswissenschaftliche Fakultät nicht mehr in den Institutionalisierungsprozess der pädagogischen Wissenschaften involviert.

Milliouds Vorschläge verhallen nicht im Leeren: Aus seinem Schriftwechsel mit dem Leiter der Dienststelle für das höhere Bildungswesen *(chef du Service de l'enseignement supérieur)* geht hervor, dass es Ende Januar 1917 als beschlossene Sache gilt, anstelle eines einzigen Lehrstuhlinhabers mehrere Lehrende zu berufen und so einen Fachbereich für Pädagogik einzurichten.[45] Es hat also lediglich drei Monate gedauert, um die Grundlagen für einen Fachbereich zu schaffen, der noch etwas mehr als ein Jahrzehnt zuvor auf heftigen Widerstand gestossen war. Die ganze Angelegenheit wird zwischen Millioud und dem DIPC geregelt, ohne dass die betroffenen Fakultäten oder die Lehrerverbände ernsthaft konsultiert werden.[46] Dem Erziehungsdepartement ermöglicht die Schaffung eines der ESSP angegliederten Fachbereichs für Pädagogik die Zentralisierung der Lehramtsausbildung, die seit der Studienordnung von 1909 auf unterschiedliche Fakultäten verteilt war. Da in Millious Projekt bestehende Lehrangebote integriert und Personen engagiert werden, die bereits staatlich besoldet sind, entstehen für die pädagogische Lehre keine zusätzlichen Personalkosten und die Zustimmung des DIPC kann nicht an finanziellen Gegenargumenten scheitern.[47]

44 ACV: K XIII 252 C1 1917, Dossier 34. Undatierter Bericht von Millioud über die universitäre Lehre in Pädagogik; Übersetzung MC/VL.

45 ACV: K XIII 252 C1 1917, Dossier 34. Brief Millious an das DIPC vom 26. Januar 1917.

46 Bei den universitären Instanzen beginnt der eigentliche Konsultationsprozess Ende Oktober 1916, aber das DIPC scheint den Informationsfluss schnell auf sich und einige Eingeweihte zu beschränken (ACV: K XIII 252 C1 1917, Dossier 46. Brief des Rektors an den Vorsteher des DIPC vom 4. April 1917; BRA: PVFL. Sitzung vom 25. Mai 1917).

47 Später wird deutlich, dass eine Erhöhung des Budgets für Pädagogik schliesslich bewilligt wird.

Die Taktik Millliouds, der während der gesamten Verhandlungen deutlich die Interessen der Bildungsverwaltung wahrgenommen hatte, scheint in mehrfacher Hinsicht zweideutig.[48] Als Professor der Philosophie hat er sein Projekt zu keinem Zeitpunkt offiziell der geisteswissenschaftlichen Fakultät, der er angehört, kommuniziert. Es ist anzunehmen, dass die fortdauernden Widerstände der Fakultät gegen die Erweiterung der pädagogischen Lehre Millioud dazu getrieben haben, einen Fachbereich für Pädagogik an der ESSP zu verlangen, an der er seit einigen Jahren seine akademischen Aktivitäten entfaltet und deren Leitung er 1917 übernimmt.[49] Zu diesem Zeitpunkt befindet sich die ESSP jedoch in einer ungünstigen Lage und muss ihren Status gegenüber den Behörden verteidigen. Dies gilt umso mehr, als das DIPC nach der Annahme des Universitätsgesetzes *(loi sur l'Université)* von 1916 Beratungen über ein neues Universitätsreglement aufnimmt, in denen die ESSP ihre Autonomie gegenüber der juristischen Fakultät zu verlieren droht (Busino, 1983, S. 24; Wisard, 1998, S. 166 ff.). Busino ist der Ansicht, Millioud hätte die Interessen der Behörden an der Lehrerbildung unterstützt, um die Zukunft der ESSP zu sichern.[50]

Es scheint jedoch, dass weniger ein sorgfältig geplantes, institutionelles Kalkül als vielmehr ein Zusammentreffen mehrerer Umstände günstige Bedingungen für das allmähliche Entstehen des Fachbereichs geschaffen haben. In dieser Phase der Unklarheit nimmt das DIPC über seine Dienststelle für das höhere Bildungswesen Gespräche mit Edouard Vittoz auf, der von Millioud als möglicher Nachfolger Guex' vorgeschlagen worden war, zieht jedoch das Angebot nach einem Meinungsumschwung Millliouds wieder zurück. Das Projekt ist im Grunde stimmig, hinsichtlich seiner akademischen Einbindung jedoch eindeutig schlecht definiert, was sich in den vielfältigen Bezeichnungen äussert, mit denen es zwischen 1916 und 1917 umschrieben wird: Anfänglich ist bei Millioud schlicht von Lehre in Pädagogik *(enseignement de pédagogie)* die Rede, dann spricht man innerhalb des DIPC von einer Schule für wissenschaftliche und praktische Pädagogik *(Ecole de pédagogie*

48 Wir verweisen zum Beispiel darauf, dass das *Institut Jean-Jacques Rousseau* in den Dokumenten, die dem DIPC vorgelegt werden, mit keinem Wort erwähnt wird. Allerdings spielte er eine wichtige, unterstützende Rolle bei der Gründung des Genfer Instituts in den Jahren 1911–1912 (Bovet, 1932, S. 11–14).

49 ACV: PVSCU, SB 84/ 2. Sitzung vom 28 Februar 1917. Millioud ersetzt Vilfredo Pareto beim Kurs für allgemeine Soziologie 1909–1910 und setzt sich aktiv für die ESSP ein, als der Staatsrat diese 1911 gesetzlich verankert (Busino, 1983, S. 22).

50 Pareto hört Ende Studienjahr 1916/17 auf zu lehren, und Millioud wird neuer Leiter der ESSP als Nachfolger Roguins. Nach dem Bericht des Staatsrats des Jahres 1912 ist das DIPC an der Entwicklung berufsbezogener Studiengänge an der gerade gegründeten ESSP interessiert, der Staatsrat hingegen lehnt dies ab (Busino, 1983, S. 22).

scientifique et pratique) bzw. einem pädagogischen Institut *(Institut de pédagogie),* und das definitive Reglement vom Sommer 1917 verwendet schliesslich die Bezeichnungen Fachbereich für pädagogische Wissenschaften *(Section des sciences pédagogiques)* und Fachbereich für Pädagogik *(Section de pédagogie),* die sich mit der ESSP vereinbaren lassen.

Nachdem Millioud in die Direktion der ESSP gewählt worden ist, entsprechen die Bezeichnungen seinen Plänen für einen Fachbereich tatsächlich so weit, dass der Zusammenhang zwischen der Konsolidierung der ESSP und seinem Projekt eines Fachbereichs deutlich wird. Aber auch das DIPC meldet wieder seine Interessen an: Die Dienststellen für das Sekundarschulwesen und für das höhere Bildungswesen einigen sich auf eine Berufung von Auguste Deluz* als Lehrbeauftragten für allgemeine Didaktik.[51] Deluz kommt aus dem Sekundarschulwesen und hat dort Karriere gemacht. Als zweite Person für den neuen Fachbereich wird der Seminardirektor Jules Savary* ernannt, der von Anfang an in Millliouds Plänen erschienen ist. Er wird im August 1917 zum Dozenten für spezielle Pädagogik (Schulorganisation) *(pédagogie spéciale [organisation scolaire])* ernannt.[52]

Ungeachtet der unterschiedlichen Interessen, die sich bei der Umsetzung des Projekts konkurrenziert haben, bleibt dieser Fachbereich für pädagogische Wissenschaften in einem bescheidenen Rahmen und besteht nicht etwa aus einem mit eigenen Räumlichkeiten und Mitteln ausgestatteten Institut, sondern aus einer Reihe von Lehrveranstaltungen. Eile, Diskretion und letztlich das Fehlen finanzieller Mittel prägen das Projekt. Ernannt werden Personen, die bereits im Dienst des Kantons stehen und die Interessen der Bildungsverwaltung vertreten. Bei der Begründung, warum er Deluz den Vorzug vor Vittoz gibt, hebt Millioud die Stellung des Ersteren beim DIPC hervor und betont, «dass dieser das Sekundarschulwesen ausgezeichnet repräsentiert». Beide sind weder promoviert noch verfügen sie über Universitätserfahrung. Vor diesem Hintergrund wird verständlich, dass das DIPC Savarys Vorschlag folgt, Millioud eine Sondervergütung zuzugestehen, der mit ei-

51 Das DIPC informiert den Rektor lediglich nachträglich über die «Ergebnisse» dieser Nominierung (ACV: K XIII 252 C1 1917 Dossier 46. Vermerke der Dienststelle für das höhere Bildungswesen des DIPC vom 29. Januar, 19. Februar und 26. März 1917).

52 Nach dem Rücktritt Guex' als Seminardirektor wird Savary von Staatsrat Chuard zu dessen Nachfolger ernannt. Dies setzt ihn der Kritik der Linken aus, die hierin eine Allianz der radikalen Partei mit dem Protestantismus sieht (ACV: Akten der Schweizerischen Depeschenagentur *(Agence Télégraphique Suisse),* Dossier Jules Savary).

ner Lehrveranstaltung zur pädagogischen Ideengeschichte den Fachbereich in ein «äusserst vorteilhaftes Licht» rücken würde.[53]

Die Anfänge des Fachbereichs für pädagogische Wissenschaften

Das vom Staatsrat verabschiedete Reglement für den neuen Fachbereich für pädagogische Wissenschaften entspricht weitgehend dem Projekt, das dem DIPC Ende 1916 unterbreitet wurde. Zusätzlich zum Diplom in Pädagogik und dem Lizenziat in pädagogischen Wissenschaften kann der Fachbereich von nun an einen weiteren Grad verleihen: das Doktorat in Pädagogik. Das Lehrangebot weist ab Sommersemester 1918 die in den verschiedenen Projekten vorgesehenen Veranstaltungen auf: Millioud stellt eine Wochenstunde seines Lehrstuhldeputats in Philosophie für die pädagogische Ideengeschichte zur Verfügung, Savary befasst sich während mehr als zwei Wochenstunden mit Fragen der Schulorganisation sowie der moralischen Erziehung und bietet ein pädagogisches Seminar an. Den grössten Teil der Lehrtätigkeit im Fachbereich übernimmt Deluz mit einer Stunde allgemeine Didaktik, einer Stunde Pädologie und einer zusätzlichen Stunde Vorlesung sowie der Betreuung von Studierenden im Rahmen der praktischen Übungen für Sekundarlehrer.[54] Lehrveranstaltungen über Schulhygiene und Psychologie werden Jean Larguier des Bancels von der medizinischen Fakultät übertragen.[55]

Diese Lehrveranstaltungen gehen weit über die eigentliche Lehramtsausbildung hinaus. Für das pädagogische Fähigkeitszeugnis (Lehrdiplom), mit dessen theoretischer und – teilweise – praktischer Vorbereitung der Fachbereich für pädagogische Wissenschaften betraut ist, sind Prüfungen in drei Fächern abzulegen, die alle im

---

53 Handschriftlicher Brief mit dem Briefkopf der Direktion der Waadtländer Lehrerseminare, undatiert und unsigniert, aber sehr wahrscheinlich von Savary. Dieser Brief erwähnt ausserdem, dass das Reglement der ESSP ausschliesslich vom «Departementsvorsteher» unterzeichnet sei und «ohne Schwierigkeiten verändert werden kann», was dann auch ohne weitere Diskussionen in Universität und Parlament geschieht (ACV: K XIII 252 C1, 1917, Dossier 34; Übersetzung MC/VL).

54 BRA: PCUL.

55 Nach dem Erwerb eines naturwissenschaftlichen Lizenziats an der Universität Lausanne promoviert er im Fach Biologie in Paris, wo er als Assistent im psychophysiologischen Labor Alfred Binets tätig ist. 1903 wird er gleichzeitig zum Privatdozenten für physiologische Psychologie an der geisteswissenschaftlichen und für Physiologie an der medizinischen Fakultät ernannt, 1907 zum ausserordentlichen Professor für experimentelle Psychologie und Sinnesphysiologie (ACV: K XIII 252 C1 1903, Dossier 38). Indes befasst sich keine seiner Lehrveranstaltungen mit Kinderpsychologie (BRA: PCUL).

Fachbereich gelehrt werden: pädagogische Ideengeschichte, allgemeine Didaktik und Schulorganisation. Dagegen sind die Lehrveranstaltungen, die für den Erwerb des Lizenziats in Pädagogik reglementarisch vorgeschrieben sind, teilweise in anderen Fakultäten angesiedelt, etwa allgemeine Philosophie, französische Sprache und Literatur oder Psychologie.[56]

Sowohl die Anzahl Studierender als auch die Zahl der Examina weisen auf ein schnelles Wachsen des jungen Fachbereichs hin: Zwischen März 1918 und Oktober 1925 können Dutzende von theoretischen Prüfungen für das Sekundarlehrdiplom nachgewiesen werden. Während desselben Zeitraums erteilt der Fachbereich mindestens sechs Lizenziate in pädagogischen Wissenschaften und vier Promotionen in Sozialwissenschaften mit Schwerpunkt Pädagogik.[57] Dieser Erfolg kann jedoch die beträchtlichen Spannungen nicht überdecken, die sowohl innerhalb der Universität als auch innerhalb der Lehrerverbände hinsichtlich des Fachbereichs entstanden sind.

Nach den schüchternen Protesten der geisteswissenschaftlichen Fakultät, der 1917 ein Lehrstuhl weggenommen wurde, ohne dass sie ein Mitspracherecht gehabt hätte, geht jetzt die naturwissenschaftliche Fakultät wegen der Lehramtsausbildung auf die Barrikaden. Denn sowohl die Vertreter der pädagogischen Wissenschaften als auch die der naturwissenschaftlichen Disziplinen wollen die Sekundarlehrdiplome vergeben.[58] Zu Beginn der 1930er-Jahre hat immer noch keine der Parteien nachgegeben.[59] Dieses Beispiel zeigt einen der Konflikte, denen der Fachbereich für pädagogische Wissenschaften ausgesetzt ist: Durch seine Gründung werden disziplinäre Vorrechte infrage gestellt, welche die verschiedenen Fakultäten nicht aufzugeben bereit sind.

Auch die Schulpraxis verhält sich mehr oder minder explizit reserviert gegenüber dem Fachbereich für pädagogische Wissenschaften. Die SPV scheint gegenüber dem Fachbereich keinerlei Erwartungen gehabt zu haben, als der Leiter der Dienststelle für das Primarschulwesen, Ernest Savary, 1920 das Gesetz über die Primarschulen in Konsultation gibt. In ihren Forderungen nach Verbesserung des

---

56 ACV: K XIII 324 C1 1923, Dossier 40. Anhang vom 3. August 1917 zum Reglement der Schule für Sozialwissenschaften *(Ecole des sciences sociales)* der Universität Lausanne vom 22. Juli 1914.

57 Zahlen auf der Basis eines Vergleichs der Daten der Protokolle des Rats der Schule für Sozial- und Politikwissenschaften *(Procès-verbaux du Conseil de l'Ecole des sciences sociales et politiques)* und Joos, 1971.

58 ACV: K XIII 369/5. Brief des Rektors an Millioud vom 5. Mai 1919; BRA: PVFS. Sitzungen vom 18. Februar, 23. April und 12. Juni 1919.

59 BRA: PVFS. Sitzungen vom 3. und 21. Juni 1932.

sozialen Status der Lehrerschaft und deren Berufsausbildung[60] durch ein der Universität angegliedertes «Labor für ‹Erziehungswissenschaften› nach dem Vorbild des Genfer *Institut Rousseau,* das der Welt der Pädagogik unzählige Dienste erwiesen hat» (SPV, 1920, S. 59), erwähnt die SPV mit keinem Wort die in Lausanne bereits stattfindenden Lehrveranstaltungen.

Der Waadtländer Sekundarlehrerverein stellt den Fachbereich vor einem anderen Hintergrund infrage: Anlässlich einer 1922/23 von diesem Verein durchgeführten Untersuchung über die berufliche Vorbereitung der Lehramtskandidaten kommt es zu Meinungsverschiedenheiten mit Deluz, der Mitglied der für die Untersuchung zuständigen Kommission ist. Zwar folgt die Kommission Deluz insofern, als dass sie empfiehlt, den Professor für Pädagogik «aus dem Sekundarschulbereich» zu wählen, «um den Kontakt mit dem Praxisfeld zu halten» (SPV, 1923, S. 20; Übersetzung MC/VL), und ihm die praktischen Übungen zu übertragen. Die Mehrheit der Kommission schlägt jedoch anstelle der grundlegenden Lehrveranstaltungen im Fachbereich – Geschichte der Pädagogik, Didaktik und Schulorganisation – solche in Kinderpsychologie und allgemeiner Didaktik vor. Dies lehnt Deluz ab.

Die Psychologie setzt sich durch

Mehr noch als die verschiedenen Spannungen im Verhältnis zu den Fakultäten oder zur Schulpraxis erweist sich die Personalerneuerung als Nachteil für den Fachbereich. Die Lehre in Pädagogik wird durch den Tod ihres eifrigsten Verfechters Millioud 1925 zwar zunächst nicht infrage gestellt, der Fachbereich sieht sich jedoch mit der Unschlüssigkeit der geisteswissenschaftlichen Fakultät konfrontiert, die ihre Vorrechte im Bereich der Pädagogik offensichtlich immer noch nicht abzutreten bereit ist. Auf ausdrückliches Verlangen der geisteswissenschaftlichen Fakultät hin schliessen die offiziellen Lehrverpflichtungen des Nachfolgers auf dem Lehrstuhl für Philosophie, Arnold Reymond*, künftig eine Stunde in Pädagogik ein.[61] Der Dekan geht sogar so weit, den Lehrstuhl in «Philosophie und Pädagogik»[62] umzubenennen. Der Tod Savarys im Herbst 1929 belastet den Fachbereich in mehr-

60 Diese Untersuchung der SPV ist im Zusammenhang mit den in den 1920er-Jahren erhobenen Forderungen der Primarlehrer nach einer Akademisierung ihrer Ausbildung zu sehen (Millet, 1983).

61 ACV K XIII 324 C1 1925, FL Umschlag 44, Dossier 2,. Brief des Rektors an das DIPC vom 2. Februar 1925.

62 ACV: K XIII 324 C 1925, Umschlag 44. Brief des Dekans der geisteswissenschaftlichen Fakultät an den Rektor vom 26. Januar 1925.

facher Hinsicht: Seine Stelle wird im Prinzip Reymond übertragen, wodurch der Personalbestand des Fachbereichs verringert wird. Die Kurse in Schulorganisation und Moralerziehung, bislang Schwerpunkte der Lehrtätigkeit Savarys, werden nicht weitergeführt.[63] Auf diese Abgänge reagiert die ESSP mit der Forderung nach einer ausserordentlichen Professur für Deluz. Obwohl Letzterer gerade zum Leiter der Dienststelle für das Sekundarschulwesen ernannt wurde, findet diese Forderung die Zustimmung des DIPC, das betont, dass eine entsprechende Berufung zur Stärkung der «persönlichen Autorität des Herrn Deluz bei den Sekundarlehrern, mit deren Inspektion und Leitung er beauftragt ist», beitrage.[64] Mit dieser Berufung entsteht die erste Professur, die direkt aus dem Fachbereich für pädagogische Wissenschaften hervorgegangen ist.[65]

Mit der Aufnahme neuer Beziehungen zur Psychologie verändert sich die thematische Ausrichtung des Fachbereichs noch mehr. Bisher war der Kurs in Psychologie der medizinischen Fakultät übertragen und die (obligatorische) Teilnahme der Studierenden des Fachbereichs wurde nicht kontrolliert.[66] Dieses distanzierte Verhältnis zur Psychologie ändert sich grundlegend mit dem Antrag von Dr. Jean Wintsch* 1919 um Zulassung als Privatdozent an der ESSP. Drei Jahre später unterbreitet Arnold Reymond, jetzt in der Funktion des Rektors, der ESSP den Vorschlag, Jean Piaget* zu berufen, um das Lehrangebot in Psychologie zu erweitern.[67] Zudem beschliesst der Rat der ESSP, den Kurs von Wintsch sowie zwei weitere ergänzende Lehrveranstaltungen von Larguier und Piaget zur Pflicht zu machen.[68] Angesichts der Vielzahl neuer Lehrveranstaltungen in Psychologie, die den Plural in der Benennung des Fachbereichs für «pädagogische Wissenschaften» rechtfertigen, ist es bezeichnend, dass die offiziellen Instanzen ab 1932 von einer Schule

63 BRA: PVESSP. Sitzung vom 31. Oktober 1929.

64 ACV: K XIII 324 C 1929, Dossier 40.5. Maschinengeschriebene Notiz vom 25. November 1929; Übersetzung MV/VL.

65 Der Leiter der Dienststelle für das höhere Bildungswesen vermerkt zudem zu diesem Thema, dass die Nominierung von Deluz «geeignet sei, die Bedeutung des Fachbereichs für Pädagogik zu stärken und dem mit der Abnahme von Prüfungen und Promotionsverfahren betrauten Professor grössere Autorität zu verleihen» (ACV: K XIII 324 C 1929, Dossier 40.5; Übersetzung MC/VL).

66 BRA: PVESSP. Sitzung vom 24. Mai 1932. Der Rat der ESSP erneuert und verschärft die Teilnahmepflicht.

67 BRA: PVESSP. Sitzung vom 24. Mai 1932; ACV: K XIII 324 C1 1932. Brief des Rektors an das DIPC vom 11. Juli 1932.

68 BRA: PVESSP. Sitzung vom 24. Mai 1932. Zielgruppe sind ausdrücklich Teilnehmende an pädagogischen Studiengängen, die entweder ein pädagogisches Lizenziat oder eine Lehrtätigkeit anstreben.

für Sozial-, Politik- und pädagogische Wissenschaften *(Ecole des sciences sociales, politiques et pédagogiques)*[69] sprechen. Das gesundheitsbedingte Ausscheiden Larguiers im April 1936 bietet die Gelegenheit, die Anbindung und Denomination des Lehrstuhls für Psychologie neu zu evaluieren. Die ESSP geht unverzüglich an seine Neubesetzung und beruft schliesslich Piaget.[70] In Anerkennung seiner Arbeiten wird auch Wintsch zum ausserordentlichen Professor befördert.[71]

Mit der Konsolidierung der Psychologie bietet der Fachbereich für pädagogische Wissenschaften auch praktische Übungen an. Ab 1938 bietet Wintsch ein kostenloses Seminar für seine Studierenden in angewandter Psychologie an, das im Rahmen des Gesundheitsdienstes für Schulen stattfindet, die er als Schularzt betreut. Seine Stadtpraxis wird zu einem regelrechten Labor für angewandte Psychologie.[72] 1941 wird Wintsch ein Doktorand als Laborassistent bewilligt, der auch mit den von Piaget geleiteten praktischen Übungen betraut wird. Letzterer erhält gleichzeitig die Möglichkeit, praktische pädagogische Übungen in einem vom Lehrerseminar zur Verfügung gestellten Klassenraum abzuhalten, und hat grossen Erfolg bei den Primarlehrern, die seine Kurse in grosser Zahl besuchen.[73]

---

69 Diese Benennung findet sich in keinem offiziellen Reglement, sondern verbreitet sich durch die Protokolle der Universitätskommission bzw. die Staatsverwaltungsberichte des DIPC.

70 ACV: K XIII 324 C1 1936, Dossier 40.2. Brief Boninsegnis, Direktor der ESSP, an die juristische Fakultät vom 17. Juni 1936. Die medizinische Fakultät will die Lehre in Psychologie nicht neu definieren, da sie diese durch William Boven (Charakterologie, Psychiatrie) wahrgenommen sieht, und verweigert Wintsch sogar den Eintrag seines Kurses in ihr Veranstaltungsverzeichnis (BRA: Protokoll des Fakultätsrats der medizinischen Fakultät. Sitzung vom 18. Dezember 1936).

71 Der Rat der ESSP hält in seinem Nominierungsbericht fest, dass der Psychologiekurs von Wintsch «sehr gut von Lehramtsstudierenden der Geistes- und Naturwissenschaften, von Primaroberstufenlehrern, Sekundarlehrern, Schulinspektoren, Leitern von Bildungseinrichtungen usw. besucht wird» (ACV: K XIII 324 C1, 1936, Dossier 40.2. Brief von Boninsegni, Direktor der ESSP, an die juristische Fakultät vom 17. Juni 1936).

72 Die Tätigkeit umfasst «praktische Arbeiten: Studenten stehen normalen und abnormalen Schülern gegenüber, die hinsichtlich ihres Geisteszustands auf unterschiedliche Arten untersucht werden, und müssen anschliessend darüber berichten» (ACV: KXIII 324 C1 1941, Dossier 40.2+5. Brief Wintschs an den Leiter der Dienstabteilung für das höhere Bildungswesens vom 2. Februar 1941).

73 Briefe von Deluz an den Rektor vom 27. September 1942 und des Rektors an den Vorsteher des DIPC vom 12. Oktober 1942 (ACV: K XIII 369/54 und ACV: Staatsverwaltungsbericht des DIPC, 1942, S. 17 f.).

Der Niedergang des Fachbereichs für pädagogische Wissenschaften (1944–1951)

Der Fachbereich wird langsam ausgeblutet

Durch den Einbezug der Psychologie scheint der Fachbereich sowohl seine Lehrtätigkeiten als auch seine bis dahin kaum entwickelten Forschungsaktivitäten auszuweiten. Verschiedene Rückschläge führen jedoch dazu, dass diese Entwicklungen schon im Keim erstickt werden. Zunächst streicht die geisteswissenschaftliche Fakultät, nach dem krankheitsbedingten Ausscheiden Reymonds im Jahr 1938, trotz der dringlichen Forderungen der ESSP, die Lehre in Pädagogik aus dem Aufgabenbereich des Lehrstuhls für Philosophie.[74] Als Wintsch 1943 stirbt, bleibt Piaget der Einzige im Fachbereich, der Psychologie lehrt. Erst 1946 stösst Lucien Bovet* offiziell zum Fachbereich, jedoch lediglich mit einem Lehrauftrag zur Psychopathologie des Kindes. Ab dem Wintersemester 1946 bleiben als Lehrveranstaltungen zur Kinderpsychologie lediglich Bovets Stunde in Psychopathologie sowie zwei Stunden Piagets in allgemeiner Psychologie. Praktische Übungen oder Labortätigkeiten sind im Lehrangebot der ESSP nicht mehr zu finden.

Die schwierigste Zeit erlebt der Fachbereich 1944 anlässlich der Nachfolgeregelung für Deluz. Letzterer macht deutlich, dass der Lehrstuhl für Pädagogik mit einem Problem behaftet sei, das ihn gleichermassen kennzeichnet und gefährdet: Er verfügt «nicht über die notwendige Ausstattung, die ihn von anderen Funktionen unabhängig machen würde».[75] Das einem Professor für Pädagogik angemessene Salär stammt zu einem grossen Teil aus ausseruniversitären Ressourcen. Das bedeutet indirekt, dass die mit der Arbeit an der Universität verbundene wissenschaftliche Aufgabe der pädagogischen Forschung durch ausseruniversitäre Funktionen eingeschränkt wird.

Aus ökonomischen Gründen wird in der Berufungskommission für die Nachfolge Deluz' auch darüber nachgedacht, den Lehrstuhl in einen theoretischen und einen praktischen Bereich zu teilen. Diese neue Disposition ist mit der Hoffnung

74 Briefe Boninsegnis für den Direktor der ESSP an den Rektor vom 23. November 1938 und Brief Boninsegnis, Direktor der ESSP *ad interim,* an den Rektor vom 26. Juni 1939 (ACV: K XIII 369/54). Angesichts der Notwendigkeit, die Ausbildung der Lehramtskandidaten zu gewährleisten, stimmt Reymond zu, seine entsprechende Lehrtätigkeit bis 1944 fortzuführen (BRA: SB 84/5, PVSCU. Sitzung vom 23. Juni 1939; BRA: SB 84/6, PVSCU. Sitzung vom 23. Februar 1944).

75 Brief von Deluz, Direktor der ESSP, an den Dekan der juristischen Fakultät vom 27. Juni 1944 (ACV: S 54 1944, Dossier 40.4; Übersetzung MC/VL).

verbunden, den theoretischen Bereich Piaget übertragen zu können, der jedoch ablehnt. Die Kommission wählt daraufhin Louis Meylan*, den Direktor der Höheren Töchterschule und des Mädchengymnasiums der Stadt Lausanne *(Ecole supérieure et Gymnase de jeunes filles de la Ville de Lausanne).* Nachdem kein Kandidat für den praktischen Bereich gefunden worden ist,[76] wird Meylan schliesslich, wie schon sein Vorgänger, mit der gesamten pädagogischen Lehre betraut. Zudem scheint nach Deluz' Meinung die Wahl Meylans sinnvoll, um «eine bessere Vorbereitung der Lehramtskandidaten zu gewährleisten, was wirklich wünschenswert wäre».[77] Meylan wird am 14. Juli 1944 zum ausserordentlichen Professor ernannt – und zwar auf einen Lehrstuhl für «experimentelle Pädagogik» *(pédagogie expérimentale).* Diese Denomination hatte es bislang an der Universität Lausanne nicht gegeben, und man kann sich fragen, inwieweit sie den Sachverhalt trifft.[78] Als Meylan 1946 definitiv Reymond ersetzt und dessen Einführung in die philosophischen Probleme der Pädagogik übernimmt, ist er der einzige Lehrende für Pädagogik, muss jedoch, anders als vor ihm Guex oder Deluz, auf seine verschiedenen ausseruniversitären Ämter verzichten, um sich vollumfänglich dem Lehrstuhl widmen zu können.

Die praktische Ausbildung der Lehramtskandidaten wird aus der Universität ausgelagert

Die Lehre in Pädagogik ist nun zwar fest an die Person Meylans gebunden, und die Pädagogik ist weniger mit den Ambitionen der geisteswissenschaftlichen Fakultät konfrontiert, dafür umso mehr den Gängelungen der universitären Instanzen ausgesetzt. Als die Nachfolge für Deluz geregelt wird, unternimmt die geisteswissenschaftliche Fakultät den Versuch, die Lehre in Pädagogik wieder an sich zu ziehen, und beauftragt ihren Dekan, bei «der ersten sich bietenden Gelegenheit

---

76 Keiner der verschiedenen Kontakte mit Kandidaten, die an Sekundarschulen tätig sind, ist erfolgreich (ACV: S 54 1944, Dossier 40.4. Brief von Deluz, Direktor der ESSP, an den Dekan der juristischen Fakultät vom 27. Juni 1944; BRA: Protokolle des Rats der Schule für Sozial- und Politikwissenschaften, Sitzungen vom 28. April und 1. Juni 1944).

77 ACV: S 54 1944, Dossier 40.4. Brief von Deluz, Direktor der ESSP, an den Dekan der juristischen Fakultät vom 27. Juni 1944; Übersetzung MC/VL. Später anerkennt Meylan Deluz' Bemühungen der Jahre 1930 bis 1940 um eine gute Organisation der Berufsvorbereitung für Lehramtskandidaten (Meylan, 1953, S. 100).

78 Das Paradox bezieht sich auf die Tatsache, dass Meylan, laut seinem Nachfolger Georges Panchaud, einer Pädagogik philosophischer Prägung verpflichtet ist und die experimentelle Pädagogik mit «ihren soziologischen Untersuchungen, ihren Statistiken und ihren Laborexperimenten» ablehnt (*La Feuille d'avis de Lausanne,* 21. März 1968; Übersetzung MC/VL).

die ‹Ansprüche› der geisteswissenschaftlichen Fakultät auf die Lehre in Pädagogik und Psychologie»[79] geltend zu machen. Tatsächlich fallen diese Forderungen in eine Zeit der Umgestaltung universitärer Strukturen und der Gesetzgebung über das öffentliche Unterrichtswesen. In den Debatten über das Unterrichtswesen im Sekundarbereich, die das Waadtländer Parlament zwischen 1940 und 1944 führt, wird nun zwar die theoretische pädagogische Vorbereitung als Errungenschaft der Universität gesehen, mit der praktischen Vorbereitung verhält es sich jedoch anders: Diese wird mit dem Gesetz vom 5. September 1944 durch die Einführung eines Praxiszertifikats, das ausschliesslich in den Zuständigkeitsbereich des DIPC fällt, aus der Universität herausgelöst. Der Umstand, dass die Schulbehörden die schulpraktische pädagogische Ausbildung nicht an der Universität belassen wollen und eine Praxisausbildung einführen, die Meylan als «praktische Übungsschule» (*école d'application pratique,* 1953, S. 100; Übersetzung MC/VL) bezeichnet, berechtigt zur Frage, ob der Fachbereich einen Teil des strategischen Interesses verliert, das er bislang seitens des DIPC beanspruchen konnte.

Als Meylan 1948 vorschlägt, die im Organigramm des Fachbereichs vorgesehenen Lehrveranstaltungen in Pädagogik wieder aufzunehmen, lehnt der Rektor eine erneute Ausweitung des Fachbereichs klar ab: «Dieser Fachbereich sollte seine Aufgabe auf die pädagogische Ausbildung der Lizenziatsstudierenden der Geistes-, Natur- und Wirtschaftswissenschaften beschränken, die in den Schuldienst auf den Sekundarstufen einzutreten beabsichtigen. Die pädagogischen Wissenschaften gehören zu den Spezialitäten Genfs; es empfiehlt sich, sie dort zu belassen.»[80]

Ohne die traditionelle Unterstützung seitens des DIPC werden die Ambitionen des Fachbereichs hinsichtlich seiner weiteren Entwicklung und selbst seine Existenz durch die universitären Instanzen infrage gestellt. Für den Grossteil der Universität beschränkt sich die Aufgabe der pädagogischen Wissenschaften auf eine Unterstützungsrolle bei der Ausbildung der Lehramtskandidaten, obwohl die zahlreichen Publikationen Meylans von seinen Forschungstätigkeiten im pädagogischen Bereich zeugen. Andererseits wird der Lehrstuhl für Pädagogik in diesem reduzierten institutionellen Raum mit einem vollen Deputat für Meylan aufgewertet, was sich darin bestätigt, dass er 1951 eine ordentliche Professur erhält – was zuvor noch kein Lehrstuhlinhaber in Pädagogik erreicht hat (Robert & Panese, 2000).

79 BRA: PVFL. Sitzungen vom 24. November 1943 und vom 3. Mai 1944.
80 BRA: PVSCU, SB 84/8. Sitzung vom 7. Oktober 1948; Übersetzung MC/VL.

Die Lehrerbildung als bestimmendes Element der pädagogischen Wissenschaften

Zwischen Ende des 19. und Mitte des 20. Jahrhunderts wird die Entwicklung der Pädagogik an der Universität Lausanne von drei Generationen von Pädagogen mit relativ unterschiedlichen Profilen geprägt. Für Guex steht die Beziehung zum Lehrerseminar im Vordergrund, sowohl auf institutioneller (hauptsächliche Besoldung durch das Lehrerseminar) als auch auf wissenschaftlicher Ebene (eine seminaristische Disziplin wird auf universitäre Ebene gehoben). Unter Deluz kommt die Beziehung zum Lehrerseminar nicht völlig zum Erliegen, da Savary ebenfalls Lehrbeauftragter im 1917 neu geschaffenen Fachbereich für pädagogische Wissenschaften ist. Schliesslich wird der dem Sekundarschulwesen sehr verbundene Deluz bis zu seinem Ausscheiden zur tragenden Kraft des Lehrstuhls für Pädagogik. Meylan, der ebenfalls aus dem Sekundarschulbereich kommt, verkörpert schliesslich eine neue Art von Beziehung zu den Schulbehörden. Er untersteht ihnen nicht mehr, was durch sein Gehalt belegt wird, das er unabhängig von jeglicher Tätigkeit für das DIPC bezieht.[81]

Bei diesen Entwicklungen spielt das DIPC eine massgebliche Rolle. Die pädagogische Reformbewegung, die das Waadtländer Schulwesen am Ende des 19. Jahrhunderts erfasst, und insbesondere die Forderungen der Praktiker des Sekundarschulwesens, finden 1890 in der Gründung des Lehrstuhls und 1909 in der Schaffung des Fähigkeitszeugnisses für die Sekundarstufen ein universitäres Echo. Das DIPC sieht eine universitäre pädagogische Ausbildung seines Lehrpersonals vor und unterstützt deshalb rückhaltlos den 1917 von Millioud vorgelegten Plan eines pädagogischen Fachbereichs, mit dem die institutionelle Verlagerung des Lehrstuhls für Pädagogik von den Geisteswissenschaften hin zur ESSP ins Zentrum eines neuen Fachbereichs für pädagogische Wissenschaften vorgesehen ist. In dieser Phase forcierter Institutionalisierung richten sich die pädagogischen Disziplinen hauptsächlich auf die Lehramtsausbildung aus. In diesem Kontext wird in den 1930er-Jahren auch die Psychologie stärker in der Universität institutionalisiert, wodurch das Lehrangebot des Fachbereichs erweitert und der bis dahin kaum existierende Forschungsbereich dynamisiert wird. Aber auch wenn mit der Gründung des Fachbereichs in Lausanne ein Entwicklungsprozess für die pädagogischen Wissenschaften initiiert wird, erlauben es ihm die fragilen institutionellen Grundlagen nicht wirklich, Bedeutung zu erlangen. Bezeichnenderweise verringert sich der

81 Meylans Bezüge sind etwas niedriger als diejenigen von Deluz (7000 statt 7500 Franken), er kumuliert jedoch keine externen Mandate (ACV: K XIII S 54 1944, Dossier 40.4).

Druck auf die pädagogischen Wissenschaften – einschliesslich der Psychologie – in dem Augenblick, als das DIPC 1944 einen Teil der Lehramtsausbildung übernimmt, und der Inhaber des Lehrstuhls für Pädagogik bei der Entfaltung seiner Aktivitäten weniger als bisher an die Bildungsverwaltung gebunden ist.

Angesichts der Entscheidungen des DIPC bleibt den Fakultäten generell kein Spielraum bei der Entwicklung der Lehre der Pädagogik: Sie reagieren durchaus ambivalent auf eine Disziplin, die zwar marginalisiert ist, aber dennoch Berufsmöglichkeiten eröffnet und für eine studentische Klientel sorgt. In diesem Zusammenhang erweist sich Milliouds Strategie als erfolgreich, den Fachbereich für pädagogische Wissenschaften an die ESSP anzubinden, weil dieser Fachbereich die krisengeschüttelte Institution institutionell legitimiert. Gleichzeitig ist sein Agieren entscheidend für die Einrichtung vollständiger pädagogischer Studiengänge, die den Erwerb von Lizenziaten und Promotionen in den pädagogischen Wissenschaften ermöglichen. Dies sind für einen bestimmten Zeitraum die massgeblichen «Produkte» einer ordentlichen, mit universitärer Lehre und Forschung verbundenen, disziplinären Aktivität.[82] Generell hängt aber das wissenschaftliche Interesse an der Disziplin Pädagogik im Kanton Waadt, das sich erst allmählich manifestiert, mindestens bis zum Beginn der 1950er-Jahre eng von administrativen, institutionellen und auch professionellen Interessen ab.

82 Der Fachbereich der pädagogischen Wissenschaften vergibt 1926–1933 acht und 1938–1950 16 Lizenziate in Erziehungswissenschaften. Zudem werden zwischen 1926 und 1950 acht Doktorate in Erziehungswissenschaften vergeben (Zahlen nach: Staatsverwaltungsbericht des Kantons Waadt, Protokolle des Rats der Schule für Sozial- und Politikwissenschaften sowie Joos [1971]).

Kapitel 6
Erziehungswissenschaften in Freiburg

Die Herausforderung einer katholischen Schweizer Universität und deren Einfluss auf das disziplinäre Feld

Valérie Lussi Borer und Marco Cicchini

Ein Lehrstuhl für Pädagogik – der erste Schritt zu ambitionierten Projekten (1889–1904)

Eine Universität für die Schweizer Katholiken und für den Kanton Freiburg

Der Sonderbundkrieg und die Gründung des Bundesstaates bestätigen die intellektuelle und politische Vorherrschaft der Radikalen in der Schweiz. In der Folge versuchen die katholisch Konservativen vor allem im Bildungsbereich aktiv zu werden. In der gespannten Atmosphäre des Kulturkampfs entsteht bei der konservativen Opposition das dringende Bedürfnis nach der Schaffung besserer Ausbildungsmöglichkeiten für Schweizer Katholiken (Altermatt, 1989, S. 147 ff.). In der deutschsprachigen Schweiz werden auf den Sekundarstufen I und II nach und nach katholische Schulen eröffnet. Auch die katholischen Kantone der französischsprachigen Schweiz organisieren sich gegen den von den Radikalen angestrebten Zentralismus im Bildungsbereich: Als Gegenstück zum Westschweizer Lehrerverein (*Société pédagogique romande,* SPR) gründet Pfarrer Raphael Horner* 1871 den Freiburger Lehrerverein *(Société fribourgeoise d'éducation).* In den folgenden Jahren rückt nach und nach die Gründung einer konfessionellen Universität in den Vordergrund, die ein Gegengewicht zu den bestehenden Universitäten und Akademien schaffen soll, die alle von protestantischen Kantonen eingerichtet worden sind (Schneuwly, 1891).

Seit 1860 zeichnet sich die Gründung einer Universität im Kanton Freiburg ab. Das Vorhaben wird massgeblich vom Freiburger Staatsrat Georges Python,[1] der 1886 in die Erziehungsdirektion *(direction de l'instruction publique)* gewählt worden ist, und von Nationalrat Kaspar Decurtins[2] forciert, wobei Ersterer als finanzieller, Letzterer als geistiger Mentor des Projektes auftritt (Fry, 1952, S. 17). Das von Python ausgearbeitete Universitätsprojekt findet die Unterstützung der kirchlichen Instanzen der Zentralschweiz und des Vatikans, ist aber in Wahrheit Reflex einer Politik des staatlichen Interventionismus. Aus der Sicht des jungen, konservativen Staatsrats Python muss die Universität im grösstenteils ländlichen Kanton nämlich auch der Entwicklung des sekundären und tertiären Wirtschaftssektors dienen (*Geschichte der Universität Freiburg Schweiz,* 1991, Bd. 1, S. 46). So wird 1889 nicht etwa eine freie katholische Hochschule unter kirchlicher Aufsicht, wie etwa von Gaspard Mermillod[3] vorgesehen, sondern vielmehr eine vom Kanton Freiburg finanzierte staatliche Universität gegründet.[4] Die kantonale Universität erfährt aber dennoch Unterstützung durch die kirchlichen Autoritäten, denn sie kann hinsichtlich akademischer Grade und Rechte Parität im Vergleich mit den anderen Hochschulen der Schweiz und des Auslands gewährleisten. Um den Erfolg der Universität Freiburg sicherzustellen, wird sie zweisprachig (deutsch/französisch) und kosmopolitisch ausgerichtet. Angesichts der begrenzten finanziellen Ressourcen konstituieren sich die Organe der Universität, trotz des starken Anstiegs der Studentenzahlen innerhalb von zehn Jahren,[5] erst allmählich. Die bereits 1882 gegründete rechtswissenschaftliche Schule *(Ecole de droit)* wird gleichzeitig mit der Gründung der geisteswissenschaftlichen Fakultät *(Faculté des lettres)* im Oktober 1889 in den Rang einer Fakultät erhoben. Die aus privaten Mitteln finanzierte theologische Fakultät

1 Georges Python leitet die Erziehungsdirektion bis zu seinem Tod im Jahr 1927. Zum Personenkult, den Python selbst inszeniert hat, und zur Wahrnehmung seines Images in Freiburg siehe Bugnard (1983, S. 121 ff.).

2 Python und Decurtins begegneten sich beim Schweizerischen Studentenverein (1875–1877) und im Nationalrat in Bern (1884) (Heller & Perrez, 1990, S. 61). Decurtins führt dann im Auftrag der Freiburger Kantonsregierung eine europäische Rekrutierungskampagne für die Universität durch (*Geschichte der Universität Freiburg Schweiz,* 1991, Bd. 1, S. 61 ff.).

3 Mermillod war zu dieser Zeit Bischof von Freiburg, Lausanne und Genf.

4 Verschiedene «Tricks» ermöglichen mehr schlecht als recht die Finanzierung dieses universitären Unternehmens in einem ländlichen Kanton mit geringem Steueraufkommen (Bugnard, 1983, S. 31 ff.).

5 Die Universität nimmt 1889/90 mit 29 Studierenden ihren Betrieb auf (Fry, 1952, S. 52). Die Zahl steigt 1891/92 auf 168 und bis 1900/01 auf 326 an (*Geschichte der Universität Freiburg Schweiz,* 1991, Bd. 3, S. 1154).

(Faculté de théologie) wird 1890/91, die naturwissenschaftliche und mathematische Fakultät *(Faculté de sciences naturelles et mathématique)* 1896 gegründet.

Ein Lehrstuhl für Pädagogik als Nukleus für eine zentralisierte Ausbildung katholischer Lehrpersonen?

Trotz der finanziellen Probleme,[6] mit denen die Freiburger Universität von Anfang an konfrontiert ist, schränken die Initiatoren ihre Ambitionen hinsichtlich der wissenschaftlichen und institutionellen Entwicklung nicht ein. Als Beauftragte des Freiburger Staatsrats sind Python und Decurtins für die Auswahl der für die neue geisteswissenschaftliche Fakultät zu ernennenden Professoren und die Höhe ihrer Besoldung zuständig. Obwohl im ursprünglichen, dem Staatsrat im Oktober 1889 vorgelegten Projekt kein Lehrstuhl für Pädagogik oder Erziehungswissenschaft vorgesehen war, fügt Python einen eigenständigen Lehrstuhl für Pädagogik hinzu und schlägt, ohne weitere Ausschreibung der Stelle, die Berufung Horners vor.[7] Allerdings erhält dieser Lehrstuhl nicht denselben Status wie die anderen: Horner erhält zwar den Titel eines ordentlichen Professors, seine Besoldung, und damit auch das Budget für den Lehrstuhl in Pädagogik, ist jedoch deutlich geringer als das seiner Kollegen.[8]

Es gibt keine nachvollziehbare offizielle Begründung für die Einrichtung eines Lehrstuhls für Pädagogik, ausser in der Antrittsvorlesung des Lehrstuhlinhabers selbst. Er geht von der Feststellung aus, dass die geisteswissenschaftliche Fakultät aus Studierenden bestehe, die «mehrheitlich eine Lehrertätigkeit anstreben», und dass der zukünftige Pfarrer angehalten sei, «seine Schäflein zu unterweisen». Die

6 Python hat 1889 den Entscheid zur Gründung der Universität schnell erreicht, weil er unter anderem versprochen hat, aufgrund der finanziellen Schwierigkeiten auf den Bau neuer Universitätsgebäude zu verzichten. Gelehrt wurde daher bis 1941 provisorisch in den Gebäuden des Gymnasiums (*Geschichte der Universität Freiburg Schweiz,* 1991, Bd. 1, S. 80 f./174 f./188 ff.).

7 Vor dem Staatsrat rechtfertigt Python diese Berufung mit der Erweiterung des französischsprachigen Lehrangebots in der geisteswissenschaftlichen Fakultät und mit der symbolischen Aufwertung intellektueller Persönlichkeiten im Kanton Freiburg (Staatsarchiv Freiburg [*Archives de l'Etat de Fribourg,* AEF]: Öffentlicher Unterricht [*Instruction publique,* IP], II 92 folio 14. Brief Pythons an den Staatsrat [*Conseil d'Etat,* CE] vom 8. Oktober 1889.

8 Er bezieht lediglich 1000 Franken pro Jahr, während die von Decurtins vorgesehenen Professorengehälter sich zwischen 3000 und 6000 Franken pro Jahr bewegen, was eine Gesamtsumme für die Bezüge an der geisteswissenschaftlichen Fakultät von etwa 80 000 Franken ergibt.

Pädagogik erscheine deshalb als notwendig für die Ausbildung des Lehrpersonals (Horner, 1889, S. 296). Der Lehrstuhl ist durch sein Prinzip gerechtfertigt, dass «die Erziehungswissenschaft [...] dem künftigen Lehrer Kenntnisse der psychologischen Gesetze der geistigen Entwicklung vermittelt; sie gibt die anzuwendenden Methoden vor; sie vermittelt ‹historische Daten› über die besten pädagogischen Modelle». Zudem reagiere der Lehrstuhl auf spezifische Herausforderungen des Freiburger Kontextes: Freiburg ist mit dem Problem der Zweisprachigkeit und einer speziellen konfessionellen Situation konfrontiert (Horner, 1889, S. 296). Aus der Sicht Horners findet die Entwicklung der Pädagogik oder Erziehungswissenschaft entweder in einem von ihm als anti-christlich bezeichneten Umfeld in Frankreich statt, dem man eine katholische Pädagogik gegenüberstellen müsse, oder sie beschränke sich, im Gegensatz zur Entwicklung in Deutschland, auf das Primarschulwesen. Horner begeistert sich im Übrigen für das deutsche Universitätsmodell, nach dem die künftigen Lehrer ihre theoretischen pädagogischen Studien durch praktische Unterrichtsübungen ergänzen. Er definiert den Lehrstuhl für Pädagogik zunächst über seine Funktion in der Ausbildung von Sekundarlehrpersonen, schliesst aber auch den Wunsch nach einer Weiterentwicklung der Erziehungswissenschaften im Allgemeinen an, die unabhängig vom jeweiligen Niveau der Lehre ermöglicht werden soll (Horner, 1889, S. 302).

Pädagogik und Lehramtsausbildung

Obwohl die Berufsfeldorientierung dieses Lehrstuhls einem breit abgestützten Wunsch und nicht nur demjenigen des Lehrstuhlinhabers entspricht, werden die entsprechenden institutionellen Grundlagen nur sehr zögerlich geschaffen. Zu Beginn des Studienjahres sind weder ein besonderer Studiengang noch ein akademischer Abschluss für das Studium vorgesehen. Erst ab November 1892 diskutiert die geisteswissenschaftliche Fakultät über die Durchführung eines Examens, das «als Ersatz für eine Staatsprüfung [...] mit praktischem Ziel» gedacht ist.[9] Die Einführung eines solchen Sekundarlehrdiploms, für das zwischen Kandidierenden des Lehramts für die Sekundarstufe I einerseits und für die Sekundarstufe II andererseits unterschieden wird, wird 1893 von der Fakultät beschlossen – ohne dass dabei

9 Universitätsarchiv Freiburg (*Archives de l'Université de Fribourg,* AUF): Archiv der geisteswissenschaftlichen Fakultät (*Archives de la Faculté des lettres,* AFL) L1.1. Protokoll des Fakultätsrats der geisteswissenschaftlichen Fakultät *(Procès-verbaux du Conseil de la Faculté des lettres)* vom 24. November 1892.

eine spezifische Prüfung in Pädagogik vorgesehen wäre. Dieses Fakultätsreglement entspricht jedoch nicht den Vorstellungen der Erziehungsdirektion, die für eine pädagogische Ausbildung der Lehramtskandidierenden eintritt.[10]

Zur offensichtlich ablehnenden Haltung, die eine Mehrheit der Professoren der Fakultät gegenüber der Pädagogik einnimmt, kommen zusätzliche Schwierigkeiten, denen Horner sich bei der unterrichtspraktischen Ausbildung in den Übungsklassen aufgrund der ablehnenden Haltung des Direktors des *Collège Saint-Michel* ausgesetzt sieht.[11] Eine ausseruniversitäre Initiative zur Stärkung des Status der Pädagogik bleibt ebenfalls ohne Erfolg: 1894 versucht die Direktion des Pädagogischen Museums *(musée pédagogique)* – eine Dauerausstellung von Schulmaterialien mit angeschlossener pädagogischer Bibliothek – ohne Erfolg, bei der Erziehungsdirektion ihre Angliederung an die Universität zu erreichen.[12]

Während der ersten Jahre seiner Amtsausübung findet Horner nur einen marginalen Platz innerhalb der geisteswissenschaftlichen Fakultät: Die praktische Pädagogik unterliegt beträchtlichen Einschränkungen, und die theoretische Lehre wird durch keinerlei Prüfung valorisiert und anerkannt. Die Gründung der theologischen Fakultät gibt sogar Anlass zu Spannungen: Der Professor für Pädagogik beklagt sich über eine gewisse Konkurrenz durch die Theologen, da Joseph Beck eine Lehrveranstaltung zur Religionspädagogik abhält.[13] Gegen Ende des Jahrhunderts entspannt sich die Situation dann allerdings: Eine erste Öffnung zeichnet sich ab, als die geisteswissenschaftliche Fakultät Studierende unter bestimmten Umständen zu einem Examen in Pädagogik zulässt.[14] Mit dem neuen Reglement über die Diplomprüfung für Lehramtsstudierende 1898 wird die Pädagogik in den Rang eines Prüfungsfachs erhoben – allerdings nur bei den Prüfungen für das Diplom der Sekundarstufe I. Ab Dezember 1900 verschwindet auch diese einschränkende

---

10 Python bezieht sich auf die Erfahrungen in Lausanne und auf die Person von Guex (AEF: IP II 107 folio 356. Brief Pythons an Horner vom 28. September 1892).

11 Die Gründe für diese Ablehnung liegen laut Devaud (1940, S. 177) in der Unruhe, die dies hervorrufen könnte, aber auch in einer Aversion gegen die Pädagogik. Auch scheint Jaccoud, der Rektor von Saint-Michel, Horner nicht zu schätzen (AEF: IP Dossier Horner. Briefe Jaccouds an Python vom 6. August 1897 und vom 17. März 1902).

12 AEF: IP II 120 folio 485. Brief Pythons an Horner vom 27. Mai 1895; AEF: IP II 121 folio 71. Brief Pythons an Genoud vom 11. Juni 1895; Genoud, 1914.

13 AUF: AFL L1.1. Protokoll des Fakultätsrats der geisteswissenschaftlichen Fakultät vom 24. November 1892. Im Umfang einer Wochenstunde bot Beck bis 1904 ein «Praktikum aus der Erziehungslehre» an (AUF: Vorlesungsverzeichnis der Universität Freiburg).

14 Der Kandidat muss z. B. eine Stelle als Pädagogiklehrer am Lehrerseminar anstreben (AUF: AFL L1.1. Protokoll des Fakultätsrats der geisteswissenschaftlichen Fakultät vom 12. Januar 1895).

Klausel: Für den Erwerb einer Lehrberechtigung schreibt die Fakultät ein Semester praktische pädagogische Übungen sowie eine mündliche theoretische Prüfung vor.[15]

Hoffnungen und Desillusionierungen: Die Institutionalisierung der Pädagogik und der experimentellen Psychologie findet nicht statt (1905–1919)

Als Horner im März 1904 stirbt, hat sich sein 15 Jahre zuvor geäusserter Wunsch, der Lehrstuhl für Pädagogik möge sich zu einem aktiven Zentrum der Erziehungswissenschaft entwickeln, trotz der positiven Reaktionen, insbesondere seitens des Episkopats, nicht erfüllt.[16]

Gleichzeitig präzisiert Decurtins seinen Plan, die experimentelle Psychologie an der Universität nach den Vorbildern von Mercier in Leuven und Wundt in Leipzig weiterzuentwickeln (Fry, 1952, S. 86). Der Lehrstuhl des ersten Professors für Philosophie bei den Geisteswissenschaften umfasst ab Wintersemester 1889 eine Lehrveranstaltung in «Psychologie mit besonderer Rücksichtnahme auf die neueren Forschungen». Die Entwicklung der experimentellen Psychologie verkompliziert sich jedoch ungemein, zum einen durch die Etablierung der thomistischen Philosophie als offizieller Lehre der katholischen Kirche 1897, zum anderen durch den immer wieder geäusserten Wunsch Pythons, die scholastische Philosophie als Spezialdisziplin der Universität Freiburg zu verankern. Zudem ergeben sich 1898 Abgrenzungsprobleme zwischen der theologischen und der geisteswissenschaftlichen Fakultät hinsichtlich Inhalten und Kompetenzen in der philosophischen Lehre (*Geschichte*

15 AUF: AFL L1.1. Protokoll des Fakultätsrats der geisteswissenschaftlichen Fakultät vom 15. Dezember 1900; AUF: Rektorat, Umschlag L 34. Sekundarlehrerdiplom *(certificat d'aptitude à l'enseignement secondaire)* (Philosophie, Geschichte, Sprachen und Literatur) vom 15. Dezember 1902. Seit 1899 ist die Pädagogik als Prüfungsfach bei Promotionen zugelassen (AUF: AFL L1.1. Protokolle des Fakultätsrats der geisteswissenschaftlichen Fakultät vom 1. und 15. Mai 1899).

16 Folgende Bemerkung stammt angeblich vom Schweizer Episkopat: «Die katholische Schweiz verfügt über eine ausrechende Anzahl von Gymnasien, und es ist von grösster Bedeutung, dass diese Institutionen auf der Höhe der Zeit sind. Dies kann jedoch nur gewährleistet werden, indem zukünftige Gymnasiallehrer im Vorfeld eine hinlängliche und auf ihre zukünftige Lehrtätigkeit ausgerichtete, wissenschaftliche Ausbildung erhalten» (Kantons- und Universitätsbibliothek [*Bibliothèque cantonale et universitaire,* BCU]: Verwaltungsbericht des Freiburger Staatsrats für das Jahr 1902, S. 1f.; Übersetzung VL/MC).

der Universität Freiburg Schweiz, 1991, Bd. 1, S. 518). Python und Decurtins sind hier unterschiedlicher Meinung.[17]

So bleibt der Lehrstuhl für Pädagogik während einer kurzen Zeit der Unentschlossenheit über die Nachfolge Horners unbesetzt. An der theologischen Fakultät schliesst Beck diese Lücke indirekt durch die Erweiterung seines Lehrangebots in Religionspädagogik. An der geisteswissenschaftlichen Fakultät erhält, in Erwartung der Nachfolge Horners, der im Winter 1905 auf Decurtins' Vermittlung hin berufene Philosophieprofessor Marc de Munnynck einen Lehrauftrag in pädagogischer Psychologie.[18] In den Neuankömmling werden hohe Erwartungen gesetzt: Der in Leuven ausgebildete de Munnynck vereint die Kenntnis der philosophischen Psychologie Thomas von Aquins mit Kenntnissen der neueren experimentellen Psychologie, die damals von Mercier am ersten, 1891 gegründeten, belgischen Labor für experimentelle Psychologie weiterentwickelt wurde (Nuttin, 1945, S. 18).

Die Nachfolge Horners: Gelegenheit für eine Neuorientierung des Lehrstuhls für Pädagogik

Im Hinblick auf eine Neubesetzung des Lehrstuhls für Pädagogik wird Eugène Dévaud*, ein Schüler Horners, von Python aufgefordert, seine Kenntnisse in Pädagogik ab Sommer 1904 in Leuven zu vertiefen. Der Staatsrat will mit dieser Mission auch die Meinung der Kirche über den Stellenwert der in Leuven gegründeten philosophischen Schule erfahren und nähere Informationen über die künftigen Freiburger Professoren Frans Van Cauwelaert* und de Munnynck einholen.[19] Dévaud lässt sich (wie auch Van Cauwelaert) bei Mercier und Thiéry ausbilden, erklärt jedoch, dass er den Lehren des von Horner sehr geschätzten Pädagogikprofessors Collard näher steht, der «eine bewundernswerte Kenntnis der Deutschen besitzt, ihre Methoden adaptiert, präzisiert und vereinheitlicht hat». Er erachtet diesen Kontakt als ausgezeichnete Einführung in die deutsche Pädagogik und als Höhepunkt seines Auf-

17 Vgl. hierzu den Brief Decurtins' an Python vom 26. August 1905 (AEF: IP Dossier Decurtins).

18 Anscheinend nehmen etwa 60 Studierende – «Pädagogikschüler» – an seinen Lehrveranstaltungen teil (AEF: IP Dossier Munnynck. Brief de Munnyncks an Python vom 22. Dezember 1906).

19 AEF: IP Dossier Dévaud. Briefe Dévauds an Python vom 1. Juni 1904 und Pythons an Dévaud vom 7. Juni 1904.

enthalts in Leuven, während er von der experimentellen Psychologie «anfänglich enttäuscht war und verwirrt wurde».[20]

Gleichzeitig versucht Decurtins seit Sommer 1903, Python davon zu überzeugen, den Lehrstuhl für Pädagogik in Richtung der experimentellen Psychologie umzuorientieren und dafür einen vielversprechenden Kandidaten zu nominieren, der gerade an der Universität Leuven in Philosophie promoviert: Van Cauwelaert. Die Einrichtung eines Lehrstuhls für experimentelle und pädagogische Psychologie auf Kosten des Lehrstuhls für Pädagogik wäre für Decurtins ein erster Schritt zur Ausbildung katholischer Lehrer in der Schweiz (Fry, 1952, S. 77 f.). Ein solcher Lehrstuhl böte für Decurtins gleichzeitig die Möglichkeit, die experimentelle Psychologie an der Universität zu verankern und zu fördern, was in Verbindung mit der Philosophie nicht gelungen war. Mit der Berufung Van Cauwelaerts würde es möglich sein, Lehrveranstaltungen insbesondere im Bereich der Lehrerbildung durchzuführen, in denen die neuen Erkenntnisse der physiologischen Psychologie in die scholastische Philosophie einbezogen werden.[21]

Der über die Professoren Mercier und Thiéry[22] bereits mit der deutschen experimentellen Psychologie vertraute Van Cauwelaert begibt sich auf den Rat Decurtins' hin nach Deutschland, um seine Kenntnisse in der neuen Disziplin zu vertiefen. Letzterer schickt ihn, mit der Zusage einer Anstellung in Freiburg nach seiner Rückkehr,[23] für zwei Semester nach Leipzig zu «Altmeister» Wilhelm Wundt und dann nach München zu Theodor Lipps und Hans Cornelius. Python schliesst sich dem Vorschlag einer Berufung des belgischen Wissenschaftlers an – auch wenn er, aus schwer nachvollziehbaren Gründen, die offizielle Nominierung des Kandidaten verzögert.[24] Ausser der Unterstützung bei seiner Nominierung erhält Van Cauwelaert von Python einen beträchtlichen Kredit für den Kauf von Geräten und

20 AEF: IP Dossier Dévaud. Brief Dévauds an Python vom 1. Juni 1904; Übersetzung VL/MC.

21 AEF: IP Dossier Decurtins. Briefe Decurtins' an Python vom 26. August 1905 und vom 23. September 1905.

22 AEF: IP Dossier Van Cauwelaert. Brief Van Cauwelaerts an Python [ohne Datum; Anfang 1907].

23 AEF: IP Dossier Decurtins. Brief Van Cauwelaerts an Decurtins vom 4. Juni 1905 und Brief Decurtins' an Python vom 23. September 1905; AEF: IP Dossier Van Cauwelaert. Brief des Erzbischofs von Malines an Python vom 10. Oktober 1906.

24 Dies belegt Munninck gegenüber dem Staatsrat Python: «Es bleibt niemandem verborgen, dass Sie zwei ernst zu nehmende Kandidaten vor sich haben, die Herren Van Cauwelaert und Dévaud, die beide auf ihre Berufung warten» (AEF: IP Dossier de Munninck. Brief de Munnincks an Python vom 22. September 1906; Übersetzung VL/MC).

Büchern.[25] Um dem Projekt zur Ausbildung katholischer Lehrer in der Schweiz eine institutionelle Basis zu geben, unterbreitet Python dem Staatsrat zudem den Vorschlag, an der geisteswissenschaftlichen Fakultät ein Pädagogisches Institut zu gründen, der im Februar 1907 angenommen wird. Die Fakultät wird weder bei der Nominierung noch beim Grundsatzentscheid zur Institutsgründung konsultiert und auch über dessen weitere Entwicklung nicht informiert.[26] An der theologischen Fakultät wird die von Van Cauwelaert neu erteilte Lehre nur in dem Mass akzeptiert, in dem sie sich im Rahmen einer experimentellen Wissenschaft verortet (*Geschichte der Universität Freiburg Schweiz,* 1991, Bd. 1, S. 519).

Van Cauwelaert wird im Februar 1907 zum ausserordentlichen Professor für experimentelle und pädagogische Psychologie *(psychologie expérimentale et pédagogique)* sowie zum Direktor des Pädagogischen Instituts ernannt. Dieses Institut ist nach Ansicht der Erziehungsdirektion im Hinblick auf eine akademische Ausbildung der Primarlehrer gerechtfertigt, ein Thema, das in der Schweiz immer häufiger auf der Tagesordnung zu stehen scheint.[27] Tatsächlich sind an diesem Institut, parallel zur Einführung einer deutschsprachigen Ausbildung am Lehrerseminar und der Aufforderung an Van Cauwelaert, «Vorlesungen in Pädagogik für die künftigen Primarlehrer und Primarlehrerinnen» zu halten,[28] deutschsprachige Lehrveranstaltungen vorgesehen. Über das neue Institut scheinen sich nach und nach die notwendigen Mittel zu finden, um für die katholischen Lehrer der Schweiz eine universitäre Ausbildung zu etablieren. Dementsprechend legt Van Cauwelaert der Erziehungsdirektion im März 1909 «eine Studie zur Nutzung des Pädagogischen Museums als der Universität angeschlossener Einrichtung» vor. Ziel des belgischen Professors ist es, die Freiburger Pädagogik mit der Reformpädagogik, der experimentellen Pädagogik und der Pädologie zu verbinden (Genoud, 1914, S. 63 ff.; Übersetzung VL/MC). Die Erziehungsdirektion unterstützt ihn in diesem Vorhaben. Trotz seiner häufigen Abwesenheit und der erst kürzlich erfolgten Berufung genehmigt sie ihm im Juni 1909, knapp zwei Jahre nach seinem Amtantritt,

25 AEF: IP Dossier Van Cauwelaert. Brief Van Cauwelaerts an Python vom 19. Dezember 1906; Briefe Pythons an Van Cauwelaert vom 8. und 13. Juli 1907.

26 AUF: AFL L1.2. Protokoll des Fakultätsrats der geisteswissenschaftlichen Fakultät vom 6. Mai 1907.

27 Die Erziehungsdirektion weist insbesondere auf das Beispiel Bern hin, wo die Seminaristen verpflichtet sind, Lehrveranstaltungen an der Universität zu besuchen, und rechtfertigt die Finanzierung dieses Vorgehens mit dem Hinweis auf die Gesetzgebung des Bundes, die vorsieht, dass die vom Bund gewährten Primarschulsubventionen sowohl den Lehrerseminaren als auch den universitären Pflichtkursen für Primarlehrer zukommen können (AEF: Protokoll des Staatsrats vom 16. Februar 1907).

28 AEF: IP Dossier Van Cauwelaert. Brief Van Cauwelaerts an Python vom 2. Mai 1910.

ein Freisemester, in dem er «andernorts Möglichkeiten studieren soll, in Freiburg auf ökonomisch sinnvolle Art und Weise ein Labor für experimentelle Pädagogik einzurichten».[29]

Während dieser Zeit muss sich der bei der Berufung Van Cauwelaerts nicht berücksichtigte Dévaud mit der Stelle eines Schulinspektors begnügen, versäumt es jedoch nicht, Python an sein Anstellungsversprechen zu erinnern. Im Mai 1909 unterbreitet Dévaud der Erziehungsdirektion einen kurzen Bericht über «die Organisation des pädagogischen Universitätsseminars in Jena und die Vorzüge der Gründung einer solchen Institution an der Universität Freiburg».[30] Die beiden Projekte scheinen einander zwar sehr ähnlich zu sein, unterscheiden sich jedoch in zwei wesentlichen Punkten. Im Gegensatz zu Van Cauwelaert äussert Dévaud nirgends den Wunsch, eine ausdrücklich als experimentell qualifizierte Pädagogik zu entwickeln. Sein hauptsächliches Anliegen gilt vielmehr den «pädagogischen Traditionen, die es nicht zu vernachlässigen gilt».[31] Und Dévaud hat nicht die Absicht – jedenfalls erwähnt er sie nicht –, das Institut in den Dienst der Weiterentwicklung der Primarlehrerausbildung zu stellen.

Abgesehen von diesen Berichten und wenigen Hinweisen zur Einrichtung eines Labors für experimentelle Pädagogik,[32] existieren nur spärliche Informationen über den effektiven Betrieb dieses Instituts. Das Projekt kommt zudem rasch zum Erliegen, da Van Cauwelaert bereits 1910 Freiburg verlässt, um sich in Antwerpen der Kommunalpolitik zu widmen. Dieser Weggang setzt den ambitionierten Plänen Pythons und Decurtins' ein vorläufiges Ende; Letzterer legt gleichzeitig seine Rolle als Protagonist der Pädagogik ab – was das Ende des Lehrstuhls für experimentelle und pädagogische Psychologie bedeutet (Fry, 1952, S. 71). De Munnynck bietet in der Philosophie seit 1910 «Kosmologie und Psychologie» an und signalisiert damit wachsende Vorbehalte gegenüber dem experimentellen Zweig der Psychologie (Heller & Perrez, 1990, S. 63). Dévaud, der nach einer entsprechenden Vorankündigung der geisteswissenschaftlichen Fakultät im Februar 1910 endlich den Ruf auf den Lehrstuhl für Pädagogik erhält, «lehnt die psychologischen Grundlagen der

29 AEF: IP Dossier Van Cauwelaert. Brief Van Cauwelaerts an Python vom 23. Juni 1909; Übersetzung VL/MC.

30 Auf diesen Bericht bezieht er sich in seinen Brief an Python vom 12. Juni 1909 (AEF: IP Dossier Dévaud 1; Übersetzung VL/MC).

31 Brief Dévauds an Python vom 12. Juni 1909 (AEF: IP Dossier Dévaud 1); Übersetzung VL/MC.

32 AEF: IP Dossier Van Cauwelaert. Briefe Van Cauwelaerts an Python vom 18. Dezember 1905, 4. Juni 1907, 8. Juli 1907 und 23. Juni 1909.

Herbart'schen Pädagogik völlig ab» und hält sich «sehr strikt an die scholastische Psychologie».[33]

Die Entwicklung der Pädagogik nach den Plänen des neuen Lehrstuhlinhabers Dévaud

Nachdem Van Cauwelaert Freiburg verlassen hat, greift Dévaud im Sommer 1910 das Projekt eines Instituts wieder auf. Seine Idee geht aber über ein mit einer Übungsklasse verbundenes Seminar hinaus und zielt stattdessen auf ein vollständiges Pädagogisches Institut ab, in das unter anderem eine mit Jena vergleichbare Struktur integriert sein könnte (Genoud, 1914, S. 68 f.). Er vertritt diesmal eindeutig die Anliegen der Sekundarlehrer, und das neue Projekt weist umfangreiche Weiterentwicklungen auf. Er möchte das Institut nicht mehr als blossen Annex der Alma mater sehen, sondern will seinen Lehrstuhl und das Pädagogische Museum vollständig in die Universität eingliedern. Das Umfunktionieren des Pädagogischen Museums zu Zwecken der praktischen Ausbildung wird von dessen Direktor Léon Genoud unterstützt.[34] Der Erziehungsdirektion scheint die Angelegenheit jedoch nicht mehr vorrangig zu sein. Python räumt 1919 ein, dass die Einrichtung des Pädagogischen Instituts seit Langem verzögert wird, führt jedoch an, dass keine ausreichenden finanziellen Mittel für eine Realisierung zur Verfügung stünden.[35] Angesichts dieser ständig wiederkehrenden Aussagen unternimmt Dévaud Schritte, um die finanzielle Basis für den Fortbestand eines seinen Vorstellungen entsprechenden Lehrstuhls für Pädagogik zu schaffen. Er gründet eine Stiftung, deren Kapital für das Gehalt des Lehrstuhlinhabers für Pädagogik an der Universität – wobei es sich bei diesem um einen Geistlichen aus dem Kanton Freiburg handeln muss – sowie für die Finanzierung einer der Universität angegliederten Übungsschule oder einer andern pädagogischen Einrichtung unter Leitung des Lehrstuhlinhabers verwendet werden soll.[36]

Trotz dieser Unwegsamkeiten entwickelt Dévaud den 1910 übernommenen Lehrstuhl weiter: Er erweitert die Lehre, die 1911 eine Stunde Methodologie, zwei

33 AEF: IP Dossier Dévaud 1. Brief Dévauds an Abbé Brügger vom 17. Juni 1910.

34 AEF: IP 705a. Brief Dévauds an Python vom 16. Februar 1916 und Genouds Jahresbericht über das Pädagogische Museum 1917 vom April 1918.

35 AEF: IP Dossier Dévaud 2. Brief Pythons an die Direktion des Pädagogischen Museums vom 10. Januar 1919.

36 AEF: CE I 125. Verfügung des Staatsrats über die Anerkennung der Stiftung Eugène Dévaud vom 26. Dezember 1924, S. 830f.

Stunden allgemeine Pädagogik und ein Seminar in Pädagogik umfasst. Und Dévaud will seine Aktivitäten zugunsten der Pädagogik weiter ausbauen: Bei seiner Ernennung zum ordentlichen Professor im März 1918 äussert Dévaud die feste Absicht, praktische und theoretische Pädagogik enger zu verbinden, und stellt die Durchführung von Forschungsprojekten in Aussicht.[37] Er wird 1921 auch zum Professor am Lehrerseminar in Hauterive ernannt und ab 1923 sogar mit dessen Leitung beauftragt. Aber auch in den anderen Fakultäten entwickelt sich die Erziehungswissenschaft weiter: Bei den Theologen lehrt Beck weiterhin über Bildungs- und Erziehungssysteme sowie Gymnasialdidaktik. An der naturwissenschaftlichen Fakultät bietet der im Mai 1919 gewählte Anton Wahl einen Kurs zur Einführung in die Praxis des naturwissenschaftlichen Unterrichts an. Diese Lehrveranstaltung ergänzt die 1922 eingeführte Ausbildung für angehende Sekundarlehrer und Sekundarlehrerinnen des naturwissenschaftlichen Unterrichts mit einem pädagogischen Ausbildungsanteil.[38]

Der allmähliche Institutionalisierungsprozess der Pädagogik in den ersten drei Jahrzehnten des 20. Jahrhunderts wird, neben der Promotion Dévauds 1903, durch drei weitere Dissertationen in Pädagogik belegt (Joos, 1971). Allerdings scheint der 1899 erzielte Konsens der Fakultät bezüglich der Pädagogik als Promotionsfach in Vergessenheit geraten zu sein. Dévaud verlangt, dass dieser Status eines «Promotionsnebenfachs» überprüft wird, und zu Beginn des Jahres 1917 wird ein Kompromiss gefunden. Die Pädagogik wird damit allerdings nur teilweise zum Promotionshauptfach, da sie, um als Hauptfach zu gelten, von einer Prüfung in Psychologie begleitet sein muss.[39] Umgekehrt ist bei einer Promotion mit Hauptfach Philosophie keine Prüfung in Pädagogik zugelassen, da die beiden Fachgebiete als zu eng benachbart erachtet werden.[40]

37 AEF: IP Dossier Dévaud 1. Brief Dévauds an Python vom 16. März 1918. Dévaud bedingt sich aus, mit Lehramtskandidierenden arbeiten und Versuche in Primarschulen durchführen zu können.

38 Seit 1905 dient das Lizenziat in vier naturwissenschaftlichen Fächern fast ausschliesslich als Berufsvorbereitung für das Lehramt auf der Sekundarstufe II, umfasst jedoch keine pädagogische Ausbildung (*Geschichte der Universität Freiburg Schweiz,* 1991, Bd. 2, S. 793 f.).

39 AUF: AFL L1.3. Protokolle des Fakultätsrats der geisteswissenschaftlichen Fakultät vom 20. Juli 1914 und vom 17. Januar 1917.

40 AUF: AFL L1.3. Protokoll des Fakultätsrats der geisteswissenschaftlichen Fakultät vom 13. November 1916.

Das Pädagogische Institut nimmt Gestalt an (1930–1951)

Neue gesellschaftliche Erwartungen sprechen für das Pädagogische Institut (1930–1932)

Im Kontext der Krise Ende der 1920er-Jahre entsteht eine Diskussion über den Auftrag der Universität Freiburg. Als Zweck wird vor allem die Verbreitung einer wahrhaft christlichen Sozialwissenschaft definiert. Vor diesem Hintergrund appelliert das katholische Milieu an die Christen, sich zugunsten der Universität zu engagieren – ein Engagement, von dem vor allem die Pädagogik profitieren wird (*Geschichte der Universität Freiburg Schweiz,* 1991, Bd. 1, S. 179). Dabei werden unterschiedliche soziale Erwartungen katholischer Institutionen der Schweiz deutlich: So wünschen die Einsiedler Benediktiner Lehrveranstaltungen in Gymnasialpädagogik sowie – ergänzend zum Lehrangebot des französischsprachigen Lehrstuhls für Pädagogik – praktische Übungen in deutscher Sprache[41] und betonen erneut die Notwendigkeit einer fundierten Gymnasiallehrerausbildung für die katholische Elite der Schweiz. Die Wohlfahrtsorganisation Caritas will in Freiburg ein katholisches Pendant zu den in den protestantischen Kantonen Genf und Zürich bereits bestehenden Instituten für die Ausbildung in Heil- und Sonderpädagogik einrichten.[42] Die Caritas begründet diese Forderung damit, dass die Einrichtung eines theoretisch ausgerichteten Instituts in Freiburg, an dem sowohl Lehrveranstaltungen in Pädagogik durchgeführt als auch wissenschaftliche Forschung (mit entsprechender Publikationstätigkeit) betrieben werden könnte, eine solide katholische Heilpädagogik in der Schweiz begründen und eine Ausbildungsmöglichkeit für das katholische pädagogische Personal in diesem Bereich schaffen würde.[43]

---

41 BCU: Fonds Eugène Dévaud L7. Brief der Einsiedler Benediktiner an den Rektor der Universität vom 24. Februar 1930.

42 Die Caritas möchte die Heilpädagogik in der katholischen Schweiz seit 1928 institutionalisieren und einerseits ein praktisch orientiertes Institut (in Luzern) einrichten, das als Informationsdrehscheibe und der Koordination der verschiedenen Aktivitäten katholischer Organisationen dient; andererseits soll ein eher theoretisches Institut (in Freiburg) für die heilpädagogische Ausbildung entstehen (Haeberlin, 1991, S. 762; Schriber, 1994, S. 96 ff.; vgl. auch Kapitel 10 im vorliegenden Band).

43 Um die Erziehungsdirektion zu überzeugen, fügt die Caritas an, dass die Universität einen vielversprechenden Lehrbereich hinzugewinne, der sie, in Kombination mit weiteren Lehrveranstaltungen und Übungen, in Zukunft voraussichtlich auch als kompetente Institution im Bereich der allgemeinen Pädagogik bekannt machen werde (BCU: Fonds Eugène Dévaud L7. Brief der Erziehungsdirektion an den Dekan der geisteswissenschaftlichen Fakultät vom 19. Januar 1931; mit einem Memorandum der Caritas im Anhang).

Das Pädagogische Institut und die Freiburger Universität entwickeln sich also in den 1930er-Jahren weiter, in einer Zeit der omnipräsenten wirtschaftlichen Krise, in der die Investitionen an anderen Universitäten einschränkt werden.[44] Dies ist nur vor dem Hintergrund des spezifischen politischen Kontextes im Kanton Freiburg erklärbar: Die Universität wird Objekt weitreichender politischer Unterstützung, und Joseph Piller, der neue Vorsteher der Erziehungsdirektion, führt die von Python begonnene voluntaristische Politik weiter mit dem Ziel, «aus der Universität sowohl ein Labor für Lehrmeinungen und Ideen, die ihm geeignet erscheinen, den Wertezerfall aufzuhalten, als auch eine mit effizienten Mitteln ausgestattete wissenschaftliche Einrichtung zu machen» (*Geschichte der Universität Freiburg Schweiz,* 1991, Bd. 1, S. 181 f.; Übersetzung VL/MC). In dieser Absicht entwirft er einen Entwicklungsplan für fast zehn Jahre.

Dévaud reagiert auf die Erwartungen der Einsiedler Benediktiner, indem er die Einführung praktischer Übungen an Sekundarschulen befürwortet. Er räumt ein, dass Lehrveranstaltungen in Pädagogik in deutscher Sprache aufgrund der grossen Zahl deutschsprachiger Studierender (die zahlenmässig die französischsprachigen übertreffen) gerechtfertigt sind, fordert aber gleichzeitig die Beibehaltung des französischsprachigen Lehrstuhls. Seiner Meinung nach sollten sich zwei Lehrstühle für Pädagogik die Lehre teilen: die deutschsprachige Professur würde die Lehre in Gymnasialpädagogik übernehmen, die französischsprachige diejenige in psychologischer und experimenteller Pädagogik.[45] Der Vorschlag zeigt Dévauds ambivalente Haltung gegenüber neuen pädagogischen Tendenzen: Einerseits interessiert er sich für sie, andererseits distanziert er sich von ihnen, weil er religiösen Konzepten den Vorrang einräumt (Weber, 1989).

Zur Organisation der Gymnasialpädagogik setzt die Erziehungsdirektion im Januar 1931 eine Studienkommission ein, in der die geisteswissenschaftliche Fa-

---

44 Zumindest zwei Faktoren erklären diese allgemeine Entwicklung: Die vom Hochschulverein Freiburgs *(Association des amis de l'Université de Fribourg)* (im Verbund mit der Schweizer Bischofskonferenz) repräsentierten privaten Kreise unterstützen in den 1930er-Jahren den Bau neuer Universitätsgebäude. Die Freiburger Kantonsregierung setzt hierfür Mittel aus dem Krisenfonds für die Bekämpfung der Arbeitslosigkeit ein (*Geschichte der Universität Freiburg Schweiz,* 1991, Bd. 1, S. 177 f.).

45 Die Aufgabenteilung sollte folgende sein: Der Professor für Pädagogik in deutscher Sprache lehrt allgemeine Pädagogik in deutscher Sprache, Geschichte der Pädagogik und Gymnasialpädagogik sowie Mittelschulpädagogik für die deutschsprachigen Studierenden. Der Professor für Pädagogik in französischer Sprache übernimmt die allgemeine Pädagogik in französischer Sprache, die psychologische und experimentelle Pädagogik sowie die Primar- und Mittelschulpädagogik für französischsprachige Studierende (BCU: Fonds Eugène Dévaud L7. Undatierter Bericht Dévauds [~1931]).

kultät nicht offiziell vertreten ist, obwohl sie von diesem Projekt direkt betroffen ist. Ausser der Einrichtung schulpraktischer Kurse für Gymnasiallehrer verlangt die Erziehungsdirektion auch, dass die Prüfungsordnung der geisteswissenschaftlichen Fakultät so abgeändert wird, dass sie eine optimale Vorbereitung der künftigen Gymnasiallehrer ermöglicht.[46] Die geisteswissenschaftliche Fakultät fügt sich diesen Interventionen der Erziehungsdirektion,[47] zeigt jedoch ein wachsendes Misstrauen gegenüber ihrem Professor für Pädagogik.[48]

In dieser gespannten Situation präsentiert Dévaud dem Dekan seiner Fakultät im Februar 1931 zwei alternative Vorschläge für ein Pädagogisches Institut, die beide den von der Kommission der Erziehungsdirektion vertretenen Direktiven entsprechen. Das Institut soll entweder «als rudimentäres System praktischer Übungen ausschliesslich für Studierende der geisteswissenschaftlichen Fakultät» oder «als eine der Universität angegliederte, aber im Wesentlichen von ihr unabhängige Institution» konzipiert werden, «die Lehrdiplome verleiht». Der zweite Vorschlag liesse eine bessere Unterscheidung zwischen den von der Universität vermittelten wissenschaftlichen Kenntnissen und den Theorien und Techniken des Unterrichtens, die am Institut vermittelt würden, zu.[49] Letztlich zeichnet sich eine Kompromisslösung in Form eines Pädagogischen Instituts innerhalb der geisteswissenschaftlichen Fakultät ab.[50]

Das Institut nimmt Form an (1932–1934)

Während die Diskussion über die Gymnasialpädagogik fortdauert, erhält die Universität eine Bewerbung von Josef Spieler*. Der Kandidat wird von der Caritas vor-

46 BCU: Fonds Eugène Dévaud L7. Brief der Erziehungsdirektion an den Dekan der geisteswissenschaftlichen Fakultät vom 20. Januar 1931. Ausser von den Benediktinern werden diese Kurse auch von bestimmten kantonalen Erziehungsdirektionen (v. a. Luzern und St. Gallen) gefordert.

47 AUF: AFL L1.4. Protokoll des Fakultätsrats der geisteswissenschaftlichen Fakultät vom 9. Februar 1931.

48 Tatsächlich bittet Dévaud den Dekan, seinen Kollegen in der Fakultät zu versichern, dass er nicht die Absicht habe, «die Fakultät mit Pädagogikprofessoren zu überfüllen» (BCU: Fonds Eugène Dévaud, L7. Brief Dévauds an den Dekan der geisteswissenschaftlichen Fakultät vom 5. Februar 1931; Übersetzung VL/MC).

49 BCU: Fonds Eugène Dévaud, L7. Bericht im Anhang zum Brief Dévauds an den Dekan der geisteswissenschaftlichen Fakultät vom 22. Februar 1931, S. 1; Übersetzung VL/MC.

50 BCU: Fonds Eugène Dévaud, L7. Bericht im Anhang zum Brief Dévauds an den Dekan der geisteswissenschaftlichen Fakultät vom 22. Februar 1931.

geschlagen, die damit ihr Projekt einer Ausbildung in Heilpädagogik konkretisieren will. Nach Ansicht der Erziehungsdirektion ist diese Kandidatur nicht nur interessant, weil sie «einer Bereicherung und einer Teilrealisierung unseres gesamten Pädagogischen Instituts entsprechen würde»,[51] sondern darüber hinaus auch das Problem der deutschsprachigen Gymnasialpädagogik lösen würde. Die geisteswissenschaftliche Fakultät hat keine grundlegenden Einwände, beide Lehrtätigkeiten ein- und derselben Person zu übertragen, obwohl die Heilpädagogik nur sehr bedingt ihrem Bedürfnis entspricht.[52] Dementsprechend erhält Spieler im Sommersemester 1932 einen Lehrauftrag in Heilpädagogik und Pädagogik in deutscher Sprache. Hinter Spielers Nominierung, mit der die Öffnung in Richtung Heilpädagogik diskret präjudiziert wird, verbirgt sich in Wahrheit ein umfassendes Projekt der katholischen Wohlfahrtsinstitutionen: Gleichzeitig mit der Berufung nach Freiburg wird Spieler zum Direktor des von der Caritas geplanten, berufspraktisch ausgerichteten Instituts für Heilpädagogik in Luzern ernannt,[53] was ihm ein zusätzliches Gehalt neben seiner Entlöhnung als Privatdozent in Freiburg einbringt.

Eine weitere Nominierung ergeht an den als Lehrer am *Collège Saint-Michel* tätigen Geistlichen Pius Emmenegger*, der als Verbindungsglied zwischen dem *Collège* und der geisteswissenschaftlichen Fakultät fungieren soll[54] und einen Lehrauftrag für die Gymnasialdidaktik des Sprachunterrichts *(didactique gymnasiale des branches littéraires)* erhält. Ab Februar 1932 ist er für die Organisation schulpraktischer Übungen zuständig (Unterrichtsassistenz und Übungslektionen in den Klassen des *Collège*)[55] und wird in den katholischen Mittelschulen der Schweiz zum «Advokaten» einer schulpraktischen Ausbildung an der Universität. Er macht es sich gleichzeitig zur Aufgabe, die aus Deutschland kommenden neuen Ideen zu «Zielen und Methoden des Gymnasialunterrichts» genau zu verfolgen,[56] Parallel dazu nimmt Anton Wahl weiterhin seinen Lehrauftrag in Didaktik des naturwissenschaftlichen und mathematischen Unterrichts an Gymnasien wahr.

---

51 BCU: Fonds Eugène Dévaud L7. Brief der Erziehungsdirektion an den Dekan der geisteswissenschaftlichen Fakultät vom 19. Januar 1931 mit einem Memorandum der Caritas im Anhang.

52 AUF: AFL L1.4. Protokoll des Fakultätsrats der geisteswissenschaftlichen Fakultät vom 9. Februar 1931.

53 Das Institut für Heilpädagogik Luzern wird in Luzern am 17. März 1932 mit Unterstützung der Schweizer Bischofskonferenz, der Katholischen Anormalenfürsorge und des Leiters des Seraphischen Liebeswerks in Solothurn gegründet.

54 BCU: Fonds Eugène Dévaud L7. Brief Emmeneggers an Dévaud vom 17. Dezember 1931.

55 AUF: Bericht über das akademische Jahr 1931–1932, S. 19.

56 AEF: IP Dossier Emmenegger 465. Brief Emmeneggers an Perrier vom 20. Mai 1932; Übersetzung VL/MC.

Das Pädagogische Institut besteht zunächst aus vier Fachbereichen: Dévaud und Spieler sind gemeinsam verantwortlich für den ersten, zweisprachigen Fachbereich (allgemeine Pädagogik, allgemeine Didaktik, pädagogische Psychologie, Geschichte der Pädagogik); Emmenegger betreut den zweiten Fachbereich (Didaktik der sprachlichen Fächer an Gymnasien, mit praktischen Übungen); Wahl ist für den dritten Fachbereich zuständig (Didaktik der naturwissenschaftlichen Fächer an Gymnasien, mit praktischen Übungen), und der vierte Fachbereich für Heilpädagogik wird Spieler übertragen (Dévaud, 1940, S. 178ff.). Diese Organisation ist zwar durch kein offizielles Dokument bestätigt, bildet jedoch die Richtlinie für die Institutsentwicklung und bewirkt in der Folge eine Fülle von Änderungen der Reglemente für das Lizenziat und das Sekundarlehrerdiplom.[57]

Unter dem Einfluss Spielers erfährt das Institut während der 1930er-Jahre eine Entwicklung, die wesentlich an den Aufschwung des heilpädagogischen Fachbereichs gebunden ist. Um den Erwartungen nach Ausbildung im Bereich der katholischen Heilpädagogik und im Rahmen des Luzerner Instituts nachzukommen, organisiert Spieler Ferienkurse, die seit 1933 an der Universität Freiburg stattfinden. Diese werden von Dévaud und massgeblichen universitären Funktionsträgern unterstützt. Der Erfolg dieser Kurse gibt Spieler – und der Caritas – ein gewichtiges Argument in die Hand, um bei der Erziehungsdirektion die Einrichtung eines umfassenderen heilpädagogischen Ausbildungsgangs durchzusetzen, der nach dem Vorbild des Heilpädagogischen Seminars Zürich und dessen Verbindungen zur Universität gestaltet ist.[58] Obwohl dieser einjährige Kurs in Heilpädagogik in erster Linie für einen geistlichen, katholischen Personenkreis gedacht ist, schlägt Spieler vor, das Lehrangebot – entsprechend den Wünschen der Schweizerischen Konferenz der kantonalen Erziehungsdirektoren – auch für pädagogisches Laienpersonal zu öffnen.[59] Da dieses Projekt Bestandteil des Entwicklungsplans für die Universität

57 Das von Dévaud ausgearbeitete und vom Staatsrat am 27. Dezember 1932 genehmigte Prüfungsreglement für das Sekundarlehrerdiplom schliesst an eine mündliche Prüfung über theoretische Pädagogik eine Probelektion in jedem Prüfungsfach an. Es tritt indessen erst im Sommer 1934 in Kraft (AUF: Rektorat, L34).

58 AEF: Dossier Institut für Heilpädagogik. Bericht Spielers vom 25. Februar 1934.

59 Im September 1929 unterstützt die Schweizerische Konferenz der kantonale Erziehungsdirektoren die Schaffung von Ausbildungsinstituten für Heilpädagogik durch die Bewilligung von Stipendien und die Subventionierung von Weiterbildungsveranstaltungen (AEF: Dossier Institut für Heilpädagogik [*Institut de pédagogie curative,* IPC]. Bericht Spielers vom 25. Februar 1934).

wird, beteiligt sich Piller aktiv an der Einrichtung des Instituts bzw. Seminars[60] für Heilpädagogik. Wiederum bilden Finanzierungsfragen das Haupthindernis: Zum einen fordert die Caritas einen Lehrauftrag für Spieler, damit er seine Reisekosten decken kann und für die Führung des Seminars eine Entschädigung erhält.[61] Zum anderen erklärt Piller sich bereit, die Frage eines heilpädagogischen Seminars zu prüfen, das «unabhängig vom Institut für allgemeine Pädagogik geregelt werden kann», wenn die Verantwortlichen der Wohlfahrtseinrichtungen der Schweiz sich an ihre Zusage halten, der Bildungsdirektion «die notwendigen Mittel zum Betrieb des Seminars»[62] zur Verfügung zu stellen. Mit der finanziellen Unterstützung der katholischen Wohlfahrtseinrichtungen der Schweiz nimmt dann, zu Beginn des Sommersemesters 1935, das heilpädagogische Seminar Gestalt an.

Auch Dévaud ist um die Aufstockung der Mittel für ein pädagogisches Institut bemüht, wie er es sich seit über zwanzig Jahren wünscht. Ab 1931 erhöht er die finanzielle Ausstattung des Lehrstuhls für Pädagogik,[63] der bereits zu drei Vierteln von seiner eigenen Stiftung finanziert wird, und sichert damit den institutionellen Fortbestand der frankophonen katholischen Pädagogik in Freiburg, zu deren gutem Ruf er wesentlich beigetragen hat: Für Dévaud «muss der französischsprachige Lehrstuhl nicht nur wegen der französischsprachigen Studierenden beibehalten werden, sondern auch wegen des Einflusses und der Ausstrahlung der Universität im Freiburgerland und der Westschweiz».[64] Im Oktober 1931 kann er sich als Direktor des Lehrerseminars in Hauterive zurückziehen und, mit Unterstützung der Erziehungsdirektion, sein Wissen über reformpädagogische Institutionen, unter anderem im Frühjahr 1932 an der *Ecole Decroly* in Brüssel und im darauf folgenden Herbst an der *Ecole Montessori* in Namur vertiefen.[65] Anlässlich mehrerer gegensei-

60 Die Begriffsverwendung in den Quellen oszilliert zwischen «Institut» und «Seminar». Bis zur offiziellen Einführung der Bezeichnung «Institut» durch Erziehungsdirektor Jules Bovet 1948 verwenden wir im Folgenden die Bezeichnung «Seminar»; ab 1948 bezeichnen wir die Institution als «Institut für Heilpädagogik» (obwohl diese Bezeichnung mit derjenigen des Luzerner Instituts identisch ist).

61 AEF: Dossier IPC. Brief Dr. Fritz Spielers im Namen der Fachgruppe für Kinder- und Jugendfürsorge und speziell des Instituts für Heilpädagogik in Luzern vom Juni 1934, am 17. Juni 1934 an Piller weitergeleitet.

62 AEF: Dossier IPC. Brief Pillers an Spieler vom 26. November 1934.

63 BCU: Fonds Eugène Dévaud L7. Protokoll des Staatsrats vom 16. Januar 1931.

64 BCU: Fonds Eugène Dévaud L7. Bericht als Beilage zu einem Brief Dévauds an den Dekan der geisteswissenschaftlichen Fakultät vom 22. Februar 1931; Übersetzung VL/MC.

65 AEF: IP Dossier Dévaud 2. Briefe Dévauds an die Erziehungsdirektion vom 7. März und vom 29. Oktober 1932.

tiger Besuche werden auch die Kontakte zum *Institut Jean-Jacques Rousseau* (IJJR) in Genf wiederbelebt.[66]

Veränderungen innerhalb der Fachbereiche des Pädagogischen Instituts (1935–1948)

Im März 1935 beruft die Erziehungsdirektion Spieler zum ausserordentlichen Professor. Die geisteswissenschaftliche Fakultät unterstützt diese Berufung unter der Voraussetzung, dass eine Einigung für das Projekt eines heilpädagogischen Seminars erzielt werde. Dieses Seminar bildet zwar den vierten Fachbereich des an der geisteswissenschaftlichen Fakultät angesiedelten Instituts für allgemeine Pädagogik, aber dessen Finanzierung und Status sind ungeklärt. Obwohl ein Fachbereich des allgemeinen Instituts, verfügt es zunächst über finanzielle Autonomie, die dann aufgrund der offiziellen, im Januar 1936 vom Staatsrat genehmigten Statuten aufgehoben wird.[67] Noch seltsamer ist die Tatsache, dass die Statuten des heilpädagogischen Seminars vom Staatsrat verabschiedet werden, während das vollständige Reglement des übergeordneten Instituts, das seit 1907 vorliegt, noch immer nicht offiziell genehmigt ist (Haeberlin, 1991, S. 762 f.).

Die Entwicklung des Pädagogischen Instituts findet somit ab 1935 in Verbindung mit der heilpädagogischen Ausbildung statt. Offiziell werden Lehrveranstaltungen in deutscher und französischer Sprache abgehalten,[68] und das Seminar bietet Einführungskurse in die Theorie und Praxis der Heilpädagogik für Primarlehrer und Heimpersonal mit mindestens einjähriger Berufserfahrung an. Die angebotenen Kurse erstrecken sich über zwei Semester und umfassen universitäre Lehrveranstaltungen in Pädagogik, Heilpädagogik, Psychologie, Psychopathologie und Anatomie sowie solche, die vom Seminar speziell organisiert werden und im Wesentlichen auf die praktische und methodologische Ausbildung ausgerichtet sind. Um den ursprünglichen Erwartungen des Berufsfeldes zu genügen, wird die praktische Ausbildung gemeinsam von Universitätsprofessoren und Vertretern der

66 Seit 1912 Mitglied des internationalen Patronatskomitees des IJJR, distanziert sich Dévaud vom Institut bis in die 1930er-Jahre. Obgleich er der Konzeption des IJJR immer kritisch und reserviert gegenübersteht, zeigt er dennoch grosses Interesse an dessen Aktivitäten (Bovet, 1942).

67 AUF: Briefe 276.3. Statuten des Heilpädagogischen Seminars vom 21. Januar 1936.

68 Obwohl Französisch Lehrsprache ist, wird 1935 zum Bedauern der geisteswissenschaftlichen Fakultät kein einziger Kurs in dieser Sprache angeboten (AUF: AFL L1.5. Protokoll des Fakultätsrats der geisteswissenschaftlichen Fakultät vom 16. November 1935).

karitativen Verbände beurteilt, die bei den Prüfungen zum Erwerb eines Spezialdiploms anwesend sind (Spieler, 1940, S. 223 ff.). Spieler verlässt den Rahmen des eigentlichen Pädagogischen Instituts und veranstaltet praktische Übungen in Heimen oder Beobachtungsstationen, die unter der Schirmherrschaft des Luzerner Instituts stehen und die seiner Meinung nach nicht nur den Vorteil einer Zusammenarbeit mit Ärzten und Psychiatern bieten, sondern auch Forschungsfelder für weitere Arbeiten auf dem Gebiet der experimentellen Pädagogik darstellen (Spieler, 1934). Mit dem Ausbau der Heilpädagogik und der Berufung Spielers entwickelt sich die Pädagogik an der Universität Freiburg noch mehr in Richtung Zweisprachigkeit: Der französischsprachige Lehrstuhl für allgemeine Pädagogik, der von der Stiftung Dévaud subventioniert wird, bietet weiterhin Lehrveranstaltungen für die Gymnasialstufe an. Dazu kommen die deutschsprachigen Lehrveranstaltungen Spielers, die sich teils mit dem Gymnasialunterricht, teils mit der Heilpädagogik befassen.

Dank der Beiträge Spielers, der am deutschsprachigen Lehrstuhl Forschungstätigkeiten entwickelt und die Erkenntnisse der Psychologie in seine Lehrveranstaltungen in Pädagogik und Heilpädagogik integriert (Oser, 1991, S. 159 ff.), erlebt die experimentelle Pädagogik und Psychologie eine Renaissance. Als die Erweiterung des Lehrangebots in Psychologie an der Universität Freiburg zur Diskussion steht, äussern sich de Munnynck und Dévaud jedoch zurückhaltend, was die Weiterentwicklung der Psychologie behindert. Beide sind sich über die notwendigerweise philosophischen und spekulativen Grundlagen der Psychologie einig und halten es für unmöglich, «sie zu einer eigenständigen Wissenschaft zu machen und ein eigenständiges Doktorat in Psychologie zu schaffen».[69] De Munnynck unterstützt nur eine mögliche Weiterentwicklung, nämlich «die pädagogische Anwendung der experimentellen Psychologie».[70] Die Bildungsdirektion wendet sich dann erneut an de Munnynck und Dévaud, als die Frage im Raum steht, ob an der Universität Freiburg eine Ausbildung in angewandter Psychologie angeboten werden solle.[71] Während Dévaud diesbezüglich auf die Universitäten Genf, Basel und Zürich verweist, die für diese Aufgabe besser «ausgerüstet» seien, ist de Munnynck der Meinung, dass eine Ausbildung in angewandter Psychologie die Schaffung eines Lehrstuhls und die Gründung eines Labors für Psychologie an der naturwissenschaftlichen Fa-

69 AEF: Briefe IP, Lehrstuhl für Psychologie. Brief Dévauds an Perrier vom 2. April 1932; Übersetzung VL/MC.

70 AEF: IP Dossier de Munnynck. Brief de Munnyncks an die Erziehungsdirektion vom 7. Juli 1929; Übersetzung VL/MC.

71 AEF: Briefe IP, Lehrstuhl für Psychologie. Brief der Schweizerischen Arbeitsgemeinschaft für praktische Psychologie *(Société suisse de psychologie appliquée)* an die Erziehungsdirektion vom 8. November 1932.

kultät voraussetzen würde, was seiner Ansicht nach aber nicht zu den vorrangigen Zielen dieser Fakultät gehöre. Die experimentelle Psychologie erfährt erst wieder Auftrieb, nachdem beide nicht mehr tätig sind.

Obwohl die Organisation und der Betrieb des Pädagogischen Instituts durch keinerlei Reglement legitimiert sind, folgen die Berufungen zwischen 1937 und 1948 einer Logik, die auf die Weiterentwicklung jedes einzelnen Fachbereichs des Instituts gerichtet ist. Dévaud stirbt im Januar 1942. Während seiner 40-jährigen Laufbahn hat er mehr als 250 Artikel veröffentlicht und seine Konzepte einer aktiven, christlichen Pädagogik in verschiedenen nationalen und internationalen Zeitschriften dargelegt.[72] Als Nachfolger hat Dévaud den von ihm ausgebildeten Leon Barbey vorgesehen,[73] aber die Erziehungsdirektion setzt wiederum ihre Kandidatin durch. Die geisteswissenschaftliche Fakultät stimmt der Berufung von Laure Dupraz* zu, schränkt die Stelle zunächst jedoch auf einen Lehrauftrag für allgemeine Pädagogik ein. Im September 1944 wird Dupraz dann doch zur ausserordentlichen, 1948 zur ordentlichen Professorin ernannt. Während die Erziehungsdirektion ihren Einfluss auf die Berufung der Lehrstuhlinhaber in Pädagogik zu wahren bestrebt ist, macht das Bistum seinen Einfluss geltend, um die Anzahl der Pädagogen aus den Reihen der Kirche am Institut zu halten. 1940 quittiert Emmenegger seine Stelle als Lehrbeauftragter für Gymnasialpädagogik bereits drei Jahre nach seiner Ernennung zum Privatdozenten.[74] Auf inständiges Drängen des Bischofs, für den religiöse Interessen über pädagogischen Kriterien stehen,[75] empfiehlt Dévaud, den am *Collège Saint-Michel* als Lehrer tätigen Pfarrer Adolf Vonlanthen* zum Leiter der praktischen Übungen in Gymnasialpädagogik zu ernennen.

Nur ein Jahr nach seiner Ernennung zum ordentlichen Professor wird Spieler 1945 seines Postens enthoben, weil er beschuldigt wird, mit dem nationalsozialisti-

---

72 Seine Artikel wurden in Deutschland, Österreich, Belgien, Bulgarien, Frankreich und Italien verbreitet (Ottonello, 1979).

73 1934–1935 subventionierte Dévaud eine Studienreise Barbeys nach Belgien, Frankreich und an das Institut für Erziehungswissenschaften in Genf (AEF: *Ecole normale,* Karton 13. Tagebuch Dévauds). 1939 ist er der Meinung, dass Barbey seine Nachfolge antreten kann (Archiv des Bistums von Lausanne, Genf und Freiburg [*Archives de L'Evêché de Lausanne, Genève et Fribourg,* AEvF]: Dossier Dévaud. Brief Dévauds an Bischof Besson vom 11. Mai 1939). Piller lehnt allerdings die Kandidatur Barbeys entschieden ab, insbesondere wegen eines kritischen Artikels des Letzteren im *Bulletin pédagogique,* und schliesst ihn entschieden von der Nachfolge Dévauds aus (AEvF: Dossier Barbey. Brief Barbeys an den Erzbischof Besson vom 14. April 1942). 1965 wird Barbey schliesslich Nachfolger von Dupraz.

74 Er wird ordentlicher Professor für Pastoraltheologie (AUF: AFL L1.5. Protokoll des Fakultätsrats der geisteswissenschaftlichen Fakultät vom 16. Januar 1937).

75 AEvF: Dossier Dévaud. Brief von Bischof Besson an Dévaud vom 5. Februar 1939.

schen Regime sympathisiert zu haben (Wolfisberg, 2002, S. 121 ff.).[76] Die Regelung seiner Nachfolge richtet sich einmal mehr nach den Bedingungen der Erziehungsdirektion: Sie beauftragt Dupraz mit der deutschsprachigen Lehre in Pädagogik und trennt diesen Lehrauftrag von der Heilpädagogik.[77] Für die Heilpädagogik setzt sie eine Kandidatur durch, die auch die Unterstützung der Wohlfahrtsverbände findet, weil auf deren Wunsch hin der Professor für Heilpädagogik auch für das Luzerner Institut zuständig sein soll.[78] Als einziger Kandidat erfüllt Eduard Montalta* die definierten Kriterien; er wird 1946 zum ausserordentlichen Professor für Heilpädagogik ernannt. Mit seiner fundierten Ausbildung in experimenteller Pädagogik trägt er zum Aufleben dieser Fachrichtung bei. Aufgrund unterschiedlicher Erwartungen im Berufsfeld erweitert das heilpädagogische Seminar (auch orthopädagogische Abteilung *[section d'orthopédagogie]* genannt) seinen Wirkungskreis ständig: 1943 kommt ein medizinisch-pädagogischer Dienst *(service médico-pédagogique)* hinzu, aus dem 1947 eine medizinisch-pädagogische Klinik wird. Das heilpädagogische Seminar erweitert seine Aktivitäten in den Bereich der Sozialarbeiterausbildung, verbindet die Lehre mit Beratungen zur Psychopathologie des Kindes und kann 1949 Maurice Remy[79] berufen.[80] Der neue Erziehungsdirektor Jules Bovet verleiht der bislang als Seminar für Heilpädagogik geführten Institution die offizielle Bezeichnung «Institut», ein Symbol für dessen Aufschwung und Autonomie – auch wenn diese Umbenennung vor allem aus verwaltungstechnischen Gründen erfolgt.[81]

---

76 AUF: Rektorat 371.2. Brief des Rektors an die Erziehungsdirektion vom 4. Juni 1945; AUF: AFL L1.6. Protokoll des Fakultätsrats der geisteswissenschaftlichen Fakultät vom 20. Juli 1945.

77 AUF: AFL L1.6. Protokoll des Fakultätsrats der geisteswissenschaftlichen Fakultät vom 27. Oktober 1945.

78 AUF: AFL L1.6. Protokoll des Fakultätsrats der geisteswissenschaftlichen Fakultät vom 21. Mai 1946.

79 Remy stammt aus dem Kanton Freiburg und ist Leiter des psychiatrischen Universitätsspitals in Bern.

80 AUF: AFL L1.6. Protokoll der geisteswissenschaftlichen Fakultät vom 24. Januar 1949.

81 AUF: Rektorat, Heilpädagogisches Seminar 34.1. Briefe des Rektors an Bovet vom 15. Juli 1948 und Montaltas an den Rektor der Universität vom 3. Juli 1948.

Ein Institut für Pädagogik, Heilpädagogik und angewandte Psychologie (1949–1951)

Per Erlass des Staatsrats vom Juli 1944 konstituiert sich das Institut unter dem allgemeinen Namen Institut für Pädagogik, Heilpädagogik und angewandte Psychologie *(Institut de pédagogie, d'orthopédagogie et de psychologie appliquée)* (Dupraz, 1957). Die Statuten des Instituts bestätigen seine Zugehörigkeit zur geisteswissenschaftlichen Fakultät[82] und formulieren als Ziel «die Ausbildung der Studierenden und die wissenschaftliche Forschung in allen Disziplinen der Erziehungswissenschaften und der angewandten Pädagogik».[83] Das Institut besteht ab jetzt aus drei Fachbereichen: allgemeine Pädagogik, Heilpädagogik und angewandte Psychologie, die jeweils für die Ausbildung von Sekundarlehrern, Sonderschullehrern mit spezieller Ausbildung sowie Schulpsychologen und Berufsberatern zuständig sind. Die beiden ersten Fachbereiche sind enger miteinander verbunden (auch wenn der zweite selber ein Institut mit eigenen Statuten bildet) und bereiten auf Lizenziat und Doktorat in allgemeiner Pädagogik oder in Heilpädagogik vor. Der kurz zuvor gegründete dritte Fachbereich bezeugt das wieder erwachende Interesse an der Entwicklung der experimentellen Psychologie, ist aber eng an die Person des Professors für Heilpädagogik und Pädagogik in deutscher Sprache, Montalta, gebunden. Dessen Lehrgebiet wird 1949 um die experimentelle Psychologie erweitert.

In Verbindung mit diesen drei Fachbereichen verleiht das Institut offiziell Diplome in allgemeiner Pädagogik und in Heilpädagogik (nach vier Semestern) sowie in angewandter Psychologie (nach sechs Semestern). Innerhalb der geisteswissenschaftlichen Fakultät bereitet das Institut nicht nur auf die schriftlichen und mündlichen Prüfungen in Pädagogik im Rahmen der Diplomprüfungen für Sekundarlehrer (vier Semester) und Gymnasiallehrer (sechs Semester) vor, sondern auch auf die neuen akademischen Grade Lizenziat (sechs Semester) und Doktorat (acht Semester) in Pädagogik.[84] Der Zeitpunkt für eine starke institutionelle Verankerung des Instituts scheint günstig. Tatsächlich ist es zur gleichen Zeit bei der Unterzeichnung einer Übereinkunft zwischen dem Staatsrat und der Schweizer Bischofskonferenz bezüglich der Entwicklung der Universität und ihrer finanziellen Konsolidierung vermittelnd tätig. Die Übereinkunft bestätigt explizit die gemeinsame Verantwor-

82 AUF: AFL L1.7. Protokoll des Fakultätsrats der geisteswissenschaftlichen Fakultät vom 13. Juli 1949.

83 AUF: AFL 174.2. Institut für Pädagogik und angewandte Psychologie, 13. Juli 1949.

84 Das Lizenziat in Psychologie wird erst im November 1972 eingeführt (AUF: AFL 167.5).

tung der Schweizer Bischöfe und des Kantons Freiburg für die Universität und ihre Belange (*Geschichte der Universität Freiburg Schweiz,* 1991, Bd. 1, S. 210).

Nach seiner offiziellen Anerkennung entwickelt sich das Institut für Pädagogik, Heilpädagogik und angewandte Psychologie ständig weiter, was insbesondere den Fachbereichen Heilpädagogik und Gymnasialpädagogik zuzuschreiben ist. Nach der Berufung Montaltas erfährt die Publikationstätigkeit im Umfeld des Instituts einen beträchtlichen Aufschwung.[85] Das Institut für Heilpädagogik erweitert ständig seine Ausbildungsaktivitäten im Bereich der Sprachbehindertenpädagogik und wird im Juni 1950 um zwei Titularprofessuren erweitert: Remy für die Psychopathologie des Kindesalters und Léon Walther* für Arbeitspsychologie und Berufsberatung.[86] Die Ernennung Montaltas zum ordentlichen Professor 1951 stärkt das Institut zusätzlich. Im Februar desselben Jahres werden das jeweilige Reglement des Instituts für Heilpädagogik sowie des Instituts für Pädagogik und angewandte Psychologie vom Staatsrat genehmigt.

Im Februar 1951 erfährt auch die Gymnasialpädagogik stärkere Anerkennung. Grund dafür ist das neue Gesetz über das Sekundarschulwesen *(loi sur l'enseignement secondaire),* das von den Bewerbenden um eine Lehrerstelle auf der Sekundarstufe I als Mindestvoraussetzung ein von der Universität Freiburg ausgestelltes Sekundarlehrerdiplom und von den Bewerbenden um eine Lehrerstelle auf der Sekundarstufe II ein Diplom einer Universität oder einer Technischen Hochschule verlangt.[87] Zur Sicherung des Nachwuchses sucht die Universität Freiburg verstärkt den Kontakt zu den katholischen Gymnasien der Schweiz und übernimmt die Rolle der Institution *par excellence* für die Ausbildung der katholischen Elite der Schweiz.[88]

Abschliessend lässt sich feststellen, dass der «Motor» für die Entwicklung des disziplinären Feldes der Erziehungswissenschaften (insbesondere der experimentellen Pädagogik und Psychologie) in Freiburg von Beginn an und während des gesamten Untersuchungszeitraums mit dem Bestreben verbunden ist, einerseits eine nationale und internationale katholische Pädagogik zu entwickeln, andererseits eine katholische Universität in der Schweiz zu schaffen. Abgesehen von der Berufung Horners markieren zwei Projekte die Institutionalisierung des disziplinären Feldes

85 Er übernimmt die vom Luzerner Institut herausgegebenen *Heilpädagogischen Werkblätter* und führt 1948 die Schriftenreihe *Formen und Führen* ein. Mit Dupraz gibt er in Freiburg seit 1949 die *Arbeiten zur Psychologie, Pädagogik und Heilpädagogik* heraus.

86 AUF: AFL L1.7. Protokoll des Fakultätsrats der geisteswissenschaftlichen Fakultät vom 9. Juni 1950.

87 AFL 174.2: Gesetz über das Sekundarschulwesen vom 14. Februar 1951.

88 AUF: Rektorat. Bericht über das akademische Jahr 1954–1956, S. 92 f.

entscheidend: Ein erster Versuch der Institutionalisierung zwischen 1904 und 1910 scheitert an der unzureichenden finanziellen Ausstattung und dem Ausscheiden der Akteure, die das Projekt tragen. Ab dem Jahr 1910 und während der folgenden 30 Jahre entwickelt der (französischsprachige) Inhaber des Lehrstuhls für Pädagogik ein innovatives Konzept für eine katholische Pädagogik, das, wie die Rezeption von Dévauds Arbeiten zeigt, in die gesamte katholische französischsprachige Welt hineinwirkt. Mit dem zweiten Versuch gelingt ab 1930 eine dauerhafte Einbettung in die Universität Freiburg, die 1951 zur offiziellen Anerkennung des disziplinären Feldes führt. Das Pädagogische Institut wird von verschiedenen einflussreichen katholischen Institutionen finanziell unterstützt und auch im Fall des Ausscheidens oder Ablebens seiner Protagonisten nicht mehr infrage gestellt – wie die schnelle Regelung der Nachfolge Dévauds und Spielers zeigt.

Nach 50 Jahren sind also die gemeinsamen Bestrebungen der katholischen Kirche der Schweiz und des Freiburger Staatsrats zur Gründung einer Einrichtung zur Ausbildung katholischer Lehrerinnen und Lehrer realisiert, auch wenn am Institut keine Primarlehrerausbildung stattfindet – diese liegt am Ende des bearbeiteten Untersuchungszeitraums weiterhin in den Händen des Lehrerseminars.

Kapitel 7

Institutionalisierungen am Rand des disziplinären Feldes

Im folgenden Kapitel wird die Entwicklung des disziplinären Feldes in drei Institutionen in Kurzdarstellungen beschrieben: der Universität Neuenburg, der Handelshochschule St. Gallen und der Eidgenössischen Technischen Hochschule (ETH) Zürich. Grund für die reduzierte Darstellung ist der Umstand, dass die Entwicklung der Erziehungswissenschaften dort jeweils nur zögerlich vonstatten ging. Wir haben diese drei Institutionen dennoch in die Studie einbezogen, um die Gesamtheit der Standorte zu erfassen, an denen die Erziehungswissenschaften, auf die eine oder andere Weise, ihren Anfang genommen haben, und um uns der Herausforderung einer Analyse von nationaler Reichweite zu stellen. Die Untersuchung dieser Institutionen erlaubt es aber auch, die fördernden ebenso wie die hemmenden Faktoren für die Entwicklung des Feldes sozusagen *ex negativo* zu verstehen. An der Universität Neuenburg etwa zeigen die Erziehungswissenschaften einen vielversprechenden Anfang und weisen ein unbestreitbares Entwicklungspotenzial auf, das dann – wie auch in Basel, jedoch wesentlich schneller – wieder im Sande verläuft. Als fachlich spezialisierte Institutionen, die eher einer nationalen als einer kantonalen Logik verpflichtet sind, bilden die Handelshochschule St. Gallen und die ETH Zürich einen Rahmen, innerhalb dessen sich das disziplinäre Feld trotz entsprechender Versuche nicht autonom entwickeln konnte. Dennoch konnte die Disziplin in Randbereichen Fuss fassen, da sie zwei unterschiedliche Nachfragen bedienen konnte: einerseits die Ausbildung von Lehrern für den Unterricht in den Bereichen Wirtschaft und Handel sowie Naturwissenschaften und Mathematik; andererseits sollte gerade in diesen stark spezialisierten Hochschulen Raum für Reflexion und Ausbildungsanteile in der humanistischen Kulturtradition entstehen.

Neuenburg

Von einem Fachbereich für Pädagogik an der Akademie zu einer unauffälligen Präsenz an der Universität (1866–1953)

Valérie Lussi Borer

Bei der Gründung der zweiten Akademie in Neuenburg 1866 (*Histoire de l'Université de Neuchâtel,* Bd. 2, 1994) umfasste diese – ausser zwei vollständigen Fakultäten (Geistes- und Naturwissenschaften) und einem Lehrangebot in Rechtswissenschaften – auch den ersten Fachbereich für Pädagogik in der französischsprachigen Schweiz, der zugleich die Einmaligkeit dieser neuen Institution begründete. Aimé Humbert, treibende Kraft[1] und Rektor der neuen Akademie sowie Professor für Pädagogik im neuen Fachbereich, äusserte sich wie folgt:

> *Die Akademie Neuenburg weist zwei Besonderheiten auf, die sie von den Akademien in Genf und Lausanne unterscheidet. Letztere wurden in einem theologischen Zeitalter von Männern der Reformation gegründet. Die theologische Fakultät stand an erster Stelle, und die Lehre der Pädagogik war nicht vertreten, da die Schule zu jener Zeit von der Kirche abhängig und der Seminarist Schüler des Pastors war. In der Zeit um 1830 hat man in Lausanne, neben der Akademie, eine Normalschule* (école normale) *für die Ausbildung der Primarlehrer gegründet, während einige Kantone der deutschsprachigen Schweiz zum selben Zweck das System der Seminare übernommen haben. In Neuenburg gibt es weder eine Normalschule noch ein Lehrerseminar, sondern die Akademie verfügt über einen Fachbereich für Pädagogik, der die Anforderungen der beiden oberen Klassen eines Lehrerseminars erfüllt. Diese uns eigene Organisation stellt im System des höheren Bildungswesens der Schweiz eine doppelte Neuerung dar.*[2]

Als bedeutende Innovation kann gelten, dass der Fachbereich Pädagogik neben den Seminaristen aus Neuenburg auch eine grosse Anzahl von Primarlehrern aus

1 Um die Pädagogik in Neuenburg weiterzuentwickeln, plante Humbert ab den 1870er-Jahren, den Kanton zum Sitz eines eidgenössischen Lehrerseminars zu machen (Humbert, 1875). Das Projekt wurde nicht realisiert.

2 Staatsarchiv Neuenburg (*Archives de l'Etat de Neuchâtel,* AEN): Universitätsarchiv (*Archives de l'Université de Neuchâtel,* AUN). Vortrag A. Humbert anlässlich der Einweihung der Akademie Neuenburg 1866, S. 9 f.; Übersetzung VL.

der deutschsprachigen Schweiz aufnahm. Infolge der gesetzlichen Bestimmung zur Trennung von Hochschulwesen und Sekundarschulwesen wurde der Fachbereich Pädagogik, trotz seiner guten Frequentierung, 1872 aber aus der Akademie herausgelöst und dem Gymnasium angegliedert: Diese Reform wurde damit begründet, dass im Fachbereich im Wesentlichen Primarlehrerkandidaten studieren und dass die ursprünglich vorgesehene Ausbildung von Sekundarlehrern sich nicht entwickelt hat. Die Lehrveranstaltungen in Geschichte der Pädagogik wurden 1893 dem Gymnasium übertragen und fanden, trotz der Forderungen des Lehrbeauftragten Alexandre Daguet*, nicht weiter an der Akademie statt. Gleichzeitig blieben die Studenten aus der deutschsprachigen Schweiz aus, wodurch sich die Studentenzahlen der geisteswissenschaftlichen Fakultät auf ein kritisches Ausmass verringerten. Dies führte dazu, dass die Lehre der Pädagogik an der Akademie siebzehn Jahre nach ihrer Einführung wieder eingestellt wurde. Die akademische Ausbildung von Primar- und Sekundarlehrern war nicht über ein Anfangsstadium hinausgekommen und wurde sowohl von den akademischen Instanzen als auch von der Neuenburger Bevölkerung und vom Staatsrat kritisiert.

Obwohl die geisteswissenschaftliche Fakultät dazu beigetragen hatte, die Primarlehrerausbildung aus der Akademie auszugliedern, war ihre Haltung gegenüber den Primarlehrern ambivalent: Einerseits wurden sie als potenzielle Ressource zur Steigerung der eigenen Studentenzahlen gesehen, die mit der Schliessung des Fachbereichs Pädagogik stark gesunken waren. Die Fakultät führte deshalb 1897 ein speziell für Primarlehrer bestimmtes Lizenziat ein. Andererseits beklagte man sich, dass die Zulassung der Lehrerstudenten zu den Veranstaltungen der Fakultät das Anheben des Niveaus in den akademischen Studiengängen behindere und dadurch verhindere, dass für die Bewerbung um eine Stelle auf der Sekundarstufe das Lizenziat verlangt werden könne (die Sekundarlehrerausbildung sollte nach dem Modell der deutschsprachigen Schweiz für Primarschullehrer zugänglich bleiben). Die ersten beiden Jahrzehnte des zwanzigsten Jahrhunderts standen im Zeichen einer vollständigen Neuorganisation des gesamten staatlichen Schulwesens im Kanton Neuenburg unter der Leitung des Vorstehers des Erziehungsdepartementes, Edouard Quartier-la-Tente, dessen Ziel es war, die neuen pädagogischen und psychologischen Ideen (deutscher [Jena], belgischer und französischer Herkunft) an einem zentralen Lehrerseminar zu implementieren.[3] Die Bevölkerung des Kantons Neuenburg stand zwar einer Verbesserung der Primarlehrerausbildung positiv gegenüber, lehnte jedoch zweimal (1904 und 1917) Gesetzesänderungen zur Zentralisierung

3 AEN: 353 CH/NE 1. *Bulletin officiel des délibérations du Grand Conseil.* Sitzungen vom 22. Mai 1900 und vom 15. Februar 1904.

der pädagogische Ausbildung ab, da sie die verschiedenen, dezentral organisierten pädagogischen Sektionen des Sekundarschulwesens beibehalten wollte. Trotz der Niederlagen bei den Volksabstimmungen gelang es dem Grossen Rat dennoch, die Studiendauer am Lehrerseminar dank der Bundessubventionen für die Primarschulen im Jahr 1904 auf drei Jahre zu verlängern. Obwohl eine Lösung offensichtlich dringlich war, folgte bis in die 1940er-Jahre keinerlei Gesetzesvorlage zur Lehrerbildung (Lussi Borer, 2008).

Während das Projekt der Primarlehrerausbildung an einem zentralen Lehrerseminar stagnierte, konnte die Sekundarlehrerausbildung an der Akademie Fortschritte verzeichnen: 1901 erhielt der Lehrstuhl für Philosophie eine zusätzliche Stunde in Pädagogik, die dem Lehstuhlinhaber Ernest Murisier* übertragen wurde. Es ging dabei nicht um eine einzelne Lehrveranstaltung, sondern um ein besonderes Abschlusszeugnis in Pädagogik für Sekundarlehrer, das 1902 an der geisteswissenschaftlichen Fakultät eingeführt wurde. Pierre Bovet* übernahm die Organisation der Lehre in Pädagogik, die er bis zu seiner Übernahme der Leitung des *Institut J. J. Rousseau* in Genf im Jahr 1912 wesentlich weiterentwickelte. Sein Nachfolger Arnold Reymond* setzte dieses Werk fort und unterbreitete der 1909 in eine Universität umgewandelten Akademie (*Histoire de l'Université de Neuchâtel,* Bd. 3, 2002) den Vorschlag, ein dem Genfer Modell entsprechendes Sekundarlehrerdiplom einzuführen.[4] Als Reymond 1925 an die Universität Lausanne berufen wurde, unterstützte er die Kandidatur Jean Piagets* als Nachfolger.

Bereits 1914 hatte Reymond die Schaffung eines eigenen Lehrstuhls für *Psychologie* angeregt und der Psychologie seit 1918 eine einstündige Lehrveranstaltung gewidmet. Mit der Ankunft Piagets erfuhr die Psychologie dann einen ersten, wirklichen Aufschwung: Sie wurde zum Gegenstand mehrerer Lehrveranstaltungen und fand Eingang in die Prüfung für das geisteswissenschaftliche Lizenziat. Als Piaget seinerseits 1929 einen Ruf nach Genf erhielt, folgte ihm Jean de la Harpe* auf den Lehrstuhl und führte die Lehre in Psychologie fort. Mit Philippe Muller* (ab 1947) und Hanns Spreng* (ab 1945) erfuhr die Lehre der angewandten Psychologie (und der Psychotechnik) dann einen entscheidenden Aufschwung, der 1951 im Vorschlag Mullers kulminierte, ein Institut für Psychologie nach dem Genfer Vorbild zu gründen[5] und einen Lehrstuhl für *allgemeine Philosophie und Psychologie* für Muller mit einer Lehrverpflichtung von fünf Wochenstunden einzurichten.

---

4 AEN: Archiv des Erziehungsdepartementes I, 721/172a. Brief Reymonds an den Vorsteher des Erziehungsdepartementes Strahm vom 10. Februar 1924.

5 AEN: AU. Protokolle der geisteswissenschaftlichen Fakultät *(Faculté des lettres),* Sitzung vom 5. Juni 1951.

Während der gesamten ersten Hälfte des zwanzigsten Jahrhunderts hatte die Pädagogik als Lehre für den Primarbereich Schwierigkeiten, sich im Spannungsfeld zwischen einem pädagogischen Gymnasium und einer Berufsschule der Sekundarstufe II mit pädagogischer Abteilung, einem starken kantonalen Lehrerseminar und dezentralisierten, kommunalen pädagogischen Sektionen, aber auch zwischen einer auf die Allgemeinbildung und einer auf die beruflichen Anforderungen ausgerichteten Ausbildung zu positionieren. Erst 1948 wurde schliesslich ein Gesetz über die Lehrerbildung *(loi sur l'enseignement pédagogique)* verabschiedet, das merkliche Verbesserungen im Bereich der Primarlehrerausbildung mit sich brachte: eine Verlängerung der Ausbildung bis zum Abschluss einer neu eingeführten pädagogischen Matur, die, unter bestimmten Umständen, die Zulassung zur Universität erlaubte; Studiengänge unter Einschluss universitärer Lehrveranstaltungen und die Einrichtung von eng am Genfer Vorbild orientierten Versuchsschulen (vgl. Kapitel 4 in diesem Band).

Obwohl durch das Gesetz über das Sekundarschulwesen die vom Staat ausgestellten Sekundarlehrerdiplome *(brevets généraux de maîtres secondaires)* 1919 zugunsten der akademischen Lizenziate abgeschafft wurden und 1925 ein Abschluss in Form eines Fähigkeitszeugnisses *(certificat d'aptitude professionnelle)* eingeführt wurde, erreichten die Fakultäten erst 1945, dass dieser Abschluss Vorraussetzung für die Zulassung zum Beruf des Sekundarlehrers wurde. Die Verhandlungen um die Berufszulassung zeugen von den Machtkämpfen zwischen den Fakultäten und dem Erziehungsdepartement, das bei der Auswahl seiner Kandidaten seine Autonomie erhalten wollte. Zudem wurde seither für die Zulassung zum Schuldienst auf der Sekundarstufe ein vorab unter Aufsicht des Erziehungsdepartementes im öffentlichen Schulwesen des Kantons Neuenburg zu absolvierendes Praktikum verlangt. Auch gilt der für die Bewerbung zum Sekundarschuldienst offiziell geforderte Universitätsabschluss langfristig lediglich für den theoretischen Teil der Ausbildung: Nach der Demission des Professors für *Philosophiegeschichte und Pädagogik* René Schaerer*, der 1953, sechs Jahre nach seiner Nominierung, einen Ruf nach Genf annahm, wurde der praktische Teil der pädagogischen Ausbildung von der Universität getrennt und Gymnasiallehrern übertragen.[6] Unter Schaerers Nachfolger gab es lediglich eine einstündige Lehrveranstaltung in theoretischer Pädagogik (in Psychologie waren es fünf), die gleichermassen Bestandteil der theoretischen Ausbildung der Sekundarlehrer und Voraussetzung für den Abschluss in Psychologie und pädagogischen Wissenschaften war, der 1953 an der geistwissenschaftlichen

6 AEN: Archiv des Erziehungsdepartementes, 721/III 72a I. Brief des Vorstehers des Erziehungsdepartementes an den Rektor der Universität vom 14. November 1953.

Fakultät eingerichtet wurde. Diese symbolische einstündige Veranstaltung zeugt von der Randexistenz der Pädagogik an der geisteswissenschaftlichen Fakultät, die – anders als in der Psychologie – einer berufsbezogenen Ausrichtung mehr Gewicht beimass als der theoretischen und wissenschaftlichen Ausrichtung.

Zusammenfassend kann gesagt werden, dass trotz der ursprünglich starken Bestrebungen bezüglich einer institutionellen akademischen Verankerung der Pädagogik die Akademie bzw. die Universität Neuenburg den 1866 gegründeten Fachbereich Pädagogik nicht aufrechterhielt und die Pädagogik allmählich ihre Bedeutung auf universitärer Ebene verlor. Zwar spielte dieser Standort keine entscheidende Rolle für die universitäre Entwicklung der Pädagogik bzw. der Erziehungswissenschaft(en) in der Schweiz, jedoch verweist die kurze Chronik auf mehrere, für eine vergleichende Analyse sowohl auf der Ebene der französischsprachigen Schweiz als auch auf derjenigen der Gesamtschweiz, interessante Aspekte: Zunächst einmal war die Universität Neuenburg Ausgangspunkt für die ersten Schritte einer Reihe bedeutender Akteure der Westschweizer Pädagogik, bevor diese an die Universitäten Genf und Lausanne berufen wurden (etwa Bovet, Piaget oder Reymond), was zu oft ambivalenten Konkurrenzverhältnissen zwischen diesen Universitäten führte. Zudem war, wie auch an andern Standorten, die Entwicklung der Pädagogik eng mit der Primar- und Sekundarlehrerausbildung verbunden, was eine gemeinsame Entwicklungsdynamik ermöglichte. Die Zentralisierung der Primarlehrerausbildung blieb aber eine dem Kanton Neuenburg spezifische Aufgabe. Im Gegensatz zur Pädagogik, die stagnierte, erfuhr die Psychologie, gegen Ende des untersuchten Zeitraums eine bemerkenswerte akademische Entwicklung.

Handelslehrer ausbilden: Zur Integration der Pädagogik in die Hochschule St. Gallen (1912–1950)

Martina Späni

Die Hochschule für Wirtschafts-, Rechts- und Sozialwissenschaften in St. Gallen ist eine Gründung des ausgehenden 19. Jahrhunderts.[7] Zu ihrem Kerncurriculum gehörten anfänglich vor allem Fremdsprachen und Handelsfächer, die im Dienste

7 Für eine Übersicht vgl. Burmeister, 1998; Schulze, 1912; *Das kaufmännische Bildungswesen in der Schweiz,* 1914, S. 23 ff., S. 531 ff.

eines erfolgreicheren ökonomischen Handelns wirken sollten. Im Jahre 1912 wurde auch das Fach Pädagogik in die Bildungsinstitution eingebunden. Mit welchen Aufgaben man die Disziplin betraute und wie sie sich in den kommenden Jahrzehnten entwickelte, soll Gegenstand der folgenden kurzen Darstellung sein.

Die im Jahre 1898 eröffnete und zunächst «Handelsakademie» genannte Bildungseinrichtung war angesichts der unter argen Druck geratenen St. Galler Textilwirtschaft mit volkswirtschaftlichen Anliegen verbunden. Doch sollte es auch eine Akademie mit eidgenössischer Ausstrahlung werden. Im Vorfeld der Gründung glaubte man sogar, den Bund als Träger der neuen Bildungsinstitution gewinnen zu können, so, wie es mit dem Eidgenössischen Polytechnikum in Zürich der Fall gewesen war. Doch die eidgenössische Unterstützung aus Bern blieb aus (Schulze, 1912).

Die Einbindung der Pädagogik als Lehrfach hatte einiges mit den anfänglichen Schwierigkeiten der neuen Handelshochschule und mit dem Erfolg anderer Ausbildungseinrichtungen zu tun. Die Qualifizierung des Personals im Bereich von Verkauf und Handel, Verwaltung und Dienstleistung erfolgte noch in der ganzen ersten Hälfte des 20. Jahrhunderts in der Regel nicht über den Besuch einer Handelshochschule. Das Gros der kaufmännischen Angestellten und angehenden Handelsleute wurde vor allem in den Betrieben und schulisch in den kaufmännischen Fortbildungsschulen, an den Merkantil- bzw. Handelsabteilungen der Gymnasien oder in anderen Einrichtungen der Sekundarstufe II ausgebildet. Diese verschiedenen berufsbegleitenden oder -vorbereitenden Einrichtungen boomten um 1900.[8] Im Kontext dieser Entwicklung erwuchs auch der Bedarf an qualifizierten Handelslehrern, und so wurde auch in St. Gallen die Lehrerbildung zum Motor der akademischen Einbindung der Pädagogik.

Spätestens ab 1908 sprach man in der Schulkommission der St. Galler Handelsakademie über die «Aufnahme der Vorbildung von Handelslehrern». Die Ausbildungsmöglichkeit für Handelslehrer sollte die Attraktivität der noch jungen und um Anerkennung ringenden Hochschule in St. Gallen erhöhen, «umsomehr als ausser Schaffung von Gelegenheit zur pädagogischen Vorbildung kaum namhafte Änderungen notwendig werden dürften».[9] Einen zusätzlichen Anreiz stellten die in

---

8 Der Hintergrund dieses Wachstums bildete die Modernisierung des Bürobetriebs, die mit Verteilungskämpfen um gute Stellen verbunden war. Wer eine bessere Stelle erhalten wollte, setzte auf Ausbildung. Auch der Staat förderte diese Berufsbildungsinstitutionen in der Hoffnung, etwas für die Sicherung des «Wirtschaftsstandorts» Schweiz tun zu können (König, Siegrist & Vetterli, 1985, S. 39 ff.).

9 Staatsarchiv des Kantons St. Gallen (StASG): Hochschule St. Gallen (HSG) 111. Protokoll der Sitzung der Schulkommission vom 22. März 1910, S. 215.

Aussicht gestellten Subventionen des Bundes dar (*Das kaufmännische Bildungswesen in der Schweiz,* 1914, S. 44). Dazu gesellten sich weitere, teils wissenschafts-, teils professionspolitische Interessen.[10]

Das Projekt nahm 1911 Gestalt an: Ein Studienplan für Handelslehrer wurde geschaffen, Dozenten für die pädagogischen Fächer wurden eingestellt, und im Wintersemester 1912 begannen die ersten Kurse an der nun als «Handelshochschule» bezeichneten Institution. Die «Gelegenheit zur pädagogischen Vorbildung» der angehenden Handelslehrer wurde in Analogie zu den bereits etablierten kantonalen universitären Ausbildungsgängen für Gymnasiallehrer gestaltet, d. h., man teilte sie in einen fachdidaktischen und in einen pädagogisch-theoretischen Teil.

Die Didaktik für die Fächer der Betriebswirtschaftslehre unterrichteten die Ordinarien der entsprechenden Disziplinen. Dazu gehörte als herausragende Person Robert Debes, Professor für Betriebswirtschaftslehre, der die Mehrzahl der berufsspezifischen, insbesondere fachdidaktischen und berufspraktischen Veranstaltungen zwischen 1912 bis 1949 durchführte.

Der pädagogisch-theoretische Teil wurde als vierstündiger Lehrauftrag vergeben. Willi Nef*, der bereits seit 1906 im Rahmen der öffentlichen Vorlesungen als Dozent wirkte, erhielt diesen Lehrauftrag. Nef wurde 1912 Leiter des psychologisch-pädagogischen Seminars (mit «Seminar» ist eine bestimmte Lehrform in einem Kreis von Studierenden gemeint und kein Institut mit eigenen Ressourcen). Darin wurden bis 1947 wiederholt «Grundprobleme der Psychologie» und «Erziehungsfragen im Anschluss an die Lektüre pädagogischer Schriftsteller» besprochen.

Im Berichtszeitraum änderte sich für die Ausrichtung und Stellung der Pädagogik und die davon unterschiedene Didaktik der Handelsfächer nur wenig.[11] Die Ausbauversuche waren trotz Anstrengungen vonseiten Willi Nefs und der kantonalen Lehrerschaft ohne Chance und scheiterten alle. Die untergeordnete Stellung der Disziplin verlor sich jedoch im Verlaufe der Jahrzehnte; sie etablierte sich langsam und nicht ganz bruchlos im Rahmen der Studienpläne, der Prüfungsrichtlinien sowie der Lehrstellen. Seit 1934 wurde der zeitliche Umfang der zu besuchenden

10 Die bereits tätigen Handelslehrer schlossen sich 1898 zu einem Verein zusammen; Mitglieder waren seit 1905 auch der Rektor Eduard O. Schulze und weitere Dozenten der St. Galler Handelsakademie (vgl. Schweizerischer Handelslehrerverein, *Jahresberichte* 1899 ff.).

11 Gleiches kann von der ab 1928 «Hochschule für Wirtschaftswissenschaften» genannten Handelshochschule nicht behauptet werden: Zwischen 1919 und 1950 wurden unter anderem die Rektoratsverfassung eingeführt, die Zulassungsbedingungen verschärft und ein Hochschulverein eingerichtet; 1934 folgte eine Habilitationsordnung und 1938 eine Promotionsordnung. 1939 wurde die St. Galler Hochschule schliesslich als den übrigen kantonalen Universitäten gleichberechtigte Universität anerkannt (vgl. Burmeister, 1998).

pädagogischen und didaktischen Veranstaltungen genau definiert. Und um 1959 wurde Pädagogik endgültig zum Prüfungsfach.

Als Schritt in die gleiche Richtung kann auch die Umwandlung des Lehrauftrags für Pädagogik und Psychologie in eine ausserordentliche Professur verstanden werden. Er erfolgte mit der Emeritierung von Willi Nef: Gustav Bally*, seines Zeichens Mediziner und Psychoanalytiker, wurde 1947 zum ausserordentlichen Professor für *Philosophie, Psychologie und Pädagogik* gewählt. Doch mit dieser Wahl zeigte sich immer noch deutlich, dass Pädagogik auch um 1950 als wenig spezialisiertes wissenschaftliches Unternehmen verstanden wurde, das sich mithilfe anderer Disziplinen betreiben liess. So störte sich die Berufungskommission keineswegs daran, dass Bally keine einzige Publikation im Bereich der Pädagogik vorweisen konnte. Bally, so die Kommission, überzeuge durch seine Stärken im Bereich der Psychologie und der Anthropologie und zeige sich als «gewiegter Dozent», der auch «imstande sein wird, der pädagogischen Seite des Lehrstuhls Nef gerecht» zu werden.[12]

Nur wenige Jahre später, nämlich 1957, wurde mit dem Weggang Ballys jedoch klar, dass die alte multidisziplinäre Ausrichtung des Lehrstuhls angesichts einer fortgeschrittenen Disziplinenbildung, insbesondere in der Psychologie und Philosophie, nicht aufrechterhalten werden konnte. Mit dem Verzicht auf dieses disziplinäre Multipack war unmittelbar die Herausbildung der neuen pädagogischen Subdisziplin, der Wirtschaftspädagogik, verbunden.[13]

Bis 1950 zeigte sich das disziplinäre Feld der Pädagogik in St. Gallen jedenfalls schwach institutionalisiert und einfach strukturiert: auf der einen Seite die auf die Handelsfächer bezogene Fachdidaktik, erteilt durch die Fachvertreter; auf der andern Seite eine allgemeine Pädagogik, die ihren Gegenstand multidisziplinär reflektierte. Diese lokale Ausgestaltung des pädagogischen Feldes glich in hohem Grad der vorfindbaren Praxis an den übrigen deutschsprachigen Universitäten der Schweiz. Man darf behaupten, dass Letztere das Vorbild für das disziplinäre Profil der Pädagogik in St. Gallen abgaben. Somit spielte das fachwissenschaftliche Umfeld, nämlich die Handelswissenschaften, für die Pädagogik in St. Gallen bis 1950 keine Rolle. Dies mag nicht zuletzt an der jungen, um Anerkennung ringenden Bildungsinstitution selbst gelegen haben, deren Kernfächer – in notabene politisch

12 StASG: HSG 154.03.06. Gutachten der sprachlich-philosophischen Abteilung vom 17. Juni 1947 zur Wiederbesetzung der durch den Rücktritt von Prof. Dr. W. Nef frei werdenden Professur für Psychologie, Pädagogik und Philosophie.

13 Die ausserordentliche Professur für *Psychologie und Pädagogik, einschliesslich Betriebspsychologie und Berufssoziologie* wurde mit Jean Ungricht (1915–1969) besetzt. 1967 habilitierte sich Rolf Dubs für Wirtschaftspädagogik; er wurde 1968 Extraordinarius und 1970 Ordinarius für *Wirtschaftspädagogik*.

unsicheren Zeiten – ihrerseits einem disziplinären Ausdifferenzierungsprozess unterlagen. Diese Umstände mochten auch dazu geführt haben, dass Bekanntes und bereits Etabliertes übernommen wurde, zumal die neuen Handelswissenschaften verdächtigt wurden, ein reduktionistisches Menschenbild zu befördern.

Die Wirtschaftspädagogik als pädagogische Subdisziplin bildete sich in den 1950er- und 1960er-Jahren heraus, in wirtschaftlich prosperierenden Jahren und im Rahmen einer institutionell gefestigten Hochschule.

Zur Vermeidung technischer Einseitigkeit und für die Lehrerbildung: Pädagogik an der Eidgenössischen Technischen Hochschule Zürich (1866–1950)

Sabine Campana und Lucien Criblez

Mit der Gründung des Eidgenössischen Polytechnikums 1854[14] erfüllte sich der alte helvetische Traum einer nationalen Universität nur teilweise. Träumten Aufklärer wie Franz Urs Balthasar und Isaak Iselin bereits im 18. Jahrhundert «patriotische Träume» von der höheren Bildung der Eidgenossen (Balthasar, 1758), erhielt diese Idee durch die Bundesstaatsgründung von 1848 neuen Auftrieb (Criblez, 1998). Bereits in seiner zweiten Sitzung debattierte das neue Parlament darüber, ob neben den kantonalen auch eine nationale Universität zu errichten sei. Die Verhandlungen verliefen äusserst kontrovers: Unter anderem fürchteten die Kantone mit eigenen Hochschulen die Konkurrenz durch eine Nationaluniversität. Die Vorlage wurde erst mehrheitsfähig, als der Universitätsgedanke fallen gelassen wurde und die nationale Bildungsinstitution auf technisch-naturwissenschaftliche Inhalte beschränkt wurde. So versprach das Projekt unmittelbar den industriellen Aufschwung zu unterstützen: Das Polytechnikum (seit 1911 Eidgenössische Technische Hochschule, ETH) sollte das Wissen für den Aufbau einer nationalen Infrastruktur der Zukunft generieren (Gugerli, Kupper & Speich, 2005).

Eine nationale Universität war also nicht möglich gewesen, aber das Polytechnikum bemühte sich seit Beginn darum, die Geistes- und Sozialwissenschaften wenigs-

14 Verschiedene Festschriften geben einen guten Überblick über die Entwicklung der heutigen ETH Zürich (Burri & Westermann, 2005; Grob, 1980; Gugerli, Kupper & Speich, 2005; Guggenbühl, 1955; Oechsli, 1905).

tens als Freifächer zu pflegen, insbesondere um die einseitige technische Ausbildung der Studierenden zu vermeiden. Neben den fünf technischen Abteilungen[15] wurde deshalb eine *philosophische und staatswirtschaftliche Abteilung* eröffnet. Bereits im Bundesgesetz betreffend die Errichtung einer Eidgenössischen Polytechnischen Schule vom 7. Februar 1854 war zudem die Ausbildung von Lehrern für technische Lehranstalten vorgesehen. Nachdem der Schweizerische Lehrerverein Anfang der 1860er-Jahre eine zentralistische Lösung für die Ausbildung der Lehrkräfte der Sekundarstufen I und II am Polytechnikum gefordert hatte (vgl. Kapitel 9 in diesem Band), richtete der Bundesrat 1866 eine eigene Abteilung für die Bildung von Fachlehrern in mathematischer und naturwissenschaftlicher Richtung ein. Die allgemeine Abteilung wurde dadurch auf die «Freifächer» beschränkt und enthielt nur noch diejenigen Vorlesungen, die in den Fachschulen nicht obligatorisch waren.

Die neu geschaffene Abteilung für die Lehrerbildung gliederte sich zunächst in eine mathematische Sektion mit einem dreijährigen und in eine naturwissenschaftliche Abteilung mit einem zweijährigen Kurs; beide wurden bis 1912 auf vierjährige Kurse ausgebaut. Im Gegensatz zu den anderen Abteilungen erlaubte die Abteilung jedoch eine freiere Fächerwahl: Anstelle von streng verbindlichen Studienplänen orientierten sich die Studierenden an «Normalstudienplänen», welche eine möglichst effiziente Planung des Studiums erlauben sollten (Oechsli, 1905). Durch die Auslagerung der obligatorischen Veranstaltungen in die Fachlehrerabteilung und die gleichzeitige Beibehaltung der Freifächer in der allgemeinen philosophischen und staatswirtschaftlichen Abteilung ergab sich eine Arbeitsteilung im Angebot der pädagogischen Veranstaltungen: Während in der Fachlehrerabteilung das Gewicht auf fachdidaktische Veranstaltungen und «seminaristische Übungen» gelegt wurde, konzentrierte sich das Angebot in der Freifachabteilung auf allgemeine Veranstaltungen zur Geschichte der Pädagogik, zur pädagogischen Psychologie, zur Sozialpädagogik, zur experimentellen Pädagogik und ab 1927 zur Psychotechnik. Die Unterschiedlichkeit der beiden Abteilungen spiegelt sich nicht nur in den Inhalten der angebotenen Veranstaltungen, sondern auch im Status der Dozenten: Die Vorlesungen der Fachlehrerabteilung wurde grösstenteils von ordentlichen Professoren der entsprechenden Fachwissenschaften gehalten, während an der allgemeinen Abteilung mehrheitlich Privatdozenten unterrichteten.[16] Der Besuch von Veranstal-

15 Bauschule, Ingenieurschule, Mechanisch-Technische Schule, Chemisch-Technische Schule und Forstschule; die Abteilungen wurden mehrmals umstrukturiert, nämlich 1866, 1899, 1909 und 1924 (Guggenbühl, 1955, S. 220 ff.).

16 Ausnahmen bilden August Stadler und Fritz Medicus, die 1892–1910 bzw. 1911–1946 eine Professur für Pädagogik und Philosophie innehatten.

tungen der allgemeinen Abteilung blieb weitgehend freiwillig; damit blieb auch die an dieser Abteilung angebotene Pädagogik in einem unsicheren Status und der wechselhaften Nachfrage durch Studierende ausgesetzt. Zwar wurde während des Zweiten Weltkriegs die Frage diskutiert, wie die allgemeine Bildung der Studierenden der ETH zusätzlich zu heben sei, und 1942 warf die Gesellschaft ehemaliger Polytechniker die Frage auf, ob zum Erwerb des Schlussdiploms nicht auch eine obligatorische Prüfung in einem Freifach der allgemeinen Abteilung abgelegt werden sollte. Man verzichtete dann aber auf ein solches Obligatorium und hielt an den alten Strukturen fest (Guggenbühl, 1955).

Pädagogik wurde an der allgemeinen Abteilung seit 1881 angeboten, aber die Fachlehrerausbildung beschränkte sich zunächst auf fachwissenschaftliche Veranstaltungen, Pädagogik blieb vorerst freiwillig. «Die bescheidenen Ansprüche der Lehramtsprüfung gehen von der Erfahrung aus, dass der begeisternde Lehrer sein Lehrtalent nicht durch Studien erwirbt, sondern als Begabung an die Hochschule mit sich bringt» (Frey-Wyssling, 1980, S. 386). Dies blieb das Selbstverständnis der Lehrerausbildung an der ETH bis weit ins 20. Jahrhundert hinein. Ein praktischer Ausbildungsteil wurde in der Fachlehrerabteilung relativ spät initiiert: Erst seit Herbst 1976 wird für die Zulassung zur Didaktikprüfung neben dem Besuch der Lehrveranstaltungen auch ein zweiwöchiges Unterrichtspraktikum an einer Maturitätsschule verlangt.

Die didaktische Lehre konzentrierte sich seit 1867 zunächst auf pädagogisch-mathematische Übungen und seminaristische Übungen in Mathematik, die einerseits der Vertiefung des mathematischen Fachwissens dienten, andererseits erlaubten, dass Studierende auch Inhalte präsentieren und methodische Erfahrungen sammeln konnten. Diese ersten, rudimentären fachdidaktischen Ausbildungsveranstaltungen wurden ab 1879 auf andere naturwissenschaftliche Fächer (Physik, Botanik, Geografie) ausgeweitet. Aufgrund der Forderungen der Gymnasiallehrerschaft nach besserer fachdidaktischer Ausbildung der Gymnasiallehrer (Brandenberger, 1914; Wyss, 1914) erweiterte die ETH seit 1914 das Ausbildungsangebot um eigentliche fachdidaktische Kurse. Nach 1930 konnten ETH-Studierende zudem einzelne fachdidaktische Veranstaltungen an der Universität Zürich besuchen.

In der allgemeinen Abteilung lasen meist die Pädagogikdozenten der Universität Zürich historische und allgemeine Pädagogik (vgl. Kapitel 1 in diesem Band), zunächst vor allem Daniel Fehr, Otto Hunziker* und Ludwig Stein*, dann insbesondere die beiden an der ETH für Philosophie und Pädagogik eingestellten Professoren August Stadler* (1892–1910) und Fritz Medicus* (1911–1946). Verschiedene Privatdozenten ergänzten das Veranstaltungsangebot: Robert Seidel* in historischer Pädagogik und Sozialpädagogik (1905–1929), Arthur Wreschner* in experimenteller Psychologie und Psychotechnik, Friedrich Wilhelm Förster* in Moralpädagogik (1889–1912) und Alfred Carrard* in Psychotechnik (1926–1945).

Mit den Veranstaltungen zur experimentellen Psychologie (seit 1911) und zur angewandten Psychologie (seit 1916) von Arthur Wreschner und den Psychotechnikveranstaltungen (seit 1926) von Alfred Carrard, der 1945 zum Professor für Arbeitswissenschaften befördert wurde, reagierte die ETH auf Veränderungen in der Privatwirtschaft: Die Industriebetriebe, auf Wachstum, Rationalisierung und Produktivitätssteigerung ausgerichtet, verlangten von den technischen Kadern immer mehr Managementaufgaben. Die ETH bot deshalb in der allgemeinen Abteilung Kurse für Personalführung und Betriebswirtschaft an (Jaun, 1986, S. 112 ff.).

1936 schuf die ETH innerhalb der Abteilung Naturwissenschaften einen Turn- und Sportlehrerkurs. Der Jahreskurs führte zum Turnlehrerdiplom II für Mittel- und Hochschulen. 1942 wurde im Rahmen der militärischen «Aufrüstung» auch ein Turnlehrerdiplom I für die Volksschule eingerichtet. Im Rahmen dieser Ausbildungsgänge wurden Veranstaltungen zur Körpererziehung und zur Turndidaktik eingeführt (Keller, 1980; Flatt & Mülly, 1946, S. 101 f.).

Im Laufe der Zeit erfuhr die Fachlehrerabteilung einige strukturelle Änderungen: Sie wurde 1909 in zwei eigenständige Abeilungen unterteilt (Fachlehrer in Mathematik und Physik sowie Fachlehrer in Naturwissenschaften). 1932 wurde die spezifische Ausrichtung auf die Ausbildung von Fachlehrern fallen gelassen und die Abteilungen in Abteilung für Mathematik und Physik sowie Abteilung für Naturwissenschaften umbenannt. Man trug damit der Tatsache Rechnung, dass die Absolventen neben der Übernahme des höheren Lehramts auch zunehmend in Industrie- und Forschungslaboratorien Beschäftigung fanden (Frey-Wyssling, 1980, S. 385 f.).

Die Zahl der Studierenden nahm stetig zu: Während in den ersten Jahren knapp 20 Studenten das Studium des Fachlehrers absolvierten, waren es 1865 bereits über 40 Studierende, um die Jahrhundertwende über 50 und um 1950 über 300 Studierende, welche die Abteilung für Fachlehrer besuchten. Im Verhältnis zur Gesamtzahl der Studierenden am Polytechnikum bzw. der ETH zeigte sich die Zunahme jedoch nicht so konstant: In den ersten 30 Jahren machte der Anteil der Fachlehrer zwischen 10 und 15 Prozent aller Studierenden aus, um die Jahrhundertwende bewegte sich dieser Anteil unter 5 Prozent und nahm dann ab 1930 wieder zu (Grob, 1980, S. 657 ff.).

Ort, Inhalt und Zweck der pädagogischen Veranstaltungen an der ETH war jeweils ein zweifacher: Sowohl an der allgemeinen Abteilung als auch an der Abteilung für Fachlehrer wurde Pädagogik gelesen, inhaltlich wurde unterteilt zwischen Veranstaltungen zur allgemeinen Pädagogik und zur fachdidaktischen Pädagogik.

Begründet wurde ihre Notwendigkeit mit dem Verweis auf die Vermeidung einseitiger Spezialisierung der Studierenden einerseits und mit der Ausbildung von Fachlehrern andererseits. Die Tatsache, dass sich die Pädagogik im Lehrangebot der ETH durch grosse Stabilität auszeichnet, kann nicht darüber hinwegtäuschen, dass sie insgesamt eine marginale Rolle spielte. Pädagogik war als Teil der allgemeinen Abteilung nie Prüfungsfach und wurde folgerichtig auch nie Promotionsfach. Sie diente einerseits der kompensatorischen zweckfreien Bildung der Technikstudenten, andererseits der Berufsorientierung des Studiums auf den Lehrberuf hin. Beides sinnvoll zu vereinigen, war wohl keine leichte Aufgabe, zumal die Studierenden eher der Zweckrationalität verpflichtet waren als einem ganzheitlichen Bildungsideal.

Kapitel 8

Erziehungswissenschaftliche Disziplinenbildung in der Schweiz: Sich kontrastierende Konfigurationen in unterschiedlichen kulturellen Kontexten

Rita Hofstetter und Bernard Schneuwly

Die detaillierte Beschreibung der Entwicklung der Erziehungswissenschaften an den wichtigsten akademischen Standorten, an denen sich das disziplinäre Feld in der Schweiz etabliert,[1] liefert die empirischen Grundlagen für eine vergleichende Analyse mit dem Ziel einer allgemeinen Interpretation. Wir haben uns dabei für ein Vorgehen in zwei Schritten entschieden: Zunächst werden die allgemeinen Tendenzen der vorgestellten lokalen Fallstudien deskriptiv synthetisiert; diese Synthese wird anschliessend in heuristischer Absicht in spezifische Konfigurationen übersetzt.

In einem zweiten, mehr explizierenden und interpretierenden Schritt versuchen wir, die Faktoren herauszuarbeiten, die es ermöglichen, das Entstehen verschiedener Konfigurationen zu verstehen, wobei diese Faktoren sowohl vom im Entstehen begriffenen disziplinären Feld selbst als auch von dessen kulturellen, sozialen und politischen Kontexten abhängig sind. Es geht dabei um die Darstellung der Analogien und Spezifitäten beim konkreten Prozess der Disziplinenbildung und um ein vertieftes Verständnis sich kontrastierender Konfigurationen an den ausgewählten Standorten, um so zu einem neuen Verständnis des Prozesses der Disziplinenbildung, unabhängig von seinen lokalen Verankerungen, zu gelangen.

Die an sich schon interessante Untersuchung des Prozesses der erziehungswissenschaftlichen Disziplinenbildung an mehreren, als signifikant erachteten Schweizer Standorten bietet auch den Vorteil, mögliche Auswirkungen unterschiedlicher Kulturräume auf akademische Traditionen im kleinen Massstab der Schweiz beobachten und analysieren zu können.

1 Wir werden uns nur sehr kurz auf die weniger bedeutenden Institutionen beziehen (vgl. dazu Kapitel 7 in diesem Band).

Sich kontrastierende Entwicklungen der Erziehungswissenschaften

Wir betrachten das Schaffen von Stellen in Forschung und Lehre im Hochschulbereich als signifikantes Merkmal für die Entstehung und die soziale Anerkennung einer Disziplin und beginnen daher mit deren Beschreibung auf Schweizer Ebene. Danach differenzieren wir die Analyse, indem wir weitere, in der Folge der Stellenschaffungen etablierte organisatorische Strukturen einbeziehen und deren Funktionsweise genauer betrachten. Dadurch wird es möglich, Tendenzen aufzuzeigen, die hier in Konfigurationen übersetzt werden, und – auf einer allgemeinen Ebene – sowohl die institutionellen als auch die kognitiven Entwicklungsprozesse der einzelnen Standorte miteinander zu vergleichen.

Stellen in Forschung und Lehre

Die vorrangigen Akteure des disziplinären Feldes[2] besetzen Stellen in Forschung und Lehre mit unterschiedlichem Status und differenten Mandaten, die vielfältig disziplinär und institutionell verortet sind. Auf der Grundlage einer Liste haben wir die Stellen nach deren disziplinärer Verankerung und deren jeweiligem Status kategorisiert. Die am Ende dieses Kapitels angefügte Tabelle zeigt die Ergebnisse dieser Kategorisierung nach Standorten.

Eine erste Betrachtung dieser Daten macht deutlich, dass an allen Standorten und in einem ähnlichen Zeitraum Stellen in Lehre und/oder Forschung geschaffen werden, die ganz oder teilweise dem disziplinären Feld zugehören und während des untersuchten Zeitraums eine gewisse Entwicklung erfahren. Allerdings nehmen diese Stellen unterschiedliche institutionelle und kognitive Ausprägungen an, und zwar in folgender Hinsicht: Anzahl der Stellen, Status der Stellen, disziplinäre Zugehörigkeit, Fakultätszugehörigkeit; Ausrichtung von Lehre und Forschung; Mandat der Stelleninhaber, mandatsdefinierende Instanzen sowie Verortung der

2 Die Auswahlkriterien für diese Akteure sind: alle Lehrenden und Forschenden, die zwischen 1870 und 1950 mindestens sechs Semester einer Institution (Universität, Institut) angehören, an der für das disziplinäre Feld relevante Forschung und Lehre stattfindet. Die berücksichtigte Gruppe von Akteuren ist daher grösser als die von Späni (2002) herangezogene, in der nur die ordentlichen Professoren berücksichtigt werden, und die des Kapitels 13 des vorliegenden Bandes, die aufgrund der Bedeutung der Akteure eine Teilmenge konstruiert.

Stellen im Netzwerk der anderen, mit Bildungs- und Erziehungsfragen befassten Institutionen.

Status und disziplinäre Zugehörigkeit

An allen Standorten entsteht die akademische Pädagogik bzw. die Erziehungswissenschaft in einem mehr oder weniger engen Zusammenhang mit der Philosophie, ist, wie Letztere, Teil der geisteswissenschaftlichen oder philosophischen Fakultät und wird entweder Philosophen übertragen oder direkt am Lehrstuhl für Philosophie angesiedelt. Aus der Tabelle wird ersichtlich, dass die Verbindung der Pädagogik[3] mit der Philosophie an den Standorten der deutschsprachigen Schweiz besonders eng und dauerhaft ist. Es gibt dort vor 1946 (Stettbacher*) keinen eigenständigen Lehrstuhl für Pädagogik, es sei denn *ad personam*. Die Pädagogik als Theorie wird dem Inhaber des Lehrstuhls für Philosophie übertragen, der die Inhalte entsprechend seiner philosophischen Theorieposition definiert; der vorherrschende Ansatz ist eindeutig philosophisch-pädagogisch. Diese Abhängigkeit der Pädagogik von der Philosophie ist prägnant, weil die drei Standorte der deutschsprachigen Schweiz von einer hierarchischen Organisation geprägt sind, die einzelne Disziplinen, Funktionen und Institutionen unterschiedlich wertet: Die Position der Universität ist im Hinblick auf die Vergabe von Bildungszertifikaten dominant und unbestritten; im Gravitationsfeld der (Philosophie-)Lehrstühle bewegen sich verschiedene weitere Akteure, Pädagogen mit unterschiedlichem Status und subalternen Funktionen. Das belegen insbesondere die verschiedenen Privatdozenten und sonstigen Mitarbeiter (vor allem in Zürich und in Basel im Bereich des Pädagogischen Seminars),[4] die – unter prekären Bedingungen – in der praktischen Lehrerbildung an der Universität tätig sind; die Theorie bleibt im Aufgabenbereich des Universitätsprofessors für Philosophie. Die *venia legendi* ist in der Regel Voraussetzung für die Lehre an der Universität, aber es gibt Ausnahmen im Bereich der Lehrbeauftragten, die jedoch nicht wirklich in die Fakultät integriert sind.

Der erste, speziell der Pädagogik gewidmete Lehrstuhl wird zwar in Bern geschaffen; er besteht während zweier Jahrzehnte, bleibt jedoch ohne feste Grundlage, da er *ad personam* eingerichtet wurde. Trotzdem ist eine solche «Autonomie» nur

3 Zumindest in der deutschsprachigen Schweiz und bis in die 1920er-Jahre ist «Pädagogik» die gebräuchlichste Bezeichnung; wir kommen hierauf nochmals zurück.

4 Mit Ausnahme von Bern: Hier hat kein Privatdozent eine *venia legendi* in Pädagogik beantragt.

an den Standorten der Westschweiz institutionell garantiert und dauerhaft gewahrt (ab 1889 in Freiburg,[5] ab 1890 in Lausanne und Genf). Diesen Standorten ist eigen, dass die Lehrstühle für Pädagogik – damals als Erziehungswissenschaft *(science de l'éducation)* bezeichnet – Dreh- und Angelpunkt des disziplinären Feldes waren (für Genf gilt dies allerdings nur in einer ersten Phase). Die Erziehungswissenschaft ist da zwar nicht wie in der deutschsprachigen Schweiz von der Philosophie abhängig, verfügt aber auch nicht über das Prestige dieser anerkannten Disziplin. Die Lehrstühle werden in Wirklichkeit von den politisch-administrativen Instanzen[6] – im Falle Freiburgs auch der kirchlichen – definiert und beziehen ihre hauptsächliche Legitimation aus den Erfordernissen der Schulsysteme und insbesondere der Lehrerbildung. Die Lehrstühle werden demzufolge mit ordentlichen Professoren besetzt, die als Lehrstuhlinhaber neben den akademischen Aufgaben mit verschiedenen Mandaten, zum Beispiel der Leitung eines Lehrerseminars *(Ecole normale),* betraut sind – eine an Standorten der deutschsprachigen Schweiz undenkbare Situation. Man verspricht sich davon mehr professionelle Kompetenz: für die Organisation und Verwaltung des Bildungssystems sowie für die Erarbeitung einer fundierten pädagogischen Theorie für die Praxis. Man könnte hier von einer Dominanz des Pädagogischen sprechen.

Überall zeigt sich die Präsenz der Psychologie, jedoch auf unterschiedliche Art und Weise: Zu Beginn des zwanzigsten Jahrhunderts lassen sich an allen Standorten Bestrebungen nachweisen, den pädagogischen Phänomenen mit einem empirischen Ansatz zu begegnen: So wird einer der bedeutendsten Vertreter der experimen-

5 Im Bereich der Pädagogik bzw. der Erziehungswissenschaft(en) folgt Freiburg eindeutig dem Modell der anderen französischsprachigen Kantone. Der Lehrstuhl wird im Übrigen von einem Westschweizer Staatsrat vorgeschlagen und lange Jahre mit Vertretern des französischsprachigen Kulturraums besetzt. Die seit 1935 in Freiburg tätigen deutschsprachigen Akteure bewirken nicht eine Orientierung am Modell der deutschsprachigen Schweiz, sondern eine Stärkung der psychologischen Ausrichtung.

6 Als typisches Beispiel kann hier die Berufung des ordentlichen Professors für Pädagogik in Genf erwähnt werden (Hofstetter, 2010; Hofstetter & Schneuwly, 1998): Eine Berufungskommission der Fakultät schlägt Jules Dubois* – Doktor der Theologie und Philosophie, Autor eines beachteten Buches zur Geschichte der Pädagogik und Vertreter einer an der Philosophie orientierten Pädagogik – als Nachfolger des verstorbenen Paul Duproix* vor. Der Staatsrat ernennt aber seinen Kandidaten Albert Malche*, der als akademische Qualifikation einzig ein Lizenziat in Sozialwissenschaften vorweisen kann und einige unbedeutende Texte veröffentlicht hat, aber Sekretär des Erziehungsdepartementes ist und einen empirischen und sozialwissenschaftlichen Ansatz der Pädagogik vertritt; er wird gleichzeitig ordentlicher Professor und Direktor für das Primarschulwesen. Anschliessend spielt er eine entscheidende Rolle bei der Förderung der Erziehungswissenschaften als akademischer Disziplin und der universitären Ausbildung der Primarlehrer.

tellen Pädagogik nach Zürich berufen, und in Bern, Freiburg oder Basel werden Lehrstühle für experimentelle Psychologie und Pädagogik geschaffen – immer im Zusammenhang mit Lehrerbildungs- und Schulreformen. Aber fast alle diese Bestrebungen sind kurzlebig. Nur in Genf findet eine andere Entwicklung statt, wie sich aus der Tabelle ersehen lässt: Dort orientiert sich die Psychologie schon sehr früh an pädagogischen Fragen; zahlreiche Akteure, Lehrende und Forschende, arbeiten mit empirischen Ansätzen; es gibt zwei Lehrstühle für Pädagogik bzw. Erziehungswissenschaft, wovon einer seit 1920 der experimentellen Pädagogik gewidmet ist; und die auf pädagogische Fragen ausgerichtete Psychologie entwickelt sich stark. Anders gesagt: Ein im Wesentlichen psycho-pädagogischer, empirischer Ansatz kann sich in Genf dauerhaft etablieren. Zwar sind auch in Lausanne psychologische Ansätze zu verzeichnen, diese bleiben jedoch punktuell und konzentrieren sich hauptsächlich auf die Lehre. In Zürich entwickeln die an der philosophischen Fakultät beheimateten Professoren ihre angewandte Psychologie weitgehend ohne Verbindung zur Pädagogik.

Dieser erste Vergleich der Standorte anhand der Stellen in Lehre und Forschung zeigt drei Tendenzen auf, die wir im Folgenden aufgrund ihrer Dominanz als philosophisch-pädagogisch, pädagogisch[7] und psychologisch-pädagogisch bezeichnen.

Institutionelle Formen und Funktionsweisen

Hinter den beschriebenen disziplinären Zugehörigkeiten und auf den Status bezogenen Logiken werden unterschiedliche Orientierungen des disziplinären Feldes sichtbar, die sich an bestimmten Konzeptionen der Stellen, an der Ausrichtung der Forschung und an den Beziehungen zu den Berufsfeldern (Praxisfelder und darauf bezogene Ausbildungen) oder – anders gesagt – an den institutionellen Formen und Funktionsweisen in ihrer Gesamtheit zeigen.

In der *philosophisch-pädagogischen* Ausrichtung, die insbesondere die Standorte der deutschsprachigen Schweiz kennzeichnet (Basel, Bern und Zürich), ist die Päda-

7 Diese Bezeichnung ist nicht völlig zufriedenstellend, weil die Pädagogik ebenfalls in den beiden anderen Ausrichtungen vorkommt. Aber die Besonderheit dieser zweiten Ausrichtung zeigt sich im Umstand, dass die Pädagogik – im Gegensatz zu den beiden anderen – gewissermassen die einzige Beziehung zum Feld bildet und sich grundlegend über ihre praxeologischen oder pragmatischen Zielsetzungen definiert (was durch das Adjektiv «pädagogisch» besser ausdrückt wird als durch das Nomen).

gogik durch Heteronomie gekennzeichnet: Während des untersuchten Zeitraums entstehen Stellen und Institutionen nebeneinander, die ohne gemeinsame Basis bleiben. An diesen Standorten wird eine auf die Lehrerbildung spezialisierte Instanz geschaffen (Lehramt, pädagogisches Seminar), in der – neben den mit der theoretischen Ausbildung beauftragten ordentlichen Professoren für Philosophie – Privatdozenten und *ad personam* nominierte Professoren sowie, entgegen den akademischen Gepflogenheiten, Dozierende ohne universitäre Lehrbefugnis *(venia legendi)* tätig sind. Diese im Allgemeinen den Geisteswissenschaften zugeordneten Strukturen verlaufen faktisch transversal durch die Fakultäten, da sie von Studierenden unterschiedlicher Fakultäten für die Berufsausbildung genutzt werden. Diese «Transversalität» und der prekäre Status ihrer Repräsentanten erleichtern das Eingreifen der politisch-administrativen Instanzen, die – im Allgemeinen gegen den Willen der universitären Instanzen – Lehrende und Professoren für diese spezialisierten Strukturen ernennen. In Zürich kommt mit dem heilpädagogischen Seminar eine weitere spezialisierte Institution hinzu, die weitgehend unabhängig von den andern und mehrheitlich ausserhalb der Universität tätig ist,[8] aber ebenfalls durch eine gewisse Transversalität sowie eine starke Intervention seitens der politisch-administrativen und professionellen Instanzen gekennzeichnet ist.[9] In den Randzonen der Fakultäten entstehen damit Institutionen, die gewissermassen die Keimzellen eines autonomen disziplinären Feldes bilden.

Was den Bezug zu den Praxisfeldern betrifft, scheinen sich keine dauerhaften Strukturen ausgebildet zu haben. Während eines bestimmten Zeitraums existiert eine Übungsschule in Zürich, deren wesentliche Funktion es ist, praktische Übungsmöglichkeiten für die Ausbildung von Primarlehrern und Sekundarlehrern anzubieten. An keinem der dieser Konfiguration unterliegenden Standorte entstehen jedoch Übungsschulen nach dem Jenenser Modell, obwohl dieses Modell überall als Referenz genannt wird.

Die *pädagogische* Ausrichtung, Kennzeichen der Westschweizer Standorte (Lausanne und Freiburg, das in dieser Hinsicht bis ca. 1935 einer diesen Standorten vergleichbaren Logik folgt, sowie in einer ersten Phase Genf), unterstützt das Ent-

8 In Kapitel 10 wird diese Struktur im Detail beschrieben.

9 Wir beziehen hier diejenigen ausseruniversitären Institutionen nicht mit ein, die mit der Beurteilung von Schülern beim Schulaustritt betraut sind, wie zum Beispiel das psychotechnische Institut, da es sich dabei um einen andern Typ spezialisierter Institution handelt (vgl. Kapitel 11 in diesem Band). In Bern scheitern die Versuche Sganzinis*, die Erziehungsberatung oder die Ausbildung in Psychotechnik universitär zu etablieren.

stehen von Institutionen, die von Anfang an einen Anspruch auf Autonomie erheben. Diese Standorte weisen während des gesamten Zeitraums zwei besondere Gemeinsamkeiten auf: Die Erziehungswissenschaften sind ebenfalls transversal ausgerichtet, geniessen jedoch – durch ihre Lehrstühle – eine gewisse Unabhängigkeit; vor allem aber sind sie polyfunktional, da sie unterschiedliche Studiengänge (Ausbildung deutschsprachiger und französischsprachiger Sekundarlehrer, Heilpädagogik; vollständige universitäre Laufbahnmöglichkeit – einschliesslich Promotion – in Pädagogik) und, zumindest in der Lehre, unterschiedliche Disziplinen vereinen (neben der Pädagogik auch Psychologie, Schulhygiene sowie bestimmte Aspekte der Medizin und der Psychopathologie). Alles deutet darauf hin, dass die Autonomie der Lehrstühle, ihre gleichzeitig theoretische und praktische Rolle sowie ihre generalistische und integrative Zielsetzung diesen Institutionen eine grössere Bedeutung verleiht als sie den Lehrstühlen der philosophisch-pädagogischen Standorte zukommt. Diese Institutionen bringen unterschiedliche Akteure zusammen, schaffen dadurch neue Synergien, stehen oft in Zusammenhang mit umfassenderen sozialen Bewegungen und wirken so auf eine Erneuerung im Bildungs- und Erziehungswesen hin.

Trotzdem, und obwohl man sich auf das Vorbild des Jenenser Universitätsseminars bezieht, scheinen – ausser in Form von Praktika – keine institutionalisierten Verbindungen zur eigentlichen pädagogischen Praxis entstanden zu sein. Eine Ausnahme bildet das heilpädagogische Institut in Freiburg, das in die katholische Caritas-Bewegung eingebunden ist, nach dem Muster des entsprechenden praktischen Instituts in Luzern geschaffen wurde und seine Studierenden in Zusammenarbeit mit medizinischen und heilpädagogischen Praktikern auf Beobachtungsstationen ausbildet.

Die Standorte mit pädagogischer Orientierung sind autonom und integrativ zugleich; sie fördern ein Verständnis der Erziehungswissenschaften, das in hohem Masse auf die Berufsbildung und die pädagogischen Praxisfelder ausgerichtet ist. Dadurch wird die Entwicklung als wissenschaftliche Disziplin entsprechend eingeschränkt. Diese Standorte ermöglichen jedoch die Ausrichtung sowohl an empirischen Ansätzen als auch an den pädagogischen Realitäten. Dies zeigt sich etwa an der zentralen Rolle der Psychologie in der Heilpädagogik gegen Ende des untersuchten Zeitraums oder auch am Genfer Beispiel.

Die *psychologisch-pädagogische* Ausrichtung[10] entwickelt sich gemäss einer Logik, die entscheidend weiter geht als die zuvor genannten, da die Pädagogik/Erziehungswissenschaft(en) – alle Bezeichnungen wurden damals verwendet – zwar ebenfalls institutionell von der Philosophie getrennt wird, dann aber der Psychologie und damit einem empirischen und experimentellen Zugang zu den Phänomenen von Bildung und Erziehung einen bedeutenden Platz einräumt. In der Schweiz weist nur ein einziger Standort (Genf, auch wenn in Freiburg gegen Ende des Untersuchungszeitraums eine ähnliche Entwicklung stattfindet) diese Konfiguration auf, deren signifikante Merkmale sind:

- Gründung einer unabhängigen Institution, die ursprünglich sogar ausserhalb der klassischen akademischen Strukturen steht, um die Synergien zwischen wissenschaftlichen Disziplinen und pädagogischem Handeln zu erleichtern;
- eine Ausrichtung, die tendenziell alle Dimensionen von Bildung und Erziehung einbezieht: Schule, ausserschulische Erziehung und Bildung, verhaltensauffällige Kinder, Familie, Bildungsverwaltung, Berufsberatung usw.; aber auch die verschiedenen mit diesen Themen verbundenen Studiengänge, einschliesslich der Pädagogik;
- grundsätzlich pluridisziplinäre Zugänge zu Bildung und Erziehung mit Referenzen auf die experimentelle Pädagogik und Psychologie.

Die Beziehungen zu den Praxisfeldern werden in spezifischen Strukturen organisiert: Es handelt sich dabei um «Polykliniken» – um eine dafür gängige Metapher zu verwenden – mit drei Funktionen: Sie sind gleichzeitig Orte der Erprobung neuer pädagogischer Praktiken, der Ausbildung des pädagogischen Personals, das diese neuen Praktiken verbreiten soll, und der wissenschaftlichen Erforschung der Entwicklung der zu Erziehenden sowie von deren Bedürfnissen und Fähigkeiten. Das Verhältnis zu den Praxisfeldern ist nicht reproduktiv, sondern die Erziehungswissenschaften entwickeln die Praktiken weiter, die an Einrichtungen, die dem *Institut Jean-Jacques Rousseau* angegliedert sind, bereits üblich sind.

10 Man könnte diese Ausrichtung auch als «empirisch-pädagogisch» bezeichnen; das Paradigma der Psychologie hat indessen einen so grossen Einfluss auf alle empirischen Ansätze einschliesslich der experimentellen Pädagogik, dass wir die Bezeichnung «psychologisch-pädagogisch» vorziehen.

Erste Schlussfolgerungen: Definition und Perspektivierung dreier Konfigurationen

Die wichtigsten Differenzierungen, die sich aus den disziplinären Zuordnungen und der Stellenstruktur ergeben, betreffen die Funktionsweise der Institutionen: Es lassen sich je spezifische Bezüge zu den Praxis- und Berufsfeldern und – in dem Ausmass, in dem institutionelle und kognitive Formen zusammenhängen – je spezifische Ausrichtungen des disziplinären Feldes feststellen. Schematisierend lassen sich dabei drei sich kontrastierende Konfigurationen[11] erkennen, mit denen die vorherrschenden Tendenzen der analysierten Standorte charakterisiert werden können. Solche Konfigurationen können auch in anderen Ländern beobachtet werden.

In der *philosophisch-pädagogischen* Konfiguration werden – neben der bereits im Umfeld der ordentlichen Lehrstühle für Philosophie existierenden universitären Pädagogik – ein oder mehrere transversale, spezialisierte Institute mit hybridem akademischem Status eingerichtet (innerhalb der Universität, jedoch in ihrem Randbereich), die politisch-administrativen Einflüssen ausgesetzt sind. Eine solche institutionelle Lösung wird den sozialen Erwartungen gerecht, ohne dass die Substanz der stark hierarchisierten Professorenuniversität grundlegend tangiert wird. Diese philosophisch-pädagogische Konfiguration ermöglicht es einzelnen Professoren *ad personam*, sich auf lokaler Ebene als Referenzpersonen über persönliche Leistung zu profilieren. Sie ist von Entwicklungen in Deutschland beeinflusst, insbesondere der geisteswissenschaftlichen Pädagogik, einem ausgesprochen akademischen *Approach*, in dem der Lehrstuhl als Inkarnation der wissenschaftlichen Disziplin verstanden wird. Aber die Pädagogik etabliert sich in dieser Konfiguration nicht wirklich als eigenständige akademische Disziplin, sondern entwickelt sich eher in Randbereichen der Universität und ohne institutionellen Kern.

In der *pädagogischen* Konfiguration entwickelt sich die Erziehungswissenschaft in einer gewissen akademischen Unabhängigkeit, die unter anderem durch das Ordinariat gewährleistet wird, die sie jedoch mit Abhängigkeiten bezahlt, die aufgrund von sozialen und politisch-administrativen Erwartungen entstehen. Die Institutionen dieser Konfiguration sind tendenziell generalistisch, integrativ und pluridisziplinär ausgerichtet, scheinen jedoch in der Regel nicht die notwendige Beständigkeit zu erlangen, die es ihren Vertretern erlauben würde, sich als hinreichend legitimierte

11 Mit «Konfiguration» bezeichnen wir ein Insgesamt von kognitiven und institutionellen Formen, das einer spezifischen Disposition entspricht, in einem Geflecht von Beziehungen und Interdependenzen angeordnet ist und nicht auf individuelle Einzelfälle oder makrosoziale Determinanten zurückzuführen ist.

Verhandlungspartner gegenüber der akademischen Welt oder gegenüber den Praxisfeldern zu etablieren. Die integrativ ausgerichteten Institutionen verfügen wahrscheinlich nicht über hinreichend Macht, um ein entsprechendes Aktionspotenzial zu entfalten. Sie sind weitgehend von konjunkturellen Faktoren und von beteiligten Personen abhängig, sind deshalb in ihrer Entwicklung eingeschränkt und in ihrer Existenz permanent bedroht. Diese Konfiguration erinnert in gewisser Hinsicht an die – nach 1920 in ihrer ursprünglichen Form unterbrochenen – Entwicklung in Frankreich, in der sehr bewusst Lehrstühle geschaffen wurden, um staatliche und administrative Erwartungen zu befriedigen. Die universitäre Struktur in der französischsprachigen Schweiz – wir werden darauf zurückkommen – ermöglicht eine solche Entwicklung. Der dezentrale Charakter und die enge Verbindung zwischen Universität und Öffentlichkeit lassen jedoch darauf schliessen, dass es sich im Wesentlichen um eine originale Konfiguration handelt.

Die *psychologisch-pädagogische* Konfiguration schliesslich führt unterschiedliche Akteure aus Universität und Praxis in einer unabhängigen, dynamischen, plurifunktionalen, politisch aktiven und wissenschaftlichen Struktur zusammen. Die Orientierung an der Primarlehrerschaft und verschiedenen Praxisfeldern, die nach einer Referenzdisziplin suchen, scheint eine breite gesellschaftliche Verankerung zu garantieren und sorgt zudem für eine kritische Masse, sodass bestimmte Entwicklungen quasi unumkehrbar werden und die Institutionen dieser Konfiguration immer mehr Stabilität gewinnen. Ihre wissenschaftliche Legitimität findet diese Konfiguration insbesondere im empirischen, vor allem psychologischen Ansatz. Die psychologisch-pädagogische Konfiguration weist Parallelen zu nordamerikanischen Entwicklungen auf, die vor allem am *Teachers College,*[12] aber auch im Chicagoer Fachbereich für Bildung und Erziehung unter Charles Judd und – in geringerem Mass – im entsprechenden Fachbereich der *Clark University* vorweggenommen wurden. Diese Standorte zeichnen sich durch eine starke Orientierung an der pädagogischen Psychologie, Schulreformansätze und eine Diversifizierung pädagogischer Interventionsorte aus (Schulen aller Stufen, ausserschulische und sonderpädagogische Institutionen).

Die drei Konfigurationen haben vor allem heuristischen Wert; sie sind Typologien, bei denen es nicht darum geht, die Charakteristika jedes einzelnen Stand-

12 «Wenn ich in den Vereinigten Staaten gesucht hätte, würde ich vielleicht in dem der University of Columbia angegliederten *Teachers College* etwas gefunden haben, was ungefähr dem gleichkommt, wozu sich unser Institut eines Tages entwickeln sollte; aber unsere Pläne waren in keinerlei Hinsicht dem amerikanischen Beispiel geschuldet» (Bovet, 1917, S. 2; Übersetzung RH/BS).

orts detailliert auszuloten. Auch wenn wir Tendenzen aufzeigen können, entspricht doch keiner der Standorte vollständig und dauerhaft einer bestimmten Konfiguration. Die philosophisch-pädagogische Konfiguration dominiert jedoch eindeutig an den Standorten der deutschsprachigen Schweiz, selbst wenn sie in Basel nach der Ausgliederung der Lehrerbildung aus der Universität verschwindet und in Zürich – durch die Beständigkeit, die Bedeutung und die Vielfalt der Institutionen sowie die Bedeutung der Professoren *ad personam* – die pädagogische Konfiguration zur Subdominante und zum Ausgangspunkt für eine autonomere Erziehungswissenschaft wird. An den Standorten der Westschweiz dominiert die pädagogische Konfiguration. Genf nimmt jedoch sehr bald die Form einer psychologisch-pädagogischen Konfiguration an und bildet dafür international einen Prototyp; aber auch Freiburg zeigt gegen Ende des Untersuchungszeitraums Merkmale dieser anderen Konfiguration.

Diese erste, im Wesentlichen deskriptive Analyse der Konfigurationen soll im Folgenden durch weitere Perspektiven ergänzt werden mit dem Ziel, Faktoren zu eruieren, die zum Verständnis der beschriebenen kontrastierenden und wechselhaften Entwicklungen beitragen.

Die Konfigurationen: Ergebnis unterschiedlicher Rahmenbedingungen

Um die internen und kontextuellen Faktoren, welche die Konfigurationen beeinflussen, zu erfassen, beschäftigen wir uns zunächst mit denjenigen, die allen Standorten gemeinsam und Voraussetzung für die Entstehung des disziplinären Feldes sind. In einem zweiten Schritt befassen wir uns mit denjenigen Faktoren, die zur Erklärung der Kontraste und der Differenz zwischen den Konfigurationen beitragen können. Es lassen sich mehrere – immer ineinander übergreifende – Unterscheidungsfaktoren erkennen: Die mit den unterschiedlichen Kulturen (deutschsprachig versus französischsprachig) verbundenen akademischen Traditionen führen nach unserer Lesart zu Differenzen zwischen der philosophisch-pädagogischen und der pädagogischen (zu der zunächst Genf gehört) Konfiguration; innerhalb der pädagogischen Konfiguration ermöglichen verschiedene, insbesondere konjunkturelle und lokale Faktoren die Entstehung einer dritten Konfiguration, der psychologisch-pädagogischen.

Gründe für die Entstehung eines neuen disziplinären Feldes

Viele historische und soziologische Analysen der Erziehungswissenschaften haben bereits die wichtigsten Faktoren beschrieben, die an der Wende des 19. zum 20. Jahrhundert fast überall in der westlichen Welt[13] zur Entstehung von Lehrveranstaltungen, Stellen, Lehrstühlen und Instituten im disziplinären Feld geführt haben. Wir unterscheiden im Folgenden schematisch drei eng miteinander verbundene Faktoren, die ein Verständnis der Entwicklung in der Schweiz ermöglichen, ohne dass sie für die Schweiz singulär wären: die Expansion der Bildungssysteme, die nach einer Verbesserung der Qualifikation der im Bildungsbereich Tätigen verlangt; der Wandel des Wissenschaftssystems und der akademischen Welt, die neue Ansätze und Disziplinen begünstigen; die fortschreitende Institutionalisierung und Generalisierung der Erziehungswissenschaft bzw. der wissenschaftlichen Pädagogik im Rahmen einer internationalen Dynamik.

Während des gesamten 19. Jahrhunderts lassen sich, bedingt durch die Einführung eines rechtlich an die öffentliche Hand gebundenen staatlichen Schulwesens, die Verallgemeinerung der Schulpflicht, die Weiterentwicklung der Ausbildungssysteme und die Institutionalisierung der Lehrerbildung beobachten. Die Bildungssysteme werden zunehmend komplexer und differenzierter, um den unterschiedlichen und ständig wachsenden Qualifikationserwartungen aus dem schulischen Umfeld und der Gesamtgesellschaft zu genügen; die Praktiker bilden Berufsverbände, um als legitime Verhandlungspartner bei der Definition ihrer Funktionen, ihres Status und ihrer Ausbildung auftreten zu können; Bildung und Erziehung nehmen einen immer breiteren Raum innerhalb staatlicher Aktivitäten ein, und die Staaten konkurrieren um die Verbesserung der schulischen Leistungsfähigkeit, die jetzt als Massstab für Modernität und Fortschritt eines Landes gilt. Die Expansion des Bildungssystems muss legitimiert werden, was um die Jahrhundertwende zu verstärkten Forderungen nach Theoriebildung und pädagogischer Qualifikation führt, was wiederum die Nachfrage nach akademischen und nicht akademischen Institutionen erzeugt, die sich speziell mit solchen Reflexionsproblemen beschäftigen. Praktiker und Bildungsverwaltung schliessen sich in dieser Hinsicht zu einer Art Interessengemeinschaft zusammen. Lehrerinnen und Lehrer aller Stufen verlangen eine bessere Ausbildung, um ihre Kompetenzen, ihre gesellschaftliche Anerkennung und ihren Status zu erhöhen – allerdings unterscheidet sich die Logik dieser Professi-

13 Hier denken wir insbesondere an ausgewählte internationale Beiträge zu diesem Thema: Drewek & Lüth, 1998; Hofstetter & Schneuwly, 2002a; Horn, Nemeth, Pukánsky & Tenorth, 2001.

onalisierungserwartungen zwischen Primar-, Sekundar- und Gymnasiallehrern.[14] Die politischen Behörden ihrerseits wünschen sich eine Lehrerschaft, deren Qualifikation politischen, kulturellen und auch (insbesondere in Freiburg) konfessionellen Normen und Erwartungen entspricht.

Die ständig steigenden Qualifikationserwartungen richten sich unmittelbar an die akademischen Institutionen, die selber einer Neudefinition und einem starken Wachstum unterworfen sind. Die Hochschulen werden in den letzten Jahrzehnten des 19. Jahrhunderts selber grundlegend restrukturiert: Einerseits wird mit Bezug auf das Humboldt'sche Bildungsideal die wissenschaftliche Forschung verstärkt, was die disziplinäre Spezialisierung und Differenzierung begünstigt; andererseits orientieren sich verschiedene Disziplinen stärker an den sozialen Erwartungen der Gesellschaft und der Berufsfelder. Da die gesellschaftliche Anerkennung von der Zahl der Studierenden abhängt, zeigen sich Universitäten und Fakultäten gegenüber Erwartungen aus Berufsfeldern aufgeschlossen, zumindest derjenigen Berufe mit hohem Sozialstatus (Juristen, Mediziner, Geistliche, Wissenschaftler). Die Perspektiven einer akademischen Ausbildung der Lehrer stösst bei den Universitäten allerdings auf ambivalente Reaktionen – dies insbesondere im Bereich der pädagogischen und berufspraktischen Ausbildung, während die fachwissenschaftliche Ausbildung der Sekundar- und Gymnasiallehrer breiten Konsens findet.

Im Kontext dieser Restrukturierung der akademischen Welt zeichnen sich – nicht ohne Widersprüche – neue Disziplinen ab, die sich über den Menschen und das Soziale[15] als Forschungsgegenstand definieren und die Notwendigkeit empirischer Zugänge zu den sozialen Phänomene betonen – und damit gegen die jahrzehntelange Dominanz der Philosophie antreten. Am Beispiel der Psychologie zeigt sich deutlich, wie sich diese nach wissenschaftlicher und sozialer Legitimation strebenden Disziplinen *in statu nascendi* der von etablierten Wissenschaften erprobten Kenntnisse und Methoden bedienen und gleichzeitig, durch die Erschliessung neuer Anwendungs- und Forschungsbereiche, eigene Autonomie zu erlangen suchen. Bildung und Erziehung gehören zu diesen Bereichen, in die bevorzugt investiert wird, da sie zeitgenössisch sowohl als zentrale gesellschaftliche Herausforderungen

---

14 Wir verwenden diese Begriffe, obwohl sie an unterschiedlichen Standorten nicht einheitlich verwendet wurden und sich im Lauf der Zeit änderten – als solche also selbst signifikante Indizien historischer und kultureller Entwicklungen sind. Sie genügen an dieser Stelle, um das beobachtete Phänomen zu beschreiben.

15 Einen Überblick geben Porter & Ross, 2003; Smith, 1997; eingehendere Analysen finden sich bei Blanckaert, Blondiaux, Loty, Renneville & Richard, 1999; Heilbron, Magnusson & Wittrock, 2001; für die Schweiz vgl. Gottraux, Schorderet & Voutat, 2000; Le Dinh, 1997a.

als auch als eines der effizientesten Instrumente der gesellschaftlichen «Erneuerung» und als besonders fruchtbares Experimentierfeld gelten.

So konkretisiert sich die bereits früher, vor allem während der Aufklärung entstandene Idee einer «wissenschaftlichen Pädagogik» oder «Erziehungswissenschaft» (Tenorth, 2003). Sie realisiert sich in vielfältigen Formen und geht auf zahlreiche Urheber zurück (beispielhaft seien hier einige Vorläufer wie Trapp, Kant oder Herbart für Deutschland erwähnt; Jullien de Paris für Frankreich; später dann Payne in den Vereinigten Staaten, oder Bain – einer der am häufigsten zitierten – in Grossbritannien). Die vielgestaltigen Vorstellungen von der Notwendigkeit und den Möglichkeiten einer Erziehungswissenschaft konkretisieren sich institutionell besonders früh und deutlich in Deutschland: Ein Teil der Lehrerbildung wird auf universitärer Ebene institutionalisiert (Kurse, Seminare, Versuchsschulen), und der Pädagogik wird eine massgebliche Funktion als deren Referenzwissenschaft zugeordnet.

Auch wenn dieses deutsche Modell eine wichtige Vorbildfunktion erhält, ist es bei Weitem nicht einzigartig: Vielerorts in Europa und in den Vereinigten Staaten werden Kurse und Lehrstühle in Pädagogik eingerichtet, erzeugen insgesamt eine internationale Dynamik und entwickeln sich dank dichter werdenden Kommunikationsnetzen weiter; dazu gehören auch die Weltausstellungen (allen voran diejenige von 1876 in Philadelphia),[16] die zahllosen Lehrerverbände und mit Bildungs- und Erziehungsfragen befassten Gesellschaften sowie die neu entstehenden Publikationsmöglichkeiten. Das von uns in der Schweiz beobachtete Phänomen ist Teil dieser internationalen Bewegung, auf die oft verwiesen wird, um die Schaffung von Kursen, Lehrstühlen und Netzwerken zu legitimieren – nicht ohne Erfolg, wenn man die europäische Landkarte betrachtet: Die Schweiz weist seit der Wende des 19. zum 20. Jahrhundert eine besonders hohe Dichte an ganz oder teilweise der Pädagogik bzw. der/den Erziehungswissenschaft(en) gewidmeten Lehrstühlen auf.

Dieses Zusammentreffen unterschiedlicher Faktoren ermöglicht die Entstehung und die anschliessende Weiterentwicklung des disziplinären Feldes in Form von Lehrstühlen, Studiengängen mit entsprechenden Diplomen sowie pädagogischen bzw. erziehungswissenschaftlichen Instituten. Sie werden mit grossen Erwartungen verbunden, die jedoch – wie man sehen wird – ebenso widersprüchlich sind wie die entsprechenden Massnahmen.

Wie zeigt sich diese allgemeine Dynamik in der universitären Pädagogik, wenn man die unterschiedlichen, oben beschriebenen, akademischen Traditionen be-

16 Dieses Referenzdatum wird insbesondere von Cremin (1961) herangezogen.

rücksichtigt? Inwiefern sind die ermittelten Konfigurationen Resultat unterschiedlicher Kulturen?

Unterschiedliche akademische Kulturen

Auf der Grundlage der Literatur, die entweder die akademischen Traditionen allgemein unter einem komparativen Gesichtspunkt beschreibt (Charle, 1994a, 1994b; Harwood, 2004; Ringer, 1969, 1991) oder spezifischer einen für uns bedeutenden Aspekt fokussiert (Schultheiss, 2004), scheint es uns möglich, einige die beiden Schweizer Systeme – das deutschsprachige (Basel, Bern, Zürich) und das französischsprachige (Genf und Lausanne; Freiburg, an der Sprachgrenze gelegen, folgt hinsichtlich unserer Fragestellung, wie ersichtlich wurde, der Logik der Westschweizer Standorte) – unterscheidende Charakteristika zu definieren.

Vorab sei festgehalten, dass sich das System der deutschsprachigen Schweiz in grosser Nähe zur deutschen Tradition entwickelt hat. Für die Beurteilung der Beziehungen innerhalb der französischsprachigen akademischen Tradition steht uns weniger Grundlagenmaterial zur Verfügung, weil zwar das zentralistische französische System gut dokumentiert ist, die stark dezentrale Entwicklung in der Westschweiz aber nicht so direkt an Frankreich ausgerichtet war. In diesem Zusammenhang erweisen sich spezielle Monografien[17] zur Universitätsgeschichte als besonders nützlich, in denen das disziplinäre Feld – Objekt unserer Untersuchung – verortet werden kann.

Wie Schultheiss (2000) zeigt, lässt sich ein Teil der Funktionsweise der deutschen Universitäten über die voneinander abhängigen Funktionen des Ordinarius und des Privatdozenten, des «Proletariers» (Durkheim) des universitären Systems, verstehen. Das deutsche Universitätssystem, dessen Fähigkeit zur Produktion akademischer Exzellenz für diesen Zeitraum unbestreitbar und unbestritten ist, beruht auf einer eindeutigen Trennung von andern sozialen Systemen, vor allem dem sekundären Bildungsbereich, und verfügt nur über eine beschränkte Rekrutierungsbasis, die jedoch für alle deutschsprachigen Universitäten verfügbar ist. Die Trennlinie bildet die Habilitation, die für den Titel des Privatdozenten und für das Recht zu lehren, die *venia legendi,* Bedingung ist. Die uneingeschränkte Herrschaft an der

17 Vgl. insbesondere für Basel: Bonjour, 1960; Thommen, 1914; für Bern: Feller, 1935; *Hochschulgeschichte,* 1984; für Freiburg: *Geschichte der Universität Freiburg Schweiz,* 1991; für Lausanne: Delessert, 1991; für Genf: Marcacci, 1987; für Zürich: Gagliardi, Nabholz & Strohl, 1938; Meyer von Knonau, 1914.

Universität üben die ordentlichen Professoren aus, deren Selektion mit äusserster Strenge vollzogen wird und die diese prestigeträchtige Funktion in der Regel nur über ein hartes Auswahlverfahren erlangen. Die Anforderungen sind sehr hoch, dennoch sind die Kriterien für deren Kompetenzen einigermassen weit gefasst, da die Lehrstühle sich weniger über eindeutige Spezialisierungen als über Differenzierungen innerhalb der klassischen disziplinären Felder definieren und die Professoren in Berufungsverfahren innerhalb einer Fakultät weitgehend durch Kooptation gewählt werden. Gelehrsamkeit und eine breite Allgemeinbildung sowie ein gewisser Konservatismus sind hierfür wesentliche Voraussetzungen. Hinsichtlich der Inhalte bilden die Privatdozenten die wichtigste Innovationsquelle, aber nur im eingeschränkten und äusserst selektiven Raum der bestehenden Disziplinen.

Der alle deutschsprachigen Universitäten umfassende Markt, die Regelung des Zugangs zu Stellen und die Verhandlungen über einen ranghöheren Status oder umfangreichere Mittel werden also innerhalb klarer Disziplinengrenzen definiert. Auf diesem Markt spielen die Deutschen – und sei es nur aufgrund ihrer zahlenmässigen Überlegenheit – eine vorherrschende Rolle. Der Laufbahnschritt über eine Schweizer Universität gilt dabei weniger als Selbstzweck denn als Sprungbrett; In einer ihr eigenen Welt fördert die deutsche Universität das Ideal einer reinen, uneigennützigen Wissenschaft, die Distanz zu utilitären oder pragmatischen Bedürfnissen wahrt. Die Abschottung von der sozialen Welt, das hohe Bildungsideal und der effiziente Korporatismus sind Merkmale, die eine Professur innerhalb und ausserhalb der akademischen Welt zu einem prestigeträchtigen Posten machen.

Die Universitäten der Westschweiz arbeiten, wie bereits dargestellt, nicht auf der Grundlage eines vergleichbar eindeutigen Referenzmodells. Sie wurden zwar während des letzten Drittels des 19. Jahrhunderts ebenfalls unter Bezugnahme auf das deutsche Universitätsmodell gegründet (zumindest hinsichtlich der Verbindung von Forschung und Lehre), entwickeln sich jedoch in einem engeren, lokalen und regionalen Raum und sind nicht in vergleichbarem Masse den Zwängen des Konkurrenzkampfes um Exzellenz ausgesetzt.[18] Institutionell funktioniert das System folglich nicht nach einer Marktlogik, die eine strikte Trennung von der sozialen Welt voraussetzt – und sei es lediglich aufgrund des Umstands, dass die Trennung zwischen sekundärem Bildungsbereich und Hochschulwesen weniger deutlich ausfällt. Die Habilitation existiert zwar auch, ist jedoch nicht Voraussetzung für den

18 Es liegt nahe, hier bestimmte Merkmale französischer Provinzuniversitäten festzustellen – allerdings mit dem gravierenden Unterschied, dass ein Zentrum fehlt; Paris ist für französischsprachige Schweizer wenig attraktiv, auch wenn die Hauptstadt natürlich als bedeutende intellektuelle Referenz gilt.

Zugang zu Professorenstellen; keiner der Akteure, nicht einmal die renommiertesten wie Piaget*, Claparède*, Bovet*, Millioud* oder Dévaud*, haben sie angestrebt. Einzige formale Anforderung ist die Promotion, aber eine akademische Karriere ist unter Umständen auch ohne Doktorat möglich. Für die Ernennung der Professoren sind eine Reihe von Kriterien ausschlaggebend, insbesondere wissenschaftlicher und gesellschaftlicher Ruf, Publikationen und Netzwerke. Wir sehen uns aber einem weniger formalisierten System gegenüber, in dem die Nachfolge nicht ausschliesslich von der eigenen Zunft geregelt wird. Insbesondere im Bereich der Sozialwissenschaften steht das universitäre System in enger Verbindung mit dem sozialen Umfeld und bleibt für andere soziale Systeme durchlässig. Die Rekrutierung erfolgt im Wesentlichen aus einem lokalen und regionalen Pool, wodurch die Einbindung der Universität und ihrer Angehörigen in den gesellschaftlichen Kontext gefördert wird. Da die «akademische Zunft» ihre Interessen weniger geeint vertritt und die Selektion weniger streng vollzogen wird, kommt der Professur geringere gesellschaftliche Anerkennung zu, und deren Wirkungsmöglichkeiten sind weniger ausgeprägt. Die disziplinären Grenzen erscheinen weniger starr und die Regelungsmechanismen flexibler, vor allem in Hinblick auf regionale und lokale Bedürfnisse, zumal das System sozial durchlässiger ist.[19]

Wenn ähnliche Kräfte in Richtung Schaffung einer Referenzdisziplin für die pädagogischen Berufe in zwei derart unterschiedlichen akademischen Umfeldern hinwirken, können sie nicht dieselben Effekte erzielen. Wir vertreten die These, dass sich die wesentliche Erklärung für die beiden Konfigurationen – der philosophisch-pädagogischen und der pädagogischen – aus dieser Differenz ergibt.[20]

19 Hierüber könnten nur vertiefende Untersuchungen Auskunft geben. Wir müssen uns hier mit Hypothesen begnügen.

20 Selbstverständlich ist der Unterschied zwischen den akademischen Kulturen selbst schon Ergebnis kultureller Differenzen. Wir gehen aber davon aus, dass es in diesem Zusammenhang von Interesse sein könnte, den Ausführungen Schriewers (1999) zu folgen und die Analogie der Dynamiken und Faktoren, die für die Gestaltung der Erziehungs- und Bildungssysteme auch auf globaler Ebene massgeblich sind, sowie die besonderen Formen ihrer Umsetzung auf disziplinärer und regionaler Ebene zu betonen.

Gründe für die Existenz der philosophisch-pädagogischen und der pädagogischen Konfiguration

Die Pädagogik etabliert sich unter starkem Einfluss der Philosophie – ein Merkmal vor allem der Standorte in der deutschsprachigen Schweiz[21] – vor dem Hintergrund unterschiedlicher, aber eng miteinander verbundener Faktoren: der internen Differenzierung der Disziplinen im Zuge der Erweiterung ihrer Forschungsgegenstände; der ausgesprochen starken Besitzstandsverteidigung der etablierten Disziplinen; der Notwendigkeit der akademischen Anerkennung, die den neuen Disziplinen ein hohes Niveau abverlangt, sowie des Problems der Anerkennung der Pädagogik als eigenständiger theoretischer Disziplin. Dies hat entsprechende Folgen: Die Pädagogik wird als theoretische und normative Disziplin verstanden, die in eine etablierte Disziplin, die Philosophie, integriert ist und in deren Rahmen weiterentwickelt und von ihr abhängig bleiben soll. Diese disziplinäre «Konstruktion» ermöglicht es zudem der Philosophie, ihren Status zu stärken, indem sie ihr Tätigkeitsfeld erweitert,[22] was ihr entgegenkommt, weil sie durch die Abtrennung der Naturwissenschaften, durch die auch an der philosophischen Fakultät bestehende Tendenz zur stärkeren Orientierung an Berufen und durch den Prozess der Spezialisierung geschwächt ist.

Die praktische Ausbildung wird auf anderem Weg ebenfalls in die Universität integriert und unter die theoretische Leitung der pädagogisch aktiven Philosophen gestellt, aber in transversalen Strukturen organisiert, in der subalterne Akteure – Privatdozenten und Professoren *ad personam*, deren Status gut zu dieser Funktion passt – oder Akteure ohne universitäre Lehrbefugnis tätig sind. Diese Strukturen lassen den Einfluss der für das Bildungssystem zuständigen Verwaltung zu. Sie verweisen auf eine hybride Form der akademischen Entwicklung, die aufgrund der Notwendigkeit einer universitären Ausbildung für die Praxisfelder und der gleich-

21 Neuenburg scheint Teil dieser Konfiguration zu sein. Man könnte sich fragen, ob die Tatsache, dass die Pädagogik an diesem Standort verschwindet, nicht genau dieser für den Westschweizer Kontext atypischen Entwicklung geschuldet ist. Eine vertiefende Untersuchung könnte zu einem besseren Verständnis der Ursachen dieses Verschwindens beitragen, das in mancher Hinsicht mit der Basler Entwicklung vergleichbar ist. Die Handelshochschule St. Gallen sowie die Eidgenössische Technische Hochschule in Zürich sind ebenfalls in dieser Konfiguration zu verorten: Beide entsprechen den Forderungen nach einer berufsbezogenen Lehrerbildung im wirtschafts- oder naturwissenschaftlichen Bereich mit einem am philosophisch-pädagogischen Paradigma orientierten Kursangebot (vgl. Kapitel 7 in diesem Band).

22 Im Rahmen der universitären Entwicklung lässt sich dies für die Geisteswissenschaften in erster Linie durch die Erhöhung der Anzahl an Lehramts-Kandidaten erzielen.

zeitigen Distanz des Ordinariats zu den Praxisfeldern entsteht. Sie sind auch darauf zurückzuführen, dass sich die Bildungsverwaltung üblicherweise kaum in den akademischen Betrieb einmischt, dessen Autonomie durch den Professorenstatus und die Orientierung an der wissenschaftlichen Exzellenz gewahrt bleibt. Tendenziell werden deshalb Parallelstrukturen geschaffen, insbesondere durch Stellen, die einer weniger strikten Kontrolle durch die akademische Hierarchie unterliegen (Privatdozenten, Professorenstellen *ad personam*, Lehrbeauftragte). Ein letzter, nicht zu vernachlässigender Faktor ist folgender: Die Distanz zwischen (Teil-)Disziplin und Beruf, die sich schon im zwar prestigeträchtigen, jedoch sehr distanzierten Beitrag der Philosophieprofessoren zur Lehrerbildung zeigt, vergrössert sich weiter durch die unterschiedliche Rekrutierungspraxis des Sekundar- und des Hochschulwesens – wesentliches Unterscheidungsmerkmal ist die Habilitation. Beide Welten nehmen sich, in einem klar definierten hierarchischen Verhältnis als zunehmend voneinander getrennt wahr.[23] Prestige und Elfenbeinturm der Universität bedingen sich gegenseitig.

In der französischsprachigen Schweiz verläuft der Prozess der Disziplinenbildung anders als in der deutschsprachigen Schweiz und führt zu einer ganz anderen Konfiguration. Diese Konfiguration ermöglicht nicht nur die Schaffung autonomer Lehrstühle, sondern erleichtert, ja verlangt sie sogar. Die grössere Nähe zwischen Universität und Gesellschaft macht es den Verwaltungsbehörden möglich, direkt und unmittelbar bei den universitären Instanzen zu intervenieren, wobei Erstere häufig den Anstoss für die Einrichtung von Lehrstühlen für Pädagogik bzw. Erziehungswissenschaft(en) geben – dies zum Teil im Zusammenwirken mit den akademischen Instanzen, aber bisweilen auch gegen deren Absichten. Diese Interventionen werden sozusagen durch den Umstand erleichtert, dass die Qualifikations- und Nominierungsverfahren weniger institutionalisiert sind oder zumindest eine gewisse Flexibilität zulassen. Der Rekrutierungspool ist kleiner als in der deutschsprachigen Schweiz – er umfasst im Wesentlichen die Westschweiz –, und die (formalen) Qualifikationsanforderungen sind weniger streng. Da der Schaffung von Lehrstühlen in der akademischen Welt der Westschweiz bei Weitem nicht dieselbe Bedeutung zugemessen wird wie in der deutschsprachigen Universitätstradition, kann die entsprechende Begründung pragmatisch sein und unter Verweis auf den gesellschaftlichen Bedarf und internationale Tendenzen erfolgen. So wird auch die Ernennung eines Bewerbers ohne Doktorat möglich, weil dessen soziales Profil und seine pädagogischen oder administrativen Kompetenzen zum entscheidenden

23 Dies erhöht das Prestige der philosophisch-pädagogischen Lehre zusätzlich; am Prestige hat – in gewissem Mass – wiederum die dort ausgebildete Berufsgruppe teil.

Qualifikationskriterium werden können. Lehrstühle, die vollumfänglich einer neuen Disziplin wie der Pädagogik gewidmet sind, können deshalb leichter geschaffen werden. Der Umstand, dass ein neues disziplinäres Feld so einfach eingeführt werden kann, ist gleichzeitig ein Schwachpunkt: Dessen Status bleibt anfällig und dessen Autonomie legitimiert sich unter Umständen lediglich durch institutionelle Formalitäten. Dies wiederum hat grundlegende Auswirkungen auf den Status des Lehrstuhlinhabers: Mit einem Mandat, das ihm in erster Linie von der Verwaltung erteilt wurde, muss er neben theoretischen auch praktische Bereiche der Ausbildung abdecken; er nimmt häufig ausseruniversitäre, pädagogische und/oder administrative Aufgaben wahr – etwa die Leitung eines Lehrerseminars oder Verwaltungaufgaben im Schulsystem –, was an einer deutschsprachigen Ordinarienuniversität undenkbar wäre.[24] Diese Art der Definition von Lehrstühlen – gleichzeitig unbestimmt und autonom – erleichtert jedoch das Entstehen universitärer Institutionen in Form von Fachbereichen oder Instituten, die sowohl für die akademische als auch für die berufspraktische Ausbildung zuständig sind. Diese Institutionen sind wenig spezialisiert, es sei denn durch interne Differenzierung.

Man könnte diese Tendenzen allgemein als eine Über-Kreuz-Entsprechung darstellen: Wo die Pädagogik auf professoraler Ebene durch interne Differenzierung der Philosophie eingeführt wird, wird die praktische Dimension an spezialisierten Instituten durch externe Differenzierungen sichergestellt. Umgekehrt wird da, wo die Pädagogik durch externe Differenzierung in Form unabhängiger Professuren entstanden ist, die praktische Ausbildung durch interne Differenzierung innerhalb der akademischen Institutionen gewährleistet.

Gründe für die Existenz der psychologisch-pädagogischen Konfiguration

Genf als einziges Beispiel für die psychologisch-pädagogische Konfiguration steht zunächst eher der pädagogischen Konfiguration nahe. Wie das Kapitel zur Entwicklung der Erziehungswissenschaften in Genf (vgl. Kapitel 4 in diesem Band) zeigt, beginnt sich seit 1912 eine neue Konfiguration zu entwickeln, die um 1918/1920 vollständig etabliert wird. Die Rahmenbedingungen dieser Richtungsänderung

24 Diese Konfiguration erinnert an bestimmte, in Frankreich mögliche Konstruktionen, wo Verwaltungs- und universitäre Aufgaben zusammenfallen können (Charle, 1994a); dies gilt auch für die Grösse des Rekrutierungspools – er beschränkt sich nicht auf Kandidaten mit einer rein akademischen Karriere – und die engen Beziehungen zwischen Universität und Gesellschaft.

sind also um die Jahrhundertwende und während der ersten beiden Jahrzehnte des 20. Jahrhunderts entstanden. Ohne die Gesamtheit der Faktoren zu erörtern, welche den «Genfer Sonderfall» – der in einer detaillierteren monografischen Studie erörtert werden muss (Hofstetter, 2010) – erklären, stellen wir im Folgenden die massgeblichen Elemente schematisiert dar.

Der erste und vielleicht wichtigste Faktor ist die für die Schweiz und auch Europa einzigartige Stellung der Psychologie: Der Lehrstuhl an der Universität Genf wird an der naturwissenschaftlichen Fakultät eingerichtet; kurz darauf auch ein Labor; dann wird eine ambitionierte Fachzeitschrift herausgegeben; die Psychologie wird gestärkt und erhält bereits 1908 einen zweiten Lehrstuhl. Diese privilegierte Rolle der Psychologie steht in einer besonderen wissenschaftlichen Tradition, welche die calvinistische Stadt seit Langem kennzeichnet (vgl. dazu Montandon, 1975; Sigrist, 2004), und wird von einer Universitätsreform unterstützt und verstärkt, die insbesondere vom deutschen Carl Vogt vorangetriebenen wird (Marcacci, 1987). Die sich in Genf entwickelnde Psychologie ist gleichermassen von Wilhelm Wundt und seinem experimentellen Ansatz wie von William James und dessen pragmatischem Konzept inspiriert. Sie kritisiert die Assoziationstheorie und ist im Funktionalismus verankert. Diese dauerhaft an der naturwissenschaftlichen Fakultät eingerichtete, streng experimentelle und funktionalistische Psychologie engagiert sich stark im pädagogischen Feld.

Der zweite Faktor ist nicht spezifisch für Genf, wirkt da jedoch besonders deutlich und nachhaltig: der seit Beginn des 20. Jahrhunderts sowohl von Schulbehörden als auch von der Lehrerschaft – zumindest soweit diese sich über ihre Verbände äussert – ausgeübte Druck, das Schulsystem grundlegend zu reformieren. Behörden und Lehrerschaft, insbesondere die Primarlehrerschaft, suchen Unterstützung in den entstehenden empirischen Ansätzen und in der Bildung entsprechender Netzwerke mit zusätzlichen Kompetenzen.

Diese beiden Faktoren ermöglichen in einem günstigen internationalen Kontext, dass die empirischen Ansätze im pädagogischen Bereich dauerhaft in einer Institution verankert werden. Diese Institutionalisierung ist der dritte wesentliche Faktor für die Entwicklung der psychologisch-pädagogischen Konfiguration in Genf: die Gründung eines unabhängigen Privatinstituts, das alle an Kindheitsforschung und Schulreform interessierten Akteure vereint, des *Institut Jean-Jacques Rousseau* bzw. der *Ecole des sciences de l'éducation*. Diese Gründung, die von zahlreichen internationalen, insbesondere nordamerikanischen, Vorbildern inspiriert ist, erlaubt es, die empirische Forschung, die Ausbildung in pädagogischen Berufen und die Schulreformen eng miteinander zu verbinden, und schafft dadurch sehr früh eine starke institutionelle Basis für diese neue Konfiguration.

Ein letzter Faktor bezieht sich auf den Organisationsmodus der Lehrerbildung in Genf. Lange Zeit gibt es in Genf, dessen Bevölkerung auf gymnasialer Ebene relativ gut ausgebildet ist, keine spezifische Institution für die Primarlehrerbildung. Die Primarlehrerinnen und Primarlehrer werden seit Ende des 19. Jahrhunderts in Praktika und *ad hoc* eingerichteten Kursen ausgebildet, die von Anfang an auch von Angehörigen der Universität durchgeführt werden. Die Sekundarlehrerausbildung, die zu einem speziellen Diplom führt und pädagogische Ausbildungsanteile umfasst, existiert erst seit Beginn des 20. Jahrhunderts. Die Situation der Lehrerbildung ist deshalb relativ offen, vor allem hinsichtlich der Primarlehrerinnen und Primarlehrer, die ihrerseits eine Ausbildung auf hohem Niveau anstreben. Sie erachten die empirischen Ansätze als viel versprechende Referenz und unterstützen sie deshalb aktiv. Die Lehrerverbände gehören denn sogar in der Krise des *Institut Jean-Jacques Rousseau* zu Beginn der 1920er-Jahre zu dessen eifrigsten Förderern.

So entwickelt sich, ausgehend von der pädagogischen Konfiguration, ein alternatives Modell, das sich dauerhaft festigt, indem die dem disziplinären Feld zugehörige Institution immer mehr Funktionen in der Primarlehrerbildung (die dadurch in die Universität Eingang findet) übernimmt, gutachterlich tätig wird und in verschiedenen Bereichen des Schulsystems interveniert. Diese Aufgaben werden von einer einzigen Institution wahrgenommen, die dem Prinzip der Verbindung von Forschung und Praxis verpflichtet ist und die Ausbildung (auch die wissenschaftliche) immer auf Erfahrung gründet. Es handelt sich in gewisser Weise in dreifacher Hinsicht um ein «angelsächsisches», oder vielmehr amerikanisches (Lagemann, 2000) Modell: Erstens beruht es auf einem pragmatischen und funktionellen Verständnis von Bildung und Forschung; zweitens ist es aufgrund der Flexibilität des akademischen Systems und einer wenig institutionalisierten Lehrerbildung mit institutionellen Modellen vergleichbar, die alle Bereiche von Bildung und Erziehung in sich vereinen, sich insbesondere auch um die Primarschule und die Lehrerschaft kümmern, für die die Disziplin zu einer wichtigen Referenz wird; und drittens steht es den Schulbehörden nahe, die ihm substanziellen Raum für Aktionen und Interventionen zugestehen.

Die Unterschiede zwischen den drei Konfigurationen sind nicht durch Faktoren gleicher Ordnung bedingt. Unsere interpretierende Analyse zeigt, dass sich schematisch zwei Konfigurationen unterscheiden lassen, die ihre Wurzeln in unterschiedlichen europäischen akademischen Kulturen haben, die jeweils andere kognitive und institutionelle Formen erzeugen. Die standortspezifischen Variationen innerhalb dieser Konfigurationen, die aus den lokalen Darstellungen ersichtlich werden (vgl. Kapitel 1 bis 7 in diesem Band), sind von Faktoren abhängig, die wir hier nicht weiter berücksichtigen.

Die pädagogische Konfiguration ermöglicht, wie das Beispiel Genf zeigt, im Fall besonderer lokaler Voraussetzungen das Entstehen einer weiteren Konfiguration, die sich anderswo in Europa nicht dauerhaft etablieren konnte.[25] Diese lokalen, für das Entstehen dieser dritten Konfiguration günstigen Voraussetzungen machen Genf zu einem Standort mit internationaler Vorreiterrolle: In kultureller Hinsicht sind es der Protestantismus und die Bedeutung des Pragmatismus, in wissenschaftlicher Hinsicht die Eingliederung in einen diskursiven Raum mit internationaler Dimension und in politischer Hinsicht die internationalen Institutionen. Aber auch im pädagogischen Bereich ist die psychologisch-pädagogische Konfiguration Ausdruck einer internationalen Bewegung – der Reformpädagogik *(éducation nouvelle)* –, die sich nach dem Ersten Weltkrieg institutionalisiert und für die Genf eines der massgeblichen Zentren und ein Identifikationsort wird.[26]

Es bleibt die Aufgabe, die Untersuchung zu erweitern, um an anderen Standorten und auf internationalem Niveau die sich kontrastierenden Konfigurationen und die sie bedingenden Faktoren zu beobachten. Wir vertreten schon von vornherein die Hypothese, dass die drei von uns festgestellten Konfigurationen auch an anderen Standorten zu finden sind und es innerhalb des Untersuchungszeitraums nicht viele andere mögliche Konfigurationen gibt. Von den zahlreichen, noch offenen Fragen beschäftigt uns insbesondere die folgende: Kann auch die philosophisch-pädagogische Konfiguration zu einer psychologisch-pädagogischen Entwicklung führen?

25 Wir gehen davon aus, dass es sich um eine in den USA dominante Konfiguration handelt, die massgeblich zu dieser Entwicklung beigetragen hat.

26 Wir beschreiben diese Genfer Entwicklung an anderer Stelle im Detail (Hofstetter & Schneuwly, in Vorbereitung).

Anhang
Stellen in den Erziehungswissenschaften an sechs Schweizer Standorten

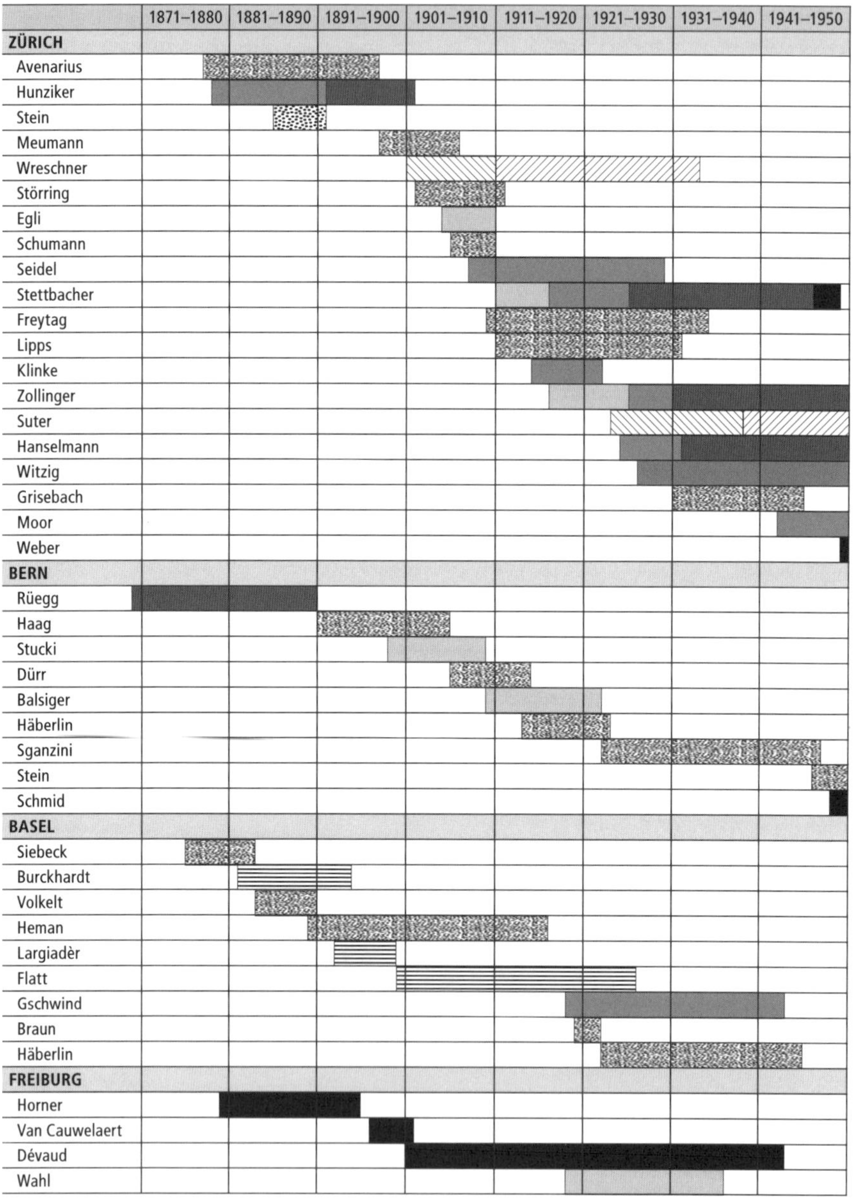

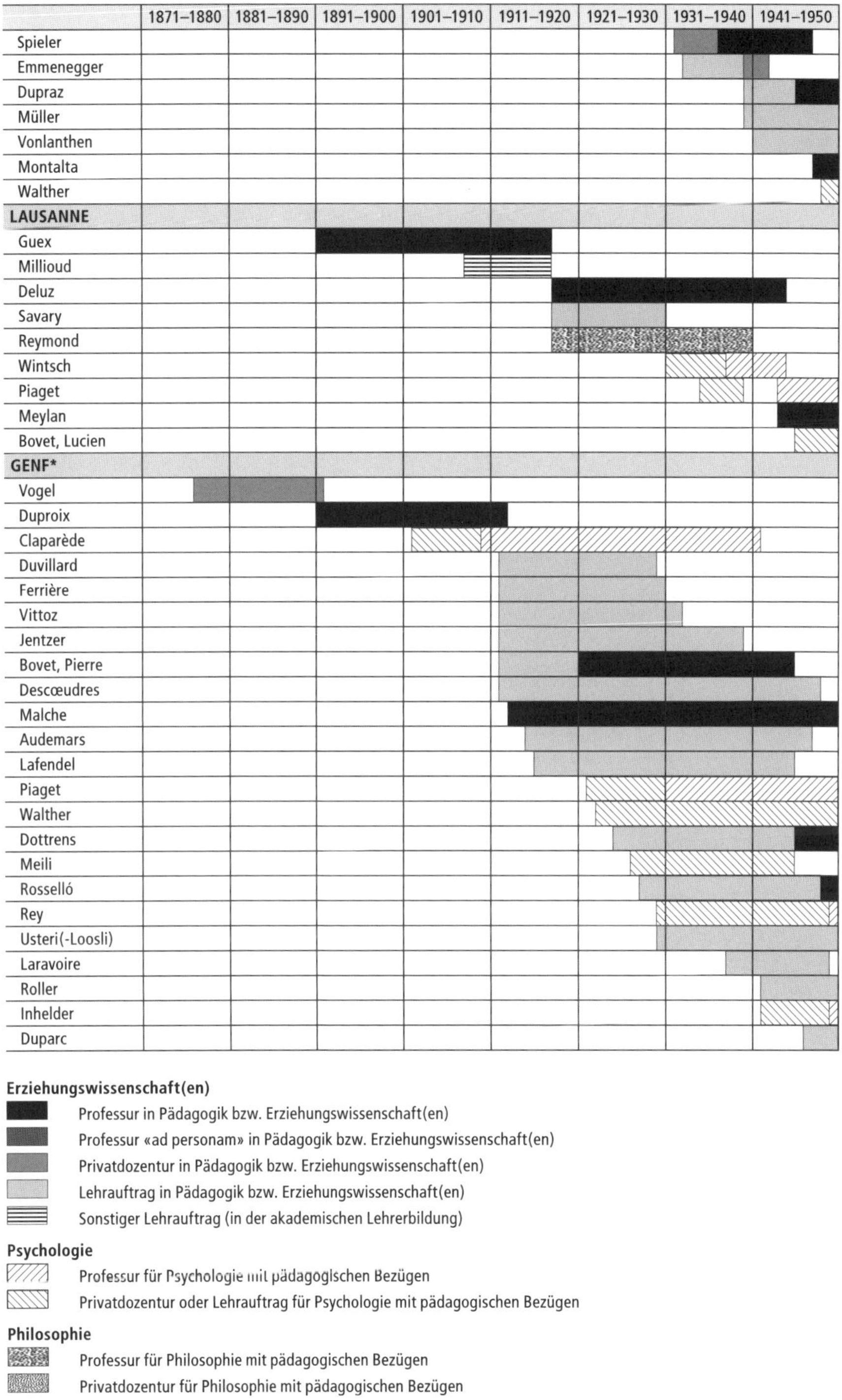
1871–1880
1881–1890
1891–1900
1901–1910
1911–1920
1921–1930
1931–1940
1941–1950
Spieler
Emmenegger
Dupraz
Müller
Vonlanthen
Montalta
Walther
LAUSANNE
Guex
Millioud
Deluz
Savary
Reymond
Wintsch
Piaget
Meylan
Bovet, Lucien
GENF*
Vogel
Duproix
Claparède
Duvillard
Ferrière
Vittoz
Jentzer
Bovet, Pierre
Descœudres
Malche
Audemars
Lafendel
Piaget
Walther
Dottrens
Meili
Rosselló
Rey
Usteri(-Loosli)
Laravoire
Roller
Inhelder
Duparc
Erziehungswissenschaft(en)
Professur in Pädagogik bzw. Erziehungswissenschaft(en)
Professur «ad personam» in Pädagogik bzw. Erziehungswissenschaft(en)
Privatdozentur in Pädagogik bzw. Erziehungswissenschaft(en)
Lehrauftrag in Pädagogik bzw. Erziehungswissenschaft(en)
Sonstiger Lehrauftrag (in der akademischen Lehrerbildung)
Psychologie
Professur für Psychologie mit pädagogischen Bezügen
Privatdozentur oder Lehrauftrag für Psychologie mit pädagogischen Bezügen
Philosophie
Professur für Philosophie mit pädagogischen Bezügen
Privatdozentur für Philosophie mit pädagogischen Bezügen

Teil II

Professionelle, kommunikative und kognitive Herausforderungen

Kapitel 9

Die Formierung der Erziehungswissenschaften und die akademische Lehrerinnen- und Lehrerbildung

Valérie Lussi Borer und Lucien Criblez

Das folgende Kapitel nimmt die Diskussionen um das Verhältnis von Profession und Disziplin (Hofstetter & Schneuwly, 2002a; Tenorth, 1994, 1999) auf und thematisiert dieses Verhältnis an der Einbindung der Lehrerinnen- und Lehrerbildung in die Universitäten einerseits und der Entwicklung der Pädagogik respektive der Erziehungswissenschaften(en) andererseits. In der Schweiz fand im letzten Drittel des 19. Jahrhunderts und in der ersten Hälfte des 20. Jahrhunderts eine breite öffentliche Debatte über die Institutionalisierung der akademischen Lehrerinnen- und Lehrerbildung statt, die darauf abzielte, für Lehrerinnen und Lehrer eine theoretische und berufsbezogene Ausbildung von hoher Qualität sicherzustellen, was sich auf die Qualität des gesamten Bildungssystems auswirken sollte.

Die Fragen nach dem Beitrag der Erziehungswissenschaften zur Lehrerinnen- und Lehrerbildung und diejenige nach der Einbindung der Lehrerinnen- und Lehrerbildung in die schweizerischen Universitäten lassen sich als Fragen nach dem bildungspolitischen Einfluss unterschiedlicher Akteure stellen: der Bildungspolitik, der Universitäten und der Lehrerschaft. Es ist insbesondere interessant, diese Fragen komparativ zu studieren. Die Schweiz ist dazu besonders geeignet, weil die Bildungspolitik vor allem eine kantonale Angelegenheit war und ist. Die Kantone regelten auch die institutionelle Form und das jeweiligen Ausbildungsniveau der Lehrerinnen- und Lehrerbildung unterschiedlich. Die jeweilige Wahl ist unter anderem von der Existenz von Universitäten vor Ort, vom kulturellen Selbstverständnis sowie von der Zielstufe, für die ausgebildet werden soll, abhängig.

Das folgende Kapitel ist in vier Teile gegliedert: In einem ersten Teil wird die Entwicklung der Lehrprofession in der Schweiz im 19. Jahrhundert in ihrem Kontext zusammenfassend dargestellt. Anschliessend wird die Institutionalisierung der Grundausbildung für Gymnasiallehrer einerseits und für Primarlehrpersonen andererseits nachgezeichnet. Die beiden unterschiedlichen Ausbildungsformen kommen sowohl in der französischsprachigen als auch in der deutschsprachigen

Schweiz vor.[1] Am Schluss wird das doppelte Spannungsverhältnis zwischen den beiden Formen der Lehrerinnen- und Lehrerbildung einerseits sowie zwischen der Lehrerinnen- und Lehrerbildung und der akademischen Disziplin Erziehungswissenschaft andererseits diskutiert.

Die Entwicklung des Lehrberufs und der Lehrerinnen- und Lehrerbildung in der Schweiz

Die Konstruktion unterschiedlicher professioneller Identitäten ist seit der Gründung von Ausbildungsgängen für Lehrpersonen der Primarstufe und der Sekundarstufen I und II im 19. Jahrhundert eng an die Hierarchisierung der Schulstufen gebunden.[2] Nachdem Initiativen zur nationalen Zentralisierung der Lehrerinnen- und Lehrerbildung in der zweiten Hälfte des 19. Jahrhunderts gescheitert waren, wurden als Reaktion auf den Ausbildungsbedarf an verschiedenen Schweizer Universitäten Pädagogik-Lehrstühle geschaffen.

1 Angesichts der unterschiedlichen Bezeichnung der verschiedenen Lehrkategorien unterscheiden wir im Folgenden zwischen Primarlehrerinnen und Primarlehrern *(enseignants primaires)*, Sekundarlehrerinnen und Sekundarlehrern *(enseignants secondaires inférieurs)* sowie Gymnasiallehrerinnen und Gymnasiallehrern *(enseignants secondaires supérieurs)*, verwenden aber bei Quellentexten die ursprünglichen Bezeichnungen der Akteure. Wir verzichten bei der Analyse auf einen systematischen Einbezug der Lehrerbildung für die Sekundarstufe I, weil sich diese Schulstufe in den Sprachregionen der Schweiz unterschiedlich entwickelt hat: Während in der deutschsprachigen Schweiz im Sekundarbereich früh zwei Stufen (Sekundar- bzw. Bezirksschulen einerseits, Gymnasien andererseits) und entsprechend zwei Studiengänge unterschieden wurden, ist dies in der französischsprachigen Schweiz nicht der Fall: Die Lehrerinnen- und Lehrerbildung der beiden Sekundarstufen blieb länger undifferenziert. Weitergehende vergleichende Forschung wäre notwendig, um die unterschiedlichen Entwicklungen besser verstehen zu können. Immerhin kann eine Anlehnung der deutschsprachigen Schweiz ans Ausbildungsmodell in Deutschland festgestellt werden, das stark zwischen höherem und niederem Schulwesen unterschied. Im höheren Schulwesen war der Gymnasiallehrberuf früh als Profession anerkannt.

2 Für den sozialen, politischen und ökonomischen Kontext der Schweiz in dieser Zeit verweisen wir auf die Darstellung der einzelnen Kantone in den Kapiteln 1 bis 7 sowie auf Kapitel 8 in diesem Band.

Zur Formierung der beruflichen Identität und der Standesinteressen im Lehrberuf

Mit dem Auf- und Ausbau des Bildungssystems bis gegen Ende des 19. Jahrhunderts (Criblez, 2005) wurde in der Schweiz ein dichtes Netz öffentlicher Schulen geschaffen, die auf qualifiziertes Personal angewiesen waren.[3] Parallel dazu formierte sich der Lehrberuf mit eigenen beruflichen Identitäten und entsprechenden Standesinteressen. Die zunehmende funktionale Differenzierung im Bildungssystem provozierte jedoch auch einen entsprechenden Differenzierungsprozess im Lehrberuf (Lundgreen, 2000; Titze, 1999): Es entwickelten sich unterschiedliche Lehrkategorien, die zwar aufeinander bezogen waren, sich aber auch gegeneinander abgrenzten.

Die zunehmende Verschulung steigerte zudem den quantitativen Bedarf an ausgebildeten Lehrpersonen, und die Zulassung zum Lehrberuf wurde immer stärker durch den Staat reglementiert. Aber die Staatskontrolle über die Diplome konnte allein nicht mehr genügen. Es ging auch darum, die Lehrerinnen und Lehrer in der Ausbildung auf die schulischen Inhalte (Lehrpläne) zu verpflichten, die sich mit der Entwicklung der wissenschaftlichen Disziplinen – insbesondere für die Sekundarstufe II – teilweise stark veränderten. Die Hochschulen, Akademien und Universitäten schienen aufgrund ihrer Entwicklung und ihrer disziplinären Organisation geeignet, diese Aufgabe zu übernehmen, insbesondere für jene wissenschaftlichen Disziplinen, die an den beiden philosophischen Fakultäten (deutschsprachige Schweiz) bzw. an den *facultés de lettres et de sciences* (französischsprachige Schweiz) gelehrt wurden (vgl. Kapitel 8 in diesem Band). Die Zusammenarbeit zwischen Bildungspolitik und -verwaltung, die sich stark für die Weiterentwicklung der Bildungssysteme engagierten, und den Hochschulen führte allerdings auch zu einer Konkurrenzsituation zwischen Staat, Hochschulen und Lehrerverbänden hinsichtlich der Definitions- und Regelungshoheit der Zulassung zum Lehrberuf. Um die Ausbildung ihrer Lehrerinnen und Lehrer kontrollieren zu können, machten viele Kantone im Verlauf des 19. Jahrhunderts die Zulassung zum Lehrberuf von einem staatlichen Diplom, einem Patent, abhängig.

3 Dieses Schulsystem ist durch einige wesentliche Merkmale gekennzeichnet, die auch den Lehrberuf wesentlich mitprägen: Es wird wesentlich vom Staat (den Kantonen und Gemeinden) finanziert, organisiert und kontrolliert, es expandierte bis zur heute noch gültigen neunjährigen Unterrichtspflicht (1970 durchgesetzt mit dem *Konkordat über die Schulkoordination*), die Unterrichtspflicht wurde auf alle Kinder ausgedehnt, und deren Einhaltung wird staatlich kontrolliert, der Unterricht findet in immer kleineren Klassen statt – um nur die wichtigsten Merkmale zu nennen (Criblez, Jenzer, Hofstetter & Magnin, 1999).

Auf standespolitischer Ebene begannen sich die Lehrer (und später auch die Lehrerinnen) in kantonalen und/oder nationalen Vereinen zu organisieren, um ihre Interessen gegenüber Staat, Gemeinden und der Öffentlichkeit besser vertreten zu können: 1849 wurde der Schweizerische Lehrerverein (SLV) gegründet, der die Lehrer aller Schulstufen vertreten sollte.[4] Die Gymnasiallehrer organisierten sich allerdings zunehmend selbstständig und gründeten 1860 den Verein Schweizerischer Gymnasiallehrer (VSG). Nachdem die Westschweizer Lehrer 1862 angedroht hatten, den SLV zu verlassen, gründeten sie 1864 die *Société des instituteurs romands*, die 1889 in die *Société pédagogique romande* (SPR) umbenannt wurde. Sie vereinigt die Delegierten der kantonalen Sektionen Freiburg, Jura (seit Kantonsgründung), Neuenburg, Waadt und Genf seit 1867 (vgl. *L'Educateur*, 1983, S. 6).[5]

Neben den Jahresversammlungen als Diskussionsforen sorgten diese Vereine für einen fachöffentlichen Diskurs durch die Herausgabe von Zeitschriften. Der SLV publizierte die *Schweizerische Lehrerzeitung* (seit 1856)[6] und die *Schweizerische Pädagogische Zeitschrift* (1891–1929), die beide auch Artikel und Diskussionen aus dem VSG publizierten, obwohl dieser eigene Publikationsorgane schuf: die *Jahreshefte* (1869–1908), abgelöst vom *Jahrbuch* des VSG, das 1946 durch das *Gymnasium Helveticum* ersetzt wurde. Die SPR publizierte wie erwähnt den *Educateur* (Hameline, 1983; Jornod, 1989; Périsset Bagnoud, Lussi & Hofstetter, 2005). Da kein Westschweizer Lehrerverband für die Sekundar- und Gymnasiallehrer existiert – sie sind im VSG organisiert und machten da zwischen 1885 und 1960 etwa 20 Prozent der Mitglieder aus –, führten die sprachlichen und organisatorischen Differenzen zur deutschsprachigen Schweiz immer wieder zu Klagen über die Isolierung und die mangelnde Solidarität unter den französischsprachigen Sekundar- und Gymnasiallehrern.[7] Um diesen Problemen zu begegnen, wurde 1870 die *Société vaudoise des maîtres secondaires* (SVMS) gegründet. Sie legte verschiedene Überblicke zur

4 Um ihre spezifischen Interessen zu vertreten, organisierten sich die Lehrerinnen 1893 im Schweizerischen Lehrerinnenverein (Bähler, 1991).

5 Die Freiburger zogen sich als Reaktion auf die Zentralisierungs- und Laïsierungsprojekte im Bildungsbereich, die von der SPR unterstützt wurden, im Umfeld der Revision der Bundesverfassung in den 1870er-Jahren aus der SPR zurück. Sie gründeten 1871 die *Société fribourgeoise d'éducation* und die Zeitschrift *Bulletin Pédagogique*, welche die Positionen des *Educateur* offen bekämpfte (vgl. Kapitel 6 zu Freiburg in diesem Band).

6 Zwischen 1856 und 1862 wurde die Zeitschrift unter dem Titel *Pädagogische Monatsschrift für die Schweiz* publiziert.

7 So hat zum Beispiel die Unterscheidung des VSG zwischen Alt- und Neuphilologen nach deutschem Vorbild kein Äquivalent in der Westschweiz (*Bulletin de l'enseignement secondaire, 1* [1928], S. 7 ff.).

Organisation der Ausbildung auf den Sekundarstufen I und II vor (vgl. Kapitel 5 in diesem Band).

Im VSG wurden «unter den Fragen, die alle Lehrerinnen und Lehrer interessieren, diejenigen zur Rekrutierung und zur fachwissenschaftlichen und berufsorientierten Vorbereitung der Gymnasiallehrer als wichtigste erachtet» (Meylan, 1960, S. 412; Übersetzung VL/LC). Angesichts der grossen Bedeutung widmeten die Verbände verschiedene Versammlungen diesen Ausbildungsthemen (SLV: 1868, 1880, 1894; SPR: 1874; VSG: 1878), wobei die Vorteile einer Allgemeinbildung am Gymnasium gegen diejenigen einer Ausbildung am Lehrerseminar abgewogen wurden. Dabei wurden die mögliche Akademisierung der Primarlehrerausbildung, die kantonale Anerkennung der Primarlehrerdiplome sowie die Zentralisierung der Ausbildung (insbesondere für Sekundarlehrerinnen und Sekundarlehrer) ins Auge gefasst.

Die Lehrervereine und ihre Publikationsorgane fungierten lange Zeit als privilegierter Ort der Darstellung des wissenschaftlichen Fortschritts im pädagogischen Bereich: Die meisten (universitären) Vertreter der wissenschaftlichen Disziplin Pädagogik wurden eingeladen, sich als Experten an den Jahresversammlungen zu äussern, und sie publizierten regelmässig in den Verbandszeitschriften. Der Zusammenschluss und das Unterhalten einer Tribüne für Professions- und Ausbildungsthemen erlaubte es der Lehrerschaft nicht nur, ein Zusammengehörigkeitsgefühl zu entwickeln, sondern förderte den Professionalisierungsprozess, in dem der berufliche Status (grössere Anstellungssicherheit, Erwerb des Beamtenstatus), die Entlöhnung und das soziale Ansehen des Lehrberufs nach und nach verbessert werden konnten.

Initiativen zur Zentralisierung der Lehrerbildung auf Bundesebene

Trotz der föderalistischen Bildungsorganisation entstanden in der Schweiz in der zweiten Hälfte des 19. Jahrhunderts mehrere Initiativen, um nationale Bildungsstrukturen zu etablieren. Dass die Projekte weitgehend scheiterten, ist einerseits auf verschiedene zeitspezifische Kontexte zurückzuführen, andererseits darauf, dass dadurch die kantonale Bildungshoheit eingeschränkt zu werden drohte. Trotzdem beeinflussten diese Projekte die Entwicklung der kantonalen Bildungssysteme und der Institutionen der Lehrerinnen- und Lehrerbildung in der Schweiz (Criblez, 2008).

Nach der Etablierung des Nationalstaates und im Kontext des Kulturkampfes begann in den 1860er-Jahren eine nationale Diskussion darüber, ob die Schule und insbesondere die Lehrerinnen- und Lehrerbildung kantonal oder gesamtschweizerisch geregelt werden sollen (Criblez & Hofstetter, 1998; Criblez, 1999). Die Initiativen bezogen sich insbesondere auf die Ausbildung von Lehrern für die Sekundarstufen, da in diesem Bereich noch keine spezifischen kantonalen Ausbildungsinstitutionen existierten: An seiner Versammlung in Zürich verabschiedete der SLV 1861 eine Petition an den Bundesrat, mit der er die Gründung einer eidgenössischen Ausbildungsinstitution auf tertiärer Bildungsstufe für die Ausbildung von Lehrpersonen für die Sekundar- bzw. Bezirksschulen und die Gymnasien nach dem Modell des eidgenössischen Polytechnikums (gegründet 1855) verlangte. Neben den fachwissenschaftlichen Disziplinen (Schulfächern) sollten die pädagogischen Teildisziplinen gelehrt werden: Geschichte der Pädagogik, Psychologie, allgemeine Pädagogik, theoretische und praktische Methodologie sowie Schulkunde (Antenen & Minnig, 1862, S. 92; Fries, 1861, S. 377). Diese Petition blieb ergebnislos, führte aber dazu, dass an der Polytechnischen Schule in Zürich 1866 eine neue Abteilung für die Lehrerbildung geschaffen wurde, allerdings nur für die Ausbildung von Mathematiklehrern und Lehrern für die naturwissenschaftlichen Fächer.

In den 1870er-Jahren versuchte man, auch die Ausbildung für Primarlehrerinnen und Primarlehrer zu zentralisieren, auch wenn die Mehrheit der Kantone bereits in der ersten Hälfte des 19. Jahrhunderts Lehrerseminare *(Ecoles normales)* gegründet und sie mit Übungsschulen verbunden hatten.[8] Im Rahmen der Revision der Bundesverfassung 1874 wurde das Projekt eines eidgenössischen Lehrerseminars mit zwei Standorten, einem Hauptstandort in der deutschsprachigen Schweiz und einem zweiten Standort für die französischsprachige Schweiz in Neuenburg sowie einer Filiale in der italienischsprachigen Schweiz diskutiert. Mit der Ambition, ein Pendant zum eidgenössischen Polytechnikum im Bereich des Volksschulunterrichts zu werden, sollte nach vierjährigem Studium am eidgenössischen Lehrerseminar ein Diplom erlangt werden können, das in der ganzen Schweiz gültig ist. Wie das vorhergehende scheiterte auch dieses Projekt. Abgesehen davon, dass es sich um ein stark zentralisierendes Projekt gehandelt hatte, mit dem die bundesstaatliche Einheit durch ein einziges Lehrerseminar hätte gestärkt werden sollen, in dem unter anderem dem Erlernen der nationalen Sprachen eine grosse Bedeutung hätte zukommen sollen, waren mit dem Projekt grundlegende weltanschauliche Zielsetzungen verbunden: Das schweizerische Lehrerseminar hätte ermöglichen sollen, «in allen Primarschulen der Schweiz die Pestalozzi'sche Unterrichtsmethode einzuführen» und die Primarschule so attraktiv zu gestalten, «dass alle sozialen Schichten daran interessiert gewesen wären, ihre Kinder hier unterrichten zu lassen» (Hum-

8 Das erste Lehrerseminar wurde in der Schweiz 1822 in Aarau geöffnet.

bert, 1875, S. 21; Übersetzung VL/LC). Ausserdem sollte mit dem eidgenössischen Lehrerseminar – wie auch mit dem Projekt zur Einführung eines eidgenössischen Erziehungssekretärs, das die im Bundesstaat machthabenden Radikalen planten – das oberste Ziel verfolgt werden, die «gigantesken Anstrengungen des Ultramontanismus, sich sowohl in Frankreich als auch in andern Ländern des öffentlichen Unterrichts auf allen Schulstufen zu bemächtigen» (Humbert, 1875, S. 12; Übersetzung VL/LC) zu bekämpfen. In dieselbe Kulturkampf-Dynamik reihte sich wenig später auch das Projekt zur Schaffung eines Ausbildungsinstituts für die katholischen Lehrer aller Schulstufen in Verbindung mit der zu gründenden katholischen Universität in Freiburg ein (vgl. Kapitel 6 zu Freiburg in diesem Band). Die Debatten um die Einführung eines eidgenössischen Erziehungssekretärs kulminierten in den 1870er-Jahren, wurden aber 1882 in der sogenannten Schulvogt-Abstimmung weitgehend beendet, als die Konservativen beider Konfessionen zusammen mit föderalistisch gesinnten Kreisen das Projekt in einer Referendumsabstimmung zu Fall brachten (Criblez, 1999).

Nach den gescheiterten Zentralisierungsversuchen wurde die Idee einer eidgenössischen Ausbildungsinstitution für Lehrpersonen der Primarschulen und der Sekundarstufen aufgegeben. In der deutschsprachigen Schweiz hatten zudem verschiedene Kantone sehr schnell unterschiedliche Ausbildungsstrukturen für Sekundar- und Gymnasiallehrkräfte institutionalisiert. 1894 lancierte der SLV zwar einen weiteren Versuch, indem an der Jahresversammlung eine Petition verabschiedet wurde, mit der die Schaffung eines eidgenössischen Diploms für die Sekundarstufen verlangt wurde. Aber auch dieser Petition wurde keine Folge geleistet. Auch wenn diese eidgenössischen Initiativen nicht zum Ziel führten, bestärkten sie doch die Hochschulen, Akademien und Universitäten im Bewusstsein, ein legitimer Ort der disziplinären Ausbildung von Lehrpersonen für die Sekundarstufen zu sein; und einzelne Erziehungsdirektionen wurden dadurch motiviert, spezifische Prüfungsreglemente für die Vorbereitung und Zertifizierung von Sekundar- und Gymnasiallehrern zu erlassen. Dadurch mussten an den Universitäten Pädagogik, Psychologie, Methodik sowie Schulkunde/-theorie permanent als Ausbildungsinhalte angeboten werden, was die verschiedenen Universitäten in der Schweiz in unterschiedlichem Ausmass gewährleisteten.

Der Ausbildungsbedarf und die Schaffung von Pädagogiklehrstühlen

Wie in den kantonalen Darstellungen deutlich wird (vgl. Kapitel 1 bis 7 in diesem Band), wurden die Pädagogiklehrstühle an den Universitäten und Akademien der

Schweiz am Ende des 19. Jahrhunderts alle auf Initiativen der politischen Autoritäten geschaffen, weil ein Bedarf an ausgebildeten Primarlehrern und/oder Sekundar- und Gymnasiallehrern bestand (1867 in Neuenburg, 1872 in Bern, 1889 in Freiburg, 1890 in Lausanne, Genf und Zürich, 1917 in Basel); zudem wurden spezifische Lehrstühle für die akademische Lehrerbildung geschaffen (wie zum Beispiel diejenigen von Zollinger* und Stettbacher* in Zürich). Während Hochschullehrer und Gymnasiallehrer in der ersten Hälfte des 19. Jahrhunderts eng verbunden blieben – die Universitätsprofessoren unterrichten zunächst oftmals auch an den Gymnasien –, schwächte sich diese Verbindung in der zweiten Hälfte des 19. Jahrhunderts ab und verschwand im 20. Jahrhundert vollständig. Die institutionelle und personelle Separierung von universitärem und gymnasialem Unterricht deutet auf einen fortschreitenden Differenzierungsprozess hin, der zwingende Voraussetzung dafür war, den Status der Universitätsprofessoren zu stärken und die Universität als Ausbildungsinstitution für die Gymnasiallehrer zu legitimieren. Um die Lehrerbildung für die Sekundarstufen zu verbessern, schlugen Bildungspolitik und -verwaltung – mit oder ohne Zustimmung der Universitäten – die Schaffung von Pädagogiklehrstühlen und deren Besetzung vor oder setzten dies einfach durch (wie in Lausanne und Freiburg). Diese Lehrstühle konnten ein neues Lehrangebot etablieren, das spezifisch auf die Vorbereitung der angehenden Lehrpersonen ausgerichtet war. Die Universitäten wurden dadurch gleichzeitig stimuliert und verpflichtet, durch dieses neue Lehrangebot und seine Ausrichtung auf den Lehrberuf mehr Studierende auf konkrete Berufsfelder hin vorzubereiten. Zugleich mussten sie sich mit den Erziehungsdirektionen und deren Diplomreglementen, die als Zulassungsbedingung zum Lehrberuf erlassen wurden, arrangieren.

Die Ausbildung von Gymnasiallehrern

Die Gründung von Sekundarschulen in den 1830er-Jahren hatte in verschiedenen Kantonen eine Reflexion über spezifische Ausbildungsinstitutionen für diese Schulen provoziert. Im Rahmen kantonaler Gesetzgebungsprozesse zur Regelung der Berufszulassung (die ersten Zulassungsprüfungen wurden 1834 in Zürich durchgeführt) wurden erste Ausbildungskurse eingerichtet.[9] Seit den 1860er-Jahren wurden zudem allmählich Ausbildungsinstitutionen für Gymnasiallehrer geschaffen. Damit waren Fragen der sinnvollen Integration in die Universitäten verbunden. Zwar wa-

9 Der Kanton Zürich bildete seine Sekundarlehrer zunächst – zwischen 1836 und 1848 – am Lehrerseminar Küsnacht aus (Ziegler, 1994, S. 14 ff.).

ren die Gymnasiallehrer bereits vor der Etablierung spezifischer Ausbildungsgänge an den Universitäten ausgebildet worden, aber diese Ausbildung war nicht mit pädagogischen oder didaktischen Ausbildungsinhalten versehen gewesen.

Um die Studiengänge für Gymnasiallehrer an den verschiedenen Universitäten der Schweiz vergleichen zu können, konzentrieren wir uns im Folgenden auf zwei Aspekte, die sich während des untersuchten Zeitraums veränderten: einerseits auf die Beziehungen, welche die Universitäten mit den Kantonen unterhielten, um die Bedingungen für die Zulassung zum Lehrberuf zu definieren, andererseits auf das Verhältnis zwischen fachwissenschaftlichen *(savoirs à enseigner)* und berufsorientierten Ausbildungsanteilen *(savoirs pour enseigner).*

Berufszulassung: Zwei Logiken

In der Schweiz teilten sich die Universitäten und deren Trägerkantone die Legitimation, Diplome als Berufszulassungsausweise für den Gymnasiallehrberuf zu vergeben. Die Aufteilung der Definitionsmacht folgte tendenziell zwei unterschiedlichen Logiken, einer französischsprachigen und einer deutschsprachigen: Im einen Fall führte der Staat offizielle Diplome und entsprechende Diplomprüfungsregelemente ein, die vor der Berufszulassung erworben werden mussten, und die Universität orientierte Strukturen und Ausbildung an diesen staatlichen Vorgaben. Dies war der Fall in den Kantonen Basel, Bern und Zürich. Im zweiten Fall wurde die Universität mit der Zertifizierung der Studienabschlüsse beauftragt; der Staat wählte seine Funktionäre (Gymnasiallehrer) anschliessend unter den Inhabern eines universitären Titels aus, der einzige Zulassungsbedingung zum Lehrberuf war. Dies galt für die Kantone Freiburg, Genf, Neuenburg und Waadt.

In der zweiten Hälfte des 19. Jahrhunderts erliessen die Kantone Zürich (1861), Basel (1873) und Bern (1883) Diplomprüfungsreglemente zur Erlangung eines Staatsdiploms, welche die Zulassung zum Gymnasiallehrberuf einheitlich regelten. Die Universitäten reagierten darauf mit einem Lehrangebot im berufsbildenden Bereich, während die Lehre in den fachwissenschaftlichen Disziplinen in ihrer Autonomie kaum tangiert wurde. Die neuen Lehrangebote wurden entweder durch die Schaffung neuer Professuren wie derjenigen von Hunziker*, Zollinger und Stettbacher in Zürich oder durch die Neuausrichtung bestehender Lehrstühle auf die akademische Lehrerbildung hin (was für die Philosophielehrstühle an den Universitäten Basel, Bern und Zürich der Fall war) möglich. Um die akademische Lehrerbildung über die Fakultätsgrenzen hinweg organisieren zu können, wurde in Bern auf der Grundlage des Diplomprüfungsreglements eine spezielle Kommission institutionalisiert. Diese Kommission spielte eine Vermittlungsrolle zwischen der Universität und der Erziehungsdirektion in allen Bereichen der akademischen Lehrerbildung, insbesondere im Hinblick auf Kosten und Stellen (Criblez & Späni, 2002). Dies hatte keine Folgen für die Organisation der Fakultäten: Es entstanden innerhalb der Universität keine neuen Organisationsstrukturen neben oder quer zu den Fakultäten; die Fakultäten blieben die einzigen wesentlichen Organisationseinheiten der Universitäten. Dagegen schuf der Kanton Basel-Stadt 1873 ein autonomes Pädagogisches Universitätsseminar, das für die Ausbildung von Sekundar- und Gymnasiallehrern aller Schulfächer zuständig war.

Die Pädagogik konnte unter diesen Bedingungen ihre universitäre Präsenz verbessern. Die beiden Organisationsformen Kommission und Institut hatten jedoch nicht dieselben Auswirkungen auf die Formierung der Erziehungswissenschaften. Unter der Aufsicht einer Kommission blieben die Lehrveranstaltungen auf die Fakultäten verteilt, und ihre Durchführung erfolgte vorwiegend unter der Perspektive der fachwissenschaftlichen Disziplinen, während die Lehrveranstaltungen in einem Institut im Rahmen einer autonomen Einheit neu gruppiert und konzipiert werden konnten und ein solches Institut sowohl über grössere Handlungsspielräume als auch über grösseren Einfluss innerhalb der Universität verfügte – zumindest solange das Institut Teil der Universität blieb. Das Beispiel Basel zeigt, dass die Auslagerung des Institutes in eine ausseruniversitäre Einrichtung ab 1925 die akademische Anerkennung der Erziehungswissenschaften schmälerte und sogar den Niedergang der Disziplin provozierte.

Die Dynamik der Universitäten, die der zweiten Logik folgten, war eine andere: In den Kantonen Waadt (1892) und Freiburg (1893, 1898 und 1900) anerkannte der Staat die Kurse und die durch die kantonalen Universitäten abgegebenen Diplome, etablierte also keine zusätzliche Berufszulassungsprüfung. Im Kanton Neuenburg, in dem die Diplome der Lehrer für die Sekundarstufen bereits vor der Gründung der Akademie seit 1850 durch den Staat ausgestellt worden waren, wurde diese Praxis 1909 zugunsten universitärer Lizenziate eingestellt. Der Kanton Genf vertraute die Aufgabe, die Ausbildungsinhalte im Hinblick auf die abzugebenden universitären Titel zu definieren, lange Zeit der Universität an, behielt sich aber vor, die Einstellung von Gymnasiallehrern in einer freien Wahl aufgrund eines konkurrenzorientierten Auswahlverfahrens vorzunehmen. Erst seit 1940 verlangt das Gesetz über den öffentlichen Unterricht bei Bewerbungen einen universitären Nachweis über die pädagogischen Fähigkeiten. In den Kantonen, in denen der Staat keinen Druck auf die Ausbildung mittels eines Staatsdiploms ausübte, setzten die Erziehungsdirektionen dagegen die Schaffung von autonomen pädagogischen Lehrstühlen an den geisteswissenschaftlichen Fakultäten *(facultés des lettres)* durch. Sie bestimmten nicht selten sogar den Lehrstuhlinhaber (das war der Fall 1889 bei Horner* in Freiburg, 1890 bei Guex* in Lausanne, 1912 bei Malche* in Genf, ebenso bei einigen ihrer Nachfolger).[10] Die Behörden versuchten also, eine ihren Erwartungen entsprechende Ausbildung sicherzustellen, indem sie die Verantwortung Personen übertrugen, die über praktische Unterrichtserfahrung und/oder Erfahrung in der Bildungsadministration verfügten. In der Folge setzten die Erziehungsdirektionen die geisteswissenschaftlichen und naturwissenschaftlichen Fakultäten unter Druck, ergänzend zu den fachwissenschaftlichen Abschlüssen im Rahmen der universitären Ausbildung Unterrichtszertifikate zu etablieren, für deren Ausbildungsprogramme die Pädagogiklehrstühle einen wichtigen Beitrag zu leisten hatten (1908 in Lausanne; in Genf 1908, 1916 und 1933; in Neuenburg 1925 und in Freiburg 1932).

Diese beiden Logiken entsprechen den unterschiedlichen Kulturen der germanophonen und frankophonen Tradition. Sie zeigen beispielhaft einige Charakteristika der philosophisch-pädagogischen und der pädagogischen Konfigurationen, wie sie bereits in Kapitel 8 beschrieben wurden. Tatsächlich bestätigt sich in dieser Hinsicht die Hypothese der Einmischung des Staates durch die Erziehungsdirektionen. Dieser «Staatsinterventionismus» ist in der deutschsprachigen Schweiz im Bereich der Gymnasiallehrerausbildung beträchtlich, im Bereich der Universitäten insgesamt aber eher gering. Umgekehrt ist in der französischsprachigen Schweiz (inklusive Freiburg) die Einmischung des Staates in die Lehrerbildung geringer, aber stärker hinsichtlich der Gesamtuniversität und der pädagogischen Lehrstühle. Man kann die Hypothese wagen, dass da, wo die Universität und deren Philosophielehrstühle wissenschaftlich anerkannt und autonom sind und dadurch eine gewisse Distanz zu den staatlichen Instanzen aufweisen, die Kontrolle des Zugangs zur Profession durch den Staat von Bedeutung ist. Umgekehrt sah der Staat in den Kantonen, in denen die Universitäten stärker am staatlichen «Gängelband» (Tissot, 1996, S. 9) waren, in denen die Pädagogiklehrstühle von der Erziehungsdirektion geschaffen und deren Inhaber von ihr eingesetzt wurden, zumindest anfänglich keine Notwendigkeit, ein zusätzliches staatliches Examen für die Regelung des Berufszuganges zu schaffen. Die zweite Logik wurde im Verlaufe des 20. Jahrhunderts zurückgedrängt, indem die Pädagogiklehrstühle gestärkt wurden, die ihre Lehrangebote stetig ausbauten (und auch berufspraktische Lehrveranstaltungen etablierten), und indem deren Position durch die Gründung von Instituten (Freiburg 1907 und 1932, Genf 1912) oder von pädagogischen Sektionen (Lausanne 1917) verbes-

10 Die politische Administration versuchte allerdings auch in Zürich und Bern, die Besetzung der Lehrstühle zu beeinflussen, auch wenn in diesen Kantonen der universitären Autonomie stärkeres Gewicht zugeordnet wurde.

sert wurde – was neue Auseinandersetzungen mit dem Staat um Macht und Einfluss nach sich zog. Dies zeigte sich beispielsweise 1910 in einem Konflikt zwischen der Universität Lausanne und dem Waadtländer Erziehungsdepartement *(Département de l'instruction publique et des cultes),* das verlangt hatte, dass die Universität, statt die abgegebenen Diplome selbst zu unterzeichnen, dem Departement die Namen der Lizenzierten kommuniziert, damit das Departement die Diplome ausstellen konnte und so die Kontrolle über seine künftigen Funktionäre behielt. In Freiburg wurde 1937 zu dem Zeitpunkt, als die Gymnasiallehrerausbildung vollständig dem pädagogischen Institut zugeordnet wurde, eine Kommission unter Kontrolle der Erziehungsdirektion geschaffen, die für die Verleihung des Fähigkeitszeugnisses für Gymnasiallehrer zuständig war. Im Kanton Neuenburg zogen sich die Verhandlungen zwischen Universität und Erziehungsdirektion über zwanzig Jahre hin, bis der Staat das pädagogische Fähigkeitszeugnis, das die Universität ausstellte, 1945 endlich offiziell als Berufszulassungszeugnis anerkannte.

Fachwissenschaftliche und berufsorientierte Ausbildungsanteile

Während eine ausgeprägte fachwissenschaftliche Ausbildung für Gymnasiallehrer von Anfang an unbestritten war, blieb die berufsorientierte bzw. berufspraktische Ausbildung seit den ersten Institutionalisierungsversuchen Gegenstand von Auseinandersetzungen und provozierte immer wieder Konflikte um Macht und Einfluss zwischen den staatlichen Aufsichtsbehörden und den Universitäten. Zwar wurde die Errichtung von Lehrstühlen für (theoretische) Pädagogik (in Genf, Freiburg und Lausanne) oder die Neuausrichtung von Philosophielehrstühlen durch die Ausweitung ihres Lehrgebietes auf Pädagogik (in Basel, Bern, Neuenburg und Zürich) durch die entsprechenden Fakultäten akzeptiert – insbesondere im Hinblick auf eine stärkere Ausrichtung der Ausbildung an Berufsfeldern mit Personalbedarf. Dies änderte sich jedoch, wenn es darum ging, berufspraktische Ausbildungselemente in die Universität zu integrieren, was vor allem von den Erziehungsdirektionen und vom VSG eingefordert wurde, um den Unterricht auf den Sekundarstufen zu verbessern. Diese Forderung löste heftigste Widerstände und Abwehrreaktionen vonseiten der Fakultäten aus, und die mit der Realisierung beauftragten Pädagogikprofessoren wurden bei der Umsetzung behindert. In Freiburg beispielsweise wurde die praktische Ausbildung der Gymnasiallehrer durch die Fakultäten klar zurückgebunden, weil Letztere sich keine zentralisierte pädagogische Ausbildung losgelöst von ihrer vorherrschenden disziplinären Einbindung wünschten. Dies führte in den 1930er-Jahren zu einer Multiplikation der didaktischen Lehraufträge innerhalb der einzelnen Fakultäten. In diesem Bereich lassen sich starke Spannungen zwischen den Universitäten und den Erziehungsdirektionen feststellen, welche die Gymnasiallehrerausbildung organisatorisch zusammenzufassen versuchten, um die pädagogische Ausbildung sicherzustellen. Zu diesem Zweck bevorzugten sie die Schaffung von elaborierten disziplinären Strukturen für die Erziehungswissenschaften: In Lausanne wurde 1917 eine erziehungswissenschaftliche Sektion geschaffen, in Genf die Gymnasiallehrerausbildung Anfang der 1930er-Jahre dem erziehungswissenschaftlichen Institut *(Institut des sciences de l'éducation)* anvertraut und in Freiburg in den 1930er-Jahren Schritt für Schritt ein pädagogisches Institut geschaffen. Auch in Zürich drängte die Erziehungsdirektion die Universität dazu, die Ausbildung der Gymnasiallehrer mit berufspraktischen Elementen zu ergänzen, was zur Schaffung eines Lehrstuhls für Gymnasialpädagogik führte.

Man kann im Institutionalisierungsprozess der Gymnasiallehrerausbildung an den Schweizer Universitäten am Ende des 19. und am Anfang des 20. Jahrhunderts drei Phasen unterscheiden. Zunächst wurden im letzten Drittel des 19. Jahrhunderts Ausbildungsgänge für Gymnasiallehrer geschaffen, die vorwiegend aus fachwissenschaftlichen Inhalten der entsprechenden Fakultäten bestanden und mit einigen wenigen Lehrveranstaltungen – obligatorisch oder nicht – in Pädagogik und/oder Psychologie ergänzt wurden. In einer zweiten Phase, die die ersten 20 Jahre des 20. Jahrhunderts umfasst, verbündeten sich die Lehrerverbände mit den Erziehungsdirektionen in der Kritik an den Universitäten, dass die Ausbildung nicht hinreichend berufspraktische und didaktische Ausbildungselemente enthalte. In diesem Zusammenhang postulierte der VSG die Förderung der Fachdidaktiken.[11] Infolgedessen debattierten die Fakultäten über die Legitimation der Pädagogikprofessuren, diese Ausbildungsteile zu erbringen. Sie waren überzeugt, dass deren wichtigste Teile (die Methodik und Didaktik) zum genuinen Aufgabenbereich der Fachdisziplinen gehören. In Lausanne wurde in den 1920er-Jahren sogar die Legitimation zur Erteilung von Fähigkeitszeugnissen in Kontroversen zwischen den Fakultäten und der pädagogischen Sektion *(Section des sciences pédagogiques)* infrage gestellt (vgl. Kapitel 5 in diesem Band). In Genf wiederholte sich diese Debatte in den 1930er-Jahren zwischen dem erziehungswissenschaftlichen Institut und den Professoren der betroffenen Fakultäten (Hofstetter, Schneuwly, Cicchini & Lussi, 2004, S. 294 f.). Diese Konflikte zeigen, dass die Lehrlegitimation der Pädagogik-

11 Die Diskussionen um pädagogische, didaktische und berufspraktische Ausbildungsanteile für die Gymnasiallehrer kulminierten zwischen 1910 und 1930 (Beyel, 1917; Brandenberger, 1914, 1917; Wyss, 1914); vgl. auch den Bericht der *Société vaudoise des maîtres secondaires* (1923) sowie die Briefe der katholischen Instanzen in Kapitel 6 zu Freiburg in diesem Band.

professoren in disziplinenspezifischer Methodik und Didaktik von den fachwissenschaftlichen Professoren nicht anerkannt wurde. In der dritten Phase, die in den 1930er-Jahren begann, wurde mit dem Ziel, den Gymnasialunterricht zu verbessern, die pädagogisch-praktische Ausbildung für Gymnasiallehrer schrittweise zum unabdingbaren Ausbildungsteil.

Die Notwendigkeit einer zusätzlichen pädagogischen Ausbildung

Vor dem Hintergrund der Transformation der Beziehung zwischen Wissen und Ausbildung (Tardif, Lessard & Lahaye, 1991, S. 62 f.) sowie der fortschreitenden Differenzierung des Bildungssystems und des Lehrberufs auf den Sekundarstufen[12] liess sich eine ausschliesslich fachwissenschaftlich-disziplinäre Ausbildung für die Sicherstellungen guten Unterrichts auf Dauer nicht mehr rechtfertigen. Im Übrigen verstärkten auch die Hoffnungen, die durch die Entwicklung der Erziehungswissenschaften in enger Verbindung mit der Psychologie evoziert worden waren, und diejenigen, die mit der grundlegenden Veränderung des Lehrer-Schüler-Verhältnisses durch eine sehr viel stärkere Schülerorientierung verbunden waren – befördert einerseits durch die Reformpädagogik, andererseits durch Bemühungen zur Einführung der Einheitsschule *(école unique)* –, die Postulate nach einer verbesserten Praxis im Unterricht der Sekundarstufen I und II. Die politischen Instanzen erhofften sich ebenso wie Kirchen- und Lehrerverbandsvertreter eine Verbesserung des Unterrichts durch die Förderung der Erziehungswissenschaften, insbesondere durch die Verbesserung der praxisorientierten pädagogisch-didaktischen Ausbildung. Diese Bemühungen bewirkten u. a. die Multiplikation der das Lizenziat ergänzenden Lehrbefähigungszertifikate, die an den Universitäten der französischsprachigen Schweiz abgegeben wurden, um die ergänzende pädagogische Ausbildung zu attestieren.

12 Nach einem Differenzierungsprozess entlang den Schulstufen im Verlaufe der zweiten Hälfte des 19. Jahrhunderts lässt sich ein Differenzierungsprozess zwischen Sekundar- und Gymnasiallehrern feststellen. Dies zeigt sich etwa in der Revision der Statuten des VSG 1923. Von diesem Zeitpunkt an wurde die Aufnahme allen Lehrern verweigert, die nicht «Lehrer an einem klassischen oder halbklassischen Gymnasium, an einem Realgymnasium, an einem Lehrerseminar, an einer pädagogischen Sektion des Gymnasiums, an einer Handelsschule, einem Technikum oder Professor an der Universität sind oder im Besitz eines Lehrdiploms für eine der erwähnten Schulen sind» (Meylan, 1960, S. 367; Übersetzung VL/LC).

Überdies lässt sich ein Spezialisierungsprozess innerhalb der Gymnasiallehrerschaft im Hinblick auf die Referenzdisziplinen feststellen: Der VSG teilte sich zunehmend in Untergruppen auf, deren Anzahl von 8 im Jahr 1917 auf 14 im Jahr 1953 anstieg. Diese Differenzierung innerhalb der Gymnasiallehrerschaft erfolgte entlang der Fachausrichtung. Im Zusammenhang damit sollte sich auch die professionelle Identität verändern, was der Präsident des VSG 1944 wie folgt umschrieb: «Was uns fehlt, sind nicht so sehr in ihren Disziplinen kompetente Fachlehrer, sondern Lehrer, welche die Bedeutung der Kombination von fachwissenschaftlicher und pädagogischer Arbeit erkennen» (Meylan, 1960, S. 267 f.; Übersetzung VL/LC).

Die pädagogisch-berufspraktischen Ausbildungselemente, welche eine einheitliche und berufsbezogene Ausbildung der Profession in der ganzen Schweiz garantieren sollten, entwickelten sich regional aber unterschiedlich: Entweder wurden sie von den Universitäten selber organisiert oder externalisiert und der Profession anvertraut. In dieser Hinsicht unterscheiden sich die Entwicklungslogiken der deutsch- und der französischsprachigen Schweiz zumindest teilweise – sprachregionale Abweichungen gelten wie erwähnt für Freiburg und Basel. Eine erste Gruppe von Universitäten – Bern, Freiburg und Zürich – etablierten schon früh berufspraktische Ausbildungselemente *innerhalb* der Universität – wenn auch zunächst in sehr bescheidenem Umfang: In Bern und Zürich wurden diese pädagogisch-berufspraktisch orientierten Ausbildungselemente im Rahmen der neuen Lehrform «Seminar», welche die bislang einzige Lehrform «Vorlesung» ergänzte, eingeführt. In den Seminaren übten die Studierenden das Unterrichten unter sich ein. In bescheidenem Umfang wurden auch Unterrichtsbesuche in Gymnasien durchgeführt. Erst nach dem Ersten Weltkrieg wurden weiter gehende praktische Übungen oder Praktika eingeführt. An der Universität Freiburg wurde die berufspraktische Ausbildung mit der Gründung des pädagogischen Instituts in den 1930er-Jahren verstärkt.

Eine zweite Gruppe bilden die französischsprachigen Kantone Genf, Waadt und Neuenburg; zu dieser Gruppe gehört allerdings auch Basel.[13] Nachdem berufspraktische Anteile in den ersten Jahrzehnten des 20. Jahrhunderts (in Basel bereits im letzten Drittel des 19. Jahrhunderts) innerhalb der Universitäten etabliert worden waren, insbesondere durch die Einführung ergänzender Zertifikate für die Berufsbefähigung, entschieden sich die französischsprachigen Kantone, die berufs-

13 Bis zur Lehrerbildungsreform 1925 ist die Gymnasiallehrerausbildung in Basel ähnlich wie diejenige in Bern und Zürich, allerdings in einem eigenständigen Institut organisiert. Basel lagerte dann 1925 die berufsorientierten Teile der Lehrerbildung für die Sekundarstufen I und II aus der Universität in eine ausseruniversitäre Ausbildungsinstitution aus (vgl. Kapitel 3 in diesem Band).

praktische Ausbildung aus der Universität auszulagern und sie der Profession anzuvertrauen, indem ein Praktikum *(stage)* unter der Leitung der Erziehungsdirektionen eingeführt wurde (1940 in Genf, 1944 in der Waadt, 1953 in Neuenburg). Diese Entscheide waren unter anderem durch Empfehlungen in Berichten der Konferenz schweizerischer Gymnasialrektoren (KSGR), die in Verbindung mit dem VSG publiziert worden waren, angeregt worden. Die KSGR unterstützte ein Ausbildungsmodell, das auf einer starken disziplinären Ausbildung beruhte, auf die eine «Gesellenzeit» (Praktikum) unter Kontrolle der Profession folgte.[14] Wir vertreten hier die These, dass diese «Innovation» einem «Kaltstellen» der akademischen Erziehungswissenschaften gleichkam, was durchaus vor dem Hintergrund zeitgenössischer Ideologien und im internationalen Kontext der 1930er-Jahre interpretiert werden kann: Den Erziehungswissenschaften und den Reformbewegungen, die deren Aufstieg begleitet hatten – insbesondere der Reformpädagogik –, wurde von den politischen Instanzen und den Lehrerverbänden vorgeworfen, die hohen Erwartungen, die man mit deren Förderung zum Zweck der Schul- und Gesellschaftsreformen verbunden hatte, enttäuscht zu haben (vgl. Kapitel 12 in diesem Band).

Die Politik nach Westschweizer «Logik» (in die sich – wie erwähnt – teilweise auch Basel einordnen lässt), die von den Erziehungsdirektionen mit Unterstützung der Lehrerverbände betrieben wurde, um grösseren Einfluss auf die Lehrerbildung für die beiden Sekundarstufen zu erlangen, führte dazu, dass der berufsorientierte Teil der universitären Erziehungswissenschaften aus der Universität ausgelagert wurde und die Universität lediglich für die disziplinär-fachwissenschaftliche Ausbildung und die theoretische Pädagogik zuständig blieb. Diese Neuordnung der «Machtverhältnisse» weist auf eine Interaktion zwischen den beiden analysierten Verhältnissen hin: zwischen dem Kampf um politischen Einfluss bzw. Autonomie zwischen Erziehungsdirektionen und Universitäten einerseits und der Aufgabenteilung zwischen der fachwissenschaftlichen und der berufsorientierten Ausbildung andererseits. Während die Erziehungsdirektionen ihre Kontrolle über die inneruniversitäre Ausbildung kontinuierlich verminderten und die Berufsfähigkeitszeugnisse zunehmend von den Universitäten ausgestellt wurden, übernahmen sie immer grössere Kontrolle über die praktische Ausbildung, indem sie diese aus der Universität auslagerten. Diese Veränderung in der «Machtkonstellation» vollzog sich sowohl mit Zustimmung der Lehrerverbände, die fortan für die Ausbildung ihrer zu-

14 Die KSGR setzte nach den Diskussionen an der Jahresversammlung 1942 eine Kommission ein, die zwei Broschüren zum Thema publizierte: *Der Gymnasiallehrer. Seine Person und seine Ausbildung* (KSGR/CSRG, 1942) sowie *Ausbildung und Arbeitsverhältnisse des schweizerischen Gymnasiallehrers* (KSGR/CSRG, 1945a).

künftigen Kolleginnen und Kollegen zuständig waren, als auch mit derjenigen der Fakultäten, die sich von der berufsorientierten Ausbildung entlasten wollten, um sich stärker auf die fachwissenschaftliche Ausbildung konzentrieren zu können, für die sie sich kompetent fühlten und alleine zuständig waren. Die Entwicklung ging letztlich auf Kosten der Erziehungswissenschaften, die sich infolgedessen auf die theoretisch-pädagogische Ausbildung der fachwissenschaftlich lizenzierten Kandidatinnen und Kandidaten für das Lehramt auf den Sekundarstufen beschränkte. Die Entwicklung der Erziehungswissenschaften in Basel, Lausanne und Neuenburg wurde dadurch zurückgeworfen; einzig Genf entging diesem «Schicksal» (Hofstetter, Schneuwly, Cicchini & Lussi, 2004).

Die Ausbildung von Primarlehrerinnen und Primarlehrern

Der forcierte Auf- und Ausbau der Volksschule, die Weiterentwicklung der wissenschaftlichen Disziplinen sowie die Differenzierung der Unterrichtsmethoden steigerten im Verlaufe des 19. Jahrhunderts die Anforderungen an den Lehrberuf (Criblez & Hofstetter, 2000). Es waren in der zweiten Hälfte des 19. Jahrhunderts einerseits die sich allmählich formierenden Lehrerverbände, die sowohl aus Status- und Lohngründen als auch aus Gründen der wachsenden Anforderungen an den Lehrberuf eine Professionalisierung forderten, andererseits Bildungspolitiker, welche die Entwicklung der Demokratie als stark auf die Entwicklung der Volksschule angewiesen erachteten, die den weiteren Ausbau und die Qualitätssteigerung der Schule von einer längeren und besseren Ausbildung des Personals abhängig sahen. Nachdem die Allgemeinbildung in den Lehrerseminaren[15] durch die Verlängerung der Ausbildungsgänge verbessert worden war, forderten verschiedene Exponenten der Lehrerbildungsreform eine Ausbildung, die im Bereich der Allgemeinbildung Maturitätsniveau aufweist. Die daran anschliessende Berufsbildung sollte an der Universität stattfinden. Die Universität war im Zuge der wissenschaftlichen Disziplinenbildung als Ausbildungsort für die Volksschullehrerschaft attraktiv geworden, sowohl aus fachwissenschaftlichen Gründen als auch aus Statusgründen. Im Übrigen wurden auch Stimmen laut, welche die Ausbildung aller Lehrerinnen und Lehrer an der Universität forderten. Allerdings fehlte an den Universitäten der pädagogisch-didaktische Ausbildungsbereich zunächst weitgehend, und die Ausbil-

15 Im Folgenden werden mit dem Begriff «Lehrerseminar» sowohl die Lehrerinnen- und Lehrerseminare der deutschsprachigen Schweiz als auch die *écoles normales* der französischsprachigen Schweiz bezeichnet.

dung der Primarlehrerinnen und Primarlehrer an der Universität kam nur in Universitätskantonen infrage.

Wesentliche Reformdiskussionen im letzten Viertel des 19. und im ersten Drittel des 20. Jahrhunderts kreisten deshalb um drei strukturelle Fragen, die stark mit Professionalisierungsanliegen verbunden waren, einerseits mit dem Status der Ausbildung, andererseits mit der Verbindung zwischen der Ausbildung und der sich formierenden Disziplin Erziehungswissenschaft. Soll die Allgemeinbildung in der Primarlehrerbildung Maturitätsniveau aufweisen? Sollen Allgemeinbildung und Berufsbildung der Lehrer institutionell getrennt werden, die Berufsbildung also im tertiären Bildungsbereich im Anschluss an einen Mittelschulabschluss stattfinden? Soll die Berufsbildung in diesem Fall an der Universität erfolgen? Die meisten Schweizer Kantone optierten für eine Primarlehrerausbildung in Seminaren, deren Diplome in der Regel nicht maturitätsäquivalent waren. Die hier bearbeiteten Universitätskantone[16] beantworteten die erwähnten Fragen in Abhängigkeit von ihrer jeweiligen Lehrerbildungstradition unterschiedlich. Es lassen sich zwei Gruppen unterscheiden: In einer ersten Gruppe von Kantonen, war die Primarlehrerausbildung in Seminaren organisiert (seminaristische Tradition); die Trennung von Allgemeinbildung und Berufsbildung wurde diskutiert und zum Teil auch vollzogen, die Berufsausbildung erlangte aber in keinem Kanton universitären Status. Diese Struktur verhinderte eine enge Verbindung der Primarlehrerausbildung mit den wissenschaftlichen Disziplinen. Die Minderheit der Kantone organisierte die Lehrerbildung an einem Gymnasium, oder das Gymnasium übernahm die Allgemeinbildung, und die Berufsbildung fand im Anschluss an die Matur statt (gymnasiale Tradition).

16 Der Widerstand gegen eine Eingliederung der Primarlehrerausbildung war in Kantonen ohne Universität aus nachvollziehbaren Gründen viel grösser als in Universitätskantonen (vgl. zum Beispiel für Schaffhausen: Erni, 1907).

Die seminaristische Lehrerbildungstradition

Die Kantone Bern, Freiburg, Waadt und Zürich lassen sich in die Haupttendenz der Schweizer Kantone einordnen: Sie hatten in den frühen 1830er-Jahren (Freiburg: 1859) die Primarlehrerausbildung in kantonalen Lehrerseminaren organisiert.[17] Gegründet in der ersten Hälfte des 19. Jahrhunderts, überdauerten die Lehrerseminare der Kantone Bern, Freiburg und Waadt bis ans Ende des 20. Jahrhunderts, obwohl sie periodisch – verstärkt am Ende des 19. Jahrhunderts – infrage gestellt wurden. Im Kanton Waadt zum Beispiel stellte der Waadtländer Lehrerverband *(Société pédagogique vaudoise)* 1888 die Frage, ob das seminaristische Lehrerbildungsmodell den zunehmenden Anforderungen an die Ausbildung noch genüge, und schlug eine Primarlehrerausbildung vor, in der die Allgemeinbildung in einer pädagogischen Sektion am Gymnasium erworben wird, an die ein akademisches Studium anschliesst. Im Kanton Bern führten Postulate nach einer Professionalisierung der Lehrerschaft in den 1880er- und 1890er-Jahren zu einer Reformdiskussion, in der vor allem der radikale Erziehungsdirektor Albert Gobat die Lehrerbildung vom Land in die Stadt verlegen, Allgemein- und Berufsbildung trennen wollte und auch die Anbindung an die Universität in Erwägung zog (Criblez, 2002b). 1906 stand diese universitäre Lösung noch einmal zur Diskussion, als Gobat die Schaffung eines Lehrstuhls für allgemeine und experimentelle Pädagogik vorschlug (vgl. Kapitel 2 in diesem Band; Criblez, 2002b). In Freiburg wurde das Projekt zur Einrichtung eines pädagogischen Instituts, das die katholischen Schweizer Lehrerinnen und Lehrer aller Schulstufen ausbilden sollte, 1907 kurz nach einer entsprechenden Volksabstimmung aufgegeben.

---

17 Die Kantone Bern (1838) und Waadt (1837) gründeten früh kantonale Lehrerinnenseminare. In der deutschsprachigen Schweiz engagierten sich in der zweiten Hälfte des 19. Jahrhunderts insbesondere die Städte (Basel, Bern, Winterthur und Zürich) für die Lehrerinnenbildung. Oftmals wurden die Lehrerinnen nicht in eigenständigen Lehrerinnenseminaren ausgebildet, sondern entweder wurde an existierenden öffentlichen oder konfessionell gebundenen privaten Töchterschulen oder Mädchen(sekundar)schulen pädagogische Abteilungen eingerichtet. Die Ausbildung von Primarlehrern und Primarlehrerinnen blieb in verschiedenen Kantonen institutionell getrennt: Zwar wurde im Kanton Zürich bereits 1872 die Koedukation eingeführt, aber sie setzte sich in den Kantonen Bern, Freiburg und Waadt erst im letzten Drittel des 20. Jahrhunderts durch. Die unterschiedliche Ausbildungssituation für Lehrer und Lehrerinnen hat in der Akademisierungsdiskussion wohl die konservative Seite gestärkt, weil die Ausbildung von Primarlehrerinnen an den Universitäten, die sich erst Ende des 19. Jahrhunderts für Frauen öffneten, noch weniger vorstellbar war als diejenige von Primarlehrern. Auf die Geschlechterfrage wird am im Folgenden nicht weiter eingetreten (Crotti, 2005).

Im Hinblick auf die Akademisierung der Volksschullehrer stellt Zürich einen Spezialfall dar: Die potenzielle Akademisierung der Volksschullehrerausbildung wurde hier seit den 1860er-Jahren in der Schulsynode diskutiert, nicht zuletzt, um die Standesinteressen der Lehrerschaft zu artikulieren und den Forderungen nach Lohnverbesserungen Nachhalt zu verschaffen (Bloch, 2000; Criblez, 2002a, S. 85 ff.). Neben der in der Schulsynode vereinigten Lehrerschaft war es vor allem der demokratische Erziehungsdirektor Johann Caspar Sieber (Köhler, 2003) – vorher selber Zürcher Primar- und Sekundarlehrer –, der die Professionalisierung der Lehrerschaft verlangte, die als Folge der Verlängerung der obligatorischen Schulzeit mehr Fächer und diese auf höherem Niveau unterrichten musste. Das Projekt der Neuorganisation der Volksschullehrerbildung an der Universität Zürich im Anschluss an ein Realgymnasium scheiterte 1872 in der Volksabstimmung. Die Akademisierung blieb bis zur Trennung von Unterseminar (dezentrales pädagogisches Gymnasium) und Oberseminar (zentral in der Stadt Zürich) mit dem neuen Lehrerbildungsgesetz von 1938 eine wichtige Forderung der Zürcher Lehrerschaft. Zwischen 1912 und 1938 bildete der Kanton Zürich – parallel zur Ausbildung an den Lehrerseminaren – sogar Primarlehrer an der Universität aus und schuf dafür vorübergehend ein universitäres Primarlehramt (Criblez, 2002a, S. 89 ff.). Um den Mangel an Sekundarlehrern zu beheben, wurde nämlich an der Universität ein Primarlehrerkurs eingerichtet, weil ein Zürcher Sekundarlehrdiplom nur erwerben konnte, wer im Besitz eines Primarlehrdiploms war. So wurden im Kanton Zürich in dieser Periode Volksschullehrer nicht nur im Seminar Küsnacht, im privaten Evangelischen Seminar Unterstrass und in der Töchterschule Zürich ausgebildet, sondern auch an der Universität. Mit der Trennung der Primarlehrerausbildung in Unter- und Oberseminar 1938 wurde das universitäre Primarlehramt jedoch aufgelöst zugunsten einer tertiären, nicht universitären Primarlehrerausbildung, die an eine Matur anschloss. Durch das Primarlehramt an der Universität wurde jedenfalls zwischenzeitlich die berufsorientierte Komponente der Pädagogik an der Universität verstärkt, was einerseits die Berufsorientierung der akademischen Pädagogik verbesserte, andererseits die allmähliche Trennung der Pädagogik von der Philosophie unterstützte.

An allen Orten waren die Bemühungen um eine bessere Integration der allgemeinbildenden Fächer der Lehrerbildung in die Gymnasien und um eine Neupositionierung des berufsbildenden Teils der Lehrerbildung mit dem Anliegen verbunden, einerseits die Schule zu verbessern, andererseits den Lehrberuf zu professionalisieren. Allerdings blieben die Diskussionen, die ebenso von der Bildungsadministration wie von den Lehrerverbänden initiiert worden waren, ohne Konstanz und ambivalent. Die Argumente gegen die Professionalisierung der Primarlehrer durch die Akademisierung der Lehrerbildung, die in eine Verbindung mit dem disziplinären Feld der Erziehungswissenschaft treten sollte, wurden immer wieder wiederholt: Die akademische Ausbildung sei zu teuer, sie führe bei den Lehrern, die auch auf dem Land zu unterrichten hätten, zu unangemessenem Hochmut, und gegen eine auch nur teilweise Akademisierung wurde eingewendet, die Lehrerbildung müsse eher an der Praxis als an der Theorie ausgerichtet werden und die Pädagogik sei eher eine Kunst als eine Wissenschaft (Criblez, 2000; Felten, 1970). Es wurde zwar anerkannt, dass eine anspruchsvolle Ausbildung für die Professionalisierung des Lehrberufs notwendig sei, aber man ging davon aus, dass für diese Ausbildung eine ausseruniversitäre, tertiäre Ausbildungsinstitution angemessener wäre als eine Universität, die von der Praxis weit entfernt sei und nicht über die für diese Ausbildung notwendigen Kompetenzen verfüge. Zudem waren die Vorschläge für eine universitäre Ausbildung wenig ausgefeilt.

So konnte sich in allen Kantonen, in denen die Primarlehrerausbildung ausschliesslich in den Händen der Lehrerseminare lag – was in allen Kantonen ohne Universität sowie in den Kantonen Bern, Freiburg und Waadt der Fall war –, keine direkte Verbindung zwischen dem disziplinären Feld der Erziehungswissenschaften und der Primarlehrerausbildung institutionalisieren. Trotzdem ist wenigstens auf drei Interaktionen zwischen Disziplin und seminaristischer Lehrerbildung hinzuweisen: Erstens war ein Teil der universitären Pädagogikprofessoren wegen ihrer Erfahrung in schulischen Institutionen rekrutiert worden, sei es als Seminardirektor (Weber* in Zürich, Rüegg* und Schmid* in Bern, Häberlin* in Basel, Guex in Lausanne) oder sei es in anderen eng mit der Volksschule verbundenen Funktionen (Hunziker in Zürich, Horner und Dévaud* in Freiburg, Malche in Genf). Zweitens wurde die pädagogische und didaktische Ausbildung an den Lehrerseminaren Personal anvertraut, das an den Universitäten ausgebildet worden war.[18] Letztlich waren die Lehrer, und später auch die Lehrerinnen, potenzielle Studierende der universitären Erziehungswissenschaften. Um zum Sekundarlehrerstudium an die Universität zugelassen zu werden, wurde in verschiedenen Kantonen bis weit ins 20. Jahrhundert hinein ein Primarlehrdiplom und entsprechende Unterrichtserfahrung vorausgesetzt (z.B. in Zürich, Bern oder Neuenburg). Zudem schrieben sich Lehrer gegen Ende des 19. Jahrhundert und vermehrt nach dem Ersten Weltkrieg,

18 Die Institutionalisierung der Erziehungswissenschaften an den Universitäten wirkte sich auf die Ausbildung der Ausbildner und deren Unterricht in Pädagogik, Didaktik und Methodik aus. Weil sich unser Projekt auf die Universitäten und nicht auf die Lehrerseminare bezieht, können wir an dieser Stelle nicht näher auf die Pädagogik bzw. die Erziehungswissenschaften in den Lehrerseminaren eingehen (zur allgemeinen Entwicklung der Pädagogik an den Lehrerseminaren der deutschsprachigen Schweiz vgl. Criblez [2002c], für die französischsprachige Schweiz vgl. Lussi Borer [2008]).

als sich die Universitäten gegenüber der Ausbildung von Erwachsenen öffneten (*university extension*[19]), als Hörer in universitären Pädagogikkursen ein, die dadurch auch die Funktion der Weiterbildung erhielten.[20]

Gymnasiale Lehrerbildungstradition

Die Kantone Genf, Neuenburg und Basel folgten einer anderen Logik: Sie schufen im Verlaufe des 19. Jahrhunderts keine Lehrerseminare, sondern sahen unterschiedliche institutionelle Lösungen vor, um ihren Primarlehrern eine pädagogische Ausbildung zu ermöglichen – Lösungen, in denen die Gymnasien eine zentrale Rolle spielten.

Ende des 19. Jahrhunderts verfügte der Kanton Genf über keine spezielle Institution, die sich mit Lehrerbildung beschäftigte, obwohl in den Gymnasien 1872 eine pädagogische Sektion eingeführt worden war, an der einerseits Veranstaltungen zur Allgemeinbildung, andererseits solche zur Lehrerbildung *(cours normaux de pédagogie)* angeboten wurden. Um sich um eine Lehrerstelle zu bewerben, musste zudem ein Praktikum *(stage)* von mindestens drei Monaten nachgewiesen werden.[21] Auch wenn die politischen Autoritäten die Schaffung eines Lehrerseminars nicht in Betracht zogen, hatte der neue Lehrstuhl für Pädagogik, der an der geisteswissenschaftlichen Fakultät *(Faculté des lettres)* 1890 geschaffen wurde, den expliziten Auftrag, eine Führungsrolle in der Lehrerbildung zu übernehmen (vgl. Kapitel 4 in diesem Band; Hofstetter & Schneuwly, 2000). Schritt für Schritt wurden von den Universitätsprofessoren ergänzend zu den pädagogischen Kursen weitere Spezialkurse angeboten, und eine Übungsschule an der *Ecole des sciences de l'éducation* am *Institut J.J. Rousseau (IJJR)*, gegründet 1912, bot Praktikumsplätze für angehende Lehrerinnen und Lehrer an. Dieses private Institut auf universitärem Niveau erlangte zunehmend Bedeutung für die Lehrerbildung und entwickelte eine Expertise, die vom Vorsteher der Erziehungsdirektion anerkannt wurde. 1927 entschied er, die pädagogischen Abteilungen auf der Sekundarstufe II aufzuheben und die

19 Die Volkshochschulbewegung entstand – in der Schweiz wie in andern Ländern auch – aus Bemühungen, das Wissen der Institutionen der höheren Ausbildung zu popularisieren (vgl. für Basel Mattmüller, 1991; für Bern Mattmüller & Lindgreen, 1979, S. 9ff.).

20 In Freiburg zum Beispiel wurden 1918 finanzielle Ressourcen zur Verfügung gestellt, um den Lehrern den Zugang zu den universitären Lehrveranstaltungen zu erleichtern (vgl. Kapitel 6 in diesem Band).

21 1898 wurde die Regelung revidiert und die Dauer des Praktikums auf ein Jahr im Rahmen einer Übungsschule verlängert.

theoretische Ausbildung der zukünftigen Lehrerinnen und Lehrer dem IJJR anzuvertrauen. Die pädagogischen Studien *(études pédagogiques)* für Primarlehrkräfte auf tertiärer Bildungsstufe wurden 1933 tatsächlich eingerichtet: Während einer dreijährigen Ausbildung verbanden die Studien die berufsbezogene Ausbildung (Praktika, Lehrerbildungskurse, Didaktik) während des ersten und dritten Jahres mit einer universitären Ausbildung im zweiten Studienjahr am Institut für Erziehungswissenschaften (*Institut des sciences de l'éducation*; ehemals IJJR), das neu in die geisteswissenschaftliche Fakultät der Universität integriert wurde.

Wie in Genf wurde auch in Neuenburg im 19. Jahrhundert kein staatliches Lehrerseminar gegründet, sondern in der von der radikalen Regierung 1866 geschaffenen Akademie wurde eine pädagogische Abteilung *(section pédagogique)* geschaffen, welche die Ambition hatte, sowohl Primarlehrer als auch Lehrer für die Sekundarstufen I und II auszubilden (vgl. Kapitel 7 in diesem Band; Lussi Borer, 2008). In dieser Abteilung wurden verschiedene Kurse eingerichtet, die sich mit Erziehungswissenschaften befassten, und der Lehrstuhl für Philosophie wurde in Richtung Pädagogik umdefiniert. 1872 wurde diese pädagogische Abteilung der Akademie allerdings zugunsten eines pädagogischen Gymnasiums bzw. eines Lehrerseminars aufgehoben. Die akademische Lehrerbildung wurde auf die Sekundarstufe II «relegiert», was verschiedenen kommunalen Schulen erlaubte, pädagogische Sektionen einzurichten. Dieser Entscheid führte zur Multiplikation und Dezentralisierung der Primarlehrerausbildung, was eine qualitative und quantitative Weiterentwicklung der Lehrerbildung bis in die 1940er-Jahre erschwerte. So optierte der Kanton Neuenburg – obwohl er zu Beginn die Ambition hatte, die Lehrerbildung auf akademischem Niveau zu organisierten – für die erste der von uns beschriebenen Logiken: für das Lehrerseminar.

In nochmals unterschiedlicher Art (vgl. Kapitel 3 in diesem Band) entwickelte sich die Lehrerbildung im Kanton *Basel-Stadt*, der seine Primarlehrer bis 1892 ausserkantonal ausbilden liess, die Primarlehrerinnen aber seit 1880 an der eigenen Töchterschule. 1892 wurden sogenannte Fachkurse für Primarlehrer geschaffen. Im kleinen Stadtkanton wurde ein Seminar mit Internat als inadäquat eingestuft. Die Ausbildung schloss an eine Matur an. Einzelne Veranstaltungen wurden zwar an der Universität besucht, aber die Fachkurse waren insgesamt nicht Teil der Universität. Ab 1900 bemühte sich der Kanton Basel-Stadt um eine Gesamtkonzeption der Lehrerbildung, die von der Einheit des Lehrerstandes ausging (Moosherr, 1903; Wetterwald, 1903). War die Idee zunächst dem Vorbild von Wilhelm Reins Universitätsseminar in Jena verpflichtet, wurde mit dem Lehrerbildungsgesetz von 1922 zwar eine Gesamtkonzeption der Lehrerbildung für alle Lehrkategorien geschaffen, aber ausserhalb der Universität. Die universitätsnahen Fachkurse für Primarlehrer und das Pädagogische Universitätsseminar, das mit der Ausbildung von Sekundar- und Gymnasiallehrern beauftragt gewesen war, wurden in der Folge aufgelöst (vgl. Kapitel 3 in diesem Band).

Die drei Kantone mit gymnasialen bzw. maturitätsgebundenen Lehrerbildungskonzepten entwickelten sich im Hinblick auf die Integration in die Universität sehr unterschiedlich: Neuenburg ging nach einer kurzen akademischen Phase zum seminaristischen Konzept über, fügte sich damit in die von uns beschriebene erste Logik ein. In Basel hätten mit den Fachkursen und dem Pädagogischen Universitätsseminar zwar gute Voraussetzungen für eine Akademisierung der gesamten Lehrerbildung bestanden. Aber sowohl situative als auch professionspolitische Faktoren führten zum Entscheid, die gesamte Lehrerbildung ausserhalb der Universität zu organisieren. Basel hatte jedoch ein institutionelles Novum in der Schweiz geschaffen: ein «Lehrerseminar» im tertiären Bildungsbereich, das für die Ausbildung aller Lehrerkategorien zuständig war.

Einzig in Genf gelang die Akademisierung als teilweise Integration der Primarlehrerausbildung in die Universität in den 1930er-Jahren und erlaubte eine enge Verbindung zwischen der akademischen Disziplin der Erziehungswissenschaften und der Ausbildung der Primarlehrerschaft. Das disziplinäre Feld gewann dadurch an Legitimation im berufspraktischen Feld. Damit war ein Entwicklungspotenzial verbunden – und die Sicherung der akademischen Stellen im Bereich der Erziehungswissenschaften.

Auswirkungen der Ausbildungstraditionen auf Profession und Disziplin

An der Jahrhundertwende vom 19. zum 20. Jahrhundert tendierte die Lehrerbildung verstärkt zu einer universitären Organisationsform, sogar in Kantonen mit langer und ausgeprägter seminaristischer Tradition. Aber die Universität begann in der Lehrerbildung trotzdem nur in den Kantonen eine bestimmte Rolle zu spielen, in denen bisher keine Lehrerseminare existierten (Basel, Neuenburg, Genf). Das Nichtvorhandensein eines Lehrerseminars und die gleichzeitige Existenz einer Universität haben offensichtlich die Institutionalisierung der Primarlehrerausbildung an der Universität erleichtert, auch wenn diese Kombination noch keine hinreichende Bedingung dafür war. Die Postulate nach Akademisierung wurden vor allem von den Lehrerverbänden im Rahmen eines internationalen Professionalisierungsprozesses vorgetragen. Sie forderten einen besseren Sozialstatus, bessere Entlöhnung und eine bessere Ausbildung ein. Gleichzeitig definierte sich der Primarlehrerstand nie als Profession, die zwingend auf wissenschaftliches Wissen angewiesen ist und deren Ausbildung nur sinnvoll mit den Mitteln und am Ort der Wissenschaften stattfinden könnte. Er engagierte sich deshalb kaum für die Weiterentwicklung der für ihn spezifischen Grundlagen wissenschaftlichen Wissens.

Mit der Verlängerung der seminaristischen Ausbildungsgänge im Verlaufe des 19. Jahrhunderts entwickelte sich die Allgemeinbildung in den Seminaren in den meisten Fächern von einem bescheidenen unterrichtspropädeutischen zu einem wissenschaftspropädeutischen Unterricht, der aber weder quantitativ noch qualitativ demjenigen in den meisten Gymnasien entsprach.[22] Weil sich die «Verwissenschaftlichung» fast ausschliesslich auf die beiden Sekundarstufen bezog, also eigentlich auf eine fachwissenschaftliche Propädeutik, trug der Volksschulunterricht kaum zur Weiterentwicklung der Wissenschaften bei, die eine eigene und spezifische Wissensbasis für die Profession zu generieren in der Lage gewesen wären. Das Ziel der Primarlehrerausbildung war vor allem, dass die in den Lehrerseminaren vermittelte Allgemeinbildung als maturitätsäquivalent anerkannt wurde, und eben nicht primär die Professionalisierung, die mit der Akademisierung und der stärkeren Orientierung der berufsbezogenen Ausbildung an den Erziehungswissenschaften verbunden gewesen wäre.

Disziplin und Profession

Unsere Analysen zur Interaktion zwischen der Disziplinenbildung der Erziehungswissenschaften und der Professionalisierung des Lehrberufs durch eine (teilweise) Akademisierung der Ausbildung bestätigt die im vorangehenden Kapitel (vgl. Kapitel 8 in diesem Band) entwickelten Hypothesen: Die Interaktion nahm lokal und zu unterschiedlichen Zeitpunkten unterschiedliche Formen an. Zwei Faktoren spielen für diese Differenzen in der Entwicklung des Verhältnisses von Profession und Disziplin eine wichtige Rolle:[23] das Verhältnis zur politischen Macht, vertreten vor al-

22 Bis zur Maturitätsreform 1995 verschaffte die an Lehrerseminaren erworbene Allgemeinbildung gemäss eidgenössischer Maturitäts-Anerkennungsverordnung keinen allgemeinen Hochschulzugang (Vonlanthen, Lattmann & Egger, 1978).

23 Zur Schwierigkeit der Lehrprofession, sich selbst einem Prozess der Professionalisierung zu unterziehen, vgl. zum Beispiel Goodlad, Soder & Sirotnik, 1991; Labaree, 2004; Stichweh, 1994a.

lem durch die Bildungsadministration,[24] auf der einen Seite und das Verhältnis zwischen Primarstufe und Sekundarstufen I und II auf der anderen Seite. Hinsichtlich des ersten Faktors stellt sich die Frage: Wie problematisierten die unterschiedlichen Akteure – die Universitäten, die Lehrerverbände oder die Bildungsdirektionen, welche eine vermittelnde Position einnahmen[25] – die verschiedenen Dimensionen des Verhältnisses zwischen Profession und Disziplin, das sich für die Lehrerbildung allmählich aufbaute und veränderte?

Dialog zwischen den universitären Instanzen, den Lehrerverbänden und den Erziehungsdirektionen

Aus Sicht der Fakultäten stellte sich die Herausforderung, dafür zu sorgen, dass die universitäre Lehrerbildung vor allem an den disziplinären Inhalten orientiert blieb, für deren Lehre die Universitäten wissenschaftlich legitimiert waren. Aber die Erziehungswissenschaften waren lediglich teilweise als wissenschaftliche Bezugsdisziplin akzeptiert: Auch wenn die traditionelle Nähe der Erziehungswissenschaften zur Philosophie die Schaffung von Lehrstühlen mit pädagogischen Komponenten und/oder mit theoretischen Kursen legitimierte, die pädagogische Ideengeschichte vermittelten, schob sie ihre Teilhabe an der Ausbildung der Lehrprofession, insbesondere der berufspraktischen Ausbildung, näher an eine professionelle als eine disziplinäre Legitimation,[26] was zu Diskussionen innerhalb der Universitäten führte – nicht zuletzt, weil die Ressourcen konstant knapp blieben. Die ambivalente Haltung der philosophischen bzw. geisteswissenschaftlichen und naturwis-

24 Die politischen Machtverhältnisse, die sich in der Bildungsadministration manifestieren (hier insbesondere in den Erziehungsdirektionen), bestimmen die bildungspolitischen Themen, die zwischen Staat und Zivilgesellschaft verhandelt werden, ebenso wie deren soziale und kulturelle Kontexte. Aber man sollte nicht dem Denkfehler verfallen, dass der Staat eine stabile Einheit sei. Eher muss er als eine Grösse interpretiert werden, die sich funktional aufgrund sozioökonomischer Bedürfnisse sowie geografischer und historischer Kontexte verändert (Apple, 2003, S. 3 f.).

25 Wir gehen hier nicht näher auf die Gründe dieser intermediären Position ein, die teilweise an den Funktionärsstatus der Lehrerinnen und Lehrer aller Schulstufen und deren Auftrag, die künftigen Bürgerinnen und Bürger auszubilden, gebunden ist (Charle, 1994a, 1995; Conze & Kocka, 1985; Hofstetter, 1998; Criblez, Jenzer, Hofstetter & Magnin, 1999).

26 Für die Ausbildung der Primarlehrer, die als fachliche Generalisten nicht einer bestimmten Disziplin zugehörten, galt dieses Problem verstärkt und sorgte für zusätzliche Legitimationsprobleme.

senschaftlichen Fakultäten[27] gegenüber ihrer Einbindung in die Lehrerbildung der Sekundarstufen I und II war offenkundig und galt verstärkt für die akademische Primarlehrerbildung: Einerseits waren diese Fakultäten an den Möglichkeiten der stärkeren Berufsorientierung für ihre Studierenden interessiert, weil dies mit einer Perspektive auf mehr Studierende und mehr finanzielle Beiträge verbunden war, damit aber wiederum eine bessere Legitimation der Fakultäten und eine bessere finanzielle Ausstattung der Forschungsaktivitäten in Aussicht stand. Andererseits fürchteten sie die Einmischung des künftigen Monopolarbeitgebers, des Staates, in die fakultären Angelegenheiten und das Risiko, dass die akademische Lehrfreiheit durch Notwendigkeiten der professionellen Ausbildung, die durch die Normen des Staatsdiploms vorgegeben waren, eingeschränkt würde. Das Misstrauen wurde dadurch verstärkt, dass die Erziehungsdirektionen nicht selten in die Autonomie der Universitäten eingriffen, wenn es um die Besetzung der Lehrstühle ging, die stark in die Lehrerbildung involviert waren. In fast allen Universitäten waren die Personen, die auf die entsprechenden Lehrstühle berufen wurden, eher durch ihre Beziehungen zu den Erziehungsdirektionen als durch ihre akademischen Verdienste qualifiziert (dies gilt insbesondere für Rüegg in Bern, Horner und Dévaud in Freiburg, Malche in Genf, Guex, Deluz* und Meylan* in Lausanne, Hunziker, Zollinger, Stettbacher und Hanselmann* in Zürich).

Zudem widerstand die Logik der akademischen Lehrerbildung der traditionellen Organisation der Universitäten in Fakultäten: Im Hinblick auf die pädagogischen, didaktischen und methodischen Inhalte sowie einzelne Schulfächer, für die Lehrer ausgebildet werden sollten, drängte sich eine Organisationsform auf, die quer zu den Fakultäten lag. Eine solche Organisationsform konkretisierte sich an allen Universitäten früher oder später (fakultätsübergreifende Kommissionen für die Ausbildung von Sekundar- und Gymnasiallehrern in Bern, Pädagogisches Universitätsinstitut in Basel, Pädagogisches Institut an der Universität Freiburg, Institut für Erziehungswissenschaften in Genf, Sektion der pädagogischen Wissenschaften in Lausanne oder pädagogische Sektion in Neuenburg). Innerhalb dieser Strukturen war der Einfluss des Staates auf die Entscheidungen relativ gross und stellte die Autonomierechte der Fakultäten stark infrage.

27 An den meisten Universitäten der deutschsprachigen Schweiz wurden die philosophischen Fakultäten, die zunächst sowohl die naturwissenschaftlichen als auch die geisteswissenschaftlichen Fächer umfassten, in der zweiten Hälfte des 19. Jahrhunderts in eine philosophisch-historische und eine philosophisch-naturwissenschaftliche Abteilung getrennt und anschliessend als zwei unabhängige Fakultäten geführt.

Die Akademisierung der Lehrerbildung – mit der Unterstützung oder gegen den Willen der Fakultäten – stärkte auf jeden Fall die Position des erziehungswissenschaftlichen Feldes innerhalb der Universitäten. Vier unterschiedliche Bereiche wurden in der akademischen Lehre speziell für die Lehrerbildung aufgebaut:

- spezielle fachwissenschaftliche Veranstaltungen für die Lehramtsstudierenden, zum Beispiel Physik für Lehramtsstudierende; Biologie für Sekundarlehrer usw.; diese Veranstaltungen wurden vollständig fachwissenschaftlich-disziplinär definiert;
- fachdidaktische Veranstaltungen wurden entweder von Personen aus der Disziplin oder von Professionellen aus dem Berufsfeld unterrichtet, bildeten also personell und institutionell eine Schnittstelle zwischen Fachwissenschaften und Profession;
- erziehungswissenschaftliche Veranstaltungen wurden meist von den dafür eingestellten Professoren (in der deutschsprachigen Schweiz oft von Philosophieprofessoren), den entsprechenden Privatdozenten oder Lehrbeauftragten sowie – vor allem in der französischsprachigen Schweiz – den speziell zu diesem Zweck eingerichteten Lehrstühlen für Pädagogik oder Erziehungswissenschaften unterrichtet;
- Ausbildungselemente für die berufspraktische Ausbildung waren die Domäne der Professionellen, deren Stellung zwischen Berufsfeld und Universität oftmals ungeklärt blieb.

An diesen vier Bereichen lässt sich zeigen, dass sich zwischen den Erziehungswissenschaften, den fachwissenschaftlichen Disziplinen und der Profession im Hinblick auf die akademische Lehrerbildung eine Art Arbeitsteilung ergeben hatte, die jedoch an den Schnittstellen sehr konfliktreich war. Die Akzeptanz der vier Bereiche innerhalb der Universität war unterschiedlich, die Bereiche wurden von unterschiedlichen Personengruppen unterrichtet und waren auf unterschiedliche Art und Weise in die Universität eingebunden: Die speziellen fachwissenschaftlichen Veranstaltungen für Lehramtskandidaten wurden meist vom Personal der fachwissenschaftlichen Disziplinen angeboten, standen deshalb vollumfänglich unter der Kontrolle der Fakultäten und Fachinstitute, unterschieden sich von «normalen» Veranstaltungsangeboten der Universität einzig durch eine Studierendenschaft mit besonderem Berufsziel. Ähnliches gilt für die Fachdidaktik: Sie wurde für die zukünftigen Gymnasiallehrer angeboten, nicht für die Primarlehrer, und zumindest teilweilse von Personal unterrichtet, das im Hauptberuf ausserhalb der Universität beschäftigt war, in der deutschsprachigen Schweiz oft von habilitierten Gymnasiallehrern. Dieses Ausbildungsgefäss sicherte den Berufsfeldbezug und fand nach der Einführung aufgrund der Interventionen des VSG nach 1913 (Brandenberger, 1914; Wyss, 1914) auch Akzeptanz in den Fakultäten, insbesondere weil es wie die speziellen fachwissenschaftlichen Veranstaltungen weitgehend unter der Kontrolle der Fachwissenschaften blieb. Die Ausbildung in Erziehungswissenschaften (und Psychologie) übernahm das Personal der sich allmählich etablierenden Erziehungswissenschaften, entweder die eigens dafür geschaffenen Professuren oder (Philosophie-)Professuren, deren Denomination für die akademische Lehrerbildung umdefiniert oder erweitert wurde. Sie trafen vor allem in den philosophischen bzw. geisteswissenschaftlichen Fakultäten auf Widerstand, weil hier Konkurrenz – inhaltlicher Art und um Ressourcen – befürchtet wurde.

Die berufspraktische Ausbildung letztlich wurde oft Professionellen übertragen, welche für die Verbindung zwischen dem Berufsfeld und der theoretischen Ausbildung sorgten – wenn sie nicht dem Aufgabenbereich der Professoren für Pädagogik zugeordnet wurde (wie in Freiburg, Lausanne oder Neuenburg).[28] Im ersten Falle wurde das Personal, das nicht über die entsprechenden akademischen Qualifikationen verfügte, von der Universität als nicht wissenschaftlicher Fremdkörper kaum mehr als toleriert. Im zweiten Fall entstanden Konflikte mit den fachwissenschaftlichen Professoren, welche den Pädagogikprofessoren die Kompetenz absprachen, einen Beitrag zur Praxis des fachwissenschaftlichen Unterrichts leisten zu können. Dieser Ausbildungsbereich hatte deshalb grosse Mühe, sich zu etablieren, und an verschiedenen Universitäten wurde die berufspraktische Ausbildung relativ schnell aus der Universität ausgelagert, so zum Beispiel in der Primarlehrerausbildung in Zürich oder in Genf, Lausanne und Neuenburg in der Lehrerbildung für die Sekundarstufen I und II.

Weil die Kantone und Gemeinden die Monopolarbeitgeber der Lehrer sind, hatten die Erziehungsdirektionen ein genuines Interesse an gut ausgebildetem Personal, das auf hohem Niveau unterrichtete (die Pädagogischen Rekrutenprüfungen galten als interkantonal vergleichender Massstab). Die steigenden Anforderungen im Beruf (v. a. durch die Verlängerung der obligatorischen Schulzeit) führten insbesondere im letzten Drittel des 19. Jahrhunderts dazu, dass einzelne

28 Im Unterschied zu den Prüfungskommissionen für die Lehrämter, wie sie an den deutschsprachigen Universitäten etabliert worden waren, kannten die französischsprachigen Universitäten keine institutionalisierte Organisationsform, die es erlaubte, eine solche spezielle Personalkategorie (mit geringem Status, aber zumindest teilweise in die Universität integriert) zu schaffen. Die Repräsentanten der Fachwissenschaften achteten darauf, die Kontrolle über die Ausbildung zu behalten, und wollten deshalb keine intermediären Organisationsformen etablieren, in denen Repräsentanten der Bildungspolitik und -verwaltung oder der Erziehungswissenschaften entsprechenden Einfluss gewinnen konnten.

Erziehungsdirektoren aus Universitätskantonen die Einbindung der Primarlehrerausbildung in die Universität verlangten. Allerdings waren die Versuche zur Akademisierung der Primarlehrerausbildung nicht selten Problemlösestrategien für Probleme mit den traditionellen Lehrerseminaren. Die Erziehungsdirektoren fürchteten zudem die zusätzlichen Kosten einer akademischen Primarlehrerausbildung (erzeugt durch Forderungen nach höheren Löhnen). Wie gezeigt wurde, war die akademische Ausbildung des Lehrpersonals, begleitet von einer pädagogischen Ausbildung, für die Sekundarstufen – und in bestimmten Zeitperioden auch für die Primarstufe – zunächst ein Wunsch des Staates, der den Unterricht auf den Sekundarstufen bzw. der Primarstufe allgemein verbessern wollte. Die heikle Grenzziehung zwischen Wünschen der Erziehungsdirektionen und wissenschaftlicher Autonomie führte zu Konflikten sowohl auf der Ebene von Personen als auch auf derjenigen von Inhalten, in denen sich Fakultäten und politische Schulbehörden, in vermindertem Ausmass auch die betroffenen Lehrerverbände, gegenüberstanden.

Die Lehrerverbände können als eigentlicher Motor der Akademisierung der Primarlehrerbildung bezeichnet werden. Sie unterstützten zudem eine Lehrerbildung für die Sekundarstufen, die sich an die disziplinäre Ausbildung anlehnte. Im Vordergrund des Interesses stand – wie bei den Erziehungsdirektionen – die Sorge um eine qualitativ hochstehende Ausbildung und – damit zusammenhängend – das allgemeine Niveau der Schulen, von dem der Status des Lehrberufs abhängig war. Aber die Herausforderungen waren nicht dieselben für die beiden Lehrergruppen: Da die Gymnasiallehrer bereits vor der Institutionalisierung formalisierter Ausbildungsgänge an der Universität als Fachwissenschaftler ausgebildet worden waren, brauchte sich der VSG nicht für die Akademisierung einzusetzen. Weil die Gymnasiallehrer auch wesentliche Merkmale von Professionen bereits erfüllten, müssen die Bestrebungen des VSG und der Konferenz der schweizerischen Gymnasialrektoren für den Ausbau der pädagogisch-didaktischen und berufspraktischen Ausbildung eher als Verberuflichungsstrategien (Heidenreich, 1999) bezeichnet werden. Die Verbände der Volksschullehrer (SLV und SPR) dagegen versuchten als sprachregionale Verbände zu unterschiedlichen Zeitpunkten, den Lehrberuf durch Akademisierung zu professionalisieren. Das Anliegen war einerseits, eine den beruflichen Anforderungen entsprechende Ausbildung an der Universität durchzusetzen, andererseits einen den anderen Professionen äquivalenten Status zu erreichen. Die Mittel der Professionalisierung sollten eine maturäquivalente Ausbildung auf der Sekundarstufe II und eine daran anschliessende akademische Ausbildung sein. Weil aber die in der Primarschule zu vermittelnden Inhalte kaum ein wissenschaftliches Fachstudium legitimierten und die Primarlehrer in einer Vielzahl von Fächern ausgebildet werden mussten, boten sich als wissenschaftliche Legitimation die Erziehungswissenschaften geradezu an.

Die Idee einer Einheit des Lehrerberufs spielte keine entscheidende Rolle in den allgemeinen Diskussionen um die Akademisierung der gesamten Lehrerbildung, weder in Zürich, in Genf noch in den anderen Universitätskantonen der Schweiz. Basel war der einzige Kanton, in dem dieses Argument dazu führte, dass die Ausbildung aller Lehrkategorien in ein einziges Institut, in diesem Fall ein ausseruniversitäres, integriert wurde.

Obwohl die Bemühungen der Lehrerverbände um eine Akademisierung der Primarlehrerausbildung bestimmte Wirkungen erzielten, scheint die Akademisierung nur eine Chance auf Realisierung gehabt zu haben, wenn ein entsprechend günstiger sozialer und politischer Kontext vorhanden war. Die Forderungen nach Akademisierung erreichten im ersten Viertel des 20. Jahrhunderts vor dem Hintergrund reformpädagogischer Ideen (vgl. Kapitel 12 in diesem Band) ihren Höhepunkt mit einer starken Unterstützung in einzelnen Kantonen (insbesondere Genf und Zürich). Die Position der Lehrerverbände gegenüber der Akademisierung der Ausbildung war jedoch nicht einheitlich und änderte sich über die Zeit. Dagegen vertraten insbesondere die Lehrerverbände in Nicht-Universitätskantonen die seminaristische Tradition der Ausbildung: Eine erfolgreiche Ausbildung konnte in dieser Optik nicht im Medium der Wissenschaft, sondern nur im Medium der Berufspraxis erfolgen. Das ambivalente Verhältnis der Lehrerverbände zur akademischen Disziplin Erziehungswissenschaft, der die Lehrerbildung hätte anvertraut werden sollen, erschwerte jedenfalls die Weiterentwicklung des disziplinären Feldes.

Lehrerbildung für die Primarstufe und die Sekundarstufen: Zwei unterschiedliche Deklinationen des Verhältnisses zwischen Profession und Disziplin

Für die Erziehungswissenschaften war die wichtigste Konsequenz der Institutionalisierung der Lehrerbildung innerhalb der Universitäten, dass ein permanentes Angebot an pädagogischer Lehre erbracht werden musste, was aber dem Prinzip der akademischen Lehrfreiheit widersprach. In den Diplomreglementen und Studienplänen für die Gymnasial- und Sekundarlehrerausbildung (in Zürich auch in denjenigen für die Primarlehrerausbildung) wurden die Inhalte der spezifischen Studiengänge in den Bereichen Pädagogik, Methodik, Didaktik und Praxis für längere Geltungsfristen festgelegt. Die Nachfrage nach erziehungswissenschaftlichen Inhalten war dadurch reglementarisch abgesichert. Für das Lehrpersonal, das sich in diesem neuen disziplinären Feld spezialisierte, bedeutete dies auch, auf ein gesichertes Publikum zählen zu können. Die wachsende Zahl von Studierenden und Diplomen legitimierte die universitäre Einbindung des disziplinären Feldes, das sich allmählich etablierte und seinen Nachwuchs förderte. Insbesondere in den ersten zwei Jahrzehnten des 20. Jahrhunderts war die Nachfrage vonseiten der Studierenden gross, und es ist nicht ganz zufällig, dass man in dieser Zeit an allen Universitäten gleichzeitig einen Neudefinitionsprozess feststellen kann.

Stellt man die Frage nach der Wirkung der Erziehungswissenschaften auf die Professionalisierung des Unterrichts, so muss zwischen unterschiedlichen Lehrkategorien unterschieden werden. Auch wenn die Qualifikationsanforderungen für alle Lehrerinnen und Lehrer stiegen, waren es doch die Erziehungswissenschaften, die eine Wissensbasis für den Primarunterricht zur Verfügung stellen sollten,[29] während dies für die Sekundar- und Gymnasiallehrer nicht der Fall war, weil das Referenzwissen, auf das sich dieser Teil der Profession bezog, weitgehend fachwissenschaftliches Wissen der Unterrichtsdisziplinen war. Sogar in Genf, wo die Erziehungswissenschaften Unterstützung und Akzeptanz für die Primarlehrerausbildung fanden und ihr Wissen auch den Sekundar- und Gymnasiallehrern hätten zur Verfügung stellen können, blieb ihr Beitrag zur Ausbildung der Sekundar- und Gymnasiallehrer vernachlässigbar. Der Prozess der Professionalisierung der Lehrberufe auf den Sekundarstufen scheint nicht wesentlich an die Erziehungswissenschaften gebunden zu sein. Die Basis des Wissens ist fachwissenschaftlicher Art, und die professionelle Identität bezog sich darauf. Die berufspraktische Ausbildung und das instrumentelle Wissen zur Ausübung des Berufs wurden als weniger wichtig erachtet und schienen in gewisser Weise den disziplinären Kenntnissen zu entstammen (Homologie zwischen absolvierter Ausbildung und zu erteilendem Unterricht). Dieser Teil der Ausbildung wurde der Profession bzw. einigen ihrer Vertreter anvertraut, die dafür als Experten angesehen wurden.

Dieser Professionalisierungsprozess ist also von spezifischer Art: Die starke Identifizierung der Sekundarstufen mit dem höheren Bildungswesen führte zu einer Separation zwischen theoretischem Wissen auf hohem Niveau, das wenig mit der Praxis verbunden war, und dem praktischen Wissen, das kaum systematisch theoretisiert wurde. Wenn das erstere die Legitimation dafür erzeugt, zur Profession zu gehören, sichert das zweite der Korporation die Kontrolle über die Profession

29 Der Stand unserer Forschungen, die sich auf die Entwicklungen der Erziehungswissenschaften an den Universitäten konzentrieren, erlaubt uns keine ähnlich differenzierte Analyse zur Bedeutung und zum Stellenwert der Erziehungswissenschaften in der nicht universitären Primarlehrerbildung (vgl. Criblez, Hofstetter & Périsset Bagnoud, 2000; Lussi Borer, 2008).

und ihren Nachwuchs. In dieser Dynamik und dieser Verteilung der Zuständigkeiten fanden die Erziehungswissenschaften kaum Platz (Hofstetter, Schneuwly, Cicchini & Lussi, 2004, S. 303) und die Entwicklung des disziplinären Feldes an den Universitäten wurde – mit Ausnahmen derjenigen in Genf – stark gebremst.

Ist die Tatsache, dass Lehrerbildung an der Universität stattfindet, ein entscheidender Faktor im Prozess der Disziplinenbildung? Die Antwort scheint uns von der Rolle abzuhängen, die man dem pädagogischen und wissenschaftlichen Wissen im Hinblick auf die Ausbildung der Lehrprofession zuordnet. In dieser Hinsicht ist sicher das Angebot eines disziplinären Feldes, das sich gleichzeitig an der Empirie und der Berufspraxis orientiert, vielversprechender als eine Pädagogik, die stark an der philosophischen Tradition der deutschen Universitäten orientiert ist (vgl. Kapitel 8 in diesem Band). Unter anderen Gesichtspunkten führt uns das Beispiel der Deakademisierung in Basel zu denselben Schlussfolgerungen: Die Auslagerung der Lehrerbildung aus der Universität behindert die Weiterentwicklung der Erziehungswissenschaften, ja provoziert sogar ihren universitären Niedergang wie in Lausanne oder Neuenburg.

Aus dem Dargestellten lässt sich folgern, dass die Entwicklung des disziplinären Feldes der Erziehungswissenschaften sehr stark von der Entwicklung der universitären Lehrerbildung abhängig war. Je mehr Professionelle an der Universität ausgebildet wurden, desto besser und schneller entwickelte sich die Disziplin. Da die Ausbildung auch an der Praxis orientiert war, verstärkte die akademische Lehrerbildung die Legitimationsbasis für ein eigenständiges, von der Philosophie getrenntes disziplinäres Feld, das die Basis für das für die Lehrprofession notwendige Wissen bilden sollte, um den Professionalisierungsprozess fördern zu können.

Kapitel 10

Die Heilpädagogik: Spezifisches Berufsfeld und autonome Disziplin?

Valérie Lussi Borer

An der Wende zum 20. Jahrhundert stellen sich in der Schweiz neuartige Fragen hinsichtlich der Erziehung sogenannt anormaler Kinder sowie hinsichtlich der Ausbildung von Lehrerinnen und Lehrern für diese Kinder. Zur Bearbeitung dieser Fragen entsteht ein neues Handlungs-, Reflexions- und Diskursfeld, die Heilpädagogik.[1] Dieses Feld integriert Theorien und Konzepte der Pädagogik, der Psychologie und der Medizin bzw. Psychiatrie, ihr Status zwischen diesen Disziplinen bleibt aber ungeklärt: Zum Teil lässt sich eine relativ grosse institutionelle Autonomie der Heilpädagogik feststellen, zum Teil eine enge Anbindung von Forschung und Lehre an einzelne Disziplinen, zum Teil aber auch eine pluridisziplinäre Ausrichtung. In der Praxis bilden sich die neuen Berufsfelder der Sonderschulung und -erziehung *(éducation spéciale)* und des Sonderklassenunterrichts *(enseignement spécialisé)* (Chatelanat & Pelgrims Ducrey, 2003) heraus und beginnen die Entwicklung des Bildungs- und Erziehungssystems zu beeinflussen.

Uns interessieren im Folgenden die unterschiedlichen institutionellen Formen und Entwicklungsverläufe der Heilpädagogik und deren Verhältnis zum pluridisziplinären Feld der Erziehungswissenschaften in der Schweiz. Wir konzentrieren uns dabei auf die drei Standorte Genf, Zürich und Freiburg, an denen im frühen 20. Jahrhundert heilpädagogische Institute entstehen. Diese Institute beginnen, eine Ausbildung in Sonderpädagogik anzubieten, die mit den Erziehungswissenschaften

1 Die Bezeichnungen «Sonderpädagogik», «Heilpädagogik» oder «Orthopädagogik» *(pédagogie spécialisée, orthopédagogie, pédagogie curative)* werden in diesem Feld nebeneinander verwendet (vgl. Haeberlin, 1996, S. 13 ff.). In der historischen Rekonstruktion verwenden wir die von den damaligen Akteuren benutzten Termini. In unserer Analyse verwenden wir die Bezeichnungen «Heil-» oder «Sonderpädagogik» als Gattungsbegriffe zur Umschreibung des Teils der Pädagogik und des Bildungssystems, der sich mit der «Theorie und Praxis der Erziehung und Bildung in beeinträchtigten Erziehungs- und Bildungsverhältnissen» (Schweizerische Zentralstelle für Heilpädagogik, 1997, S. 5) und der Ausbildung des entsprechenden Personals befasst.

der entsprechenden Universitäten verbunden ist (Lussi, 2003). Die Gründung jedes dieser Institute ist in einem spezifischen kantonalen, nationalen und internationalen Kontext verortet. Sie erfolgt nach einer je eigenen Dynamik und in Interaktion mit der Schweizerischen Vereinigung für Anormale (SVfA; später Pro Infirmis).

Um die unterschiedlichen Entwicklungsdynamiken besser verstehen zu können, analysieren wir zunächst den Bedarf, dem die Institute entsprechen: die Erwartungen des Berufsfeldes einerseits, die Anforderungen der wissenschaftlichen Disziplinen, die sich mit «anormalem» schulischem Verhalten befassen, andererseits. In einem ersten Schritt zeichnen wir den spezifischen Institutionalisierungsprozess im jeweiligen kantonalen Kontext nach und beschreiben dessen wichtigste Merkmale: Status (öffentlich/privat; konfessionell/laizistisch), organisatorische Verortung (universitär/ausseruniversitär), Studiengänge, Anzahl Studierende sowie Interaktionen mit den Wohlfahrts- und/oder Berufsverbänden. Da sich die Logiken, von denen diese Institutionalisierungsprozesse bestimmt sind, zu Beginn der 1930er-Jahre ändern, teilen wir die Analyse in zwei Perioden. In einem weiteren Schritt verorten wir die Institutionalisierungsprozesse im nationalen und internationalen Kontext, in dem die Heilpädagogik an der Schnittstelle zwischen Erziehung und Medizin entsteht: Wie interagiert sie mit den unterschiedlichen Disziplinen, den wichtigsten, für die Ausbildungsinstitute zuständigen Akteuren und den pädagogischen und/oder wissenschaftlichen Bewegungen und Verbänden? Danach befassen wir uns mit den verschiedenen disziplinären und professionellen Fachinhalten, die in der heilpädagogischen Ausbildung eine Rolle spielen, um schliesslich die Ausbildungsmodelle, die disziplinäre Ausrichtung und den Theorie-Praxis-Bezug der angebotenen Ausbildungsgänge sowie den Status der wissenschaftlichen Forschung zu analysieren.

«Anormalität»: Ein soziales und schulisches Problem

Die Frage nach einer sinnvollen Beschulung «geistesschwacher», «zurückgebliebener» oder «anormaler» Kinder stellt sich gegen Ende des 19. Jahrhunderts im Umfeld der Etablierung der Sozialwissenschaften und der naturwissenschaftlich orientierten Medizin, der Verstaatlichung der Sozialhilfe und der Verallgemeinerung der Schulpflicht. Seit den 1880er-Jahren entwickeln sich die Sozialwissenschaften und die Medizin vor dem Hintergrund des beispiellosen Aufschwungs der Naturwissenschaften und in Anlehnung an deren Wissenschaftsverständnis (LeDinh, 1997a; Wagner, Wittrock & Whitley, 1991), in einem Prozess, der als «Verwissenschaftlichung» des Sozialen (Raphael, 1996) beschrieben worden ist. In dieser Traditionslinie steht auch eine Bewegung, welche die Produktion von Wissen über Kinder und deren Erziehung durch einen experimentellen Zugang zu erneuern versuchte (Depaepe, 1993; Hofstetter & Schneuwly, 2002a). Aufgrund der Entdeckungen der Medizin in der Kinderpsychopathologie und derjenigen der Psychologie im Bereich experimenteller Methoden und Instrumente stellt sich die Frage nach einer positiven, an wissenschaftlichen Messdaten orientierten Norm für die Entwicklung des Kindes unter neuer Perspektive.

Im 19. Jahrhundert ist die Betreuung benachteiligter Kinder in der Schweiz ein soziales Problem, das in erster Linie von Privaten bearbeitet wird. Sie gründen bis in die 1880er-Jahre in der ganzen Schweiz Hilfswerke, die allerdings lokal orientiert sind und voneinander isoliert agieren (Möckel, 1988; Wolfisberg, 2005, S. 55).[2] Verschiedene kirchlich- und/oder philanthropisch-karitative Vereinigungen haben den Zweck, deviante Kinder zu rehabilitieren und sozial einzugliedern, um aus ihnen Arbeitskräfte zu machen, die zum allgemeinen gesellschaftlichen Fortschritt beitragen (Avvanzino, 1993; Ruchat, 2003). Zwischen 1880 und 1900 schliessen sich diese Hilfswerke immer mehr zu kantonalen oder regionalen Vereinigungen zusammen. Dieser Prozess verläuft parallel zur Stärkung der staatlichen Verwaltungsorgane, was die Einführung umfassender Sozial- und Schulgesetze erst ermöglicht hat. Diese Tendenz zum Zusammenschluss verstärkt sich zwischen 1900 und 1920 und führt zur Bildung gesamtschweizerischer Vereinigungen und Verbände, in denen die kantonalen oder regionalen Gruppierungen aufgehen.

Wegen der allmählichen Etablierung des staatlichen Bildungsmonopols (*état enseignant*; Hofstetter, 1998) und der Einführung des obligatorischen Unterrichts expandieren die Bildungssysteme, und die Schulpflicht wird verallgemeinert. Mit dem neuen Auftrag an die öffentliche Schule, *allen* Kindern den Zugang zum Unterricht zu gewähren, ergibt sich die Notwendigkeit, diejenigen Schülerinnen und Schüler zu identifizieren und aus den Regelklassen zu entfernen, die den Unterricht beeinträchtigen, und sie in einer schulischen Struktur unterzubringen, die speziell dafür geschaffen wird: in der Klein- oder Sonderklasse[3] (Balmer, 1925). Die Primarlehrer, die mit der neuen Aufgabe der Identifizierung dieser Schülerinnen und

2 Das starke Gewicht privater Initiativen und die Vielzahl von Hilfswerken auf einem so kleinen Territorium wie der Schweiz erklären sich durch die föderalistische Organisation der damals 25 Kantone mit ebenso vielen autonomen Bildungssystemen, vier Nationalsprachen und zwei Konfessionen (Bersot, 1942, S. 87).

3 Auch wenn solche Sonderklassen in den meisten Kantonen gegen Ende des 19. Jahrhunderts gegründet werden, ist diese institutionelle Form keine wirkliche Innovation: Private Sonderklassen und -schulen sowie entsprechende Heime gab es bereits mehr als hundert Jahre zuvor in der ganzen Schweiz (Schriber, 1994, S. 30 ff.).

Schüler konfrontiert sind, versuchen die Aufmerksamkeit der Behörden auf die beträchtliche Zahl sogenannt geistesschwacher Kinder in den Klassen zu lenken und schlagen Massnahmen für deren Erziehung innerhalb der öffentlichen Schule vor. Um diesem Anliegen Nachdruck zu verleihen, kommt es zur Gründung nationaler Verbände. Die Zusammenarbeit vergrössert die Handlungsfähigkeit und ermöglicht es, Bundessubventionen geltend zu machen. Eine erste solche Vereinigung, im Juni 1889 in Zürich nach deutschem Vorbild gegründet (Wolfisberg, 2002, S. 68), ist die Schweizerische Hilfsgesellschaft für Geistesschwache, die im selben Jahr die erste Schweizerische Konferenz für das Idiotenwesen organisiert.[4] Mit ihren über 130 Mitgliedern spielt sie eine wichtige Rolle, unter anderem weil sie die Initiative für eine erste nationale Erfassung von «Geistesschwachen» ergreift: Aufgrund wiederholter Interventionen der Verbände führt der Bund im März 1897 eine Erhebung durch, die sämtliche körperlich behinderten, vernachlässigten und verwahrlosten Kinder erfasst und damit erstmalig eine Bestandesaufnahme der Gesamtheit benachteiligter Kinder in der Schweiz erlaubt. Die Erhebung ermittelt einen Prozentsatz von ein bis zwei Prozent «geistesschwacher» Kinder an Schweizer Schulen. Deshalb widmet der Bund einen Teil der Primarschulsubventionen der Erziehung dieser Kinder und schafft Stellen für Schulärzte, die in der Institution Schule und den nach und nach in allen Schweizer Städten eingerichteten Sonderklassen ein neues Betätigungsfeld finden. Sie gelten fortan als offiziell legitimierte Experten für alle schulischen Probleme mit «Anormalität» (Ruchat, 2003, S. 78 f.). Mit der Einrichtung von Sonderklassen und entsprechenden Heimen zur Unterbringung von Kindern im schulpflichtigen Alter entstehen in der heilpädagogischen Praxis erstmals Institutionen, die vom Staat finanziert und deren Rahmenbedingungen staatlich definiert werden (Wolfisberg, 2002, S. 71).

4 Die folgenden Konferenzen finden 1899 und anschliessend im Zweijahres-Rhythmus statt. Die Teilnehmenden sind Philanthropen, Pädagogen und Mediziner, deren Ziel die Förderung «Zurückgebliebener» ist (Bersot, 1942, S. 65). 1911 wird die Konferenz in Schweizerische Konferenz für Erziehung und Pflege Geistesschwacher umbenannt. Sie gründet 1916 zusammen mit dem Schweizerischen Armenerzieher-Verein die Schweizerische Vereinigung für Anormale, die in ihren Statuten die regelmässige Durchführung von Ausbildungskursen für Sonderklassenlehrer und Personal von Heimen, die «anormale» Kinder betreuen, in Zusammenarbeit mit der Schweizerischen gemeinnützigen Gesellschaft vorsieht (Schindler, 1990, S. 19 f.).

Neue professionelle und wissenschaftliche Herausforderungen

Bei der Begründung der Heilpädagogik als Beruf und Disziplin spielt die Frage der Ausbildung eine entscheidende Rolle, da sie die Qualität des pädagogischen Handelns der Akteure im neuen Feld gewährleisten muss. An der zweiten Schweizerischen Konferenz für das Idiotenwesen ist man sich dessen bewusst und beschäftigt sich hauptsächlich mit der Frage der Ausbildung von Sonderklassenlehrern und der Ausbildung von Heimpersonal (Schindler, 1990, S. 18). Die Delegiertenversammlung der Schweizerischen gemeinnützigen Gesellschaft beabsichtigt bereits 1898, ein schweizerisches Seminar für Heilpädagogik einzurichten (Wolfisberg, 2002, S. 75). Das Projekt scheitert zwar, aber unter der Ägide der Gesellschaft wird ein erster Ausbildungskurs für Primarlehrer, die in Sonderklassen tätig sind, eingerichtet. Der mehrwöchige Kurs mit theoretischem und praktischem Unterricht in Heilpädagogik und Psychopathologie findet zwischen 1899 und 1921 sechsmal statt; es werden insgesamt 144 Absolventinnen und Absolventen aus der deutschsprachigen Schweiz ausgebildet (Schriber, 1994, S. 50/257f.).

Eine andere Perspektive eröffnet der Psychologe und Mediziner Claparède* mit seinem Ausbildungsangebot in Genf ab 1903: Er beschäftigt sich seit der Jahrhundertwende mit den Sonderklassen, und bei ihm suchen die in diesen Klassen tätigen Lehrer um eine ihrer neuen Funktion entsprechende Ausbildung nach (Ruchat, 1999). Claparède konzipiert eine neue Ausbildung und bezieht dabei die internationalen Erfahrungen (insbesondere diejenigen von Decroly und Demoor in Brüssel), die Ergebnisse seiner eigenen Forschungstätigkeiten am Labor für experimentelle Psychologie der naturwissenschaftlichen Fakultät sowie diejenigen der Versuche an einer Sonderklasse, die vom Genfer Lehrerverein *(Société pédagogique genevoise)* unterstützt werden, mit ein. Er verbindet Ausbildung, wissenschaftliche Forschung und praktische Anwendungen, empfiehlt die Differenzierung des Unterrichts für unterschiedliche Formen von «Anormalität» und schlägt eine Zusatzausbildung in Medizin, Psychologie und Pädagogik für Sonderklassenlehrer, aber auch für die Primarlehrer ganz allgemein vor.

Die beiden in Zürich und Genf etablierten Ausbildungsangebote sind hinsichtlich Beteiligung von Vertretern der Berufspraxis und der entsprechenden wissenschaftlichen Disziplinen unterschiedlich konzipiert. Das Zürcher Angebot wird den Praktikern der Sonderklassen übertragen und in Verbindung mit den Wohlfahrtsverbänden organisiert. Das Genfer Angebot untersteht dagegen einem wissenschaftlichen Spezialisten aus den mit schulischer «Anormalität» befassten wissenschaftlichen Disziplinen (Medizin und Psychologie), der seine Tätigkeit in Verbindung mit der Universität ausübt.

Im Wissenschaftsbetrieb führt die Notwendigkeit des Erkennens und der Klassifizierung «geistesschwacher» Kinder zu einer Debatte auf internationaler Ebene: Das Thema wird 1909 vom wissenschaftlichen Komitee des internationalen Kongresses für Psychologie explizit zum Verhandlungsgegenstand bestimmt, weil ihm grösste Aktualität zugeordnet wird (Claparède, 1910, S. 417; vgl. auch Ioteyko, 1912). Die Definition sowohl der Formen als auch des Grades von «Anormalität» ist für die Unterscheidung der Schülerinnen und Schüler in «erziehbare» (die in der Schule unterrichtet werden können) und «nicht erziehbare» (die in Heimen unterzubringen sind) von zentraler Bedeutung. Diese Klassifizierungsprobleme bieten den Ärzten – insbesondere den Psychiatern – und Psychologen Gelegenheit zur Weiterentwicklung und Legitimierung ihrer wissenschaftlichen Expertise. Da sich die Fachleute jedoch über diese absolut notwendige Klassifikation nicht einig werden und man nicht auf einen Konsens warten kann, einigt man sich in Genf 1905 auf eine «weder ausschliesslich klinische noch ausschliesslich psychologische», sondern auf die «am praktischsten erscheinende» Definition.[5]

Die Frage nach «Normalität» und «Anormalität» im Erziehungs- und Bildungsbereich ist sowohl auf sozioökonomischer als auch auf wissenschaftlicher Ebene von Bedeutung. Die Notwendigkeit zur Bestimmung einer Norm und zur Gründung von Einrichtungen, die den gesetzlich vorgeschriebenen Pflichtunterricht allen Kindern in differenzierter Art und Weise ermöglichen, lässt ein neues berufliches und wissenschaftliches Betätigungsfeld entstehen, das seinerseits die Berufe und Disziplinen beeinflusst, die an seiner Definition beteiligt sind. Innerhalb dieses Feldes ergeben sich neue, gesellschaftlich-pädagogische Herausforderungen sowohl auf institutioneller (Sonderklassen, Beratungsstellen zur Diagnose von «Anormalität», Sonderschulheime) als auch auf wissenschaftlicher Ebene (Klassifizierung der Kinder, Eignungstests, Therapien), in der Schulpraxis (differenzierte Unterrichtsmethoden, neue Schulformen) und in der Ausbildung (Personal für Sonderklassen, Sonderschulen und Heime, Schulpsychologen). Im Bereich der Sonderklassen spielen die Erziehungsberatungsstellen bzw. die kinder- und jugendpsychiatrischen Dienste,[6] die mit der Diagnose und Behandlung von Kindern, die im «traditionel-

---

5 Archives Institut Jean-Jacques Rousseau (AIJJR), Fonds Claparède, B.2: Claparède, E. (Berichterstatter), Bericht der Subkommission zum Studium der Frage der «anormalen» Schüler in den Genfer Primarschulen *(Rapport de la sous-commission chargée d'étudier la question des élèves anormaux des écoles primaires du canton de Genève)* vom Mai 1905; Übersetzung VL.

6 In der Westschweiz ist dafür die Bezeichnung medizinisch-pädagogische Dienste (*services médico-pédagogiques*; im Folgenden mit «Erziehungsberatungsstelle» übersetzt) geläufig; in der deutschsprachigen Schweiz sind die entsprechenden Dienste spezialisierter: jugend-

len» Schulsystem Probleme bereiten, betraut werden, eine entscheidende Rolle bei der disziplinären Konstituierung der Heilpädagogik. Nach den Medizinern treten dann, während des gesamten 20. Jahrhunderts, unterschiedliche Protagonisten aus der Kinder- und Jugendpsychiatrie, der Psychologie, der Psychoanalyse, der motorischen Rehabilitation und der Psychomotorik sowie der Logopädie und Legasthenie auf den Plan. Alle entsprechenden Dienste verfolgen ähnliche Ziele bezüglich (Früh-)Erkennung, Diagnose und therapeutischer bzw. präventiver Massnahmen (Schweizer, 1945), wobei es keine Rolle spielt, ob sie an Universitätsinstituten, an Schulen oder als autonome Beratungsstellung unter psychiatrischer Leitung positioniert sind. Sie arbeiten eng mit den Sonderklassen und Ausbildungsinstituten zusammen und bilden den institutionellen Rahmen, in dem sich die Heilpädagogik entwickeln kann und in dem gleichzeitig der Autonomisierungsprozess der beteiligten Disziplinen gefördert wird.

Die Gründung von Instituten und Seminaren (zwischen 1910 und 1930)

Um die Jahrhundertwende werden überall in der Schweiz Massnahmen diskutiert, um die als notwendig erachtete Ausbildung «Anormaler» und der entsprechenden Lehrerinnen und Lehrer zu institutionalisieren – allerdings in unterschiedlichen regionalen Kontexten und Rahmenbedingungen. Die urbanen Zentren der einsprachigen Kantone Genf und Zürich begünstigen eine Rationalisierung der Unterrichtsorganisation durch das Zusammenfassen von gleichaltrigen Kindern in Sonderklassen. In eher ländlichen und/oder mehrsprachigen Kantonen (zum Beispiel Freiburg) stellt sich die Situation jedoch schwieriger dar. Diese räumlich-demografischen Kontexte fördern oder behindern die Entwicklung einer neuen und spezialisierten Lehrkategorie, der Sonderklassenlehrer. Sie sind in den städtischen Zentren zahlreicher und fordern dort die Einrichtung von Ausbildungsinstitutionen. Dennoch ist die Anzahl der für eine entsprechende Spezialausbildung infrage kommenden Lehrerinnen und Lehrer auch in Kantonen mit städtischen Zentren nicht hinreichend gross, um die mit einer umfassenden Ausbildung verbundenen

bzw. schulpsychologische sowie kinder- und jugendpsychiatrische Dienste, Erziehungsberatungsstellen, schulärztliche und schulzahnärztliche Dienste. Diese Dienste sind bis in die 1930er-Jahre mehr oder weniger isolierte Institutionen, die einem lokalen Bedürfnis entsprechen. Mit der Weiterentwicklung des Kindsrechts und der Einführung des Schweizer (Jugend-)Strafrechts 1942 wächst deren Legitimation, und ihre Zahl nimmt in den verschiedenen Kantonen ständig zu.

Kosten für einen einzelnen Kanton zu rechtfertigen. Deshalb entstehen in den Kantonen Genf und Zürich Institute zur Ausbildung von Sonderklassenlehrern, die sich an eine zwar konfessionell und sprachlich einheitliche, aber kantonsübergreifende und teilweise sogar internationale Zielgruppe wenden. Sie stellen in dieser Hinsicht einen Gegensatz zur Lehrerbildung für Regelklassen dar, die stark an das jeweilige kantonale Bildungssystem gebunden ist (vgl. Kapitel 9 in diesem Band).

Das *Institut J. J. Rousseau* – eine Schule der Erziehungswissenschaften in Genf (1912)

Das aus privater Initiative[7] entstandene, von Claparède 1912 gegründete *Institut Jean-Jacques Rousseau* (IJJR) wird allgemein als das erste «Institut für Heilpädagogik»[8] bezeichnet, auch wenn die heilpädagogische Richtung lediglich einem Studiengang innerhalb eines weitaus breiteren Ausbildungsangebots entspricht (vgl. Kapitel 4 in diesem Band). Die heilpädagogische Spezialausbildung soll Bestandteil einer allgemeinen Ausbildung in Psychopädagogik werden, die in enger Zusammenarbeit mit der Universität durchgeführt wird. Für Direktor Bovet* «ist die pathologische Methode vor allem bei der Erkennung der Gesetzmässigkeiten der mentalen Abläufe nützlich».[9] Ab dem ersten Wintersemester 1912 werden im Bereich der Psychopathologie und Pädagogik «zurückgebliebener» und «geistesschwacher» Kinder *(psychopathologie et pédagogie des enfants arriérés et anormaux)* spezifische theoretische Lehrveranstaltungen zur Frage der «Anormalität» angeboten, dazu kommen Forschungstätigkeiten und praktische Übungen in Sonderklassen und in der Erziehungsberatung. Das IJJR spielt 1913 eine Pionierrolle bei der Gründung der ersten Erziehungsberatungsstelle der Schweiz, die einerseits eine kostenlose Untersuchung sogenannt problematischer Kinder anbietet, andererseits der Ausbildung der Studierenden des IJJR und Forschungszwecken dient (Bovet, 1932, S. 84 f.). Die Erziehungsberatungsstelle gilt als für die Stadt zuständige Diagnoseeinrichtung und

---

7 Auch wenn die Mittel zu seiner Gründung hauptsächlich von protestantischer Seite stammen, bekennt sich das Institut zu keiner Konfession. Zur Geschichte des Instituts vgl. Hofstetter (2010).

8 Archiv Pro Infirmis (API): Jahresberichte der heilpädagogischen Institute. Jahresbericht SVfA 1922, S. 15.

9 Archiv der Universität Genf (*Archives de l'Université de Genève* [AUG]): 1987/6/14. Bovet, P.: Die medizinisch-pädagogische Beratungsstelle des Institut J.J. Rousseau *(La consultation médico-pédagogique de l'Institut J. J. Rousseau),* Februar 1930, S. 1 f.; Übersetzung VL.

wird drei Jahre später durch eine Versuchsklasse *(classe d'entraînement)* erweitert. Sie soll zur Entwicklung individualisierter Methoden beitragen, die auf Schülerinnen und Schüler, deren Probleme testdiagnostisch ermittelt werden, zugeschnitten sind. Gleichzeitig nimmt Descœudres* Studierende auf, die sich in ihrer Sonderklasse dem Unterricht mit «Anormalen» widmen. Mit Claparède baut sie psychologische Forschung im Themenbereich «anormaler» Kinder auf, weshalb sie auch in den Kreis der international renommiertesten Fachleute für «Geistesschwäche» aufgenommen wird (Descœudres, 1916). Zudem ist das IJJR an der Gründung der Genfer Sozialschule *(Ecole sociale)* 1918 beteiligt und gestattet deren Studierenden, an bestimmten Lehrveranstaltungen teilzunehmen (Hofstetter, 2010).

Das IJJR, das als einziges Institut in der Schweiz eine solche Ausbildung anbietet, reagiert 1916 auf die zunehmenden Forderungen nach beruflicher Ausbildung im heilpädagogischen Bereich mit einem speziellen Lehrplan. Er umfasst vier Semester mit Grundkursen in Pädagogik, Psychologie, Medizin und Psychoanalyse, die durch praktische Kurse in Kunst- und Körpererziehung sowie problemorientierte Kurse zu sozialen und rechtlichen Fragen des Kindesalters ergänzt werden. Praktika in den Sonderklassen, in Kinder- und Jugendheimen sowie in der Erziehungs- und Berufsberatung vervollständigen den Studiengang.[10]

Die Protagonisten des IJJR spielen eine wichtige Rolle bei der Gründung der Westschweizer Sektion der Schweizerischen Vereinigung für Anormale (SVfA) 1920: Duvillard*, Mitglied des IJJR und Inspektor der Sonderklassen der Stadt Genf, wird deren erster Vorsitzender. Auf Betreiben von Duvillard und Descœudres, beide Mitglieder des Zentralkomitees, findet die Jahresversammlung der SVfA 1921 in Genf statt. 1922 bietet das IJJR als erstes Institut eine von der SVfA anerkannte und ab 1923 auch finanziell unterstützte Ausbildung im Bereich der Heilpädagogik an.

Das Heilpädagogische Seminar in Zürich (1924)

In der Folge des Ersten Weltkrieges und angesichts der finanziellen Schwierigkeiten, von denen alle Institutionen, die «anormale» Kinder betreuen, betroffen sind, schliessen sich die Vertreter verschiedener Schweizer Vereinigungen für «Anormale»[11] zusammen, um beim Bund finanzielle Unterstützung und die Grün-

10 API: Jahresberichte der heilpädagogischen Institute. Jahresbericht des IJJR; Jahresbericht SVfA 1923, S. 50 ff.

11 Insbesondere die Schweizerische Gesellschaft für Erziehung und Pflege Geistesschwacher, der Schweizerische Fürsorgeverein für Taubstumme, der Schweizerische Verein für krüp-

dung eines Ausbildungsinstituts in der deutschsprachigen Schweiz zu erwirken. Eine vollständige heilpädagogische Ausbildung wird bis dahin nur in Deutschland angeboten. Nach einer ersten, 1920 zugesprochenen Subvention zugunsten «anormaler» Kinder kommt es zur Gründung der Schweizerischen Vereinigung für Anormale, in deren Statuten drei wesentliche Ziele festgelegt werden: die Förderung der Bildung und Erziehung «Anormaler» und die Unterstützung der in diesem Bereich tätigen Vereine und Institutionen; die (hauptsächlich finanzielle) Beteiligung der Kantons- und Bundesbehörden an Erziehung, Bildung, Pflege und Unterstützung «Anormaler» (bei gleichzeitigem Widerstand gegen jegliche Verstaatlichung) und, drittens, die Förderung der Einrichtung spezieller Ausbildungsgänge für das mit der Betreuung der «Anormalen» betraute Personal.[12] Während der ersten Jahre ihres Bestehens ist die SVfA bestrebt, alle der Sache der «Anormalen» verpflichteten Schweizer Verbände unter ihrem Dach zu vereinen und eine Erhöhung der Bundessubventionen zu erlangen.

Zur Realisierung des Ausbildungsprojektes in der deutschsprachigen Schweiz wird 1920 von Praktikern, die in protestantischen, der SVfA angeschlossenen Sozial- und Fürsorgeinstitutionen tätig sind, der Verband Heilpädagogisches Seminar Zürich gegründet. Das Projekt verzögert sich wegen Meinungsverschiedenheiten über die Konzeption des Seminars. Strittig ist insbesondere die Frage, ob das Seminar eher praxisorientiert und privat oder wissenschaftlich und universitär ausgerichtet sein soll. Die Repräsentanten der Praxis, etwa Johannes Hepp[13] oder Heinrich Hanselmann*, fordern in erster Linie ein auf praktische Erfahrung gegründetes Institut.[14] Die Universitätsvertreter dagegen – der Rektor, der Professor für Philosophie, Pädagogik und Psychologie Lipps* oder die Vertreter der medizinischen Fakultät – wünschen eine Anbindung an die Universität Zürich. Die im Verband Heilpädagogisches Seminar Zürich vereinten Praktiker setzen letztlich ihre Auffassung durch; sie sprechen sich gegen die Einbindung in die Universität aus und verweigern sich allen intern und extern vorgebrachten Argumenten, die den Vorteil einer staatlichen Trägerschaft des Seminars sowohl in politisch-finanzieller Hinsicht als auch im Hinblick auf die Anerkennung der Ausbildung betonen (Schriber, 1994, S. 84). Diese Debatte über die Einbindung des Seminars in die Universität ist

pelhafte Kinder und der Zentralverein für das Blindenwesen (API: Jahresbericht SVfA 1920, S. 2 f.).

12 API: Statuten Schweizerische Vereinigung für Anormale, Jahresbericht SVfA 1920, S. 13 ff.

13 Hepp war damals Leiter der kantonalen Blinden- und Taubstummenanstalt Zürich.

14 Universitätsarchiv Zürich (UAZ): ALE H, J, Lehrstuhlakten/Dekanatsakten, Mappe Heilpädagogik bis 1951. Brief von Hepp bezüglich des Verbands Heilpädagogisches Seminar an Wreschner, den Dekan der philosophischen Fakultät I, vom 13. November 1922.

stark vom bildungspolitischen Kontext der 1920er-Jahre in Zürich beeinflusst: Die Lehrerverbände und die Schulsynode verlangen die Akademisierung der Lehrerbildung (vgl. Kapitel 1 in diesem Band).[15] Nach einer dreijährigen Phase der Unentschlossenheit wird schliesslich ein Kompromiss gefunden: Der theoretische Teil der heilpädagogischen Ausbildung soll in Verbindung mit der Universität erfolgen, die praktische Ausbildung bleibt unabhängig und wird dem Verband übertragen.[16] Finanziell wird das Seminar vom Bund, von der Erziehungsdirektion des Kantons Zürich sowie von Fürsorgeorganisationen und Privatpersonen unterstützt.[17]

Im Frühjahr 1924 wird das Heilpädagogische Seminar in der Rechtsform eines Privatinstituts eröffnet. Die Studierenden sind allerdings an der Universität Zürich immatrikuliert und besuchen dort bestimmte Lehrveranstaltungen, unter anderem diejenigen des Seminardirektors Hanselmann in Heilpädagogik. Für die Zulassung werden ein kantonales Primarlehrerdiplom sowie mindestens ein Jahr Berufserfahrung im Lehrberuf oder in einem Bereich der Heilpädagogik vorausgesetzt. Die Ausbildung dauert zwei Semester, wobei ein Drittel der theoretischen und zwei Drittel der praktischen Lehre gewidmet sind, und schliesst mit einem Diplom in Heilpädagogik ab, das von der Erziehungsdirektion des Kantons Zürich mitunterzeichnet wird. Die Lehrveranstaltungen sind zwischen der Universität (allgemeine und experimentelle Psychologie, allgemeine Pädagogik und Heilpädagogik), der ETH Zürich (Hygiene) und dem Heilpädagogischen Seminar aufgeteilt, das für die Kinderpsychologie und die medizinischen Ausbildungsanteile zuständig ist: Psychopathologie, Anatomie und Pathologie des Nervensystems sind Ärzten anvertraut, die in Verbindung mit den vom Verband Heilpädagogisches Seminar kontrollierten Heimen stehen (Schindler, 1979, S. 75).[18] Das Programm umfasst zwar die

---

15 Der Vorsteher der Erziehungsdirektion des Kantons Zürich unterstreicht die Bedeutung einer ausseruniversitären praktischen Ausbildung, um die Einbindung des Heilpädagogischen Seminars in die Universität zu verhindern. Ein Universitätsabschluss für die Heilpädagogen hätte den Bruch mit der Ausbildungstradition der Volksschullehrer zur Folge (Criblez, 2000b, S. 312 ff.; Schriber, 1994, S. 89 f.).

16 Die Erziehungsdirektion stellt die notwendigen Räumlichkeiten zur Verfügung und finanziert die in Zusammenhang mit dem Seminar geschaffenen zusätzlichen universitären Lehraufträge (unter anderem auch einen Lehrauftrag für den Direktor Hanselmann) (UAZ: Lehrstuhlakten/Dekanatsakten, ALE H/J, Mappe Heilpädagogik bis 1951. Brief des Dekans der philosophischen Fakultät I, Wreschner, an die Erziehungsdirektion des Kantons Zürich vom 23. Dezember 1922). Dem Seminar steht es frei, welche Lehrveranstaltungen es der Universität übertragen möchte.

17 Richtlinien für die Schaffung eines Heilpädagogischen Seminars, 1923 (Schriber, 1994, S. 69).

18 API: Bericht des Heilpädagogischen Seminars Zürich, Jahresbericht der SVfA für 1924, S. 54 ff.

universitäre Lehre in Pädagogik und Psychologie, die universitäre Lehre der Medizin wird jedoch unter dem Vorwand abgelehnt, dass die Professoren der Medizin bislang nicht im Bereich der Heilpädagogik gearbeitet hätten (Schriber, 1994, S. 87). In Konkurrenz zu den universitären Vertretern der Psychiatrie und der Hygiene mit ihren längst etablierten Lehrstühlen, die die Fürsorgeaktivitäten in Richtung «gesunde Jugend» lenken wollen, fordert Hanselmann, die Unterstützung «Anormaler» beizubehalten, und vertritt so die einzig mögliche Position, um die Heilpädagogik, die sich gerade erst als akademische Disziplin herauszubilden beginnt, zu legitimieren (Ramsauer, 2000, S. 192 ff.).

Parallel dazu gründet Hanselmann 1927 eine Erziehungsberatungsstelle nach dem Vorbild der medizinisch-pädagogischen Beratungsstelle *(Consultation médico-pédagogique)* des IJJR (Hanselmann, 1928; Schriber, 1994, S. 135) und ein Landerziehungsheim in Albisbrunn. Mit diesen Einrichtungen reagiert Hanselmann einerseits auf gesellschaftliche Erwartungen, andererseits bieten sie ihm die Möglichkeit, seine Theorien durch praktische Versuche zu begründen und die Ausbildung mit praktischen Übungsfeldern zu ergänzen. Für die Erziehungsberatung ergibt sich eine Arbeitsteilung mit der Kinderstation der Psychiatrischen Poliklinik Zürich: Dem Psychiater obliegt die Aufgabe, die psychopathologischen Abklärungen vorzunehmen und die Entwicklung der Kinder zu diagnostizieren, während die therapeutische Arbeit, die im Wesentlichen heilpädagogisches Handeln erfordert, in Zusammenarbeit mit den verschiedenen heilpädagogischen Institutionen erfolgt (Schweizer, 1945, S. 65 f.). Das Seminar, das sich in erster Linie der praktischen Ausbildung verschrieben hat, übersteht seine Anfangsjahre im Wesentlichen dank der finanziellen Unterstützung eines Mäzens.

Seit 1926 erhält die SVfA eine bedeutendere jährliche Bundessubvention und richtet, in Verbindung mit den beiden in der Schweiz bestehenden Instituten für Heilpädagogik, zwei Geschäftsstellen ein: Das Zürcher Seminar ist für das deutschsprachige, das IJJR für das französischsprachige Sekretariat zuständig, letzteres wird als Westschweizer Aktionszentrum der Schweizerischen Vereinigung für Anormale *(Centre d'action pour la Suisse romande de l'Association suisse en faveur des Anormaux)* geführt. Seit seiner Gründung arbeitet das Aktionszentrum als Forschungs- und Informationsbüro und organisiert ab 1927 lokale Konferenzen[19] und internationale Zusammenkünfte.[20]

Heilpädagogik und Reformpädagogik

Durch die Institutionalisierung eines neuen Schultyps – der Sonderklassen – entstehen Freiräume für pädagogische Innovationen. Parallel dazu wird der Bildungswert des traditionell von der Schule geförderten Buchwissens von der reformpädagogischen Bewegung kritisiert und infrage gestellt (Hofstetter, Schneuwly, Lussi & Haenggeli-Jenni, 2006). In diesem Kontext werden neue, dem Alltagsleben nahestehende, praktische und konkrete pädagogische Methoden propagiert, die sich in der Erziehung «anormaler» Kinder, bei denen die traditionellen pädagogischen Methoden versagen, als besonders Erfolg versprechend erwiesen haben. Diese Methodenreflexion ist von den Arbeiten von Wissenschaftlern wie Decroly[21] oder Claparède geprägt, die als reformpädagogische Protagonisten die Entstehung des pluridisziplinären Feldes der Erziehungswissenschaft fördern, indem sie Ausbildungsinhalte aus Medizin, Psychologie und Pädagogik (auch Heilpädagogik) verbinden. Aber obwohl sich während der ersten Jahrzehnte des 20. Jahrhunderts eine gewisse Nähe der in den Sonderklassen angewandten Methoden zu denen feststellen lässt, die von der reformpädagogischen Bewegung befürwortet werden, unterscheiden sich die von den Vertretern der Heilpädagogik und denjenigen der Reformpädagogik befürworteten sozialen und wissenschaftlichen Konzepte in den verschiedenen Kulturräumen der Schweiz.

Zwischen den Genfer Aktivisten der Reformpädagogik und den Heilpädagogen um Hanselmann besteht Uneinigkeit sowohl hinsichtlich der Ätiologie von «Anormalität» als auch hinsichtlich der zu ergreifenden Massnahmen: Die einen wollen eine andere Schule schaffen, um die Gesellschaft zu verändern, in der das Kind lebt.

---

19 Die Konferenzen der *Groupe romand en faveur de l'éducation des enfants difficiles* finden seit 1927 statt und werden in den vom *Educateur* veröffentlichten Chroniken des IJJR angekündigt (vgl. Junod, 1932, S. 72 ff.).

20 Insbesondere die *Journées éducatives* in Lausanne, an denen internationale Experten wie Decroly, Simon oder Bovet teilnehmen (Meyer, 1928, S. 4).

21 Die Erfolge, die Decroly in Belgien mit seinem 1901 gegründeten Institut für den Spezialunterricht für Zurückgebliebene und Anormale *(Institut d'enseignement spécial pour retardés et anormaux)* und mit seiner 1907 eröffneten *Ecole de l'Ermitage* für «normale» Schüler verzeichnet, waren die Grundlage vieler Reformschulen und der reformpädagogischen Bewegung im französischen Sprachraum.

Die andern wollen die künftigen Bürger in die Gesellschaft einpassen. Diese beiden unterschiedlichen Konzepte wirken sich auf die Forschungsansätze und die Ausbildung aus: Während die Vertreter der Reformpädagogik die allgemeine Entwicklung des Kindes als zentralen Gegenstand von Lehre und Forschung betrachten und den Normdefinitionen kaum Bedeutung zumessen, richten die deutschsprachigen Heilpädagogen ihre Aufmerksamkeit auf die Lernblockaden, die, einmal kategorisiert, ihrer Meinung nach im Zentrum der heilpädagogischen Arbeit stehen sollen. Zu deren Überwindung können zwar die von der Reformpädagogik propagierten Methoden – soweit sie überzeugend sind – herangezogen werden, die Heilpädagogen übernehmen jedoch nicht deren philosophische Konzepte (Hillenbrand, 1994, S. 243).

Neue wissenschaftliche, politische und kirchliche Einflüsse (1930er- bis 1950er-Jahre)

Zu Beginn der 1930er-Jahre erreicht die Bewegung zugunsten der Heilpädagogik in der Schweiz einen Höhepunkt: 1931 wird an der Universität Zürich der erste Lehrstuhl für Heilpädagogik in Europa geschaffen und mit Hanselmann besetzt. Die vom Bund zur Verfügung gestellten Subventionen für «Anormale»[22] versiebenfachen sich zwischen 1926 und 1931. Die verschiedenen Verbände beteiligen sich aktiv an der Weiterentwicklung der Einrichtungen für «Geistesschwache» (deren Anzahl sich zwischen 1880 und 1938 quasi alle zwanzig Jahre verdoppelt) ebenso wie an derjenigen der Sonderklassen (deren Anzahl sich zwischen 1900 und 1937 mehr als versechsfacht).[23]

Diese Errungenschaften werden allerdings nach 1933 aufgrund der sozialpolitischen Entwicklungen stark infrage gestellt: Die Wirtschaftskrise bewirkt einen Rückgang der Bundessubventionen für «Anormale»;[24] gleichzeitig gewinnt die vom

22 Die Verwaltung wird der SVfA übertragen, die seit den 1920er-Jahren die Vereine unter ihrer Schirmherrschaft zusammenführt und koordiniert und deshalb als Verbindungsinstanz zwischen ihnen und den Kantons- und Bundesbehörden fungiert.

23 Die Zahl der Einrichtungen für «Geistesschwache» steigt von 8 (1880) auf 55 (1938), die der Sonderklassen von 40 (1900) auf 260 (1937). Letztere sind in der ganzen Schweiz und insbesondere in Gebieten mit höherer Bevölkerungsdichte zu finden; Sonderschulen für spezifische Arten von Behinderungen bestehen nur in den grossen urbanen Zentren (Bersot, 1942, S. 65 f./81).

24 Die Bundessubventionen steigen von CHF 15 000 (1923) auf CHF 350 000 (1932) und verringern sich anschliessend auf CHF 300 000 (1933) und weiter auf CHF 233 000 (ab 1936) (Junod, 1932, S. 75 f.).

aufkommenden Nationalsozialismus propagierte Ablehnung von Behinderten immer mehr Einfluss in der Bevölkerung (Schindler, 1990, S. 22). Zudem verlieren die reformpädagogische Bewegung und die von den Genfern verbreiteten Ideale der für alle geltenden pädagogischen Methoden an Einfluss (vgl. Kapitel 12 in diesem Band). In diesem neuen Kontext gewinnt das Zürcher Konzept, das die Heilpädagogik als spezielles disziplinäres und professionelles Feld definiert, an Einfluss und dient als Modell für ein drittes Heilpädagogisches Institut, das Anfang der 1930er-Jahre in Freiburg eröffnet wird.

Das Heilpädagogische Institut[25] der Universität Freiburg

Im Freiburger Kontext ist die Entstehung eines Instituts für Heilpädagogik weder – wie in Genf oder Zürich – auf ein Korpus von Speziallehren mit dem Wunsch nach einer weiterführenden Ausbildung noch auf interne Bemühungen der Institution oder des Kantons zurückzuführen, sondern auf äusseres, sozial und politisch motiviertes Lobbyieren der katholischen karitativen Bewegung in der Schweiz, die ein katholisches Pendant zum Zürcher Seminar schaffen möchte (vgl. Kapitel 6 in diesem Band; Haeberlin, 1991, S. 764). Nachdem ein erstes Projekt, das die Ausbildung katholischer Heilpädagoginnen und Heilpädagogen am Heilpädagogischen Seminar Zürich vorgesehen hatte, aufgrund konfessioneller Differenzen gescheitert war (Schriber, 1994, S. 96f.), entwickelt die Caritas ab 1928 ein katholisches Projekt, in dessen Rahmen zwei Institute gegründet werden, um dem Personal der von der Caritas verwalteten Heime eine Ausbildung auf universitärer Ebene zu ermöglichen: das praktisch orientierte Institut für Heilpädagogik in Luzern (1932) und das theoretisch orientierte Heilpädagogische Seminar der Universität Freiburg (1935) (Hegi, 1982, S. 16).

Das Heilpädagogische Seminar in Freiburg nimmt 1935 seinen Betrieb als Fachbereich des der geisteswissenschaftlichen Fakultät angegliederten Instituts für Allgemeine Pädagogik (Lussi Borer, 2008) auf und bietet eine zweisemestrige Einführung in die Theorie und Praxis der Heilpädagogik an. Der zweisprachige[26] Studiengang umfasst sowohl Kurse und Übungen aus dem Lehrangebot der Uni-

25 Zu den Bezeichnungen «Institut» oder «Seminar» vgl. Kapitel 6 in diesem Band, Fussnote 60.

26 Die Lehrveranstaltungen in französischer Sprache sind allerdings in der Minderzahl: Trotz der Zweisprachigkeit des Kantons und der Universität ist das Freiburger Seminar in erster Linie im deutschsprachigen Kulturraum verortet und steht in Verbindung mit dem Luzerner Institut und der Caritas, die besonders in der deutschsprachigen Schweiz verankert ist.

versität als auch eigens vom Seminar organisierte Veranstaltungen. Er wird durch wöchentliche Übungen in Heimen ergänzt, die unter der Schirmherrschaft des Luzerner Instituts stehen. Nach einer allgemeinen Ausbildung spezialisieren sich die Studierenden in einem der Studienfächer (Heilpädagogik, Psychologie, Psychopathologie und Anatomie). Das Seminar ist für die Ausbildung von Primarlehrerinnen und Primarlehrern sowie für Heimpersonal mit mindestens einjähriger Berufserfahrung konzipiert und steht in enger Verbindung mit den karitativen Verbänden, deren Vertreter an den Prüfungen für das Spezialdiplom teilnehmen (Spieler, 1940, S. 223 f.). Josef Spieler* nutzt seine Doppelfunktion als Direktor des Freiburger Seminars und des Luzerner Instituts zur Durchführung praktischer Übungen in den Heimen und Beobachtungsstationen, die unter der Ägide des Luzerner Instituts stehen. Dabei zielt er sowohl auf die Vorbereitung der Studierenden auf eine Zusammenarbeit mit den Ärzten und Psychiatern ab als auch auf eine Erweiterung der Themenfelder, wodurch die Forschung in experimenteller Pädagogik unterstützt werden soll (Spieler, 1934).

Die katholische Heilpädagogik als Motor für ein allgemeines Institut für Pädagogik, Heilpädagogik und angewandte Psychologie in Freiburg

Auch wenn das Freiburger Seminar zunächst nach dem Vorbild des Zürcher Modells konzipiert war,[27] was sich insbesondere in der doppelten Ernennung Spielers als Universitätsprofessor für Heilpädagogik und Institutsdirektor in Luzern manifestiert, nimmt seine Entwicklung einen anderen Weg. Die geisteswissenschaftliche Fakultät erweitert 1932 Spielers Lehrauftrag für Heilpädagogik um die deutschsprachige Lehre in Pädagogik für die Sekundarlehramtsstudierenden und verbindet somit den Bedarf der Caritas mit dem eigenen. In ähnlicher Art und Weise macht sie 1935 die Ernennung Spielers zum ausserordentlichen Professor von der Angliederung des Heilpädagogischen Seminars als Fachbereich an das Pädagogische Institut abhängig.

Das Heilpädagogische Seminar entwickelt sich weiter und eröffnet 1943 eine Erziehungsberatungsstelle, gerät am Ende des Zweiten Weltkriegs jedoch in eine schwere Krise: Spieler wird 1945 aus politischen Gründen seiner Ämter enthoben, und die Zukunft der Heilpädagogik ist mehr als ungewiss (Wolfisberg, 2002,

27 Archiv des Bistums von Lausanne, Genf und Freiburg [*Archives de L'Evêché de Lausanne, Genève et Fribourg,* AEvF): Dossier des Heilpädagogischen Instituts. Exposé aus dem Luzerner Institut vom 25. Februar 1934.

S. 134f.). Schliesslich wird Montalta*, der seine Ausbildung in experimenteller Pädagogik (ebenso wie Spieler) in Leuven und in Heilpädagogik bei Hanselmann in Zürich absolviert hat, von der Caritas als Nachfolger für die Leitung der beiden Institute in Freiburg und Luzern und von der Universität Freiburg für die Professur für Heilpädagogik bestimmt. Montalta trägt nicht nur zur Weiterentwicklung des Freiburger Heilpädagogischen Seminars bei, das er 1948 in den Status eines eigenständigen Forschungs- und Lehrinstituts an der geisteswissenschaftlichen Fakultät überführen kann,[28] sondern auch zum Aufschwung des Pädagogischen Instituts. Er erweitert seinen Lehrstuhl um die deutschsprachige Pädagogik, beteiligt sich an der Sekundarlehrerausbildung und führt die Lehre der pädagogischen Psychologie weiter, bevor er 1949 einen Lehrauftrag in experimenteller Psychologie erhält. Damit spielt Montalta eine zentrale Rolle beim Aufbau des Instituts für Pädagogik, Heilpädagogik und Angewandte Psychologie, das 1949 offiziell eröffnet wird und Lehre, Forschung und die städtischen Beratungsdienste vereint (Montalta, 1950; 1958). Innerhalb dieses Instituts bildet die Heilpädagogik ein Sonderinstitut mit eigenem Status, das nicht nur eine allgemeine Ausbildung in Heilpädagogik, die von zwei auf vier Semester erweitert wird, sondern auch spezielle Diplomstudiengänge für Sonderklassenlehrer sowie für Logopädinnen und Logopäden anbietet (Montalta, 1949). In Verbindung mit dem Erziehungsdepartement und der 1947 in eine heilpädagogisch-psychiatrische Poliklinik umgewandelten Erziehungsberatungsstelle (Brunner, 1951) werden zusätzliche Lehrkräfte ernannt, und ab den 1950er-Jahren werden neue Kurse in Sozialarbeit angeboten. Das an der Grenze zwischen deutschsprachigem und französischsprachigem Kulturraum gelegene Freiburger Institut gelangt zu internationalem Ruf: So wählt das *Bureau international catholique de l'enfance* (BICE) Freiburg 1952 zum Austragungsort für die Versammlung, bei der die *Commission internationale médico-sociale et psycho-pédagogique* unter dem Vorsitz Montaltas gegründet wird (Montalta, 1996).

28 Universitätsarchiv Freiburg (*Archives de l'Université de Fribourg,* AUF): Rektorat, Heilpädagogisches Seminar 34.1. Brief von Montalta an den Rektor der Universität vom 3. Juli 1948.

Entwicklung eines spezifischen Feldes der Heilpädagogik in Zürich

Heinrich Hanselmann, der bis 1940 dem Heilpädagogischen Seminar vorsteht, betont die Bedeutung der praktischen Ausbildung der Studierenden.[29] Diese Position wird auch von seinem Schüler Paul Moor* vertreten, der ihm 1934 als Leiter der Erziehungsberatungsstelle, 1940 als Institutsdirektor und 1951 als ausserordentlicher Professor für Heilpädagogik nachfolgt (Moor, 1949). Aufgrund seiner Arbeiten zur Umschreibung des heilpädagogischen Feldes spricht sich Hanselmann für eine Umbenennung in Sonderpädagogik/Sondererziehung aus. Diese Bezeichnung scheint ihm geeigneter, um den Unterschied zur Philosophie, zur Pädagogik und zur Medizin zu kennzeichnen (Hanselmann, 1941). Er definiert die Sondererziehung als die Form der Erziehung, die sich an Kinder mit Lernblockaden richtet, und betont deren religiöse Dimension, die er als Vorbedingung und Ziel jeglicher Erziehung ansieht (Hoyningen-Suess, 1992).

Nach 1942 kommt es auf Betreiben Moors zur vermehrten Zusammenarbeit zwischen der SVfA und dem Zürcher Heilpädagogischen Seminar, was sowohl die Zahl der Veröffentlichungen als auch die Ausbildungstätigkeiten innerhalb der Vereinigung vervielfacht (Schindler, 1990, S. 23). Auf der Linie Hanselmanns verteidigt Moor die Auffassung, dass «Heilpädagogik nicht eine neue Pädagogik neben der sog. Normalpädagogik sei, sondern vielmehr Sonderpädagogik im Sinne eines besonderen Teiles, eines Grenzfalles der allgemeinen Pädagogik ist» (Moor, 1936, S. 110).

Im ungünstigen Umfeld des beginnenden Zweiten Weltkriegs wird 1939 erstmals ein Kurs gestrichen, und das Seminar sieht sich ähnlichen finanziellen Schwierigkeiten ausgesetzt wie in seinen Anfangszeiten. 1947 entfällt der Jahreskurs erneut und wird durch einen Abendkurs in Heilpädagogik ersetzt. Damit reagiert das Seminar einerseits darauf, dass die wirtschaftliche Situation es den Studierenden nicht mehr erlaubt, eine einjährige Vollzeitausbildung zu absolvieren, andererseits auch auf die starke Nachfrage nach einer berufsbegleitenden Ausbildung. Um den unterschiedlichen Erwartungen entsprechen zu können, werden die einjährigen Kurse ab 1948 parallel zu den Abendkursen wieder aufgenommen, wodurch die Ausbildungsangebote erweitert und gleichzeitig in Konkurrenz zueinander gesetzt werden (Schriber, 1994, S. 160 ff.).

---

29 Archiv der Hochschule für Heilpädagogik Zürich (HfH ZH): Jahresbericht Heilpädagogisches Seminar Zürich 1974, S. 19.

Der Einfluss des Aufschwungs der Psychologie auf die Sonderpädagogik in Genf

Die Entwicklung in Genf erfährt eine grundlegende Wende, als André Rey* – gleichzeitig mit der Umwandlung des IJJR zum Institut für Erziehungswissenschaften (*Institut universitaire des Sciences de l'éducation,* ISE) – seine Arbeit an der Erziehungsberatungsstelle aufnimmt (vgl. Kapitel 4 in diesem Band). Auf der Grundlage seiner Forschungsarbeiten in Psychometrie schlägt er eine neue Methode der psychologischen Diagnostik vor, die sich auf die Analyse von Adaptations- und Lernprozessen abstützt und der Beratungsstelle schnell einen guten wissenschaftlichen Ruf verschafft. Rey fordert für die angewandte Psychologie eine wissenschaftliche und technische Ausbildung auf Universitätsniveau und strebt eine Regelung des Berufs an, den er als paramedizinische Tätigkeit verstehen will, die in Zusammenarbeit mit dem Arzt durchgeführt wird: Der Psychologe ist für die Feststellung der geistigen Fähigkeiten der Kinder zuständig, dem Mediziner obliegt die Diagnose und Behandlung (Rey, 1942). Die Erziehungsdirektion anerkennt die vom Institut entwickelte Expertise und überträgt ihm ab 1931 die Ausbildung von Sonderpädagogen (Landenbergue-Gaschen & Lussi, 1999, S. 66 ff.). Die Erziehungsberatungsstelle wird in einen medizinischen, einen sozialen und einen psychologischen Dienst umgewandelt, um «die psychologischen Forschungsarbeiten des Instituts besser mit den medizinisch-pädagogischen koordinieren zu können, sowohl unter dem Gesichtspunkt der Lehre, als auch in rein wissenschaftlicher Hinsicht».[30] Das pluridisziplinäre Vorgehen und die Zusammenarbeit sowohl unter den unterschiedlichen Fachleuten der Beratungsstelle als auch mit den Studierenden begründen deren Besonderheit und ihren nationalen und internationalen Ruf. Das 1937 eingeführte Spezialdiplom in Angewandter Psychologie im Bereich der Erziehungsberatung *(psychologie appliquée aux consultations d'enfants)* berücksichtigt den Beitrag der Psychologie im medizinisch-pädagogischen Bereich der Erziehungsberatung und weist medizinische, psychologische, pädagogische, soziale und psychoanalytische Ausbildungsanteile auf (Loosli Usteri, 1935, S. 3 ff.). Aufgrund seiner bedeutenden Rolle in der sonderpädagogischen Ausbildung und Forschung wird Genf 1939 Durchführungsort des ersten Kongresses der Internationalen Gesellschaft für Heilpädagogik *(Société internationale pour la pédagogie de l'enfance déficiente)* unter dem Vorsitz von Hanselmann.

30 Archiv der Universität Genf (*Archives de l'Université de Genève;* AUG): 5B1/45. Bericht der Direktion des ISE über das Universitätsjahr *(Rapport de la direction de l'ISE sur l'année universitaire)* 1935–1936, S. 5 f.; Übersetzung VL.

Die Entwicklung des Verbands- und Vereinswesens in der Schweiz

1935 schafft sich die SVfA unter dem neuen Namen Pro Infirmis eine breitere Basis: Sie richtet eine zentrale Geschäftsstelle in Zürich ein, eröffnet in elf Kantonen regionale Geschäftsstellen und schlägt zusammen mit dem Eidgenössischen Statistischen Amt vor, die Zahl der «behinderten» oder «anormalen» Kinder in der Schweiz neu zu erheben (Bersot, 1942, S. 73/82). Im selben Jahr schliessen sich die Heilpädagogischen Institute in Genf, Freiburg und Zürich zum Verband der Heilpädagogischen Ausbildungsinstitute[31] zusammen und kommen in den Genuss von Bundessubventionen, die von der Pro Infirmis verteilt werden.[32] Auf den Erfolg, der sich am gemeinsam vom Zürcher und vom Genfer Institut veranstalteten ersten internationalen Kongress für Heilpädagogik zeigt, folgt jedoch eine eher düstere Periode. Der Zweite Weltkrieg und die in dieser Zeit verbreiteten Ideale der Eugenik (Montalta, 1996; Wolfisberg, 2002) stellen zwischen 1939 und 1945 eine ernsthafte Existenzbedrohung für die Pro Infirmis dar, anders als für die anderen Vereinigungen wie die Schweizerische Gesellschaft für Psychiatrie[33] oder die Schweizerische Gesellschaft für Psychologie und ihre Anwendungen, die ihre Position im medizinisch-pädagogischen Bereich stärken können. Nach Kriegsende ermöglicht der steigende Ausbildungsbedarf für benachteiligte Kinder und in der Sozialarbeit dem Verband der Heilpädagogischen Ausbildungsinstitute, eine Erhöhung der Bundessubventionen zu verlangen.[34] Diese Mittel sind einerseits für eine Verlängerung der Grundausbildung in Heilpädagogik um zwei Semester im Hinblick auf eine Spezialisierung und andererseits für die Einrichtung neuer Ausbildungsgänge (Berufsberater, Schulpsychologe und klinischer Psychologe) vorgesehen.

---

31 API: Jahresbericht der SVfA, 1935, S. 52.

32 Dieser Zusammenschluss vollzieht sich nicht ohne Probleme, da die Caritas Pro Infirmis vorwirft, die fanzösischsprachigen und katholischen Minderheiten in der Schweiz nicht ausreichend zu berücksichtigen (AevF: Caritas, Mappe D.34, Caritas Luzern. Schw. Vereinigung für Anormale und Fachverbände; regionale und konfessionelle Gesichtspunkte; sowie das Protokoll der Sitzung vom 26. Februar 1935).

33 Durch ihre Unterstützung der Kampagne für die Verabschiedung des 1942 in Kraft tretenden Schweizer Strafrechts schafft sich die Kinderpsychiatrie selbst «ihren Aufgabenbereich bei den Straftätern, indem sie dem Richter ihre qualifizierte Mitarbeit anbietet» (*Journal de psychiatrie infantile, 5,* (1941), zitiert nach Schweizer, 1945, S. 20).

34 API: Dossier Nr. 484a. Briefe Moors an das Sekretariat der Pro Infirmis vom 10. Januar 1950, und von Moor, Dottrens und Montalta an den Vorsteher des Eidg. Departements des Innern vom 15. Dezember 1952.

Berufliche und disziplinäre Anteile der Ausbildung

Die drei Institute für Heilpädagogik wurden gegründet, um den sozioprofessionellen Forderungen nach einer Ausbildung von speziell geschultem Personal zu entsprechen, das den Erwartungen auf der Ebene der sozialen und schulischen Bertreuung «anormaler» Kinder genügt. Ihre Institutionalisierung wird von privaten und wohltätigen bzw. kirchlichen Vereinen und Verbänden und nicht von Gemeinden, Kantonen oder vom Bund vorangetrieben (Wolfisberg, 2005). Mit der Zeit beteiligt sich der Staat immer stärker an deren Finanzierung, wie die Entwicklung der Budgets zeigt, in denen der Anteil öffentlicher Subventionen zu überwiegen beginnt. Die wohltätige und kirchliche Ausrichtung spielt bei der Entwicklung der Institute in Freiburg und Zürich jedoch weiterhin eine wichtige Rolle.

Um die unterschiedliche Entwicklung der Ausbildung an den drei Instituten zu erfassen, vergleichen wir ihre berufsbezogenen Bestandteile hinsichtlich der institutionellen Stellung, des jeweiligen Ausbildungsmodells, der studentischen Population und der Zertifizierung: Das Zürcher Seminar muss aufgrund seines Status als Privatinstitut und der entsprechenden finanziellen Abhängigkeiten in erster Linie die Erwartungen seiner Subventionsgeber nach einer praxisorientierten Ausbildung für heilpädagogische Praktiker erfüllen; seine Existenz und sein Angebot sind also von je nach sozioökonomischen Kontexten variierenden Ressourcen abhängig. Die Institute in Genf[35] und Freiburg profitieren von einem universitären Status, der ihren Bestand garantiert und die Möglichkeit bietet, Forschung und Lehre an autonomen Instituten miteinander zu verbinden. Das IJJR (später ISE) vertritt ein polyvalentes Ausbildungskonzept für die Erziehungswissenschaften: Es findet keine Trennung zwischen Studierenden, die sich schwerpunktmässig mit Erziehung und Unterricht «Anormaler» befassen, und den anderen Studierenden der Erziehungswissenschaften statt, und es bestehen auch keine besonderen Zulassungsbedingungen für diese Studienrichtung. Das Seminar in Zürich und das Freiburger Institut bieten dagegen spezielle Kurse an, die Lehrerinnen und Lehrern vorbehalten sind, die bereits über Erfahrungen im Umgang mit «anormalen» Kindern verfügen. Die entsprechenden Prüfungskommissionen sind mit Praktikern aus den Hilfswerken besetzt (die Diplome des Zürcher Seminars werden sogar von der Erziehungsdirektion mitunterzeichnet).

Hinsichtlich des Stellenwerts der Forschung und der Verbindungen zur Universität wird deutlich, dass die Studiengänge aller drei Institute Lehrangebote der

35 Das ursprünglich als Privatinstitut gegründete IJJR wird 1929 teilweise und 1948 vollständig in die Universität integriert (vgl. Kapitel 4 in diesem Band).

jeweiligen kantonalen Universitäten enthalten, die praktische Ausbildung jedoch weitgehend in Zusammenarbeit mit den sonderpädagogischen Institutionen bzw. den Sonderklassen stattfindet. Während das IJJR/ISE und das Freiburger Institut jedoch Ausbildungs- und Forschungstätigkeiten verbinden, bietet das Zürcher Seminar vor allem eine praktische Ausbildung an und verzichtet fast vollständig auf eine Einführung in die wissenschaftliche Forschung. Diese Trennung von Ausbildung und Forschung erklärt sich aus der institutionellen Trennung von Institut und Lehrstuhl und führt zur entsprechenden Aufteilung der Lehr- und Forschungsaktivitäten. Die ursprüngliche Planung sieht zwar auch Forschungstätigkeiten am Heilpädagogischen Seminar vor, es beschränkt sich dann jedoch in erster Linie auf Lehraufgaben und delegiert, vor allem aus finanziellen Gründen, die Forschungsaufgaben an die Universität (Schriber, 1994, S. 70).

Ein Vergleich der disziplinären Anteile zeigt, dass die Ausbildung in Heilpädagogik mehrere Disziplinen umfasst, die im Entstehungsprozess der Studiengänge als Verhandlungspartner agieren: die Pädagogik und die (Schul-)Medizin hinsichtlich des staatlichen Schulwesens; die Heilpädagogik, Psychologie und Psychiatrie (ursprünglich ein Teil der Medizin)[36] hinsichtlich der Sonderklassen, Erziehungs- und Sonderschulheime, in denen die Kinderpsychiatrie ab den 1930er-Jahren eine immer bedeutendere Rolle spielt (Wolfisberg, 2002, S. 72). Die Entwicklung dieser Disziplinen wird von der sich ändernden Ausrichtung der Hilfswerke beeinflusst: Das Konzept der Privatasyle für «Anormale», in denen die Medizin ausschliesslich bei körperlicher Krankheit interveniert, wird aufgrund der Fortschritte in Psychiatrie und Psychologie von institutionellen Konzepten abgelöst, die sich neuer Möglichkeiten der Diagnose psychischer Störungen und deren Behandlung in unterschiedlichen Einrichtungen (Heim, Beobachtungsstation, Erziehungsberatung, Poliklinik) bedienen und die ärztliche und psychologische Behandlung sowohl von stationär untergebrachten Kindern als auch von Kindern in der Familie ermöglichen (Bersot, 1942, S. 90).

Die gesellschaftliche und wissenschaftliche Legitimation sonderpädagogischer Interventionen erfordert die Festlegung institutioneller Grenzen, die Identifizierung der jeweiligen Spezialisten und die Koordination pluridisziplinärer Interventionen. Nur diese Massnahmen erscheinen geeignet, die Probleme der sogenannten Anormalität im Kindesalter in all ihren Erscheinungsformen zu bearbeiten. Die

36 Bei der Einrichtung der Beobachtungsstationen für «anormale» Kinder arbeiten Psychiatrie und Heilpädagogik bei der Beurteilung der Bildungsfähigkeit der Kinder und der Festlegung ihrer Unterbringung zusammen, was zur Differenzierung der Kinderpsychiatrie beiträgt (Ramsauer, 2000, S. 233 ff.).

Vorrangstellung der Medizin (und der durch interne Differenzierung aus ihr hervorgegangenen Psychiatrie), wird allmählich relativiert durch die Psychologie, die in der Untersuchung und Betreuung «anormaler» Kinder ein Anwendungs- und Betätigungsfeld findet, für das sie neue Methoden entwickelt und entsprechend grosse Hoffnungen hinsichtlich der Behandlung psychischer Störungen im Kindesalter weckt. Die wechselnde Dominanz dieser Disziplinen prägt die Entwicklung der Heilpädagogischen Institute: In Zürich definiert die Heilpädagogik die Grenzen ihres Handlungsfeldes in enger Verbindung mit der Kinderpsychiatrie und der ersten in der Schweiz gegründeten Kinderstation einer psychiatrischen Poliklinik. An diesem Standort entwickelt sich eine Allianz zwischen der Kinderpsychiatrie und der Heilpädagogik, die es beiden ermöglicht, sich gegenüber der Medizin zu legitimieren (Ramsauer, 2000, S. 240 f.). Auch wenn unter der Ägide der Schweizerischen Gesellschaft für Psychiatrie,[37] die sich für den regelmässigen Besuch eines Psychiaters in allen Einrichtungen für geistig Behinderte einsetzt (Bersot, 1942, S. 77 f.), in der ganzen Schweiz weitere Beobachtungsstationen entstehen, spielt die Kinderpsychiatrie in Genf und Freiburg nicht dieselbe Rolle wie in Zürich. An diesen beiden Standorten gewinnt die Psychologie, insbesondere die angewandte Psychologie, aufgrund ihrer Präsenz am IJJR/ISE und am Heilpädagogischen Institut zunehmenden Einfluss auf die Erziehungsberatung (Lussi & Muller, 2001). Im Gegensatz zu Psychiatrie und Psychologie, die Wissen produzieren, das es ihnen ermöglicht, eine gewisse Autonomie gegenüber den Praxiserwartungen im pädagogischen Feld zu erlangen, bleibt die (Heil-)Pädagogik eng mit dem professionellen Handeln verbunden und muss den Bedürfnissen der Praktiker weitgehend entsprechen (Lussi, 2002).

Ein spezifisches Feld oder ein Feld innerhalb der Erziehungswissenschaften?

Eine nähere Betrachtung der verschiedenen Ausprägungen der Verbindung zwischen dem disziplinären Feld der Erziehungswissenschaften auf universitärer Ebene und der institutionellen Funktionsweise der sonderpädagogischen Ausbildung an den einzelnen Standorten ist aufschlussreich: Zwar bieten die geisteswissenschaftli-

37 Einer der Hauptakteure der Gesellschaft ist Moritz Tramer (1882–1963), der 1934 die *Zeitschrift für Kinderpsychiatrie* gründet, um die Unabhängigkeit der Kinderpsychiatrie als wissenschaftlicher Disziplin gegenüber der allgemeinen Psychiatrie und der Pädiatrie zu behaupten.

chen Fakultäten an allen heilpädagogischen Instituten Lehrveranstaltungen in Pädagogik an, aber nicht alle richten einen eigenen Lehrstuhl für Heilpädagogik ein; in Genf entwickelt sich die Sonderpädagogik nicht als eigenständige Disziplin mit einem eigenen Lehrstuhl. Sie ist – im Gegenteil – in ein Institut für Erziehungswissenschaften integriert, in dem sich Forschung und Lehre der Teildisziplinen wechselseitig beeinflussen. Die Heilpädagogik ist hier also Teil eines Prozesses, den man als «interne Differenzierung» der Erziehungswissenschaften bezeichnen kann.

In Zürich mit dem an der philosophischen Fakultät geschaffenen Extraordinariat für Heilpädagogik *ad personam*, dem ersten seiner Art in Europa, und dem ausseruniversitären Heilpädagogischen Seminar handelt es sich dagegen eher um einen Prozess der «externen Differenzierung». Die Verbindung der Erziehungswissenschaft mit dem Heilpädagogischen Seminar bleibt instabil und personenabhängig. Die Heilpädagogik muss ihre Existenz innerhalb der Universität zwischen der philosophischen und der medizinischen Fakultät legitimieren und ihr eigenes Betätigungsfeld allmählich abgrenzen.

In Freiburg muss das ursprüngliche Projekt der katholischen Instanzen für ein eigenständiges Institut für Heilpädagogik an der geisteswissenschaftlichen Fakultät mit dem bereits bestehenden Projekt eines Instituts für allgemeine Pädagogik in Einklang gebracht werden: Die Fakultät erweitert den Lehrstuhl für Heilpädagogik um eine Komponente in allgemeiner Pädagogik und verpflichtet damit die Lehrstuhlinhaber, sich im ganzen Pädagogischen Institut zu engagieren. Die Interaktion zwischen diesen beiden Projekten gewährleistet den Aufschwung sowohl der Heilpädagogik als auch der Pädagogik an einem Institut mit doppelter Funktion.

Das heilpädagogische Feld und das Feld der Erziehungswissenschaften bleiben an den einzelnen Standorten institutionell auf unterschiedliche Art und Weise aufeinander bezogen. Die Forderung nach einer Verortung der Heilpädagogik innerhalb der Erziehungswissenschaften bleibt jedenfalls bestehen, da letztlich nur die Erziehungswissenschaften das disziplinäre Referenzfeld für die Heilpädagogik bilden und deren Tätigkeit legitimieren können (Montalta, 1974, S. 349).

Kapitel 11

Berufsberatung und Erziehungswissenschaften: Zwei sich kontrastierende Wege[1]

Astrid Thomann, Bernard Schneuwly und Valérie Lussi Borer

An der Schnittstelle zwischen Ausbildung und Arbeitswelt entsteht zu Beginn des 20. Jahrhunderts die Berufsberatung,[2] die zur optimalen Funktionsweise des Bildungssystems beitragen soll, das mit der Notwendigkeit konfrontiert ist, gleichzeitig den Erwartungen einer immer heterogeneren Öffentlichkeit zu entsprechen und auf den wirtschaftlichen Druck nach einer den neuen Produktionstechniken angepassten Ausbildung zu reagieren. Deshalb ist der Aufbau der Berufsberatung – in der Schweiz wie auch in andern europäischen Ländern – gleichermassen pädagogisch, sozial und ökonomisch motiviert. Im pädagogischen Bereich entsteht schliesslich ein neues Berufsfeld. Die Berufsberatung erscheint als «ein pädagogisches Problem, wenn nicht sogar *das* pädagogische Problem», schreibt Julien Fontègne[3] (Fontègne & Luc, 1943, S. 3; Übersetzung AT/BS/VLB) – eine der Schlüsselfiguren der Entwicklung der Berufsberatung in Frankreich; der Berufsberater *(conseiller de profession)* ist in diesem Sinne Pädagoge.

Bis zum Zweiten Weltkrieg ist die Berufsberatung in erster Linie auf Jugendliche beim Schulabschluss ausgerichtet. Mit der Förderung der Berufslehre will man

1 Für die Berufsberatung in der Westschweiz enthält dieses Kapitel Daten, die im Rahmen einer diesem Thema gewidmeten Dissertation von Astrid Thomann gesammelt wurden.

2 Wie in diesem Feld üblich (so etwa Eckert, 1993), verwenden wir im Folgenden unterschiedslos den Begriff «Berufsberatung» *(orientation professionnelle).*

3 Der im Ersten Weltkrieg verwundete Fontègne wird nach sechsmonatiger deutscher Gefangenschaft in die Schweiz verlegt. Man schickt ihn nach Genf, wo er seine Studien am *Institut Jean-Jacques Rousseau* (IJRR) fortsetzt. Fontègne ist massgeblich an der Gründung der Berufsberatungsstelle beteiligt, die 1918 am Institut eröffnet wird. Nach dem Krieg kehrt er nach Frankreich zurück, gründet die Berufsberatungsstelle *(Office d'orientation professionnelle)* in Strassburg und wird anschliessend zum Direktor der regionalen Berufsberatung für das Elsass und Lothringen *(directeur du service régional d'orientation professionnelle pour L'Alsace et la Lorraine)* ernannt. Zusammen mit Henri Piéron gründet er auch das nationale Berufsberatungsinstitut *(Institut national d'orientation professionnelle)* (Sauzède, 1995, S. 56/97; Eckert, 1993, S. 108).

gleichzeitig die soziale und ökonomische Integration der Jugendlichen aus benachteiligten Sozialschichten gewährleisten und den wirtschaftlichen Erwartungen entsprechen. Dieser Logik entsprechend, findet der Beratungsprozess in zwei Schritten statt: Einerseits geht es um die Feststellung der individuellen Eignungen und Neigungen, andererseits um deren Abgleich mit dem Bedarf auf dem Arbeitsmarkt.

An der Schnittstelle von Bildungs- und Wirtschaftssystem wird die Berufsberatung zunächst von wirtschaftsnahen Akteuren organisiert, wobei für einzelne Bereiche der Staat zuständig ist, der über die staatlichen Schulen und die Lehrerschaft[4] indirekt eine Rolle bei der Ausbildung der Arbeiterschaft spielt. In dieser Situation muss die Berufsberatung zwei unterschiedliche Perspektiven einnehmen: eine pädagogische und soziale, die auf die berufliche Eingliederung der Jugendlichen durch bessere Ausbildung zielt, und eine ökonomische, deren vorrangiges Ziel eine optimale Verteilung der Arbeitskräfte auf dem Arbeitsmarkt ist. Die Tätigkeit des Berufsberaters bleibt – wie im Folgenden ersichtlich wird – während mehrerer Jahrzehnte im Wesentlichen eine Nebenbeschäftigung der entsprechenden Akteure – vor allem von Lehrern und Fürsorgerinnen.[5]

Das vorliegende Kapitel beschäftigt sich mit dem Verhältnis zwischen der Berufsberatung, die hinsichtlich ihrer Funktion, ihrer Institutionen, ihrer Stellung im sozialen Gefüge und ihres Ursprungs Teil des pädagogischen Feldes ist, und dem disziplinären Referenzfeld der Erziehungswissenschaften. Die Untersuchung der Entwicklung der Berufsberatung erfolgt über eine Analyse der Konzepte und Instrumente, auf die sie sich stützt. Zudem soll dargestellt werden, welche sozialen und/oder wissenschaftlichen Felder potenziell zur Entwicklung der für die Berufsberatung relevanten theoretischen und praktischen Instrumente beitragen und welche Beziehungen die Berufsberatung insbesondere zur Psychotechnik und den Erziehungswissenschaften unterhält: Wie engagieren sich die unterschiedlichen Akteure in diesem neuen, expandierenden Bereich? Konstituieren sich die im Entstehen begriffenen Erziehungswissenschaften als Referenzfeld für die Berufsberatung? Welche Auswirkungen hat die enge Verflechtung der Berufsberatung mit wirtschaftlichen Interessen auf diesen Prozess?

Diese Fragen leiten sich aus der diesem Band zugrunde liegenden Perspektive – der Frage nach der Existenzmöglichkeit eines disziplinären Feldes der Erziehungswissenschaften, das sich in Referenz zu den professionellen pädagogischen

4 Unmittelbar nach Kriegsende stellt James Schwaar fest, dass «fast alle Berufsberater aus der Lehrerschaft stammen» (1945, S. 216 f.; Übersetzung AT/BS/VLB).

5 Die Genusunterscheidung erklärt sich aus dem Umstand, dass es sich bei Berufsberatern meistens um Lehrer, bei Berufsberaterinnen um Fürsorgerinnen handelt.

Feldern konstituiert hat, sowie der vielfältigen konkreten Formen, die aus diesen Beziehungen entstehen können – ab. Die wenigen Untersuchungen zur Geschichte der Berufsberatung nehmen hinsichtlich der Definition des Verhältnisses zu den wissenschaftlichen Feldern einen andern Standpunkt ein: Die Berufsberatung wird entweder als Ableger der Psychotechnik und – allgemeiner – der experimentellen Psychologie angesehen (Huteau & Lautrey, 1979), oder es wird ihr jegliche disziplinäre Anbindung abgesprochen, und ihre Entwicklung wird auf eine ihr eigene, intrinsische Logik zurückgeführt (Hartwig, 1948). Eine weitere Position sieht die Allianz von Berufsberatung und Psychotechnik als Ergebnis gemeinsamer Interessen, die Ersterer zu mehr Rationalität und Technizität, Letzterer zu einem Anwendungsfeld und zu grösserer Legitimation verhelfen; daraus ergibt sich ein konkretes Dispositiv im Foucault'schen Sinn, das die soziale Kontrolle der Individuen bei gleichzeitiger Abstraktion vom handelnden Subjekt und damit die «technische Anpassung der Arbeitskraft an die Erfordernisse des Kapitalismus» erlaubt (Eckert, 1993, S. 291; Übersetzung AT/BS/VLB). In Deutschland löst sich diese vor dem Zweiten Weltkrieg relativ starke Allianz nach dem Krieg abrupt auf, in Frankreich findet der Prozess allmählicher statt.

Zur Beantwortung der oben gestellten Fragen setzten wir zwei soziale Felder in Beziehung, die für uns von Interesse sind: einerseits das professionelle Feld, das wir auf der Grundlage des Gründungstextes des entsprechenden Berufsverbandes, seiner Jahresberichte sowie verschiedener Beiträge aus der bis heute erscheinenden Verbandszeitschrift erfassen; andererseits das disziplinäre Feld mit seinem wissenschaftlichen Zugang zu den pädagogischen Phänomenen, das wir für die beiden Standorte Genf und Zürich analysieren, die zu Beginn des 20. Jahrhunderts über die ersten und wichtigsten Institute für die Berufsberatung verfügen. Ein Vergleich dieser beiden Standorte, zu denen Monografien und zahlreiche Quellen vorliegen, ist interessant, weil sie sich nach sich kontrastierenden Logiken entwickeln (vgl. Kapitel 8 in diesem Band): Genf durch interne Differenzierung, Zürich durch Auslagerung bestimmter Funktionen in spezielle Institutionen.

Der vorliegende Beitrag zielt wesentlich auf die Beschreibung der von den Akteuren geschaffenen Institutionen und ihrer wechselseitigen Beziehungen. Die Analyse der unter dieser Perspektive gewonnenen Daten führt zur Unterscheidung von drei Perioden, die das vorliegende Kapitel strukturieren: Eine erste Periode steht im Zeichen der Idee der Rationalisierung der Arbeit, eine zweite ist von der paradoxen Exklusion pädagogischer Aspekte aus dem professionellen Feld geprägt, und in der dritten zeichnet sich eine institutionelle Differenzierung der Berufsberatung ab.

Reformdynamik durch die «Verheissungen» der Rationalisierung der Arbeit (1916–1927)

Die Berufsberatung: Ein Beruf entwickelt sich nach seiner eigenen Logik

1916 wird in der Schweiz der erste Verband mit dem expliziten Ziel der Berufsberatung gegründet.[6] Zwischen 1916 und 1927 entsteht in föderalistischer Manier eine Vielzahl von Berufsberatungsstellen mit regionalen und kantonalen Besonderheiten (Heiniger, 2003, S. 23 ff.). Diese Berufsberatungsstellen entstehen zunächst häufig auf gemeinnütziger, sozial-karitativer oder privatwirtschaftlicher Grundlage, bevor sie in kommunale oder kantonale soziale Einrichtungen umgewandelt werden.

Der Schweizerische Verband für Berufsberatung und Lehrlingsfürsorge (SVBL) verbreitet die Idee der Berufsberatung über seine Jahresversammlungen und seine Ausbildungskurse national. Er ist sowohl in der Wirtschaft als auch in den Verbänden, im Bildungsbereich und in der Politik fest verankert, da er Vertreter sämtlicher Bereiche vereinigt: Arbeitgeberverbände, Angestellten- und Arbeitervereine, kantonale Behörden, kantonale Berufsberatungs- und Lehrlingsfürsorgestellen, private Berufsberatungsstellen, Lehrlingspatronate, Schulen und Institute, Industrie- und Handelsunternehmen sowie Einzelmitglieder. Neben der Förderung der Berufsberatung wird angestrebt, alle Berufsberater im Verband gemeinsam auszubilden und den Berufsstand zu vereinheitlichen. Dieser Berufsstand besteht zum grossen Teil aus Lehrern und Fürsorgerinnen, die ihre Tätigkeit in Teilzeit und ohne fundierte Ausbildung ausüben. Für den Berufsstand ist der Verband von zentraler Bedeutung, weil er sich für die Statusverbesserung und eine minimale gemeinsame Ausbildung einsetzt. Der Berufsstand entwickelt sich deshalb ziemlich rasch; seine Autonomie zeigt sich in eigenen Organen und einer eigenen Ideologie.

Schon sehr bald ergeben sich Kontakte zwischen Verband und Psychotechnik. Der symbolträchtige Ort dieser Kontakte scheint Genf gewesen zu sein, wo der SVBL im September 1920 einen Kurs für Berufsberatung durchführt, der anschliessend jährlich stattfindet. Die Anzahl von fast 300 Teilnehmenden am ersten Kurs

---

6 Zwar besteht bereits seit 1902 eine Organisation, die Tätigkeiten in diesem Bereich wahrnimmt: der Verband Schweizerischer Lehrlingspatronate. Die Berufsberatung wird jedoch erst ab 1916 zu einem wesentlichen Ziel dieses Verbandes, der gleichzeitig in Schweizerischer Verband für Berufsberatung und Lehrlingsfürsorge (SVBL) umbenannt wird (vgl. Heiniger, 2003, S. 15 ff.; vgl. auch die Zusammenfassung der Generalversammlung 1916 in: *Schweizerische Gewerbezeitung/Lehrstellenanzeiger, 33* (45), 4. 11. 1916). 1966 ändert der Verband nochmals den Namen in Schweizerischer Verband für Berufsberatung SVB).

wird jedoch bis 1945[7] bei keinem Kurs dieser Art mehr erreicht. Aus einer Vielzahl von Referaten sei nur auf diejenigen von Julien Fontègne: Die wissenschaftlichen Grundlagen der Berufsberatung *(Les bases scientifiques de l'orientation professionnelle),* von Pierre Bovet*: Experimentelle Untersuchungen der beruflichen Fähigkeiten *(Recherches expérimentales des aptitudes professionnelles)* und des Neuenburger Soziologieprofessors André de Maday: Berufsbezogene Erhebungsmethoden *(La méthode d'enquête dans les professions)* hingewiesen. Der Berufsstand ist offensichtlich an wissenschaftlichen Grundlagen interessiert und bestimmt Genf zum Ort, an dem die ersten offiziellen Verbindungen zwischen Berufsfeld und Wissenschaft etabliert werden.

An den beiden auf den Kurs für Berufsberatung folgenden Tagen organisieren das IJJR und das psychologische Laboratorium der Universität Genf ein Treffen für diejenigen, die in Europa zu den wissenschaftlichen Grundlagen der Berufsberatung, insbesondere zur Berufseignung geforscht haben. Es handelt sich dabei um die erste Internationale Konferenz für Psychotechnik und Berufsberatung *(1ère Conférence internationale de psychotechnique appliquée à l'Orientation professionnelle),*[8] die, wie Carpintero und Herrero (s. d.) bemerken, «became a landmark in the history of psychotechnology» und gleichzeitig die Entwicklung der angewandten Psychologie in Europa anstösst.

Wie kommt es dazu, dass Genf in der Entwicklung der Berufsberatung von Beginn an diese wichtige Stellung einnimmt? Diesbezüglich sei im Folgenden auf einige wesentliche Elemente verwiesen.

Das IJJR: Von der Berufsberatung als pädagogischer Aufgabe zum Engagement bei der Rationalisierung der Arbeit

1918 gründet das IJJR[9] eine Berufsberatungsstelle *(Cabinet d'orientation professionnelle)* – die erste Einrichtung dieser Art in der Schweiz. Dabei spielt Julien Fontègne eine entscheidende Rolle, der zwischen 1917 und 1918 mehrere Untersuchungen durchführt, die sich mit Fragen der Berufseignung und der Berufswahl der Schüler

7 Es handelt sich um die in Zusammenarbeit mit der Schweizerischen Stiftung für Psychotechnik veranstaltete Tagung mit 400 Teilnehmenden. Wir werden später auf diese Veranstaltung zurückkommen (*Berufsberatung und Berufsbildung, 32* [1947], S. 1 ff.).

8 Diese Bezeichnung verwendet Claparède (1921, S. 177) in seinem zusammenfassenden Bericht über die Konferenz.

9 Grundlage aller Textpassagen über die Genfer Erziehungswissenschaften sind die zahlreichen, detailliert in Hofstetter (2010) angeführten Quellen.

am Ende der Schulpflicht befassen. An der Schnittstelle von Ausbildung und Beruf weckt die Berufsberatung das Interesse sowohl von pädagogischen Kreisen als auch von Wirtschaftskreisen. Das Institut ist also mit der Aufgabe konfrontiert, die Erwartungen der einen und der anderen zu erfüllen und sehr unterschiedlichen sozialen, pädagogischen und wirtschaftlichen Ansprüchen zu genügen. Es übernimmt Mandate von schulischen Institutionen, insbesondere von Berufsschulen, die sich der richtigen Selektion ihrer Schüler versichern möchten (Uhrmacherschule in Saint-Imier, Technikum in Le Locle, Gewerbeschule in Lausanne, Uhrmacherschule in Genf), aber auch von Unternehmen, die eine Selektion der Stellenbewerber nach deren Eignung anstreben (PTT, SBB, Dubied [ein Metallindustrieunternehmen] in Couvet). Diese Öffnung zur Industrie wird durch eine Kooperationsvereinbarung zwischen dem Institut und der Schweizerischen Vereinigung für rationelle Arbeitsorganisation *(Association suisse pour l'organisation rationnelle du travail)* formalisiert. Das Institut bietet damit der Industrie seine Dienste bei der Selektion des Personals und bei der Verbesserung der Arbeitsorganisation innerhalb der Unternehmen an.[10]

1919 beteiligt sich das IJJR ebenfalls an der Gründung des privaten Lehrlingsamtes *(Office privé des apprentissages),* das die Lehrlingsausbildung fördert. Zudem hat es den Auftrag, in seiner Berufsberatungsstelle die Auswahl der Stipendiaten der Stiftung *Pour l'Avenir* vorzunehmen, die begabten Schülern aus bescheidenen Verhältnissen den Zugang zu weiterführenden – universitären – Studien erleichtern soll.

Diese unterschiedlichen Herausforderungen führen dazu, dass das Institut dieses neue Tätigkeitsfeld 1922 durch die Schaffung eines psychotechnischen Fachbereichs *(Section de technopsychologie)* mit den beiden Schwerpunkten Forschung und Ausbildung institutionalisiert. Das IJJR strebt eine akademische Ausbildung an, die von einer praktischen Ausbildung im Rahmen der Berufsberatungsstelle begleitet wird. Der psychotechnische Fachbereich hat zudem auch eine Sachverständigen-Funktion in zwei unterschiedlichen Tätigkeitsbereichen: der wissenschaftlich fundierten Organisation der Arbeit in den Unternehmen und – im pädagogischen Bereich – der Selektion und der Berufsberatung. Er nimmt somit auf theoretischer und praktischer Ebene die vom IJJR bei der Gründung seiner Berufsberatungsstelle

10 Vgl. Universitätsbibliothek Genf *(Bibliothèque publique et universitaire de Genève)* (BPU): Gf 410. Verbandsstatuten. Die Gründung der Schweizerischen Vereinigung für rationelle Arbeitsorganisation am 21. November 1922 ist vor allem auf die Initiative des Ingenieurs und Direktors des Genfer Industrieamtes *(Office de l'industrie),* Paul Ruthardt, zurückzuführen; der Gesellschaft schliessen sich schnell zahlreiche Vertreter aus Industrie, Handel und Verwaltung (PTT, SBB) an.

initiierten Tätigkeiten wieder auf. Hinzu kommt das Mandat zur Erstellung von Berufsprofilen, das dem Institut 1921 vom Internationalen Arbeitsamt *(Bureau international du travail)* übertragen wird und zunächst von Charles Baudouin, später von Leon Walther* wahrgenommen wird, da Ersterer nur über wenig Erfahrung in diesem Themenbereich verfügt.

Vom Internationalen Arbeitsamt wird das Institut und insbesondere Claparède auch mit dem Verfassen einer Arbeit zur Situation der Berufsberatung beauftragt, die 1922 erscheint. Claparède unterscheidet zunächst zwischen Selektion (Auswahl eines Individuums für eine bestimmte berufliche Laufbahn) und Berufswahl (Wahl einer beruflichen Laufbahn durch ein Individuum) und definiert dann die zur Durchführung von Berufsberatungen notwendigen Bedingungen: Analysieren der Berufe unter dem Gesichtspunkt der erforderlichen Eignung; Bestimmen der individuellen Eignung durch Tests und – damit verbunden – Testen der Tests zur Bestimmung ihrer Validität. Aus dieser Sicht erscheinen Massnahmen notwendig, um die Ergebnisse verschiedener Berufsberatungsstellen vergleichbar zu machen. Letztlich geht es um die Messbarkeit der Bildungs- und Erziehungsfähigkeit des Individuums. Das generelle Ziel des Unterfangens ist wie folgt definiert:

> *Es liegt im gemeinschaftlichen und sozialen Interesse, dass jeder Mensch den Platz einnimmt, der am besten für ihn geeignet ist. Auch ist es sinnvoll, und das entspricht in zunehmendem Mass dem Geist unserer Demokratien, dass die unterschiedlichen gesellschaftlichen Aufgaben dem einzelnen aufgrund seiner Verdienste und nicht aufgrund irgendwelcher Privilegien übertragen werden. Diesem Ideal können wir uns nur mittels einer solide fundierten Berufsberatung annähern.*
> (Claparède, 1922, S. 82; Übersetzung AT/BS/VLB)

Die zur Bestimmung der Eignung eingesetzten wissenschaftlichen Instrumente sollen die Berufsberatung auf eine solide Grundlage stellen. Als Eignung gilt laut Definition «jede unter dem Aspekt der Leistung betrachtete psychische oder physische Eigenschaft» (Claparède, 1922, S. 30; Übersetzung AT/BS/VLB), und im Weiteren: «Es geht darum, die *Netto*leistung der (natürlichen) Eignung zu ermitteln, indem man die Faktoren ausschliesst, die bei der Ermittlung der Bruttoleistung auftreten [...]. Dabei verfälscht insbesondere der Einfluss des Übens die Ermittlung der Eignung, da man nicht weiss, welches Gewicht man ihm beimessen oder wie man es ausschliessen soll» (Claparède, 1922, S. 35; Übersetzung AT/BS/VLB).

Seit 1924 sieht sich des IJJR im Bereich der Berufsberatung mit zahlreichen Schwierigkeiten konfrontiert, vor allem aufgrund seines Engagements im Bereich der Arbeitsrationalisierung, was bei den massgeblichen politischen Kräften in Genf zunehmend für Misstrauen sorgt. Das internationale Interesse für diesen neuen Bereich zieht zahlreiche Akteure an, die – oft mit intuitiven und rein spekulativen Methoden – schnelle und billige Lösungen zu Fragen der Berufsberatung und Selektion anbieten. Das Institut wendet sich wiederholt energisch gegen diese «Scharlatane», denen es jedoch gelingt, das Vertrauen der Industriellen zu gewinnen, die, unter anderem, in der Schweizerischen Vereinigung für rationelle Arbeitsorganisation organisiert sind. 1924 führt die Polemik zwischen Gesellschaft und Institut über vom Institut als zweifelhaft erachtete Methoden zum Bruch.

Diese Meinungsverschiedenheiten erzeugen in der Öffentlichkeit ein gewisses Misstrauen gegenüber der Psychotechnik und – allgemeiner – den entsprechenden wissenschaftlichen Ansätzen, insbesondere seitens der Genfer Behörden und der Lehrerschaft. Das Institut verteidigt seine anspruchsvolle Linie hinsichtlich wissenschaftlicher Fundierung der Evaluations- und Selektionstechniken sowie der Notwendigkeit einer gründlichen Ausbildung der mit diesen Methoden arbeitenden Praktiker; es setzt sein Ausbildungsangebot fort. Gegen die Vorwürfe – zu anspruchsvoll, zu komplex, folglich zu teuer – werden die von Claparède 1922 in seinem programmatischen Text genannten Prinzipien nach wie vor als Richtlinien für das IJJR erachtet. Doch das Institut gerät weiter in Schwierigkeiten: Die Behörden befürchten eine zu grosse Einflussnahme des Instituts, das für seine eher progressiven pädagogischen Positionen bekannt ist. Als es dann, zu Beginn der 1930er-Jahre, um die Anbindung dieses *wissenschaftlichen* Instituts an die Universität geht, sehen die Behörden die Verbindungen des IJJR zu Wirtschaftskreisen nur ungern. Zudem verliert das IJJR im Bereich der Berufsberatung an Einfluss. Lediglich die Berufsberatungsstelle des Instituts bietet weiterhin ihre bescheidenen Dienste an und dient als Ausbildungsstätte.

Das Psychotechnische Institut Zürich: Von der Rationalisierung der Arbeit und der Selektion zur Berufsberatung

Das Psychotechnische Institut in Zürich tritt daraufhin immer mehr die Nachfolge an und wird in der Schweiz zur Referenzinstitution der Psychotechnik in den Bereichen der Berufsberatung und – allgemeiner – der Selektion, der Rationalisierung der Arbeit sowie der Berufsbildung. Seit Beginn des 20. Jahrhunderts werden auch vonseiten der Zürcher Industrie Forderungen nach der Intervention von Psychologen zur Verbesserung der Arbeitsleistung laut.[11] 1913 kommt der Inhaber des Lehrstuhls für systematische Philosophie, allgemeine Pädagogik und experimentelle Psychologie, Gotthold Lipps*, entsprechenden Erwartungen nach und stellt seinen Assistenten Julius Suter* für systematische Interventionen im Bereich der Arbeitsrhythmik, aber auch der Selektion von geeigneten Arbeitskräften, zur Verfügung. Diesen ersten Schweizer arbeitspsychologischen Interventionen folgen 1917 Arbeiten zur Schülerbeurteilung im Hinblick auf eine bessere Berufswahl. Diese Tätigkeiten finden im Randbereich des Lehrstuhls statt und sind auf die alleinige Initiative Suters zurückzuführen, der allerdings auch an der Universität praktische Arbeiten zur Selektion und Berufswahl durchführt. Eine praktische Ausbildung in Psychologie an der Universität ist hingegen zu keinem Zeitpunkt vorgesehen: Sie würde in völligem Widerspruch zur eigentlichen universitären Ausbildung stehen, so wie sie im Zürcher Kontext vorgesehen ist.[12]

Angesichts des Erfolgs seiner Arbeiten und einer wachsenden Nachfrage gründet Suter 1921, mit Unterstützung des Jugendamtes Zürich, eine Psychotechnische Prüfstelle, die Eignungsuntersuchungen durchführt und dadurch auch die Entwicklung der Berufsberatung fördert. Die Aufgaben dieser Prüfstelle werden vom Psychotechnischen Institut übernommen, das Suter am 2. Januar 1923 gründet. Es handelt sich dabei um ein gewinnorientiertes Privatinstitut in Form einer Aktiengesellschaft, das von der Zürcher Verwaltung unterstützt wird, die Räumlichkeiten im Austausch gegen Gutachten für die Berufsberatung zur Verfügung stellt. Ferdinand Böhny,[13] einer der Promotoren der Berufsberatung in der Schweiz, spielt dabei eine

11 Diesem Abschnitt liegen folgende Quellen und Darstellungen zugrunde: *Bilanz der Versuche von 1913/1917 in Schönenwerd und in Buchs/Aarau* (Manuskript Nachlass Suter 1.4); ferner: Carrard, 1927; Institut für angewandte Psychologie, 1973, 2003; Rüegsegger, 1986; Suter, 1922;

12 Die Gründe für diese Orientierung sind ausführlicher in Kapitel 8 unter dem Begriff «philosophisch-pädagogische Konfiguration» dargestellt.

13 Der Buchhalter Ferdinand Böhny wird 1919 einer der ersten Berufsberater in Zurich. Von 1937 bis 1960 leitet er die Zürcher Berufsberatung, von 1932 bis 1950 steht er der Schwei-

wesentliche Rolle. Er zeigt grosses Interesse an den Möglichkeiten der Psychotechnik, über deren Nutzung seit dem Kurs für Berufsberatung und der Konferenz für Psychotechnik in Genf im Kreis der Berufsberater regelmässig diskutiert wird. Das Institut befasst sich hauptsächlich mit der Personalauswahl, der systematischen Berufsbildung in handwerklichen Berufen, der Rationalisierung der Arbeit und der Ausbildung von Führungspersonal.[14] Zunächst gibt es auch Bestrebungen, das Tätigkeitsfeld auf den pädagogischen Bereich auszuweiten: Nachdem das IJJR CHF 25 000 von der Rockefeller Foundation erhalten hatte, schreibt Suter an Claparède und bietet ihm an, über die Eignungsentwicklung bei Jugendlichen zu arbeiten; diese Initiative hat jedoch keine weiteren Folgen.[15]

Das Psychotechnische Institut bleibt weiterhin auf Erfolgskurs: 1927 umfasst es bereits zehn Büroräume in Zürich, in denen sieben Berufsberater unter der Leitung von Julius Suter und Alfred Carrard*, der sich für Fragen der Personalführung und die Psychotechnik interessiert, arbeiten. Carrard hatte 1924 seine Stelle als Personalchef eines renommierten Schweizer Unternehmens aufgegeben, um am Institut zu arbeiten.

Das schwierige Engagement für die Wissenschaft in der Berufsberatung

Dass der Übergang von der Schule in die Berufsbildung zu einer wesentlichen pädagogischen und sozialen Herausforderung geworden ist, befördert die Berufsberatung massgeblich. Im Berufsfeld und im disziplinären Feld wird diese Herausforderung allerdings unterschiedlich angegangen, was zur divergierenden Entwicklung der beiden Felder während mehrerer Jahrzehnte führt.

Der aus der Notwendigkeit einer besseren Verbindung von Schule und Beruf entstandene Beruf des Berufsberaters stellt zunächst eine Zusatztätigkeit für Lehrer dar, die Klassen am Ende der Schulpflicht unterrichten. Die professionellen Milieus organisieren sich und sorgen für Ausbildungsmöglichkeiten, ohne dass der Beruf selbst formal geregelt wird. Sie suchen nach akademischer Unterstützung und finden sie vor allem in der Psychotechnik, die jedoch lediglich als Hilfsinstrument

zer Konferenz der Berufsberater vor. Er führt Kurse am Institut für angewandte Psychologie durch und nimmt Lehraufträge an den Universitäten Zürich und St. Gallen wahr. Von 1950 bis 1960 ist er Präsident der Schweizerischen Stiftung für angewandte Psychologie.

14 Vgl. die ausführliche Liste der Tätigkeiten und Unternehmen bei Carrard, 1927, S. 10.

15 Archiv der Universität Genf (*Archives de l'Université de Genève;* AUG): 1987/6/15. Brief von Suter an Claparède vom 12. Februar 1926.

betrachtet wird. Damit werden die Konzepte der Berufsberatung im Wesentlichen durch die Berufspraxis selbst definiert.

Am Genfer Institut für Erziehungswissenschaften (*Institut des sciences de l'éducation,* ISE) entstehen schnell mehrere Initiativen im Bereich der Berufsberatung. Auf wissenschaftlicher Ebene werden zahlreiche Eignungstests entwickelt; auf praktischer Ebene wird eine Berufsberatungsstelle eingerichtet, die – nach dem Konzept medizinischer Polikliniken – sowohl der Berufsberatung als auch der Ausbildung und Forschung dient. Die Kontakte zu Industrie und Handel, die sich aus den Berufsberatungstätigkeiten ergeben, führen aber schnell zu einer Dynamik, die weit über den akademischen Kontext und den pädagogischen Bereich hinausgeht. Das IJJR, das sowohl an einem weiteren Forschungs- und Tätigkeitsfeld als auch – angesichts seiner Mittelknappheit – an zusätzlichen finanziellen Mitteln interessiert ist, stürzt sich «Hals über Kopf» auf die neuen Forschungstätigkeiten und Aufgaben, entfernt sich damit aber immer mehr von seinen eigentlichen Tätigkeitsfeldern. Die beiden Themen Rationalisierung der Arbeit und Personalauswahl werden im Glauben an die Möglichkeit in Verbindung gebracht, durch die wissenschaftliche Fundierung der Berufseignung Mensch und Arbeit in ein angemesseneres Verhältnis bringen zu können. Die ursprünglichen Zielsetzungen des IJJR in den Bereichen Bildung, Erziehung und Wissenschaft sowie die eigenen Ansprüche in diesen Bereichen führen jedoch relativ bald zu einer Einschränkung der Tätigkeiten des Instituts im Bereich der Berufsberatung, die in der Folge nur noch eine untergeordnete Rolle spielt.

Das Psychotechnische Institut in Zürich geht dagegen von Anfang an von ökonomischen Fragestellungen aus – Rationalisierung der Arbeit, Selektion, Ausbildung in einfachen handwerklichen Tätigkeiten – und wird als Privatinstitut gegründet, dessen Stellung man als «intermediär» bezeichnen könnte: Es ist insofern nicht akademisch, als es weder wissenschaftliche Forschung betreibt noch akademische Titel verleiht; dennoch ist es eindeutig aus der Universität heraus entstanden, über die es sich teilweise legitimiert. Auch wenn es sich nicht aus der berufsberaterischen Praxis entwickelt hat, schlägt es doch neue und andersartige Interventionen vor, die durch Originalität und einfache Anwendung überzeugen. Auf der Grundlage verschiedener Referenztheorien erarbeitet das Institut unterschiedliche Massnahmen, zu denen auch eine Selektions- und Berufsberatungsmethode zählt, die durch ihre Einfachheit, Nachvollziehbarkeit sowie Schnelligkeit den Genfer Ansatz konkurrenziert. Zudem profiliert sich das Psychotechnische Institut schon bald auch als Ausbildungsstätte.

Berufsberatung und Psychotechnik: der Ausschluss der Pädagogik und der Wissenschaft (1927–1945)

Das Jahr 1927 bezeichnet einen wichtigen Wendepunkt in der Entwicklung der Beziehungen zwischen dem professionellen Feld, dem disziplinären Feld und der von uns als «intermediär» bezeichneten Institution. Es handelt sich um eine Zäsur, von der alle betroffen sind und die mit Sicherheit nicht zufällig zu diesem Zeitpunkt stattfindet.

Ein Berufsstand gewinnt an Selbstbewusstsein – vorsichtige Annäherung an die Psychotechnik

Die zunehmende Strukturbildung im Beruf des Berufsberaters erfolgt über den eigenen Verband und dessen Zeitschrift. 1927 gibt sich der SVBL neue Statuten: Die Berufsberatung soll sich so weiterentwickeln, dass sie eine rationale Berufswahl gewährleistet und sich über den gesamten Zeitraum von der Schule bis zum Ende der Lehrzeit erstreckt. Ein starker Verband verschafft der Berufsberatung eine breite soziale Basis – insbesondere in der deutschsprachigen Schweiz – und sorgt vor allem für ihre praxisbezogene Ausrichtung. Der Verband richtet seine Aufmerksamkeit nun besonders auf die Ausbildung, die Anerkennung des Berufs sowie die Bekämpfung von «Scharlatanismus» und Dilettantismus. Bis in die 1950er-Jahre tritt der Verband dafür ein, dass der Zugang zur Ausbildung allen – insbesondere den Lehrern – offensteht. Die Ausbildung findet in Form berufsbegleitender Kurse und über Fortbildungen statt, die ebenfalls vom Verband organisiert werden. Diese Logik einer nach innen gerichteten Entwicklung steht einer engeren Verbindung mit der Universität und mit der Forschung im Sinne der Akademisierung entgegen. In der Verbandszeitschrift wird jedoch eine offene Diskussion über die Möglichkeit eines Universitätsdiploms für Berufsberater geführt (Baumgarten, 1940, 1941). Die Antwort ist eindeutig: Otto Stocker (1941), der erste Berufsberater der Schweiz und langjähriger Generalsekretär des SVBL, kritisiert die von Baumgarten vorgeschlagene, lange und theoretische Ausbildung für Berufsberater. Tatsächlich befürwortet die Psychologin einen mehrjährigen, theoretisch ausgerichteten Studiengang nach vorheriger fünfjähriger Berufserfahrung. Angesichts des Status der Berufsberater, die – wie erwähnt – ihre Tätigkeit nebenberuflich ausüben, halten die Praktiker dies für unrealistisch. Der Verband widersetzt sich aus pragmatischen und grundsätzlichen Erwägungen einer Integration der Ausbildung in die Universität.

Sowohl in der Verbandszeitschrift als auch auf den Konferenzen und Tagungen des SVBL interessiert man sich immer mehr für die Verbindung zwischen Schule und Berufsberatung, die mit einer Öffnung der Berufsberatung gegenüber der akademischen Berufsberatung einhergeht. Dadurch übernimmt die Beratungstätigkeit, die sich allerdings kaum von der Selektion unterscheidet, eine regulierende Funktion innerhalb des Schulsystems.

Der Berufsstand zeigt sich den psychologischen Techniken gegenüber weiterhin aufgeschlossen: Schwierige Beratungsfälle werden meist an gesonderte Institutionen vermittelt, die Methoden aus der Psychologie anwenden. Zudem bedient sich das Berufsfeld zunehmend psychotechnischer Verfahren, die eine spezielle Ausbildung erfordern. Die Verbandszeitschrift ist Schauplatz zahlreicher, oft widersprüchlicher Debatten zwischen den Vertretern der Psychotechnik einerseits und den Vertretern des Berufsfeldes andererseits. Trotz lebhafter Diskussionen nimmt das professionelle Feld letztlich immer eine vorsichtige und pragmatische Haltung ein. Es kann davon ausgegangen werden, dass das mehr oder weniger direkt von der Universität stammende Wissen zwar als Bereicherung für den Beruf angesehen wird und ihm eine gewisse Legitimität verleiht, aber nicht als wesentlich empfunden wird. Die tatsächliche Legitimation des Berufs erfolgt im Wesentlichen über das von der Berufspraxis selbst konstruierte Wissen, das über den Verband mittels Publikationen und Fortbildungskursen verbreitet wird.

Der Berufsstand geniesst dadurch weitgehende Autonomie gegenüber der Psychotechnik und – allgemeiner – universitären, insbesondere psychologischen Sichtweisen, obwohl es durchaus entsprechende Verbindungen zwischen Praxis, Ausbildung und Theorie gibt. Die beiden Akteure, die sich in der Berufsberatung insbesondere mittels der Psychotechnik und – allgemeiner – der angewandten Psychologie[16] profilieren, die Institute in Genf und Zürich, erfahren hinsichtlich des Verhältnisses zum Berufsstand allerdings sehr unterschiedliche Schicksale.

---

16 Diese Bezeichnung setzt sich während des von uns untersuchten Zeitraums durch. So wird das Psychotechnische Institut 1937 durch eine Namensänderung zum Institut für angewandte Psychologie. In Genf verschwindet der psychotechnische Fachbereich *(Section de technopsychologie).* In den Veranstaltungsverzeichnissen erscheint 1937 der Begriff angewandte Psychologie *(psychologie appliquée).* Wir verweisen auch auf die Gründung der Schweizerischen Gesellschaft für Psychologie und ihre Anwendungen *(Société suisse de psychologie et de psychologie appliquée)* im Jahr 1943. Dieser Terminologiewechsel entspricht einem Perspektivenwechsel und einer Neuorientierung von einer zunächst starken Ausrichtung auf standardisierte Instrumente (Tests) hin zum Einbezug weiterer Kenntnisse und Techniken der psychologischen Praxis (vgl. Rey, 1947, der diese Neuorientierung ausführlich beschreibt).

Expansionsstrategie: Das Zürcher Institut gründet Filialen und wird zur wichtigsten Referenz für die Berufsberater in der Schweiz

1927 verfasst Carrard einen Text, der als das eigentliche Programm des Zürcher Instituts[17] gelten kann, und der über mehr als zwanzig Jahre dessen Arbeitsweise und Expansionsstrategie bestimmt. Er nennt darin vier Aufgaben für die Psychotechnik: psychologische Diagnostik, Berufsbildung bzw. Berufslehre, psychologische Rationalisierung der Arbeit und Psychologie der menschlichen Beziehungen. Für die Realisierung dieser Aufgaben definiert er als Leitprinzipien der Zürcher Schule: die Verwendung einer bestimmten Anzahl standardisierter Techniken, insbesondere für die Bestimmung motorischer und sensorischer Fähigkeiten sowie der Gedächtnisleistungen,[18] die eine Beobachtung des Verhaltens während der Lösung von Aufgaben gestatten; die intuitive Beobachtung durch den Prüfenden ist das wesentliche Kriterium für die Diagnose. Schliesslich verdeutlicht er seine Einstellung zu einem von wissenschaftlichen Prinzipien geleiteten Weg, den insbesondere die Genfer beschreiten:

> *Man zerbricht sich den Kopf, wie man mittels der Methoden der exakten Wissenschaft* Tests erstellen, *sie erproben und an einer grösstmöglichen Zahl von Personen eichen kann, und versucht dann, sich mittels* Korrelationen *[...] darüber klar zu werden, was jeder Einzelne aussagt, und festzulegen, auf welche Fähigkeiten er schliessen lässt. Die Aufgabe* ist allein mit diesem Mittel nicht zu lösen. *[...] Deshalb greifen wir auf den gesunden Menschenverstand und die Intuition zurück, die beide auf dem Wissen über die menschliche Struktur beruhen, und unterziehen die subjektiven Wahrnehmungen einer Überprüfung. [...] Ausgehend von der Einschätzung oder der Intuition der Prüfer, muss man Letztere zunächst sorgfältig* auswählen *und sie dann mit einer* Methode *arbeiten lassen, bei der sie stets dieselben* Anhaltspunkte *verwenden können, um diese Anhaltspunkte dann, wie im ersten Fall, auf der Grundlage einer sehr grossen Zahl von Versuchen zu* eichen. *[...] Dieser zweite Weg ist der Weg des Psychotechnischen Instituts Zürich.* (Carrard, 1928, S. 13 f.; Übersetzung AT/BS/VLB; Hervorhebungen im Original)

17 Wir weisen darauf hin, dass im selben Jahr 1927 der Institutsgründer Julius Suter das Institut verlässt, um Aufgaben an der Universität Zürich wahrzunehmen.

18 Unter anderem das Plastiskop, das Sensibilitätsrouleau *(rouleau de sensibilité)* und der Bewegungsmesser *(l'équerre de mouvement)*.

Um die Entwicklung der Psychotechnik in der Schweiz zu fördern und insbesondere die vom Zürcher Institut entwickelten Methoden zu verbreiten, schlägt Carrard die Schaffung einer Schweizerischen Stiftung für Psychotechnik vor, die zur Gründung weiterer, mit dieser Stiftung verbundener Institute führen soll. Die Stiftung soll alle Akteure, die mit der Anwendung und Entwicklung psychotechnischer Instrumente und Methoden in der Berufsberatung befasst sind, vereinigen. Sie wird als Referenzinstitution zur Garantin der Einführung von Techniken im Berufsstand, die wissenschaftliche Ansprüche erheben.

Genf zögert, sich an der Stiftung zu beteiligen: Denn sowohl die theoretischen Konzepte als auch die Praxiskonzepte unterscheiden sich von denjenigen Carrards. Zudem erachten die Mitglieder des IJJR diese Initiative als Versuch Zürichs, die psychotechnische Methode durch Ausnützung des Genfer Renommees aufzuwerten. Noch mehr fürchten sie jedoch eine Parzellierung der Berufsberatung in der Schweiz, die dem zunehmenden «Scharlatanismus» zugute käme. Deshalb beteiligen sie sich an der Stiftung, ohne jedoch jemals eine bedeutende Rolle zu spielen (Baumgarten, 1961, S. 38f.).

Die Stiftung selbst wird durch die Gründung von Filialen in Genf (1929), St. Gallen, Lausanne, Biel, Basel und Luzern[19] zum wichtigen Multiplikator der Zürcher Methode. Das Zürcher Institut bleibt zwar wesentlich auf die Wirtschaft ausgerichtet, spielt jedoch – insbesondere aufgrund der Tätigkeit seiner «Filialen»[20] – eine nicht zu vernachlässigende Rolle bei der Verbreitung psychotechnischer Methoden in der Berufsberatung. Es bleibt diesbezüglich über zwei Jahrzehnte lang die Referenzinstitution für die deutschsprachige Schweiz und die Westschweiz (hier vor allem für Neuenburg und Biel).[21] Die immer engere Verbindung von Berufsberatung und Psychotechnik (und – allgemeiner – angewandter Psychologie) vollzieht sich grösstenteils über das Zürcher Institut und seine von der Stiftung anerkannten und kontrollierten Filialen. Institut und Stiftung gelten als wesentliche Ansprech-

19 Wirtschaftswissenschaftliches Zentrum/Schweizerisches Wirtschaftsarchiv, Basel: Schweizerische Stiftung für Psychotechnik Zürich, Institute 450. Jahresberichte der Schweizerischen Stiftung für Psychotechnik für 1929, 1932 und 1946.

20 Es handelt sich tatsächlich um eine «Filiation»: In den Texten ist von «Mutterinstitut» und «Töchterinstituten» die Rede. Filialen bestehen an folgenden Standorten: Zürich, Bern (mit der Prüfstelle Neuenburg), Lausanne, Luzern, Basel, Genf (mit Walther) (Jahresbericht der Schweizerischen Stiftung für Psychotechnik, 1946, vgl. Fussnote 19). Diese Liste verändert sich etwa ab 1935 nur noch geringfügig.

21 Vgl. dazu die Aussagen von Schwaar (1938/1939) und Böhny (1939); vgl. auch den Artikel von Jucker (1938), der die Zusammenarbeit zwischen Berufsberatern (über deren Verbände) und den Psychotechnischen Instituten (insbesondere dem Zürcher Institut und seinen Mitgliedern) weitgehend systematisch darstellt.

partner des SVBL im Hinblick auf die Entwicklung neuer Beratungstechniken und deren Verbreitung durch Fortbildungsveranstaltungen, auf die Erstellung von Ausbildungsprofilen sowie die Publikationen zur Aus- und Weiterbildung der Berufsberater (Jucker, 1938).

1937 gründet Hans Biäsch[22] am Zürcher Institut ein Psychologisches Seminar, das Kurse zur Ausbildung von Berufsberatern, praktischen Psychologen, Psychotechnikern und Grafologen anbietet. Diese zwei- bis viersemestrigen Kurse stehen allen Interessierten offen und werden in der Regel von Mitarbeitern des Instituts und Praktikern wie Jucker oder Böhny durchgeführt. Die Zürcher Methode hat Aufwind: 1946 finden in Zürich 3000 Eignungsprüfungen im Hinblick auf Selektion und Berufsberatung statt (1932 waren es noch 1500); im selben Jahr werden 500 grafologische Analysen, 50 Besprechungen, Hunderte von Teilnehmern bei den Kursen für das Führungspersonal von Unternehmen, 26 Studenten am Psychologischen Seminar sowie Aufträge in mehr als 20 Unternehmen verzeichnet.

In seiner Bilanz der Stiftungsarbeit stellt Carrard (1949, S. 299 ff.) weitgehende Konstanz in den wesentlichen Tätigkeitsbereichen des Instituts fest. Er bedauert zwar den Mangel an kontinuierlichen Forschungs- und Publikationsaktivitäten, sein Hauptaugenmerk gilt jedoch nicht wissenschaftlichen Aspekten. Das Festhalten an der Intuition und die Skepsis gegenüber erprobten experimentellen Methoden deuten auf die Bevorzugung wirtschaftlicher Methoden hin, die jedoch ausreichend zuverlässig sein sollen.

Dennoch bestehen Verbindungen zur Universität. Suter verlässt das von ihm gegründete Psychotechnische Institut 1927, in dem Jahr, in dem Carrard seinen programmatischen Text verfasst, um sich ausschliesslich seinen akademischen Tätigkeiten als Titularprofessor an der philosophischen Fakultät der Universität Zürich zu kümmern. Zu diesem Schritt haben zweifellos sowohl das Aufgeben jeglichen wissenschaftlichen Anspruchs als auch ethische Gründe beigetragen.[23] Seine Beschäftigung mit der angewandten Psychologie wird zwar von den Studenten geschätzt, erfährt jedoch kaum Unterstützung seitens der Fakultät, die eine Beförderung Suters zum ausserordentlichen Professor mit der Begründung mangelnder Forschungsleistungen hinauszögert. Der von Suter praktizierte experimentelle

22 Nach einer Ausbildung als Naturwissenschaftslehrer an der ETH Zürich studiert Biäsch Philosophie und Psychologie an der Universität Zürich. Er wird Assistent am Psychologischen Institut in Zürich und arbeitet anschliessend am Psychotechnischen Institut, dem er von 1945 bis 1958 als Direktor vorsteht.

23 Grundlage für diese Interpretation und die weiteren Aussagen über Suter liefert die ausführliche Untersuchung von Rüegsegger, die hauptsächlich auf Aussagen von Zeitzeugen beruht (1986, S. 273 ff.).

Ansatz widerspricht zudem der seit dem Ausscheiden Lipps' und Wreschners vorherrschenden Tendenz. Wie in der Analyse zur Entwicklung der Erziehungswissenschaft an der Universität Zürich (vgl. Kapitel 1 in diesem Band) ersichtlich wird, gibt es an der Universität Zürich keinen Platz mehr für eine autonome Psychologie: Die Professorenschaft stellt sich ihr dagegen. Gegen den Willen der Fakultät ernennt die Erziehungsdirektion Suter 1938 zum ausserordentlichen Professor. Sein Werdegang offenbart sozusagen *ex negativo* die Ursache dafür, dass sich die Psychotechnik ausserhalb der akademischen Sphäre entwickelt hat: Die philosophische Fakultät stand ihr ablehnend gegenüber.

Der neue Direktor des Instituts, Carrard, wird 1926 Privatdozent für Psychotechnik an der renommierten Eidgenössischen Technischen Hochschule; dies wohl weniger aufgrund seiner wissenschaftlichen Arbeiten, sondern vor allem weil er als Ingenieur geeignet scheint, einen Beitrag zur Ingenieursausbildung im Bereich Management zu leisten. Auch nach seiner Ernennung zum ausserordentlichen Professor für Arbeitswissenschaften 1945 betreibt er keine Forschung. Weder der Direktor noch die Mitglieder des Zürcher Instituts nehmen übrigens regelmässig an Kongressen zur Berufsberatung teil oder publizieren in wissenschaftlichen Zeitschriften.[24]

Das Engagement für die Wissenschaft in der Berufsberatung zahlt sich nicht aus: Genf wird marginalisiert

In Genf verlegt das IJJR ab 1927 den Schwerpunkt seiner psychotechnischen Anwendungen in den Schulbereich und – allgemeiner – in die Pädagogik: Es konzentriert sich auf die Berufsberatung und gibt die psychotechnischen Interventionen in den Betrieben vollständig auf. Der psychotechnische Fachbereich wird 1927 aufgelöst. Als wissenschaftliches Institut ist das IJJR jedoch weiterhin in der Ausbildung der Berufsberater tätig. In der Forschung befassen sich die Genfer vor allem mit

24 Bei Rüegsegger findet sich eine systematische Analyse der Zürcher Publikationen und Interventionen. Er kommt zu folgendem Schluss: «Vergleicht man dies alles mit der weiten Verbreitung von Publikationen, der regelmässigen aktiven Teilnahme an Kongressen von Leuten wie Münsterberg, W. Stern, O. Lipmann, F. Baumgarten, E. Claparède, F. Giese, J.M. Lahy, H. Piéron, C. Myers, R. Yerkes, A.C. Poffenberger und L. Walther u.a., so sinkt der Beitrag, den die Zürcher zur internationalen Entwicklung der ang[ewandten] Ps[ychologie] leisteten, ins Bedeutungslose ab. Einzig Suter war auf dem Weg, internationalen Ruf zu erlangen […], widmete sich dann aber zu stark der Praxis mit seinem psychotechnischen Institut und verlor den wissenschaftlichen Anschluss an die ‹Crème›» (Rüegsegger, 1986, S. 218).

der Entwicklung, Adaptation und Auswertung von Tests, der theoretischen Reflexion ihrer Anwendung und eines gewissenhaften diagnostischen Vorgehens, insbesondere bei Kindern und Jugendlichen.[25] Ab den 1930er-Jahren baut das Institut nach und nach eine Abteilung für angewandte Psychologie *(psychologie appliquée)* auf, an der auch Kurse in Berufsberatung durchgeführt werden. Bei dieser Ausbildung interagieren theoretische Ausbildung und Praktika an den verschiedenen «Polikliniken», zu denen auch die Berufsberatungsstelle zählt, die sowohl Kinder mit Schulproblemen berät als auch eine akademische Berufsberatung unterhält (vgl. Kapitel 4 in diesem Band).

Die vom IJJR verfolgte Linie unterscheidet sich also explizit von der des Zürcher Psychotechnischen Instituts, wie die Stellungnahme Richard Meilis* zeigt, der sich 1928 an Claparède wendet, um ihm eine Strategie hinsichtlich der Niederlassung des Zürcher Instituts in Genf zu unterbreiten. Seiner Ansicht nach gefährdet die Annäherung des IJJR über die Stiftung an die Zürcher und deren «Dilettantismus und Scharlatanismus» den Ruf des Instituts:

> *Dieser Umstand wäre meiner Ansicht für die Berufsberatung in der Schweiz bedauerlich, um nicht zu sagen: verheerend. Wenn man davon ausgeht, dass die experimentelle Psychologie einen Beitrag zur Berufsberatung leisten kann, dann braucht es einen Ort, an dem diese Idee umfassend und kompromisslos umgesetzt und von dem aus sie verbreitet werden kann. […] Ich sehe nur folgende Lösungen: 1) den totalen und öffentlichen Bruch mit Zürich […]; 2) endgültiger Verzicht auf die Psychotechnik als Teil des Instituts unter Beibehaltung der Berufsberatung in ihrer jetzigen Form; 3) Gründung eines Verbandes praktischer Psychologen nach deutschem Vorbild (u. a. zur Sicherstellung wissenschaftlicher Methoden und zur Kontrolle).*[26]

Trotz des Verzichts auf einen Grossteil der Psychotechnik – mit Ausnahme der Berufsberatung – und der Betonung der Wissenschaftlichkeit der Methoden, gelingt es dem Institut weder in Genf noch auf nationaler Ebene, bei der Entwicklung der Berufsberatung eine signifikante Rolle zu spielen. Davon zeugen exemplarisch die

---

25 Siehe dazu den Anhang in *Comment diagnostiquer les aptitudes des écoliers* (Claparède, 1924/1934), der eine ausführliche Übersicht der Arbeiten enthält, die bis dato im Bereich der Berufsberatung durchgeführt wurden; vgl. ebenso zahlreiche wissenschaftliche Veröffentlichungen im untersuchten Zeitraum, u. a. von Meili, Rey und Loosli-Usteri.

26 AUG: 1987/6/15. Brief von Meili an Claparède vom 8. September 1928; Übersetzung AT/BS/VLB.

im Folgenden beschriebenen Versuche einer Erweiterung des Tätigkeitsfeldes, die allesamt scheitern.[27]

Die erste kollektive Initiative umfasst eine breite Koalition von Akteuren. Gegen Ende der 1920er- und zu Beginn der 1930er-Jahre beherrscht die Schweizerische Stiftung für Psychotechnik die Debatte über die Anwendung der Psychologie in der Schweiz, wobei sie fast ausschliesslich den Standpunkt des Zürcher Psychotechnischen Instituts vertritt. Sie kümmert sich kaum um international verankerte Forschung, solide akademische Ausbildung und die gesellschaftliche Anerkennung des Berufs. Ihr Ehrgeiz scheint vor allem auf die Vermarktung eines neuen Produkts – der psychologischen Expertise im Bereich der Personalauswahl für Unternehmen – gerichtet zu sein. Diese Kritik teilt eine ganze Reihe von Psychologen, die es für notwendig halten, auf dieses Monopol zu reagieren und ein Netzwerk von an der angewandten Psychologie Interessierten zu schaffen.[28] Entsprechende Diskussionen und Verhandlungen führen am 18. Januar 1931 in Bern zur Gründung einer Arbeitsgemeinschaft für praktische Psychologie, deren explizites Ziel eine offizielle Anerkennung des Berufs des praktischen Psychologen ist, um dem weit verbreiteten «Scharlatanismus» ein Ende zu bereiten. Diese Vereinigung geht von folgenden Erwägungen aus:

> *Die immer ausgedehntere Anwendung der Psychologie auf die verschiedensten Gebiete der Medizin, Jurisprudenz und Pädagogik, des wirtschaftlichen und sozialen Lebens (Psychotherapie, Psychohygiene, Psychoanalyse, Psychotechnik) hat zur Folge, dass sich immer mehr Personen der praktischen Psychologie widmen. Man kann daher von einem neuen Beruf, dem des praktischen Psychologen, sprechen, dessen Ausübung hauptsächlich in Abgabe von Gutachten, Prüfung auf Berufseignung, Beratung in Lebenskonflikten besteht […].* (Zitiert nach Baumgarten, 1961, S. 62 f.).

Die Arbeitsgemeinschaft wendet sich auf Bundesebene an das Departement des Innern sowie an sämtliche kantonalen Sanitäts- und Erziehungsdirektoren und fordert Massnahmen zur Anerkennung des Berufs des «Psychopraktikers», der auch die Berufsberatung einschliesst.[29] Die Initiativen der Arbeitsgemeinschaft werden

---

27 Die Berufsberatung spielt während dieser Zeit in Genf ganz allgemein keine signifikante Rolle.

28 Wir stützen uns hier auf die sicherlich sehr subjektive, jedoch gut dokumentierte Darstellung von Baumgarten (1961, S. 59 ff.).

29 In diesem Zusammenhang ist der Hinweis auf die Ausweitung der Berufsbezeichnung des praktischen Psychologen interessant, die von der Arbeitsgemeinschaft in einer am 23. Juli 1931 verabschiedeten Resolution vorgenommen wird: «Psychotechniker, Berufsberater,

jedoch nicht fortgesetzt: Nach Angriffen der Stiftung für Psychotechnik und aufgrund interner Meinungsverschiedenheiten kommen sie bald zum Erliegen. Die Stiftung reagiert auf die Initiative der Arbeitsgemeinschaft mit einer in Oertlimatt veranstalteten Konferenz (Biäsch, 1931), die sich mit der Frage der universitären Ausbildung praktischer Psychologen befasst. Diese Konferenz findet zwar ein grösseres Echo als die Initiative der aufgelösten Arbeitsgemeinschaft, führt jedoch ebenfalls nicht zur Einrichtung eines universitären Studiengangs, zumal die Stiftung im Grunde die dreiwöchige, berufsbegleitende Ausbildung von Psychotechnikern am Zürcher Institut bevorzugt (Spreng, 1932).[30]

Das Genfer ISE[31] ist bestrebt, einen gewissen Einfluss auf die Berufsberatung zu wahren, die in Genf mit den schulischen Institutionen verbunden bleibt. Zu diesem Zweck verfasst Pierre Bovet am 1. Januar 1930[32] ein Schreiben an Albert Malche*, in dem er einen breiten Ansatz der Berufsberatung vertritt: Berufswahlunterricht durch die Lehrer; Eignungsprüfung durch das ISE unter Mitwirkung der Lehrer; Lehrstellenvermittlung durch das Lehrlingsamt oder eine andere Struktur. Es handelt sich dabei um ein Begleitschreiben zu einem Bericht Meilis, in dem dieser die gängige Praxis scharf verurteilt und alternative Verfahren auf wissenschaftlicher Grundlage vorschlägt: Sämtlichen Tests mangle es an Kohärenz und Systematik, und sie seien nicht speziell für die Berufsberatung geeignet. Seiner Meinung nach wäre die Berufsberatung wirksamer, wenn sie unter Mitwirkung der Lehrer und deren Beobachtungen an der Schule erfolgte; diese Beobachtungen könnten durch kollektive Tests ergänzt und präzisiert werden. Die Antwort von Emmanuel Duvillard*, der in Genf für die Berufsberatung an Schulen zuständig und immerhin ehemaliger Lehrbeauftragter des Instituts ist, fällt vernichtend aus – sämtliche Vorschläge Meilis werden abgelehnt: Die Tests seien nicht zuverlässig; die Lehrer

Heilpädagoge, Schulpsychologe» (Baumgarten, 1961, S. 64). Die Grenzen werden also weit geöffnet, und die Psychologie versucht, möglichst viele Berufe unter ihren Einfluss zu bringen. Diese Versuche weisen auf ein interessantes Problem hin, wie nämlich eine wissenschaftliche Disziplin, die im Aufstieg begriffen ist und soziale Anerkennung benötigt, ihre Grenzen definiert.

30 Wir merken an, dass Baumgarten noch 1941 in einem offenen Briefwechsel mit Stocker schreiben kann: «Die richtige Ausbildung der Berufsberater würde die Berufsberatung viel schneller dahin führen, wo eigentlich ihr Platz ist: in die Reihe der *angewandten Wissenschaften*» (*Berufsberatung und Berufsbildung, 26* [1941], S. 108; Hervorhebung im Original).

31 Wie bereits erwähnt, wird das *Institut Jean-Jacques Rousseau* 1929 offiziell zum *Institut des sciences de l'éducation* (vgl. Kapitel 4 in diesem Band).

32 Dieser Brief sowie die beiden danach zitierten Dokumente finden sich im Staatsarchiv Genf (*Archives de l'Etat de Genève,* AEG) DIP: 1985 va 5.3.249, 1930, école primaire 2/1.

würden die Schüler besser kennen und könnten sie besser einschätzen; der Zeitaufwand für die Tests sei angesichts der unbrauchbaren Ergebnisse viel zu hoch. Seine Schlussfolgerung: Es empfehle sich nicht, die Methoden des Doktor Knock im Schulbereich anzuwenden.

Nach dem Tod Duvillards 1936 eröffnen sich für das ISE neue Perspektiven. Am 16. Juni 1937 schreibt Robert Dottrens* an Albert Atzenwiler, den Direktor des Primarschulwesens, und schlägt ihm vor, an den Genfer Schulen einen internen Berufsberatungsdienst einzurichten.[33] Dabei soll ein analytischer Test zur Überprüfung der Intelligenz sowie ein von Meili entwickelter Test zum räumlichen Vorstellungsvermögen zur Anwendung kommen; auf diese Tests sollen Einzelgespräche bzw. psychologische Untersuchungen in allen Fällen folgen, in denen sich Widersprüche zwischen den verschiedenen Ergebnissen und insbesondere zwischen der Berufswahl des Kindes und seinen Fähigkeiten ergeben. Diese Initiative hat einen ausführlichen Bericht Meilis an Henriette Chevalley, die neue Leiterin der Berufsberatung im Genfer Jugendamt (*Office de l'enfance*)[34] zur Folge, der «praktische Schlussfolgerungen zur Verbesserung der Berufsberatung in den Schulklassen» enthält.[35] Die Behörden antworten, dass in der gegenwärtigen Situation eine Änderung der Organisation des Berufsberatungsdienstes sowie eine offizielle Anerkennung des privaten Lehrlingsamtes nicht möglich seien.[36] Bedauernd schreibt Chevalley: «Mit etwas gutem Willen und ohne grossen Kostenaufwand könnte man der gegenwärtigen beklagenswerten Situation ein Ende bereiten. Es ist schon bedauerlich, dass sich Genf, als Geburtsstätte der Berufsberatung in der Schweiz, aufgrund mangelnder Koordination und mangelnden Umsetzungswillens Lausanne zum Vorbild nehmen muss.»[37]

33 AEG DIP: 1985 va 5.3.398, 1937, enseignement primaire 1, organisation générale II, 1/1.

34 Seit 1934 führt der Kanton Genf im Schulamt *(Office scolaire de l'enfance)* einen Berufsberatungsdienst, der nach der Gründung des Jugendamtes 1938 diesem zugeschlagen wird. Diese Berufsberatungsstelle besteht während mehrerer Jahrzehnte, bleibt auf institutioneller Ebene jedoch eher unbedeutend und arbeitet aufgrund limitierter Ressourcen eher wenig effizient.

35 AEG DIP: 1985 va 5.3.422, 1939, organisation générale 2, organisation générale XI, 2/2.

36 AEG DIP. 1985 va 5.3.422, 1939, organisation générale 2, organisation générale XI, 2/2.

37 AEG DIP: 1985 va 5.3.465, organisation générale; Übersetzung AT/BS/VLB.

Widersprüchliche Entwicklungen

Für diese zweite Entwicklungsphase der Berufsberatung ergibt sich ein widersprüchliches Bild. Man kann eine zunehmende Öffnung des Berufs gegenüber psychologischen Techniken, ein ausgeprägtes Bedürfnis nach Ausbildung sowie eine engere Verbindung zur Schule und zum pädagogischen Feld als unverzichtbaren Partnern der Berufsberatung feststellen. Diese Öffnung müsste eigentlich eine Gleichstellung der Zürcher und Genfer Akteure im Feld der Psychotechnik bzw. der angewandten Psychologie bewirken und vor allem dem ISE, das seine Aktivitäten im pädagogischen Bereich entfaltet und neue Untersuchungsmethoden entwickelt, die vor ihrer Standardanwendung systematisch erprobt werden, breite Betätigungsfelder eröffnen. Zudem bietet das ISE im Bereich der Berufsberatung eine akademische Ausbildung an. Aber gerade die genannten Entwicklungen könnten zumindest teilweise erklären, weshalb das ISE Probleme hat, die Praxisfelder zu besetzen, und – umgekehrt – weshalb das Zürcher Psychotechnische Institut dabei erfolgreich agiert. Folgendes lässt sich jedenfalls festhalten: Die Zürcher, deren Methode kaum auf wissenschaftliche Grundlagen abgestützt ist und der Intuition einen wesentlichen Platz einräumt, machen dennoch geltend, über die entsprechende psychologische Fachlichkeit zu verfügen, um ihre weit gespannte Tätigkeit zu legitimieren, die darauf abzielt, enge Kontakte zur Wirtschaft zu fördern und offensiv Filialen zu gründen. Auf diese Weise besetzen sie das Schweizer Terrain weitgehend und positionieren das Institut und die Stiftung als privilegierte Partner des Berufsstandes. Liegt dies daran, dass die Distanz zur Universität für die zwar praxiserfahrenen, aber nicht entsprechend ausgebildeten Praktiker aus dem Primarschulbereich zu gross ist? Erscheint das Ideal, die Berufsberatung auf eine «solide», wissenschaftliche Grundlage zu stellen, zu hoch gegriffen? Oder liegt es an der Befürchtung, die Theoretiker und Forscher könnten zur Bedrohung für den Berufsstand werden und die Legitimation der Praktiker in Zweifel ziehen? Es sind jedenfalls genau solche Argumente, die das wiederholte Scheitern des ISE bei der Erweiterung seines Tätigkeitsfeldes in der Berufsberatung erklären. Die Reaktion Stockers auf Vorschläge Baumgartens und diejenige Duvillards auf Dottrens haben Folgendes gemeinsam: die Ablehnung einer als gefährlich empfundenen Fachlichkeit, das Misstrauen gegenüber Verfahren, die zur Einschränkung der Subjektivität führen, die Furcht vor einer zu grossen Distanz zum Berufsfeld und, schliesslich, den Zweifel am Nutzen wissenschaftlicher Ansätze. Die Oberhand gewinnt letztlich eine Praxis, die hauptsächlich dem gesunden Menschenverstand verpflichtet ist. Der Zürcher Ansatz entspricht auch eher den Anforderungen der Wirtschaft und ist in der Industrie sowie im Netzwerk der an der Berufsberatung interessierten Akteure und Verbände (u. a. Pro Infirmis und Pro Juventute) besser verankert. Dazu kommen vielleicht auch noch eine grössere unmittelbare Wirkung aufgrund einer besseren Kenntnis des Berufsfeldes und effizientere Methoden, die Zeit, Personal und Ressourcen sparen.

Man könnte zwar die Hypothese aufstellen, dass die Genfer Schwierigkeiten damit zusammenhängen, dass die wissenschaftlichen Ansätze nicht in der Lage sind, Antworten auf die gestellten praktischen Fragen zu geben. Dies ist jedoch mit Sicherheit unzutreffend, denn die Quellen zeigen, dass konkrete Vorschläge erarbeitet werden und dass das ISE zahlreiche Berufsberater ausbildet, die in den Institutionen der Berufsberatung äusserst aktiv sind (insbesondere Frauen wie Bienemann und Baer, die aktive Mitglieder des SVBL sind). Man kann aber von der Annahme ausgehen, dass drei Faktoren entscheidend sind:

- die objektive Kluft zwischen den Bedürfnissen des Berufsstandes und den Ansprüchen und Prinzipien des Genfer Instituts,
- die schwache Präsenz des ISE im Berufsfeld – abgesehen von den Tätigkeiten einiger seiner Schüler und
- die deutliche Distanz zu Wirtschaftskreisen und zur Berufsbildung.

Man könnte dies alles umgekehrt auch als eine Form von Widerstand des disziplinären Feldes gegen eine Entwicklung des Berufsfeldes, das nicht wissenschaftlichen Erkenntnissen und Praktiken verpflichtet ist, interpretieren. Das Institut versucht diese Entwicklung immer wieder zu beeinflussen, verfügt aber ausserhalb des von ihm kontrollierten, sehr begrenzten Raumes nicht über entsprechende Mittel.

Dennoch nimmt Hanns Spreng*, als er dem Rektor der Universität Neuchâtel 1945 die Einrichtung eines Instituts für angewandte Psychologie vorschlägt, das Genfer Modell zum Vorbild – auch wenn das von ihm geleitete Institut auf der Zürcher Linie liegt.[38] Hier zeigt sich eine gewisse Ambivalenz: Für ein universitäres Projekt bietet Genf das einzig mögliche Vorbild …

Differenzierung der Funktionen: Berufsberatung und Schullaufbahnberatung (nach 1945)

1945 kommt es zu einem bedeutenden Wandel im Berufsfeld. Die tief greifenden ökonomischen Veränderungen nach Kriegsende führen zu einem einzigartigen Anstieg der Nachfrage nach Berufsberatung. Das Feld reagiert darauf, indem immer mehr bisherige Teilzeitstellen in Vollzeitstellen umgewandelt werden. Dadurch

38 Staatsarchiv Neuenburg: Universitätsarchiv C1.29: Schreiben von Spreng an Rektor Neeser vom 19. Dezember 1945.

stellt sich erneut das Problem der immer noch wenig formalisierten Ausbildung der Berufsberater. Der SVBL erarbeitet deshalb Normen für die Rekrutierung, wobei die entsprechenden Anforderungen zunächst gering bleiben. Böhny drückt dies wie folgt aus: «Die Konferenz der Berufsberater weigert sich mehrheitlich immer noch, der Universität die Ausbildung der Berufsberater zu überantworten, da sie der Meinung ist, dass Personen, die selbst über Lebenserfahrung verfügen, am besten geeignet sind, Heranwachsenden praktische Ratschläge zu erteilen; die meisten Berufsberater sind Primarlehrer, die meisten Berufsberaterinnen sind Sozialarbeiterinnen» (Böhny, 1953, S. 7; Übersetzung AT/BS/VLB). Der Beruf ist also immer noch mehrheitlich Zweitberuf. Die Anliegen des Berufsfeldes drängen zudem immer stärker in die Schule (Frühorientierung, Information usw.). In den folgenden Jahrzehnten schreitet die Differenzierung zwischen Schullaufbahnberatung *(orientation scolaire),* Berufsberatung *(orientation professionnelle)* und Studienberatung *(orientation académique)* fort. Diese Entwicklung verlangt komplexere Regelungen im Beratungssystem und wirft gleichzeitig die Frage nach der gegenseitigen Verbindung der einzelnen Beratungsbereiche auf.

Am Psychotechnischen Institut und in der Stiftung findet 1945 mit der Übernahme der Leitung durch Biäsch ein Generationswechsel statt. Das Institut wird zudem von einer privaten Kapitalgesellschaft in eine Genossenschaft umgewandelt. Zwar scheint die bisherige Praxis fortgeführt zu werden, es wird aber ein Ausbildungsreglement für angehende Psychotechniker erlassen mit einer Aufsichtskommission, der auch Jean Piaget* angehört, und eine Ausbildungswoche durch die Stiftung durchgeführt, an der sich André Rey* beteiligt: Die Grenzen zwischen Regionen und Institutionen scheinen zu verschwimmen.[39]

Am sichtbarsten wird der Wandel in Genf, wo sich im Rahmen der Schulreformen eine funktionale Differenzierung der angewandten Psychologie abzeichnet. Wie bereits dargestellt, war es dem Institut nicht wirklich gelungen, sein anspruchsvolles Ausbildungs- und Praxismodell ausserhalb der von ihm selbst kontrollierten Berufsberatungsstelle durchzusetzen.[40] Dagegen wurde im Rahmen der Forschungstätigkeiten die Entwicklung von Instrumenten zur kognitiven und affektiven Persönlichkeitsdiagnose weitergeführt. Die Unterscheidung zwischen Schullaufbahnberatung und Berufsberatung, die sich während dieser Zeit allmählich abzeichnet,

39 Ein anderes, etwas späteres Beispiel belegt die Annäherung der Regionen ebenfalls: Jean Ungricht, seit 1957 ordentlicher Professor für Psychologie und Pädagogik in St. Gallen, führt kurz nach seiner Nominierung eine gross angelegte Untersuchung zur akademischen Berufsberatung durch.

40 Die Aktivitäten dieser Berufsberatungsstelle haben allerdings seit Ende der 1920er-Jahre ständig abgenommen.

weist darauf hin, dass die Beratung – auf Betreiben der Vertreter des ISE und insbesondere Dottrens'– Eingang in die Schule findet.

Diese Unterscheidung zeigt sich anlässlich der Debatte über ein Projekt von Albert Dupont-Willemin, das die Einführung einer Mittelschule bzw. einer Orientierungsstufe am Ende der Primarschule vorsieht.[41] Sie wird von Dottrens im Bericht zum Dupont-Willemin-Projekt verwendet, den er dem Grossen Rat 1946 vorlegt. In der von Dottrens angeregten Debatte wird die Laufbahnorientierung im Zentrum der Schule verortet und nicht mehr am Ende, also beim Verlassen der Schule – und damit in ihrem Randbereich. Das Problem der Orientierung bzw. Beratung stellt sich von nun an sowohl unter pädagogischen und psychologischen als auch (und das ist neu) unter sozialen Gesichtspunkten – wie die Erfahrungen aus den Versuchen zeigen, die nach dem ersten Teil der Parlamentsdebatte 1947 durchgeführt wurden: Es geht letztlich darum, wie Dottrens es ausdrückt, den benachteiligten sozialen Schichten den Zugang zur höheren Bildung zu erleichtern und dem Schulversagen entgegenzuwirken. Dies allerdings ist nicht möglich auf der Grundlage einer Notengebung, die als subjektiv eingeschätzt wird und die nur unzureichende Informationen für die Beurteilung der Schüler und über die Gründe von Schulversagen liefert. Die Laufbahnorientierung der Schüler soll kontinuierlich und langsam erfolgen und wissenschaftsbasiert sein. Die Versuche werden vom ISE verantwortet und gemeinsam von André Rey* (für den psychologischen Teil) und Samuël Roller* (für den pädagogischen Teil) durchgeführt.

Im sozioökonomischen Kontext der Nachkriegszeit gewinnt in der Schweiz wie auch auf internationaler Ebene[42] die Forderung nach sozialer Gerechtigkeit an Bedeutung, die im Bildungsbereich als Forderung nach mehr Chancengerechtigkeit thematisiert wird. Die 1947 in Genf initiierten Versuche zur Laufbahnberatung und -orientierung der Schüler zeigen, dass es nicht mehr ausschliesslich um das Messen von «Begabung», «Talent» oder «Fähigkeiten» der Individuen im Sinne von Persönlichkeitsmerkmalen geht, sondern auch darum zu ermitteln, inwiefern die Schüler schulischen Normen entsprechen und wie eventuelle Abweichungen zu verstehen sind. Dabei werden psychologische, pädagogische und soziale Ursachen unterschieden. Die erwähnte funktionale Differenzierung wird gegen Ende der 1950er-Jahre institutionalisiert: Die Schullaufbahnberatung wird dem Erziehungsdepartement, die Berufsberatung dem Industrie- und Handelsdepartement unterstellt.

41 Magnin (1997) beschreibt die Debatten im Genfer Grossen Rat während dieses Zeitraums detailliert.

42 Vgl. dazu die Debatten, die zu dieser Zeit im Rahmen des *Bureau International d'éducation* stattfinden.

In der deutschsprachigen Schweiz, wo die Psychologie wenig entwickelt ist und eine autonome Erziehungswissenschaft quasi inexistent ist, scheint es vergleichbare Tendenzen nicht zu geben. Das Zürcher Psychotechnische Institut enthält sich im beobachteten Zeitraum jeder Intervention im schulischen Bereich und beschränkt sich – abgesehen von den Dienstleistungen für die Industrie – auf diejenigen Aufgaben der Berufsberatung, die ihm von den Amtsstellen übertragen werden; zudem leistet es mit seinen Kursen, Seminaren und Konferenzen einen signifikanten Beitrag zur Ausbildung der Berufsberater (Böhny, 1949). Diese Tendenzen entsprechen im Wesentlichen den Entwicklungen in Deutschland, was angesichts der Ähnlichkeit der Berufsbildungssysteme – in beiden Fällen dual organisiert und nicht wirklich Teil des Schulsystems – nicht erstaunlich ist. Die Berufsberatung ist hauptsächlich mit Fragen der Übergänge befasst (vgl. Böhny, 1949; Heiniger, 2003). Eine andere Entwicklung zeigt sich in Frankreich, wo laut Eckert «die Berufs- und Laufbahnberatung schulisch wird» (Eckert, 1993, S. 269; Übersetzung AT/BS/VLB). Diese Entwicklung erklärt sich einerseits durch die Struktur des Bildungssystems, in dem die Berufsbildung zunehmend als Aufgabe der nationalen Erziehung *(éducation nationale)* angesehen wird; andererseits ist sie das Resultat der politischen Versuche zur Demokratisierung des Schulsystems seit dem Ende des Ersten Weltkriegs. Diesbezüglich ist die Entwicklung mit derjenigen in Genf vergleichbar, wo ebenfalls ein Projekt zur Demokratisierung des Studiums zur funktionalen Differenzierung der Beratung führt und eine spezielle Schullaufbahnberatung innerhalb des Schulsystems entsteht, aber die Berufsberatung aufgrund des dualen Systems der Berufsbildung dominant bleibt.

Die Schullaufbahnberatung als gesonderter, von der Berufsberatung unterschiedener Praxisbereich ist somit im Wesentlichen auf die Versuche zur Demokratisierung des Unterrichts zurückzuführen, die bereits in den 1920er-Jahren begonnen haben und hier in einer anderen Form weitergeführt werden. Die Beratung, die zwei Ziele ins Auge fasst – die Einpassung des Individuums in ein bestehendes Arbeitsangebot und die Optimierung der Wahl der Ausbildung und Berufstätigkeit durch das Individuum –, hat zudem Möglichkeiten für eine bessere Regulierung der Laufbahnentscheide eröffnet: Jeder Einzelne soll – unabhängig von sozioökonomischen Determinismen – seinen Weg im Schulsystem finden.

Allmähliche Weiterentwicklung aufgrund des wirtschaftlichen Bedarfs

Der neue Beruf des Berufsberaters entsteht unmittelbar aufgrund sozialer Bedürfnisse, die einerseits mit der Verallgemeinerung und der Verlängerung der Schulpflicht, andererseits mit Problemen bei der Rekrutierung, Selektion und Regulierung von Arbeitskräften verbunden sind. Diese Probleme sind einerseits durch das Auflösen traditioneller Laufbahnwege und andererseits durch die Differenzierung der Berufe entstanden. Der Beruf ist aus dem Schulsystem heraus entstanden und wird im Übrigen hauptsächlich von den in diesem System Berufstätigen ausgeübt. Die zunächst kaum gefestigte und institutionalisierte Nebentätigkeit entwickelt sich hauptsächlich durch die Weitergabe von Erfahrungen innerhalb des Berufsfeldes und dessen Organisation. Die Ausbildungsmöglichkeiten werden ausschliesslich vom Berufsstand und den entsprechenden Verbänden selbst geschaffen. Nur unter dem Druck sozialer Erwartungen wird der Beruf zur hauptberuflichen Tätigkeit, und der Berufsverband kann, auch ohne das Bestehen einer speziellen Ausbildungsinstitution, Mindestanforderungen an die Ausbildung definieren. Die Forderungen nach einer solchen Ausbildungsinstitution werden jedoch lauter, und die Dynamik der Professionalisierung macht neue Organisationsstrukturen notwendig.

Das Genfer ISE übernimmt indessen die Funktion der Berufsberatung ebenfalls, legt ihr allerdings ein ganz anderes Modell zugrunde: Die Berufsberatung erfolgt hier, im Rahmen der Erziehungswissenschaften, in einer gleichermassen der Forschung und der Ausbildung verpflichteten Poliklinik und wird von spezialisierten Fachleuten durchgeführt. Dieses Modell ist in der Schweiz einzigartig, bleibt jedoch auch in Genf eine Randerscheinung, wo andere, teils private, teils öffentliche Einrichtungen entstehen, für die das universitäre Modell weder hinsichtlich Methoden noch für die Rekrutierung des Personals eine massgebliche Rolle spielt. Dennoch wird dem ISE ein Pionierstatus zuerkannt, da es den entstehenden Beruf mit den universitären Ansätzen zur Berufsberatung verbindet. Es verliert jedoch schnell an Einfluss, weil es nur ungenügend auf die entstehende Konkurrenz vorbereitet ist, weil es strengen Prinzipien hinsichtlich wissenschaftlicher Anforderungen folgt und eine Ausbildung auf hohem Niveau einfordert, weil es in den wirtschaftlichen – für die Berufsberatung massgeblichen – Netzwerken nur ungenügend integriert ist und weil es von den lokalen Behörden kaum unterstützt wird.

Letztlich erbringt deshalb eine Art intermediärer Struktur die wesentlichen theoretischen und technischen Beiträge für den neuen Beruf: Konzeption eines hauptsächlich auf Intuition gegründeten Verfahrens, Berufsbeschreibungen und, schliesslich, einfach durchzuführende Tests. Diese Struktur hat zwar ihren Ursprung in der angewandten Psychologie, vor allem im Bereich der Rationalisierung der Arbeit; entwickelt sich aber hauptsächlich ausserhalb der akademischen Welt und nicht forschungsorientiert, dank lukrativer Tätigkeiten im Bereich der Arbeitsorganisation und Personalauswahl bei den Unternehmen. Ihre Expansionsstrategie, die Schaffung eines Netzwerks von Instituten, sichert ihr die Präsenz an zahlreichen Orten und die weitgehende Anerkennung vonseiten der Wirtschaft. Es besteht jedoch keinerlei Verbindung zum pädagogischen Bereich. Die wesentliche Funktion bei der Theoretisierung und Systematisierung der Berufsberatung übernimmt somit eine im wirtschaftlichen Bereich verankerte Struktur ausserhalb der wissenschaftlichen Disziplinen und des Bildungs- und Erziehungssystems.

Von den vielfältigen und komplexen Gründen für diese Entwicklung scheinen drei massgeblich zu sein: erstens das geringe Niveau der Ausbildung der Berater und der Teilzeitcharakter ihrer Tätigkeit; beides ermöglicht keine ernsthafte Vertiefung; zweitens die starke Ausrichtung der Berufsberatung an der Wirtschaft und ihren Bedürfnissen in einem Berufsbildungssystem, das im Wesentlichen von der Wirtschaft getragen und organisiert wird; und drittens die Umgestaltung des Schulsystems sowie die damit verbundenen Komplexitätssteigerungen und Demokratisierungstendenzen, in deren Folge eine Beratungsform sichtbar und systematisiert wird, die zwar schon vorher besteht, jedoch nur als Randerscheinung in Form der Beratung für akademische Berufe innerhalb des Systems: die Schullaufbahnberatung. Das Institut findet hier ein neues Betätigungsfeld, dessen Entwicklung ab 1946 beginnt.

Kapitel 12

Empirische Ansätze in der Pädagogik

Rita Hofstetter, Bernard Schneuwly und Lucien Criblez

Die Pädagogik hat ihre Wurzeln in der Philosophie und ist, wie bereits dargelegt, auch unter der Bezeichnung Erziehungswissenschaft(en) zunächst eine Geistes- und Moralwissenschaft – mit dem Ziel, ein Korpus kohärenter Doktrinen und Werte für das pädagogische Handeln zu schaffen. Sie beschäftigt sich zunächst vornehmlich mit der Interpretation philosophischer Texte und der Ideengeschichte der Pädagogik. Seit der Wende vom 19. zum 20. Jahrhundert zeichnet sich – insbesondere unter dem Druck konkreter, zur Lösung anstehender pädagogischer Probleme sowie der Entwicklung anderer Wissenschaften – die Möglichkeit eines Paradigmenwechsel ab, der einen anderen, dezidiert empirischen Zugang zu pädagogischen Phänomenen ermöglicht. Im vorliegenden Kapitel sollen die Modalitäten dieses Paradigmenwechsels erfasst werden: Welche Entstehungs- und Existenzbedingungen haben die empirischen Ansätze? Wo und wie erscheinen sie, und wie entwickeln sie sich? Welche Formen nehmen sie an? Welche Gegenstände, Themenfelder und Methoden bevorzugen sie, und in welchen Institutionen verorten sie sich? Auf welche Herausforderungen, Hoffnungen und sozialen Bewegungen reagieren sie, und von welchen Akteuren werden sie getragen? Wie soll man vor allem die enge Verflechtung zwischen empirischen Ansätzen und der Schulreformbewegung – der Reformpädagogik *(Education nouvelle)* – verstehen? Welche Rollen spielen die Lehrerverbände und die Schulverwaltung in diesem Prozess? Welche Verbindungen lassen sich zwischen den Repräsentanten der Erziehungswissenschaften, der Verwaltung und des Berufsfeldes ausmachen?

Um diese Fragen zu beantworten, weisen wir zunächst auf den allgemeinen pädagogischen und wissenschaftlichen Kontext hin, in dem sich die empirischen Ansätze entwickeln und sich der Paradigmenwechsel in der Pädagogik vollzieht, und wir erläutern die entsprechenden Grundlagen. In der Schweiz werden fast gleichzeitig zwei programmatische Diskurse geführt, die zu den einflussreichsten der experimentellen Pädagogik als weitreichendster Form empirischer Zugänge in der Pädagogik gehören: Beide werden im zweiten Teil des Beitrages vorgestellt. Nicht einfach als direkte Umsetzung solcher Programme, aber trotzdem von ihnen beeinflusst, institutionalisieren sich empirische Ansätze an allen beobachteten

Standorten von der Jahrhundertwende bis in die 1920er-Jahre in sehr unterschiedlichen Formen, die wir im Hinblick auf Gemeinsamkeiten und Besonderheiten im dritten Teil beschreiben. Die von den Vertretern dieser Ansätze bearbeiteten Themen und Forschungsfelder werden anschliessend anhand ihrer Veröffentlichungen untersucht. Schliesslich beurteilen wir auf der Grundlage der Beschreibung und Interpretation sich kontrastierender Entwicklungen an den jeweiligen Standorten die Möglichkeitsbedingungen eines Paradigmenwechsels in den Erziehungswissenschaften während der empirischen Wende. In einer allgemeineren Form wollen wir erste Hypothesen generieren, um zu erklären, weshalb die «empirische Wende», die an allen Standorten in Betracht gezogen wurde, im pädagogischen Feld kurzlebig war.

Ein günstiger Reformkontext für empirische Ansätze

Der Reformkontext – ein Überblick

Seit der Jahrhundertwende und in den ersten beiden Jahrzehnten des 20. Jahrhunderts geht eine Welle von Schulreformen durch die westliche Welt.[1] Dies ist auch in der Schweiz der Fall, die sich von der internationalen Bewegung inspirieren lässt und sie ihrerseits unterstützt. Diese Bewegung ist das Ergebnis vielfältiger Entwicklungen, von denen wir nur die für unseren Zweck signifikantesten erwähnen: Mit der Institutionalisierung des staatlichen Schulsystems sowie der Verallgemeinerung und Verlängerung der Schulpflicht erlangt die «Schulfrage», von der alle betroffen sind, grosse soziale Bedeutung. Schulbehörden und Politik stehen einem schulischen Massenpublikum und, infolgedessen, Verwaltungsaufgaben in einem bisher unbekannten Ausmass gegenüber. Während sich das staatliche Schulwesen fortlau-

1 Die Literatur hierzu ist reichhaltig. Wir verweisen für Frankreich auf Mayeur (1981), der sein Kapitel über das erste Viertel des 20. Jahrhunderts mit «Reformetappen im 20. Jahrhundert» *(L'effort de réforme du 20e siècle)* überschreibt; für Deutschland stellt Drewek (1997) die Differenzierung des Schulsystems, einschliesslich der Integration der Mädchen, als ein Phänomen des beginnenden Jahrhunderts dar; für die Vereinigten Staaten beschreibt Cremin (1961) die immense Begeisterung für eine radikale Umgestaltung der Schule; für Spanien zeigt Bernal Martinez (2001) die tief greifenden Auswirkungen der pädagogischen Reformen auf den gesamten Unterricht, insbesondere im Bereich der Naturwissenschaften. Für die Schweiz verweisen wir auf die über die jeweiligen kantonalen Entwicklungen hinausgehende Darstellung von Criblez, Jenzer, Hofstetter und Magnin (1999), in der die Herausforderungen und Bedingungen der Entstehung und Entwicklung der öffentlichen Primarschule nachgezeichnet werden.

fend stabilisiert, verstärkt sich an seinen Rändern und in seinem Inneren der Druck, Qualität zu gewährleisten und Routine und Unbeweglichkeit zu vermeiden; mit der Heterogenität des Schulpublikums stellt sich in aller Deutlichkeit die Frage nach der Wirksamkeit des – mit der «grossen Masse» konfrontierten – staatlichen Schulwesens und dessen Übereinstimmung mit den neuen demokratischen Werten.

Die Berücksichtigung der Heterogenität wird zur wichtigsten Forderung der Reformbewegungen. Sie symbolisiert die Voraussetzung für eine Qualitätsschule auf demokratischer Grundlage. Sie soll die Entwicklung der individuellen Fähigkeiten und gleichzeitig das Aufrechterhalten gesellschaftlicher Konkordanz gewährleisten:

- Dies wird zuerst bei behinderten Kindern manifest: bei Blinden und Tauben, aber auch bei «Anormalen» und «Zurückgebliebenen»; dann werden auch die sozialen Bedingungen des Aufwachsens und, schliesslich, die Frage der hochbegabten Kinder einbezogen; hieraus ergeben sich komplexe Probleme der Diagnostik und Klassifikation.[2]
- Die Probleme der Übergänge werden immer deutlicher: Einerseits wird die Transition zwischen Schule und Berufsleben durch die tief greifenden sozialen Veränderungen der Arbeitswelt komplexer. Andererseits impliziert der Übergang zwischen Primar- und Sekundarschule, aber auch zwischen Pflichtschule und Berufsbildung oder weiterführenden Schulen eine Auswahl unter den Kindern und Jugendlichen. Die Auswahlkriterien sollen nun auch mit den demokratischen Konzepten von Leistung und Eignung übereinstimmen.

Die Probleme der Heterogenität der Schüler verbinden sich mit den Herausforderungen, die sich aus der Gewährleistung wirksamer pädagogischer Praktiken und adäquatem Unterricht bzw. adäquaten Unterrichtsinhalten ergeben. Dies erfordert intensive Überlegungen hinsichtlich:

- der Definition der Schulformen und der damit verbundenen Fragen nach der Legitimation von Wissen und der Nützlichkeit des vermittelten Wissens;
- der Festlegung der Unterrichtsinhalte, ihrer Einteilung und ihrer zeitlichen Organisation, um gleichzeitig der Entwicklung der Schüler und den sich ständig differenzierenden sozialen Erwartungen gerecht zu werden;

2 Für die Schweiz zeigt Wolfisberg (2002, S. 71 ff.) sehr gut die Beziehungen zwischen der Einrichtung von Sonderklassen und der hieraus erwachsenden Notwendigkeit der Diagnostik durch Tests als valide Instrumente der Orientierung bzw. Beratung und Selektion von Schülern.

- des Problems der Ermüdung und Überanstrengung bzw. der Grenzen der Lernkapazität der Schüler unter den gegebenen materiellen Lernbedingungen und der Menge zu lernender Inhalte;
- der Verfeinerung der Methoden, die durch die Erweiterung der Qualifikation der Lehrkräfte möglich wird, gleichzeitig aber durch die steigende Beschulungsquote und den Erfolg des Schulsystems notwendig wird.

Schulverwaltung und Lehrerschaft sehen sich solchen und ähnlichen Problemen und Fragen gegenüber, die grundlegende Reformen erfordern, wie sie in vielen Regionen der Welt umgesetzt werden. Die gemeinsame Ausrichtung dieser Entwicklungen in verschiedensten Schulsystemen wird durch den raschen Ausbau der Kommunikationsnetzwerke unterstützt.[3] Ein Vektor der gemeinsamen Entwicklung besteht darin, die Reformen auf die entstehenden Sozialwissenschaften zu gründen und dadurch die Hoffnung auf soziale Reformen durch Wissenschaft zu fördern – ein Phänomen, das man auch in andern Sozialbereichen[4] und – noch allgemeiner – im aufstrebenden Technologie- und Ingenieurbereich, der zweifellos als Modell dient und sich seinerseits auf die Naturwissenschaften gründet, beobachten kann (Torstendahl, 1993). Zudem scheinen die Bedingungen geschaffen zu sein, um die bestehenden Probleme nicht nur zu benennen und an ihnen Kritik zu üben, sondern sie auch zu lösen.

Die am stärksten wahrgenommene Form dieser Schulreformbewegung wurde, je nach Sprachkontext, als *Education nouvelle,* als *New* oder *Progressive Education* oder als «Reformpädagogik» bezeichnet.[5] Es handelt sich um eine vielgestaltige, kaum fassbare Bewegung, die sowohl im Privatschulbereich als radikale Alternative zum staatlichen Schulsystem als auch innerhalb des öffentlichen Schulsystems entsteht. Sie wird in Verbänden, die von fortschrittlichen Kräften aus Lehrberuf und Bildungsverwaltung getragen werden, mit fliessenden Konturen institutionalisiert. Und sie tritt mit einer grundlegenden Kritik an traditionellen Formen des Unterrichts auf. Insgesamt lässt sie sich durch folgende Hauptmerkmale beschreiben: Konzentration auf die natürliche Entwicklung des Kindes, Kritik an der Überfrach-

---

3 Hier scheinen die Weltausstellungen von Bedeutung zu sein: Cremin gründet seine Datierung der Geschichte der Erziehung in Amerika auf die erste Weltausstellung in Philadelphia 1876; eine tiefer gehende Analyse findet sich bei Fuchs (2004); vgl. auch Gonon (1999).

4 Hier soll das bereits klassische Werk von Wagner, Wittrock und Whitley (1991) zitiert werden; für die Schweiz vgl. Le Dinh (1997a) sowie Gottraux, Schorderet und Voutat (2000).

5 Die entsprechende Literatur ist besonders umfangreich. Als Beispiele nennen wir hier Ohayon, Ottavi und Savoye (2004) für die *Education nouvelle,* Cremin (1961) für die *Progressive Education,* Selleck (1968) für die *New Education* und Oelkers (1996) für die Reformpädagogik.

tung der Programme und deren Organisation in Schulfächern, Organisation der Lernprozesse in kindgerecht lebensnahen Situationen sowie Teilnahme der Kinder an der Definition des kollektiven Lebens.

Die empirischen Ansätze – oder: Anzeichen eines Paradigmenwechsels

In enger Interaktion mit diesen Reformbewegungen multiplizieren sich die wissenschaftlichen Zugänge zu den pädagogischen Phänomenen in einer Dynamik der gegenseitigen Verstärkung: Die Reformen werden durch diese neuen Zugänge angeregt und tragen gleichzeitig zu deren Entstehung bei. Analysiert man die umfangreiche Literatur,[6] lassen sich vier zentrale Themenbereiche der Forschung und Reflexion unterscheiden:

- Analyse der Bedingungen und Effekte pädagogischer und didaktischer Interventionen im Unterricht, meist mit Methoden, die der Psychologie entlehnt sind: experimentelle Pädagogik und Didaktik, Psychologie schulischer Lernprozesse, mit dem Ziel, die Schule auf allen Ebenen besser den Bedürfnissen der Schüler anzupassen;
- Entwicklung psychologischer Persönlichkeitstests in enger Verbindung mit den Anforderungen und Aufgaben des Schulsystems (Selektion, Beratung);[7]
- systematische Schulversuche auf der Grundlage von Methoden und Verfahrensweisen bestehender Disziplinen, mit expliziter und kontinuierlicher Beobachtung und Analyse;[8]

---

6 Depaepe (1993) bietet einen breiten internationalen Überblick über die damalige empirische Forschung; Labaree (2006), Goodchild (2006), Lagemann (2000), Tenorth (1997), Gautherin (2002) und Avanzini (1989) berücksichtigen die bekanntesten Darstellungen der vorherrschenden angelsächsischen, deutschen und französischen Theorie«kulturen»; vgl. auch Drewek und Lüth (1998).

7 Wie Woolridge (1994) detailliert aufzeigt, ist einer der wichtigen Ursprünge der (pädagogischen) Psychologie der in älteren Praktiken verankerten Notwendigkeit geschuldet, die Schülerströme in einem immer umfassenderen und divergenteren System effizient zu verwalten. Psychologische Tests sind im Grunde oft schulische Tests; Avanzini (1969) verweist für diesen Ursprung auf die von Binet und Simon entwickelten Tests, die man als Prototyp aller Tests bezeichnen kann.

8 Dewey (1929) hat dies theoretisiert und dafür einen Namen gefunden: In seiner Laborschule *(Laboratory School)* werden unter realen Bedingungen systematische Experimente zur praktischen Erprobung und Analyse neuer Unterrichtsansätze durchgeführt. Zwar entspricht das Vorgehen nicht den strikten Regeln psychologischer Experimente, ermöglicht aber dennoch die systematische Prüfung von Hypothesen, die durch fortgesetzte und systematische Beobachtung ermittelt wurden, und erlaubt die Variation der wichtigen

- Entwicklung signifikanter pädagogischer Inhalte in anderen involvierten Wissenschaftsdisziplinen: Kinder- und Entwicklungspsychologie, Psychoanalyse sowie – in geringerem Ausmass – Anthropologie, Soziologie und sogar Medizin (hauptsächlich im Bereich der Schulhygiene).

Dieses «Konglomerat» bezeichnen wir als «empirische Ansätze in der Pädagogik». Das vorliegende Kapitel dient der Darstellung seiner Erscheinungsformen, Triebkräfte und Entwicklungshindernisse im allgemeineren Kontext der Entwicklung der Schweizer Schulsysteme, einschliesslich des Lehrberufs.

Man kann dieses «Konglomerat» als Anzeichen einer empirischen Wende in den Erziehungswissenschaften interpretieren, und zwar auf der Ebene der Methoden und der Forschungsgegenstände. Die bevorzugten und anerkannten Methoden wissenschaftlichen Arbeitens verändern sich: Im Zuge des Erfolgs des naturwissenschaftlichen Modells und über den Umweg der experimentellen Psychologie tritt das Experiment – die systematische Manipulation bestimmter Faktoren in einer gegebenen Situation und die Beobachtung der Effekte – sukzessive als unumgängliche Methode der Produktion pädagogischen Wissens in Erscheinung. Gleichzeitig verändert sich auch der privilegierte Forschungsgegenstand: Nicht mehr die theoretischen Texte und pädagogischen Konzepte stehen im Mittelpunkt, sondern es geht darum, wie Ernst Meumann* fordert, zu einer «Wissenschaft von den *Erziehungstatsachen*» (1907, Bd. 1, S. VIII; Hervorhebung im Original) überzugehen. Kinder und Jugendliche werden zum Gegenstand der Pädologie bzw. der Kinder- und Jugendforschung; der in den Klassen praktizierte Unterricht wird zum Gegenstand der experimentellen Pädagogik und Didaktik. Kinder, Jugendliche, der Unterricht

Faktoren. In gewisser Hinsicht greift das Vorgehen Deweys auf die Idee der Übungsschule von Ziller und Rein in Jena zurück: Es handelt sich zwar in erster Linie um einen Ort der Ausbildung, an dem aber auch Experimente durchgeführt werden, die sich nicht nur wegen der Zielsetzung einer kohärenten Theoriebildung, sondern auch wegen der Bemühungen um dauernde und systematische Beobachtung als «wissenschaftlich» verstehen. Der zweite bedeutende Praktiker mit ähnlichen Vorgehensweisen ist ohne Zweifel Decroly. In dieser Traditionslinie steht ein bedeutender Teil empirischer Ansätze in der Pädagogik, die sich durch zwei Merkmale auszeichnen: Einerseits besteht ein expliziter Bezug zu den Theorien der Referenzdisziplinen – insbesondere der Psychologie und der Soziologie –, wobei es für uns nicht von Interesse ist, ob diese Theorien tatsächlich übernommen wurden oder ob man sich nur auf sie beruft; von Bedeutung ist allein die Notwendigkeit einer wissenschaftlichen Referenz; andererseits findet eine wissenschaftliche Dauerbeobachtung der Effekte pädagogischer Interventionen statt, die in Funktion der (oft) expliziten Erwartungen systematisch variiert werden. Wir treffen hier auf ein Paradigma, das Buyse (1935) später, etwas verächtlich, «erfahrungsbasiert» *(expérienciée)* nennt, eine Bezeichnung, die Dottrens (1971) dennoch zur Charakterisierung seines Vorgehens verwendet.

und sogar die Schule als Institution sind nicht mehr lediglich Gegenstand der Reflexion, oder gar der «Reflexion der Reflexion» in der hermeneutischen Tradition der Textinterpretation, sondern werden als solche beobachtet und analysiert. Die Gesamtheit dieser Veränderungen auf der Ebene von Forschungsmethoden und -objekten kann als «empirische Wende» bezeichnet werden, in deren Folge eine grundlegende Neudefinition der als Forschungsfragen zugelassenen Probleme stattfindet. Kuhn (1967) hat solche Neuorientierungen als Paradigmenwechsel charakterisiert; und Stehr (2003) spricht, in einer aktuelleren Arbeit, von «Wissenspolitik», mit der bestimmt wird, welches Wissen erforscht werden kann und gesellschaftlich, ja wissenschaftlich legitimiert ist.

Die Attraktivität des empirischen und, mehr noch, des experimentellen[9] Paradigmas für die Reformpädagogik leitet sich aus dieser doppelten Verschiebung von Forschungsmethode und Forschungsgegenstand ab: Die Ergebnisse versprechen ein besseres Eingehen der Schule auf das einzelne Kind; die Forschung orientiert sich am Individuum und seiner Entwicklung – den Pfeilern der Reformpädagogik; Probleme der Hygiene und der schulischen Überforderung sind vor dem Hintergrund des Vorbehalts gegenüber formalem Wissen von grossem Interesse. Man könnte von einer Art präetablierter Harmonie zwischen den sich entwickelnden empirischen Ansätzen und den grundlegenden Konzepten der Reformpädagogik sprechen, die auf das Kind – respektive den Jugendlichen – als Individuum ausgerichtet ist.[10] Diese Orientierung wird zur Grundlage einer (permanenten) Kritik an der Institution Schule, da die staatliche Schule niemals allen individuellen Eigenheiten ihrer Schüler Rechnung tragen kann.[11]

---

9 Wir unterscheiden diese beiden Begriffe absichtlich: Der zweite kann als radikalere Variante des ersten gelten. Das wissenschaftliche Experiment, das eine systematische Kontrolle der relevanten Variablen ermöglicht, hat oft die Funktion eines Ideals (vgl. z. B. die Aussagen Katzarovs über seinen Lehrer Claparède: Stefanov & Terzyska, 2006). Tatsächlich vertreten die Akteure – auch wenn sie bisweilen explizit gegen die Möglichkeit des experimentellen Vorgehens bei der Bearbeitung zahlreicher pädagogischer Probleme (vgl. die vorige Anmerkung zu Dewey) Stellung nehmen – ein empirisches Vorgehen, auch in der praktischen Forschungsarbeit. Dies stellt, wie wir gezeigt haben, einen wirklichen Paradigmenwechsel dar. Hier ist anzumerken, dass für gewisse amerikanische Theoretiker seit den 1920er-Jahren ein Bruch zwischen dem experimentellen und dem empirischen Paradigma besteht, wobei die Ersteren die Oberhand gegenüber den Letzteren gewinnen (Labaree, 2006; Lagemann, 2000).

10 Meumann selbst versichert, dass die wichtigste methodologische und materielle Innovation der experimentellen Pädagogik darin besteht, «dass wir *alle Probleme der Pädagogik vom Kinde aus zu entscheiden suchen*» (Meumann, 1907, Bd. 1, S. 31; Hervorhebung im Original).

11 Vgl. beispielsweise die Analyse bei Bühler (1990, S. 64 ff.).

Zwei programmatische Referenzschriften

Zu Beginn des 20. Jahrhunderts werden in der Schweiz zwei Texte publiziert, die ein ehrgeiziges wissenschaftliches Programm für eine tief greifende Schulreform formulieren und weitreichende Auswirkungen auf die Entwicklung neuer Forschungstätigkeiten und Institutionen haben. Es handelt sich einerseits um den Vortrag, den Ernst Meumann 1900 vor der Zürcher Schulsynode hält, und andererseits um die 1905 von Edouard Claparède* für die in der Studiengruppe für Kinderpsychologie *(Groupe pour l'étude psychologique de l'enfant)* versammelten Lehrer des Genfer Lehrervereins *(Société pédagogique genevoise)* verfassten Texte, die direkt danach einer breiten Öffentlichkeit zugänglich gemacht werden.[12] Diese beiden Programmschriften haben zwar vergleichbare Intentionen und Adressaten und dienen als Ausgangspunkt für spätere Entwicklungen, sind jedoch in sich kontrastierenden Kulturen und Traditionen verankert. Ihre vergleichende Lektüre und Interpretation ist unumgänglicher Ausgangspunkt für das Verständnis der Entwicklung empirischer Ansätze in der Schweizer Pädagogik.[13]

Meumann: Der Unterricht bedarf einer wissenschaftlichen Grundlage

Ernst Meumann verlangt 1900 in einem ausführlichen Referat vor der Zürcher Schulsynode[14] einen Paradigmawechsel in der Pädagogik, durch den die Pädagogik als Wissenschaft und als Praxis neu konzipiert werden soll:

---

12 Die Texte werden zunächst für eine an schulischen Fragen interessierte Öffentlichkeit in der Zeitschrift *Le Signal* zugänglich gemacht, danach, ebenfalls noch 1905, in einer weit verbreiteten Broschüre, die zu Lebzeiten Claparèdes ständig wiederaufgelegt und erweitert wird.

13 Die beiden Konzepte verweisen auf Entwicklungen in der deutsch- und der französischsprachigen Schweiz. In diesem Zusammenhang muss eine weitere, ebenfalls explizite Referenz erwähnt werden, die eher auf der Seite der Meumann'schen Tradition und dessen Verortung in der Psychologie Wilhelm Wundts steht: das Konzept von Desiré Mercier in Leuven, das einen starken Einfluss auf Freiburg ausübt (vgl. für eine leider nur zusammenfassende Darstellung: Nuttin, 1945).

14 Die Schulsynode ist nach dem Vorbild der Kirchensynode organisiert. In Zürich handelt es sich in dieser Zeit um eine Versammlung der Lehrer aller Schulen. Sie hat einerseits die Aufgabe, alle wichtigen bildungspolitischen Fragen vorzuberaten; andererseits sorgt sie mit regionalen Konferenzen, an denen diese Themen verhandelt werden, für die Fortbildung der Lehrerschaft.

> *[...] ich glaube, dass die wissenschaftliche Pädagogik und damit mittelbar auch die Schulpraxis vor einer Entscheidung steht: Entweder sie macht sich die methodischen Fortschritte und die Resultate der experimentellen Behandlung geistiger Probleme zu eigen, oder sie wird nicht mehr beanspruchen können, eine Wissenschaft oder auch nur die wissenschaftliche Begründung einer Praxis genannt zu werden; und die Schulpraxis steht vor der Entscheidung, entweder in wichtigen Fragen der Methodik des Unterrichts [...] ein grosses und wertvolles Material an neuen Erkenntnissen sich anzueignen [...] oder aber [...] nur noch als praktische Routine zu erscheinen.*
> (Meumann, 1900, S. 70)

Die Pädagogik behelfe sich noch mit psychologischen Begriffen, die in der Psychologie verworfen worden seien. Implizit ist damit eine Kritik an der weit verbreiteten Herbart'schen Methode formuliert, die Meumann als «geistlosen Schematismus» und «schablonenhafte Anwendung» kritisiert (Meumann, 1900, S. 104). Denn der Lehrer, der sich an solchen «Lehrschablonen» orientiere, kenne zwar die methodische Regel, nicht aber die psychologische Begründung der Regel. Die experimentelle Pädagogik verspreche nun aber Erkenntnisse zu zwei Gruppen von Problemen: erstens zur Eigenart des Kindes sowie dessen Annäherung an die Eigenart des Erwachsenen in seiner Entwicklung (insbesondere: Individualität, Unterschiede in der Begabung, Unterschiede in den elementaren psychischen Prozessen); zweitens zu Regeln und Normen für Lehrer und Erzieher (für die Auswahl, Bearbeitung und Abfolge bzw. Reihenfolge von Lehrinhalten; für die individuelle Behandlung der Kinder, für die Gestaltung des Unterrichts). Die theoretische Pädagogik werde so mehr zu einer Wissenschaft vom Lernenden als vom Lehrenden. Auch die Methodik gewinne durch die pädagogisch-psychologischen Experimente: Denn die Lehrer würden aufgrund der experimentellen Pädagogik nicht nur die methodischen Regeln kennen, die anzuwenden seien, sondern auch die psychologischen Gründe, die zu den Regeln geführt haben. Kennen sie aber die psychologischen Gründe der Regeln, seien sie sich auch der Grenzen der Regeln bewusst (Meumann, 1900, S. 104).

Claparède: Ein Forschungsprogramm für eine Schule nach Mass

Claparèdes Text «Kinderpsychologie und experimentelle Pädagogik» *(Psychologie de l'enfant et pédagogie expérimentale)* beginnt mit der berühmten Metapher: «Dass die Pädagogik auf der Kenntnis des Kindes beruhen muss, wie der Gartenbau auf der Kenntnis der Pflanzen beruht, ist eine Wahrheit, welche als eine elementare erscheint» (Claparède, 1905, S. 5). Claparède widmet sich dann der Definition eines Forschungsprogramms und der für seine Umsetzung erforderlichen Methoden, wobei er sich als Teil der internationalen Bewegungen begreift und sich zumindest auf die Arbeiten von Hall, Binet, Schuyten, Lambroso und Meumann beruft.

Er erstellt zunächst eine Kartografie der zu lösenden Probleme, wobei er vier Bereiche unterscheidet. Bei der Schutzfunktion *(préservation)* geht es hauptsächlich um Fragen der Ermüdung und Überanstrengung und der sich daraus abzuleitenden Definition des schulischen Rhythmus. Geistige und körperliche Gymnastik *(gymnastique intellectuelle et physique)* beziehen sich – unabhängig vom Inhalt – auf die Allgemeinbildung der Schüler in den Bereichen sinnliche Wahrnehmung, Bewegungsvermögen, Beobachtungsgabe und Urteilskraft; es geht darum, präzisiert Claparède, «das Lernen zu lernen». Sicher sind die Inhalte *(contenus)* ebenfalls wichtig: Man muss, wie er sagt, das Gedächtnis «möblieren», um den Schüler mit einem Wissenskapital auszustatten. Letztlich geht es um die Formung des Charakters *(former le caractère)* selbst, um die Festigung des Willens und das Beherrschen der eigenen Instinkte. Jeder dieser grundlegenden Bereiche der Pädagogik ist äusserst schwierig zu bearbeiten, kann und muss jedoch systematisch erforscht werden.

Um diese Probleme wissenschaftlich anzugehen, bedarf es wissenschaftlicher Methoden. Die Introspektion erscheint zur Erforschung der Welt des Kindes ungeeignet, die Beobachtung hingegen ist für das Verständnis des kindlichen Verhaltens sehr nützlich. Claparède bevorzugt jedoch das Experiment, das mehr Variationen und höhere Präzision erlaubt, ob es nun im kontrollierteren Kontext des Labors stattfindet oder – mit dem Vorteil grösserer Reichweite – in der Klasse. Fragebogenerhebungen ermöglichen es, ein breites Publikum zu erreichen, allerdings ist hier die Zuverlässigkeit eingeschränkt. Als besonders vielversprechende Methode erachtet Claparède kollektive Erhebungen durch die Lehrerschaft: Er fordert sie auf, ihre Beobachtungen über ein bestimmtes Problem zusammenzuführen und dadurch eine genauere Datengrundlage zu schaffen, als es per Fragebogen möglich wäre. Diese Methode hat darüber hinaus den Vorteil, zur kollektiven und kontinuierlichen Weiterbildung der Lehrer beizutragen.

Die ausführliche Diskussion der Forschungsarbeiten über die Ermüdung und das Gedächtnis – die einen Drittel von Claparèdes Schrift ausmacht, in der er sich auch auf Meumann beruft – endet mit einer eindeutigen Schlussfolgerung: Die Mentalität des Kindes ist unbegrenzt variantenreich; daher muss die Schule sich dieser Vielfalt anpassen, sowohl unter individuellen als auch unter kollektiven Gesichtspunkten.

Die Übertragung der Psychologie und der experimentellen Methode auf die Pädagogik machen dies möglich. Es geht darum, ein Ideal zu erreichen, das «man in drei Worten ausdrücken kann, die auch als Devise für zukünftige pädagogische Reformen dienen können: Schule nach Mass» (Claparède, 1905, S. 74; Übersetzung BS/RH/LC).

Wenn auch die beiden Gelehrten unterschiedlich argumentieren – der eine abstrakter, der andere praktischer – ist die Botschaft grundsätzlich vergleichbar: besseres Verständnis der Gesetze von Lehren und Lernen durch die Erforschung etwa der Ermüdung, der Aufmerksamkeit, des Gedächtnisses, der Lernstoffe und deren optimaler Organisation; besseres Verständnis der individuellen Eigenheiten der Kinder, damit die Schule den Bedürfnissen der einzelnen Schüler Rechnung tragen kann; Konstruktion von Wissen durch methodisch kontrolliertes, wissenschaftliches Vorgehen, vor allem durch Experimente. Beide beabsichtigen, die Lehrpraxis durch Forschung grundlegend zu verändern und vestehen ihr Programm als Teil der Schulreformbewegung.

Präsenz an allen Standorten (Jahrhundertwende bis Mitte der 1920er-Jahre)

Diese beiden Texte sind bereits ein Resultat der Reformbewegung, die vorher entstand und sich weit darüber hinaus hält. In der Tabelle im Anhang zu diesem Beitrag werden eine Reihe besonders bedeutsamer Fakten zur Präsenz empirischer Ansätze im pädagogischen Bereich an den verschiedenen Standorten und die Rolle der wichtigsten Akteure (in Verwaltung und Beruf) seit der Jahrhundertwende zusammengestellt.

Die Tabelle erlaubt mehrere Aussagen: An allen von uns untersuchten Standorten entstehen zu einem bestimmten Zeitpunkt empirische Ansätze; sie werden immer auf die eine oder andere Art und Weise von der Bildungsverwaltung unterstützt; überall lassen sich Verbindungen zum Berufsfeld und zur Lehrerbildung feststellen, die oft über die Lehrerverbände hergestellt werden; fast überall gibt es Mediatoren, die oft selber aus dem Forschungsbereich kommen und an der Schnittstelle zwischen Forschung, Lehrerbildung und Schulpraxis agieren. Es lässt sich also feststellen, dass sich in den ersten beiden Jahrzehnten des 20. Jahrhunderts überall eine Bewegung zur Reform von Schule und Lehrerbildung auf empirischer Basis anbahnt.

Die Tabelle zeigt darüber hinaus, dass es sich dabei um zerstreute, unkoordinierte und asynchrone Tendenzen handelt. Die Vermutung liegt nahe, dass die Reformbewegung durch das Fehlen einer wirksamen Koordination stark gebremst wird.

Die empirischen Ansätze weisen je nach Standort unterschiedliche Erscheinungsformen auf. Sie lassen sich etwa wie folgt schematisieren:

- geringe Präsenz empirischer Inhalte in der Lehre, Verbindung mit der Psychologie (Lausanne);
- Schaffung von Lehrstühlen und/oder Berufung von Personen, die in der Pädagogik einen empirischen Ansatz in Lehre oder Forschung vertreten, in Verbindung mit der Einrichtung oder Planung von Laboratorien (Zürich, Bern, Basel, Freiburg, wobei grundlegende Unterschiede zwischen den einzelnen Standorten bestehen);
- Entwicklung eines gut funktionierenden Lehr- und Forschungszentrums durch das Zusammenwirken eines spezialisierten Privatinstituts mit Lehrstühlen in (angewandter) Psychologie und (Sozial-, empirischer und schliesslich experimenteller) Pädagogik einschliesslich eines Laboratoriums und sogenannter Polikliniken (Genf).

Die Gründe für diese unterschiedlichen Ausprägungen sind offensichtlich nicht struktureller Art. Zwar lässt sich die Genfer Sonderstellung durch eine Reihe von Faktoren erklären, die auch Ursache der speziellen Konfiguration dieses Standorts sind (vgl. Kapitel 8 in diesem Band). Die Ausprägungen der andern Standorte scheinen jedoch weitgehend personenabhängig zu sein – gleichzeitig ein Indiz für deren Fragilität. Wir werden später darauf zurückkommen.

Hauptthemen empirischer pädagogischer Forschung

Welche Themen und Fragestellungen werden von den Vertretern empirischer Ansätze in der Pädagogik bearbeitet? Zur Beantwortung dieser Frage ziehen wir die Veröffentlichungen der Akteure zu den oben genannten vier Bereichen heran. Diese Analyse wird auf der Grundlage einer Datenbank der Publikationen der wichtigsten Akteure der Erziehungswissenschaften in der Schweiz durchgeführt.[15] Wir weisen jedoch darauf hin, dass diese Datengrundlage nur einen Teil der Gesamtheit der empirisch orientierten Publikationen enthält: Eine ganze Anzahl der in Tabelle 13.1 aufgeführten Mediatoren, die nicht Teil einer akademischen Institution sind, bleibt

15 In Kapitel 15 dieses Bandes findet sich eine detaillierte Beschreibung dieser Datenbank und der entsprechenden Analysekategorien. Im vorliegenden Kapitel untersuchen wir die Publikationen derjenigen Akteure, die kategorial den oben definierten empirischen Ansätzen zugeordnet werden können.

unberücksichtigt. Zudem vervollständigen wir bisweilen unsere Quellenbasis, indem wir auf uns bekannte Arbeiten nicht in unserer Datenbank erfasster Autoren verweisen, deren empirische Beiträge uns jedoch erwähnenswert erscheinen.

Analyse der pädagogischen und didaktischen Bedingungen des Unterrichts und von dessen Ergebnissen

Die pädagogischen und didaktischen Bedingungen des Unterrichts und dessen Ergebnisse werden umfassend untersucht; allerdings gehen diese Untersuchungen von zwei unterschiedlichen Ausgangspunkten aus und verwenden unterschiedliche Verfahren: Erstens versuchen die Forscher, die Schulleistungsfähigkeiten der Schüler in unterschiedlichen Schulformen grossflächig (Kantone oder Regionen der Schweiz) festzustellen. Zu diesem Zweck verwenden sie schulische Tests, die man als «halbstandardisiert» bezeichnen könnte: Sie sind aufgrund systematischer und expliziter Kriterien entwickelt worden und werden dann unter stets gleichen Bedingungen durchgeführt. Allerdings wird deren Validität und Reliabilität nicht strikte überprüft. Mit diesen «psychopädagogischen» Forschungsarbeiten werden mehrere Ziele verfolgt: Zum einen handelt es sich darum, den Lehrern zuverlässigere Beurteilungsinstrumente zur Verfügung zu stellen (in einigen Studien werden dazu die Schulnoten mit den in den psychopädagogischen Studien ermittelten Ergebnissen verglichen). Man ist zum andern bestrebt, das Niveau des Erwerbs von Grundkenntnissen auf unterschiedlichen Schulstufen zu ermitteln, um bestimmen zu können, was Schüler wirklich lernen. Daraus soll eine Art «natürliche Entwicklung» abgeleitet werden, um die allgemein als überfrachtet angesehenen Lehrpläne daran angleichen zu können. Die Forschung geht hier eindeutig mit den Forderungen der Reformpädagogik einher.

Zweitens suchen die Forscher, auf der Grundlage einer teils expliziten, teils impliziten Definition der Schüleraktivitäten als Arbeit (Meumann, 1907, Bd. 2, S. 1 ff.; vgl. auch die Analyse von Friedrich, 1998), die Bedingungen solcher Arbeit zu bestimmen, wobei sie sich an Verfahren der entstehenden Arbeitspsychologie anlehnen. So werden unter der Perspektive der Arbeitseffizienz die Rhythmen der Schüleraktivität, die Ermüdung der Schüler, der Nutzen von Hausaufgaben, die Gesetzmässigkeiten des Vergessens, der Aufmerksamkeit und des Erinnerns sowie die Wirksamkeit von Lehrmitteln analysiert. Diese verschiedenen Dimensionen der Schülerarbeit gelten als Variablen, und es werden sowohl deren Auswirkungen auf die Schülerleistung als auch die Abhängigkeit von anderen Variablen bzw. ihre Kovarianz ermittelt. Das zugrunde liegende Forschungsmodell stammt eindeutig aus der experimentellen Psychologie und der Physiologie. Es werden zwei Ziele verfolgt: Zunächst geht es – den Zielsetzungen der differenziellen Psychologie bzw. Pädagogik entsprechend – um die Analyse individueller Unterschiede; dies entspricht auch dem reformpädagogischen Prinzip der Berücksichtigung des Kindes bzw. des Individuums. Die Analyse von Ermüdungsprozessen, Gedächtnisleistungen, Gefühlsäusserungen usw. soll jedoch nicht einfach nur der Produktion differenziellen Wissens dienen: Es geht auch darum, auf der Grundlage von Durchschnittswerten Konsequenzen für die Schulorganisation abzuleiten: für die Unterrichtsdauer, die Dauer und Häufigkeit der Pausen, die optimale Anzahl täglicher Unterrichtsstunden usw. Auch dieses zweite Ziel entspricht den in der reformpädagogischen Schulkritik erhobenen Forderungen (vgl. v.a. Meumann, 1901, 1905, S. 13 ff.; 1907).

Die während des Untersuchungszeitraums in Genf durchgeführten Forschungsarbeiten entsprechen vor allem der ersten, die Forschungsarbeiten der deutschsprachigen Schweiz vor allem der zweiten Kategorie. Zwar sind alle Arbeiten der «experimentellen Pädagogik» den verschiedenen Protagonisten bekannt und werden von ihnen diskutiert, es lässt sich jedoch eine klare Differenz in der Forschungsausrichtung ausmachen, die auf die grosse Nähe der Genfer zu Schule und Lehrberuf einerseits und auf die eher «physiologische» und «philosophische» Tradition der Forscher in der deutschsprachigen Schweiz zurückgeführt werden kann.

Psychologische Tests: Instrument der Selektion und Eignungsabklärung

Die Bedeutung psychologischer Tests nimmt stark zu: Die Analyse der Publikationen zeigt ein ständig wachsendes Arsenal unterschiedlicher Tests, deren Validität durch immer komplexere statistische Verfahren überprüft wird; die Reaktionen der Testpersonen werden diskutiert; die Tests werden unterschiedlichen Zielgruppen angepasst; ihre praktische Anwendung wird untersucht, insbesondere diejenige der immer beliebteren Intelligenztests.

Vor allem die Autoren der Westschweiz untersuchen diese Tests differenziert, indem sie einerseits deren Anwendungsbereiche variieren – hier ist insbesondere die grundlegende Unterscheidung von Claparède zwischen Entwicklungstests *(tests de développement)* und Eignungstests *(tests d'aptitude)* zu erwähnen – und andererseits unterschiedliche Tests für verschiedene Praxisbereiche entwickeln. Die Nähe zu den pädagogischen Praxisfeldern erleichtert diese Aktivitäten, die ohne diesen Praxisbezug aber nicht möglich wären. In der deutschsprachigen Schweiz setzt sich die Testpraxis vor allem in der Berufsberatung durch, und die entsprechenden Diskussionen finden zunächst hauptsächlich ausserhalb des akademischen Kontextes statt. Erst als sich die Stellung der Psychologie an den Universitäten nach 1950 festigt, beschäftigen sich auch die Professoren mit diesem Bereich und etablieren ihn auf akademischem Niveau (vgl. Kapitel 11 in diesem Band).

Pädagogische Experimente und Versuche

Zu pädagogischen Experimenten und Versuchen liegt eine umfangreiche Literatur vor, die sich in zwei Hauptkategorien aufteilen lässt:

Zum einen gibt es Texte, die Fragen von Unterricht und Erziehung auf der Grundlage etablierter und anerkannter Prinzipien und Wissensbestände im Rahmen des wissenschaftlichen, in der Regel psychologischen, bisweilen auch psychoanalytischen Diskurses bearbeiten. Diese Veröffentlichungen stammen oft von Wissenschaftlern, die sich für die Schulreformen einsetzen und meist aus Genf stammen (Pierre Bovet*, Edouard Claparède, Robert Dottrens*); sie befassen sich mit den Prinzipien funktionaler Erziehung, der Tatschule *(école active)* bzw. der Arbeitsschule und schlagen bisweilen pädagogische und didaktische Innovationen vor, die auf solchen Prinzipien beruhen. In der deutschsprachigen Schweiz werden solche Publikationen eher ausserhalb der Universitäten produziert. Allerdings beteiligen sich auch bestimmte universitäre Akteure wie Robert Seidel* und Robert Flatt*, aber auch Hans Stettbacher* an dieser Debatte.

Andererseits gibt es Publikationen, die von Praktikern in den Ausbildungs- und Forschungsinstitutionen verfasst werden: Sie finden sich vor allem in der Westschweiz und reichen vom wichtigen Beitrag Alice Descœudres'* «Die Erziehung der anormalen Kinder: Psychologische Beobachtungen und praktische Anleitungen» *(L'éducation des enfants anormaux: observations psychologiques et indications pratiques),* über die Broschüren und Schriften Mina Audemars'* und Louise Lafendels* bis hin zu den militanteren und normativeren Texten von Adolphe Ferrière*. Zu erwähnen sind auch Beiträge und Buchpublikationen anderer, entfernterer Akteure wie Jentzer, Artus-Pellet, Duvillard*, Ehler, und, ausserhalb Genfs, aber mit Genf in enger Verbindung stehend, von Vittoz* und Matthey von der *Ecole nouvelle romande,* einer reformpädagogischen Versuchsschule bei Lausanne. Diese weniger auf wissenschaftliche Ansätze bezogene Tradition – die Verbindung zwischen den Reformen und deren wissenschaftlichen Grundlagen wird im Zuge der ideologischen Debatten nach dem Ersten Weltkrieg infrage gestellt – gibt es in abgeschwächter Form auch in der deutschsprachigen Schweiz, insbesondere in Beiträgen von Mediatoren wie Paul Conrad, Oskar Messmer, Ernst Schneider oder auch Xaver Wetterwald.

Beiträge anderer Disziplinen

Im Grunde leistet lediglich die Kinderpsychologie mit ihren Forschungsarbeiten einen direkten Beitrag zur Bearbeitung pädagogischer Fragen; Soziologie und Anthropologie erscheinen zwar marginal als ergänzende Disziplinen in der Lehre, vor allem in Genf und Zürich, tragen unseres Wissens jedoch kaum zur Forschungstätigkeit im pädagogischen Bereich bei.

In der Kinderpsychologie dominieren die entwicklungsorientierten Ansätze, die davon ausgehen, dass es eine «natürliche Entwicklung» gibt, der sich die pädagogische Praxis zu unterwerfen habe. Mit dieser Ausrichtung finden sich Forschungsarbeiten zur kindlichen Sprache, zur moralischen und affektiven Entwicklung, zum zeichnerischen Ausdruck und den Besonderheiten des kindlichen Denkens. Seit 1921 etabliert Jean Piaget* in Genf sein einmaliges Forschungsprogramm, in dem mit einem präzisen Untersuchungskonzept die sprachliche und kognitive Entwicklung des Kindes als natürlicher Anpassungsprozess an die physische und soziale Welt beschrieben wird. In Zürich veröffentlicht Arthur Wreschner* Resultate aus experimentellen Studien u. a. zur Sprachentwicklung und zum Gedächtnis (1906, 1908).

Die Forschungs- und Publikationstätigkeit entwickelt sich in den vier von uns unterschiedenen empirischen Ansätzen an den verschiedenen Standorten zwar unterschiedlich. Überall zeigen sich jedoch offensichtliche und oft explizite Verbindungen zu den Anliegen der Schulreform und zur Reformpädagogik. So konstituiert sich ein Korpus von Wissen und Verfahren, aber vor allem ein Diskurs über die Schule und das Kind, der die Art und Weise, wie über Bildung und Erziehung gesprochen wird, nachhaltig prägt und weit über die meist begrenzte Reichweite empirischer Ansätze und den Kreis ihrer Akteure und Promotoren hinausgeht. Dies belegen die vielen, an eine breite Öffentlichkeit (Lehrer, Erzieher, Behörden und Eltern) adressierten Publikationen in Zeitungen und Zeitschriften. Dieser Diskurs ist zwar nicht dominant, erlangt jedoch vor allem in der Westschweiz eine bestimmte Bedeutung.

Sich kontrastierende Entwicklungen ab Mitte der 1920er-Jahre

Wie schon in Kapitel 9 dargestellt, wird die Idee einer universitären Ausbildung der Primarlehrer in der Schweiz bis in die 1930er-Jahre (wiederum mit Ausnahme Genfs) aufgegeben: In Lausanne wird die Lehrerbildung nicht in die Universität integriert; in Zürich wurde ein entsprechendes Projekt bereits 1872 in der Volksabstimmung abgelehnt, und alle Versuche der Wiederaufnahme scheitern; in Basel wird ein Pädagogisches Seminar ausserhalb der Universität eröffnet. Dies geht offensichtlich mit einem wachsenden Widerstand gegen die Schulreformen vonseiten sowohl der Lehrerschaft als auch der Verwaltung einher. Dieser Widerstand zeigt sich insbesondere in den Sekundarschulen und Gymnasien, die sehr elitär bleiben. Eine allgemeine Desillusionierung scheint um sich zu greifen, die sich im Kontext der Wirtschaftskrise noch verstärkt.[16] Für die empirischen Ansätze in der Pädagogik, die wir untersuchen, ist diese Entwicklung von entscheidender Bedeutung: Ausser in Genf werden alle signifikanten Tätigkeiten, die diesen Ansätzen verpflichtet sind, aufgegeben. Unseres Erachtens können vier Entwicklungsmodi unterschieden werden:

(Vorübergehendes) Verschwinden: In Lausanne wird das Pädagogische Seminar gleichzeitig mit dem Rückzug seiner Promotoren immer weiter abgebaut und verfügt zuletzt nur noch über eine Professorenstelle, die sich über ihren Beitrag zur Lehrerbildung definiert. Jean Wintsch* veröffentlicht zwar noch einige Texte über die kindliche Entwicklung; Louis Meylan* zeigt sich zwar weiterhin interessiert, konzentriert sich aber auf rein pädagogische Fragen.

Nach dem frühen Tod von Ernst Dürr unternimmt in Bern Carlo Sganzini* in den 1920er-Jahren weitere Versuche, die Forschung auf empirische und psychopädagogische Grundlagen zu stellen. Mangels Unterstützung orientiert er sich jedoch immer weiter in Richtung spekulativer Probleme der Pädagogik und der Psychologie.

In Basel versucht der 1920 berufene Otto Braun* eine experimentelle Pädagogik aufzubauen, auch er erhält aber keinerlei Unterstützung seitens der Behörden. Er begeht zwei Jahre nach seiner Berufung Selbstmord. Sein Nachfolger ist der Kulturphilosoph Paul Häberlin* – die experimentelle Ausrichtung war auch hier kurzlebig.

Auslagerung in Zürich: Nach der günstigen Periode des ersten Jahrzehnts in Zürich verteidigt Gotthold Lipps*, der als Nachfolger von Friedrich Schumann* auf den einen Lehrstuhl für Philosophie berufen wird, zwar noch eine psychologische Ausrichtung, diese ist aber nicht mehr ausschliesslich experimentell. Auf dem andern Lehrstuhl folgt auf den Empiriker Gustav Wilhelm Störring* der Kultur-

16 Wir verweisen darauf, dass diese Desillusionierung die Reformpädagogik mit einer gewissen Verspätung erreichte – wie wenn die Grundwelle mit einer bestimmten Verzögerung an die Oberfläche zu den einflussreichen Personen, «Ideologen», Verwaltern und Professoren gelangt wäre.

philosoph Willi Freytag*. Nach dem Tod von Lipps (1931) und Wreschner (1932), Letzterer praktizierte eine Psychologie an der Schnittstelle zur Medizin, ist die experimentelle Phase in der Pädagogik und Psychologie auch in Zürich vorläufig beendet. In der Denomination des Lehrstuhls von Lipps' Nachfolger Eberhard Grisebach* wird die Psychologie nicht mehr erwähnt. Erst 1938 und gegen den Willen der philosophischen Fakultät wird Julius Suter* zum ausserordentlicher Professor für systematische Psychologie ernannt. Die von ihm befürwortete Psychotechnik verliert jedoch ihre Bedeutung an der Universität und wird von der Kinder- und Jugendpsychologie abgelöst, die in der Lehre von Heinrich Hanselmann*, Eberhard Grisebach, Max Zollinger* und Hans Stettbacher vertreten wird; die Psychotechnik fasst immer stärker an der ETH Fuss, wo Alfred Carrard* Privatdozent für Psychotechnik mit einer starken Ausrichtung auf Arbeits- und Betriebswissenschaften wird. Ausserdem wird ein Grossteil der mit der experimentellen Psychologie verbundenen Aktivitäten vom ausseruniversitären, 1923 von Suter gegründeten, privaten Psychotechnischen Institut übernommen (Rüegsegger, 1986; vgl. auch Kapitel 11 in diesem Band).

Sektorielle Entwicklung in Freiburg: Aufgrund der Entwicklung der Heilpädagogik in einer halbautonomen Struktur entsteht in Freiburg, insbesondere seit der Mitte der 1930er-Jahre, ein interessantes Potenzial für empirische Ansätze, das zwar in einem eigenen Sektor entwickelt wird, aber häufig den Rahmen der Disziplin sprengt. Tatsächlich sind die wichtigsten Protagonisten, vor allem Josef Spieler* und Eduard Montalta*, sowohl in den Bereichen Lernschwierigkeiten und Behinderung als auch in der Laufbahn- und Berufsberatung tätig und führen systematisch Beobachtungen und Forschung zu Selektionsmethoden durch, dies auch für die Sekundarstufen.

Funktionale Differenzierung in Genf: Während der 1920er-Jahre finden in Genf zwei Entwicklungen statt: Eine Art pädagogisches Fieber erfasst viele Protagonisten; als leidenschaftliche Reformpädagogik- oder Arbeitsschul-Aktivisten stellen sie schon bald den Reformaktivismus über die Forschung (vgl. detaillierter Hofstetter, Schneuwly, Lussi & Haenggeli-Jenni, 2006). Gleichzeitig zeichnet sich ein neues disziplinäres Projekt mit zwei miteinander verbundenen Perspektiven ab, wobei die erste die Bedingung für die zweite ist: die Neugestaltung der Allianzen und die Differenzierung der Forschung.

Das *Institut Jean-Jacques Rousseau,* das bisher vor allem auf die Primarlehrer und, allgemeiner, auf die pädagogischen Praktiker hin orientiert war, verbindet sich jetzt stärker mit der Bildungsverwaltung. Diese spricht weiterhin von weitreichenden Reformen, insbesondere der teilweisen Akademisierung der Primarlehrerausbildung – dies allerdings nur noch mit mässiger Unterstützung der Lehrerverbände.

Mit dieser sich neu formierenden Allianz geht eine grundlegende Umstrukturierung der Forschung in Richtung funktionaler Differenzierung einher, was zur Verringerung des militanten reformpädagogischen Engagements der Repräsentanten der Erziehungswissenschaften führt (detaillierter: Hofstetter, 2004). Dies umfasst insbesondere

- den Aufbau einer leistungsfähigen Kinder- und Entwicklungspsychologie mit dem erkenntnistheoretischen Schwerpunkt in der Intelligenzentwicklung;
- die allmähliche Entwicklung der angewandten Psychologie mit pädagogischem Schwerpunkt: Erziehungsberatung, Berufsberatung und – ansatzweise – klinischer Forschung;
- die teilweise Autonomisierung der experimentellen Pädagogik im weitesten Sinn des Begriffs durch die Profilierung des Bereichs der Eignungsprüfung von Schülern und durch den Ausbau systematischer pädagogischer Experimente dank der Einrichtung der Versuchsschule du Mail.

Mit Ausnahme Genfs lässt sich in keinem der untersuchten Fälle feststellen, dass die Institutionalisierung empirischer Ansätze in den ersten beiden Jahrzehnten des 20. Jahrhunderts einen *point of no return* erreicht; die empirische Wende kommt nicht über Anfänge hinaus, ein wissenschaftlicher Paradigmenwechsel findet nicht wirklich statt. Dies lässt sich sicher mit der Dürftigkeit, wenn nicht gar mit dem Fehlen von Ergebnissen aus der empirischen Forschung erklären, die angesichts der grossen Erwartungen und Versprechen tatsächlich sehr bescheiden ausfallen; dies wurde damals übrigens oft als Argument gegen die empirischen Ansätze ins Feld geführt (vgl. Criblez, 2006). Wie lässt sich aber erklären, dass diese Ansätze in anderen Kontexten[17] dauerhaft in ein institutionelles Dispositiv integriert wurden? Zur Erklärung ziehen wir den eben erwähnten – eher ideologischen – Argumenten andere, eher kontextuelle und institutionelle vor. Zwei Faktoren erscheinen uns entscheidend: Erstens schwächt sich die Schulreformbewegung generell ab, insbesondere im Hinblick auf die Reform der Sekundarstufen, die elitär orientiert bleiben (Drewek [2002] entwickelt diesen Gedanken); zweitens wird die Forderung nach einer universitären Primarlehrerausbildung aufgegeben. Die Primarlehrer benötigen, im Gegensatz zu den Sekundarlehrern, ein disziplinäres Referenzfeld, das ihnen von den empirisch ausgerichteten Erziehungswissenschaften geboten wurde (zur ausführlicheren Darstellung dieser Argumentation vgl. Hofstetter & Schneuwly, 2000;

17 Wir denken für die Schweiz an Genf, aber auch, in einem unvergleichbar grösseren Massstab, an die USA (vgl. Labaree, 2006; Lagemann, 2000).

Hofstetter, Schneuwly, Cicchini & Lussi, 2004). Weiterführende Studien könnten zweifellos zu einem tiefer gehenden Verständnis dieses Phänomens beitragen.

Jenseits der offensichtlichen Unterschiede zwischen den Standorten lassen sich für die Entwicklung empirischer Ansätze in der Schweizer Pädagogik zwei Phasen unterscheiden: In einer ersten Phase, die sich von der Jahrhundertwende bis in die Mitte der 1920er-Jahre erstreckt, können an allen Standorten verschiedene Formen empirischer Ansätze nachgewiesen werden. Sie werden immer in Verbindung mit Initiativen der Lehrerschaft entwickelt, die sich für Schulreformen und eine bessere Lehrerbildung einsetzt. Auch stehen sie immer im Zusammenhang mit Schulreformen, die von Schulbehörden und/oder der Reformpädagogik initiiert werden, die Alternativen zu den bestehenden Systemen vorschlagen. Die von uns herausgearbeiteten Ausprägungen empirischer Ansätze in der Pädagogik werden durch eine beachtliche intellektuelle Produktion belegt, wobei Tests, pädagogische Experimente und Schulversuche im Vordergrund stehen. Die Ausprägungsformen empirischer Ansätze sind von mehreren Faktoren abhängig, die mit den in Kapitel 8 unterschiedenen Konfigurationen zusammenhängen. Sehr bemerkenswert ist jedoch, dass die empirischen Ansätze an *allen* Standorten erscheinen, auch an denen mit philosophisch-pädagogischer Konfiguration. Daraus lässt sich schliessen, dass zu einem gegebenen Zeitpunkt auch hier Entwicklungen in Richtung anderer Konfigurationen möglich gewesen wären. Hieraus lässt sich ein grundlegendes theoretisches und empirisches Problem ableiten: Wäre in dieser Konfiguration ein Paradigmenwechsel im Sinn der empirischen Wende möglich gewesen? Und wenn, zu welchen Bedingungen?

In der zweiten Phase, die durch eine deutliche Abschwächung des Engagements der Lehrerschaft und eine substanzielle Verlangsamung der Reformen gekennzeichnet ist, werden die empirischen Ansätze aufgegeben (Basel, Lausanne) oder aus den Erziehungswissenschaften ausgelagert (Zürich). Sie halten sich jedoch teilweise in Freiburg, in institutionellen Nischen und eng begrenzten Bereichen, sowie, in grösserem Umfang, in Genf, wo sie nach einer Neuformierung der bildungspolitischen Allianzen Behörden in der Bildungsadministration und bei Bildungsreformen unterstützen sollen.

Anhang: Empirische Ansätze in der Pädagogik an sechs Schweizer Standorten

	Basel	Bern	Freiburg	Genf	Lausanne	Zürich
Vorläufer	nicht bekannt	1895: Der Philosophieprofessor Ludwig Stein betont die Notwendigkeit einer experimentellen Pädagogik.	Erste empirische Versuche des Pädagogikprofessors Raphael Horner (1889–1904)	1890: Theodore Flournoy wird Professor für experimentelle Psychologie und gründet ein psychologisches Laboratorium.	1903: Maurice Millioud legt einen Plan für ein pädagogisches Institut vor, jedoch ohne Erfolg.	1874–1875: Wilhelm Wundt ist für kurze Zeit Professor für Philosophie, bevor er in Leipzig sein Labor für experimentelle Psychologie gründet.
Verwaltung	1919: Der Vorsteher des Erziehungs-departements, Fritz Hauser, unterstützt zu Beginn seiner Amtszeit den experimentellen Ansatz.	1906: Der Regierungsrat und Erziehungsdirektor Albert Gobat regen die Gründung eines Lehrstuhls für allgemeine und experimentelle Pädagogik und eines Laboratoriums für experimentelle Pädagogik an. Nach der Amtszeit Gobats stehen Regierung und Erziehungsdirektion dem experimentellen Ansatz für mehrere Jahrzehnte ablehnend gegenüber.	1907: Staatsrat Georges Python beschliesst auf Anraten Kaspar Decurtins' die Gründung eines pädagogischen Instituts und einer Professur für experimentelle Psychologie und Pädagogik nach dem Modell Désiré J. Merciers in Leuven mit dem Ziel der Erneuerung der katholischen Pädagogik durch die neuen Wissenschaften.	1901: Eine Inspektorin interessiert sich für die angewandte Psychologie. 1904: psychologisches Gutachten zur Klassifikation anormaler Kinder 1912: Das Erziehungsdepartement (DIP) ernennt gegen den Willen der Universität Albert Malche zum Professor und überträgt ihm auch die Leitung des Primarschulwesens. seit 1915: Pläne für ein pädagogisches Institut mit empirischer Ausrichtung, in Zusammenarbeit mit dem DIP 1918: Gründung des «Bureau des archives scolaires pour la recherche en éducation» 1920: Einrichtung einer Stelle für experimentelle Pädagogik, um das IJJR mit der Universität und dem DIP zu verbinden (im Dienste der Lehrerbildung) 1922: Verstaatlichung des «Maison des petits», an dem pädagogische Versuche stattfinden	1917: Das Erziehungs-departement gründet in Zusammenarbeit mit Maurice Millioud einen Fachbereich für pädagogische Wissenschaften («section des sciences pédagogiques») an der Schule für Politik- und Sozialwissenschaften («Ecole des sciences sociales et politiques») (Lizenziat und Doktorat in Pädagogik).	Zwischen Jahrhundertwende und Erstem Weltkrieg unterstützt die Erziehungsdirektion die Berufung von Professoren mit experimenteller Ausrichtung auf die beiden Lehrstühle für Philosophie. In den 1920er-Jahren lehnt Erziehungsdirektor Heinrich Mousson die Ausbildung der Primarlehrer an der Universität ab.

	Basel	Bern	Freiburg	Genf	Lausanne	Zürich
Lehrberuf	1903: Die Basler Schulsynode diskutiert ein umfassendes Konzept der Lehrerbildung in Verbindung mit der Universität; der Professor für Pädagogik soll dabei eine zentrale Rolle einnehmen, die experimentelle Pädagogik wird jedoch nicht explizit erwähnt.	Zu Beginn des 20. Jahrhunderts opponieren die Primarlehrer gegen die Personal- und Bildungspolitik Gobats. Zwischen 1924 und 1930 gibt es erfolglose Versuche zur Gründung einer Arbeitsgruppe von Lehrern, die sich unter Carlo Sganzini mit experimentellen Ansätzen befassen.	1907: Gründung eines Instituts mit der Absicht einer möglichen universitären Ausbildung der Primarlehrer	1905: Gründung der Gruppe für Kinderforschung («Groupe pour l'étude psychologique de l'enfant») innerhalb des Genfer Lehrervereins («Société pédagogique genevoise») seit 1908: Veröffentlichung der Genfer empirischen Forschungen in der Zeitschrift des Westschweizer Lehrervereins (SPR) «L'Educateur» 1920: Unterstützung (vor allem finanziell) des IJJR durch die Berufsverbände 1920: Fusion der Zeitschriften des IJJR und der SPR 1920 und 1924: Resolutionen zugunsten der vom Institut entwickelten pädagogischen Konzepte auf empirischer Grundlage	1920: Der Waadtländer Lehrerverein («Société pédagogique vaudoise») fordert die Ausbildung der Primarlehrer an einem Universitätsinstitut nach Genfer Vorbild; der hauptsächlich auf das Sekundarschulwesen ausgerichtete und nicht in der Forschung tätige Fachbereich für pädagogische Wissenschaften wird von ihm ignoriert.	Zu Beginn des 20. Jahrhunderts begrüssen die Primarlehrer empirische Ansätze, von denen sie eine Professionalisierung erwarten. Es werden mehrere Kurse für experimentelle Pädagogik abgehalten. Die Empirie als Beweis für Wissenschaftlichkeit erhöht den Druck, die Lehrerbildung universitär zu organisieren; davon wird jedoch in den 1920er-Jahren abgerückt.

	Basel	Bern	Freiburg	Genf	Lausanne	Zürich
Personen und Stellen mit (teilweisen) Bezügen zu empirischen Ansätzen in den Erziehungswissenschaften, einschliesslich der Psychologie	1919–1920: Zunächst Aloys Fischer und dann Pierre Bovet werden als Vertreter einer empirischen Ausrichtung auf den neuen Lehrstuhl für Pädagogik berufen. Fischer demissioniert aufgrund der gegen ihn als Deutschen gerichteten Polemik; Bovet entscheidet sich schliesslich für eine Stelle in Genf. 1920 wird Otto Braun ernannt, der für eine experimentelle Pädagogik eintritt, sich 1922 aber das Leben nimmt.	1906: Ernst Dürr wird ausserordentlicher Professor für Pädagogik und Psychologie und engagiert sich für eine experimentelle Ausrichtung. Er stirbt bereits 1913.	1907–1910: Franz van Cauwelaert, Schüler von Mercier, Thiéry, Wundt und Lipps, wird Professor für experimentelle Psychologie und Pädagogik.	1901: Edouard Claparède wird Laborassistent, ausserordentlicher und dann ordentlicher Professor für experimentelle Psychologie. 1912: Albert Malche wird Professor für Pädagogik mit sozialwissenschaftlichem und empirischem Schwerpunkt. seit 1912: Am IJJR werden verschiedene Stellen in den Bereichen experimentelle Pädagogik, Heilpädagogik, Kleinkindererziehung, Psychoanalyse sowie Berufs- und Erziehungsberatung geschaffen. 1920: Pierre Bovet wird Professor für experimentelle Pädagogik. 1921: Jean Piaget wird Forschungsbeauftragter für Entwicklungspsychologie.	Edouard Vittoz, Dozent am IJJR und Direktor der «Ecole nouvelle romande» wird nicht, wie zunächst vorgesehen, zum Dozent im neuen Fachbereich für pädagogische Wissenschaften ernannt. Lehre der Pädologie (Auguste Deluz), der Schulhygiene und der Psychologie (Jean Larguier de Bancels, Professor für Psychologie an der medizinischen Fakultät).	1897: Berufung von Ernst Meumann, dem Mitbegründer der experimentellen Pädagogik 1905: Berufung von Friedrich Schumann für systematische Philosophie, allgemeine Pädagogik und experimentelle Psychologie 1900: Habilitation von Arthur Wreschner, mit einem experimentellen Ansatz in Psychologie. 1902: Berufung von Gustav Wilhelm Störring zum Professor für experimentelle Psychologie in Verbindung mit der Medizin 1911: Konflikte Arthur Wreschners mit Gotthold Lipps, der den Vorzug bei der Nachfolge Störrings erhält

	Basel	Bern	Freiburg	Genf	Lausanne	Zürich
Institutionen mit (teilweisen) Bezügen zu empirischen Ansätzen in den Erziehungswissenschaften	Gleichzeitig mit den Vorbereitungen zur Besetzung des neuen Lehrstuhls wird die Gründung eines Laboratoriums diskutiert. Otto Braun versucht, die Einrichtung umzusetzen, findet dafür jedoch keine Unterstützung.	1908: Gründung eines experimentellen und psychologischen Laboratoriums für Versuche vor studentischem Publikum; die Räumlichkeiten werden nach dem Tode Dürrs nicht mehr genutzt.	1907: Pädagogisches Institut an der philosophischen Fakultät, mit einem dem ordentlichen Professor unterstehenden Laboratorium für experimentelle Psychologie 1909: geplante Eingliederung der Schulausstellung (musée pédagogique) als Zentrum für die pädagogische Ausbildung.	Laboratorium für Psychologie (Tests, Versuche zur Entwicklung, anthropometrische Messungen usw.) 1913 Gründung des «Maison des petits» (Unterrichtsbeobachtung und -analyse) 1916: Einrichtung der Erziehungsberatung (Beobachtung und Analyse der Beratungen) 1918: Gründung der Berufsberatungsstelle (Beobachtung und Analyse der Beratung; Entwicklung von Tests) 1918: Gründung des «Bureau de recherche» und der Schularchive des Erziehungsdepartements		1898: Gründung des psychologischen Laboratoriums durch Ernst Meumann.
Verbreitung der Ergebnisse empirischer Forschung durch Mediatoren	Der Kursleiter der Primarlehrerausbildung, Xaver Wetterwald, unterstützt experimentelle Ansätze.	Ernst Schneider, Direktor des staatlichen Lehrerseminars in Bern (1905–1916) beschäftigt sich mit den Ergebnissen der empirischen Forschung und veröffentlicht Beiträge zur Schulreform. Er führt selbst keine empirischen Arbeiten durch.		– Emmanuel Duvillard: Forschungsarbeiten zur Rechtschreibung, Direktor des «Bureau des archives scolaires», Direktor des Westschweizer Lehrervereins (SPR), Gründer des Schulkinos, Organisator der Übungsklassen – Alice Descœudres: Forschungsarbeiten zur Testentwicklung, Versuche zu Unterrichtsmethoden für «anormale» Schüler, Mitglied der «Association pour anormaux», Fortbildungskurse, Entwicklung funktionaler pädagogischer Spiele – Mina Audemars und Louise Lafendel: Leiterinnen der «Ecole des petits», Chronistinnen, Entwicklung funktionaler pädagogischer Spiele Adolphe Ferrière: Dokumentalist der Reformpädagogik, Gründer der Internationalen Liga für Reformpädagogik LIEN, populärwissenschaftlicher Autor – Robert Dottrens: Mitglied des Komitees des Westschweizer Lehrervereins (SPR), Schulinspektor, Forschungsarbeiten in experimenteller Pädagogik, Kontakte zum Kanton Waadt – Edouard Vittoz: Lehrer am IJJR, Direktor der «Ecole d'Education nouvelle romande», Mitglied des Waadtländer Lehrervereins – Matthey: Lehrer am IJJR und an der «Ecole d'Education nouvelle romande»	[Die sehr schwache institutionelle Präsenz empirischer Ansätze ermöglicht keine Verbreitung. Die Mediatoren sitzen in Genf.]	Die experimentelle Pädagogik und Didaktik erfahren starke Unterstützung seitens der Schüler Meumanns, vor 1910 insbesondere durch Oskar Messmer.

	Basel	Bern	Freiburg	Genf	Lausanne	Zürich
Die Lage in der Mitte der 1920er-Jahre	Der Kulturphilosoph Paul Häberlin hat den Lehrstuhl für Pädagogik inne; die experimentelle Orientierung wird nicht weiter diskutiert.	Es gibt keine institutionelle Basis für die empirische Forschung. Initiativen zur Gründung einer solchen zwischen 1928 und 1933 scheitern.	1910: Weggang Franz van Cauwelaerts; Eugène Dévaud, seit 1910 Professor für Pädagogik, übernimmt weder das Laboratorium noch führt er die empirischen Ansätze weiter, die er dennoch laufend präsentiert und kritisiert.	– Bemerkenswertes und aktives Engagement einiger Akteure für die internationale Bewegung der Reformpädagogik trotz gewisser Spannungen zwischen dem Institut und den pädagogischen Gesellschaften – Fortsetzung der empirischen Forschung	1925: Tod Maurice Millioud 1927: Tod Jules Savarys Schwächung des Fachbereichs Pädagogik durch die Reduktion der Zahl der Lehrveranstaltungen	Die experimentelle Ausrichtung wird lediglich von Arthur Wreschner (der 1923 stirbt) und, teilweise, von Gotthold Lipps verteidigt. Die Psychotechnik Julius Suters wird innerhalb der Universität nicht anerkannt.

Kapitel 13

Akteure und Netzwerke der Erziehungswissenschaften: Vom Lokalen zum Internationalen

Marco Cicchini

Die Gründung des *Institut Jean-Jacques Rousseau* (IJJR) liegt bereits «in der Luft» (Hofstetter & Schneuwly, 1998, S. 93), als Edouard Claparède* 1911 eine Bestandesaufnahme der Pädologie, Psychologie und experimentellen Pädagogik in der Schweiz vornimmt. Im zeitspezifischen Kontext, in dem jede Initiative zugunsten der «pädagogischen Frage» gefördert werden soll, stellt er für diesen noch wenig gefestigten Wissenschaftsbereich eine bemerkenswerte Diagnose: «Das öffentliche Bildungswesen ist in der Schweiz auf 22 autonome Kantone aufgeteilt und bietet daher keine geeignete Grundlage für bedeutende wissenschaftliche Entwicklungen.» Des Weiteren macht er deutlich, dass «die Pädologie über keine [...] Organe und Instrumente zur Zentralisierung bzw. zur Koordination isolierter Bemühungen verfügt» (1911, S. 42; Übersetzung MC). Zur Begründung seiner Feststellung verweist Claparède auf die (Schul-)Versuche und Akteure, die sich in der gesamten Schweiz unabhängig voneinander mit der «pädagogischen Frage» zu beschäftigen beginnen. Mit Ausnahme seines eigenen erwähnt der Genfer jedoch die andern Lehrstühle für Pädagogik an Schweizer Universitäten mit keinem Wort. Die Darstellung bleibt damit, entgegen ihrer Ankündigung, eher unvollständig. Trotz solcher Unzulänglichkeiten enthält die Bilanz eine Aussage, die Aufmerksamkeit verdient: Die typisch schweizerische Pluralität der Zuständigkeiten in den bildungspolitischen Administrationen und die Weiterentwicklung der Pädagogik zur Wissenschaftsdisziplin seien inkompatibel. Damit wird implizit gesagt, dass die Ausrichtung am Lokalen in der Pädagogik die Entstehung der Erziehungswissenschaften verzögert.[1]

1 Robert Dottrens kommt einige Jahrzehnte später zu einem ähnlichen Schluss, als er 1933 und 1954 vor einem internationalen Publikum die Frage nach dem «Stellenwert der Pädagogik an den Universitäten» der Schweiz stellt (Dottrens, 1933b, 1954; Übersetzung MC).

Claparèdes Darstellung ist, trotz ihrer Schwächen, ein Beleg dafür, dass zu Beginn des 20. Jahrhunderts in der Schweiz eine, wie auch immer geartete, disziplinäre, universitäre erziehungswissenschaftliche *community* kaum auszumachen ist. Eine der Mindestanforderungen an Historiker besteht jedoch darin, die Analysen der historischen Akteure nicht für bare Münze zu nehmen, insbesondere nicht, wenn diese Akteure an dem von ihnen beschriebenen Prozess selbst beteiligt sind. In diesem Sinn sind die programmatischen Aussagen in Claparèdes Text – die Darstellung der Notwendigkeit eines Wandels, der durch das zu gründende *Institut Jean-Jacques Rousseau* (IJJR) herbeigeführt werden kann – mit Vorsicht zu interpretieren. Darüber hinaus ergeben sich aus dem Text einige anregende Fragen wie zum Beispiel: Stellen die verschiedenen Akteure ohne eine Institution, in der die im Entstehen begriffenen Erziehungswissenschaften auf nationaler Ebene sichtbar werden, lediglich eine Ansammlung von Individuen ohne Verbindung zueinander dar? Und wie war es möglich, dass ohne disziplinäre Identität auf nationaler Ebene Netzwerke auf internationaler Ebene entstehen konnten?

Eine Prosopografie der Erziehungswissenschaften

Die institutionelle Entwicklung der Erziehungswissenschaften ist zu Beginn des 20. Jahrhunderts zwar die Folge allgemeiner Prozesse, wie der Spezialisierung von Wissen und der Professionalisierung von Unterricht, und auch das Ergebnis des politischen Willens zur Modernisierung der Bildungssysteme, wird aber immer von individuellen Akteuren, von Männern und Frauen getragen. Diese teils mehr, teils weniger in den Erziehungswissenschaften verorteten Personen repräsentieren aufgrund ihrer Biografie, ihrer Erfahrungen und ihrer Identität kulturelle und wissenschaftliche Traditionen. Die akademische Kultur ist ein Konstrukt (der Rekrutierungspolitik einerseits und der Struktur und Funktionsweise des akademischen Betriebs andererseits), konstruiert aber gleichzeitig das disziplinäre Feld im Entstehungsprozess mit. Der Status der Professoren, den sie durch ihre Berufungen erlangen, beruht u. a. auf Beziehungsnetzwerken. Sie sind notwendige Voraussetzung für die Berufung und dienen der Erhaltung ihrer Position, aber auch beim Erfüllen akademischer und nicht akademischer Pflichten.

Im vorliegenden Kapitel geht es darum, auf der Grundlage der persönlichen und beruflichen Daten einer ausgewählten Gruppe von Hochschullehrern und -forschern, die eine Stelle in den Erziehungswissenschaften versehen, Art und Umfang der disziplinären *community* zu untersuchen. Das Interesse eines solchen prosopografischen Vorgehens besteht, wie Charle in seiner Untersuchung zu den französischen Universitäten feststellt, nicht «[...] in der Wiederentdeckung [...] bereits bekannter, institutionengeschichtlicher Tatsachen» (1994a, S. 14; Übersetzung MC), sondern im Herausarbeiten der Logiken des gesamten Feldes, die bei der punktuellen Analyse der einzelnen Institutionen unberücksichtigt bleiben. So liegen zu Deutschland für das beginnende 20. Jahrhundert umfangreiche Untersuchungen «kollektiver Biografien» vor, die neue Erkenntnisse sowohl zur Rekrutierung als auch zur disziplinären Reproduktion der Erziehungswissenschaften schaffen (Horn, 1998). In Abhängigkeit von den politischen Machtverhältnissen rücken diese Untersuchungen die Expansionsphasen des disziplinären Feldes sowie die dominanten Merkmale im Spannungsfeld zwischen Heteronomie und Autonomie in den Vordergrund. Die hier erhobenen Daten sind zwar generell den deutschen Beispielen ähnlich (mit der – wesentlichen – Ausnahme der sozialen Herkunft, die mangels Daten nicht ermittelt werden konnte), Ziel und Frageraster unterscheiden sich jedoch deutlich. Ausgehend von einer kollektiven Biografie der Akteure der Erziehungswissenschaften in der Schweiz, zielt die Analyse vor allem auf die verschiedenen Typen von Netzwerken ab, die im Zusammenhang mit der Entwicklung des disziplinären Feldes aufgebaut wurden und zu dessen Konturierung beigetragen haben. Es geht darum, im Kontext des ständig neu verhandelten Gleichgewichts der Kräfte zwischen sozialer und politischer Welt auf der einen und intellektuellen und universitären Projekten auf der anderen Seite den oder die Typen sozialer oder wissenschaftlicher Anerkennung, die beim Zugang zum Hochschulsystem eine Rolle gespielt haben, ebenso sichtbar zu machen wie die zu diesem Zweck auf lokaler, nationaler und internationaler Ebene genutzten Beziehungsnetze.

Zwischen 1870 und 1950 gibt es in der akademischen Welt der Schweiz 71 Stelleninhaber, die das disziplinäre Feld signifikant repräsentieren. Sie wurden aufgrund einheitlicher Kriterien ermittelt und umfassen ein Viertel des gesamten in diesem Zeitraum im disziplinären Feld tätigen Hochschulpersonals.[2] Die Individuen, deren Daten analysiert werden, verfügen zwar über eine gute Position an

---

2 Die Auswahlkriterien für diese Akteure sind: Erstens wurden alle Lehrenden und Forschenden mit akademischem Titel einbezogen, die zwischen 1870 und 1950 einer Institution des tertiären Bildungsbereichs mit Lehr- und Forschungsauftrag (Universität, Institut) angehörten und sich während mindestens zehn Semestern (auch mit Unterbrechungen) mit entsprechenden disziplinären Fragen befassten. Zweitens wurden von den Didaktikern nur diejenigen berücksichtigt, die allgemeine Didaktik lehrten, nicht jedoch die Fachdidaktiker. Drittens konnten nur Personen einbezogen werden, von denen entsprechende individuelle Daten (Ausbildung, Laufbahn, Lehr- und Forschungstätigkeiten) vorliegen. Insgesamt wurden aus den rund 290 Personen 71 ausgewählt, die in den Erziehungswissenschaften in der Schweiz zwischen 1870 und 1950 in einer Lehr- und Forschungsinstitution des tertiären Bildungsbereichs (folglich: ohne Lehrerseminare) tätig waren.

den Universitäten, entsprechen jedoch nicht alle dem Idealtypus des Hochschullehrers, dessen Modell – und Mythos – an deutschen Universitäten geschaffen wurde (Albisetti, McClelland & Turner, 1993, S. 297). Die Vielfalt der akademischen und kulturellen Traditionen in der Schweiz, wo sich starke Einflüsse des französischen und des deutschen Hochschulsystems überschneiden, bewirkt zweifellos Heterogenität – sogar innerhalb der einzelnen Universitäten. Es geht nun darum, in diesem heterogenen nationalen Raum die Beurteilungsmodalitäten für Kompetenzen und Exzellenz in den Erziehungswissenschaften zu definieren, wobei diese Qualitätsbeurteilung durch *Peers*, Behörden, den Berufsstand oder Studierende erfolgen kann.

Die ordentlichen und ausserordentlichen Professoren, die stärker als alle andern das universitäre disziplinäre Feld repräsentieren, wurden in die Analyse einbezogen, sofern sie während mindestens zehn Semestern eine Stelle versahen. Auch andere Hochschullehrer, wie Privatdozenten und Lehrbeauftragte, wurden in die Auswahl einbezogen, wenn sie diese zeitliche Vorgabe erfüllen. Denn die Besonderheit eines im Entstehen begriffenen Feldes mit den damit verbundenen Unschärfen einer entsprechenden Fülle von Initiativen würde teilweise vernachlässigt, wenn nur die Professoren, deren Daten oft vollständiger sind, Gegenstand einer solchen Untersuchung wären. Diese Definition der Kriterien ermöglicht es zum Beispiel, vier Frauen in die Analyse einzubeziehen, von denen keine vor dem Zweiten Weltkrieg eine Professur innehatte. Auch wären die Professoren allein für eine umfassende Analyse der Charakteristika eines Feldes nicht geeignet, dessen Reproduktion auch von subalternem akademischem Personal abhängig ist.

Die kleine, hier präsentierte prosopografische Analyse soll den Einfluss der grossen Namen der Erziehungswissenschaften, deren Biografie und Werk bekannt sind, nicht in den Hintergrund stellen, sondern deren Beiträge und Wirkung in einem grösseren disziplinären Kontext darstellen. Für alle ausgewählten Akteure wurden Informationen zu Ausbildung und akademischer Laufbahn, zum Verhältnis zu den relevanten Nachbar- oder Konkurrenzdisziplinen, zu den Beziehungen zur ausseruniversitären Welt, zu den Publikations- und Verbandsaktivitäten sowie zu beruflichen und wissenschaftlichen Tätigkeiten erfasst. Die Daten sind oft lückenhaft, insbesondere für die Privatdozenten und Lehrbeauftragten, deren Laufbahn nur geringe institutionelle Spuren hinterlassen hat.

Die Analyse der vorliegenden prosopografischen Daten wurde von einer Reihe von Fragen geleitet, wie etwa: Wie konfigurieren die lokalen, nationalen und internationalen Realitäten die Netzwerke der Erziehungswissenschaften an den Schweizer Universitäten? Welche Kontinuitäten und welche Entwicklungen zeigen sich während der berücksichtigten acht Jahrzehnte auf den unterschiedlichen Ebenen der Netzwerke?

Kulturell und lokal determinierte Laufbahnen

Zwischen dem Ende des 19. und der Mitte des 20. Jahrhunderts verändern sich die Zahl der Beteiligten und die hierarchische Struktur in den Erziehungswissenschaften deutlich. Eine grobe Analyse der ausgewählten Hochschulangehörigen zeigt, dass um 1890 in der Schweiz 12 Personen eine entsprechende Stelle versehen, dreissig Jahre später sind es 19 und 1950 dann 23 (vgl. Tabelle 13.1). Diese quantitative Entwicklung des akademischen Personals würde bereits ausreichen, um eine zunehmende Institutionalisierung des disziplinären Feldes zu belegen. Zwei weitere Merkmale belegen aber ebenso deutlich die Stabilisierung der pädagogischen Lehre an der Universität: Erstens lässt sich eine deutliche Zunahme der ordentlichen

	1890	1920	1950
Ordentliche Professuren	4	11	13
Ausserordentliche Professuren	5	1	4
Privatdozenten, Lehrbeauftragte	3	7	8
Total	12	19	23

Tabelle 13.1
Zunahme des akademischen Personals in den Erziehungswissenschaften (Basis: ausgewählte Akteure)

Professuren feststellen, deren Zahl von vier im Jahr 1890 auf elf im Jahr 1920 und schliesslich auf 13 im Jahr 1950 steigt. Dagegen ist bei den ausserordentlichen Professoren keine signifikante Entwicklung sichtbar: 1890 sind es fünf, 1920 einer, und 1950 wieder vier. Zweitens ist bei weiteren Personalkategorien im Umfeld der Lehrstühle eine signifikante Entwicklung zu verzeichnen: Ohne auch die Assistenten einzubeziehen (die es nur in der Psychologie gibt und die meist auch unentgeltlich arbeiten), zeigt sich auch ein Anstieg bei der Anzahl der Privatdozenten und Lehrbeauftragten, und zwar von drei (1890) auf sieben (1920) und acht (1950). Diese Zunahme von Akteuren und akademischen Stellen führt zur Frage nach der Art und Weise der Entwicklung des akademischen Feldes. Woher stammt das neue Personal? Welche Netzwerke sind bei den Ernennungen ausschlaggebend?

Rekrutierung

Die nationale Identität bestimmt die Gruppe des untersuchten akademischen Personals stark: Nahezu acht von zehn Akteuren sind Schweizer. Das lokale und regionale geografische Einzugsgebiet der Universität setzt bei Hochschullehrern nicht zu vernachlässigende kulturelle Affinitäten wie Sprache und Konfession voraus. Neben Schweizern versehen zehn Deutsche Stellen in der deutschsprachigen Schweiz, zwei Franzosen und ein Russe sind in Genf tätig. Zwar umreisst diese Aufteilung der Gruppe nach Nationalitäten die Personalkonturen des disziplinären Feldes nur sehr unzureichend, dennoch sind zwei Aspekte bemerkenswert: Erstens ist die Zahl der Herkunftsnationen sehr gering. Da das Vertrauen in die hohe Qualität der deutschen Universitäten im Jahrhundert der Wissenschaft weit reicht, erstaunt es nicht weiter, dass die Mehrzahl der rekrutierten Ausländer Deutsche sind. Diese werden jedoch nur an Universitäten der deutschsprachigen Schweiz nominiert – wobei hier Freiburg (Josef Spieler*) einzuschliessen ist, dies vor allem nach dem Ersten Weltkrieg, wie sich zeigen wird. Zweitens variiert die Verteilung zwischen Schweizern und Ausländern stark in Abhängigkeit von den akademischen Kulturen: Die Rekrutierung an den Universitäten der Westschweiz ist besonders stark endogen geprägt.

Eine beträchtliche Anzahl Angehöriger der Universitätskantone findet in der jeweiligen akademischen Institution eine Laufbahnmöglichkeit. Dafür lassen sich überall Beispiele finden, wobei sich dieses Phänomen im Kanton Waadt besonders deutlich zeigt, im Kanton Freiburg etwas weniger deutlich. An der Universität Lausanne sind die Repräsentanten der Erziehungswissenschaften hauptsächlich Waadtländer, im Verhältnis sieben zu neun. Dieses Verhältnis verringert sich für jede der im Folgenden genannten kantonalen Universitäten: auf fünf von neun in Freiburg, auf fünf von 16 in Genf, auf vier von 15 in Zürich und auf einen von sieben in Basel. Die Universität Bern hat *a priori* keine lokal Ansässigen rekrutiert. Die geografische Herkunft gibt dabei nicht unbedingt den Wohn- oder Ausbildungsort an: Jean Wintsch* in Lausanne, Arthur Stein* in Bern und Heinrich Hanselmann* in Zürich beispielsweise sind, obwohl teilweise seit ihrer Kindheit gut im lokalen sozialen Umfeld integriert, nicht im jeweiligen Kanton gebürtig. Wenn nicht am Geburtsort oder am Ort der Erstausbildung, so wird die Hochschullaufbahn bisweilen am Ort der «weiterführenden Ausbildung» fortgesetzt. Samuel Roller*, der sein Primarlehrerdiplom und die pädagogische Eignungsprüfung 1930/31 in seinem Heimatkanton Neuenburg abgelegt hat, vervollständigt seine Ausbildung 1934 in Genf, wo sich dann der grösste Teil seiner Karriere vollzieht.

Dieser endogene Rekrutierungsmechanismus innerhalb des lokalen bzw. kantonalen Einzuggebietes betrifft 40 Prozent aller Ernennungen, wirkt aber sprachregional noch stärker: Ausser an der zweisprachigen Universität Freiburg findet man selten Personal aus der deutschsprachigen und der französischsprachigen Schweiz nebeneinander; wenn dies vorkommt, dann meist als Folge der akademischen Ausbildung, die jenseits der Sprachgrenze absolviert wurde. Beispiele dafür sind Richard Meili*, Bärbel Inhelder* und Marguerite Usteri*, die nach einem Studium in der Westschweiz dort eine Stelle übernommen haben, oder Alfred Carrard*, Waadtländer in Zürich, und Carlo Sganzini*, Tessiner in Bern. Sie haben zumindest teilweise ihr Studium an der Universität absolviert, die sie dann beschäftigt. Auch hinsichtlich eines anderen Kriteriums erfolgt die Rekrutierung von Hochschullehrern in den Erziehungswissenschaften endogen: dem der Religion. Die ursprüngliche konfessionelle Zugehörigkeit – soweit sie in den Daten festgestellt werden konnte – entspricht fast vollständig der konfessionellen Identität des Universitätskantons. In Freiburg sind Stellen ausschliesslich Katholiken vorbehalten. Anderswo weist die konfessionelle Identität nicht immer diese Stringenz auf, tendiert jedoch weitgehend dazu. Die wenigen Ausnahmen können aufgezählt werden: Alexandre Daguet*, Freiburger und Katholik, wird nach Neuenburg berufen (er hat sich jedoch mit seinem Herkunftskanton wegen seiner radikalen politischen Haltung überworfen); der Katholik Sganzini erhält eine Anstellung in Bern.[3]

Insgesamt haben zwei Drittel der untersuchten Personen eine mehr oder weniger enge Beziehung zu dem Ort, an dem sich ihre akademische Karriere vollzieht. Man müsste aber eher von einer regionalen als von einer kantonalen Orientierung der Rekrutierung sprechen: Es zeichnen sich Regionen mit jeweils einem oder zwei Gravitationszentren ab. Das zeigt sich an der individuellen Mobilität in den Laufbahnen: Die jeweiligen Gravitationszentren sind Genf für die protestantischen Professoren der Westschweiz, Zürich und Basel in der deutschsprachigen Schweiz sowie Freiburg für die Katholiken. Für diese offensichtliche, autochthone personelle Besetzung des disziplinären Feldes gibt es aber auch Gegenbeispiele: Wie im Weiteren ersichtlich wird, haben die Universitäten der deutschsprachigen Schweiz, vor allem Zürich, und in geringerem Masse auch die Universitäten Genf und Freiburg, die lokalen Besetzungen durch Rekrutierungen aus dem Ausland aufgewogen.

Lokale Ausbildung und Karrieren

Der Anteil an Promovierten und Habilitierten ist sowohl im nationalen Hochschulraum als auch im Untersuchungszeitraum ungleich verteilt. Dabei ist zu berücksichtigen, dass sich die Gepflogenheiten der Verleihung akademischer Titel und deren Bezeichnungen entlang der beiden dargestellten akademischen Kulturen unterscheiden: In der deutschsprachigen Schweiz ist – der deutschen Tradition ent-

3 Ein nicht in unserer Analyse enthaltener, aber ebenso bemerkenswerter Fall ist Leo Weber, der trotz seiner christ- bzw. altkatholischen Konfession 1949 nach Zürich berufen wird.

sprechend – der Zugang zu einer Professorenstelle an eine Habilitation gebunden (Horn, 1998, S. 198) und nicht nur, wie in der Westschweiz, an ein Doktorat.[4] Insgesamt besitzen 80 Prozent der Personen der ausgewählten Gruppe den höchsten akademischen Grad. Einige verfügen lediglich über einen geringeren akademischen Grad, andere haben einen Abschluss am Lehrerseminar oder an einem Priesterseminar erworben (Alice Descœudres*, Emmanuel Duvillard*, François Guex*, Raphaël Horner*, Hans Rudolf Rüegg*). Ungeachtet der unterschiedlichen Bezeichnungen und wissenschaftlichen Qualifizierungssysteme sind die Vertreter an Universitäten der französischsprachigen Schweiz unter denjenigen, die nicht über eine akademische Qualifikation oder einen höheren akademischen Grad verfügen, deutlich überrepräsentiert.

Welche formalen Anforderungen sind bei der Rekrutierung im akademischen Feld zu erfüllen? Vor allem in der Westschweiz verfügen die ersten Lehrstuhlinhaber in Pädagogik weder über einen akademischen Titel noch über eine Ausbildung in Erziehungswissenschaften, teilweise über gar keinen akademischen Titel. Diese Feststellung weist noch einmal auf den kulturendogenen Charakter der Rekrutierung hin: Diese Personen entstammen dem Standort, an dem die disziplinäre Lehre an der Universität aufgebaut werden soll. Darunter finden sich ehemalige Schüler der Lehrerseminare, die zu Hochschullehren aufgestiegen sind (Guex, Rüegg), oder Personen, die zum Zeitpunkt ihrer Ernennung über Erfahrungen als Lehrer oder Inspektor im kantonalen Schulwesen verfügen (Paul Duproix*, Horner). Diese Nähe zum Schulwesen ist an den Universitäten der deutschsprachigen Schweiz, an denen das Profil der ersten Professoren weitgehend von der Philosophie bestimmt ist (Andreas Ludwig Kym*, August Stadler*, Hermann Siebeck*), weniger ausgeprägt. Trotzdem wird eine autochthone Rekrutierung bevorzugt. Demzufolge beziehen die ersten Repräsentanten der Erziehungswissenschaften diese Position entweder aufgrund ihrer praktischen Kompetenzen im Schulwesen oder aufgrund ihrer Kompetenzen im Bereich der Philosophie.

Hochschullehrer ohne Doktorat finden sich zwar vor allem gegen Ende des 19. Jahrhunderts, bleiben aber über den gesamten beobachteten Zeitraum bis 1950 präsent. Die akademische Welt steht diesem Personenkreis jedoch nur nach einer entsprechenden Laufbahn in der Schule oder der Bildungsverwaltung offen. Personen ohne Habilitation weisen deshalb in der deutschsprachigen Schweiz bedeutende Karrieren im Primar- oder Sekundarschulwesen auf. Anton Philipp Largiadèr*, diplomierter Primarlehrer und Doktor der Mathematik, wird 1885 zum Privatdo-

4 Für Mediziner ist – laut der von uns analysierten Daten – die Habilitation jedoch nicht Voraussetzung für eine akademische Karriere in der deutschsprachigen Schweiz.

	Dissertation	Habilitation	Dissertation und Habilitation	Dissertation und Habilitation (in%)
Erziehungswissenschaften	9	6	15	26
Philosophie	9	11	20	34
Psychologie	5	6	11	19
Medizin	3	–	3	5
Literaturwissenschaften	–	1	1	2
Naturwissenschaften	–	2	2	3
Theologie	–	1	1	2
Soziologie	1	–	1	2
keine Angabe	1	3	4	7
Total	28	30	58	100

Tabelle 13.2
Disziplinäre Herkunft nach Dissertationen und Habilitationsschriften des akademischen Personals in den Erziehungswissenschaften

zenten ernannt, nachdem er mehrere Lehrerseminare und Schulen geleitet hat. Der Besitz des höchsten akademischen Grades ist nach dem Ersten Weltkrieg zwar allgemein üblich, jedoch nicht ausnahmslos Regel. In Lausanne verfügen wichtige Verantwortungsträger wie Louis Meylan*, Auguste Deluz* oder Jules Savary, wesentliche Akteure bei der Institutionalisierung der Erziehungswissenschaften, über keinen Doktortitel. Meylan hat auf allen Schulstufen unterrichtet und leitet 1944, zum Zeitpunkt seiner Ernennung zum ausserordentlichen Professor, die Höhere Töchterschule Lausanne. Eine universitäre Grundausbildung oder berufsorientierte Ausbildung (Lehrerseminar, Priesterseminar) ist in Verbindung mit mehrjähriger praktischer Erfahrung für die Zulassung als Hochschullehrer ausreichend. Diese Personen sind mit den lokalen pädagogischen Verbänden vernetzt und zum Zeitpunkt ihrer Ernennung der kantonalen Schulverwaltung gut bekannt. Es ist nicht weiter erstaunlich, dass Akteure mit solchen beruflichen Laufbahnen erst in fortgeschrittenem Alter die universitäre Lehre aufnehmen und – verglichen mit den Inhabern der höchsten Abschlüsse – zur Gruppe mit geringerem Professionalisierungsgrad[5] zählen. Sie sind zum Zeitpunkt ihrer ersten akademischen Lehrveranstaltung 43 bis 44 Jahre alt und erhalten im Durchschnitt mit 49 Jahren eine ordentliche oder

5 Ein geringerer Professionalisierungsgrad ist etwa auch im Fall französischer Literaturdozenten *(littéraires)* gegeben, im Gegensatz zur Situation von Naturwissenschaftlern oder – allgemeiner – der Situation in Deutschland (Charle, 1994c, S. 103).

ausserordentliche Professur (vgl. Tabelle 13.2, S. 351). Dies steht in einem beträchtlichen Gegensatz zu den promovierten oder habilitierten Hochschullehrern, die zum Zeitpunkt ihres ersten universitären Lehrauftrags durchschnittlich 35 und bei ihrer Ernennung zum Professor 41 Jahre alt sind.[6]

Personen ohne ausseruniversitäre Berufserfahrung werden zwar, sofern ihr Studienabschluss eine akademische Karriere verspricht, früher berufen als die erwähnten Akteure, jedoch nicht vor dem 30. Altersjahr, meist später. Allerdings nehmen einzelne Personen mit einer brillanten Laufbahn bereits mit 25 bis 26 Jahren Lehraufträge an der Universität wahr (Edouard Claparède, Jean Piaget*, Franz van Cauwelaert*): Es zeigt sich, dass Letztere für Innovationen in ihrer Disziplin stehen, die von Behörden, Universitätsangehörigen und auch in der *community* als solche anerkannt werden.

Die beschränkte Anzahl verfügbarer Stellen ist ein erster einschränkender Faktor für den Zugang zur akademischen Welt: Die Ernennung zum Hochschullehrer ist meistens erst aufgrund unterschiedlicher Berufserfahrungen möglich. Oft geht dem Wechsel an die Universität eine Karriere im Primar- und Sekundarschulwesen voraus, etwa im Fall von Hans Stettbacher*, Edouard Montalta*, Friedrich Heman* oder Fritz Burckhardt*. Diese Mischform der Rekrutierung scheint den Schweizer Universitäten eigen zu sein: Sie ermöglicht einerseits – ähnlich wie an deutschen Universitäten – akademischen Anfängern Zwischenstellungen innerhalb der Hierarchie des universitären Lehrbetriebs (Privatdozent, Lehrbeauftragter, ausserordentlicher Professor), und schafft andererseits – wie in der französischen Tradition – Durchlässigkeit in der Hierarchie gegen aussen bzw. gegenüber andern Unterrichtsstufen (Charle, 1994c, S. 99 ff.).

Dic Erneuerung des akademischen Personals findet jedoch nur selten durch Rekrutierung von Personen, die vollständig ausserhalb der akademischen Welt stehen, statt. Die Durchlässigkeit der Hierarchie zwischen den Unterrichtsstufen und die Existenz von Zwischenstellungen erleichtern gegen Ende des 19. Jahrhunderts jedenfalls die institutionelle Weiterentwicklung der Erziehungswissenschaften. Erstens kommt es vor, dass die Pädagogik als «Fach» direkt von einer Unterrichtsstufe auf die nächste gehoben wird: Guex oder Duproix zum Beispiel erweitern die Hochschullehre um Pädagogik und Psychologie, die sie zum Zeitpunkt ihrer Berufung am Lehrerseminar bzw. am Gymnasium unterrichten. Zweitens ermöglicht diese Zugehörigkeit zu unterschiedlichen Hierarchieebenen des Unterrichts auch

6 Es ist anzumerken, dass die durchschnittliche Zeit von sechs Jahren zwischen dem ersten universitären Lehrauftrag und der Ernennung zum Professor sowohl für promovierte oder habilitierte Akteure als auch für solche gilt, die nicht über diese Qualifikationen verfügen.

die Vergabe von Teilzeitstellen an ausserordentliche Professoren, womit gleichermassen eine geringere Belastung der öffentlichen Haushalte und die Kontinuität der pädagogischen Betreuung der Lehrer in der Ausbildung erreicht wird: Friedrich Haag*, ausserordentlicher Professor in Bern, ist bis zu seiner Ernennung zum ordentlichen Professor 1891 Direktor eines Gymnasiums; Jakob Robert Schmid* ist zunächst sowohl als ausserordentlicher Professor als auch als Direktor eines Primarlehrerinnenseminars in Thun tätig, bevor er sich ausschliesslich der Hochschultätigkeit widmet. Eugène Dévaud* sieht sich einer doppelten Verpflichtung gegenüber, die ihm von der Freiburger Erziehungsdirektion angeboten und auferlegt wird: 1918 zum ordentlichen Professor ernannt, erhält er gegen seinen Willen 1921 einen Lehrauftrag am Lehrerseminar in Hauterive und wird 1923 auch noch zu dessen Direktor ernannt.

Zwar kumulieren nicht alle Akteure der Erziehungswissenschaften schulische und universitäre Funktionen, die meisten beteiligen sich jedoch mehr oder weniger aktiv an der kantonalen Bildungspolitik. Mit einigen Ausnahmen – entweder sind keine diesbezüglichen Informationen vorhanden, oder es handelt sich um Mediziner oder Psychologen (Gustav Bally*, Alfred Carrard, Gustav Wilhelm Störring*, Léon Walther*) – waren sämtliche Akteure direkt mit der Schule im Kontakt: 43 waren Lehrer (auf allen Schulstufen, hauptsächlich jedoch im Gymnasium), 13 davon Direktor einer Sekundarschule oder eines Gymnasiums, und zwei wurden in der Bildungsverwaltung in die Direktion für den Primarunterricht (Albert Malche*, der auch Vorsteher des Erziehungsdepartementes wird) bzw. für den Sekundarunterricht (Deluz) ihres Kantons berufen. Ohne selbst Lehrer gewesen zu sein, waren mindestens 11 weitere Akteure Mitglied in kantonalen Bildungskommissionen oder haben im Auftrag der kantonalen Behörden Untersuchungen in Schulen durchgeführt.

Die Rekrutierung der Akteure scheint teilweise der je kantonalen Schullogik zu folgen, in manchen Fällen bereits am Anfang des Disziplinenbildungsprozesses (insbesondere in Genf, Freiburg und Lausanne), bisweilen auch etwas später. In Bern stammen die 1914 und 1922 berufenen Inhaber des Lehrstuhls für Pädagogik nicht mehr aus Deutschland: Paul Häberlin* (von 1904 bis 1909 Direktor der Lehrerseminars in Kreuzlingen) und Carlo Sganzini (seit 1916 Direktor des Lehrerseminars in Locarno und seit 1919 Mitglied der Eidgenössischen Maturitätsprüfungskommission) setzen sich aufgrund ihrer Kenntnis des schweizerischen Schulsystems durch. Die engen lokalen Beziehungen der Akteure führen so zu einer Annäherung der Erziehungswissenschaften an das Berufsfeld und die Berufspraxis. Die Förderung der lokalen Verankerung, wie etwa in Lausanne, stärkt die Beziehungen zwischen disziplinärem Feld und Berufsfeld. Die für die akademische Rekrutierung zuständigen lokalen Dienststellen räumen den berufsbildenden Anteilen der pädagogischen Ausbildung letztlich einen hohen Stellenwert ein: Das überkantonal und überregional akkumulierte wissenschaftliche Kapital ist für die Kompetenzdefinition der Hochschulakteure deshalb weniger bedeutend als das berufspraktische Know-how und Kenntnisse der Schulverhältnisse.

Erziehungswissenschaften in der Schweiz *versus* schweizerische Erziehungswissenschaften?

Die Laufbahnen von Sganzini und Häberlin zeugen von einer über die kantonalen Grenzen hinausgehenden Mobilität, da beide zunächst einflussreiche Positionen im Berufsfeld ihrer jeweiligen Herkunftskantone (Tessin und Thurgau) innehatten, bevor sie ihre akademische Karriere andernorts fortsetzten. Dies könnte man mit der Anmerkung relativieren, dass beide aus Kantonen ohne Universität stammen, aber das ist nicht das wesentliche Argument. An ihrem Engagement im pädagogischen Feld besteht kein Zweifel, aber es ist bemerkenswert, dass keiner der beiden in irgendeiner Form einen Beitrag zur Institutionalisierung der Erziehungswissenschaften auf überkantonaler Ebene leistet. Ihr Beispiel ist symptomatisch für die allgemeine Situation: Es gibt keine solche Struktur, und es ist auch kein ausgeprägter Wille erkennbar, sie ins Leben zu rufen. Das Fehlen einer zentralen Einrichtung im disziplinären Feld kann mit zwei sich ergänzenden Gegebenheiten erklärt werden: mit dem nationalen Beziehungsnetz des IJJR einerseits und der disziplinären Identität der Repräsentanten im Feld andererseits.

Regionale und nationale Zusammenarbeit

Bei näherer Betrachtung der Identität der Professoren für Philosophie, Psychologie und Pädagogik der Universitäten Genf, Neuenburg und Lausanne ergibt sich ein erstes Beziehungsnetz, das man als «protestantisch» bezeichnen könnte und in dem soziokulturelle Solidaritäten eine Rolle spielen. Pierre Bovet*, der an der Universität Genf promoviert hat, beginnt seine Karriere in Neuenburg und kehrt dann, auf Initiative Claparèdes hin, 1912 nach Genf zurück, um die Leitung des IJJR zu übernehmen. Das Hin und Her Piagets zwischen Neuenburg und Genf in den 1920er-Jahren zeugt ebenfalls von einem gewissen Genfer Übergewicht: Er ist Lehrbeauftragter am IJJR, wird 1925 zum Professor in Neuenburg ernannt und dann – zum frühest möglichen Zeitpunkt – 1929 an die Universität Genf zurückberufen, bevor er durch die Vermittlung von Arnold Reymond* 1934 dazu noch eine Stelle in Lausanne erhält. Letzterer wird bei seiner Nominierung in Neuenburg entscheidend von Bovet unterstützt. Dieses Beziehungsnetz lässt an das System der Kooptation früherer Eliten denken, das im gleichen Zeitraum in Deutschland bei der Neubesetzung von Hochschulstellen üblich ist (Charle, 1994c, S. 108). Das (gemeinsame) Ziel der Entwicklung der Disziplin manifestiert sich in einzelnen Fällen stärker, in andern schwächer (Reymond profiliert sich, wie seine Veröffentlichungen belegen, letztlich vor allem im Bereich der Wissenschaftsgeschichte), ist jedenfalls auch mit Standessolidaritäten der Westschweizer Wissenschaftler verbunden. Die Beziehungsnetze dienen jedoch nicht nur der persönlichen akademischen Karriere, sondern das auf gemeinsamer Kulturtradition beruhende Netzwerk fördert auch den Aufbau pädagogischen Wissens, etwa durch die Organisation des dritten Internationalen Kongress für Moralerziehung 1922 in Genf, durch die Herausgabe der *Collection des actualités pédagogiques* im Verlag Delachaux & Niestlé, durch die Publikation der *Archives de psychologie* usw.

Dieses Beispiel ist natürlich nicht das einzige für die Kommunikationsformen, die sich zwischen den Westschweizer Akteuren herausbilden. Es zeigt jedoch deutlich die Attraktivität der Genfer Aktivitäten und betont deren Ausstrahlung. Diesbezüglich spielt das IJJR eine tragende Vermittlerrolle im pädagogischen Bereich. Den Ideen seines Gründers folgend, versteht es sich zunächst als Zentrum der Verbreitung und «Propaganda» der Reformpädagogik (Claparède, 1912). Zwischen 1912 und 1933 gibt es jedoch nur wenige nicht Genfer Akteure aus der Schweiz, die das Lehrangebot des IJJR durch Vorlesungen oder Vorträge bereichern. Während der beiden Jahrzehnte sind es weniger als zwanzig handverlesene Personen, vor allem aus Zürich und Lausanne. Umgekehrt halten die Mitglieder des Instituts über sechzig Vorträge (oder Vorlesungen) in der Schweiz. Eine Analyse der Vortragsreisen nach geografischen Kriterien zeigt ausgeprägtere Beziehungen zu Neuenburg (Stadt und Kanton) und Lausanne (Waadt), aber auch zu den grossen Städten der deutschsprachigen Schweiz (insbesondere Bern und Zürich) oder zum Tessin. Die Reisetätigkeit ist zwischen 1924 und 1932 am ausgeprägtesten (sechs Reisen pro Jahr). Dieses Netzwerk ist jedoch nur teilweise auf universitäre Akteure der Disziplin ausgerichtet: Der grösste Teil der Vorträge, die von Vertretern des IJJR in der Schweiz gehalten werden, richtet sich an Praktiker (Primarlehrer und Primarlehrerinnen im Schuldienst oder in Ausbildung, Heilpädagogen, Aktivisten der Reformpädagogik usw.).

Die bisherigen Ausführungen zu diesem von Genf ausgehenden, verzweigten Beziehungsnetz sind mit folgenden Hinweisen zu ergänzen: Entgegen allen Erwartungen sind die Beziehungen zwischen den Genfer und Lausanner Akteuren eher spärlich. Der Fall von Maurice Millioud* ist dafür ein gutes Beispiel: Obwohl er zu den Ersten zählt, die bei der Planung des von Claparède mit dem bekannten Erfolg gegründeten Instituts für Erziehungswissenschaften konsultiert wurden, steht er nicht mehr im Adressbuch des IJJR, als sich in Lausanne ein Fachbereich für pädagogische Wissenschaften *(Section des sciences pédagogiques)* entwickelt. Die Beziehungen des Instituts zur Freiburger Pädagogik sind eher zwiespältig: Dévaud äussert zu keinem Zeitpunkt öffentlich Sympathien für die Genfer Aktivitäten, zählt jedoch 1912 zu den ersten Subskribenten von Claparèdes Projekt und soll laut dem Nachruf Bovets das Institut mehrmals besucht haben.[7] Es bestehen zwar auch Verbindungen mit anderen Westschweizer Akteuren, die allerdings meist informell bleiben. Auch die Kontakte zur deutschsprachigen Schweiz bleiben auf universitärer Ebene sporadisch. So wird etwa Häberlin, dessen akademische Laufbahn zwischen Basel und Bern alterniert, bevor er schliesslich einen Lehrstuhl für Pädagogik in Basel erhält (1922–1944), nach Genf eingeladen, um eine Rede zum 100. Todestag von Pestalozzi zu halten. 1918 wird das Institut vom damaligen Tessiner Seminardirektor und späteren (1923–1946) Berner Professor für Philosophie und Pädagogik Sganzini nach Locarno eingeladen. Neben diesen spärlichen Beziehungen findet ein bedeutenderer Austausch mit Zürich statt: Julius Suter* (1923) und Heinrich Hanselmann (1931) stellen ihre Arbeiten in Genf vor, Bovet erwidert diese Höflichkeit 1931 und 1932 durch einen Besuch am Heilpädagogischen Seminar in Zürich und eine Diskussion pädagogischer Forschungsergebnisse mit Hans Stettbacher.

Die Liste der vom IJJR in der Schweiz gepflegten Kontakte umfasst also primär Praktiker und weniger die an Universitäten tätigen Erziehungswissenschaftler, was die Analyse Claparèdes aus dem Jahr 1911 im Nachhinein bestätigt. Das Netzwerk des Instituts weist zwei Schwerpunkte auf: Zum einen suchen seine Vertreter Kontakte mit Praktikern, zum anderen zur wissenschaftlichen Exzellenz. Auf wissenschaftlicher Ebene werden Beziehungen zu innovativen Erziehungswissenschaftlern bevorzugt, die sich meist von der philosophischen Tradition entfernt haben. Heilpädagogik und Berufsberatung sind für die Genfer offensichtlich die wesentlichen Zürcher Anziehungspunkte. Dieser Hang zur Unterstützung innovativer und zukunftsträchtiger Initiativen zeigt sich beispielsweise auch in Kontakten zu Ernst Schneider und dessen Schweizerischer Pädagogischer Gesellschaft.[8] Schneider muss

7 *L'Educateur* (6) vom 14. Februar 1942. Wir verweisen auch darauf, dass das von Léon Genoud geleitete Pädagogische Museum in Freiburg 1914 die pädagogischen Ausstellungsstände erwirbt, die das IJJR im selben Jahr an der Landesausstellung in Bern präsentiert.

8 Die von Schneider gewählte Bezeichnung ist nicht unbedingt zutreffend, da die angeblich schweizerische (und damit nationale) Gesellschaft lediglich einen Teil des Berner reformpädagogischen Milieus umfasst (Weber, 1999, S. 157).

die Leitung des Berner Staatsseminars jedoch abgeben, unter anderem weil er die pädagogischen Reformbemühungen mit psychoanalytischen Ansätzen verbindet.

Diese Beispiele belegen die Eigenart der Beziehungen des IJJR: Es bevorzugt Kontakte zu neuen Disziplinen, deren Erträge es für die pädagogische Wissensproduktion fruchtbar machen will. Die Beispiele verdeutlichen gleichzeitig ein Merkmal der Entstehung der erziehungswissenschaftlichen *community* in der Schweiz: Deren Gründung geht nicht unmittelbar von den ersten Inhabern der Lehrstühle für Pädagogik aus.

Im Schatten von Philosophie und Psychologie

An den Universitäten Bern, Freiburg, Genf, Lausanne und Neuenburg verfügt keiner der ersten Pädagogikprofessoren über einen Doktortitel oder eine Habilitation im Fach. Ist dieser Umstand eine Besonderheit der Erziehungswissenschaften zum Zeitpunkt der Disziplinenbildung? Weil vergleichbare Daten aus andern Disziplinen fehlen, müssen die augenfälligsten Merkmale dieser ersten Berufungen herangezogen werden. Sie weisen sowohl auf die professionalisierende Vision hin, die mit der Schaffung solcher Lehrstühle verbunden wird, als auch auf ein pragmatisches Vorgehen. Da es um die Einführung eines neuen akademischen Fachgebietes geht, bevorzugen die universitären Instanzen und die kantonalen Erziehungsdirektionen Personen, die im und mit dem Bildungssystem bereits vertraut sind, und greifen deshalb zu direkten Ernennungen. Dagegen rekrutieren die Basler und Zürcher Behörden Philosophen, deren Doktorarbeit oder Habilitationsschrift keine erziehungswissenschaftliche Fragestellung aufweist. In den letzten Jahrzehnten des 19. Jahrhunderts scheint es nur die schwierige Wahl zwischen erziehungswissenschaftlich kompetentem Personal ohne ausgeprägt wissenschaftliches Profil und der Ernennung von Wissenschaftlern ohne pädagogisches Spezialwissen zu geben. Wie und ab welchem Zeitpunkt hat sich diese «heteronome» Rekrutierung im disziplinären Feld in Richtung grösserer Autonomie verändert?[9]

9 Der Rückgriff auf die Dichotomie Heteronomie *versus* Autonomie ermöglicht zwar, das Entstehen einer neuen Disziplin innerhalb des akademischen Feldes zu erfassen – die heuristischen Vorteile solcher Konzepte sind in Arbeiten wie derjenigen von Stichweh (1991) über die Physik klar ersichtlich. Im Fall der Erziehungswissenschaften kann diese Dichotomie angesichts ihrer pluridisziplinären Form jedoch nur mit Vorsicht als Referenz verwendet werden. Es besteht die Gefahr, ein insgesamt stabiles disziplinäres Feld mit determinierten Wissensbereichen und Institutionen vorauszusetzen, obwohl Letztere Gegenstand von Auseinandersetzungen sind und die disziplinären Grenzen nicht gefestigt sind.

Unter den ausgewählten Akteuren sind 58 (von 71) promoviert oder habilitiert. Wenn man nur den zuletzt erworbenen Titel berücksichtigt, zeigt sich für den Untersuchungszeitraum, dass 16 Prozent dieser Titel vor 1890, 32 Prozent zwischen 1890 und 1910, 27 Prozent zwischen 1911 und 1930 und 25 Prozent nach 1930 erworben wurden (vgl. Tabelle 13.3).

vor 1890	8	14,0%
1890–1910[10]	19	33,0%
1911–1930	16	27,5%
nach 1930[11]	15	25,5%
Total	58	100,0%

Tabelle 13.3
Datum des Erwerbs des höchsten akademischen Grades (Doktorat oder Habilitation)

Diese zeitliche Verteilung des Erwerbs der akademischen Titel deckt sich im Grossen und Ganzen mit den disziplinären Entwicklungslinien. Unter den promovierten oder habilitierten Akteuren können drei hauptsächliche Herkunftsdisziplinen unterschieden werden: die Philosophie, die Psychologie und die Erziehungswissenschaften. Eine vierte – allerdings weniger ins Gewicht fallende – Gruppe stammt aus der Medizin und verfügt über Promotionen oder Habilitationen, die sich nicht mit psychologischen Fragestellungen befassen. Sie stellen 7 Prozent der Akteure (unter anderen: Lucien Bovet*, Claparède, Wintsch). Doktorarbeiten oder Habilitationsschriften, die thematisch (Erziehungsgeschichte und -philosophie sowie Kinderpsychologie) oder institutionell (falls die Studiengänge Promotionen in Pädagogik vorsehen) zu den Erziehungswissenschaften gehören, bilden bei 26 Prozent der ausgewählten Akteure den höchsten Abschluss. Die entsprechenden Titel werden in Genf (8), Zürich (5) und Freiburg (3) verliehen. Die Verteilung ist aber nicht nur hinsichtlich der vergebenden Universitäten disparat, sondern auch hinsichtlich des Vergabezeitpunktes: In zwei Dritteln der Fälle werden sie nach 1930 erworben. Die meisten erfassten Akteure haben ihre Titel in Philosophie erworben. Mehr als 30 Prozent der Abschlussarbeiten der erziehungswissenschaftlichen Akteure in den

10 80 Prozent der Promotionen oder Habilitationen in der Psychologie (ohne Bezug zur Pädagogik oder zu pädagogischen Fragestellungen) erfolgen zwischen 1900 und 1930.

11 Zwei Drittel der Promotionen oder Habilitationen in den Erziehungswissenschaften erfolgen nach 1930.

Erziehungswissenschaften befassen sich mit Religionsphilosophie, Philosophiegeschichte bzw. Ideengeschichte und haben keinen direkten Bezug zu pädagogischen Fragen. Diese Art Wissen wird vor allem an der Wende vom 19. zum 20. Jahrhundert produziert, aber nicht nur dann: Laure Dupraz*, Jean de la Harpe*, Arthur Stein oder Adolf Vonlanthen* erwerben ihre Titel zwischen 1920 und 1930. Zwar lässt sich die Psychologie von der Philosophie und auch der Medizin unterscheiden, obwohl psychologische Doktorarbeiten vor den ersten Jahrzehnten des 20. Jahrhunderts oft in der Philosophie oder der Medizin verfasst werden. Gemäss unseren Daten sind jedoch nur 19 Prozent der akademischen Titel in Psychologie erworben worden. Dass einige Akteure in Philosophie promoviert und sich im Umfeld der Psychologie habilitiert haben deutet auf eine disziplinäre Umorientierung hin (Ben-David & Collins, 1997, S. 79 ff.). Gotthold Lipps*, Suter, Hanselmann oder Carrard kapitalisieren ihre Ausbildung in einer Disziplin, die sich während der letzten Jahrzehnte des 19. Jahrhunderts in und ausserhalb der Schweiz in vollem Aufschwung befindet.

Die disziplinäre Herkunft der Akteure, deren disziplinäre Identität hier zum Zeitpunkt ihrer Promotion bzw. Habilitation erfasst wird, lässt erkennen, dass die Reproduktion in den Erziehungswissenschaften bis um 1930 nicht «autonom» erfolgt. Entsprechende Effekte der Vergabe von Doktoraten innerhalb der Disziplin treten erst allmählich und seit den 1920er-Jahren ein. Dabei ist auch der Generationseffekt zu berücksichtigen: Die Zulassung zu Promotion oder Habilitation in Pädagogik konnte sich nicht unmittelbar auswirken, weil die Aufnahme einer universitären Laufbahn für neu Diplomierte verzögert erfolgt. Die Möglichkeit, neue Akteure zuzulassen, hängt von der Sesshaftigkeit bestimmter Professoren ab, die sich vor der Einrichtung eigenständiger pädagogischer Studiengänge installiert haben, und ist somit «einfach *Hazard*» (Weber, 1919/1951, S. 569; Hervorhebung im Original). Schliesslich ist festzuhalten, dass von den 29 nach 1920 für die erziehungswissenschaftlichen Lehrtätigkeiten Nominierten weniger als die Hälfte mit einem spezifisch erziehungswissenschaftlichen Thema promoviert oder habilitiert sind. Absolut gesehen, belegt diese Zahl die bis zur Mitte des 20. Jahrhunderts anhaltende Durchlässigkeit der Erziehungswissenschaften, die unter anderem stark von Philosophen und Psychologen abhängig sind.

Eine genauere Betrachtung der Ausbildung der neuen Akteure zeigt, dass nicht nur die Zahl höchster akademischer Grade in Erziehungswissenschaften ansteigt, sondern dass auch die universitäre Ausbildung – insbesondere in Psychologie – von nun an vollständig in der Schweiz stattfinden kann: Gustav Bally, Alfred Carrard, Eduard Montalta, Paul Moor*, Jean Piaget, Julius Suter oder Arthur Wreschner* absolvieren ihre weitere Ausbildung in der Schweiz, und hier vor allem in Zürich, oder erhalten Assistenzstellen, ohne dafür den Umweg über das Ausland nehmen zu müssen. Der Werdegang Philippe Mullers* ist hier exemplarisch: Nach einem 1938 in Neuenburg erworbenen Lizenziat in Altphilologie arbeitet er – obwohl immer noch in den Geisteswissenschaften eingeschrieben – an einer Promotion im Bereich der Psychologie und besucht die Lehrveranstaltungen bei André Rey in Genf und vor allem bei Häberlin in Kursen der Stiftung Lucerna, einem Institut für philosophische Anthropologie.[12]

Die Erziehungswissenschaften werden also durchaus gestärkt, jedoch in einem Kontext, in dem die Referenzdisziplinen, die für die Erziehungswissenschaften konstitutiv, gleichzeitig aber auch Konkurrenz sind, vergleichsweise deutlicher autonom sind. Als sich diese Disziplinen zur Behauptung eigener forschungspolitischer Interessen zu nationalen wissenschaftlichen Gemeinschaften zusammenschliessen (Joye, 2002, S. 107 f.), lassen sich seitens der Erziehungswissenschaften keine entsprechenden Bemühungen feststellen. So sind Häberlin, Reymond, Stein, Sganzini oder René Schaerer* Mitglied der 1939 gegründeten Schweizerischen Philosophischen Gesellschaft, obwohl sie auch entscheidend zur Entstehung der Erziehungswissenschaften beitragen. Eine ähnliche Konstellation zeigt sich auch in der Psychologie: Mehrere Protagonisten der Erziehungswissenschaften beteiligen sich in den 1930er-Jahren an den nationalen Kampagnen zur Anerkennung der Psychologie (Baumgarten, 1961, S. 62 ff.). Die Gründung der Schweizerischen Gesellschaft für Psychologie und ihre Anwendungen erfolgt, nach der Darstellung Montaltas, 1943 aufgrund der von ihm selbst, Claparède, Piaget, Meili, Rey, Inhelder und Spieler vor dem Krieg initiierten Vorarbeiten (Montalta, 1996).

In den Erziehungswissenschaften gibt es keine vergleichbaren, spezifisch disziplinären Zusammenschlüsse oder nationalen Vereinigungen.[13] Die Teilnahme an nationalen Projekten oder Gremien im pädagogischen Bereich ist jedoch nicht ausgeschlossen. Daguet wird 1872 vom Bundesrat beauftragt, an der Schulausstellung in Wien teilzunehmen, und Guex erhält 1900 ein entsprechendes Mandat, sich an den Arbeiten im Bildungs- und Erziehungsbereich für die Weltausstellung in Paris 1900 zu beteiligen. Später wird Dupraz vom Bundesrat in die Generalversammlung der UNESCO (1951–1952) delegiert. Sganzini und Max Zollinger* sind in der nationalen Bildungspolitik aktiv und fungieren als Mitglieder und Experten der Eidgenössischen Maturitätskommission, Schmid ist Mitglied der interkantonalen

12 Das IJJR unterhält ebenfalls Beziehungen mit der Stiftung Lucerna, zu deren Mitgliedern auch Bovet zählt.

13 Die erste Gesellschaft, die der Schweizerischen Akademie für Geistes- und Sozialwissenschaften angeschlossen ist, ist die 1975 gegründete Schweizerische Gesellschaft für Bildungsforschung (Hofstetter & Schneuwly, 2001, S. 89).

Kommission für Schulfragen. Neben diesen offiziellen Mandaten ist auch auf das Engagement einiger Akteure im Verein Schweizerischer Gymnasiallehrer (Burckhardt und Meylan, Letzterer ist von 1940 bis 1943 dessen Präsident) oder im Schweizerischen Lehrerverein (Rüegg) hinzuweisen. Es bilden sich also zwar Beziehungsnetze auf nationaler Ebene heraus, sie sind jedoch im Wesentlichen durch Anliegen der Praxis motiviert und stellen vor allem keine Beziehungen zwischen den erziehungswissenschaftlichen Akteuren her.

Auf nationaler Ebene ist somit eine weitgehende Parzellisierung der erziehungswissenschaftlichen Aktivitäten festzustellen, die mindestens bis in die Mitte des 20. Jahrhunderts andauert. Im Vergleich mit den universitären Modellen der beiden Nachbarstaaten ist es mehr als bemerkenswert, dass eine disziplinäre Entwicklung der Erziehungswissenschaften stattfinden konnte, die weder auf theoretischer noch auf institutioneller Ebene Anzeichen einer nationalen Identität zeigt. In Frankreich konnten sich die Erziehungswissenschaften, wie Gautherin zeigt, spätestens 1914 auf der Grundlage eines expliziten politischen Willens (des Bildungsministers Jules Ferry) und einer zentralen, nationalen Bildungsadministration im akademischen Feld ansiedeln. Dieser Prozess, der nicht unbedingt von individuellen, die Entwicklung der Erziehungswissenschaft fördernden Trägern abhängig war, vollzog sich zunächst innerhalb einer Gruppe von Professoren gleicher Identität, die fast alle aus der *Ecole normale supérieure* stammen und über eine Habilitation *(agrégation)* in Philosophie verfügen (Gautherin, 2002, S. 65 ff.).[14] In Deutschland dagegen führt eine ganz andere Art von Solidarität zur Disziplinenbildung in der Erziehungswissenschaft: Nach Drewek festigt sich die Identität der Disziplin während der Weimarer Republik durch eine reaktionäre Grundhaltung: Die Erziehungswissenschaft dient der Abwehrhaltung der universitären Elite (allen voran der Philosophen), die sich der Modernisierung im Bildungssystem widersetzt und die Disziplin nach dem Ersten Weltkrieg als geisteswissenschaftliche Pädagogik neu formiert (Drewek, 1998, 2002).

Ruf aus der Ferne: Internationale Beziehungen

Auch wenn keine nationalen Absprachen und Übereinkünfte bestehen, haben sich die Erziehungswissenschaften mit Sicherheit nicht spontan aus lokalen Kontexten und ohne jede Interaktion mit weiter entfernten intellektuellen oder institutionellen Netzwerken entwickelt. Bei den Stellenausschreibungen für die Lehrstühle in

14 Gautherin verweist jedoch auch auf die «Pluralität» der sozialen, politischen und universitären «Netzwerke».

Pädagogik sehen sich die Universitätsvertreter bzw. die Kantonsbehörden oft – und bisweilen aufgrund ihres eigenen Vorgehens – mit externen Initiativen konfrontiert. Das Problem besteht darin, dass die Erziehungswissenschaften – ob unter dieser oder einer anderen Bezeichnung – als akademische Disziplin über keine beständigen internationalen Organisationsformen verfügen wie die meisten anderen Disziplinen in dieser Zeit. Mangels entsprechender Gesellschaften, die erziehungswissenschaftliche Kongresse organisieren, werden ab Ende des 19. Jahrhunderts Kongresse zum Primarunterricht, zum höheren Bildungswesen oder zum Sekundarschulwesen durchgeführt. Seit Beginn des 20. Jahrhunderts finden in mehr oder weniger regelmässigen Abständen internationale Kongresse zu pädagogischen Themen statt – etwa zu Familienerziehung, Moralerziehung oder zu reformpädagogischen Themen.[15] Diese Versammlungen waren jedoch nicht die bevorzugten Orte des akademischen Austauschs und wurden von den Akteuren der Erziehungswissenschaften stets auch nur sporadisch in Anspruch genommen (Cicchini, 2004). Mangels periodisch wiederkehrender Versammlungen lassen sich die internationalen Aktivitäten der Akteure weniger in stabilen und identifizierbaren Netzwerken analysieren als anhand einzelner Anlässe und einzelner Individuen. Ein solches Auflisten der internationalen Beziehungen ist zwar weitgehend pointillistisch, zeigt jedoch einige Verbindungen zwischen den Akteuren auf und vermittelt ein Bild der Identität der erziehungswissenschaftlichen *community* der beteiligten Schweizer Hochschullehrer.

Fixpunkte der Orientierung: Wundt und Jena

Die Varianz der individuellen Laufbahnen der Akteure in den Erziehungswissenschaften lässt sich vorhersagen, wenn man sich für die internationalen Beziehungen interessiert, und erst recht, wenn internationale Beziehungen gesucht werden, weil der Austausch auf nationaler Ebene unbefriedigend ist. Dennoch können einige Gemeinsamkeiten festgestellt werden, die weniger zur Erklärung der Bekanntschaftsbeziehungen und Netzwerke herangezogen werden sollen, sondern die vielmehr als Orientierungspunkte zu sehen sind, von denen man ausgehen kann, um die unterschiedlichen Logiken des Feldes zu unterscheiden.

In verschiedenen Akteursbiografien in den Erziehungswissenschaften erscheint der Name Wilhelm Wundt. Jenseits der gebührenden Referenz an den Ahnherrn

15 Eine nicht abschliessende, aber weitgehend vollständige Darstellung findet sich in: Winifred, 1938; Fuchs, 2004.

der modernen Psychologie belegt diese Präsenz einer so berühmten Persönlichkeit eine bewusste universitäre Politik zugunsten einer disziplinären Erneuerung des akademischen Feldes der Schweiz in Richtung der experimentellen Psychologie.[16] In diesem Zusammenhang ist bemerkenswert, dass innerhalb von fünfzehn Jahren drei Universitäten Schüler von Wundt oder Külpe rekrutiert haben, ohne dass diesbezüglich offizielle Absprachen stattgefunden hätten. Ernst Mcumann* wird 1896 nach Zürich berufen, dann auch Störring (1902), dessen Nachfolge 1911 Lipps antritt. Dürr wird 1906 in Bern nominiert (Ben-David & Collins, 1997, S. 77). Van Cauwelaert, der zwar kein eigentlicher Wundt-Schüler war, aber zwei Semester im Leipziger Labor verbracht hat, kann ebenfalls dieser Rekrutierungspolitik zugerechnet werden.[17] In allen fünf Fällen wird der Aufenthalt im Labor Wundts nicht nur als Qualifikationsnachweis für die sichere Implementierung der experimentellen Psychologie, sondern ebenso deutlich im Zusammenhang mit den Zielen im Bereich der experimentellen Pädagogik gesehen. Ein weiterer Akteur der Erziehungswissenschaften, der die Reise nach Leipzig aus eigener Initiative unternimmt, ist Claparède, Schüler Flournoys, der wiederum Schüler Wundts war. Obwohl nicht bekannt ist, welche Kontakte diese Professoren in der Schweiz untereinander pflegten, verblüfft die Ähnlichkeit der ihnen von den Behörden und den Universitäten übertragenen Mandate.

Der zweite Name, der regelmässig in den Biografien der Akteure erscheint, ist ein Ortsname *(toponyme)* und nicht ein Familienname *(patronyme):* Jena,[18] das neben Leipzig und dem dortigen Labor für experimentelle Psychologie ebenfalls die Aufmerksamkeit der Behörden auf sich zieht, allerdings weniger offensichtlich. Sowohl Guex (1880) als auch Dévaud (1906) werden bei ihren Besuchen – die vor allem durch die praktischen pädagogischen Versuche an der Universität motiviert sind – von den Schulbehörden ihres jeweiligen Kantons unterstützt. Der Vorschlag

16 Die praktische Pädagogik wurde ebenfalls relativ früh aus Deutschland an die Universitäten der deutschsprachigen Schweiz importiert, hat den Erziehungswissenschaften jedoch eine andere praxeologische Dimension hinzugefügt als die experimentelle Psychologie. Diesbezüglich ist der Umstand bezeichnend, dass das Pädagogische Seminar in Basel 1873 vom jungen Rudolf Eucken ins Leben gerufen wird, der dann 1912 zu den Unterzeichnern der berühmten Deklaration gegen die experimentelle Psychologie gehört, die an den deutschen Universitäten zirkuliert (Drewek, 1998, S. 185).

17 Es gibt noch einen sechsten, allerdings etwas speziellen Fall: Willi Nef, dessen Einführung in die Psychologie Wundts nicht in Leipzig, sondern im Zürcher Laboratorium von Ernst Meumann stattfindet, wird 1911 an die Hochschule St. Gallen berufen.

18 Mit der Stadt Jena ist auch der Name Johann Friedrich Herbarts (1776–1841) verbunden, der jedoch nur in Ausnahmefällen in den Dossiers der erziehungswissenschaftlichen Akteure zwischen Ende des 19. und Mitte des 20. Jahrhunderts erscheint.

zur Reform der pädagogischen Ausbildung, den der Freiburger Erziehungsdirektor von Dévaud erhält, entspricht Reins Jenenser Modell. Für andere wie etwa Eberhard Grisebach*, Meili, Stettbacher, Fritz Medicus* oder Johannes Volkelt* war Jena einfach der Ort, an dem sie von Stoy, Rein oder Eucken ausgebildet wurden.[19]

Die disziplinären bzw. institutionellen Modelle, die in der Schweiz als Vorbilder dienen, sind zum grössten Teil deutschen Ursprungs, obwohl die Westschweizer Kantone gewöhnlich eher kulturelle Beziehungen zu Frankreich unterhalten. Eine akademische Ausbildung mit Doktorat oder Habilitation, die ausschliesslich an Schweizer Universitäten stattfindet, ist vor dem Ersten Weltkrieg die Ausnahme und wird erst ab den 1920er-Jahren häufiger, wenn auch nur in geringem Ausmass (insgesamt 20 Prozent der Akteure sind nicht im Ausland ausgebildet und haben auch keine Zusatzausbildung ausserhalb der Schweiz absolviert). Bevorzugtes Ziel bei der Aus- oder Weiterbildung ist in den meisten Fällen Deutschland, und hier nicht nur Jena oder die Ausbildung bei Wundt, sondern auch bei Hermann Ebbinghaus (Wreschner) oder Wilhelm Dilthey (Wreschner und Stettbacher). Adolphe Ferrière*, der an Schulversuchen interessiert ist, absolviert ein Praktikum in den Landerziehungsheimen von Hermann Lietz. Es gibt auch andere europäische Ziele, die jedoch weniger systematisch aufgesucht werden. Verbindungen nach Belgien existieren einerseits zur katholischen Universität Leuven – diese werden insbesondere von der Universität Freiburg unterhalten, die Personal aus Leuven rekrutiert (Van Cauwelaert) und seine künftigen Professoren dorthin schickt (Dévaud zu Mercier, Montalta zu Michotte) – und andererseits vom IJJR und auch von Dévaud zu Decroly.[20] Die Beziehungen zu Frankreich sind im Allgemeinen marginal und sind eher im erweiterten Umfeld der Erziehungswissenschaften anzusiedeln: Deluz nimmt 1905 in Paris an den Lehrveranstaltungen Gabriel Tardes teil, La Harpe legt während des Ersten Weltkriegs ein Lizenziat unter dem doppelten Prüfungsvorsitz von Lalande und Brunschvicq ab, und Piaget ist direkt nach dem Krieg im Labor Simons und des verstorbenen Binets und in Paris anzutreffen.

Die akademische Vergemeinschaftung *(sociabilité)* spielt sich offenbar hauptsächlich während der Ausbildungszeit ab: Zumindest lässt sich während dieser Periode der umfangreichste akademische Austausch feststellen. Jedoch sind auch

19 Hier ist anzumerken, dass Peter Petersen, der Nachfolger Wilhelm Reins in Jena, im Oktober 1932 am IJJR in Genf einen Vortrag über die Jenaplan-Versuchsschule hält (*L'Educateur,* 1932, S. 367). Wie im Folgenden gezeigt wird, hatte er zuvor schon zweimal Gelegenheit zu Besuchen in die Schweiz.

20 Léon Barbey, der aufgrund seiner Ausbildung geeignet scheint, 1942 die Nachfolge Dévauds in Freiburg anzutreten, den Lehrstuhl für Pädagogik jedoch erst 1965 erhält, ist ebenfalls den Weg über Leuven gegangen.

andere Momente des Austauschs nicht zu vernachlässigen: Horner, der kein akademisches Studium absolviert hat und in der Schweizer Pädagogik als Herausgeber der katholischen Freiburger (und vorübergehend Walliser) Lehrerzeitschrift isoliert ist, arbeitet dennoch am *Dictionnaire de pédagogie* und der *Revue pédagogique* mit. Ferdinand Buisson[21], 1876 für kurze Zeit Professor in Neuenburg, ist eine der wenigen Kontaktpersonen zwischen den Akteuren der Schweizer und den bedeutendsten Vertretern der französischen Erziehungswissenschaften. Einem weiteren Freiburger, nämlich Dévaud, gibt die internationale Öffnung ebenfalls die Möglichkeit, Grenzen zu überwinden: Nach mehrjähriger aufreibender Tätigkeit in Verwaltung und Lehre nutzt er einen von den Kantonsbehörden bewilligten Urlaub, um sich 1932 in Belgien mit dem «System Decroly» vertraut zu machen.

Die Erziehungswissenschaften in der Schweiz auf dem Prüfstand der Internationalität

Die Kongresse bilden ein weiteres bedeutendes Moment disziplinärer Vergemeinschaftung, die internationale Konfiguration des Feldes lässt sich hier jedoch offensichtlich am wenigsten deutlich fassen. Zumindest scheint es vergeblich, einen internationalen Kongress finden zu wollen, an dem eine signifikante Zahl von Vertretern der Schweizer Erziehungswissenschaften gleichzeitig teilgenommen hätten. Dabei ist nicht nur die insgesamt schwache Teilnahme an solchen Kongressen zu berücksichtigen, sondern auch die Vielgestaltigkeit der internationalen Kongresse, die mehr oder weniger aus dem disziplinären Feld entstehen und an denen die Schweizer Akteure überhaupt teilnehmen: Internationaler Kongress für Psychologie (insbesondere in den Jahren 1905, 1909, 1923, 1937); Internationaler Kongress für Philosophie (1908, 1924, 1937); Internationaler Kongress für Moralerziehung (1908, 1912, 1922, 1926, 1930, 1934); Internationaler Kongress für Pädologie (1911); Internationaler Kongress für Sportpsychologie und Sporterziehung (1913); Internationale Konferenz des Weltbundes für Erneuerung der Erziehung (1921, 1923, 1925, 1927, 1929, 1932, 1936); Internationaler Kongress für Psychotechnik (1920,

---

21 Er pflegt hauptsächlich die Beziehung zu Daguet, mit dem er eine lang anhaltende Korrespondenz im Zusammenhang mit der Publikation des *Dictionnaire de pédagogie* und des *Educateur* führt.

1922, 1949); Internationaler Kongress für Hauswirtschaftsunterricht (1939, 1949); Internationaler Kongress für Pädagogik (1949).[22]

Diese Aufzählung ist sicher nicht vollständig, weist aber auf die thematische Vielfalt und die Anziehungskraft psychologischer und philosophischer Themen hin. Einige Einzelbeobachtungen sind erwähnenswert: Am Internationalen Kongress für Philosophie der Jahre 1908, 1924 und 1937 nehmen jeweils ein bis vier Akteure der Erziehungswissenschaften teil;[23] der Internationale Kongress für Psychologie der Jahre 1909, 1923 und 1937 zieht sieben Akteure an.[24] Diese Zahlen sind wichtig für den Vergleich mit den stärker auf pädagogische Themen ausgerichteten Kongressen, die von den Schweizer Akteuren bevorzugt wurden.[25] Für den Internationalen Kongress für Moralerziehung interessieren sich neun Akteure; in sechs Jahren ergeben sich insgesamt sechzehn Teilnahmen. Die Internationale Konferenz des Weltbundes für Erneuerung der Erziehung dagegen besuchen zwischen 1921 und 1936 lediglich vier Akteure; alle stammen aus Genf (vgl. Tabelle 13.4, S. 367).

Sicherlich können die beiden genannten Kongresse nicht im eigentlichen Sinn als «disziplinär» bezeichnet werden. Grund für die Umtriebigkeit Ferrières scheint im Wesentlichen sein Engagement für die reformpädagogische Bewegung zu sein – er versäumt kaum eine Gelegenheit zur Teilnahme an einem dieser beiden Kongresse, die während der ersten Jahrzehnte eine je unterschiedliche Anzahl Erziehungswissenschaftler zusammenführen (Brehony, 2004; Cicchini, 2004).

Neben den Reisen der erziehungswissenschaftlichen Akteure und den Möglichkeiten, die anlässlich der Kongresse im Ausland geknüpften Beziehungen auszubauen, ist auch auf den Austausch und die Kommunikation innerhalb des Landes hinzuweisen. Hier ergibt sich ein Paradoxon, das näher zu betrachten ist: Während es nur wenige Bemühungen gibt, die lokalen Initiativen auf Bundesebene zu verei-

22 Dieser Kongress fand vom 19.–26. Juli 1949 anlässlich des dreihundertsten Todestags von Saint Joseph de Calasanz statt.

23 Am Kongress für Philosophie in Paris von 1937 nehmen La Harpe, Medicus, Reymond und Sganzini teil.

24 Am 1909 in Genf durchgeführten Kongress für Psychologie beteiligen sich neben Claparède, der den Kongress organisiert, auch Wreschner und Van Cauwelaert äusserst aktiv.

25 Unter den bedeutenden internationalen Initiativen zur Weiterentwicklung der pädagogischen Forschung ist der vielversprechende Internationale Kongress für Pädologie (Brüssel, 1911) laut der Analyse Depaepes (1987) gescheitert, und dies sowohl aus internen (mangelnde Autonomie der «Pädologie»), als auch aus externen Gründen (der Krieg und die ihn begleitenden Desillusionierungen). Es bleibt anzumerken, dass von den lediglich zwanzig Schweizer Teilnehmern an diesem Kongress sieben aus den Erziehungswissenschaften stammen (Bovet, Claparède, Descœudres, Ferrière, Guex, Häberlin und Störring).

nigen, können die Schweizer Erziehungswissenschaften – oder zumindest ein Teil der Erziehungswissenschaften – auf internationaler Ebene, insbesondere durch die

	Internationaler Kongress für Moralerziehung	Internationale Konferenz des Weltbundes für Erneuerung der Erziehung
P. Bovet	1922, 1930	1927, 1932, 1936
E. Claparède	1912	1927, 1932
A. Descœudres	1922	
A. Ferrière	1912, 1922, 1926, 1930, 1934	1921, 1923, 1925, 1927, 1929, 1932
R. Flatt	1912	
P. Häberlin	1908, 1912	
J. Piaget	1930, 1934	1929, 1932
P. Rosselló	1922	
A. Reymond	1926	

Tabelle 13.4
Teilnahme der ausgewählten Akteure am Internationalen Kongress für Moralerziehung (1908–1934) und an der Internationalen Konferenz des Weltbundes für Erneuerung der Erziehung (1921–1936)[26]

Veranstaltung grosser Kongresse, beträchtliche Erfolge verzeichnen: der Internationale Kongress für Moralerziehung in Genf (1922), die Internationalen Konferenzen des Weltbundes für Erneuerung der Erziehung in Montreux (1923) und Locarno (1927), der erste Internationale Kongress für Heilpädagogik in Genf (1939) und der Internationale Kongress für Psychotechnik in Bern (1949).[27]

26 Unter Teilnahme wird hier ein von den Kongressveranstaltern erfasster, während des Kongresses vor Ort präsentierter und in den Kongressakten verzeichneter mündlicher oder schriftlicher Beitrag verstanden. Die Teilnahme eines Akteurs wird ohne Berücksichtigung seiner Funktion oder seines Ortes der Berufsausübung zum Zeitpunkt des Kongresses erfasst (Informationen aus: *Pour L'Ere nouvelle,* 1923, 1927; Cicchini, 2004).

27 Die erste Zusammenkunft, die zur Gründung der Internationalen Vereinigung für Psychotechnik führt, findet 1920 unter der Schirmherrschaft des IJJR in Genf statt. Bei dieser ersten Versammlung – der Internationalen Konferenz für Psychotechnik und Berufsberatung – handelt es sich nicht um einen Kongress im eigentlichen Sinn, sondern – nach Claparède – um ein «familiäres» Zusammentreffen von «Kollegen», die sich über «Fragen der Psychotechnik und Berufsberatung» austauschen. Die Teilnehmerliste umfasst internationale Persönlichkeiten (in erster Linie Decroly, Christiaens, Katzaroff, Fontègne, Lahy, Ferrari), die renommierten Schweizer Teilnehmer stammen alle aus dem IJJR (Claparède, Heinis, Bovet, Usteri) (*Archives de psychologie, XVIII,* S. 177).

Die wenigen Akteure der Erziehungswissenschaften in der Schweiz, die aktiv an diesen Kongressen teilnehmen, sind jedoch nicht repräsentativ für den Zustand der Disziplin. Es gibt groteske Beispiele wie den Kongress von Montreux, wo einzig Ferrière anwesend ist, und an den Kongressen in Genf und Locarno ist es um die Repräsentativität nicht viel besser bestellt. In den 1920er-Jahren treten die Genfer Hochschullehrer oder Forscher des IJJR vor allem in den Vordergrund, weil die andern Schweizer Hochschullehrer abwesend sind. Bemerkenswert ist, dass es an internationalen Persönlichkeiten aus den Erziehungswissenschaften nicht mangelt. Um nur einige aufzuzählen, erwähnen wir hier Hamaïde und Kerschensteiner (1922), Decroly und Petersen (1923 und 1927) sowie einige Pioniere der Psychoanalyse wie Jung (1923), Adler und Pfister (1927). Bei den Kongressen von 1939 und 1949 sind mehr Akteure anwesend, die vor allem auch mehrere Universitäten repräsentieren. Auf den beiden letzten Kongressen findet man neben Teilnehmenden aus Genf auch solche aus Freiburg und Zürich.

Diese Informationen lassen verschiedene Schlüsse im Hinblick auf den Zustand der Erziehungswissenschaften während der ersten Hälfte des 20. Jahrhunderts zu. Zunächst verdeckt die Vielzahl der Kongressorte teilweise die organisatorische Urheberschaft der einzelnen Veranstaltungen: Die Kongresse von Genf (1922) und Locarno (1927) werden grösstenteils vom IJJR organisiert: Ferrière ist Präsident des ersteren, Bovet steht dem anderen vor. Die Internationale Konferenz des Weltbundes für Erneuerung der Erziehung von 1923 geht auf die Bemühungen von Adolphe Ferrière, Béatrice Ensor und Elisabeth Rotten zurück (Brehony, 2004). Dagegen wird der Kongress zur Heilpädagogik 1939 im Wesentlichen vom Kreis um den Zürcher Professor Heinrich Hanselmann organisiert, obwohl er in Genf stattfindet. Die Organisationsarbeit der Berner Veranstaltung wird hauptsächlich durch die Privatdozentin Franziska Baumgarten unter der Schirmherrschaft von Henri Piéron erledigt. Diese wenigen Anhaltspunkte bestätigen, was sich schon an der Teilnahme der Akteure gezeigt hat: Seit den 1930er-Jahren verliert Genf seine zentrale Rolle als internationales Bindeglied. Zudem werden nun Teildisziplinen mit den entsprechenden Spezialisten und Netzwerken aktiv.

Das IJJR übernimmt also zunächst eine führende Rolle bei der Synergiebildung zwischen den isolierten Einzelinitiativen in der Schweiz, ohne jedoch die Forschungstätigkeiten in einer nationalen Logik zu koordinieren. Die Verbindungen zwischen den Hochschulforschern in der Schweiz entstehen meist aus Bemühungen heraus, international wahrgenommen zu werden. Ein bemerkenswertes Paradoxon des IJJR besteht vielleicht darin, dass man vor allem auf der internationalen Ebene wirken wollte. So nimmt das Projekt für ein *Bureau international d'éducation* (BIE) das seit mehreren Jahrzehnten in Europa immer wieder diskutiert wird,[28] 1925 in Genf eine konkrete Gestalt an. Das BIE, dem die Ideale einer internationalen intellektuellen Zusammenarbeit zugrunde liegen – Ideale, die dem Völkerbund und dem *Institut international de coopération intellectuelle* in Paris nahestehen –, wird von Bovet geleitet und sieht seine Aufgabe in der Förderung der Dokumentation und der Forschung im Bereich Bildung und Erziehung. Diese internationale Organisation steht in enger Verbindung zum IJJR. Das BIE verfolgt jedoch vor allem Zielsetzungen eines pädagogischen Internationalismus – insbesondere im Hinblick auf die internationale Verständigung durch den Geschichtsunterricht – und steht weniger für die Internationalität der erziehungswissenschaftlichen Forschung ein. Aufgrund unüberwindbarer finanzieller Probleme ändert das BIE 1929 die Gesellschaftsform und wird zu einer eigenständigen zwischenstaatlichen Einrichtung (Suchodolski et al., 1979). Um diese Schweizer Eigentümlichkeit, die darin besteht, dass der Übergang von der lokalen zur internationalen Ebene in einem Schritt zu bewältigen ist, weil eine nationale Ebene nicht existiert, noch einmal zu dokumentieren: Als erste Staaten treten dem neuen BIE bei: Ecuador, Polen und der Kanton Genf.

Die präsentierte Lesart einer kollektiven Biografie und der sich daraus ergebenden Netzwerke unter Einbezug von Ausbildung, Laufbahn, institutionellen Zugehörigkeiten und Vortragsreisen der Akteure lässt sich von einer zentralen Frage leiten, die Claparède vor rund hundert Jahren für die Erziehungswissenschaften gestellt hat und die im Kontext aktuellerer Ergebnisse aus der Historiografie der Universitäten im 19. und 20. Jahrhundert neu gestellt werden kann: «Welches sind die Spielräume des Universitätssystems für Innovationen, und wie kann es, wenn es dazu verpflichtet wird, externe Lösungen integrieren?» (Charle, 1994a, S. 13; Übersetzung MC). Zwar gibt es, angesichts der Varianz der möglichen Laufbahnen, die zu einer Professur führen, für die Akteure der Erziehungswissenschaften offensichtlich grosse Spielräume auf professioneller Ebene; diese werden jedoch durch nicht zu unterschätzende gesellschaftliche Erwartungen und soziokulturelle Affinitäten begrenzt, die von Behörden und Universitäten als Selektionskriterien berücksichtigt werden. Die Innovation – die Erneuerung des disziplinären Wissens und der disziplinären Spezialisierungen – wird jedoch viel eher durch Beziehungsnetze auf internationaler Ebene als auf nationaler Ebene gefördert.

28 Insbesondere durch die Ausführungen Friedrich Zollingers auf dem Internationalen Kongress für Schulhygiene von 1904 und diejenigen Claparèdes auf dem Internationalen Kongress für Moralerziehung von 1912.

Im vorliegenden Kapitel wurde versucht, die Möglichkeiten der Entwicklung einer neuen disziplinären Identität (der Erziehungswissenschaften) seit dem Ende des 19. Jahrhunderts darzulegen. Entsprechende Initiativen fanden meistens die Unterstützung der kantonalen Behörden. Die Akteure konnten in lokalen Kontexten oft auf ihre Beziehungsnetze zählen, über die sie aufgrund ihrer Ausbildung, ihrer Berufserfahrung oder auch ihrer soziokulturellen Identität verfügen. Diese Form der Rekrutierung – kulturell gesehen autochthon, disziplinär jedoch nicht zwangsläufig «autonom» – verliert seit den 1920er-/1930er-Jahren an Bedeutung. Es wurde aber auch deutlich, dass es nicht überall zur Überwindung dieser anfänglichen Rekrutierungsform kam und die disziplinäre Autonomie nicht an allen Universitäten erreicht – und bisweilen auch nicht angestrebt wurde. Auf nationaler Ebene gab es keine nennenswerte Initiative, die zum Zusammenschluss der Akteure der Erziehungswissenschaften geführt hätte. Es gibt Fachzeitschriften, deren Titel von einer scheinbar nationalen Dimension zeugen, etwa das *Archiv für das schweizerische Unterrichtswesen* oder die *Schweizerische Pädagogische Zeitschrift.* Wenn man aber die editorischen Aktivitäten und Produkte der Akteure genauer analysiert, stellt man fest, dass der Sprach- und Kulturgraben nur mit grossen Schwierigkeiten überwunden wird.

Als Paradox ist festzuhalten, dass die kantonalen und regionalen Grenzen mit dem Ziel eines nachhaltigen Austauschs auf nationaler Ebene nur schwer zu überwinden sind, sich jedoch öffnen, wenn die Beziehungen internationale Formen annehmen. Die bedeutendsten Innovatoren der Erziehungswissenschaften halten sich nicht mit lokalen Nebensächlichkeiten auf und verzichten auch auf Kommunikation und Tätigkeiten im nationalen Rahmen, um im Ausland die Ressourcen, das Wissen und die Institutionen zu suchen, die ihnen ermöglichen, an der intellektuellen und wissenschaftlichen Entwicklung der Erziehungswissenschaften teilzuhaben. Die Internationalität bzw. Internationalisierung wird auf nationaler Ebene nur am Rand wahrgenommen, schliesst jedoch die Möglichkeit lokaler Netzwerke im Rahmen kantonaler soziopolitischer Praktiken und Verwurzelungen nicht aus. Das Fehlen einer zentralen Organisationsstruktur in den Schweizer Erziehungswissenschaften steht der Disziplinenbildung in einer Zeit, in der andernorts nationale Vereine gegründet werden und gleichzeitig die Forschung durch die nationale Politik unterstützt wird, zumindest bis 1950 nicht im Weg, sondern stellt ein ihnen eigenes Merkmal dar.

Kapitel 14

Sozialisation in die Erziehungswissenschaften: Zwischen disziplinärer und berufsvorbereitender Logik

Martina Späni

Ausformung und Kontinuität wissenschaftlicher Disziplinen (oder disziplinärer Felder)[1] hängen stark vom Bildungsauftrag der Hochschulen ab, zu dem die Ausbildung des wissenschaftlichen Nachwuchses zählt. Diese Ausbildung wird über Lehrprogramme, Veranstaltungsinhalte und Prüfungsanforderungen ebenso definiert wie über Auswahlverfahren des akademischen Lehrpersonals. Die akademische Ausbildung garantiert die Reproduktion der Disziplinen, indem sie die Studierenden in die entsprechenden Wissensbestände einführt und zur Einübung der spezifischen Arbeitsweisen und zur Ausbildung des je eigenen Blicks auf die untersuchte Wirklichkeit beiträgt. Die Ausbildungsfunktion zwingt das disziplinäre Feld kontinuierlich zur didaktischen Transposition der Wissensbestände und -methoden, um sie lehr- und lernbar zu machen, dies notabene in einem Kontext, in dem sich Studiengänge und Abschlüsse vervielfachen. Bedürfnisse der Ausbildung «infiltrieren» so die Wissenschaft: Sie erzeugen thematische Präferenzen, parzellieren das disziplinäre Feld in Bereiche und Teilbereiche und hierarchisieren Wissensbestände. Die Logik des disziplinären Feldes wird damit auch durch die notwendige Legitimation der Bildungsinhalte bestimmt. Dieser Prozess beeinflusst die epistemologische Organisation der ganzen Disziplin, die deshalb bei der Wissensproduktion nicht nur einer rein intrinsischen Logik folgt.

Die akademische Bildung hat nicht nur den Zweck, die rein wissenschaftliche Sozialisation zu gewährleisten, insbesondere nicht in disziplinären Feldern, die aus einer dominant sekundären Disziplinenbildung hervorgegangen sind (vgl. die Einleitung in diesem Band). Sie übernimmt verschiedene andere Aufgaben, worunter die Vorbereitung auf definierte Berufe und die dazugehörigen Prüfungen besonders

1 Wir verwenden den ersten Begriff eher gattungsmässig, den zweiten, um bestimmte Charakteristika wie die Pluridisziplinarität oder die Verflechtung mit anderen disziplinären und sozialen Feldern stärker zu betonen (vgl. die Einleitung in diesem Band).

hervorstechen. Aber diese Berufsausbildungen wären nicht, was sie sind – nämlich wissenschaftlich –, wenn sie sich nicht in ein Umfeld einbetteten, in dem Forschung und Lehre systematisch miteinander verbunden sind. Die Formierung von Disziplinen ist deshalb einer starken Spannung zwischen der wissenschaftlichen Sozialisation als Modus der disziplinären Reproduktion und der Vorbereitung auf einen Beruf unterworfen. Sie kann sich, je nach historischem Moment oder kulturellem Kontext, auf einen der beiden Pole hin orientieren und sich in verschiedenen Ausprägungen zeigen.

Das vorliegende Kapitel thematisiert die akademische Ausbildung in den Erziehungswissenschaften. Es analysiert zum einen, wie sich Ausbildungsmöglichkeiten im disziplinären Feld herausbilden, wobei sowohl die entstehenden rein wissenschaftlich-akademischen Qualifikationsmöglichkeiten als auch die Studiengänge für verschiedene pädagogische Berufe berücksichtigt werden. Zum anderen wird der Prozess der Ausdifferenzierung der Disziplin im Spiegel von Studienmöglichkeiten und Diplomen analysiert. Diese beiden Themen finden sich auch in der These wieder, die das durchgeführte Forschungsprojekt leiteten, dass nämlich die Entwicklung des disziplinären Feldes von der Entwicklung des Berufsfeldes und der benachbarten Disziplinen abhängt und dass es sich in unterschiedlichen wissenschaftlichen – regionalen und lokalen – Kulturen profiliert (vgl. die Einleitung sowie Kapitel 8 in diesem Band).

Das folgende Kapitel umfasst vier thematische Abschnitte: Es gibt erstens einen Überblick über die Studiengänge und Diplome, die zwischen 1870 und 1950 in Basel, Bern und Zürich sowie Freiburg, Genf[2] und Lausanne geschaffen wurden. Die Analyse von Studien- und Prüfungsreglementen erlaubt es, die Genese der Ausbildungsfunktionen des disziplinären Feldes nachzuzeichnen. Es stellt sich insbesondere die Frage, seit wann Ausbildungsmöglichkeiten für pädagogische Berufe existieren und seit wann sie auch auf die Disziplin – als eine der Bedingungen für die wissenschaftliche Reproduktion ihrer selbst – gerichtet sind. Zweitens wird die Auffächerung der Disziplin untersucht, indem die thematische Ausrichtung der Veranstaltungen analysiert wird. Damit wird der genannten These gefolgt, wonach sich die epistemologische Organisation (die «Systematik») der Disziplin in den Studienplänen und den Prüfungsvorschriften widerspiegelt. In einem dritten Teil werden die Veranstaltungsverzeichnisse der Studiengänge mit dem Ziel analysiert, ihre quantitative und thematische Entwicklung nachzuzeichnen. Die Veranstaltungen

2 Wenn von Genf die Rede ist, ist jeweils, wie generell in diesem Band, das *Institut Jean-Jacques Rousseau* (IJJR) bzw. das *Institut des sciences de l'éducation* (ISE) mitgemeint, nicht aber, wenn nur die Universität Genf genannt wird.

sind tatsächlich auch ein Indikator für die Präsenz der Disziplin, für ihre Ausrichtung und ihre Themen. Deren Analyse erlaubt zudem einen neuen Blick auf die Studienreglemente und -pläne, indem die Spannung im disziplinären Feld zwischen disziplinär-reproduktiven und berufsvorbereitenden Funktionen sichtbar wird. Unter neuer Perspektive und mit einem anderen Zugang fokussieren wir viertens darauf, wie das disziplinäre Feld unter dem Druck dieses doppelten – wissenschaftlichen und beruflichen – Sozialisationsauftrags organisiert wird. Ein besonderes Augenmerk gilt dabei der akademischen Lehre zweier Personen, die in signifikanter Weise einen bestimmten Zeitabschnitt und eine bestimmte Konfiguration des disziplinären Feldes repräsentieren.

Studiengänge und Zertifizierung

Die Entstehung und die Entwicklung moderner Universitäten, deren Leitmotiv die Freiheit von Forschung und Lehre ist, sind begleitet von wachsender Formalisierung der Lehre durch Studien- und Prüfungsnormen, womit zugleich der Zugang zu gewissen Berufen und wissenschaftlichen Laufbahnen geregelt wird. Die Institutionalisierung und Ausdifferenzierung der Erziehungswissenschaften entfaltete sich in diesem Medium zunehmend formalisierter Studiengänge. Thema dieses Abschnitts ist deshalb die Entwicklung von berufsbezogenen und disziplinorientierten Studiengängen.

Die Entwicklung berufsbezogener Studiengänge

Die ersten Studiengänge und Diplome, welche die Entwicklung der Erziehungswissenschaften (unter wechselnden Bezeichnungen wie etwa Pädagogik oder Erziehungswissenschaft) vorantrieben, zielten auf die Vorbereitung für pädagogische Praxisfelder; erst sukzessive dienten sie auch der eigentlichen akademischen Sozialisation in ein sich gleichzeitig ausdifferenzierendes disziplinäres Feld. Dieser Befund stützt die Hauptthese unsere Forschungsarbeiten und findet sich auch in den Einzelstudien zu den verschiedenen Universitäten wieder.

Abbildung 14.1 stellt einen Zusammenzug der in den Einzeldarstellungen (vgl. Kapitel 1 bis 7 in diesem Band) und den Chronologien (vgl. den Anhang 2 in diesem Band) genannten Studiengänge und Abschlussmöglichkeiten für Lehrer und andere Berufsgruppen dar. Die Einführung ausschliesslich disziplinorientierter, erziehungswissenschaftlicher Studiengänge und die Möglichkeit, den akademischen

Grad eines Doktors im Fach zu erwerben, ist in der Abbildung mit einem kleinen Balken (I) markiert (vgl. auch Abbildung 14.2).

Abbildung 14.1 weist auf die frühe Etablierung von Lehramtsstudiengängen in der deutschsprachigen Schweiz hin, zeigt jedoch auch, dass dies nicht automatisch auch zu einer frühen Aufwertung der Disziplin als Promotionsfach führte. Dies gilt höchstens für Zürich. Mit andern Worten: Die Lehrerbildung bringt die Pädagogik als eigentliche akademische Disziplin nicht einfach hervor. Dieser Vorgang ist von weiteren Faktoren abhängig, nämlich politischen, wissenschaftlichen und sozioökonomischen, worauf verschiedentlich hingewiesen wurde (vgl. insbesondere die Kapitel 8 und 9 in diesem Band).

In Abbildung 14.1 sind die Studiengänge und Diplome des innovativen und unkonventionellen *Institut Jean-Jacques Rousseau* (IJJR) bzw. von dessen Nachfolgeinstitution, des *Institut des sciences de l'éducation* (ISE), welche gerade nicht auf die klassischen Lehrberufe ausgerichtet waren, nicht abgebildet. Bereits wenige Jahre nach der Gründung konnten Spezialdiplome *(diplômes spéciaux)* für unterschiedliche pädagogische Tätigkeitsfelder erworben werden, die im Verlaufe der Jahre erweitert wurden. Dazu gehörten seit 1916 Spezialdiplome mit folgenden Ausrichtungen: Kleinkindererziehung *(éducation des petits),* Schulleitung *(direction d'école),* Pädologie *(pédologie)* und Kinderschutz *(protection de l'enfant).* Um 1919 gesellt sich ein Ausbildungsgang für Heilpädagogik *(éducation des anormaux)* dazu, um 1922 einer für Berufsberatung *(orientation professionnelle)* und um 1928 einer für international vergleichende Pädagogik *(éducation internationale).* Sie bereiteten auf pädagogische Handlungsfelder vor, die alle mit der Schule in enger Verbindung standen, aber ausserhalb des Lehrerberufs angesiedelt waren.

Sozialisation in die Erziehungswissenschaften

Obwohl sich spätestens um 1890 sämtliche sechs untersuchten Universitäten durch die zentralen Strukturelemente einer modernen Universität auszeichneten, zeigen sich beträchtliche Unterschiede hinsichtlich der Einführung und Gestaltung disziplinorientierter akademischer Abschlüsse. Chronologisch betrachtet, lancierte die Universität Zürich als erste Pädagogik als Promotionsfach, nämlich im Jahre 1892. Lausanne folgte um 1917 mit einem Lizenziat in pädagogischen Wissenschaften *(licence en sciences pédagogiques)* und einem Doktorat. Freiburg erkannte zwei Jahre später, nämlich im Jahr 1918, Pädagogik als Promotionsfach an. Demgegenüber etablierte Genf in diversen Etappen und an unterschiedlichen Fakultäten verschiedene akademische Studiengänge bzw. Abschlussmöglichkeiten (und wird damit der Plu-

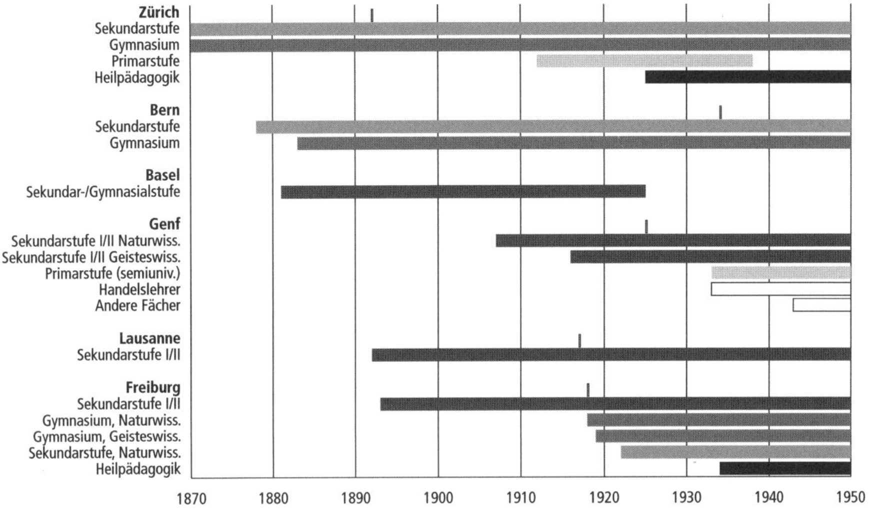

Abbildung 14.1
Berufsbezogene akademische Studienmöglichkeiten und -abschlüsse 1870–1950[3]

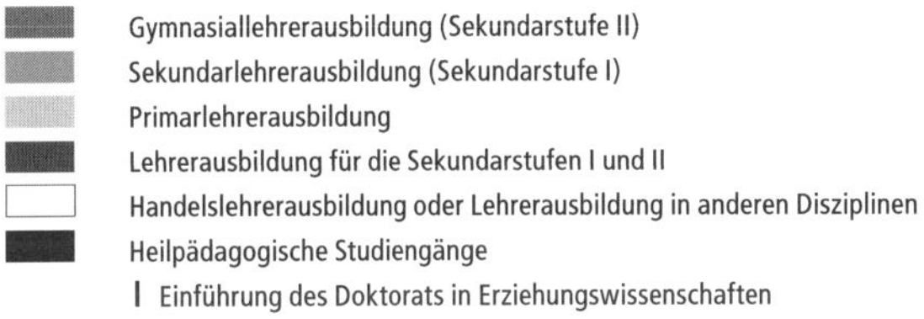

ralsetzung im Sinne von Erziehungswissenschaft*en* gerecht): um 1916 den Studiengang Pädagogik *(éducation [mention C])* im Rahmen des Lizenziates in Sozialwissenschaften *(licence ès sciences sociales)* (bis 1933) an der wirtschafts- und sozialwissenschaftlichen Fakultät *(Faculté des sciences économiques et sociales);* um 1922 das Zertifikat in Pädagogik *(certificat de pédagogie)* und im Jahr 1925 die Fachrichtung Pädagogik beim Doktorat in Philosophie *(doctorat en philosophie mention pédagogie)* an der geisteswissenschaftlichen Fakultät *(faculté des lettres).* In Bern wurde Pädagogik in den 1930er-Jahren Promotionsfach. Einzig in Basel erfuhr das Fach Pädagogik keine akademische Anerkennung.

Die unterschiedlichen Zeitpunkte, in denen akademische Abschlüsse etabliert wurden, verweisen auf starke lokale Bindungen, wobei eine Phase der forcierten

3 Es fehlen hier die Studiengänge für Handelslehrer und die «berufsbildenden» Studiengänge des IJJR/ISE; für Letztere vgl. die Ausführungen im Text.

Anerkennung zwischen 1917 bis 1934 auszumachen ist. Voraussetzung ist in jedem Fall ein hohes Mass an bereits institutionalisierter Lehre und an rekrutiertem Fachpersonal. Die Auswertung der fragmentarischen Quellenlage, die die Eigenheit des lokal bedingten Zeitpunkts erklärt, legt nahe, dass die Initiative zur Aufnahme des Fachs in den Kanon der Lizenziats- und Promotionsfächer auf die Disziplinvertreter und die Studierenden zurückzuführen ist.

Die Gestaltung der Abschlüsse selbst lässt sich grob in zwei Gruppen gliedern: (1) Während an den Universitäten Genf und Lausanne das Lizenziat *(licence)* und das Doktorat *(doctorat)* für akademische Abschlüsse bereits im 19. Jahrhundert etabliert wurden, gilt (2) insbesondere für die philosophischen Fakultäten der übrigen vier Universitäten das Doktorat bis um 1950 als akademischer Erstabschluss. Erklären lassen sich diese lokalen Differenzen dadurch, dass die Disziplin Pädagogik den vorgegebenen lokalen Qualifikationsmöglichkeiten folgt.

(1): So wird an der Universität Lausanne um 1917 an der Schule für Sozialwissenschaften *(Ecole des Sciences sociales)* ein Lizenziat mit einer Fachrichtung pädagogische Wissenschaften *(licence mention sciences pédagogiques)* und ein gleichnamiges Doktorat etabliert (vgl. Abbildung 14.3). Bis 1947 ist es sogar möglich, zuerst

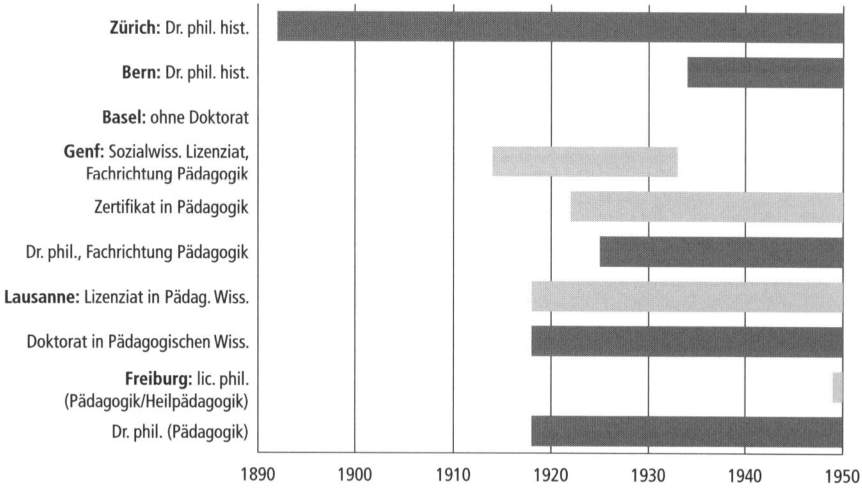

Abbildung 14.2
Akademische Abschlussmöglichkeiten in Erziehungswissenschaften, 1890–1950

Doktorat
Lizenziat, Zertifikat

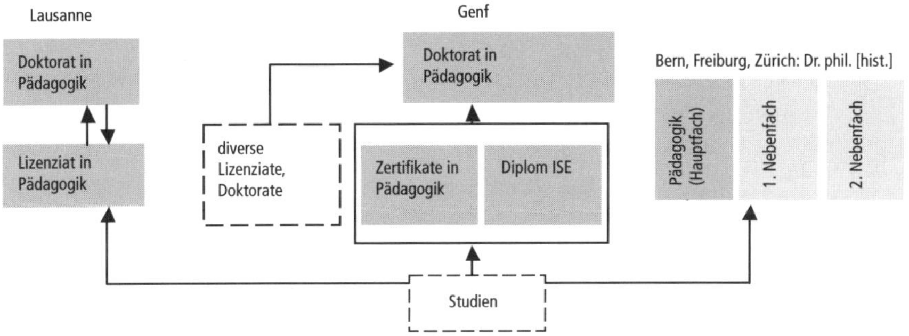

Abbildung 14.3
Lokale Modelle akademischer Abschlüsse um 1930[4]

das Doktorat und erst anschliessend das Lizenziat zu erwerben.[5] Der Unterschied zwischen Lizenziat und Doktorat besteht insbesondere darin, dass das Doktorat eine engere fachliche Spezialisierung beinhaltet als das Lizenziat.

An der Universität Genf wird 1925 an der geisteswissenschaftlichen Fakultät das Zertifikat in Pädagogik etabliert, das stark erziehungswissenschaftlich und, dem «Genfer»-Modell entsprechend, auch psychologisch ausgerichtet ist. Zusammen mit dem am IJJR/ISE zu erwerbenden Diplom in Pädagogik *(diplôme de pédagogie)* berechtigt es, das ebenfalls 1925 an der geisteswissenschaftlichen Fakultät eingerichtete Doktorat der Philosophie in der Fachrichtung Pädagogik zu erwerben. Doch stellen Zertifikat oder Diplom nicht die einzige Möglichkeit dar, um zu einem Doktorat in der Fachrichtung Pädagogik zu gelangen: Jedes andere Lizenziat und Doktorat berechtigt auch zu dessen Erwerb.

(2) In Bern, Freiburg und Zürich bildet das Doktorat an den für die Disziplingeschichte relevanten philosophischen Fakultäten den erstmöglichen regulären akademischen Abschluss. Daneben können Testate erworben oder Examen in einzelnen Fächern abgelegt werden, was insbesondere für die bis zum Ausbruch des Zweiten Weltkriegs hohe Mobilität der Studierenden Bedeutung hatte. Freiburg führt unter diesen drei Universitäten als erste das Lizenziat in der philosophisch-historischen Fakultät ein; seit 1949 ist es möglich, mit einem geisteswissenschaftlichen Lizenziat

4 Die Abbildung vermittelt keinen Eindruck über die Voraussetzungen und die Länge des Studiums bis zu den genannten Abschlüssen.

5 Vergleiche beispielsweise Ecole des Sciences sociales et politiques (1933), VII. Abschnitt, S. 8: «vom Lizenziat zum Doktorat oder vom Doktorat zum Lizenziat».

(licence ès lettres) das Studium abzuschliessen, wobei Pädagogik und Heilpädagogik je als Hauptfächer gewählt werden können.

Die akademische Qualifikationslogik im disziplinären Feld

Ein Unterschied, der mit den verschiedenen beschriebenen Ausformungen akademischer Abschlüsse bzw. mit dem Erwerb eines akademischen Titels einhergeht, liegt in der Spezifizität des Titels. Während mit dem *doctor philosophiae* in der deutschsprachigen Schweiz das neuhumanistische Ideal einer universellen Bildung suggeriert wird, evozieren die genannten Abschlüsse und Titel in Genf und Lausanne eine spezifisch disziplinäre Ausrichtung (Fachrichtung Pädagogik; Fachrichtung Pädagogische Wissenschaften). Die Bedeutung eines Titels ist, wie wir gesehen haben, nicht überall die gleiche, was auch die Abbildung 14.3 zum Ausdruck bringt: Im Falle der Universitäten Bern, Freiburg und Zürich markiert das Doktorat das Ende einer pluridisziplinären Ausbildung mit einem Akzent auf einem Fach; im Falle von Genf und Lausanne baut das Doktorat auf einem andern, bereits erworbenen akademischen Abschluss auf. Was bedeuten diese unterschiedlichen Anlagen nun genau für die disziplinären Ausbildungsanteile?

Der Weg zum *doctor philosophiae* an den Universitäten Bern, Freiburg und Zürich sieht seit dem ausgehenden 19. Jahrhundert eine Prüfung in *drei* Studienfächern vor, wobei zwischen Haupt- und Nebenfächern unterschieden wird. Wer Pädagogik als Hauptfach wählt, hat seine Doktorarbeit in Pädagogik zu verfassen und muss sich zudem in zwei weitgehend frei wählbaren Fächern qualifizieren.[6] Während die Psychologie bereits im ausgehenden 19. Jahrhundert als wichtige Hilfswissenschaft erwähnt wird, gewinnt die Philosophie erst nach 1900 ihren explizit ausgewiesenen Platz in den Prüfungsbestimmungen für Pädagogik: In Zürich tauchen um 1908 Ethik und Logik auf, und im Jahr 1913 beschliesst der Zürcher Erziehungsrat, dass fortan nicht einfach «Geschichte der Pädagogik», sondern «Geschichte der Pädagogik und der Philosophie» zu prüfen sei.[7] Diese für die Disziplin folgenreiche philosophiegeschichtliche Bindung muss vor dem Hintergrund des Gerangels um Lehrstühle und Weltanschauungen verstanden werden (vgl. die Kapitel, 1, 2 und 8

---

6 In Zürich sind neben der Pädagogik zusätzlich die Didaktik des Volksschulunterrichts (seit 1925), die Didaktik des Mittelschulunterrichts (seit 1933) sowie Heilpädagogik (seit 1936) als Promotionsnebenfächer wählbar.

7 Beschluss des Erziehungsrates des Kantons Zürich vom 26. November 1913, § 7.

in diesem Band).[8] Für Bern lässt sich zwar im ersten Promotionsreglement von 1934 die explizite Anbindung der Pädagogik an die Philosophie nicht nachweisen, da nur von «Pädagogik» die Rede ist. Man kann mangels anderer Grundlagen aber das Prüfungsreglement für angehende Gymnasiallehrer aus dem Jahre 1927 zu Rate ziehen. Dort werden für die «theoretische Pädagogik» als Examensfach folgende Qualifikationsnachweise verlangt: «Einsicht in die Hauptprobleme der Erziehung und des Unterrichts unter Beachtung ihrer philosophischen Verwurzelung und der psychologischen Bedingtheit ihrer Lösung [...], gründliche Kenntnis mindestens eines klassischen Werkes der Pädagogik und Fähigkeit, seinen Ideengehalt aus den philosophie- und geisteswissenschaftlichen Zusammenhängen zu beurteilen» und schliesslich «Kenntnis der Grundprobleme der Philosophie».[9]

Einzig für die katholische Universität in Freiburg lässt sich in sämtlichen Prüfungsbestimmungen keine Anbindung der Pädagogik an die Philosophie – aber auch nicht an die Theologie –, sehr wohl aber an die Psychologie finden. Ob dieser Sachverhalt etwas mit dem Status der Philosophie im Rahmen der katholischen Theologie zu tun hat und Philosophie dementsprechend nicht als weltanschauliche Letztinstanz figurieren kann, müsste genauer untersucht werden.

Wenden wir uns den Ausbildungsformen in Genf und Lausanne zu. Beide sehen eine erste akademische Qualifikation in der Form eines Lizenziats bzw. Zertifikats vor. Wie ist die Ausbildung auf dieser Stufe zu verstehen? Und wie schliesst das Doktorat, verstanden als Titel, welcher in die Forschungsprofession einführt, an diese vorangehende Qualifikationsmöglichkeit an? Wie zeigt sich das Verhältnis zwischen Spezialisierung und Pluridisziplinarität?

Das Lizenziat der Fachrichtung Pädagogische Wissenschaften *[licence mention sciences pédagogiques]*, welches 1917 in Lausanne eingerichtet wurde, umfasst folgende obligatorischen Ausbildungsgegenstände: «1. allgemeine Philosophie; 2. französische Sprache und Literatur; 3. Psychologie; 4. pädagogische Ideengeschichte; 5. allgemeine Didaktik; 6. Schulorganisation und Schulrecht; 7. Pädologie.»[10] Es umfasst somit Inhalte, die über eine unmittelbare Zugehörigkeit zum erziehungs-

8 Die «Erklärung» der «Dozenten der Philosophie an den Hochschulen Deutschlands, Oesterreichs und der Schweiz [...] gegen die Besetzung philosophischer Lehrstühle mit Vertretern der experimentellen Psychologie» vom 12. Februar 1913 wendet sich nicht zuletzt an die «Unterrichtsverwaltung». Unterschrieben wurde sie auch von den neuen Zürcher Hochschuldozenten Lipps*, Freytag*, Seidel* und Medicus*.

9 [Universität Bern; Höheres Lehramt (1927)]. Reglement für die Patentprüfungen von Kandidaten des höheren Lehramtes. S. Pädagogik, theoretische Prüfung, S. 29 f.

10 Ecole des Sciences sociales et politiques (1933). Abrégé des Règlement du 3 Août 1917 (sciences pédagogiques, S. 4 f.; Übersetzung MS.

wissenschaftlichen Feld hinausgehen; gemeint sind die allgemeine Philosophie, die französische Sprache und Literatur sowie die Psychologie. Sie bilden eine Art wissenschaftlichen und kulturellen Sockel, auf welchem die Spezialisierung aufruht. Das Doktorat in den Pädagogischen Wissenschaften *(sciences pédagogiques)* zeichnet sich dagegen durch Prüfungsthemen aus, die fast ausschliesslich zum Kernbestand der Erziehungswissenschaften zählen.

Obwohl es in Genf auch möglich ist, das Doktorat in Philosophie mit Fachrichtung Pädagogik über den Weg eines beliebigen Lizenziats oder Doktorats zu erlangen (vgl. Abbildung 14.3), stellt der Erwerb über ein erziehungswissenschaftliches Zertifikat oder Diplom die Regel dar; das Doktorat wurde auch primär für diese Zielgruppe etabliert. Das bedeutet, dass Studierende in der Folge eine solide Ausbildung in den Kernbereichen der Erziehungswissenschaften haben, aber ebenso in angrenzenden Fächern, insbesondere der Psychologie, in berufsfeldbezogenen Studienanteilen (zu den berufsbezogenen Studienanteilen vgl. oben) und, was für das Diplom obligatorisch ist, in forschungsmethodischen und -praktischen Bereichen. Das Doktorat in Philosophie mit Fachrichtung Pädagogik baut auf dieser Grundbildung auf. Es beinhaltet auch ein mündliches Examen in Philosophiegeschichte. Die weiteren sechs – teils mündlichen, teils schriftlichen Prüfungen – gehören teilweise wiederum zur Philosophie; das ist ungefähr ein Drittel bis die Hälfte der Leistungsanforderungen. Die Dissertation selbst soll einem erziehungswissenschaftlichen Thema gelten, welches zum Programm des Zertifikats in Pädagogik gehört.[11]

Es lassen sich also zwei Sozialisations«wege» unterscheiden, welche durch akademische Kulturen und lokale Konfigurationen geprägt sind: Zur einen Gruppe gehören Universitäten, in welchen der Erwerb eines Doktorats Zeichen für das Ende eines normalen Studienganges in drei Fächern darstellt, wobei Pädagogik als Prüfungsfach figuriert. An diesen Universitäten kann auch der Grad der Habilitation erworben werden (vgl. Kapitel 8 in diesem Band). Zu dieser Gruppe gehören sowohl Bern und Zürich, wo die Promotion in Pädagogik einen wachsenden Anteil an Philosophie erfordert (ein Ausdruck des wachsenden Einflusses des geisteswissenschaftlichen Paradigmas auf die Pädagogik), als auch Freiburg, das zur Konfiguration gehört, die wir als «pädagogisch» bezeichnet haben. Für Freiburg haben wir wiederholt festgestellt, dass die Psychologie an Einfluss gewinnt und dass

11 Dazu gehören im Jahre 1947: Geschichte der Pädagogik, vergleichende Pädagogik, Kleinkindererziehung, Organisation und Didaktik des Primarunterrichts, Organisation und Didaktik des Sekundarunterrichts, Heilpädagogik, Moralerziehung, Psychohygiene und Schulhygiene, Sozialpädagogik und Kinderschutz, Psychotechnik, Berufsberatung sowie experimentelle Pädagogik (vgl. Archives Institut Jean-Jacques Rousseau: Programme général de l'Institut des sciences de l'Education, 1948).

eine Tendenz in Richtung psychologisch-pädagogischer Konfiguration besteht. Zur anderen Gruppe gehören Universitäten, an denen das Doktorat auf ein Lizenziat oder ein Diplom folgt und die Habilitation unbekannt ist. Das Doktorat hat hier die Funktion, auf akademische Professionen vorzubereiten. Es umfasst im Rahmen dieser erziehungswissenschaftlichen Qualifikation zwei Komponenten: an erster Stelle eine vertiefende erziehungswissenschaftliche Spezialisierung, an zweiter Stelle eine Erweiterung der wissenschaftlichen Kultur in und durch die Nachbardisziplinen (Philosophie und insbesondere Psychologie).

Disziplinstruktur in Studienreglementen und Prüfungsrichtlinien

Welcher Disziplin begegneten Studierende – reguläre Studierende oder Lehramtskandidaten –, wenn sie zwischen 1890 und 1950 erziehungswissenschaftliche Studienanteile zu belegen hatten? Wie wurden Objektbereiche des disziplinären Feldes in Studienreglementen und Prüfungsrichtlinien unterschieden, und welche historischen Entwicklungen und standortgebundenen Eigenheiten lassen sich dabei erkennen?

Im Zusammenhang mit solchen Fragen stellt sich zunächst die Frage nach der Bedeutung von Bezeichnungen im Rahmen der Disziplingeschichte. Bezeichnet beispielsweise der Veranstaltungstitel «Allgemeine Pädagogik» ein singuläres Thema, eine Fachrichtung oder gar eine Subdisziplin? Zweifellos macht eine einzelne Bezeichnung in Reglementen und Richtlinien noch keine Fachrichtung und schon gar nicht eine Subdisziplin oder Disziplin aus; dies hängt von verschiedenen weiteren Faktoren ab, die hier nicht noch einmal aufgezählt werden sollen (vgl. die Einleitung in diesem Band). Die Bezeichnungen sind also bei der historischen Analyse der Studien- und Prüfungsreglemente im Rahmen der Disziplingeschichte eminent interpretationsbedürftig.

Entsprechend vorsichtig verstehen wir hier die in den Studienreglementen und Prüfungsrichtlinien genannten Studienobjekte zunächst als *Themen* oder *Gegenstände* des disziplinären Feldes, aus denen sich, gemäss unserer in der Einleitung formulierten These, durchaus Fachrichtungen und Subdisziplinen ergeben können. Trotz dieser Vorsicht kann behauptet werden, dass die Bezeichnungen eines Lerngegenstandes in Studien- und Prüfungsreglementen über das Singuläre hinausgehen und auf konventionelle Bezeichnungen referieren. Diese Behauptung wird dadurch bestätigt, dass die Analyse der Reglemente hinsichtlich der Studien- und Prüfungsbereiche zwischen 1890 und 1950 ein erstaunlich homogenes Bild ergibt

– natürlich mit den zu erwartenden Ausnahmen. Die zwischen 1890 und 1950 vorherrschenden Themen der Pädagogik, der Pädagogischen Wissenschaften bzw. der Erziehungswissenschaft sind:

- allgemeine Pädagogik,[12]
- Geschichte der Pädagogik bzw. pädagogische Ideengeschichte,
- allgemeine und spezielle Didaktik*,[13]
- Schulkunde *(organisation scolaire)** (ohne FR).

Dabei handelt es sich sozusagen um das disziplinäre Kerngeschäft: Diese Themen wurden – an manchen Universitäten früher, an andern etwas später – gelesen und geprüft. Insbesondere die Didaktik und die Schulkunde folgen in den Studiengängen der unterschiedlichen Standorte jedoch einer Systematik, die sich an der lokalen Definition von Schulstufen, Schultypen oder Schulfächern orientiert.[14]

Welche Themen bzw. Fachbereiche anschliessend in die unterschiedlichen berufs- oder disziplinorientierten Studiengänge integriert wurden, zeigt Tabelle 14.1 auf der nächsten Seite.[15] Die Zusammenstellung bestätigt die spezifische Ausrichtung von Freiburg, Genf und Zürich auf die Heilpädagogik (vgl. Kapitel 10 in diesem Band) und die angewandter Psychologie (vgl. Kapitel 13 in diesem Band). Die Präsenz der Pädologie in Lausanne während dreier Jahrzehnte lässt sich durch die Präsenz eines einzelnen Dozenten erklären. Die für Genf beobachtbare frühe Auffächerung bzw. interne Differenzierung der Disziplin in verschiedene Spezialgebiete wird zuerst im IJJR sichtbar. Für die berufsorientierten Diplome wurde dies bereits erwähnt.

12 In Lausanne wird 1917 in den Studien- und Prüfungsreglementen die allgemeine Pädagogik *(pédagogie générale)* durch Pädologie *(pédologie)* ersetzt.

13 Die mit einem * versehenen Themen werden im Abschnitt «Pädagogische Einzelfragen» im Rahmen der Analyse der Veranstaltungen wieder aufgegriffen (vgl. den Abschnitt «Veranstaltungsthemen»).

14 Im Bereich der Didaktik und Methodik: allgemeine Didaktik (FR, LA, ZH), Fachdidaktik (FR, LA), Didaktik der Sekundarschule (BE), Didaktik des Mittelschulwesens (ZH), Didaktik des Volksschulunterrichts (ZH), Didaktik (GE, BE), Methodik (ZH), Methodik des Sekundarunterrichts (BE), Methodologie *(méthodologie)* (FR), spezielle Methodik (BE, ZH); im Bereich der Schulkunde: Schulorganisation (*organisation de l'école* [GE]; *organisaton scolaire* [LA]), Schulkunde (ZH), Sekundarschulkunde (BE), Volksschulkunde (BE, ZH); für Genf zudem: Organisation und Didaktik des Fröbel-Unterrichts *(organisation et didactique de l'enseignement fröbelien)*.

15 Die Auflistung referiert einzig auf die Studien- und Prüfungsreglemente und besagt nichts darüber, ob nicht da oder dort Vorlesungen zu Themen stattfanden, die nicht in den Reglementen vorgesehen waren.

Freiburg, Genf, Lausanne und Zürich	Pädagogische Psychologie bzw. psychologische Pädagogik (vor 1900)
Freiburg, Genf, Lausanne und Zürich	Heilpädagogik
nur Lausanne	Pädologie (1917–1947)
nur Genf	Experimentelle Pädagogik Sozialpädagogik und Kinderschutz Vergleichende Pädagogik Kleinkindererziehung [Berufsberatung]

Tabelle 14.1
Themen und Fachbereiche an den einzelnen Standorten

Das disziplinäre Feld umfasst somit ganz unterschiedliche Teile: auf der einen Seite einen Kern mit zum Teil theoretischen, zum Teil berufsbezogenen Komponenten; auf der andern Seite charakterisiert es sich durch die Öffnung zu empirischer Forschung und zu benachbarten Disziplinen.

Die Entwicklung der Hochschullehre zwischen 1890 und 1950

Im Rahmen dieses Teilkapitels interessieren wir uns für die Lehre: Auf welche Aspekte des Erziehungs- und Bildungssystems beziehen sich die Lehrveranstaltungen der sieben Institutionen[16] in den Jahren 1890 bis 1950, und welche lokalen Themenkombinationen sind zu beobachten?[17] Die Institutionalisierung von neuen Lehrveranstaltungen im entstehenden disziplinären Feld ist im Grossen und Ganzen entweder Resultat reglementarischer Vorgaben im Rahmen der Lehramtsstudiengänge, oder sie lässt sich auf Initiativen von Hochschullehrern zurückführen. Im

16 Um einen Vergleich zwischen den Universitäten zu ermöglichen, untersuchen wir die Universität und das IJJR/ISE in Genf getrennt.

17 Aus Platzgründen und Gründen der Vergleichbarkeit zwischen den Institutionen verzichten wir auf eine Analyse der Lehrveranstaltungen vor 1890; denn die Universität Freiburg wird erst 1889 gegründet und die Akademie des Kantons Waadt 1890 in eine moderne Universität umgewandelt.

ersten Fall werden die Veranstaltungen regelmässig wieder angeboten, im zweiten Fall bleiben sie von den Themenpräferenzen der Hochschullehrer abhängig.[18]

Zur Auswahl und Kategorisierung der Lehrveranstaltungen

Für die Analyse der Hochschullehre in den Erziehungswissenschaften wurde auf der Grundlage der Vorlesungsverzeichnisse eine Datenbank mit den relevanten Veranstaltungen für die analysierten Universitäten im bearbeiteten Zeitraum erstellt. Mit der Auswahl und Interpretation der im Folgenden präsentierten Daten ist allerdings eine Reihe von Problemen verbunden. Wir erwähnen nur die beiden wichtigsten: die Auswahl und die Inhaltsbestimmung der Veranstaltungen. (1) Zur Auswahl: Welche Veranstaltungen sind für die Formierung der Erziehungswissenschaften relevant? Wie lassen sich diese Veranstaltungen identifizieren, wenn keine disziplinspezifischen Studienpläne und keine wissenschaftlichen Institute existierten oder wenn Ordinarien mehrere Fächer vertraten? (2) Zum Inhalt: Wie ist damit umzugehen, dass der Informationsgehalt der Ankündigungen sehr unterschiedlich ist? Wie geht man mit so unterschiedlichen Ausschreibungen um wie: «Sprachunterricht: Fragen der experimentellen Pädagogik» oder «Pädagogisches Seminar»?

Das Problem der Auswahl wurde wie folgt gelöst: Berücksichtigt wurden (a) sämtliche Veranstaltungen der Akteure (vgl. Kapitel 13 und den biografischen Anhang), unabhängig davon, ob es sich um pädagogische, philologische, mathematische oder psychologische Veranstaltungen handelte. Eine solche Auswahl soll es ermöglichen, die Frage nach der Rollendifferenzierung der Akteure zu beantworten. Aufgenommen wurden zudem (b) die didaktischen Veranstaltungen jener Dozenten und Dozentinnen, die einen Lehrauftrag im Rahmen der akademischen Lehrerbildung innehatten. Auch wurden (c) sämtliche Veranstaltungen berücksich-

18 So lassen sich für die Universitäten der deutschsprachigen Schweiz mit ihren in den 1870er-Jahren etablierten akademischen Studiengängen für die Lehrerbildung bis 1890 Veranstaltungen nachweisen, die dem oben bereits beschriebenen «disziplinären Kern» zuzurechnen sind: Dazu gehören die allgemeine Pädagogik, die nach 1880 aktuell wird, und die Geschichte der Pädagogik. Einen ebenbürtigen Platz nehmen zudem Veranstaltungen zur Fach- oder Stufendidaktik ein; dagegen wird zum Thema Schule erst seit den 1880er-Jahren regelmässig gelesen. An der Universität Genf sind vor 1890 regelmässig Kurse vertreten zur pädagogischen Praxis *(pédagogie pratique)* bzw. zur praktischen Methodik *(méthodologie pratique),* welche von den Philosophieprofessoren oder von Privatdozenten als Freikurse angeboten wurden. Diese Kurse wurden übrigens sehr geschätzt und konnten von allen Studierenden besucht werden.

tigt, die ein zum disziplinären Feld gehörendes Schlagwort wie *Kind*, *Unterricht*, *Schule*, *Erziehung* usw. enthielten.

Dieses so zusammengesetzte Datenkorpus wurde in einem weiteren Schritt in drei themenorientierte Kategorien geteilt:

(1) Lehrveranstaltungen, welche den Kern erziehungswissenschaftlicher bzw. pädagogischer Problemstellungen ausmachen (schulorganisatorische, didaktische Themen; Themen der moralischen, physischen, familialen, nationalen usw. Erziehung; Einführungen in subdisziplinäre Ausformungen der Erziehungswissenschaften wie allgemeine, experimentelle, systematische, praktische, theoretische usw. Pädagogik);

(2) Lehrveranstaltungen, welche den pädagogischen Kontext und Voraussetzungen des Lernens klären oder aber pädagogikrelevante Objekte in anderen disziplinären Zusammenhängen (z. B. die Zähne des Kindes) zeigen;

(3) Lehrveranstaltungen, die nicht zum disziplinären Feld zu zählen sind, die aber von den relevanten Akteuren unterrichtet wurden.

Die Veranstaltungen des akademischen Winter- und Sommersemesters wurden zusammengezählt und pro Jahr ausgewiesen, auch wenn das akademische Jahr nicht mit dem Kalenderjahr übereinstimmt. Als Vergleichsmassstab, der eine inter- wie intra-institutionelle Vergleichbarkeit ermöglichen sollte, wurde die Anzahl Veranstaltungen pro Semester (V/S) berechnet.[19]

Die quantitative Entwicklung der Lehrveranstaltungen seit 1890

Um eine Vorstellung von der Grössenordnung der an den sieben Institutionen erteilten Lehrveranstaltungen zu vermitteln, sei mit einer quantitativen Darstellung begonnen. Wie Tabelle 14.1 zeigt, wurden zwischen 1890 und 1950 nicht weniger als 11 625 Veranstaltungen durchgeführt. Dazu zählen, wie oben erläutert, Veranstaltungen, die zum engeren disziplinären Feld der Erziehungswissenschaften zählen, Veranstaltungen, die gewissermassen Kontextfragen bearbeiten, welche sich auf pädagogische Phänomene beziehen und schliesslich Veranstaltungen, die – vom Resultat der historischen Entwicklung her betrachtet – nicht zur Disziplin zu zählen sind, aber durch repräsentative Akteure der im Entstehen begriffenen Erziehungswissenschaften unterrichtet wurden.

19 1 V/S entspricht dabei 2 Veranstaltungen pro Jahr; 0,5 V/S entspricht einer Veranstaltung pro Jahr; 0,1 V/S nur einer Veranstaltung auf fünf Jahre.

Die Auswertung nach Standorten zeigt die unterschiedliche Grösse des für die Disziplingeschichte relevanten wissenschaftlichen Feldes vor Ort. Augenfällig ist insbesondere die intensive Lehrtätigkeit am Genfer IJJR bzw. am ISE, die sich noch deutlicher zeigen würde, wenn man in der Berechnung jene 22 Jahre vor der Gründung des IJJR unberücksichtigt liesse – also von 1890 bis 1912 –, in welchen an den sechs Universitäten bereits unterrichtet wurde.

Institution	N Veranstaltungen	Anteil %	N Erziehungswissenschaften	Anteil %
GE-IJJR/ISE	3187	27	2232	30
ZH	2750	24	1556	21
GE-Universität	1589	14	880	12
BE	1432	12	874	12
FR	1080	9	913	12
LA	802	7	620	8
BS	785	7	367	5
Total	11 625	100	7442	100

Tabelle 14.2
Anzahl der untersuchten Veranstaltungen, 1890–1950

Diese insgesamt 11 625 Veranstaltungen werden in einem nächsten Schritt nach vier unterschiedlichen Kriterien sortiert und in einer Abbildung als Verlaufskurve dargestellt (vgl. Abbildung 14.4):

(a) alle an den untersuchten Institutionen der Schweiz durchgeführten Veranstaltungen zwischen 1890 und 1950; dazu zählen alle im oben definierten Sinn «pädagogischen» bzw. erziehungswissenschaftlichen Veranstaltungen sowie alle zusätzlichen Veranstaltungen, die durch die «Akteure»[20] durchgeführt wurden, aber nicht im engeren Sinn den Erziehungswissenschaften zuzurechnen sind;[21]

(b) alle unter (a) berücksichtigten Veranstaltungen, ohne jene des IJJR/ISE. Die Absicht besteht darin, eine gewissermassen bereinigte Linie für die Lehre an den Universitäten zu erhalten. Ausgeschlossen wurde für diesen Zweck das

20 Vgl. Kapitel 13 in diesem Band und den biografischen Anhang.

21 Beispielsweise der Ordinarius für Pädagogik, der zudem Französischunterricht erteilt (Paul Duproix*), oder der Ordinarius für Philologie und Gymnasialpädagogik, der auch Griechisch unterrichtet (Friedrich Haag*).

IJJR/ISE, das zwischen 1912 und 1950 rund 27 Prozent der für diesen Zeitraum berücksichtigten Veranstaltungen anbietet;

(c) alle Veranstaltungen an den genannten Institutionen zwischen 1890 und 1950, die im engeren Sinn den Erziehungswissenschaften zuzurechnen sind (=«pädagogischer Kern») (wie diese Kategorie weiter aufgegliedert wurde, wird weiter unten dargestellt);

(d) alle unter (c) berücksichtigten Veranstaltungen, ohne Veranstaltungen des IJJR/ISE.

Kurve (a) der Abbildung 14.4 verdeutlicht das konstante, aber unruhige Wachstum der pro Jahr an den sieben untersuchten Institutionen durchgeführten Veranstaltungen, das vor 1939 seinen Höhepunkt erreicht. Die Kurve (b), welche die Veranstaltungen des IJJR/ISE nicht berücksichtigt, zeigt eine geglättete Entwicklung. Beide Kurven vermitteln im Vergleich zu den Kurven (c) und (d) eine Vorstellung über die multidisziplinäre Lehrtätigkeit der Akteure. Es sei daran erinnert, dass darin auch jene Veranstaltungen figurieren, die durch die Akteure erteilt wurden, die aber gewissermassen nicht zu den Erziehungswissenschaften im engeren Sinne gerechnet werden können – etwa wenn der Zürcher Philosophie-Ordinarius Richard Avenarius* Logik unterrichtet.

Prinzipiell die gleiche Dynamik zeigt sich, wenn man die Kurven (c) und (d) betrachtet, die den «Kern» der Erziehungswissenschaften zu erfassen suchen: Die

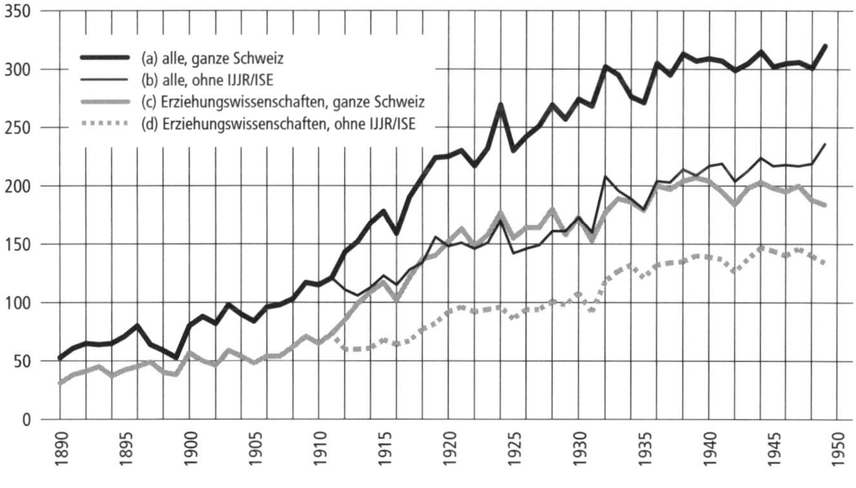

Abbildung 14.4
Anzahl Veranstaltungen pro Jahr an den untersuchten Institutionen, 1890–1950

Kurve (c) verbildlicht zwar die allgemeine Bewegung an allen Institutionen und deutet auf ein allgemeines, nach 1912 besonders dynamisches Wachstum hin, aber es zeigt sich darin vor allem das enorme Wachstum des IJJR/ISE. Das eher moderate, aber stetige durchschnittliche Wachstum der Lehrveranstaltungen an den sechs Universitäten bringt entsprechend die Kurve (d) zum Ausdruck: Man könnte von einem langsamen, aber stetigen Wachstum zwischen 1890 und 1939, von einer ganz kurzen, kriegsbedingten Phase des Abschwungs bis 1943 und einer Stagnationsphase bis 1950 sprechen. Die Frage, inwiefern die Durchschnittswerte für die einzelne Institution repräsentativ sind, wird später wieder aufgegriffen. Auch gilt es dann zu fragen, wie dieses Wachstum zu verstehen ist.

Dass sich die Kurven (a) bzw. (b) und (c) bzw. (d) kaum annähern, ist dahin gehend zu interpretieren, dass es offensichtlich bis 1950 im Bereich der Lehre keine rein disziplinbezogenen Berufsrollen gibt. Die Mehrzahl der Universitätslehrer vertritt weiterhin unterschiedliche Fächer, die untereinander kaum inhaltliche Verbindung aufweisen!

Um eine Vorstellung über die Veranstaltungshäufigkeit im Bereich des engeren disziplinären Feldes zu erhalten – also bezogen auf die Kurven (c) und (d) –, wird in Tabelle 14.3 die durchschnittliche Veranstaltungshäufigkeit pro Semester in vier unterschiedlichen Zeitabschnitten angegeben:

Periode	1890–1904	1905–1919	1920–1934	1935–1949
Veranstaltungen pro Semester (ohne IJJR/ISE)	3,7	5,4	8,4	11,4
Veranstaltungen pro Semester (mit IJJR/ISE)	3,7	6,4	11,9	14,9

Tabelle 14.3
Durchschnitt der Veranstaltungen pro Periode mit und ohne IJJR bzw. ISE

Wie verhält sich nun aber der Durchschnittswert erteilter Veranstaltungen pro Semester zur *lokalen* Entwicklungsdynamik? Schlüsselt man das Gesamtbild der Entwicklung des «pädagogischen Kerns» – gemeint sind die Kurven (c) und (d) – auf, so zeigen sich höchst individuelle Verläufe. Die Wachstumsdynamik der Lehrveranstaltungen, wie sie in Abbildung 14.4 zum Ausdruck kommt, zeigt nach Orten und Institutionen aufgeschlüsselt einen je lokal geprägten Verlauf. Dies wird in Abbildung 14.5 sichtbar. Die starken Wachstums- und Stagnationsphasen entstehen vor allem durch die Lehrveranstaltungen am IJJR/ISE sowie an den Universitäten Zürich und Freiburg.

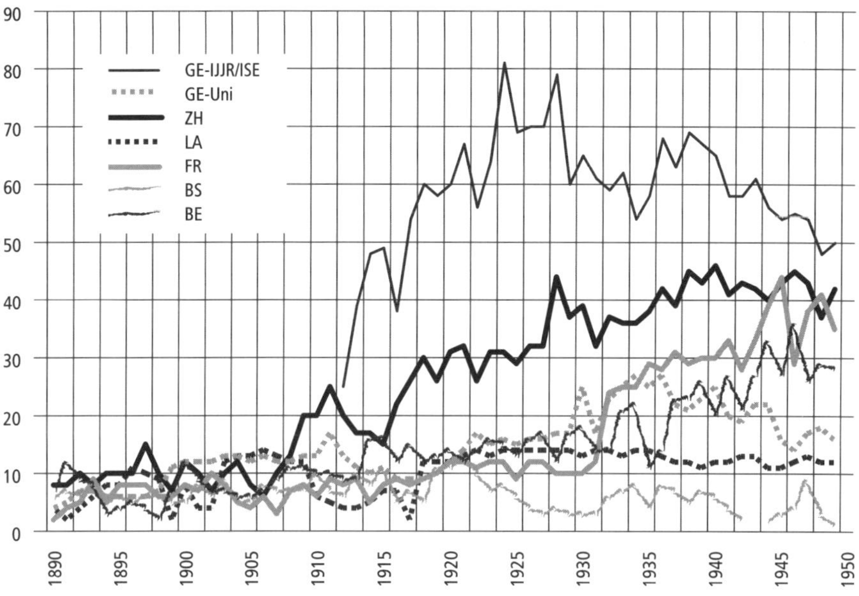

Abbildung 14.5
Quantitative Entwicklung der im engeren Sinne zu den Erziehungswissenschaften gehörenden Veranstaltungen; nach Institutionen

Es lässt sich sehr deutlich das starke und schnelle quantitative Wachstum des Angebots an Lehrveranstaltungen für das Genfer Institut (IJJR/ISE) nachweisen, das zwischen 1924 und 1929 seinen Höhepunkt erreicht. Die Anzahl Veranstaltungen sinkt zwar in der Folge, bleibt aber vergleichsweise auf sehr hohem Niveau. In Zürich lässt sich ein konstantes Wachstum feststellen – wenn auch auf einem viel tieferen Niveau als am IJJR/ISE – und eine Stagnationsphase nach 1940. Freiburg zeigt ein relativ spätes Wachstum, aber ein umso deutlicheres nach 1930. Lausannes Wachstum findet vor 1920 statt; hier zeigt sich anschliessend ein Veranstaltungsangebot auf gleich bleibendem Niveau. In Basel dagegen verlieren die Veranstaltungen in Erziehungswissenschaften nach 1920 an Bedeutung.

Um ein Mass für die lokale Entwicklungsdynamik des engeren disziplinären Feldes – die Kurven (c) und (d) der Tabelle 14.4 – zu erhalten, wurde die durchschnittliche Veranstaltungszahl pro Semester, Zeitperiode und Institution errechnet (vgl. Tabelle 14.4). Bei einem ähnlichen Ausgangsniveau der sechs Universitäten zwischen 1890 und 1904 (mehrheitlich drei bis vier Veranstaltungen pro Semester, ausser Zürich mit durchschnittlich 4,9), unterscheiden sich die Institutionen zunehmend bezüglich ihres quantitativen Angebots: Zwischen 1935 und 1945 weist Basel ein sehr bescheidenes Niveau von 2,2 V/S auf; in Lausanne sind es 6,1, in Bern 12,2, in Zürich 21 und in Genf 40,1 (Universität und IJJR/ISE).

	BE	BS	FR	GE-IJJR/ISE	GE-Uni	LA	ZH	Durchschnitt
1890–1904	3,4	3,1	3,3	—	4,2	3,5	4,9	3,7
1905–1919	5,5	3,8	3,6	23*	5,8	4,3	9,2	4,6
1920–1934	7,8	3,2	6,9	32,6	9,1	6,8	16,8	11,9
1935–1949	12,4	2,2	16,6	29,5	10,2	6,1	21,0	14,0

Tabelle 14.4
Entwicklung des erziehungswissenschaftlichen Veranstaltungsangebotes; Veranstaltungen pro Zeitperiode und Institution. Die Zahlen bezeichnen die durchschnittliche Anzahl Veranstaltungen pro Semester in einem Zeitfenster von 15 Jahren. «3,1» bei Basel bedeutet somit, dass zwischen 1890 und 1906 durchschnittlich etwa 3 Veranstaltungen pro Semester stattfanden, also für den gesamten Zeitraum von 15 Jahren rund 90 Veranstaltungen. *Der Durchschnittswert wurde an den kürzeren Zeitabschnitt von 1912 bis 1919 angepasst.

Diese quantitative Beschreibung der Entwicklungsverläufe von Veranstaltungsangeboten in den verschiedenen Institutionen soll im nächsten Abschnitt durch eine Analyse der Lehrinhalte weiter differenziert werden.

Veranstaltungsthemen

Die Veranstaltungen, die das disziplinäre Feld ausmachen, wurden in zwei Kategorien unterteilt: (1) Disziplin und Subdisziplinen sowie (2) pädagogische Einzelfragen, um sie anschliessend getrennt auszuwerten. Begründet wird dies mit dem Umstand, dass die Veranstaltungsankündigungen eigenen hochschuldidaktischen Regeln folgen. Und die Subdisziplinen formieren sich erst allmählich. So liesse sich die Veranstaltung «Das verhaltensauffällige Kind in der Schule» um 1920 verschiedenen Subdisziplinen zuweisen: der Sozialpädagogik, der Heilpädagogik, aber durchaus auch der Schulpädagogik oder der experimentellen Pädagogik. Umgekehrt gibt es Veranstaltungstitel, die ganze Disziplinen oder Subdisziplinen bezeichnen. In ihren Bezeichnungen kommt die sich allmählich herausbildende Fachsystematik zum Ausdruck, die sich lokal jedoch unterschiedlich ausprägt. So gesehen, soll und kann es bei der weiteren Analyse der Veranstaltungen nicht darum gehen, mit den Veranstaltungen Subdisziplinen und Fachrichtungen rekonstruieren zu wollen. Das Ziel ist bescheidener: Angesichts der genannten Interpretationsschwierigkeiten wird versucht, zu einer Zuteilung zu kommen, die dem brüchigen, überall sich unterschiedlich zeigenden historischen Objekt möglichst gerecht wird.

Auf der Grundlage des Datenmaterials werden für die weitere Analyse folgende Kategorien unterschieden:

(1) Die Kategorie *«Disziplin und Subdisziplin»* umfasst Veranstaltungen, welche die Gesamtheit einer Disziplin oder einer Subdisziplin thematisieren. Dazu zählen Titel wie «Allgemeine Pädagogik», «Heilpädagogik», «Experimentelle Pädagogik», «Pädologie» usw.

(2) Die Kategorie *«Pädagogische Einzelfragen»* bezeichnet Veranstaltungen, die einzelne pädagogische Objekte oder Aspekte pädagogischer Objekte thematisieren. Dazu gehören Titel wie «Das Unterrichtswesen in Amerika» oder «Bernische Schulgesetzgebung», «Diagnostik und Behandlung des anormalen Kindes: Falldiskussionen». Auch sämtliche didaktischen Veranstaltungen, die für den genannten Zeitraum erhoben wurden, wurden dieser Subkategorie zugewiesen.

(3) Die Kategorie *«Voraussetzungen von Bildung und Erziehung»* beinhaltet Themen, die nicht genuin dem disziplinären Feld zugeschrieben werden können, die aber doch – historisch betrachtet – potenziell eine grosse Nähe aufweisen, etwa Veranstaltungen zur Kinder- und Jugendpsychologie und -psychiatrie, Schulhygiene usw.

Wir stellen im Folgenden die Resultate dieser Auswertung entlang der genannten Kategorien vor und beabsichtigen, die Analyse der Veranstaltungsinhalte damit weiter vorantreiben zu können. Die Tabelle umfasst nunmehr nur noch die Kurse der Erziehungswissenschaften im engeren Sinne (vgl. Tabelle 14.1). Die Aufteilung der verbleibenden 7442 Veranstaltungen in die drei genannten Kategorien bzw. eine vierte Restkategorie (andere) veranschaulicht das disziplinäre Feld unter der Perspektive seiner hauptsächlichen Themen (vgl. Tabelle 14.5 auf S. 398).

Institutionen	Disziplin und Subdisziplin		Pädagogische Einzelfragen		Voraussetzung von Bildung und Erziehung		andere		Total	
	N	%	N	%	N	%	N	%	N	%
BE	310	36	378	43	183	21	3	—	874	100
BS	176	48	141	38	50	14	—	—	367	100
FR	258	28	574	63	81	9	—	—	913	100
GE-IJJR/ISE	235	11	1423	64	509	23	65	3	2232	100
GE-Uni	252	29	551	63	77	9	—	—	880	100
LA	224	36	289	47	22	4	85	14	620	100
ZH	512	33	939	60	105	7		—	1556	100
Total	1967	26	4295	58	1027	14	153	2	7442	100

Tabelle 14.5
Verteilung der Veranstaltungen auf drei thematische Kategorien (und eine Restkategorie), 1890–1950

Disziplinen und Subdisziplinen

Welche Ansätze und Konstrukte von Subdisziplinen und Fachbereichen zeigen sich in Veranstaltungsankündigungen? Es sei mit einer einfachen Auflistung begonnen, die das Spektrum der sich abzeichnenden Fach«systematik» widerspiegelt (vgl. Tabelle 14.6).[22] Die Liste zeigt eine Disziplin, die sich – nach einem Urteil von Brinkmann und Petersen (1998) – «durch eine fast unüberschaubare Breite ihrer Erkenntnis- und Handlungsfelder und Erkenntnis- und Handlungsmethoden auszeichnet» (S. 8). Es handelt sich (a) um eine grosse Zahl von Subdisziplinen, die sich in den Erziehungswissenschaften abzeichnet, (b) um Ansätze, die auf unterschiedlichen wissenschaftstheoretischen Konzeptionen und damit zusammenhängenden Forschungsmethoden beruhen oder um (c) Neuschöpfungen, die sich durch Verbindungen mit Nachbardisziplinen ergeben.

22 Zu den Inhalten der Spalte «Bezeichnung bzw. Titel»: Wenn die Veranstaltung ausschliesslich im französischen Sprachraum vorkommt, wird die deutsche Übersetzung in Klammern [...] wiedergegeben; wenn die Bezeichnung in beiden Teilen der Schweiz auftaucht, werden beide Bezeichnungen wiedergegeben; wenn die Bezeichnung nur in den Programmen der deutschsprachigen Universitäten erscheint, wird sie entsprechend nur deutsch wiedergegeben. Zur Kategorie «andere» (letzte Zeile der Tabelle) gehören Veranstaltungen über Sexualpädagogik (1938), Militärpädagogik (1941), philosophische Pädagogik (1923) oder Pädagogische Wissenschaft (*science pédagogique*, 1910).

Erstenennung	Bezeichnung bzw. Titel	Ort	a	b
vor 1890	Pädagogik, pédagogie	alle	333	685
vor 1890	Erziehungswissenschaft, science de l'éducation	FR, GE-Uni	48	143
vor 1890	Allgemeine Pädagogik, pédagogie générale	BE, BS, FR, GE-Uni, ZH	162	378
vor 1890	Geschichte der Pädagogik/der Erziehung, Histoire de la pédagogie/de l'éducation/des doctrines pédagogique	alle	389	389
vor 1890	Klassische Autoren und ihre Werke, auteurs et œuvres classiques	alle	275	275
vor 1890	[Angewandte Psychologie in der Pädagogik], psychologie appliquée à l'éducation	LA, GE-Uni	70	79
vor 1890	Gymnasialpädagogik	BE	6	6
vor 1890	Pädagogische Psychologie, psychologie pédagogique	FR, LA, ZH	88	113
vor 1890	Praktische Pädagogik, pédagogie pratique	GE, ZH	3	9
1890	Psychologische Pädagogik	BE, FR	3	8
1893	Erziehungslehre	BE, FR	70	106
1896	[Experimentelle Pädagogik], pédagogie expérimentale	GE-Uni, GE-IJJR/ISE	112	269
1896	Volksschulkunde	ZH	20	20
1898	Systematische Pädagogik	BE, ZH	70	76
1911	Sozialpädagogik, pédagogie sociale	ZH, GE-IJJR/ISE	14	18
1912	[Psychologie und Pädagogik zurückgebliebener bzw. anormaler Kinder], psychologie et pédagogie des enfants arriérés/anormaux	GE-IJJR/ISE	38	71
1917	[Pädagogische Psychoanalyse], psychanalyse éducative	GE-IJJR/ISE	19	40
1919	Historische Pädagogik	BE, ZH	4	4
1921	[Pädologie], pédologie	LA	46	46
1924	Heilpädagogik, pédagogie curative	FR, ZH	68	167
1926	Mittelschulpädagogik	ZH	4	13
1926	Theoretische Pädagogik, pédagogie théorique	GE, ZH	10	14
1929	Jugendkunde/-führung	BE	12	14
1930	[Pädagogische Physiologie], physiologie pédagogique	LA	12	12
1934	[Vergleichende Pädagogik], pédagogie comparée, éducation comparée	GE-IJJR	38	38
1943	Heilpädagogische Psychologie	ZH	7	8
1949	Schulpädagogik	BE	2	2
1949	Epistemologie	BE, ZH	20	
	Andere		24	
Total			1967	

Tabelle 14.6
Disziplinäre und subdisziplinäre Konstrukte in den Veranstaltungsprogrammen
Spalte a = Anzahl Veranstaltungstitel, die sich ausschliesslich der zitierten Bezeichnung bedienen; Spalte b = Anzahl Veranstaltungstitel, in denen die zitierte Bezeichnung vorkommt, aber weitere Präzisierungen zum Lehrobjekt folgen

Die Zusammenstellung der am häufigsten genannten Disziplinen und Subdisziplinen zeigt nochmals die disziplinären Strukturelemente, wie sie bereits für den Abschnitt über die Ausbildungsgänge und Prüfungsrichtlinien zusammengetragen wurden.

Beschäftigen wir uns mit einigen hervorstechenden Daten dieser Tabelle. Die Bezeichnung «Pädagogik/pédagogie» erscheint während des gesamten untersuchten Zeitraums (ungefähr 17 Prozent der in der Kategorie «Disziplin und Subdisziplin» berücksichtigten Nennungen). Man müsste nun im Detail untersuchen, in welcher Hinsicht es sich um ein einheitliches und integratives Konzept der Disziplin oder um die Verwendung von Begriffen handelt, die unterschiedlich strukturierte disziplinäre Zugänge bezeichnen (vgl. dazu Kapitel 8 in diesem Band).

Die «Geschichte der Pädagogik/*histoire de la pédagogie*» hat ein besonders grosses Gewicht. Sie umfasst ungefähr 20 Prozent der unter «Disziplin und Subdisziplin» berücksichtigten Veranstaltungen. Wenn man zudem jene Veranstaltungen hinzuzählt, die sich mit Klassikern beschäftigen (mit der Person oder dessen Werk), so steigt der Anteil an historisch ausgerichteten Veranstaltungen auf 34 Prozent. Zürich ist in dieser Hinsicht führend und bietet rund ein Drittel (N=240; 35 %) dieser historisch orientierten Kurse an; für die anderen Institutionen ergeben sich Werte zwischen 8 (für Freiburg) und 15 Prozent (für Lausanne).

Veranstaltungen zur «Allgemeinen Pädagogik/*pédagogie générale*» finden sich auch jederzeit und überall. Zeitweilig wird der Titel durch alternative Bezeichnungen ersetzt: In Lausanne etwa wird die Veranstaltung mit «*pédologie*» bezeichnet; in Bern und Freiburg mit «Erziehungslehre».

Die Bezeichnung «Experimentelle Pädagogik» wurde erstmalig im Rahmen von Veranstaltungsverkündigungen in der deutschsprachigen Schweiz benutzt, übrigens von zwei Deutschen (im Jahre 1896 in Bern von Ludwig Stein* und 1898 in Zürich von Ernst Meumann*). Das Projekt einer eigenen, unter methodologischen Gesichtspunkten konzipierten Subdisziplin vermochte sich indessen nur in Genf definitiv durchzusetzen.

Die Tabelle 14.6 stimmt grundsätzlich mit den Resultaten überein, wie sie im Rahmen der Reglementsanalyse herausgearbeitet wurden: Die Disziplin wird lokal unterschiedlich repräsentiert, gleichzeitig sind gemeinsame disziplinäre Anteile überregional präsent.

Pädagogische Einzelfragen

Der folgende Abschnitt gilt primär der Analyse von Lehrveranstaltungen, die einzelne Objekte oder Gegenstände der erziehungswissenschaftlichen Lehre fokussieren, ohne damit eine Theorie- oder Methodenpräferenz anzukündigen: den «pädagogischen Einzelfragen». Zu diesem Zweck wurde zwischen pädagogischen Institutionen in den Bereichen Unterricht, Erziehung, Fürsorge und Beratung einerseits und Themen, die Bildungs- und Erziehungsfragen ohne expliziten institutionellen Bezug aufgreifen, unterschieden. Auch wenn historisch die (Fach-)Didaktik nicht dem disziplinären Feld zugerechnet wurde und ihre Stellung bis heute Fragen der Positionierung aufwirft, wurde sie dennoch erfasst. Eingeführt wurde zudem eine Kategorie «Methodologie», die Veranstaltungen berücksichtigt, welche explizit Fragen der Forschungsmethoden aufgreifen. Tabelle 14.7 führt die genannten Kategorien auf, wie sie für die Analyse verwendet wurden.

	CH		BE	BS	FR	GE-IJJR/ISE	GE-Uni	LA	ZH
Kategorien	N	%	N	N	N	N	N	N	N
Schule	3175	74	333	124	411	742	444	281	840
Sozialpädag. Einrichtungen	267	6	10	1	—	227	10	—	19
Methodologie	176	4	15	1	23	127	6	—	4
Berufs-/Erziehungsberatung	175	4	1	—	—	130	44	—	—
Sonderpädag. Einrichtungen	174	4	5	3	45	87	—	—	34
Moralerziehung	137	3	4	—	39	53	28	—	13
Erziehung und Bildung	67	2	4	7	20	14	3	5	14
Kirche/religiöse Erziehung	34	1		5	25	2	1	—	1
Familie	29	1	2	—	1	15	11	—	—
Staatsbürgerliche Erziehung	29	1	1	—	2	11	2	—	13
Anderes/unbestimmt	32	1	3	—	8	15	2	3	1
Total	4295	100	378	141	573	1421	551	289	939
Anteil am Total (Schweiz)			9%	3%	13%	33%	13%	7%	22%

Tabelle 14.7
«Pädagogische Einzelfragen»; Aufteilung nach thematische Kategorien, 1890–1950

Die Auswertung zeigt die durchgehend hohe Aufmerksamkeit, die der Schule in der universitären Lehre zukommt. Im gesamtschweizerischen Durchschnitt entfallen rund 74 Prozent der 4295 angekündigten Lehrveranstaltungen im Bereich «pädagogische Einzelfragen» auf diese Kategorie. Spitzenreiter in Sachen Angebot für den gesamten Zeitraum ist wiederum das IJJR/ISE. Für das IJJR/ISE ergeben sich rund zehn Veranstaltungen pro Semester (V/S), gefolgt von Zürich mit 7,8 V/S, der

Universität Genf mit 3,7 V/S und der Universität Freiburg mit 3,4 V/S. Es folgen Bern (2,8 V/S), Lausanne (2,3 V/S) und schliesslich Basel mit durchschnittlich einer Veranstaltung pro Semester. Zudem weist das IJJR/ISE ein breites Angebot aus, das über das Monothema «Schule» weit hinausreicht. Zu beachten sind entsprechende Veranstaltungen über sozialpädagogische (3 V/S) und sonderpädagogische Einrichtungen (1,7 V/S), über Forschungsmethoden und Arbeitstechniken (1,7 V/S) sowie über Berufs- und Erziehungsberatung (1,7 V/S).

Nun täuschen die errechneten Durchschnittswerte natürlich eine Gleichverteilung der Themen während der untersuchten Periode vor, die so in vielen Fällen nicht gegeben ist! So wurden Veranstaltungen zu sonderpädagogischen Einrichtungen in Zürich erst seit 1924 und in Freiburg erst seit 1933 angeboten. Aus Platzgründen muss aber eine weitergehende Analyse der Verteilung unterbleiben – mit einer Ausnahme: einer Analyse zum Thema «Schule». Auch hier zeigt sich wiederum eine Verteilung, die ungleicher nicht sein könnte (vgl. Tabelle 14.8). Rund 84 Prozent der Lehrveranstaltungen zum Thema «Schule» entfallen auf Lehrveranstaltungen zur Didaktik, wobei es sich um Veranstaltungen sowohl zur allgemeinen Didaktik als auch zur Fach- und Stufendidaktik handelt. Das sind rund 62 Prozent der unter «pädagogischen Einzelfragen» zusammengefassten Veranstaltungen und rund 36 Prozent der erziehungswissenschaftlichen Veranstaltungen. An zweiter Stelle stehen, schon sehr weit abgeschlagen, Themen zur Schulorganisation und Schulreform, die insgesamt 8 Prozent der zum Thema «Schule» ausgewiesenen Veranstaltungen ausmachen.

Lokale Entwicklungsdynamiken und Konjunkturen von Veranstaltungsthemen

Der vorliegende Abschnitt zielt darauf, die lokalen Entwicklungen der angebotenen Veranstaltungen (vgl. Abbildung 14.5, S. 395) zu erklären und die möglichen Gründe für die Unterschiede zwischen den Institutionen zu erörtern. Wir beabsichtigen nicht eine umfassende Interpretation, aber wir legen einige Beispiele von besonderer Bedeutung vor. In Zürich hatten die Studenten die Möglichkeit, an der Universität ein Primarlehrerpatent zu erlangen, was die bemerkenswerte Zunahme der Zahl an angebotenen Veranstaltungen erklärt. Die Abschaffung dieser Möglichkeit im Jahr 1942 liess konsequenterweise die Zahl der Veranstaltungen zurückgehen. Die Reform der Ausbildung der Lehrkräfte für die Sekundarstufe II zwischen 1916 bis 1917 führte zu neuen Veranstaltungen mit neuartigen Inhalten, für die neues Personal engagiert werden musste (vgl. Kapitel 1 und 9 in diesem Band).

Aspekte	CH		BE	BS	FR	GE-IJJR/ISE	GE-Uni	LA	ZH
	N	%	N	N	N	N	N	N	N
Didaktik	2678	84	288	116	373	546	344	247	764
Organisation	124	4	—	1	6	41	45	17	14
Schulreform	123	4	1	1	14	65	21	—	21
Schuldisziplin/-erziehung	62	2	10	—	2	22	12	12	4
Recht/Aufsicht	27	1	15	—	—	12	—	—	—
Ziele/Legitimation	27	1	1	—	—	8	9	2	7
Leistungsbeurteilung	23	1	—	—	—	15	3	—	5
Die Lehrperson	18	1	—	—	—	14	—	—	4
Anderes/unbestimmt	88	3	18	6	16	19	10	3	21
Total	3175	100	333	124	411	742	444	281	840

Tabelle 14.8
Themenverteilung der Veranstaltungen in der Kategorie «Schule», 1890–1950

Diese Beziehung zwischen Lehrveranstaltungen und Lehrerbildung ist auch in Basel und Freiburg zu erkennen. Im Fall von Basel führt die Ausgliederung der Lehrerbildung aus der Universität zu einer ständigen Abnahme der Veranstaltungen, wogegen in Freiburg der Aufbau der Sekundarlehrer-Ausbildung und die Schaffung eines Diploms für Heilpädagogik mit einer signifikanten Zunahme der Veranstaltungen einhergeht. Ähnliches lässt sich auch für Bern feststellen: Der Ausbau der beruflichen Ausbildung des Lehrpersonals führt zu einer quantitativen Ausweitung des Angebots an Lehrveranstaltungen im Bereich der Erziehungswissenschaften. In Lausanne scheint hingegen der personelle Wechsel – Auguste Deluz* und Jules Savary* folgen auf François Guex* – wichtiger zu sein als Änderungen bei der Ausbildung des Lehrpersonals. Bei den Genfer Institutionen wirken allerdings andere Entwicklungsfaktoren: Einerseits ist das IJJR in privater Trägerschaft zunächst nicht administrativen und staatlichen Regulierungen unterworfen, andererseits sind die Lehrpersonen nur ein kleiner Teil der Adressaten des Lehrangebots, das sich an einen weitaus grösseren Kreis von Personen wendet, die am Erziehungswesen interessiert oder in ihm involviert sind.

Die Entwicklung des Lehrangebots an der Universität Genf folgt hingegen sehr genau den Aktivitäten und Initiativen der Professoren. Während der ersten Periode vor 1900 bot ein einziger Professor – Paul Duproix* – Veranstaltungen in Pädagogik an. Nach 1900 nahm die Zahl der diesem Professor zugestandenen Stunden zu, und sie wurden durch Veranstaltungen ergänzt, mit denen Edouard Claparède* die Psychologie auf die Pädagogik anwendet. Die Spitze von 1912 korrespondiert mit der für ein Jahr vorgenommenen Anstellung von drei Privatdozenten (Adolphe Ferrière*, Albert Malche*, Lucien Cellérier*). Nach dem Tod von Duproix (1912) sank die Zahl der vom Professor für Pädagogik – Malche – angebotenen Stunden. Dies wurde 1920 mit der Ernennung von Pierre Bovet* zum Professor für experimentelle Pädagogik kompensiert, wozu noch eine Veranstaltung von Piaget kam. Seit 1929, als das ISE an die Universität angegliedert wurde, führte man neue Veranstaltungen ein, die Professoren bauten ihren Unterricht aus, auch um auf die grosse Nachfrage zu antworten. Die Baisse in den Vierzigerjahren, insbesondere 1944, fällt mit dem Weggehen von Claparède (1940) und dem Rücktritt Bovets (1944) zusammen, was nur teilweise mit der Anstellung von Robert Dottrens* kompensiert wurde.

Für das IJJR/ISE lassen sich bei der Zahl der Veranstaltungen drei Phasen unterscheiden (vgl. Kapitel 4 in diesem Band). Bis 1929 ist eine merkliche Zunahme der Veranstaltungen festzustellen, was die zunehmende Attraktivität und den Ruf des Instituts widerspiegelt. Die Zahl erreicht insbesondere in den Jahren 1924 bis 1929 ein hohes Niveau, das mit einer bemerkenswerten internationalen Ausstrahlung korrespondiert. Während der darauf folgenden Jahrzehnte lässt sich eine relative Stabilität im Veranstaltungsangebot feststellen. Dies ergibt sich aus der relativen institutionellen Stabilität, die insbesondere mit der Angliederung an die Universität zusammenhängt. Während des Krieges kann – wegen finanzieller Schwierigkeiten und wegen des Rückgangs der Zahl der Studierenden – ein gewisser Rückgang des Veranstaltungsangebotes festgestellt werden. Die grossen Schwankungen bei der Zahl der Veranstaltungen überraschen. Dies lässt sich durch mehrere Faktoren erklären: Notwendigkeit einer grossen Anpassungsfähigkeit an die Nachfrage, besonders während der Zeit als Institut mit Privatstatus bis 1929; grosse Fluktuationen bei der Zahl der Studierenden sowie hohes Engagement des Lehrkörpers, der hohe Unterrichtsbelastungen auf sich nahm, um der Nachfrage zu genügen. Hinsichtlich der Inhalte und Themen des Unterrichtsangebots lässt sich hingegen eine hohe Konstanz feststellen: Das Verhältnis zwischen den unterschiedlichen Kategorien bleibt konstant.

Prototypische Profile von Hochschullehrern: Pierre Bovet und Paul Häberlin* – ein Vergleich

Die vorangehende Darstellung skizziert unterschiedliche lokale Ausbildungs- und Qualifikationsmöglichkeiten, bei denen die Erziehungswissenschaften eine zentrale Rolle spielen. Die strukturelle Vielfalt und die fliessenden Grenzen der Disziplin erwiesen sich dabei als grosse Herausforderung für die Analyse. Wir wollen im Folgenden beispielhaft zeigen, dass es sich nicht bloss um ein theoretisches, sondern vielmehr um ein empirisches und historisches Problem handelt: In der Rolle des universitären Lehrers spiegelt sich die Vielfalt der Disziplin. Zu diesem Zweck wird die Lehrtätigkeit von zwei Personen analysiert, die in vielerlei Hinsicht ähnliche Biografien haben, aber ganz unterschiedliche Vertreter ihrer Disziplin waren. Pierre Bovet und Paul Häberlin wurden nicht nur im gleichen Jahr, 1878, geboren, sondern promovierten auch fast zur selben Zeit, nämlich 1902 bzw. 1903, zu einem religionsphilosophischen Problem, nahmen nur mit wenigen Jahren Unterschied die Tätigkeit als akademische Lehrer in der Pädagogik auf und wurden mit nur zwei Jahren Unterschied, nämlich 1944 bzw. 1946, emeritiert (vgl. die Biografien im Anhang). Zudem errangen sie beide durch ihre Öffentlichkeitsarbeit Bekanntheit, die über die Fachgrenzen und

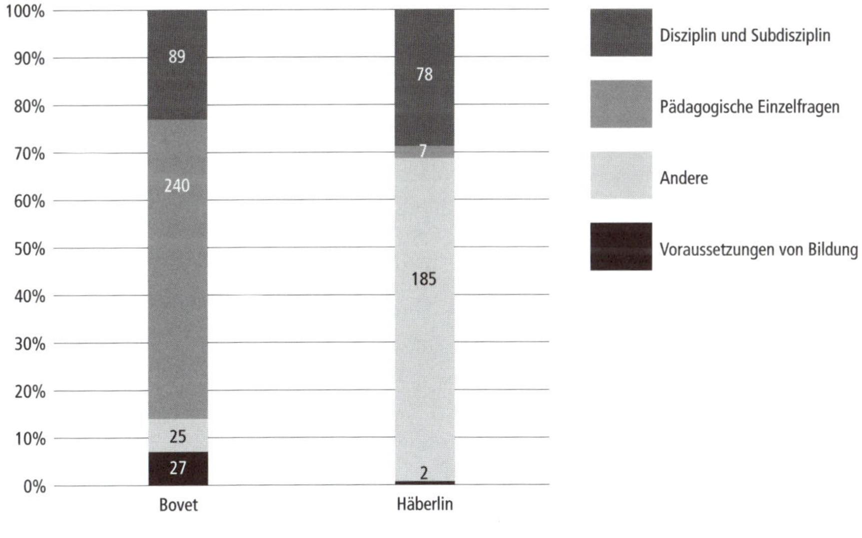

Abbildung 14.6
Lehrprofil von Bovet und Häberlin: Anzahl der Veranstaltungen pro Kategorie (zu den Kategorien vgl. Tabelle 14.5, S. 398)

Sprachregionen hinausreichte. Wie unterschied sich also die Lehre von zwei akademischen Lehrern, die – derselben Generation angehörend – aktiv an der pädagogischen Reformbewegung nach der Jahrhundertwende teilnahmen und auch die beiden folgenden Zäsuren des Ersten und Zweiten Weltkrieges erlebten, die nicht zuletzt das Verhältnis von Staat, Politik, Gesellschaft und Erziehung neu beleuchteten?

Womit beschäftigten sie sich in ihrer Lehre? Um diese Frage zu beantworten, benutzen wir die oben genannten Analysekategorien, die in einem ersten Schritt zwischen Veranstaltungen unterscheiden, die (a) nicht zum disziplinären Feld zu rechnen sind, aber von den Akteuren durchgeführt wurden, und solchen Veranstaltungen, die (b) dem disziplinären Feld zuzurechnen sind. Häberlin widmet 68 Prozent seiner Lehrtätigkeit Themen, die einem anderen Fach zuzurechnen sind; 32 Prozent entfallen auf solche des engeren disziplinären Feldes. Bei Bovet entfallen rund 93 Prozent der Veranstaltungen auf das engere disziplinäre Feld, wohingegen gerade 7 Prozent ausserhalb desselben fallen; sie sind mehrheitlich der Psychologie zuzurechnen.[23]

Auf das disziplinäre Feld bezogen und in absoluten Zahlen ausgedrückt, stehen somit den 356 pädagogischen Veranstaltungen Bovets gerade einmal 87 pädagogische Veranstaltungen Häberlins gegenüber. Eine nähere Analyse dieser Veranstaltungen ergibt bei Bovet eine weitaus höhere Zahl von speziellen Themen; eine beachtliche Zahl der Kursbezeichnungen beschäftigt sich mit Forschungstechniken und Methodenfragen (52), mit Didaktik (44), Schulreform (22), Erziehungs- und Berufsberatung (15), Schulleistungsmessungen (8) oder Schulorganisationsfragen (5). Alle diese Themen spielen bei Häberlin, zumindest in den Titeln der Veranstaltungen, überhaupt keine Rolle. Hingegen haben bei ihm die systematische und theoretische Betrachtungsweise eine grössere Bedeutung, wie dies die Titel seiner Veranstaltungen illustrieren: «Systematische Pädagogik», «Lehre der Erziehung» oder, seit 1932, «Allgemeine Pädagogik». Bovet umschreibt seinen Zugang zur Disziplin übrigens immer mit «Experimentelle Pädagogik».

Die unterschiedliche fachliche Ausrichtung und disziplinäre Gestaltung der Lehre bei Bovet und Häberlin ist offensichtlich. Sie repräsentieren eine Disziplin, die regional eine je unterschiedliche wissenschaftsmethodologische Einbettung erfahren hat. Augenfällig kommt dieser Unterschied auch in der Ausrichtung der Lehrstühle zum Ausdruck: Während Bovet in Genf das Lehrgebiet «Experimentelle Pädagogik» *(pédagogie éxpérimentale)* versah, hatte Häberlin sowohl in Bern als

---

23 Zum Beispiel 1903: Geschichte der griechischen Psychologie *(histoire de la psychologie grecque)*; 1935: Psychologisches Repetitorium *(répétitoire de psychologie)*.

auch später in Basel drei Disziplinen zu vertreten, die wissenschaftstheoretisch als verwandt betrachtet wurden, nämlich Philosophie, Psychologie und Pädagogik.

Lokale Differenzierungen unter gemeinsamen Logiken

Man könnte nun folgern, dass die vorangegangenen Analysen folgende triviale Erkenntnis hervorbrachten: Wer dieselbe Disziplin studiert, studiert unterschiedliche Inhalte, wer an unterschiedlichen Orten studiert, studiert also Unterschiedliches. Jenseits dieser Feststellung, die auch eine Erklärung verdient – warum überhaupt so viele Unterschiede in einem disziplinären Feld? –, weisen unsere Daten und Analysen auf eine Reihe von Entwicklungen hin, die es erlauben, die kognitive Struktur des Feldes und seine vielfältigen Einflussfaktoren während des Sozialisationsprozesses – das heisst während der Ausbildung durch die Disziplin für die Disziplin – präziser zu fassen. Sie lassen sich auf drei Ebenen gruppieren: die globalen Determinanten der Entwicklung des disziplinären Feldes, die Determinante der sich kontrastierenden Konfigurationen und die lokalen Determinanten.

Auf der Ebene der globalen Faktoren lässt sich zunächst feststellen, dass sich das disziplinäre Feld in historischer Perspektive in die Logik der schon bestehenden Disziplinen einfügt, in dem Sinne, dass es – mit Ausnahme von Basel – überall möglich wird, einen Doktortitel zu erwerben. Trotz aller Unterschiede bei der Konstruktion der Studienpläne ist dieses Schlüsselelement als Möglichkeit der akademischen Reproduktion überall institutionalisiert. Und ebenso sind überall relativ spezifische, auf das disziplinäre Feld ausgerichtete Studiengänge entwickelt worden, sei es in Form des Lizenziates oder eines spezifischen Diploms als Studienabschluss, sei es in der Form eines Hauptfachstudiums, das zu einem Doktorat führt. Das disziplinäre Feld versieht sich also Schritt für Schritt mit einer institutionellen Struktur für seine eigene Reproduktion. Aus inhaltlicher Perspektive und auf der Grundlage der Analysen des Veranstaltungsangebotes lässt sich festhalten, dass die entscheidende Kraft bei Weitem nicht die Sozialisation ins Feld ist, sondern die Berufsorientierung der Studiengänge, die sogar Grundlage der Disziplin ist, die durch einen dominant sekundären Disziplinenbildungsprozess gekennzeichnet ist (vgl. die Einleitung zu diesem Band). Das greifbarste Indiz dafür ist die absolute Dominanz der Schulthematik und, innerhalb dieser, das Gewicht der Didaktik und Methodik, von Veranstaltungsthemen also, die direkt mit der Ausbildung der Sekundar- und Gymnasiallehrer verbunden sind. Ein zweites Indiz dafür ist das, was wir den «Kern» von Subdisziplinen und Themen bezeichnet haben, die allen Orten und Instituten gemeinsam sind. Dieser umfasst zwei Komponenten: die Pädagogik und ihre Geschichte, orientiert an pädagogischen Zielsetzungen, sowie die Didaktik und die Schulorganisation oder Schulkunde in berufsbildender Absicht. In diesem Kern findet sich *in nuce,* könnte man sagen, die dominierende kognitive Struktur des disziplinären Feldes, «aufgespannt» zwischen allgemeiner Reflexion und praktischen Bedürfnissen.

Diese erste Ebene von Determinanten der Erziehungswissenschaften muss durch zwei weitere ergänzt werden. Die Konfigurationen, die wir in Kapitel 8 problematisiert haben, manifestieren sich zunächst in der Struktur der Studienpläne. Durch die Studienpläne wurden in der Westschweiz Lizenziate und disziplinspezifische Diplome institutionalisiert. Freiburg orientierte sich in diesem Punkt zuerst an der deutschsprachigen Schweiz; aber nach den Dreissigerjahren nähert es sich mit der Einführung eines speziellen Lizenziats den pädagogischen und psychologisch-pädagogischen Konfigurationen an, indem der Akzent in den Studienplänen auf die Psychologie und deren Beziehung zur Philosophie gelegt wird. Die Studienpläne unterschieden sich demnach im Hinblick auf ihre Strukturen und Inhalte in Abhängigkeit von der Konfiguration, zu welcher die Orte und Institutionen gehören. Die Konfiguration erlaubt somit, einen Teil der Unterschiede bei Studienplänen und Veranstaltungen zu verstehen. Vor allem die psychologisch-pädagogische Konfiguration, die durch Genf repräsentiert wird und der sich gegen Ende der untersuchten Periode Freiburg annähert, lässt in der kognitiven Struktur eine betont empirische Dimension zu, welche die Dichotomie zwischen allgemeiner Reflexion und praktischen Bedürfnissen zu überbrücken versucht.

Diese Tendenzen, die auf der Ebene der Konfigurationen zu beobachten sind, müssen aufgrund der Wirkung der lokalen Faktoren stark differenziert werden. Solche lokale Faktoren sind etwa die Integration der Primarlehrerausbildung in die Universität bzw. deren späterer Ausschluss in Zürich, die Präsenz der Heilpädagogik in Zürich oder in Freiburg, aber auch der Einfluss, der von bestimmten Personen zu einem bestimmten Zeitpunkt ausgeübt wird, wie etwa von Meumann in Zürich, von Montalta* in Freiburg, von Guex in Lausanne oder von Claparède, Bovet, Piaget* und Dottrens in Genf. Die Gesamtheit dieser Faktoren beeinflusst die generellen Tendenzen. Sie resultieren zwar aus der allgemeinen Entwicklung der Disziplin und dem Einfluss der Konfiguration, aber die lokalen Faktoren sorgen trotzdem für autonome Entwicklungsmöglichkeiten. Sie sind das empirische Element, das eine Öffnung gegenüber Sozialisations- und Reproduktionsmechanismen erlaubt, die weniger unmittelbar auf den praktischen Nutzen ausgerichtet sind.

Unter der Perspektive der Sozialisation, die wir hier anhand von Studienplänen und Lehrangeboten analysiert haben, erscheint der Prozess der Disziplinenbildung auch als ein kreativer Prozess im «Laboratorium», das der lokale Raum bildet, der aber immer den konfigurationalen und globalen Kräften unterworfen bleibt.

Kapitel 15

Editorische Infrastrukturen und kognitive Formen der Erziehungswissenschaften

Danièle Périsset Bagnoud, Bernard Schneuwly und Rita Hofstetter

Disziplinen als «kommunikative Netzwerke»?

Viele Wissenschaftshistoriker und -soziologen vertreten die These, dass wissenschaftliche Disziplinen als kommunikative Netzwerke begriffen werden können, in denen Publikationen eine tragende Rolle spielen. Sie gehen deshalb von der Annahme aus, dass die Geschichte einer Disziplin als Geschichte ihrer editorischen Trägerschaften und Tätigkeiten bzw. ihrer Publikationen gelesen werden kann (Keiner, 1999; Keiner & Schriewer, 2000; Stichweh, 1994a).[1] Wir können dieser These unter der Bedingung zustimmen, dass diese Publikationen in einem institutionellen Kontext verortet werden. Dies setzt die besondere Beachtung der Entstehungsbedingungen der Kommunikationsnetzwerke und ihrer Inhalte voraus, wie Schriewer (1998, S. 59; Übersetzung DPB/BS/RH) erläutert:[2]

> *Jede akademische Disziplin kann als Kommunikationsnetzwerk konzeptualisiert werden, das (1.) von einem sozialen Substrat, das heisst: einer «disziplinären Gemeinschaft», ausgeht, (2.) von spezifischen Institutionen wie Universitäten, Akademien oder Forschungsinstituten unterstützt wird und (3.) mittels «Kommunikationsmedien» – allen voran der Fachzeitschriften – (4.) in einen ununterbrochenen und selbstreferenziellen Prozess der Wissensproduktion eingebunden ist. Folglich können wir also feststellen, dass Fachzeitschriften eine ausserordentliche Rolle spielen: bei der Entstehung, der Institutionalisierung, den Prozessen der sozialen und intellektuellen Konsolidierung und*

1 Dubois (1999) bietet eine kurze Zusammenfassung und Diskussion der Studien, welche wissenschaftliche Fachzeitschriften als empirische Datengrundlage für die Untersuchung von Disziplinen verwenden; zur eigentlichen Funktion von Publikationen, vor allem in bibliometrischer Hinsicht, vgl. Stock (2000).

2 Er bezieht sich dabei auf Stichweh (1994a).

der universitären, aber auch der politischen und öffentlichen Sichtbarmachung solcher Kommunikationsnetzwerke, die allgemein als «Disziplinen» bezeichnet werden. Dies ist durch Untersuchungen in verschiedenen disziplinären Feldern belegt.

Dennoch scheint uns bei der Interpretation der Ergebnisse von Untersuchungen über Publikationen eine besondere Vorsicht angebracht, da verschiedene Studien auf einer begrenzten Auswahl von Publikationen basieren und ihnen lediglich die bekanntesten wissenschaftlichen Produktionen einer vermeintlich klar definierten wissenschaftlichen Gemeinschaft zugrunde liegen. Bekanntlich geht die wissenschaftliche Produktion jedoch über das hinaus, was Eingang in die Fachzeitschriften findet. Noch grössere Vorsicht muss walten, wenn man die Entstehung eines disziplinären Feldes und seiner Publikationsorgane untersucht mit dem Ziel, die Prozesse sichtbar zu machen, die dazu führen, dass sich diese Publikationsorgane als Referenzmedien etablieren – oder nicht etablieren. Es muss dann vermieden werden, dass lediglich solche Organe herangezogen werden, von deren Fortbestand man retrospektiv Kenntnis hat, die sich aber allenfalls auf Kosten anderer entwickelt haben, die ihrerseits ebenfalls zur Entstehung der Kommunikationsnetzwerke beigetragen haben. Bei der Analyse eines disziplinären Feldes wie der Erziehungswissenschaften, die einer doppelten Heteronomie unterliegen, ist zusätzliche Vorsicht geboten; denn sie haben sich, wie aus der Einleitung und den vorangehenden Kapiteln deutlich wird, aus einer engen Interaktion mit beruflichen und andern disziplinären Referenzfeldern entwickelt.[3] Die in diesen Feldern definierten sozialen und wissenschaftlichen Relevanzkriterien bedingen die Entwicklung der Erziehungswissenschaften weitgehend; dies gilt auch für deren Publikationsorgane, die entweder aus den Berufsfeldern oder aus anderen Disziplinen heraus entstehen und ebenfalls zur Definition und Legitimation der Sozialformen der Erziehungswissenschaften beitragen, auch wenn es sich dabei nicht notwendigerweise um eigentliche Referenzmedien handelt. Unter Berücksichtigung dieser Überlegungen widmen wir uns im vorliegenden Kapitel der Erforschung der editorischen Infrastruktur und der Form des kognitiven Feldes der Erziehungswissenschaften in der Schweiz, wobei wir ein weit gefasstes Konzept der Kommunikationsmedien zugrunde legen. Es

3 Für den Untersuchungszeitraum insbesondere: Philosophie, Psychologie, Medizin, Biologie und Soziologie.

geht darum, die gesamte Spannweite der intellektuellen Aktivitäten der wichtigsten Protagonisten der Erziehungswissenschaften durch die Analyse ihrer Publikationstätigkeiten zu erfassen.[4]

Fragestellungen und Methoden

Welche editorische Infrastruktur konstruieren und verwenden die Protagonisten der Erziehungswissenschaften? Welche Formen der Publikationstätigkeit und des intellektuellen Engagements bevorzugen sie? Die Untersuchungen in den vorigen Kapiteln lassen eine gewisse Vielfalt der verwendeten Publikationsformen und des Zielpublikums erwarten, wenn man die Vielzahl der gesellschaftlichen, beruflichen und wissenschaftlichen Akteure des Feldes in Rechnung stellt. Die pluridisziplinär orientierten akademischen Akteure des disziplinären Feldes agieren zudem, wie aufgezeigt, vor dem Hintergrund sich kontrastierender institutioneller Traditionen und repräsentieren regional unterschiedliche soziale Funktionen. Wir erwarten also spezifische und regionale Unterschiede in der Art des Aufbaus der editorischen Infrastrukturen.

Wie verläuft die quantitative Entwicklung der Publikationen, und welche kognitiven Bereiche besetzen die Akteure des Feldes? Angesichts seiner zwar bescheidenen, aber permanenten Entwicklung erwarten wir ein kontinuierliches quantitatives Wachstum, das der Bedeutung und der Ausrichtung der Standorte entspricht. Dasselbe gilt auch für die kognitive Form der Erziehungswissenschaften: Wir gehen von einem kontinuierlichen Zuwachs des speziell der Pädagogik gewidmeten Teils der Publikationen aus und nehmen an, dass sich die kognitive Form des Feldes entlang den kulturellen Besonderheiten und lokalen Traditionen differenziert.

In diesem Zusammenhang wäre es von besonderem Interesse zu untersuchen, ob sich die Konfigurationen (vgl. Kapitel 8 in diesem Band) in der vorliegenden, auf kognitive Formen ausgerichteten Analyse wiederfinden lassen oder ob Letztere sich nach einer eigenen, die Konfigurationen transzendierenden Logik entwickeln. Wir stellen die Hypothese auf, dass an den Standorten mit philosophisch-pädagogischer Konfiguration mehr philosophische Publikationen entstehen als an den anderen; dies schliesst psychologische Publikationen nicht aus, die aber wahrscheinlich eher theoretisch bzw. eben philosophisch ausgerichtet sind. An den Standorten mit pä-

4 Der theoretische Rahmen sowie die verwendete Methode der folgenden Analyse waren bereits bei einer früheren, nur auf den Fall Genf bezogenen Untersuchung handlungsleitend; vgl. Hofstetter, 2004.

dagogischer Konfiguration werden die pädagogischen Publikationen überwiegen, und an Standorten mit psychologisch-pädagogischer Konfiguration hat die Psychologie Vorrang vor der Philosophie.

Bei Publikationen, die sich direkter und im engeren Sinne mit Pädagogik befassen, ist zu erwarten, dass an Standorten, die institutionell zur philosophisch-pädagogischen Konfiguration zu rechnen sind, Themen aus der allgemeinen und historischen Pädagogik grössere Bedeutung zukommt und an Standorten mit pädagogischer Konfiguration vor allem praktisch orientierte Schriften publiziert werden, während am Standort mit psychologisch-pädagogischer Konfiguration im weiteren Sinn empirische Veröffentlichungen und pädagogische Dokumentationen überwiegen.

Der Begriff des disziplinären Feldes, den wir im vorliegenden Band entwickeln, gestattet keine Umschreibung einer «disziplinären Gemeinschaft» im klassischen Sinn zur Bestimmung des für die Untersuchung herangezogenen Publikationskorpus. Es ist auch nicht möglich, *a priori* ein Ensemble eindeutig zum Feld gehörender editorischer Formen zu definieren oder andere auszuschliessen. Zur Untersuchung der den Akteuren zur Verfügung stehenden editorischen Infrastruktur und der kognitiven Form des Feldes wurde deshalb ein anderer Weg gewählt: Wir haben versucht, alle Veröffentlichungen der massgeblichen Repräsentanten der Erziehungswissenschaften (das heisst: der in Kapitel 13 definierten Akteure) zu erfassen, um gleichzeitig die von ihnen benutzte editorische Infrastruktur und die kognitive Form, die sie dem disziplinären Feld geben, untersuchen zu können. Wir wissen, dass ein Teil der Akteure ihre Publikationstätigkeit in anderen Disziplinen entfalten, obwohl sie dem disziplinären Feld zugehören. Deshalb müssen Publikationen sowohl aus feldfremden als auch aus verwandten und sich überschneidenden Disziplinen (v. a. bestimmten Dimensionen der Philosophie und der Psychologie) in das Korpus einbezogen werden; gleichzeitig ermöglicht ein solches Vorgehen die Untersuchung der Grenzen und der Umgebung des entstehenden disziplinären Feldes.

Für die Erstellung des Publikationskorpus haben wir folgende Quellen herangezogen:

- die (Jahres-)Berichte der aus dem disziplinären Feld entstandenen Institutionen sowie ihrer Referenzinstitutionen und -instanzen (insbesondere der universitären),
- die Biografien und Bibliografien der Akteure sowie
- die Datenbanken der Schweizer Bibliotheken.

Dementsprechend wurde ein erstes Datenkorpus mit 2452 Datensätzen eingerichtet. Ausser den üblichen bibliografischen Daten enthält jeder Datensatz Angaben zum jeweiligen kognitiven Bereich, die wie folgt kategorisiert wurden:

- *Pädagogik/Erziehungswissenschaften* (allgemeine Theorie der Erziehungswissenschaften, allgemeine Pädagogik, Geschichte der Pädagogik, pädagogische Dokumentation, Erziehungs- und Unterrichtsmethode, experimentelle Pädagogik);[5]
- *Pädagogische Psychologie* (pädagogische Tests/Evaluationen im pädagogischen Feld, Erziehungs- und Berufsberatung);
- *Psychologie* (allgemeine psychologische Theorie, Kinder- und Entwicklungspsychologie, psychologische Tests, Eignungstests, Psychotechnik, andere Bereiche der Psychologie);
- *Philosophie;*
- *andere Wissenschaftsdisziplinen;*
- *weitere, nicht klassifizierbare Bereiche* (militante Schriften, Denkschriften, Biografien, institutionelle Texte, unsicherer Status, sonstige).

Ein zweiter Datensatz bezieht sich speziell auf die editorischen Formen. Aufgrund der kulturellen Diskrepanzen zwischen den wichtigsten Schweizer Regionen haben wir zwischen den für die deutschsprachige Schweiz und den für die Romandie erfassten Publikationsformen unterschieden. Im Rahmen der Möglichkeiten und mithilfe virtueller Datenbanken oder in den Universitätsbibliotheken haben wir die Editionen ermittelt, in denen die Arbeiten der wichtigsten Akteure der Standorte während des Untersuchungszeitraums veröffentlicht wurden.

Wir haben dann die Anzahl der spezifischen Einträge in jeder Edition ermittelt, um deren Bedeutung im entstehenden Feld der Erziehungswissenschaften zu bestimmen. Dies ergab insgesamt 675 Datensätze (aus den ursprünglich 2452 Nennungen), von denen 250 (von ursprünglich 733 Nennungen) auf die deutschsprachige Schweiz und 425 (von ursprünglich 1719 Nennungen) auf die Romandie entfallen. Jeder Datensatz wurde hinsichtlich des Typs der Publikationsformen und des Typs des Zielpublikums der Publikationen kodiert.

5 Im weiteren Verlauf des Kapitels verwenden wir für diesen kognitiven Bereich den Begriff «Pädagogik» in einem übergreifenden Sinn, der alle in der Klammer angeführten Bereiche umfasst. Der ebenfalls mögliche Begriff «Erziehungswissenschaften» ist für die Beschreibung dieses kognitiven Bereichs zu umfassend, da er durch seine Pluralform auch Fachgebiete wie die Kinderpsychologie einschliesst, die aufgrund ihrer Methodologie, Konzepte und Fragestellungen dem Bereich der Psychologie angehören.

Editorische Infrastruktur

Publikationsformen und Editionstypen

Welche Publikationsformen werden von den Akteuren bevorzugt? Tabelle 15.1 fasst die wichtigsten Daten zusammen:

	Romandie*		Deutschsprachige Schweiz		Total	
	N	%	N	%	N	%
Bücher/Broschüren	334	19	291	40	625	25
Zeitschriften/Periodika	1363	79	442	60	1805	74
Unbekannt	22	1	0	0	22	1
Total	1719	100	733	100	2452	100

Tabelle 15.1
Von den Akteuren benutzte editorische Infrastruktur: Publikationsformen; nach Sprachraum; 1870–1950;
* Als «Romandie» oder «Westschweiz» werden die Publikationen gezählt, die in Genf, Lausanne und Freiburg produziert wurden. Von den 1719 Publikation stammen 1105 aus Genf.

Von den erfassten Publikationen sind 25 Prozent Bücher oder Broschüren, 74 Prozent erscheinen in Zeitschriften oder andern Periodika. Zwischen den Regionen zeigt sich ein signifikanter Unterschied: Die Zahl der veröffentlichten Bücher ist in der deutschsprachigen Schweiz doppelt so hoch (40%) wie in der Westschweiz

	Romandie		Deutschsprachige Schweiz		Total	
	N	%	N	%	N	%
Kommerziell	208	12	301	41	509	21
Institutionell/ verbandseigen	1485	86	432	59	1917	79
Unbekannt	26	2	0	0	26	1
Total	1719	100	733	100	2426	100

Tabelle 15.2
Von den Akteuren benutzte editorische Infrastruktur: Editionstypen; nach Sprachraum; 1870–1950

(19 %), wo Publikationen in Zeitschriften und Periodika bevorzugt werden (79 Prozent im Vergleich zu 60 in der deutschsprachigen Schweiz) (χ^2-Test $p < 0{,}001$).

Die zweite Analyse betrifft die Editionstypen. Handelt es sich um den kommerziellen Typus, der durch Fachverlage vertrieben und insbesondere durch den Buchhandel einem interessierten Publikum angeboten wird? Oder gehören die Publikationen zum institutionellen Typus der Fachzeitschriften, die von Organisationen, Verbänden oder Institutionen öffentlichen Interesses (politisch, pädagogisch, medizinisch, gewerkschaftlich, sozialkaritativ, religiös usw.) oder mit wissenschaftlicher Zielsetzung unter der Leitung von wissenschaftlichen Gesellschaften oder Universitätsinstituten, ohne kommerzielles Interesse herausgegeben werden?

Der Unterschied in den Publikationsformen findet sich in der Analyse der bevorzugten Editionstypen (kommerziell oder institutionell) (Tabelle 15.2) wieder. Zwar bevorzugen beide Regionen eindeutig institutionelle Herausgeber, die Tendenz ist jedoch bei den Akteuren aus der Romandie (86 %) signifikant ausgeprägter als bei denen der deutschsprachigen Schweiz (59 %) (χ^2-Test: $p < 0{,}001$). Dieser Trend hängt zweifellos mit den verwendeten Publikationsformen zusammen, da Zeitschriften und Periodika – anders als Bücher und teilweise Broschüren – grösstenteils institutionsgebunden sind.

Diese Daten liefern ein erstes Bild der Publikationstätigkeiten der Akteure. Quantitativ gesehen, werden allgemein häufiger Beiträge in Zeitschriften und Periodika als Bücher und Broschüren publiziert. Da Zeitschriften und Periodika in aller Regel mit Institutionen und Vereinigungen verbunden sind, sind diese auch die vorherrschenden Herausgeber. Hinsichtlich der beiden Regionen ist der Unterschied bei den Publikationsformen ebenso ausgeprägt wie bei den Editionstypen, zweifellos aus ähnlichen Gründen. Die pädagogische und die psychologisch-pädagogische Konfiguration, die hier unter der Region, in der sie dominant sind, erfasst wurden (heisst: der Romandie), sind beide stärker im Berufsfeld verankert und in Netzwerken organisiert als die philosophisch-pädagogische Konfiguration, die in der deutschsprachigen Schweiz dominiert (vgl. Kapitel 8 in diesem Band). Darin zeigt sich die Bedeutung, die ihre Repräsentanten den Veröffentlichungen in Verbands- und Institutionszeitschriften und -periodika zuordnen. Im Gegensatz dazu ist die Publikationstätigkeit in der deutschsprachigen Schweiz massgeblich auf die Arbeit Einzelner (in einer eher individuellen als kollektiven Logik) und auf die Entwicklung umfassender theoretischer Werke ausgerichtet und ordnet sich – wie oben gezeigt wurde – in die deutsche Tradition einer an der Philosophie ausgerichteten Pädagogik ein.

Zielpublikum

Zeichnen sich die Unterschiede bezüglich der bevorzugten Publikationsformen und Editionstypen auch beim Zielpublikum ab? In Tabelle 15.3 werden die ermittelten Adressaten aufgeführt:

- die Praktiker im pädagogischen Bereich sind die hauptsächlichen Nutzniesser (46,2 %) – zu dieser Zielgruppe gehören auch die Bildungsverwaltung und die Schulkader (7,0 %);
- das erziehungswissenschaftliche Publikum an den Universitäten (10 %) bildet die zweite Gruppe, deren Bedeutung relativ klein ist, wenn man sich vorstellt, dass es sich um die disziplinäre Referenzgruppe der Autoren handelt;
- die Psychologie (9,5 %) gilt ebenfalls als Zielpublikum, das fast dem der Erziehungswissenschaften gleichgestellt ist;
- weitere Zielgruppen werden in Arbeiten berücksichtigt, die sich an die *scientific community* anderer Disziplinen (4,7 %) und an die Philosophie (2,9 %) richten.

Die regionalen Unterschiede sind bedeutsam, ihre Interpretation ist jedoch schwierig. Tatsächlich schwächt die Quote der Publikationen in der deutschsprachigen Schweiz vom Typ der kommerziellen Herausgeber, bei denen das Publikum schwer einzugrenzen ist (36,7 %), die Aussagekraft der Daten. Wir haben bereits erwähnt,

	Westschweiz		Deutschsprachige Schweiz		Total		Sprachraumübergreifend	
Zielpublikum	N	%	N	%	N	%	N	%
Erziehungswissenschaften	199	11,6	69	9,4	268	10,9	36	19,1
Psychologie	204	11,9	28	3,8	232	9,5	8	4,3
Philosophie	35	2,0	35	4,8	70	2,9	0	0,0
Andere Wissenschaftsdisziplinen	78	4,5	38	5,2	116	4,7	1	0,5
Pädagogische Praktiker	912	53,1	222	30,3	1134	46,2	78	41,5
Bildungsverwaltung oder Schulkader	99	5,8	72	9,8	171	7,0	65	34,6
Kommerziell oder unbekannt	192	11,2	269	36,7	461	18,8	0	0,0
Total	1719	100,0	733	100,0	2452	100,0	188	100,0

Tabelle 15.3
Zielpublikum der Veröffentlichungen, nach Sprachregionen und sprachraumübergreifenden Publikationen

dass diese Veröffentlichungen für ein schwer identifizierbares Publikum zu einem guten Teil theoretischer, genauer: philosophischer Ausrichtung sind, wodurch sich auch die schwache und unerwartet geringe Quote der an ein ausschliesslich philosophisches Publikum gerichteten Werke erklärt.

Der zweite wichtige Unterschied betrifft die in der deutschsprachigen Schweiz im Vergleich zur Westschweiz signifikant niedrigere Anzahl der an pädagogische Praktiker adressierten Publikationen.

Andere Unterschiede sind ebenfalls bemerkenswert, etwa die geringe Quote der Veröffentlichungen in der deutschsprachigen Schweiz für ein psychologisches Publikum; umgekehrt ist der Anteil von an die Verwaltung adressierten Arbeiten der Akteure in der deutschsprachigen Schweiz im Vergleich zur Westschweiz prozentual signifikant höher. Vergleicht man jedoch die Anzahl dieser Arbeiten, gibt es in der Romandie mehr Veröffentlichungen, was von einer besonders signifikanten Zusammenarbeit der Akteure mit den Behörden zeugt, zumal die Westschweiz flächen- und bevölkerungsmässig weit kleiner ist als die deutschsprachige Schweiz. Anders formuliert: In der Westschweiz sind proportional mehr Verbindungen zwischen den Akteuren und den Schulbehörden nachweisbar als in der deutschsprachigen Schweiz.

Die überwiegende Mehrzahl der editorischen Standorte bleibt auf die jeweilige Region bzw. den Sprachraum ausgerichtet. Es gibt jedoch einige an Praktiker und Schulverwaltungen gerichtete Publikationsgefässe, in denen sowohl Akteure der deutschsprachigen Schweiz als auch Westschweizer publizieren. In ihnen werden die kulturellen und sprachlichen Grenzen bisweilen überwunden. Ein Ideenaustausch zwischen den Kulturregionen scheint also möglich, insbesondere, wenn es sich um die Information und Orientierung von Primarlehrpersonen, pädagogischem Personal oder Schulkadern handelt. Es ist also nicht die «Wissenschaft», die Kultur- und Sprachgrenzen überschreitet, sondern ihr Reflexionsgegenstand: die pädagogische Praxis.

Zusammenfassend lässt sich die starke Ausrichtung auf das Berufsfeld (Praktiker oder Schulverwaltung) als wichtigstes Ergebnis festhalten – dies gilt unabhängig von regionalen Unterschieden. Ebenso lässt sich feststellen, dass die Publikationstätigkeiten auf die sich konstituierenden Erziehungswissenschaften als zweitwichtigstem Zielpublikum ausgerichtet sind. Zwischen den beiden Kulturregionen bestehen in dieser Hinsicht jedoch beachtliche Unterschiede. Ein grosser Teil der Publikationen in der Kategorie «unbekannt» entfällt auf grössere theoretische Werke aus der deutschsprachigen Schweiz. Die Publikationstätigkeiten in der Westschweiz hingegen richten sich insbesondere an ein Publikum von Praktikern und, in geringerem Ausmass, von Psychologen. Die Ergebnisse unserer bisherigen Untersuchungen der editorischen Strukturen können in der provisorischen Aussage zusammengefasst werden, dass einer eher theoretischen Ausrichtung in der deutschsprachigen Schweiz eine eher praktische und empirische Ausrichtung in der Westschweiz gegenübersteht.

Beiträge der Akteure zur editorischen Infrastruktur

Die Akteure der einzelnen Standorte tragen einiges zur Entwicklung der editorischen Infrastruktur bei. Sie übernehmen dabei unterschiedliche Funktionen: Sie gründen Zeitschriften, walten als leitender Redaktor oder als Spartenredaktor, als Herausgeber einer Schriftenreihe oder als Mitglied eines Herausgeber-Komitees. Diese Funktionen verteilen sich wie folgt:

	Basel	Bern	Zürich	Freiburg	Lausanne	Genf	Total
Zeitschriftengründer	0	0	4	3	0	6	13
Leitender Redaktor	0	1	6	4	4	11	26
Spartenredaktor	0	1	3	2	0	1	7
Reihenherausgeber	0	1	2	3	0	5	11
Mitglied eines Herausgeberkomitees	0	0	0	0	0	6	6
Total	0	3	15	12	4	29	63

Tabelle 15.4
Editorische Funktionen der Akteure; nach Standorten; 1870–1950

Insgesamt nehmen die Akteure 63 Funktionen wahr, wobei manche mehrere auf sich vereinen (z.B. Gründer und Chefredakteur). Sie sind regelmässig an der Gründung von Zeitschriften oder Zeitungen beteiligt; sie übernehmen redaktionelle Verantwortung – die häufigste Funktion – oder sind für die Betreuung von Schriftenreihen zuständig. Als Mitglieder der Komitees kommen Akteure in Frage, die mit wissenschaftlichen Zeitschriften meist internationaler Verbreitung zusammenarbeiten.

Hinsichtlich der allgemeinen Verteilung nach Standorten nehmen die Akteure aus Basel, Bern und Lausanne keine oder nur wenige editorische Funktionen wahr. Deren Engagement ist zudem fast ausschliesslich im praktischen und administrativen Bereich zu verorten. Im Gegensatz hierzu sind die Akteure der andern Standorte (Freiburg, Genf und Zürich) sehr aktiv und tragen damit zur Etablierung sowie zum Unterhalt der editorischen Infrastruktur bei. Das Engagement der Akteure verteilt sich immer etwa entsprechend den verschiedenen Funktionen. Es bleibt zu bemerken, dass in Genf, über diese Ähnlichkeiten hinaus, ein doppelt so hohes und darüber hinaus auf die Psychologie ausgerichtetes editorisches Engagement besteht; dazu kommt, dass ausschliesslich die Genfer Akteure Mitglieder in Komitees wissenschaftlicher, im Fall Jean Piagets* und Edouard Claparèdes* zudem noch englischsprachiger Zeitschriften sind; daran zeigen sich Stellung und Einfluss des Standorts in den internationalen Netzwerken, denen diese Akteure ihre wissenschaftliche Aufmerksamkeit widmen.

Diese Daten zu den editorischen Tätigkeiten können durchaus als Spiegel der Bedeutung der verschiedenen Standorte in der Schweiz angesehen werden.

Fachliche Orientierung der Publikationen

Chronologische und geografische Entwicklung

Abbildung 15.1 vermittelt ein allgemeines Bild der grundlegenden Tendenzen hinsichtlich des Publikationsaufkommens im Untersuchungszeitraum.

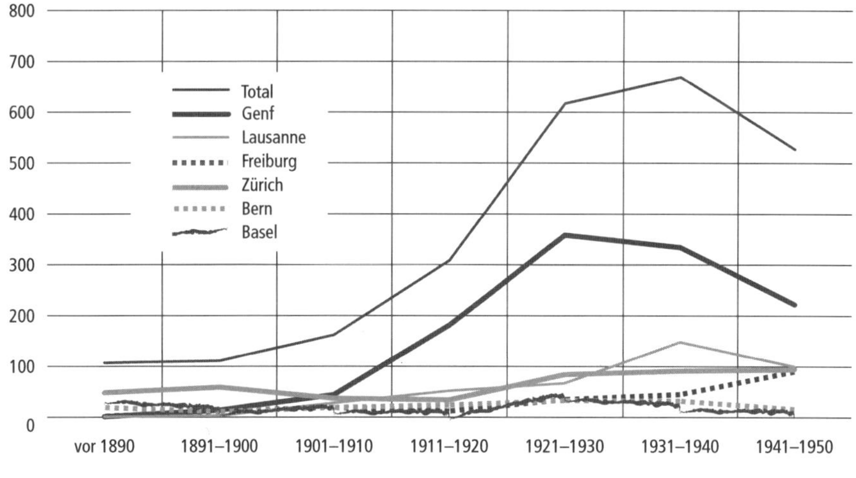

Abbildung 15.1
Allgemeine Entwicklung des Publikationsaufkommens an den einzelnen Standorten; 1870–1950

Es lassen sich drei Phasen unterscheiden:[6]

- eine erste Phase bis 1910: die Zahl der Veröffentlichungen erhöht sich geringfügig; die Standortverteilung zeigt wenig Veränderung;
- eine zweite Phase von 1911–1930: sprunghafter Anstieg der Zahl der Veröffentlichungen; alle Standorte sind an diesem Zuwachs in unterschiedlichem Ausmass beteiligt;
- eine dritte Phase von 1931–1950: nach einer Phase der Stagnation folgt ein Rückgang; die Standorte entwickeln sich sehr unterschiedlich.[7]

Während der ersten Phase zeigen sich also wenige Veränderungen. An den drei Standorten mit philosophisch-pädagogischer Konfiguration setzt das Wachstum früher ein, die andern Standorte holen aber ab 1910 auf, was den leichten Anstieg der Gesamtzahl der Publikationen erklärt.

Die Phase starker Entwicklung, die in den 1910er-Jahren beginnt, ergibt sich vor allem aus der explosionsartigen Zuwachsrate am Standort Genf, die mit der Gründung des *Institut Jean-Jacques Rousseau* (IJJR), dem sukzessiven Auftauchen neuer Akteure und der Organisation der lokalen Akteure in einem Netzwerk zusammenhängt. Zwischen 1911 und 1930 stammen 58 Prozent der erfassten Veröffentlichungen aus Genf. Es ist die Blütezeit der empirischen Ansätze, insbesondere der experimentellen Pädagogik, und der Reformpädagogik (vgl. Kapitel 12 in diesem Band). In dieser Periode erscheinen auch bedeutende Akteure, die aktives Interesse an der Verbreitung ihrer Arbeiten zeigen: Auf Pierre Bovet*, Edouard Claparède, Robert Dottrens*, Adolphe Ferrière* und Jean Piaget entfallen jeweils mehr als hundert Publikationen in unserer Datei. Auch Freiburg und Zürich tragen durch ihre kontinuierliche Entwicklung zum Wachstum bei. Der Freiburger Eugène Dévaud* ist mit 232 erfassten Publikationen in seiner vierzigjährigen Karriere der fruchtbarste Autor unseres Panels.

Die letzte Phase ist von Stagnation und Rückgang gekennzeichnet, was vor allem auf eine signifikante Abnahme der Anzahl der Genfer Publikationen zurückzuführen ist: Die Begeisterung, die mit den Verheissungen der Reformpädagogik einherging, legt sich allmählich. Dieser Rückgang wird von Freiburg und Lausanne – den beiden Standorten mit pädagogischer Konfiguration – teilweise aufgefangen: In Freiburg entwickelt sich während der 1930er-Jahre die Heilpädagogik, und in Lausanne

6 Wie bereits erwähnt, schliesst die Abbildung auch Publikationen aus Bereichen ein, die zwar mit der Pädagogik verbunden sind, sich jedoch von ihr unterscheiden.

7 Um den Text nicht zu überlasten, verzichten wir hier auf eine nach Standorten aufgeschlüsselte Tabelle (vgl. die Tabelle im Anhang zu diesem Kapitel).

profiliert sich Louis Meylan* als Autor mit relativ hohem Publikationsaufkommen. Die Produktion an den Standorten der deutschsprachigen Schweiz (philosophisch-pädagogische Konfiguration) stagniert oder ist rückläufig, auch wenn in Zürich eine Entwicklung stattfindet, die teilweise an die der pädagogischen Konfiguration erinnert. Sie hängt mit den ausseruniversitären Institutionen zusammen, die – ähnlich wie in Freiburg – Publikationen in neuen Bereichen wie der Heilpädagogik und der Psychotechnik vorlegen. Zudem kann festgestellt werden, dass die Kriegsjahre für alle Standorte – mit Ausnahme Lausannes – eine mehr oder weniger ausgeprägte Periode des Rückgangs der Veröffentlichungen darstellen.

Die quantitative Analyse der Publikationen zeigt die komplexe und nicht lineare Entwicklung der Erziehungswissenschaften. Sie setzt in der deutschsprachigen Schweiz früher ein, weil die Einrichtung der Sekundarlehrerausbildung zu einer schnelleren Institutionalisierung der Pädagogik im Umfeld der Philosophie führt, wie bereits dargestellt wurde. Die Produktion an diesen Standorten entwickelt sich indessen nur bescheiden und bleibt während des gesamten Untersuchungszeitraums im Wesentlichen auf demselben Niveau. Die Standorte mit pädagogischer Konfiguration (Lausanne und Freiburg) zeigen ein langsames, aber konstantes Wachstum. Genf weist ein völlig anderes Profil auf, das sich entscheidend auf die quantitative Entwicklung der Gesamtzahl der Publikationen auswirkt: Einer sprunghaften Entwicklung in den 1910er- und 1920er-Jahren folgt ein relativ deutlicher Rückgang. Von der rückläufigen Entwicklung während der Kriegsjahre ist das gesamte Feld betroffen.

Unsere Analyse führt zu zwei Schlussfolgerungen: Generell erfährt das Feld eine bedeutende quantitative Entwicklung. Die Unterschiede zwischen den einzelnen Konfigurationen werden deutlich, jedoch zeigen Standorte mit identischer Konfiguration eine relativ homogene Entwicklung, selbst wenn in Zürich aufgrund der Existenz ausseruniversitärer und in der Praxis verankerter Institutionen eine der pädagogischen Konfiguration entsprechende Entwicklung festgestellt werden kann.

Überblick über die fachliche Orientierung der Publikationen

Wie verteilt sich die Gesamtzahl der Publikationen auf die unterschiedlichen fachlichen Orientierungen?

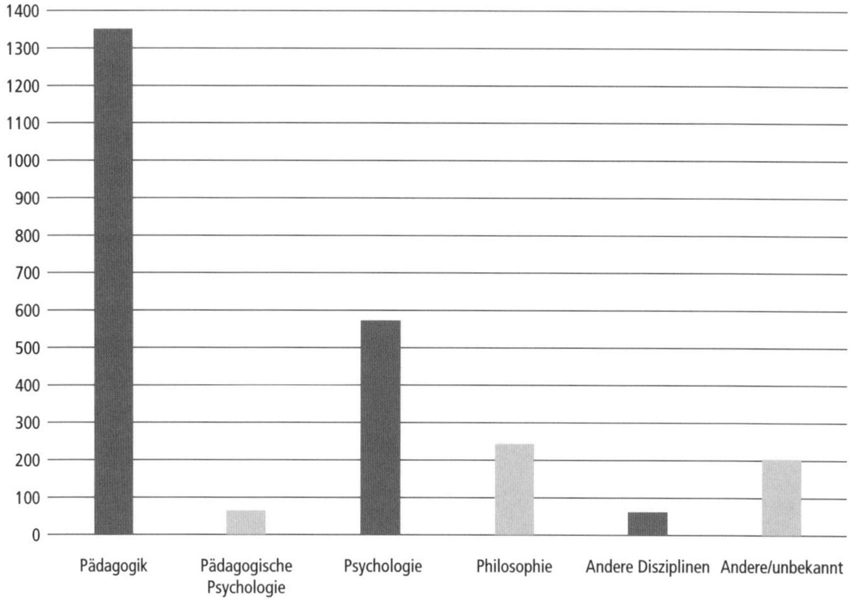

Abbildung 15.2
Verteilung der Publikationen nach Fachorientierung; 1870–1950

Die in Abbildung 15.2 dargestellte Verteilung bestätigt unsere Annahmen. Die Pädagogik[8] stellt erwartungsgemäss den grössten Anteil, gefolgt von der Psychologie (22%) und der Philosophie (10%). Die anderen fachlichen Orientierungen sind in sehr viel geringerem Mass vertreten: die pädagogische Psychologie mit 3 Prozent, andere Wissenschaftsdisziplinen mit 2 Prozent. Veröffentlichungen aus anderen Bereichen (militante Texte, Denkschriften usw.) und nicht klassifizierbare Publikationen machen 8 Prozent des Korpus aus.

Diese Verteilung ist während des Untersuchungszeitraums allerdings Schwankungen unterworfen (vgl. Abbildung 15.3).

8 Zur Bedeutung des Begriffs im vorliegenden Zusammenhang vgl. Fussnote 5 in diesem Kapitel.

Wie anzunehmen war, entfällt die Mehrzahl der Publikationen (mehr als die Hälfte der von uns erfassten) auf die Pädagogik; erstaunlich ist jedoch, dass die Publikationen dieser Kategorie, von einer Ausnahme abgesehen, bei 50 bis 60 Prozent am Insgesamt der Publikationen stagnieren. In welchen Bereichen sind die Protagonisten sonst noch tätig? Die Analyse der quantitativen Entwicklung der Veröffentlichungen in der Philosophie ist signifikant: Diese Publikationen sind gegen Ende des 19. und zu Beginn des 20. Jahrhunderts (als an den bereits fest etablierten Standorten der deutschsprachigen Schweiz relativ mehr publiziert wurde als in der Westschweiz) weit verbreitet, überschreiten aber seit 1911 kaum mehr 10 Prozent der Gesamtzahl. Seit Beginn des 20. Jahrhunderts steigt die Zahl der Publikationen in Psychologie schnell an und bleibt während der folgenden Jahre relativ stabil (zwischen 20 und 29 Prozent der Veröffentlichungen). Diese psychologischen Publikationen erreichen in den «wilden Jahren der Pädagogik» zwischen 1910 und 1930, in denen die Pädagogen hoffen, dass von den empirischen und psychologischen Erkenntnissen eine Erneuerung des Bildungs- und Erziehungswesens und eine Solidarität zwischen den Völkern ausgehen kann, ihren Höhepunkt. Die Publikationen zur pädagogischen Psychologie werden von der gleichen Hoffnung getragen, erscheinen in der Periode 1911 bis 1920 neu, entwickeln sich jedoch danach kaum mehr (5 Prozent

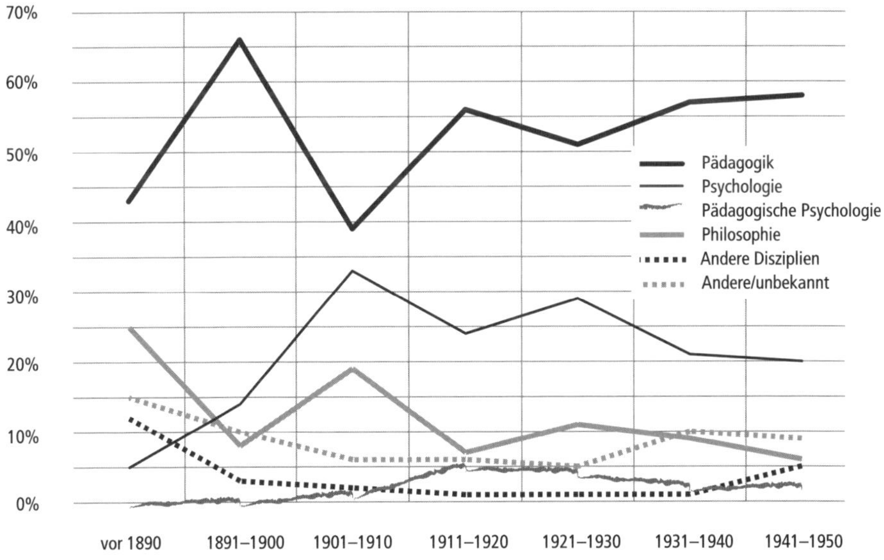

Abbildung 15.3
Entwicklung der Anzahl der Publikationen nach Fachorientierung; 1870–1950

der Publikationen zwischen 1911 und 1920, 4 Prozent im folgenden Jahrzehnt, danach 2 Prozent). Die Veröffentlichungen zu andern Wissenschaftsdisziplinen haben vor 1890 eine gewisse Bedeutung: Die Publikationen der Akteure decken hier ein weites Spektrum ab, einschliesslich der Geschichte und der Literatur.

Zusammenhänge zwischen Fachorientierungen, Standorten und Konfigurationen

Eine Verteilung der Fachorientierungen in Abhängigkeit der Standorte ermöglicht die Verfeinerung der Analyse. Ist eine Lesart hinsichtlich der institutionellen Konfigurationen möglich, und wenn ja, mit welchen Abstufungen?

	Basel		Bern		Zürich		Freiburg		Lausanne		Genf	
	N	%	N	%	N	%	N	%	N	%	N	%
Pädagogik	34	26	91	59	237	53	328	82	126	59	535	46
Pädagogische Psychologie	2	2	0	0	9	2	10	3	0	0	45	4
Psychologie	14	11	16	10	94	21	23	6	11	5	415	36
Philosophie	55	42	32	21	56	13	15	4	59	27	27	2
Andere Wissenschaftsdisziplinen	9	7	5	3	10	2	3	1	2	1	34	3
Andere und unbekannt	18	14	10	6	41	9	20	5	17	8	98	8
Total	132	100	154	100	447	100	399	100	215	100	1154	100

Tabelle 15.5
Gesamtübersicht der Publikationen; nach Fachorientierungen und Standorten; 1870–1950

Die in Tabelle 15.5 dargestellten Verhältnisse sind komplex und lassen keine einfache Gliederung nur nach Konfigurationen zu. In einer ersten Analyse können die Standorte nach den grössten Kontrasten unterschieden werden: Basel ist durch eine niedrige Publikationsquote in Pädagogik und eine hohe in Philosophie, Freiburg durch eine aussergewöhnlich hohe Quote in Pädagogik und Genf durch eine hohe Quote in Psychologie gekennzeichnet. Diese drei Standorte entsprechen den Erwartungen bezüglich der ermittelten philosophisch-pädagogischen, pädagogischen und psychologisch-pädagogischen Konfigurationen. Im Weiteren lässt sich eine zweite

Gruppe von Standorten unterscheiden: Bern und Lausanne, beide mit einem hohen Anteil von Veröffentlichungen in Pädagogik (59%) und relativ zahlreichen Publikationen in Philosophie. Diese Ausrichtung verortet sie zwischen den Positionen von Freiburg und Basel und erschwert die Bestimmung der Konfiguration: philosophisch-pädagogisch oder pädagogisch? Mit einer vergleichsweise geringen Quote in Pädagogik und einer hohen in Psychologie belegt schliesslich Zürich eine Position zwischen den beiden ersten Gruppen und der psychologisch-pädagogischen Konfiguration, wobei es sich von Letzterer durch eine relativ hohe Quote philosophischer Veröffentlichungen unterscheidet. Die Analyse der Fachorientierungen nach Standorten ermöglicht deshalb keinen einfachen Verweis auf die in Kapitel 8 erläuterten Konfigurationen.

Daraus ergibt sich, dass es keine automatische Beziehung zwischen kognitiven Formen und institutionellen Dimensionen gibt. Tatsächlich wurden die Konfigurationen auf der Basis sowohl institutioneller als auch kognitiver Daten definiert, die sich zwar gegenseitig bedingen, aber gleichzeitig teilweise autonom entwickeln; die hier untersuchten kognitiven Formen wurden ausschliesslich auf der Basis der Verteilung von Publikationen nach Fachorientierungen konstruiert, was ermöglicht, diese Autonomie deutlich zu machen.

Die chronologische Entwicklung der Verteilung der Publikationen nach unterschiedlichen Fachorientierungen bietet die Gelegenheit, der zu Beginn unserer Arbeit gestellten Frage nach einem Zusammenhang zwischen institutionellen Dimensionen und kognitiven Formen der Konfigurationen ausführlicher nachzugehen.

Entwicklung der kognitiven Formen in Abhängigkeit von Standorten und Konfigurationen

Die Abbildungen 15.4a, 15.4b und 15.4c zeigen die generelle Entwicklung der zu Konfigurationen zusammengefassten Standorte; die Tabelle im Anhang zu diesem Kapitel dokumentiert die Datengrundlage nach Standorten. Diese beiden Darstellungen sollen eine genauere Interpretation des Verhältnisses zwischen institutionellen Dimensionen und kognitiven Formen ermöglichen.

Die *philosophisch-pädagogische Konfiguration* (Abbildung 15.4a) ist durch starke Fluktuationen gekennzeichnet; deren Interpretation ist nicht einfach. Zwei Elemente sind hier hervorzuheben: Die Pädagogik überwiegt zu Beginn und zu Ende des Untersuchungszeitraums stark, während die Psychologie zu Beginn des 20. Jahrhunderts mit ihr fast gleichzieht. Die Philosophie ist immer sehr präsent, folgt aber nach 1890 einer der Psychologie vergleichbaren Entwicklung. Weshalb? Für die rasante und gemeinsame Entwicklung der Pädagogik, Psychologie und Philosophie in der Nachkriegszeit gibt es verschiedene Gründe. Eine detaillierte Analyse der Standorte (vgl. die Tabelle im Anhang zu diesem Kapitel) zeigt, dass diese erstaunliche Entwicklung zu einem wesentlichen Teil von Zürich ausgeht. An den Standorten Basel und Bern dominieren Pädagogik und Philosophie während des gesamten Untersuchungszeitraums. In Zürich hängt der erste Aufschwung der Psychologie (1901–1910) mit Ernst Meumann* zusammen, dessen Anwesenheit die Entwicklung eines empirischen Ansatzes in der Pädagogik andeutet. In Zürich erklärt sich die steigende Zahl der Veröffentlichungen zudem massgeblich durch die Differenzierung des Feldes (Lehrerausbildung und Heilpädagogik). Gleichzeitig praktizieren Gotthold Lipps* und Arthur Wreschner* eine stark an der theoretischen Psychologie ausgerichtete Philosophie, die jedoch kaum mit empirischen Verfahren verbunden wird. Der in der letzten Periode feststellbare Rückgang ist auf den Wegfall des Basler und die Schwächung des Berner Lehrstuhls nach dem Tod Carlo Sganzinis* zurückzuführen – zwei Entwicklungen, die von derjenigen in Zürich nicht kompensiert werden können. Im Allgemeinen beinhalten die Veröffentlichungen also eine bedeutende psychologische Komponente, insbesondere durch den Einbezug eines Teils der theoretischen Psychologie. In diesem Sinn und unter Berücksichtigung der Gesamtheit der Publikationen der Akteure des disziplinären Feldes lässt sich tatsächlich eine philosophisch-pädagogische Konfiguration feststellen, in der ab 1920 und, in noch stärkerem Ausmass, ab 1930 die Pädagogik dominiert. Aber um welche Pädagogik handelt es sich dabei? Unterscheidet sich dieser Teil der Publikationen von den anderen, und insbesondere von denen der pädagogischen Konfiguration? Wir kommen hierauf im nächsten Abschnitt zurück.

Die Entwicklung der *pädagogischen* Konfiguration (Abbildung 15.4b) entspricht den Erwartungen hinsichtlich ihrer institutionellen Merkmale: eine starke und gleichmässige Zunahme der Publikationen in Pädagogik und ein fast völliges Fehlen von Publikationen mit andern Fachorientierungen. Eine nach Standorten differenzierte Analyse zeigt, dass dieser Anstieg hauptsächlich auf Freiburg und insbesondere auf den Pädagogen Eugène Dévaud zurückzuführen ist, dessen regelmässige Beiträge in der Lehrerzeitschrift *Bulletin pédagogique* sein Engagement in der Primarlehrerausbildung belegen. Gegen Ende des Untersuchungszeitraums löst der nach Lausanne berufene Louis Meylan hinsichtlich editorischer Produktivität Eugène Dévaud ab; er befasst sich vor allem mit pädagogischen (und philosophischen) Fragestellungen im Hinblick auf die Ausgestaltung der Sekundarstufen. Die Philosophie bleibt insbesondere zwischen 1920 und 1940 präsent: Arnold Reymond*, Inhaber des Lehrstuhls für Philosophie in Lausanne, der auch die Pädagogik mit einschliesst, entwickelt bedeutende intellektuelle Aktivitäten in seiner

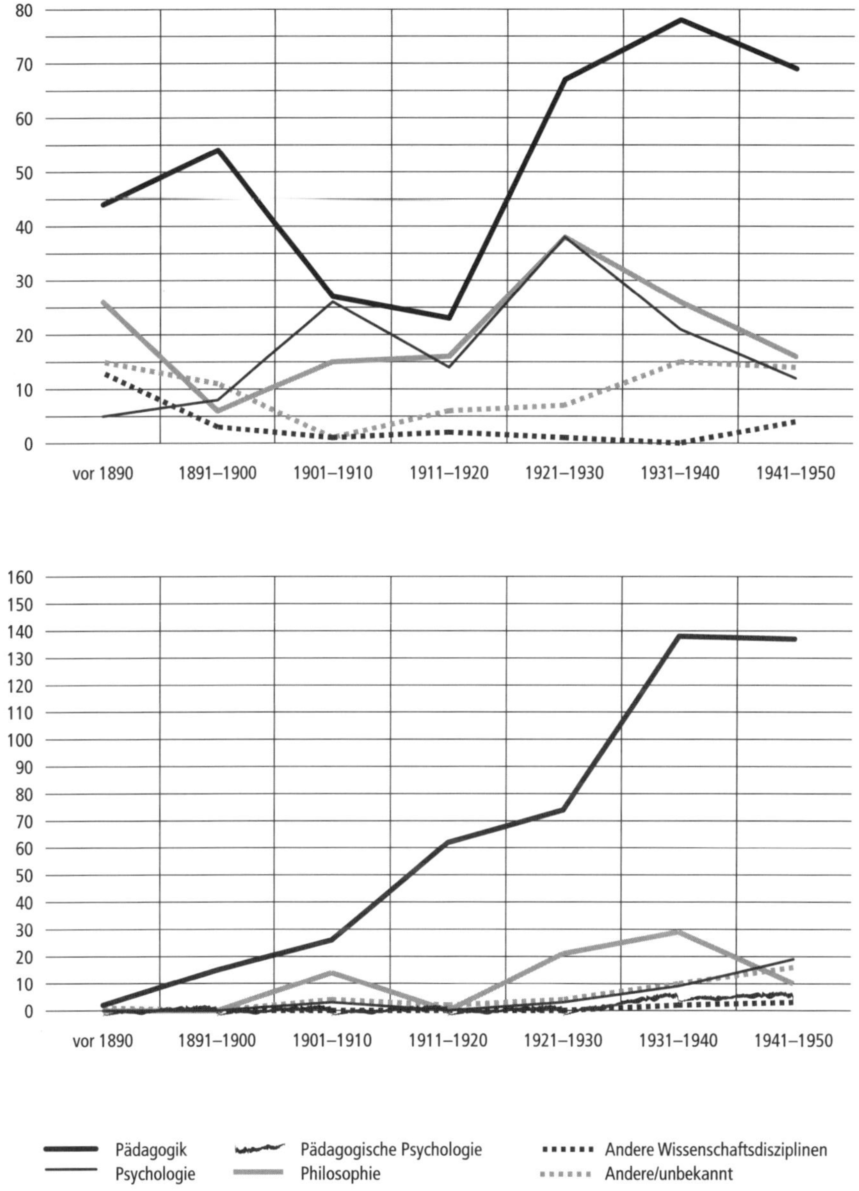

Abbildungen 15.4a und b
Entwicklung der Fachorientierungen der Publikationen innerhalb der philosophisch-pädagogischen (a) und pädagogischen Konstellation (b) (in absoluten Zahlen); 1870–1950

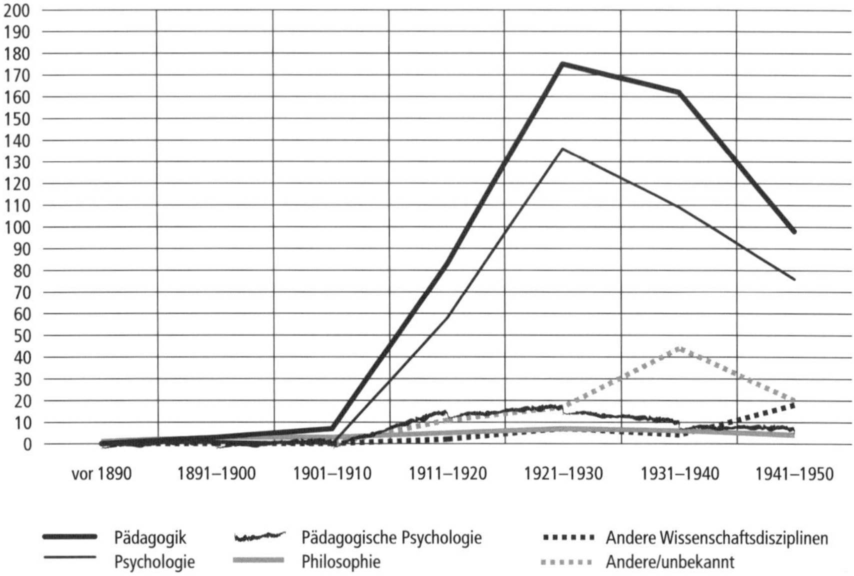

Abbildung 15.4c
Entwicklung der Fachorientierungen der Publikationen innerhalb der psychologisch-pädagogischen Konfiguration (in absoluten Zahlen); 1870–1950

Referenzdisziplin. Ganz am Ende des Untersuchungszeitraums lässt sich zudem in Freiburg eine gewisse Zunahme der Veröffentlichungen in Psychologie erkennen: eine sichtbare Spur der Arbeiten von Josef Spieler* und Eduard Montalta*, die beide in der damals eng an der empirischen Psychologie orientierten Heilpädagogik publizieren.

Auch die *psychologisch-pädagogische* Konfiguration (Abbildung 15.4c) zeigt ein erwartbares Verteilungsprofil der Publikationen: Pädagogik und Psychologie entwickeln sich parallel, immer mit einem gewissen Übergewicht der Ersteren. Zu diesen beiden dominierenden Fachorientierungen kommt noch die pädagogische Psychologie, insbesondere im Zeitraum des Anstiegs (1911–1920) und den veröffentlichungsreichen Jahren (1921–1930 sowie, bereits abnehmend, 1931–1940). Während der letzten Periode erfolgt ein Rückgang, der auf einen erheblich geringeren Zuwachs der Akteure in diesem Bereich zurückzuführen und zudem im Zusammenhang mit der internationalen Krise zu sehen ist. Das Verhältnis zwischen den Fachorientierungen ändert sich jedoch kaum.

Anhand dieser Analyse werden die Bedeutung bestimmter Akteure im Sinne von Schlüsselfiguren und gleichzeitig der sozialen Kontexte deutlich, in denen sich die Institutionen entwickeln und mit denen die Akteure enge, aber unterschiedliche, den jeweiligen institutionellen Konfigurationen entsprechende Verbindungen unterhalten.

Fokus Pädagogik und Psychologie

Diese erste Betrachtung der kognitiven Form der Erziehungswissenschaften und ihrer Umgebung anhand der Gesamtzahl der Publikationen muss durch eine Analyse auf der Grundlage der spezifischen, mit dem Feld verbundenen Publikationen vervollständigt werden. Hierzu wurden zwei Untersuchungen durchgeführt. Die erste beschreibt detailliert die Veröffentlichungen in unterschiedlichen pädagogischen Bereichen einschliesslich der pädagogischen Psychologie; die zweite berücksichtigt die Arbeiten der Psychologie mit pädagogischem Fokus (vor allem Fragen des Testens und Messens im pädagogischen Bereich).

	Philosophisch-pädagogische Konfiguration		Pädagogische Konfiguration		Psychologisch-pädagogische Konfiguration		Total	
	N	%	N	%	N	%	N	%
Allgemeine und historische Pädagogik	208	55,8	233	50,2	181	31,6	622	44,1
Erziehungs- und Unterrichtsmethoden	70	18,8	124	26,7	160	27,9	354	25,1
Pädagogische Dokumentation	78	20,9	91	19,6	156	27,2	325	23,0
Empirische Ansätze	17	4,5	16	3,5	76	13,3	109	7,7
Total	373	100,0	464	100,0	573	100,0	1410	100,0

Tabelle 15.6
Publikationen in pädagogischen Themenfeldern; nach Konfigurationen; 1870–1950

Tabelle 15.6 zeigt deutliche Unterschiede zwischen der philosophisch-pädagogischen und der pädagogischen Konfiguration einerseits und der psychologisch-pädagogischen Konfiguration andererseits. Während die Publikationen zur allgemeinen und historischen Pädagogik mehr als die Hälfte der Publikationen der beiden Ersteren ausmachen, betreffen in der psychologisch-pädagogischen Konfiguration weniger als ein Drittel der Publikationen dieser Kategorie. Umgekehrt unterscheidet sich Letztere von den beiden Ersteren vor allem durch die empirischen Ansätze.

In anderen Bereichen (Methoden und pädagogische Dokumentation) gibt es keine nennenswerten Unterschiede. Letztere bilden, rein quantitativ gesehen, vergleichbare Untersuchungsfelder für alle drei Konfigurationen, auch wenn die pädagogische Konfiguration eher Publikationen zu den Methoden und die psychologisch-pädagogische eher solche zur pädagogischen Dokumentation beiträgt.

Darin zeigt sich ein Paradoxon: Ausgehend von den Publikationen im Zentrum des disziplinären Feldes, können die beiden ersten Konfigurationen hinsichtlich ihrer kognitiven Form kaum unterschieden werden. Offensichtlich wird das Verhalten der Akteure und deren «Mitgliedschaft» in den Erziehungswissenschaften durch institutionelle Unterschiede definiert. Die Publikationstätigkeit der Akteure innerhalb der Erziehungswissenschaften lässt die Unterschiede der ersten beiden Konfigurationen verschwimmen. Dagegen zeichnet sich die psychologisch-pädagogische Konfiguration durch eine gewisse Eigenheit aus. In einem enger gefassten und durch pädagogische Publikationen definierten Feld lassen sich also nicht mehr drei, sondern nur noch zwei kognitive Formen unterscheiden.

Während sich in der Entwicklung der pädagogischen und der psychologisch-pädagogischen Konfiguration keine auf die Zeitperioden bezogenen Unterschiede feststellen lassen und allgemein die Beobachtungen aus dem gesamten untersuchten Zeitraum bestätigt werden (vgl. die Tabelle im Anhang zu diesem Kapitel), lässt sich bei der Entwicklung der philosophisch-pädagogischen Konfiguration eine bedeutsame und interessante Veränderung feststellen, die in Abbildung 15.5 deutlich wird.

Abbildung 15.5 verweist auf zwei Unterscheidungsmerkmale: Erstens spielen die Kategorien «Erziehungs- und Unterrichtsmethodik» und «pädagogische Dokumentation», denen noch die «empirischen Ansätze» hinzuzufügen sind, eine ebenso wichtige Rolle wie die «allgemeine und historische Pädagogik». Dies dauert bis zum Weggang Ernst Meumanns aus Zürich an. Zweitens beginnt dann ab 1911 eine Phase, in der die «allgemeine und historische Pädagogik» mit teilweise mehr als 70 Prozent der Veröffentlichungen überwiegt; die empirischen Ansätze dagegen verschwinden vollständig. Diese Beobachtung bestätigt die früher formulierte Hypothese, dass zu einem gegebenen Zeitpunkt ein Potenzial für eine andere, empirische oder pädagogisch-psychologische Entwicklung vorhanden ist, die jedoch aus bereits erwähnten Gründen nicht stattfindet; man kann, ganz im Gegenteil, einen kontinuierlichen Rückgang empirischer Ansätze feststellen.[9] Die Abbildung belegt

9 An den Standorten der deutschsprachigen Schweiz findet – hauptsächlich nach dem hier untersuchten Zeitraum – eine vollständige «Emigration» der empirischen Ansätze in die Psychologie statt.

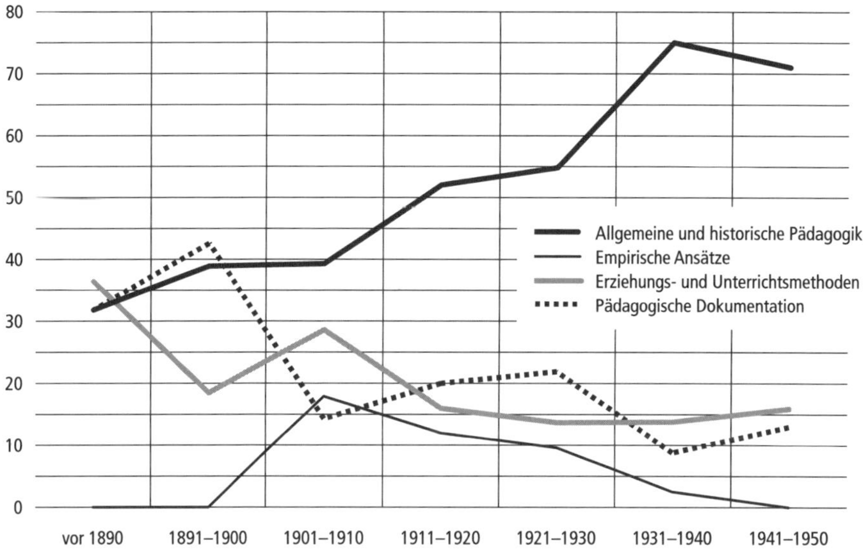

Abbildung 15.5
Entwicklung der pädagogischen Themenfelder in der philosophisch-pädagogischen Konfiguration; 1870–1950

ebenfalls, dass sich die oben definierte kognitive Form nach dem Ersten Weltkrieg durchsetzt.

In der thematischen Orientierung der psychologischen Publikationen (Tabelle 15.7) lässt sich eine eindeutige Unterscheidung zwischen der philosophisch-pädagogischen Konfiguration und den beiden anderen beobachten. In Ersterer sind die psychologischen Publikationen weniger auf das Kind bzw. auf dessen Entwicklungen und Tests ausgerichtet, sondern eher auf theoretische Fragestellungen, bleiben also entweder allgemein und orientieren sich häufig an der Philosophie oder beziehen sich auf Spezialbereiche wie Ästhetik, Wahrnehmung und andere Bereiche. In den beiden anderen Konfigurationen hingegen nehmen die Kinder- und Entwicklungspsychologie und Tests eine wichtigere Stellung ein. Es handelt sich dabei um psychologische Themenfelder, die in aller Regel direkt mit pädagogischen Themenfeldern assoziierbar und auch assoziiert sind und Schnittstellen zum disziplinären Feld der Erziehungswissenschaften aufweisen. Die Analyse der Veröffentlichungen aus anderen Bereichen der Psychologie zeigt übrigens, dass es sich dabei meist um empirische Arbeiten handelt. Diese Tendenzen bestätigen die Ausrichtung der psychologisch-pädagogischen Konfiguration. Eine detailliertere Analyse der pädagogischen Konfigurationen zeigt, dass die Aktivitäten im Bereich der Kinderpsychologie vor allem den beiden letzten Perioden ab den 1930er-Jahren zuzuordnen sind, in denen sich auch die Heilpädagogik entwickelt und sich in Freiburg eine Entwicklung in Richtung eher empirischer Ansätze abzeichnet.

	Philosophisch-pädagogische Konfiguration		Pädagogische Konfiguration		Psychologisch-pädagogische Konfiguration		Total	
	N	%	N	%	N	%	N	%
Kinder- und Entwicklungspsychologie	25	20,2	11	32,4	134	35,3	170	31,6
Allgemeine psychologische Theorie	24	19,4	2	5,9	24	6,3	50	9,3
Andere Bereiche der Psychologie	57	46,0	14	41,2	140	36,8	211	39,2
Psychologische Tests und Psychotechnik	18	14,5	7	20,6	82	21,6	107	19,9
Total	124	100,0	34	100,0	380	100,0	538	100,0

Tabelle 15.7

Publikationen in psychologischen Themenfelder; nach Konfigurationen; 1870–1950

Die genaueren Analysen der kognitiven Form in den beiden massgeblichen disziplinären Referenzfeldern (Pädagogik im übergeordneten Sinn [Tabelle 15.6] und Psychologie [Tabelle 15.7]) liefern differenzierte Ergebnisse. Die spezifische Ausrichtung der psychologisch-pädagogischen Konfiguration wird bestätigt: Eine gewisse Ausgewogenheit zwischen den verschiedenen Themenfeldern der Pädagogik und den psychologischen Arbeiten weist auf eine anhaltende und ausgeprägte Beschäftigung mit pädagogischen Fragen hin. Die beiden anderen Konfigurationen sind dagegen von einer Dominanz der allgemeinen Pädagogik und dem fast völligen Fehlen empirischer Arbeiten geprägt. Generell zeichnen sich somit die pädagogische und die philosophisch-pädagogische Konfiguration durch dieselbe kognitive Form aus, und ihre Unterscheidung ist im Wesentlichen aufgrund der institutionellen Ausrichtung möglich.[10]

10 Es bestehen dennoch gewisse Unterschiede: Bei der philosophisch-pädagogischen Konfiguration gibt es eine «empirische» Periode, und bei der pädagogischen Konfiguration in Freiburg lässt sich ab den 1930er-Jahren eine Zunahme der Arbeiten im Bereich der empi-

Entgegen unseren Erwartungen ist also die kognitive Form der philosophisch-pädagogischen und der pädagogischen Konfiguration trotz der Unterschiede, die sich aus der Analyse der psychologischen Publikationen ergeben, im Wesentlichen identisch. Ein direkter oder linearer Bezug zwischen institutioneller Ausrichtung und kognitiver Form kann weder beobachtet noch angenommen werden. Offensichtlich konnten sich lediglich zwei sich kontrastierende kognitive Formen etablieren, und offensichtlich waren im Bereich Bildung und Erziehung mit der Psychologie und der Philosophie zwei Referenzdisziplinen notwendig, um der Pädagogik, die nicht über die notwendige Autonomie für eine selbstständige Entwicklung verfügte, Rückhalt oder aber Konfrontationsmöglichkeiten zu bieten.

Kognitive Formen und Konfigurationen des disziplinären Feldes

Unsere Analysen zeigen die Erziehungswissenschaften als ein im Aufbau befindliches disziplinäres Feld, dessen Akteure die editorische Infrastruktur zur Verbreitung der Resultate ihrer intellektuellen Tätigkeiten, mehr noch aber zur Unterstützung und Orientierung der pädagogischen Tätigkeiten im Berufsfeld nutzen: Die Erziehungswissenschaften richten sich hauptsächlich an die Praktiker im Bildungs- und Erziehungswesen und an die Schulbehörden; deren pädagogische Reflexion zielt also in erster Linie auf Intervention in praktischen Betätigungsfeldern und der Bildungspolitik ab. Sie verfügen deshalb einerseits über eine ausgeprägte Sensibilität für regionale und sogar lokale gesellschaftliche Beeinflussungsversuche und Problemlagen, andererseits sind sie von Anfang an – unabhängig von Standorten und Sprachregionen – stark von aussen bestimmt. Die Sprachregionen unterscheiden sich primär durch ihre vorherrschenden Orientierungen: Die Erziehungswissenschaften in der Westschweiz sind enger mit dem Berufsfeld und der Psychologie verbunden, in der deutschsprachigen Schweiz neigen sie dagegen eher zu Theoriebildung und orientieren die Pädagogik an der Philosophie.

Die Akteure beteiligen sich signifikant an Einrichtung und Unterhalt der editorischen Infrastrukturen, je nach Standort jedoch unterschiedlich. Die Existenz vieler Zeitschriften und Publikationsreihen ist von ihnen abhängig, ungeachtet, ob es sich um wissenschaftliche Publikationen, um hybride Publikationsformen oder

rischen Psychologie, insbesondere der Kinderpsychologie feststellen. Zudem sind die Veröffentlichungen der philosophisch-pädagogischen Konfiguration stärker theorieorientiert, auch in den Bereichen der Psychologie.

sogar um praktische und berufsbezogene Publikationen handelt. Dies kann als weiteres Indiz für die Heteronomie der Erziehungswissenschaften gelten.

Die Analyse der editorischen Infrastruktur bestätigt insgesamt unsere Hypothesen. Was sagt jedoch die Analyse der kognitiven Formen auf der Grundlage der Publikationen der Akteure aus?

Zunächst lässt sich feststellen, dass die Publikationstätigkeit der Akteure der Erziehungswissenschaften bis in die 1930er-Jahre eine rasante Entwicklung erfährt, die danach abbricht und während des Zweiten Weltkrieges zurückgeht. Diese lebhafte Bewegung, die mit der im ersten Teil dieses Bandes beschriebenen institutionellen Entwicklung einhergeht, spiegelt die Aspirationen und Hoffnungen, mit denen die Pädagogik von der Jahrhundertwende bis in die Zwischenkriegszeit verbunden wurde.

Erwartungsgemäss zeigt die Verteilung der Publikationen im Hinblick auf ihre Fachorientierung eine permanente Dominanz der Pädagogik in ihren unterschiedlichen Ausprägungen. Die Pädagogik, die das Zentrum des disziplinären Feldes repräsentiert, verbindet sich aber mit zwei weiteren Disziplinen, der Philosophie und der Psychologie, deren Bedeutung sich während des untersuchten Zeitraums signifikant verändert. Die Philosophie ist zunächst die massgebliche Referenz, wird aber von der Psychologie eingeholt und abgelöst. Die paradigmatische Ausrichtung der Erziehungswissenschaften verändert sich also im Lauf der Zeit grundlegend.

Diese Entwicklung verläuft an den Standorten jedoch unterschiedlich. Die Unterschiede betreffen die jeweilige Gewichtung von Pädagogik, Philosophie und Psychologie. Eine diachrone Detailanalyse zeigt, dass die Standorte auf einem Kontinuum situiert werden können: Am einen Ende liegt Basel mit einer stark philosophischen Ausrichtung; danach kommt Bern, wo die Philosophie durch eine bedeutende pädagogische Ausrichtung ergänzt wird; in Freiburg überwiegt diese letztere Ausrichtung eindeutig; in Genf, am anderen Ende des Kontinuums, verschwindet die Philosophie letztendlich fast vollständig zugunsten der Psychologie, die teilweise sogar die Pädagogik verdrängt. Lausannes Ort auf dem Kontinuum entspricht zunächst demjenigen Berns, später demjenigen Freiburgs. Zürich, das in diesem Kontinuum schwer zu verorten ist, weist ausser einer pädagogischen und philosophischen Ausrichtung einen nicht zu vernachlässigenden Anteil an Psychologie auf, die jedoch eher theoretischer und philosophischer als empirischer Natur ist und somit teilweise der philosophischen Ausrichtung zuzuordnen ist. Wie bereits ausgeführt wurde, lässt sich in Zürich – und in einem geringeren Mass auch in Bern und Basel – ein Zeitpunkt in der Entwicklung erkennen, an dem die Möglichkeit einer Entwicklung in Richtung eines eher psychologisch-pädagogischen Paradigmas sichtbar wird; diese Möglichkeit wird dann ab den 1920er-Jahren in Freiburg realisiert.

Die kognitive Form der Erziehungswissenschaften spiegelt also nicht automatisch die drei Konfigurationen wider, auch wenn sich Basel, Bern und Zürich tendenziell in Richtung einer kognitiven Form, die man tatsächlich als philosophisch-pädagogisch dominiert bezeichnen könnte,[11] Freiburg in Richtung einer pädagogisch dominierten und Genf in Richtung einer psychologisch-pädagogisch dominierten kognitiven Form entwickeln. Institutionelle Dimensionen und kognitive Formen der Konfigurationen bedingen sich wechselseitig, es findet jedoch keine Überdeterminierung statt.

Die Detailanalyse der Publikationen, die sich mit pädagogischen Themenfeldern als Zentrum der Erziehungswissenschaften befassen, bestätigt diese Teilautonomie. Sie macht zunächst ein allen Standorten gemeinsames Engagement hinsichtlich Erziehungs- und Unterrichtsmethoden und pädagogischer Dokumentation sichtbar. Darüber hinaus zeigt sie insbesondere, dass es auf dieser Ebene nicht drei, sondern lediglich zwei deutlich unterscheidbare kognitive Formen gibt:

- eine stark auf allgemeine Pädagogik und Ideengeschichte ausgerichtete Form, in der sich das traditionelle, von der Philosophie abhängige Paradigma fortsetzt;
- eine auf die sich seit der Jahrhundertwende entwickelnden empirischen Ansätze ausgerichtete Form.

Das disziplinäre Feld ist also gleichzeitig homogen und heterogen. Während ein allgemeines, durch eine starke soziale und disziplinäre Heteronomie gekennzeichnetes Paradigma allen Standorten gemeinsam ist, zeigen sich die Prozesse der Differenzierung hauptsächlich in den Unterschieden in der Beziehung zu den Referenzdisziplinen, insbesondere der Philosophie und der Psychologie, in Unterschieden im Verhältnis zu den pädagogischen Praxisfeldern und einer mehr oder weniger grossen Nähe zu den pädagogischen Berufen und den Bildungs- und Erziehungsbehörden sowie in Unterschieden im erziehungswissenschaftlichen Selbstverständnis und Arbeiten: praktische Beratung und theoretische Arbeiten *versus* empirische Bearbeitung von Daten zur Begründung von gesichertem Wissen, insbesondere über die kindliche Entwicklung.

11 Zürich ist durch seine Öffnung in Richtung Pädagogik und Psychologie, die sich aus der dort vergleichsweise fortgeschrittenen internen Differenzierung ergibt, sicher ein Sonderfall.

Anhang: Anzahl und Verteilung der Publikationen nach Fachorientierung, Standorten und Perioden; 1870–1950

	total		vor 1890		1891–1900		1901–1910		1911–1920		1921–1930		1931–1940		1941–1950	
Basel	N	%	N	%	N	%	N	%	N	%	N	%	N	%	N	%
Pädagogik	34	26	3	8	5	42	8	53	1	20	10	25	6	32	1	20
Päd. Psychologie	2	2	0	0	0	0	0	0	0	0	1	3	1	5	0	0
Psychologie	14	11	3	8	0	0	0	0	0	0	8	20	3	16	0	0
Philosophie	55	42	15	42	2	17	5	33	2	40	21	53	6	32	4	80
Andere Wissen-schaftsdisziplinen	9	7	6	17	2	17	1	7	0	0	0	0	0	0	0	0
Andere oder unbekannt	18	14	9	25	3	25	1	7	2	40	0	0	3	16	0	0
total	132	100	36	100	12	100	15	100	5	100	40	100	19	100	5	100
Bern	N	%	N	%	N	%	N	%	N	%	N	%	N	%	N	%
Pädagogik	91	59	13	68	11	100	10	53	9	38	22	67	17	53	9	56
Päd. Psychologie	0	0	0	0	0	0	0	0	0	0	0	0	0	0	0	0
Psychologie	16	10	0	0	0	0	5	26	2	8	3	9	4	13	2	13
Philosophie	32	21	0	0	0	0	4	21	8	33	7	21	10	31	3	19
Andere Wissen-schaftsdisziplinen	5	3	3	16	0	0	0	0	2	8	0	0	0	0	0	0
Andere / unbekannt	10	6	3	16	0	0	0	0	3	13	1	3	1	3	2	13
total	154	100	19	100	11	100	19	100	24	100	33	100	32	100	16	100

Zürich	N	%	N	%	N	%	N	%	N	%	N	%	N	%	N	%
Pädagogik	237	53	28	58	38	64	9	24	13	38	35	42	55	60	59	63
Päd. Psychologie	9	2	0	0	0	0	1	3	2	6	5	6	1	1	0	0
Psychologie	94	21	2	4	8	14	21	57	12	35	27	32	14	15	10	11
Philosophie	56	13	11	23	4	7	6	16	6	18	10	12	10	11	9	10
Andere Wissen-schaftsdisziplinen	10	2	4	8	1	2	0	0	0	0	1	1	0	0	4	4
Andere/unbekannt	41	9	3	6	8	14	0	0	1	3	6	7	11	12	12	13
total	447	100	48	100	59	100	37	100	34	100	84	100	91	100	94	100
Freiburg	N	%	N	%	N	%	N	%	N	%	N	%	N	%	N	%
Pädagogik	328	82	1	100	3	100	16	57	52	100	60	90	130	88	66	66
Päd. Psychologie	10	3	0	0	0	0	0	0	0	0	0	0	5	3	5	5
Psychologie	23	6	0	0	0	0	2	7	0	0	1	1	5	3	15	15
Philosophie	15	4	0	0	0	0	7	25	0	0	2	3	0	0	6	6
Andere Wissen-schaftsdisziplinen	3	1	0	0	0	0	0	0	0	0	0	0	1	1	2	2
Andere / unbekannt	20	5	0	0	0	0	3	11	0	0	4	6	7	5	6	6
total	399	100	1	100	3	100	28	100	52	100	67	100	148	100	100	100

Lausanne	N	%	N	%	N	%	N	%	N	%	N	%	N	%	N	%
Pädagogik	126	59	1	50	12	100	10	53	10	83	14	40	8	18	71	79
Päd. Psychologie	0	0	0	0	0	0	0	0	0	0	0	0	0	0	0	0
Psychologie	11	5	0	0	0	0	1	5	0	0	2	6	4	9	4	4
Philosophie	59	27	0	0	0	0	7	37	0	0	19	54	29	64	4	4
Andere Wissen-schaftsdisziplinen	2	1	0	0	0	0	0	0	0	0	0	0	1	2	1	1
Andere / unbekannt	17	8	1	50	0	0	1	5	2	17	0	0	3	7	10	11
total	215	100	2	100	12	100	19	100	12	100	35	100	45	100	90	100
Genf	**N**	**%**	**N**	**%**	**N**	**%**	**N**	**%**	**N**	**%**	**N**	**%**	**N**	**%**	**N**	**%**
Pädagogik	528	48	0	0	3	43	7	70	83	48	175	49	162	49	98	44
Päd. Psychologie	45	4	0	0	0	0	0	0	14	8	16	4	9	3	6	3
Psychologie	380	34	0	0	1	14	0	0	58	34	136	38	109	33	76	34
Philosophie	29	3	1	100	3	43	3	30	5	3	7	2	6	2	4	2
Andere Wissen-schaftsdisziplinen	31	3	0	0	0	0	0	0	2	1	7	2	4	1	18	8
Andere / unbekannt	92	8	0	0	0	0	0	0	11	6	17	5	44	13	20	9
total	1105	100	1	100	7	100	10	100	173	100	358	100	334	100	222	100

Schlussbetrachtung

Geschichte der Erziehungswissenschaften: Observatorium eines Prototyps

Rita Hofstetter und Bernard Schneuwly

Unsere Untersuchung über die Entstehung und die Entwicklung der Erziehungswissenschaften in der Schweiz bis 1950 – einem Land, in dem unterschiedliche akademische Traditionen zusammentreffen – zeigt vielfältige und überraschende Ergebnisse, die Wesentliches zum Verständnis des disziplinären Feldes selbst und der mit ihm verbundenen wissenschaftlichen Disziplinen beitragen. Die folgende Synthese soll einige auffällige Merkmale des Prozesses der Disziplinenbildung der Erziehungswissenschaften herausheben, die einerseits einer Entwicklungslogik folgt, die mit derjenigen anderer disziplinärer Felder vergleichbar ist, andererseits aber bestimmte Charakteristika, die auch andern wissenschaftlichen Disziplinen eigen sind, bemerkenswert deutlich aufweist: die Interaktion mit sozioprofessionellen und politisch-administrativen Milieus, die lokale und regionale Verankerung bei gleichzeitig internationaler Ausrichtung sowie die aus disziplinärer und kognitiver Sicht hybride Konstitution. Dieser Prozess weist eine prototypische Form auf, deren Analyse das Verständnis allgemeinerer und ausserhalb des hier bearbeiteten historischen und geografischen Kontextes angesiedelter Phänomene ermöglicht, da das hier untersuchte Beispiel eine Entwicklung widerspiegelt, von der die meisten westlichen Staaten betroffen sind – und die sich bis heute fortsetzt.

Die Entstehung der Erziehungswissenschaften als disziplinäres Feld

In der Schweiz und in vielen andern westlichen Staaten entsteht innerhalb weniger Jahrzehnte ein neues disziplinäres Feld, das sich mit pädagogischen Fragen beschäftigt. Die bis dahin vor allem als soziale Praxis begriffenen pädagogischen Tätigkeiten erscheinen nun als Forschungsobjekt, das einer eigenständigen Theoriebildung bedarf und ebenso geeignet ist wie andere Forschungsobjekte, in den Status einer Wissenschaft erhoben zu werden. Dieser Prozess vollzieht sich in einer für die damalige akademische Welt klassischen Logik, die zunächst zur Einrichtung von Kursen, dann zu Studiengängen und Diplomen, Lehrstühlen und Instituten, Forschungsvorhaben und Veröffentlichungen führt, die insgesamt oder teilweise dem neuen disziplinären Feld gewidmet sind. Die im letzten Viertel des 19. Jahrhunderts eingeleiteten Prozesse der Differenzierung, Spezialisierung und Institutionalisierung – die wir als Prozess der Disziplinenbildung bezeichnen – setzen sich in den ersten Jahrzehnten des 20. Jahrhunderts fort, wobei sukzessive die institutionellen Merkmale einer Disziplin übernommen werden; dies führt dann ab der Mitte des 20. Jahrhunderts zur dauerhaften Institutionalisierung der Erziehungswissenschaften.

Dieser Institutionalisierungsprozess verläuft je nach Konfigurationen,[1] die sich entlang kulturellen Kontexten und akademischen Traditionen kontrastieren, unterschiedlich. Überall jedoch konstituieren sich neuartige Institutionen, die sich allgemein der Lehrerbildung oder der Ausbildung für andere pädagogische Berufe widmen und durch den Umstand charakterisiert sind, dass sie transversal zu den disziplinären Strukturen organisiert sind und Erkenntnisse verschiedener Disziplinen einbeziehen. Angesichts der Vielzahl relevanter Institutionen, ihrer unterschiedlichen Formen und Verankerungen und ihre netzwerkartigen, aber gleichzeitig widersprüchlichen Beziehungen, lässt sich das Feld als eine Konstellation von Institutionen beschreiben. Wir verweisen hier auf das bezeichnende Beispiel Genf mit seinem *Institut Jean-Jacques Rousseau* bzw. der *Ecole des sciences de l'éducation*, das unterschiedliche Aufgaben wahrnimmt und sich gleichzeitig in der universitären Pädagogik und im Dienste des Erziehungsdepartements *(Département de l'instruction publique)* profiliert. Freiburg baut ein in Pädagogik und Heilpädagogik unterteiltes Institut auf, das mit den Institutionen der Lehrerbildung in Verbindung steht. In Zürich bestehen nebeneinander mehrere unabhängige, spezialisierte Institute, die sowohl mit der Universität als auch mit dem Berufsfeld verbunden sind. In Basel, Bern und Lausanne entwickeln sich Institutionen für die Lehrerbildung, die teils aus den Geisteswissenschaften, teils aus den Sozialwissenschaften hervorgehen.

Dieser institutionellen Konstellation entspricht eine ständig erweiterte, jedoch immer heterogene Personalstruktur: Im Gravitationsfeld der Lehrstühle gibt es eine Vielzahl, bisweilen mühsam geschaffener, oft prekärer und nur teilweise den Erziehungswissenschaften gewidmeter Stellen (Privatdozenten, Lehrbeauftragte, Berufungen *ad personam*), die das Lehrangebot erweitern und die direkte Verbindung

1 Wir wiederholen an dieser Stelle nicht die Schlussfolgerungen aus dem ersten Teil (vgl. Kapitel 8 in diesem Band), wo für die Erziehungswissenschaften in der Schweiz detailliert drei Konfigurationen beschrieben und ihre Entstehungs- und Existenzgründe analysiert wurden.

mit den Praxisfeldern sicherstellen. Die Gesamtheit dieses Personals, einschliesslich der Professoren, zeigt ein Profil, das nicht immer den damaligen akademischen Usanzen und Gepflogenheiten entspricht (die sich in ebendiesen ersten Jahrzehnten des 20. Jahrhunderts zu institutionalisieren beginnen und im Entstehungsprozess disziplinärer Felder oft weniger rigide sind): Bei der Rekrutierung wird häufig einer Person mit durch praktische Erfahrung erworbenem «gutem Namen» oder einem Vertreter einer an den Bedürfnissen des beruflichen und sozialen Referenzfeldes orientierten Theorierichtung der Vorzug gegeben gegenüber Personen mit traditioneller akademischer Sozialisation, die durch Titel und wissenschaftliche Fachpublikationen belegt ist.

Die zunehmende Anzahl der Kurse, Stellen und Lehrstühle begünstigt ab dem zweiten Jahrzehnt des 20. Jahrhunderts die Schaffung von spezifischen, der Pädagogik und der Erziehungswissenschaft – die jetzt auch in Pluralform als Erziehungswissenschaften erscheinen – gewidmeten, eigenständigen Studiengängen mit entsprechenden akademischen Abschlüssen. Die in Erziehungswissenschaften verliehenen Zertifikate, Diplome und Lizenziate, ja sogar Doktorate nehmen quantitativ zu und ermöglichen zunehmend die autonome Sozialisation und interne Rekrutierung. Die Studiengänge binden oft andere Disziplinen ein oder werden unter deren Obhut durchgeführt.

Die vielfältigen und unterschiedlichen intellektuellen Aktivitäten der Repräsentanten der Erziehungswissenschaften widerspiegeln besonders deutlich die Verflechtung des disziplinären Feldes mit der pädagogischen Praxis und andern akademischen Disziplinen. Aus kognitiver Sicht wird der Kern des disziplinären Feldes, in dem schwerpunktmässig ursprünglich Fragen der pädagogischen Zielsetzungen und der pädagogischen Ideen- und Dogmengeschichte bearbeitet wurden, immer mehr mit Untersuchungen zu Lehrmethoden, mit Analysen der Schulsysteme und der Schulorganisation sowie, in einigen – signifikanten – Fällen, mit Kinder- und Entwicklungspsychologie bereichert. Während der ersten beiden Jahrzehnte des 20. Jahrhunderts manifestiert sich überall mehr oder weniger deutlich eine explizit empirische oder sogar experimentelle Ausrichtung, was von der reformpädagogischen Bewegung und der Lehrerschaft unterstützt wird. Dieser zum Zeitpunkt seines Entstehens hybride Kern wird dauerhaft und auf unterschiedliche Art und Weise von den entsprechenden Konfigurationen geprägt, die entweder von der Philosophie oder der Psychologie, aber auch – in geringerem Ausmass – von der Anthropologie, der Biologie, der Medizin und später auch der Soziologie beeinflusst werden.

Die von den Akteuren geschaffene und unterhaltene editorische Infrastruktur weist auch noch Mitte des 20. Jahrhunderts fast ausschliesslich «intermediäre» Züge auf. Ihre Funktion besteht in der Theoretisierung pädagogischen Handelns und richtet sich zunächst insbesondere an die lokalen Ansprechpartner der sozialen Referenzfelder: Berufsleute, Behördenvertreter und Politiker. Während des gesamten Untersuchungszeitraums entstehen die wissenschaftlichen Kommunikationsnetze einerseits aus den Erziehungswissenschaften, andererseits auch aus anderen, bereits bestehenden oder entstehenden Disziplinen; dies gilt insbesondere für die Publikationsforen der Psychologie und der Philosophie, die als Sprungbrett für den internationalen Austausch dienen. Die erwähnten intellektuellen Veranstaltungen – Kongresse, Kolloquien, Seminare, Ausstellungen – sind im Wesentlichen themenbezogen und befassen sich mit Problemen der Praxis oder Fragen der Reformpädagogik, der Moralerziehung oder auch der Heilpädagogik. Sie verorten sich teils im regionalen, teils im internationalen und ausnahmsweise auch im nationalen Rahmen. In Anbetracht ihrer Disparität und Inkonstanz sowie ihrer vorwiegend thematischen Ausrichtung schaffen sie kaum die Rahmenbedingungen für eine echte *scientific community.*

Anders gesagt, nimmt die Pädagogik bzw. die Erziehungswissenschaft(en) im Verlauf weniger Jahrzehnte die wesentlichen Merkmale einer akademischen Disziplin an, auch wenn sich jedes dieser Merkmale regional unterschiedlich entwickelt. Dem disziplinären Feld zugehörige Institutionen werden geschaffen und führen zu einer institutionellen Konstellation, die dem disziplinären Feld ein Profil gibt. Gleichzeitig entwickeln sich die Institutionen jedoch oft eher entlang einer professionellen als einer disziplinären Logik, da sie sich an den entsprechenden beruflichen Referenzfeldern orientieren. Die dem disziplinären Feld zugeordneten Stellen vervielfachen sich, im Bereich der Lehrstühle wird sogar eine innere Differenzierung des disziplinären Feldes möglich. Die Stellen sind gewöhnlich von andern Disziplinen abhängig, räumen der Forschung zunächst aber nur wenig Raum ein und werden mit sehr unterschiedlich, mitunter auch gering akademisch qualifizierten Personen besetzt. Die Zahl der akademischen Lehrangebote in den Erziehungswissenschaften vervielfacht sich; es entstehen Studiengänge und Abschlussmöglichkeiten für alle akademischen Grade; die Lehrangebote beziehen andere Disziplinen ein, finden jedoch auch unter deren Obhut statt. Die Forschungstätigkeit nimmt zu, die Methoden diversifizieren sich, und die Themenbereiche werden differenzierter; die Kommunikationsnetze beziehen sich eher auf die Praxisfelder als auf die Angehörigen der eigenen Disziplin oder auf die zu den Erziehungswissenschaften beitragenden Wissenschaftsdisziplinen. Es handelt sich hier ganz offensichtlich um ein disziplinäres Feld mit besonderen Eigenschaften, das aus einem sozialen Feld entstanden ist, aus dem es im Verlaufe der Disziplinenbildung herauswächst, mit dem es jedoch weiterhin eng verflochten bleibt. Diese besonderen Eigenschaften, die auch nach der weitgehenden Institutionalisierung der Pädagogik bzw. der Erziehungswissenschaft(en) fortbestehen, sind offensichtlich darauf ausgerichtet, Kriterien gesellschaftlicher Relevanz durch die Anpassung des disziplinären Feldes an die sozialen Erwartungen mit den Kriterien akademischer Relevanz in Einklang zu bringen, die zumindest teilweise den üblichen wissenschaftlichen Anforderungen an Reflexion und Analyse entsprechen. Dies verschafft den Erziehungswissenschaften soziale Legitimation und vielleicht auch praktische Wirksamkeit, kann aber auch dazu führen, dass ihre akademische Legitimation infrage gestellt und ihre wissenschaftliche Bedeutung und Autonomie verringert wird.

Ein doppelt überdeterminiertes Verhältnis zwischen Profession und Disziplin

Die Erziehungswissenschaften entstehen zunächst in Verbindung mit den Unterrichtspraktiken und Lehrberufen und, im Weiteren, einer Vielzahl von Berufen im pädagogischen Bereich. Daraus ergibt sich, dass das disziplinäre Feld vor allem berufsbildende Aufgaben hat und dass es unter dem umfassenden Einfluss der politisch-administrativen Organe des Bildungssystems steht. Das disziplinäre Feld wird von Beginn an und während seiner gesamten untersuchten Entwicklung stark durch das Verhältnis Profession–Disziplin bestimmt (wir beziehen uns hier auf ein generalisiertes Konzept des Verhältnisses von Profession und Disziplin, das die Gesamtheit der betreffenden disziplinären und beruflichen Felder umfasst). Diese Ausrichtung führt dazu, dass sich während des gesamten Untersuchungszeitraums drei Gruppen von Gesprächspartnern gegenüberstehen, die teils konvergente, teils (auch innerhalb der eigenen Gruppe) divergente Positionen vertreten: die im pädagogischen Bereich Berufstätigen, die universitären und fakultären Referenzinstanzen sowie die Schulbehörden und politischen Instanzen. Jenseits der unterschiedlichen historischen und kulturellen Kontexte lassen sich identische Tendenzen feststellen, auf die wir unsere Aufmerksamkeit richten, um die Logiken aufzuzeigen, die transversal durch die untersuchten Standorte verlaufen.

Während die für die Lehrberufe geforderten Qualifikationen ein ausschlaggebender Faktor für die Entstehung der Erziehungswissenschaften sind, wird ihre Entwicklung durch die innere Spaltungen der Lehrerschaft – eine Folge der Ungleichheiten und Aufspaltungen des Schulsystems selbst – bedingt. Die Sekundar- und Gymnasiallehrer betonen den Unterschied zu den Primarlehrern und berufen sich in erster Linie auf ihre disziplinären Zugehörigkeiten, die sich aus ihrer ursprünglichen disziplinären Ausbildung und den Schulfächern, die sie unterrichten, ergeben. Die wachsende Diskrepanz zwischen akademischem und schulischem Wissen, die durch die Differenzierung der akademischen Disziplinen und der Schulformen auf den Sekundarstufen entsteht, führt indessen seit der Wende vom 19. zum 20. Jahrhundert zur Forderung nach einer Berufsausbildung, die einerseits stärker auf pädagogische Ziele ausgerichtet und in der andererseits die theoretische Ausbildung stärker mit der Unterrichtspraxis verbunden werden soll. Diese Ausbildung ist hinsichtlich pädagogischer Prinzipien allgemein und theoretisch konzipiert, wird in erster Linie von Peers durchgeführt und ist für die berufspraktische Ausbildung in die transversalen Institutionen des disziplinären Feldes integriert. Weit davon entfernt, eine Referenz für die Konstruktion einer gemeinsamen beruflichen Identität zu bilden, bleibt der Beitrag der Erziehungswissenschaften im ersten Teil des 20. Jahrhunderts auch da beschränkt, wo das disziplinäre Feld eine breite institutionelle Grundlage hat: Es handelt sich, mit andern Worten, um einen marginalen und im Bereich der Theorie hauptsächlich philosophischen Beitrag, der auf praktisches, kaum systematisch theoretisiertes Wissen für die Unterrichtspraxis ausgerichtet ist.

Die Primarlehrer verstehen sich ihrerseits als autorisierte Gesprächspartner für jegliche pädagogische Reflexion und jedes pädagogische Unterfangen, da sie sich für pädagogische Fragestellungen für kompetent halten. Dies wird zumindest in einigen signifikativen Kontexten durch ihre kollektiven Stellungnahmen, kommuniziert in den Reden der Verbandsspitzen, deutlich. Dies ist in Zürich und in Genf der Fall, in gewisser Weise auch in Basel sowie im Kanton Waadt, wo man sich auf das Genfer Modell bezieht. Diese Lehrerschaft nimmt die Erziehungswissenschaften als disziplinäres Referenzfeld in Anspruch, um von Qualifikationsmöglichkeiten zu profitieren, die ihnen soziale und berufliche Anerkennung verschaffen. Zu Beginn des 20. Jahrhunderts unterstützt dies die Bestrebungen zur Öffnung in Richtung empirischer und sogar experimenteller Ansätze, weil angenommen wird, dass diese eine wissenschaftlich fundierte Berufsausbildung gewährleisten. Die Verbindung von disziplinärem Feld und Primarlehrerausbildung trägt so zur Emanzipation der Erziehungswissenschaften von der Philosophie und zu ihrer Annäherung an die experimentellen Wissenschaften, vor allem an die Psychologie, bei. Übrigens entwickeln sich die Erziehungswissenschaften dort am signifikantesten, wo die Primarlehrerausbildung teilweise in die Universität integriert wird, und hier finden auch die empirischen Ansätze Anerkennung; dies ist zu Beginn des 20. Jahrhunderts in Zürich und, dauerhafter und wirksamer, während des gesamten 20. Jahrhunderts in Genf der Fall. Das Verhältnis zwischen Primarlehren und Erziehungswissenschaften wird zudem verfestigt durch das gemeinsame Anliegen der Schulreform, vor allem während der Jahrzehnte der Reformpädagogik und bevor die internationale Krise und die Verschärfung der sozialen Spannungen einen Rückzug auf traditionellere Werte verursachen – und gleichzeitig diesen Synergien ein Ende bereiten.

Die Entfaltung des disziplinären Feldes schafft vor allem da, wo die Erziehungswissenschaften nicht einfach auf die Ausbildung der Sekundar- und Gymnasiallehrer beschränkt ist, einen Raum, in dem sich im Lauf des 20. Jahrhunderts in einem Prozesses der sekundären Professionalisierung (vgl. die Einleitung in diesem Band) neue Themen, neue Funktionen und sogar neue Berufe im pädagogischen Bereich herausbilden können: Sonderklassenlehrer, Heilpädagogen, Berufsberater und Schulpsychologen. Die Differenzierung des disziplinären Feldes folgt hier zwei hauptsächlichen Modi: Der erste beruht auf interner Differenzierung, wobei das disziplinäre Feld unter einem institutionellen Dach erhalten bleibt, wie zum Beispiel im Genfer *Institut des sciences de l'éducation* oder – am Ende des Untersuchungszeitraums – im Freiburger Institut für Pädagogik, nachmals Institut für Pädagogik, Heilpädagogik und angewandte Psychologie. Der zweite Modus führt zu unterschiedlichen, relativ unabhängigen, spezialisierten Institutionen, wie dies zum Beispiel in Zürich der Fall ist.

Wie positionieren sich die unterschiedlichen Protagonisten in diesem Prozess? Während des gesamten Untersuchungszeitraums verhält sich die Universität ambivalent und widersprüchlich; sie folgt dabei den Fakultäten und Disziplinen, die von den Entwicklungen unterschiedlich betroffenen sind. Die universitären Instanzen stellen sich nicht grundsätzlich gegen eine neue Disziplin im pädagogischen Bereich, neigen jedoch dazu, die klassische, streng hierarchisierte und kontrollierte disziplinäre Struktur beizubehalten und die wissenschaftliche Grundausrichtung der Institution zu betonen, die durch das Eindringen berufsbezogener Aufgaben möglicherweise infrage gestellt wird. Gleichzeitig sind sie daran interessiert, ihren Einflussbereich zu vergrössern und ihre «Klientel» zu erweitern. Die Pädagogik bzw. die Erziehungswissenschaft scheint hierfür besonders geeignet, da einerseits die entsprechenden Berufsfelder Möglichkeiten des Experimentierens und der Anwendung bieten, andererseits der wachsende Qualifikationsdruck aus dem Berufsfeld zur Erhöhung der Studentenzahlen beitragen kann. Die Frage nach der disziplinären Zugehörigkeit der wissenschaftlichen Beschäftigung mit Bildung und Erziehung führt zu zahlreichen Konflikten zwischen den akademischen Disziplinen, insbesondere zwischen jenen, welche die Legitimation, diesen intellektuellen Diskurs zu führen, für sich beanspruchen, gleichzeitig aber immer auch auf der Suche nach neuen Handlungsfeldern, Forschungsgegenständen und einem neuem Publikum sind. Die Universitäten besetzen so nach und nach das pädagogische Feld, obwohl sie gegenüber der Institutionalisierung eines so «undisziplinierten» disziplinären Feldes eine ambivalente, mitunter gespaltene bzw. widersprüchliche Haltung aufrechterhalten.

Die Schulbehörden engagieren sich, in ihrer Funktion als verlängerter Arm der Politik, massgeblich für die Lehrerbildung und die Ausbildung in andern pädagogischen Berufen, um die Professionalität des Personals und dessen ideologische Kontrolle sowie das optimale Funktionieren der Schulen und der Schüler, für die sie verantwortlich sind, sicherzustellen. Dies impliziert die Nähe zwischen theoretischer Ausbildung und Berufspraxis, wobei die Schulverwaltung in dieser Hinsicht ihre eigene Politik verfolgt: Sie will sich ein Aufsichtsrecht über die Ausrichtung des disziplinären Feldes sichern, das sie für ihre Politik instrumentalisieren will. Während sie die Relevanz des disziplinären Feldes hauptsächlich in seiner Dienstleistungsfunktion gegenüber dem öffentlichen Schulwesen versteht, wird seine kritische Funktion im Hinblick auf die Bearbeitung sozialer Herausforderungen kaum zur Kenntnis genommen.

Zwischen den verschiedenen Akteuren ergeben sich deshalb unvermeidlich, je nach Kontext mehr oder weniger heftige Konflikte: Akademische Stellen werden von der Verwaltung gegen den Wunsch der Universitäten geschaffen oder umgewidmet; bei deren Besetzung werden unübliche Berufungsverfahren und -kriterien angewandt; den Repräsentanten der Pädagogik werden disparate Mandate erteilt; um die Parteien auszusöhnen, werden neue Strukturen und Institutionen geschaffen. Die konkrete Bearbeitung und Auflösung dieser Widersprüche unterscheidet sich je nach Ort und Zeitpunkt. Die Lösungen entstehen aus Kompromissen zwischen praktischen, beruflichen, politischen und akademischen Zwängen und sorgen für eine hybride Stellung der Erziehungswissenschaften.

Das Verhältnis zwischen Berufsfeldern und disziplinärem Feld, zwischen Profession und Disziplin erschient damit doppelt überdeterminiert: einerseits durch das unterschiedliche, teilweise widersprüchliche Verhältnis der pädagogischen Berufe zu den Erziehungswissenschaften und deren Rolle für die Status- und Identitätsbildung der jeweiligen Berufe; andererseits durch die Fremdbestimmung des eigentlichen disziplinären Feldes, das innerhalb der Universität ähnlichen Spannungen zwischen Berufsfeld- und Wissenschaftsorientierung ausgesetzt ist, wie sie auch zwischen akademischen und politisch-administrativen Instanzen vorherrschen.

Vom Lokalen zum Internationalen

Das disziplinäre Feld, das in erster Linie der Lösung pädagogischer Probleme dienen und die Professionalität pädagogischer Berufe gewährleisten sollte, ist von Anfang an und dauerhaft durch seine Verankerung im sozialen Nahraum geprägt, da in der Schweiz die Kantone den Referenzrahmen für die Schulsysteme und ihre

Berufsgruppen bilden. Diese Verortung charakterisiert das gesamte Feld, manifestiert sich jedoch je nach Kontext unterschiedlich und kann, unter Auslassung der nationalen Ebene, auch eine internationale Dimension annehmen.

Bis auf wenige Ausnahmen zeichnen sich die Repräsentanten der Erziehungswissenschaften durch ihre vielfältigen pädagogischen Tätigkeiten aus, wobei sie oft eng sowohl mit den Berufsverbänden als auch mit der Bildungsverwaltung zusammenarbeiten. Davon zeugt das umfangreiche pädagogische Wirken sowohl allgemein bekannter Erziehungspsychologen wie Claparède*, Meumann*, Piaget* oder Stein* als auch der Inhaber der Lehrstühle für Pädagogik Bovet*, Dévaud*, Guex*, Hanselmann*, Hunziker* oder Malche*, oder der praxisorientierten Forscher Descœudres*, Messmer oder Schneider. Alle interagieren ununterbrochen mit der pädagogischen Berufspraxis, insbesondere über deren Berufsverbände. Sie nehmen eine Vielzahl von Aufgaben wahr, etwa als Vorstandsmitglieder von Lehrerverbänden oder als Redakteure von deren Fachzeitschriften; sie beteiligen sich an den entsprechenden Kongressen und steigern die Anzahl Vorträge und Veröffentlichungen, die immer auch Gelegenheiten darstellen zur Verbreitung ihrer Forschungsarbeiten und ihrer pädagogischen Überzeugungen; sie verbünden sich mit den Praktikern und unterstützen deren Forderungen nach höherer Qualifikation und sozialer Anerkennung. Diese Beziehungen sind zwar keineswegs frei von Machtkonflikten, werden jedoch während des gesamten Untersuchungszeitraums gut gepflegt, und die Protagonisten fühlen sich in vielen Fällen sowohl dem beruflichen als auch dem disziplinären Feld zugehörig. Diese Synergie bildet sich besonders intensiv innerhalb der pädagogischen Reformbewegungen aus, die auf lokaler Ebene auf die konkrete Umgestaltung der Bildung- und Erziehungspraktiken hinwirken und sich gleichzeitig als Teil einer internationalen Dynamik verstehen. Dies zeigt sich besonders deutlich bei der Reformpädagogik, für die sich viele Repräsentanten des disziplinären Feldes engagieren. Lokales und Internationales bedingen sich hier wechselseitig.

Die Repräsentanten der Erziehungswissenschaften haben zudem ein offenes Ohr für die hochgesteckten Erwartungen der Instanzen von Bildungspolitik und Bildungsverwaltung. Dies ist nur allzu verständlich, da viele von ihnen gerade wegen ihrer Nähe zu diesen Instanzen ernannt werden und die entsprechenden Mandate sowohl akademische als auch administrative Aufgaben umfassen, wodurch die Effizienz ihrer Beiträge und, darüber hinaus, ihre Loyalität gewährleistet werden soll. Die Repräsentanten des Feldes leisten nicht nur einen wesentlichen Beitrag zur Lehrerbildung, sondern sind als Experten in einer Vielzahl von Kommissionen vertreten, die mit der Verwaltung, Evaluierung und Transformation des Schulsystems und der Schulpraktiken betraut sind; sie konstruieren Wissen über deren Funktionsweise und Wirksamkeit, über die tatsächlichen und angestrebten Eignungen und Fähigkeiten von Schülern und Lehrern sowie über Relevanz und Anpassungsbedarf von Lerninhalten und Lehrplänen. In Anbetracht der dezentralen Funktionsweise des Bildungssystems beziehen sich diese Forderungen vor allem auf lokale Kontexte, die sich je nach Standort unterscheiden.

Diese starke lokale Einbindung impliziert paradoxerweise eine starke internationale Ausrichtung. Als Staat, der durch mehrere kulturelle Traditionen stark beeinflusst ist, hat sich die Schweiz eine dezentrale föderale Struktur gegeben, dies insbesondere im besonders sensiblen Bereich von Bildung und Erziehung. Wir haben die Auswirkungen dieser Struktur auf die Entstehung und Entwicklung der Erziehungswissenschaften als drei sich kontrastierende Konfigurationen – die philosophisch-pädagogische, die pädagogische und psychologisch-pädagogische – bereits beschrieben (vgl. Kapitel 8 in diesem Band): Diese Konfigurationen folgen unterschiedlichen akademischen Logiken, die an unterschiedlichen Kulturräumen orientiert und von unterschiedlichen (gesellschaftlichen) Rollendefinitionen für die Universitäten geprägt sind. Die internationalen Entwicklungen werden deshalb unterschiedlich rezipiert und wirken sich unterschiedlich auf die konkrete Ausrichtung des disziplinären Feldes während einzelner Phasen seiner Entstehung und Entwicklung auf lokaler Ebene aus.

Im Fall der in der deutschsprachigen Schweiz vorherrschenden philosophisch-pädagogischen Konfiguration lässt sich die Wirkmächtigkeit des deutschen Vorbilds auf mehreren Ebenen zeigen: in der Ausgestaltung der Universität selbst, ihrer Funktionsweise und ihrer Rolle; in den Verfahren, Kriterien und im Rekrutierungspool für die Professorenstellen; in der Referenz auf die geisteswissenschaftliche Pädagogik sowie in den bevorzugten Kommunikationsnetzen. Die starke Ausrichtung am Modell der deutschen Professorenuniversität, in dem das Ordinariat mit viel Macht und Autonomie ausgestattet ist, schafft eine relativ grosse Distanz zwischen Professoren und Gesellschaft bzw. deren sozialem Bedarf und führt zur Gründung eigenständiger Institutionen, die innerhalb der Universität berufsvorbereitende Aufgaben wahrnehmen sollen. In dieser Konfiguration ist die kulturelle Identität der Professoren *de facto* für die internationale Ausrichtung ausschlaggebend – auf Kosten lokaler Orientierungen und Rücksichten.

Bei der in der französischsprachigen Schweiz vorherrschenden pädagogischen Konfiguration hat das Fehlen eines eindeutig etablierten Referenzmodells und eines offenen Rekrutierungsmarktes einen gewissen Rückzug auf das Regionale und eine relativ starke lokale Verankerung zur Folge; dadurch ergibt sich die Möglichkeit, innerhalb der üblichen akademischen Struktur Institutionen zu schaffen, die direkt auf gesellschaftliche Erwartungen eingehen. Die pädagogische Konfiguration definiert sich nicht generell über eine explizite internationale Referenz, ausser in Freiburg, der einzigen katholischen Universität der Schweiz: Um eine wichtige Rolle im pädagogischen Bereich spielen zu können, nähern sich die Freiburger Akteure dem katholischen Belgien an, mit dem sie bevorzugt Beziehungen unterhalten und das sie während der gesamten untersuchten Jahrzehnte als Referenz für ihre Aktivitäten in Freiburg verwenden.

Die psychologisch-pädagogische Konfiguration hingegen entwickelt sich aus der erwähnten pädagogischen Konfiguration, und zwar da, wo sich aus lokalen Gründen eine umfassendere internationale Perspektive eröffnet, die dem disziplinären Feld eine breitere und anerkanntere Grundlage bietet; dies gilt in gewissem Ausmass für Freiburg ab den 1930er-Jahren, und – vor allem – für Genf. Für diese beiden Standorte könnte man argumentieren, dass die lokalen Besonderheiten von sich aus eine internationale Ausrichtung implizieren: Für Genf ist charakteristisch, dass es seine Anregungen aus dem angelsächsischen Pragmatismus und der deutschen experimentellen Pädagogik und Psychologie bezieht, gleichzeitig aber vorgibt, selbst der Repräsentant der Internationalität zu sein. Dies zeigt sich besonders deutlich am Ende des Ersten Weltkriegs, als das Institut für Erziehungswissenschaften (ISE) das *Bureau international d'éducation* gründet und die Reformpädagogik zu seiner «Speerspitze» macht: Das ISE profiliert sich damals international als Inkarnation der reformpädagogischen Bewegung und ihrer Prinzipien. Diese reformpädagogische Ausrichtung wird am Ende des Zweiten Weltkriegs durch die Psychologie Piagets abgelöst. Das Lokale bedient sich somit in der einen oder anderen Weise des Internationalen, um sich zu konstituieren und zu entwickeln.

Die Koexistenz von drei Konfigurationen im selben nationalen Raum ist in mehrerer Hinsicht interessant und wirft Fragen hinsichtlich der Struktur des disziplinären Feldes auf internationaler Ebene auf. Dabei kann die Schweiz als Modell dienen, an dem im Kleinen allgemeinere Phänomene gleichsam unter der Lupe beobachtet werden können. Drei Fragen erscheinen uns besonders interessant und wert, vertiefter empirisch untersucht zu werden. Zunächst stellt sich die Frage, inwiefern die Konfigurationen, die zur Beschreibung der in der Schweiz beobachteten Tendenzen herausgearbeitet wurden und die sich gleichermassen aus internationalen wie lokalen Faktoren ergeben, Allgemeingültigkeit beanspruchen können oder für die Schweiz spezifisch sind. Die zweite Frage befasst sich mit der Gestaltungskraft des Lokalen, die im disziplinären Feld vor allem deshalb besonders ausgeprägt zu sein scheint, weil Bildung und Erziehung dezentral organisiert sind. Die dritte Frage betrifft schliesslich die Transfers zwischen den Konfigurationen sowie deren Interaktionen auf kognitiver und institutioneller Ebene.

Allein die Existenz dieser drei Konfigurationen macht die Bildung einer auch nur partiell auf nationaler Ebene verankerten *scientific community* in der Schweiz wenig wahrscheinlich. Tatsächlich muss festgestellt werden, dass in den Erziehungswissenschaften in der Schweiz die nationale Ebene bis in der Mitte des 20. Jahrhunderts quasi nicht existiert. Es gibt keinen nationalen Verband und keinen nationalen Kongress unter Federführung der Erziehungswissenschaften (und, mit einer einzigen Ausnahme, auch keinen nationalen Kongress der Akteure im Berufsfeld). Zwar findet zwischen den Standorten ein Austausch statt, insbesondere über Genf, das während zwanzig Jahren zur unumgänglichen Referenz wird, da das Institut zu einem Zentrum wird, das Akteure aus verschiedenen Schweizer Kantonen zusammenführt und dessen Repräsentanten durch das Land reisen, um ihre Thesen zu verbreiten. Freiburg dagegen sieht seine Ambition und Berufung als einzige katholische Schweizer Universität darin, Referenzort für alle katholischen Schweizer Pädagogen zu sein. Diese Kontakte und Ambitionen bleiben jedoch punktuell und führen nicht zu einer Institutionalisierung auf nationaler Ebene. In diesem Zusammenhang verweisen wir darauf, dass die einzige Publikation nationalen Formats – das *Jahrbuch des Unterrichtswesens in der Schweiz* (erschienen 1887–1912) –, in dem sich die Repräsentanten der Erziehungswissenschaften regelmässig äussern, von behördlicher Seite herausgegeben wird und seit den 1910er-Jahren in zwei separaten Ausgaben erscheint (*Annuaire de l'Instruction publique en Suisse,* ab 1910; *Archiv für das schweizerische Unterrichtswesen,* ab 1915), um den beiden grössten Sprachregionen besser Rechnung tragen zu können. Zweifellos ist es die Schwäche der nationalen Ebene, die gleichzeitig die besondere Gestaltungskraft des Lokalen und seine Öffnung in Richtung des Internationalen erklärt.

Die Repräsentanten des disziplinären Feldes erlangen dadurch sicherlich eine starke lokale gesellschaftliche Legitimation. Um diese zu erhalten und zu verstärken, tendieren sie dazu, Vorträge und Gutachten gegenüber der Konstruktion von Wissen zu privilegieren, oder passen Letzteres an soziale Erwartungen des lokalen Kontextes an, was Transfer und Generalisierung erschwert. Umgekehrt verhindert diese lokale Verankerung keinesfalls Bezüge zu Entwicklungen, Modellen und Kenntnissen, die auf internationaler Ebene entstehen: Sie werden rezipiert, kommentiert, und man beruft sich auf sie – die internationalen Bezüge sind also notwendig für das Funktionieren des disziplinären Feldes. Die Arbeit der Akteure besteht daher auch in der Übersetzung, Aneignung und Anpassung eines internationalen pädagogischen Wissens auf ortsspezifische Gegebenheiten, wodurch die internationalen Referenzen einen spezifischen Sinn und eine entsprechende lokale Form erhalten. Dieser Fluss, der meist von oben nach unten stattfindet, in dem sich das Lokale auf das Internationale bezieht, ist daher keine simple Anpassung, sondern hat auch Transformationen und Bereicherungen zur Folge, die ihrerseits die Möglichkeit schaffen, die engen Grenzen ihres Entstehungskontextes zu überwinden: Zu bestimmten Zeiten und an bestimmten Standorten profilieren sich einzelne Akteure, Institutionen oder Produkte als internationale Referenz. Zwar gilt die Schweiz lange Zeit als «Mekka der Pädagogik», aber diese etwas übertriebene Reputation ist weitgehend mit einigen «grossen Pädagogen» des 18. und des 19. Jahrhunderts verbunden, die gern als Gründerväter bezeichnet werden (Rousseau, Girard, Fellenberg, Pestalozzi) und deren Erbe man beanspruchen kann, ohne Widerspruch befürchten zu müssen, wie das Beispiel des *Institut Jean-Jacques Rousseau* zeigt. Zu dieser Reputation trägt auch das Werk des Psychologen Piaget massgeblich bei, dessen Ausgangspunkt in der Tat die Erziehungswissenschaften sind.

Ein Mosaik

Ein disziplinäres Feld entsteht nicht als Erfindung *ex nihilo*, sondern vielmehr aus der Transformation bestehender Diskurse, Theorien und Kenntnisse, die neu von dafür spezialisierten Institutionen und Akteuren übernommen werden. Deren Aufgabe ist es, diese Diskurse, Theorien und das entsprechende wissenschaftliche Wissen durch empirische Studien zu begründen, ihnen neue Relevanz zu verschaffen und ihre theoretische Kohärenz zu vertiefen. Was dem neuen Feld vorausgeht, wird in ihm fortgeführt, wobei gleichzeitig neue disziplinäre Grenzen entstehen. Dies gilt in ausgesprochener Art und Weise für ein Feld wie die Erziehungswissenschaften, das in einem Prozess dominant sekundärer Disziplinenbildung entstanden ist. Wir haben bereits dargestellt, wie eng die Beziehungen des disziplinären Feldes zu den Akteuren der beruflichen Referenzfelder bleiben. Wie steht es jedoch mit den Beziehungen zu den anderen disziplinären Feldern, die sich auch mit Bildung und Erziehung beschäftigen und ebenfalls mögliche disziplinäre Referenzen für die entsprechende Berufpraxis darstellen? Und wie konstituiert sich das Feld selbst in seiner doppelten Anbindung an andere Disziplinen und an die Berufsfelder?

Fragen rund um Bildung, Erziehung und Kindheit ziehen schon seit jeher die Aufmerksamkeit einer Vielzahl von Individuen und Kollektiven auf sich. Während des 19. Jahrhunderts stehen pädagogische Phänomene häufig auf der Tagesordnung von Philanthropen- oder Gelehrtenversammlungen, bei denen in Sachen Erziehung engagierte *«amis de l'enfance»* mit unterschiedlichen disziplinären Anbindungen, etwa Philosophen, Mediziner, Hygieniker, Eugeniker, Biologen, Psychologen und Anthropologen, zusammentreffen. Dieser disziplinäre Eklektizismus ist damals üblich und betrifft gleichermassen Individuen und Institutionen. Wie bereits dargestellt, ist zwar jedes entstehende disziplinäre Feld durch solche Hybridität gekennzeichnet, sie dauert aber in den Erziehungswissenschaften auch nach ihrer ersten Phase der Institutionalisierung fort.

Unter diesem Gesichtspunkt weisen alle untersuchten Standorte eine frappierenden Ähnlichkeit auf: Die Erziehungswissenschaften konstituieren sich vor allem in Referenz zur Philosophie und zur Psychologie, auch wenn sich ihre Forschungsgegenstände regelmässig auch mit denjenigen anderer Disziplinen wie der Medizin oder sogar der Biologie und Anthropologie oder den Rechts- und Sozialwissenschaften überschneiden. Es handelt sich wohlgemerkt zunächst lediglich um Überschneidungen; Synergien sind selten und ergeben sich nur punktuell und in Randbereichen. Diesbezüglich ist von besonderer Bedeutung, dass es zwischen 1910 und 1920 in Genf starke Bestrebungen einiger Akteure nach einer Anbindung an die Sozialwissenschaften gibt, die aber am erbitterten Widerstand anderer Akteursgruppen scheitern – aus vielfältigen und nur teilweise disziplinären Gründen. Die Anbindung an die Sozialwissenschaften in Lausanne besteht seit 1917, jedoch bleiben ihre Auswirkungen auf die Definition des disziplinären Feldes sehr begrenzt.

Die Hybridität zeigt sich auch bei der Rekrutierung der Akteure und ihrer bevorzugten disziplinären Ausrichtung. Die Akteure mit abgeschlossener Universitätsausbildung – wie wir gesehen haben, ist dies nicht immer der Fall – kommen in den meisten Fällen aus der Philosophie und der Psychologie, einige auch aus der Medizin oder sogar den Sozialwissenschaften. Die meisten behalten, zumindest teilweise, ihre ursprüngliche disziplinäre Ausrichtung bei. Sie integrieren sich trotzdem im disziplinären Feld und sind da tätig, was die Möglichkeiten der Interaktionen zwischen den Feldern und den Transfer von Konzepten und Theorien beträchtlich erhöht. Die Themenfelder, in denen die Akteure publizieren, reflektieren diese Situation deutlich. Eine interne Rekrutierung, die ebenfalls Auswirkungen auf die kognitive Form und die bevorzugten intellektuellen Tätigkeiten im disziplinären Feld haben wird, beginnt in Ansätzen erst gegen Ende des Untersuchungszeitraums.

Das disziplinäre Feld der Erziehungswissenschaften entwickelt sich somit in seinen institutionellen und kognitiven Formen zunächst in enger Beziehung mit der Philosophie und der Psychologie. Diese doppelte Referenz lässt sich, in ihren unterschiedlichen Formen und variierenden Rahmenbedingungen, an vielen andern Standorten auch international beobachten und zeugt von der Wirkmächtigkeit dieser Referenz, die bisweilen aber auch die Form der Reverenz annimmt.

Daran ist auch die disziplinäre Organisation der Universität beteiligt, die lange von der Philosophie dominiert wird: Diese Dominanz, die in der deutschsprachigen Schweiz länger andauert, zeigt sich insbesondere im pädagogischen Bereich, auf den Werte und Lehrmeinungen übertragen werden sollen und in dem lange ein elitäres, wenn nicht gar elitistisches Konzept von Ausbildung vorherrscht, das seine Rechtfertigungen in einer Philosophie findet, die sich mit dem gebildeten Menschen, dem *«homme lettré»,* eines Bildungsideals rühmt, das nur einer kleinen Minderheit zugänglich ist. Auf institutioneller Ebene wird die Pädagogik bzw. Erziehungswissenschaft(en) zunächst von der Philosophie beherbergt, wodurch im Übrigen auch die Gründung autonomerer, transversaler Institutionen möglich wird. Das neue disziplinäre Feld verortet sich in den entsprechenden Fakultäten – unabhängig davon, ob sie nun philosophisch oder geisteswissenschaftlich genannt werden. Die ersten Lehrstühle werden von Philosophen besetzt; im Rahmen der Logik der philosophischen oder geisteswissenschaftlichen Studiengänge und von deren Abschlüssen entstehen die ersten speziellen Studiengänge und Diplome in Pädagogik oder in Erziehungswissenschaft(en). Die Philosophie bleibt ein wesentlicher Bestandteil der pädagogischen Ausbildung, auch wenn diese zunehmend autonom wird. In der Folge kommt es allerdings überall zu einem Differenzierungsprozess, der an den Standorten der Westschweiz schneller und akzentuierter stattfindet als an denjenigen der deutschsprachigen Schweiz. An den Standorten der deutschsprachigen Schweiz (bzw. den Standorten mit philosophisch-pädagogischer Konfiguration) zeigt sich die Tendenz, den institutionellen Rahmen zu verlassen, in dem die Philosophie aus eigenem Interesse – insbesondere aus Gründen der hinreichenden Klientel und des Einflusses auf die Praxis – das disziplinäre Feld zu halten versucht. Die stets an bestimmte Voraussetzungen gebundene Autonomisierung vollzieht sich über eine Vielzahl komplexer, institutionstypischer Umwege, zu denen Berufungen auf nicht gesicherte Stellen, Berufungen *ad personam* oder auch die Gründung relativ autonomer transversaler Institutionen zählen. Die Autonomisierung wird zusätzlich dadurch erschwert, dass sich die Disziplin hauptsächlich aus den Diskursen des praktischen Feldes nährt; zwar verleiht sie diesem eine kohärentere Form, kommt jedoch nicht in den Genuss einer vollen akademischen Legitimation, die von etablierten Disziplinen wie der Philosophie oder von im Entstehen begriffenen Disziplinen wie der Psychologie angestrebt wird.

Vor allem die Psychologie setzt sich schnell und in aller Deutlichkeit als notwendiges Element sowohl der Ausbildung als auch für die empirischen Ansätze im pädagogischen Bereich durch. Die Ausbildungs- und Forschungsinstitutionen im Bereich der Erziehungswissenschaften werden von der Psychologie angedacht und umgesetzt – man denke an Claparède, Meumann oder auch Bovet; aber auch an Dürr, den glücklosen Braun* und, während eines bestimmten Zeitraums, Sganzini*. Umgekehrt entwickeln sich bestimmte Teildisziplinen der Psychologie – die Kinder- und Entwicklungspsychologie, sowie ein Teil der differenziellen Psychologie –

hauptsächlich im Rahmen erziehungswissenschaftlicher Institutionen. Hinsichtlich der Inhalte entwickelt die Psychologie, vor allem auf der Grundlage einer ausgeklügelten methodischen Entwicklung, einen autonomen Diskurs mit ausgeprägt anwendungsbezogenen Zielen, der einen Prozess der dominant sekundären Professionalisierung auslöst. Das pädagogische Terrain bietet dafür ganz offensichtlich gute Möglichkeiten, vor allem in den Randbereichen: schwer erziehbare oder anormale Kinder sowie Erziehungs- und Berufsberatung. Hieraus resultiert ein komplexer Prozess der Integration psychologischer Paradigmen in die Erziehungswissenschaften: Dieser Einfluss macht sich besonders bei den empirischen und experimentellen Forschungsansätzen im pädagogischen Bereich bemerkbar, die auch für die wissenschaftliche Verankerung und Anerkennung des disziplinären Feldes massgeblich sind. Das pädagogische Denken geht zunehmend dazu über, sich über das Kind als Individuum zu definieren, und folgt dabei dem in den 1920er-Jahren vorherrschenden psychologischen Schema. Gleichzeitig mit der Durchsetzung der psychologischen Paradigmen verlieren diejenigen der Philosophie an Bedeutung – dies natürlich vor allem im Rahmen der psychologisch-pädagogischen Konfiguration.

Die Überschneidungen mit anderen disziplinären Feldern wie der Medizin und Hygiene, der Biologie, Eugenik, Geschichte, Anthropologie, Soziologie oder der Theologie sind weniger ausgeprägt, verdeutlichen jedoch ebenfalls diese komplexe Dialektik, die zur Entstehung eines disziplinären, eigentlich pluridisziplinären, Feldes führt. Die Erziehungswissenschaften bilden ihr disziplinäres Feld durch einen Prozess der Differenzierung gegenüber andern Disziplinen aus, von denen sie sich einerseits «emanzipieren», an denen sie sich jedoch gleichzeitig bereichern und sie sogar in Anspruch nehmen, um (durch Fusion, Abspaltung, Anleihen, Extension oder Kontraktion) ihre eigene wissenschaftliche Anerkennung zu erlangen. Diese Dialektik wirkt sich auch auf ihre kognitiven Formen aus – Themen, Forschungsbereiche, methodische Ansätze, Paradigmen –, vor allem da die pädagogischen Forschungsgegenstände nicht allein ihnen eigen sind und andere Disziplinen dauerhaft Anspruch darauf erheben. Daraus ergeben sich Zweifel hinsichtlich einer eindeutigen Abdeckung eines wissenschaftlich neu bestimmten sozialen Gegenstandes und der Existenz eines klar umrissenen disziplinären Feldes. Diese disziplinären Überschneidungen zeigen sich besonders deutlich bei den Studiengängen: In vielen Kursen und Seminaren werden die Bedingungen und Voraussetzungen von Bildung und Erziehung auf der Grundlage philosophischer und psychologischer, oder sogar, in geringerem Ausmass, medizinischen Fragestellungen behandelt. Diese teilweise in das neue disziplinäre Feld integrierten andern Disziplinen werden dadurch natürlich ebenfalls transformiert. Dadurch werden Mischformen im Inneren des disziplinären Feldes unterstützt, deren verschiedene Bestandteile (Diskurse, wissenschaftliche Ansätze) sich durch wechselseitige Anleihen, Transfers und Wiederaneignungen permanent verändern.

Die Entwicklung der kognitiven Formen der Erziehungswissenschaften während des gesamten bearbeiteten Zeitraums zeigt ebenfalls, wie sehr es sich bei diesem disziplinären Feld, ebenso wie bei anderen, um eine historisch und gesellschaftlich konstruierte, kaum fassbare und unbeständige Realität handelt. Sobald sich die Erziehungswissenschaften einigermassen konstituiert haben, erweitern sie ihre je nach Standort und Rahmenbedingungen unterschiedlichen Interessenfelder in einem internen Differenzierungsprozess, der neue Spezialisierungen erlaubt. Auf diese Weise entstehen neue Ausbildungs- und Forschungsbereiche wie zum Beispiel die Heilpädagogik, die Kleinkindererziehung, die Erwachsenenbildung, die Bildungsadministration, der Kinder- und Jugendschutz oder die Berufsberatung. Es bilden sich neue Ansätze wie die vergleichende Pädagogik, die experimentelle Pädagogik, die Kinderpsychologie oder die pädagogische Interventionsforschung heraus. Und es kommt zu neuen Fragestellungen: in den Bereichen der Schulsysteme, der Lehr- und Lernprozesse, der Fachdidaktiken, der Evaluierung der Fähigkeiten von Schülerinnen und Schülern, der Anpassung der Lehrpläne, der Moralerziehung und staatsbürgerlichen Erziehung, der Bildung und Erziehung Anormaler, der Schulreform oder der Fähigkeiten der Lehrerinnen und Lehrer.

Die Gesamtheit dieser Inhalte ist ebenso hybrid wie reichhaltig. Ihre Kohärenz kommt weder durch epistemologische Rationalitäten noch durch eine disziplinäre, soziale oder berufliche Logik zustande, sondern wird durch die Dynamik der interagierenden professionellen und disziplinären Felder ständig neu konstituiert. Durch ihre Erwartungen und Anliegen definieren die professionellen Felder (Berufspraxis, Referenzberufe, politisch-administrative Milieus) teilweise schon im Vornherein die Inhalte und Grundlagen der Erziehungswissenschaften, die sich in Referenz zu bestehenden Disziplinen herausbilden, indem sie in einem auf Pluridisziplinarität ausgerichteten Prozess der Disziplinenbildung deren Erträge einbeziehen und gleichzeitig versuchen, sich von ihnen zu emanzipieren.

In ihrer doppelten Hybridität erscheinen die Erziehungswissenschaften als reichhaltiges buntes Mosaik: als pluridisziplinäres disziplinäres Feld, das sich aus unterschiedlichen, sowohl internen als auch externen Disziplinen konstituiert; und als undiszipliniertes disziplinäres Feld, das ständig durch die Wirklichkeit des Forschungsgegenstandes erweitert und transformiert wird.

Wissenschaftsgeschichte als Werkzeug der Reflexivität

Allein die Anamnese, die die historische Arbeit ermöglicht, kann von der Amnesie der Genese befreien, die der routinisierte Bezug auf das Erbe fast unweigerlich nach sich zieht, und der sich, im Wesentlichen, in eine disziplinäre Doxa verwandelt.
(Bourdieu, 1995, S. 3)

Die Erziehungswissenschaften entstehen also in einem Prozess dominant sekundärer Disziplinenbildung, in dem bereits vorhandenes Wissen durch dessen Einbindung in ein neues soziales System (das der Wissenschaften) transformiert wird und in dem bereits mehr oder weniger ausgebildeten Berufszweigen und Disziplinen eine neu geschaffene soziale Instanz (ein disziplinäres Feld) gegenübergestellt wird. Wie wir aufgezeigt haben, begünstigt dieser Prozess eine enge Verortung des disziplinären Feldes im gesellschaftlichen Kontext, was sich am stark in die soziale Wirklichkeit hineinreichenden Handeln und an der – an Verwechslung grenzenden – Nähe von disziplinärem Feld und Berufsfeld zeigt. Er ermöglicht ebenfalls die Bereicherung der Erziehungswissenschaften durch Erträge anderer Wissenschaften, die ihrerseits an pädagogischen Fragen interessiert sind. Die Erziehungswissenschaften entstehen somit als «autonomes» disziplinäres Feld, sind aber durch doppelte Heteronomie gekennzeichnet: im Hinblick auf Berufs- und Praxisfelder und auf andere Disziplinen. Sie profilieren sich als Ansprechpartner sowohl für die beruflichen Referenzfelder als auch für andere akademische Disziplinen, werden jedoch gleichzeitig durch diese Hybridität infrage gestellt.

Aufgrund seiner besonderen Merkmale kann das disziplinäre Feld der Erziehungswissenschaften als eine Art Prototyp angesehen werden, an dem es möglich wird, die Modalitäten der Produktion von Wissen in Osmose mit dem gesellschaftlichen Umfeld in einer gleichzeitig disziplinären und pluridisziplinären Dialektik sozusagen unter der Lupe zu untersuchen. Eine derartige Untersuchung ist vor allem deshalb notwendig, weil die Frage nach der gesellschaftlichen Relevanz der Wissenschaft und das Problem ihrer gleichzeitig disziplinären und pluridisziplinären Gestalt gegenwärtig auf der Tagesordnung stehen. Vor dem Hintergrund einer retrospektiven Analyse wird es möglich, die Vor- und Nachteile aufzuzeigen, die solche Modalitäten der Wissensproduktion auf lange Sicht erzeugen.

Zudem lädt die Geschichte die Erziehungswissenschaften zur kritischen Reflexion über sich selbst ein. Seit den 1950er-Jahren und der Expansion der Bildungssysteme haben sich Letztere beträchtlich erweitert und von Grund auf erneuert. Die Zahl der Forschenden in den Erziehungswissenschaften und ihre Kommunikationsnetze haben sich verzehnfacht, die mit dem disziplinären Feld verbundenen Institutionen haben sich diversifiziert und restrukturiert, die Fragestellungen und Forschungstätigkeiten wurden neuen Kriterien gesellschaftlicher und wissenschaftlicher Relevanz angepasst. Die gegenwärtigen Bildungsreformen, die vermehrten Forderungen nach Professionalisierung, die Umstrukturierung der Hochschullandschaft und die neuen Modalitäten der Verwaltung und Evaluation von Wissenschaft konfrontieren die Erziehungswissenschaften genauso wie andere Disziplinen mit neuen Herausforderungen. Jenseits der Brüche lassen sich jedoch auch Kontinuitäten erkennen.

Die Steigerung der Qualifikationsanforderungen an den Lehrberuf bleibt weiterhin ein wesentlicher Faktor der Transformation der Erziehungswissenschaften. Die Ambivalenzen gesellschaftlicher und politischer Milieus gegenüber der Schule und die inneren Widersprüche der Lehrberufe wirken sich also weiterhin auf die kognitiven Ausrichtungen des disziplinären Feldes aus. Gleichzeitig bieten die Stärkung der Erziehungswissenschaften und die damit verbundene Differenzierung und Spezialisierung die Möglichkeit zur Neubestimmung der Beziehungen zwischen Disziplin und Profession und zur Förderung einer wirkungsvolleren Dialektik, die sowohl auf die Spezifitäten der wissenschaftlichen Disziplin als auch auf diejenige der pädagogischen Profession Rücksicht nimmt. Die Herausforderung besteht darin, die Vorteile einer Nähe zu den – oder sogar einer Osmose mit den – Praxisfeldern als Garant der Relevanz oder als gesellschaftliche Legitimation des disziplinären Feldes beizubehalten und gleichzeitig die gesellschaftlichen Fragen autonom und wissenschaftlicher Logik verpflichtet in wissenschaftliche Fragen zu übersetzen.

In Anlehnung an die gesellschaftlichen und wirtschaftlichen Zwänge vollziehen sich die gegenwärtigen Restrukturierungen des Systems wissenschaftlicher Produktion vor allem unter den Leitmotiven vermehrter Interdisziplinarität und Internationalisierung. Die schon immer pluridisziplinären, hybriden und aus vielfältigen Ansätzen hervorgegangenen Erziehungswissenschaften können hier auftrumpfen, ohne dabei ihre immer auch disziplinäre Dimension, die letztlich Bedingung ihrer Autonomie gegenüber andern disziplinären und beruflichen Referenzfeldern ist, aus dem Blick zu verlieren. Die Logiken der Standardisierung haben auch in Europa die Internationalisierung des Austauschs und eine beträchtliche Zunahme des Wissenstransfers zur Folge. Die Dialektik von Internationalem und Lokalem entfaltet also eine neue Kraft, wobei die lokale Dimension sich sowohl internationalen Tendenzen unterordnen und dadurch verblassen, als auch ihre kreative Kraft durch eine stets eigenwillige Aneignung internationaler Beiträge erhalten kann.

Die für die Entstehung des Feldes ursächlichen Spannungen bestehen trotz Umformungen, Neuorientierungen und bisweilen auch Verstärkungen weiter und bestimmen auch heute noch seine weitere Entwicklung. Eine bessere Kenntnis der historischen Determinanten ermöglicht es, die Ziele und Widersprüche des disziplinären Feldes zu verstehen, seine Unzulänglichkeiten und Potenziale einzuschätzen und mit diesem Wissen bewusst und gemeinsam die Herausforderungen von heute und morgen anzugehen.

Quellen

Wir haben möglichst alle (privaten, universitären, regionalen, kantonalen, nationalen) Archive bearbeitet, die Quellen zu Entstehung der Erziehungswissenschaften in der Schweiz enthalten. Diese Archivarbeit wurde entsprechend unserem Frageraster mit dem Ziel durchgeführt, (Langzeit-)Reihen bilden bzw. serielle Daten generieren zu können (und die standortbezogenen und vergleichende Untersuchungen verbinden zu können), die sich auf die definierten Dimensionen eines disziplinären Feldes beziehen (vgl. auch die Einleitung in diesem Band).

Die Archivbestände sind an den einzelnen Standorten und Institutionen unterschiedlich klassifiziert. Im folgenden Inventar wird zwar eine minimale Angleichung der Darstellung vorgenommen, die jedem Bestand eigene Logik wird jedoch berücksichtigt und reflektiert diese Unterschiede. Die exakten Signaturen aller zitierten Dokumente sind in den entsprechenden Fussnoten vermerkt. Falls nicht anders vermerkt, bezieht sich die Archivarbeit auf den Zeitraum zwischen 1870 und 1950.

Systematisch gebildete (Langzeit-)Reihen in Funktion unseres «Fragerasters», abgeleitet von den definierten Dimensionen eines disziplinären Feldes

Gründung und Entwicklung von Institutionen – Professionalisierung der Forschung

Hauptsächliche empirische Daten: Gesetze, Verordnungen, Reglemente, offizielle Weisungen für die Institutionen im Bereich des disziplinären Feldes; Berichte und Protokolle der universitären, fakultären und parlamentarischen Instanzen; Berufungsakten; Berichte der Institutionen, die zum disziplinären Feld gehören oder mit ihm interagieren (z.B. Institutionen der Lehrerbildung); Budgets der Universitäten und der dem disziplinären Feld zugehörigen Institutionen.

Schaffung von Kommunikationsnetzen

Veröffentlichungen (wissenschaftliche und pädagogische Zeitschriften; Schriften, Sammlungen und Reihen), die sich ausschliesslich oder teilweise mit dem disziplinären Feld befassen; Korrespondenz zwischen Instituten und Personen; Berichte und Protokolle der wissenschaftlichen und pädagogischen Gesellschaften; Dokumentation über die wissenschaftlichen und pädagogischen Kongresse; Biografien der Repräsentanten des disziplinären Feldes.

Wissenschaftliche Erkenntnisproduktion

Hauptsächliche empirische Daten: Arbeiten von Repräsentanten des disziplinären Feldes, die aus ihren jeweiligen Bibliografien und Biografien ermittelt wurden; Qualifikationsarbeiten (Lizenziate und Diplomarbeiten *[mémoires]*, Dissertationen, Habilitationsschriften).

Sozialisation und Ausbildung des Nachwuchses

Hauptsächliche empirische Daten: Kurse bzw. Vorlesungen und Veranstaltungen, Vorlesungsverzeichnisse und Studienpläne der dem disziplinären Feld zugehörigen Institutionen; Studiengänge und Biografien (Ausbildung, disziplinäre Zugehörigkeiten) der wichtigsten Repräsentanten des disziplinären Feldes; Berichte der Berufungskommissionen.

Bearbeitete Archivbestände

Zürich

Staatsarchiv Zürich

Universitätsakten, Philosophische Fakultät I

Universitätsarchiv Zürich

Dozentenakten (alphabetisch nach Personen geordnet)
Dekanatsakten (alphabetisch nach Personen geordnet)
Lehrstuhlakten: Philosophie, Pädagogik

Archiv der Hochschule für Heilpädagogik Zürich (ehemals: Heilpädagogisches Seminar)

Jahresberichte des Heilpädagogischen Seminars
Verschiedene Dokumente zur Gründung und Funktion des Seminars
Protokolle und Korrespondenzen des Trägervereins und der Seminarleitung

Archiv der Eidgenössischen Technischen Hochschule Zürich

Historisches Schulratsarchiv
Protokolle der Fachbereichskonferenzen
Biografische Unterlagen, Professorenbücher

Bern

Staatsarchiv des Kantons Bern

Unterlagen der Erziehungsdirektion:

Kantonale Schulgesetzgebung

Regierungsratsprotokolle

Berichte zur Staatsverwaltung

Gesetze und Reglemente der Universität, der philosophischen Fakultät und der Gymnasial- und Sekundarlehrerausbildung

Vorlesungsverzeichnisse

Personalakten der Professoren und Lehrbeauftragten (Berufungsverfahren, Kandidatenlisten, Lebensläufe, Publikationsverzeichnisse, Korrespondenz zwischen Verwaltung und Dozierenden)

Universitätsunterlagen:

Gesetze, Verordnungen, Studienpläne

Verzeichnisse von Verwaltungsorganen, Dozierenden, Ausbildungsinstitutionen und Studierenden

Dissertationen, Gutachten, Bedingungen zur Vergabe von Preisen

Akten der philosophischen Fakultät und deren Dekanat

Nachrufe

Dokumente und Gutachten zur Ausbildung von Sekundar- und Gymnasiallehrern

Jahresberichte

Unterlagen des pädagogischen, philosophischen und psychologischen Seminars

Archiv der Abteilung für das höhere Lehramt

Protokolle der Prüfungskommission (enthalten vor allem Diskussionen über Änderungen von Reglementen, Statistiken und Berufungsfragen)

Reglemente

Basel

Staatsarchiv des Kantons Basel-Stadt

Älteres Hauptarchiv:

Protokolle der politischen Instanzen und der Bildungsverwaltung

Akten der Fakultäten und des Lehrerseminars

Neueres Hauptarchiv:
Akten des Erziehungsdepartements zu Personal, Lehrerseminar und Kursen zur Primarlehrerausbildung
Universitätsarchiv:
Unterlagen über Professoren, Dissertationen, Lehrangebote und das pädagogische Seminar
Vorlesungsverzeichnisse
Protokolle der philosophischen Fakultät
Privatarchive:
Bestand Dr. Anton Ph. Largiadèr
Quellen zu K.F. Hemann im Familienarchiv Sarasin

Genf

Staatsarchiv des Kantons Genf – Reihe staatliches Schulwesen (Archives d'Etat du canton de Genève – Série Instruction publique)
Korrespondenz zu den Lehrstühlen für Pädagogik und experimentelle Psychologie (1888–1898)

Archiv der Universität Genf – Seujet, Genf (Archives de l'Université de Genève – Seujet)
Archiv des Rektorats, des Senats und des Senatsbüros zum Lehrstuhl für Pädagogik, zum *Institut Jean-Jacques Rousseau* (IJJR) bzw. zum späteren *Institut des sciences de l'éducation* (ISE)
Rechenschaftsberichte des IJJR (1925–1947)
Korrespondenz IJJR und ISE
Protokolle der geisteswissenschaftlichen Fakultät der Universität Genf zu den Erziehungswissenschaften (Personalakten der Dozierenden, Reglemente, Lehrstuhl für Pädagogik, Diplom in Pädagogik, Bilanzen, Budgets)
Protokolle der naturwissenschaftlichen Fakultät zur Lehrbefähigung in Naturwissenschaften, 1903–1908
Vorlesungsverzeichnisse

Archiv des Erziehungsdepartementes – Terrassière, Genf (Archives du Département de l'instruction publique [DIP])
Ordner DIP Generalsekretariat, alle Akten zu:
Lehrerbildung

Berufung von Professoren für Pädagogik und Psychologie, Lehrstuhlbeschreibungen, Korrespondenz zwischen Universität und DIP über Prüfungsbescheinigungen und Diplome
Lebensläufe zahlreicher Akteure der Erziehungswissenschaften
Gründung und Betrieb der dem IJJR und/oder DIP angeschlossenen Institutionen (*Maison des petits*, Berufsberatungsstellen, Sonderklassen, Forschungs-, Beobachtungs- und Beratungsstellen usw.)

Archiv des Bureau international d'éducation
Diverse Ordner über:
Aktivitäten des Büros (Abteilungen, Verwaltung, Forschung und Information), durchgeführte Untersuchungen und Zwischenergebnisse
Internationale Korrespondenz zwischen pädagogischen Instanzen, Verbänden und Akteuren
Kongresse, Konferenzen, pädagogische Kurse, Ausstellungen, Veröffentlichungen

Archiv des Institut Jean-Jacques Rousseau
Allgemeiner Bestand
Bestand Edouard Claparède
Bestand Pierre Bovet
Bestand Adolphe Ferrière
Bestand Hélène Antipoff

Öffentliche Universitätsbibliothek Genf (Bibliothèque publique et universitaire)
Korrespondenz Albert Malche
Korrespondenz Edouard Claparède
Bestand Henri-Frédéric Amiel
Biografische Notizen und Einzeldossiers
Protokolle des Grossen Rats (*Grand Conseil*)
Bulletin der Genfer pädagogischen Gesellschaft (*Société pédagogique genevoise*) (komplette Reihe in der Schweizerischen Nationalbibliothek Bern)

Naturhistorisches Museum, Genf (Musée d'histoire des sciences)
Manuskripte Edouard Claparède, Hefte, Notizen, Kurse, Korrespondenz

Lausanne

Staatsarchiv des Kantons Waadt (Archives d'Etat du canton de Vaud)
Staatsrat (K III):
Verhandlungen des Staatsrats
*Erziehungsdepartement (*Département de l'instruction et des cultes – DIPC*) – staatliches Bildungswesen:*
Korrespondenz Lehrerseminare
Jahresberichte des Lehrerseminars (1882–1919)
Allgemeine Akten des DIPC, nach Themen geordnet:
Akademie
Universität, Professoren (Korrespondenz), Fakultät
Lehrerseminar
Reorganisation der Universität (1890)
Protokollverzeichnis, Universität (1886–1920)
Kopie Schriftverkehr des *Service de l'enseignement supérieur et des cultes* (1921–1940)
Protokollverzeichnis des *Service de l'enseignement supérieur et des cultes* (1921–1941)
Inventar des Rektoratsarchivs der Universität
Fakultäten:
Korrespondenz mit dem DIPC
Korrespondenz zu den Aktivitäten der Universität und verschiedener Institutionen, die in Beziehung zu ihr stehen
Vorlesungsverzeichnisse
Fakultäts- und Universitätsordnungen, Studienpläne
Offizielle Archive *(archives officielles)* (zwischen 1885 und 1995 erstellte Dokumente) (Serie S)
Erziehungsdepartement: *Service de l'enseignement supérieur et des cultes*
Universität Lausanne (Rektorat und Universitätskommission)
Protokolle der Senatssitzungen und der Universitätskommission
Korrespondenz des Rektors (1886–1939)

Archiv der Universität Lausanne (Archives de l'Université de Lausanne)
Protokolle der Fakultäten und der *Ecole des sciences sociales et politiques*
Vorlesungsverzeichnisse der Universität Lausanne

Kantonale Universitätsbibliothek (Bibliothèque cantonale universitaire), *Dorigny – Manuskripte*

Bestand Arnold Reymond
Bestand Jacques Larguier des Bancels
Bestand Maurice Millioud

Freiburg

Staatsarchiv des Kantons Freiburg

Staatliches Bildungswesen. Personalakten der Professoren
Staatliches Bildungswesen. Pädagogisches Institut
Staatliches Bildungswesen. Pädagogisches Museum
Staatliches Bildungswesen II. Korrespondenz
Protokolle des Staatrats
Biografische Unterlagen (Nachrufe, sonstiges)

Rektoratsarchiv der Universität Freiburg

Senatsprotokolle
Personalakten
Examen, Diplome
Kanzlei, Sekretariat
Vorlesungsverzeichnisse
Akademische Jahresberichte

Archiv der geisteswissenschaftlichen Fakultät der Universität Freiburg

Fakultätsprotokolle
Korrespondenz, Verschiedenes
Lizenziate, Reglemente, Verschiedenes
Fachbereich Pädagogik – Psychologie

Archiv des Bistums Freiburg, Lausanne, Genf

Universität Freiburg
Lehrerseminar
Eugène Dévaud, Lucien Barbey
Caritas Luzern

Kantons- und Universitätsbibliothek

Bestand Eugène Dévaud
Bestand Raphaël Horner
Bestand Léon Barbey
Verwaltungsbericht des Freiburger Staatsrats für das laufende Jahr
Bulletin pédagogique, Zeitschrift des Freiburger Lehrervereins *(Société fribourgeoise d'éducation)*

Archiv des Lehrerseminars

Korrespondenz mit dem Erziehungsdepartement

Neuenburg

Staatsarchiv des Kantons Neuenburg (Archives d'Etat du canton de Neuchâtel)

Archiv des Erziehungsdepartementes: *Service de l'enseignement primaire et secondaire*
Archiv des kantonalen Gymnasiums Neuenburg
Universitätsarchiv
Familienbestände und Werkverzeichnisse
Bestand Alexandre Daguet
Bestand Edouard Desor
Bestand Pierre Favarger (Unterlagen Daguet)
Bestand Aimé Humbert

Bibliothek des Staatsarchivs Neuenburg (Bibliothèque des Archives de l'Etat de Neuchâtel)

Bibliothek der Periodika
Offizielles Bulletin der Verhandlungen des Grossen Rats der Republik und des Kantons Neuenburg
Verwaltungsberichte des Staatsrats an den Grossen Rat
Bestand Dokumentationen über Neuenburger Akteure

Öffentliche Universitätsbibliothek Neuenburg (Bibliothèque publique et universitaire de Neuchâtel)

Studienfonds: Autorenverzeichnis, Sekundärliteratur

St. Gallen

Staatsarchiv des Kantons St. Gallen
Akten der Handelskammer und der Regierung

Universitätsarchiv St. Gallen
Protokolle, Korrespondenz und Gutachten des Rektorats und des pädagogisch-philosophischen Fachbereichs
Personalakten
Liste der Lehrveranstaltungen
Jahresberichte des Rektorats

Bibliografie

Literatur

Albisetti, J., McClelland, Ch. & Turner, S. (1989). Science in Germany. *Osiris,* 2nd series, *5,* 285–304.

Altermatt, U. (1989). *Katholizismus und Moderne. Zur Sozial- und Mentalitätsgeschichte der Schweizer Katholiken im 19. Jahrhundert.* Zürich: Benziger.

Apel, H.-J., Horn, K.-P., Lundgreen, P. & Sandfuchs, U. (Hrsg.). (1999). *Professionalisierung pädagogischer Berufe im historischen Prozess.* Bad Heilbrunn: Klinkhardt.

Apple, M.W. (2003). *The state and the politics of knowledge.* London: Routledge Falmer.

Ash, M.G. & Geuter, U. (Hrsg.). (1985). *Geschichte der deutschen Psychologie im 20. Jahrhundert.* Opladen: Westdeutscher Verlag.

Avanzini, G. (1969). *La contribution de Binet à l'élaboration d'une pédagogie scientifique.* Paris: Vrin.

Avvanzino P. (1993). *Histoires de l'éducation spécialisée (1827–1970). Les arcanes du placement institutionnel.* Lausanne: Cahiers de l'EESP n°15.

Bähler, A. (1991). *«Was sie wollten, das wollten sie stark und ganz». Geschichte des Schweizerischen Lehrerinnenvereins.* Bern: Schweizerischer Lehrerinnenverein.

Barras, V. (2002). La médecine et ses professionnels, 19e–20e siècles. In R. Hofstetter & B. Schneuwly (Ed.), *Science(s) de l'éducation (19e–20e siècles). Entre champs professionnels et champs disciplinaires. Erziehungswissenschaft(en) (19.–20. Jahrhundert). Zwischen Profession und Disziplin* (S. 335–346). Bern: Lang.

Baumgarten, F. (1961). *Zur Geschichte der Angewandten Psychologie in der Schweiz.* Münsingen: Fischer.

Becher, T. (1989). *Academic tribes and territories. Intellectual enquiry and the cultures of disciplines.* Buckingham: Open University Press.

Ben-David, J. & Collins, R. (1966). Social factors in the origins of a new science: the case of psychology. *American sociological review, 31,* 451–465.

Ben-David, J. & Collins, R. (1997). Les facteurs sociaux dans la genèse d'une nouvelle science. Le cas de la psychologie (1966). In J. Ben-David (Ed.), *Eléments d'une sociologie historique des sciences* (S. 65–92). Paris: PUF.

Bernal Martinez, J.M. (2001). *Renovación pedagógica y enseñanza de las ciencias: medio siglo de propuestas y experiencias escolares.* Madrid: Rustica.

Berthelot, J.M., Martin, O. & Collinet, C. (2005). *Savoirs et savants. Les études sur la science en France.* Paris: PUF.

Bertolini, P., Ghisla, G. & Monighetti, I. (2000). La formazione degli insegnanti in Italia e in Ticino. Appunti sulla storia delle istituzioni et del pensiero pedagogico. In L. Criblez & R. Hofstetter (unter Mitarbeit von D. Périsset Bagnoud) (Hrsg.), *La formation des enseignant(e)s primaires. Histoire et réformes actuelles – Die Ausbildung von PrimarlehrerInnen. Geschichte und aktuelle Reformen* (S.433–460). Bern: Lang.

Blanckaert, C. (1993). La Société française pour l'histoire des sciences de l'homme. Bilan, enjeux et «questions vives». *Genèses, 10,* 124–135.

Blanckaert, C. (1999). L'histoire générale des sciences de l'homme. Principes et périodisation. In C. Blanckaert, L. Blondiaux, L. Loty, M. Renneville & N. Richard (Ed.), *L'histoire des sciences de l'homme. Trajectoire, enjeux et questions vives* (S.23–60). Paris: L'Harmattan.

Blanckaert, C., Blondiaux, L., Loty, L., Renneville, M. & Richard, N. (Ed.). (1999). *L'histoire des sciences de l'homme. Trajectoire, enjeux et questions vives.* Paris: L'Harmattan.

Bloch, A. (2000). «Hauptsache Sturz der Burg von Küsnacht» – Gesetzesvorlagen und Diskurse um eine akademische Volksschullehrerbildung im Kanton Zürich zwischen 1865 und 1938. In L. Criblez & R. Hofstetter (unter Mitarbeit von D. Périsset Bagnoud) (Hrsg.), *La formation des enseignant(e)s primaires. Histoire et réformes actuelles – Die Ausbildung von PrimarlehrerInnen. Geschichte und aktuelle Reformen* (S. 239–266). Bern: Lang.

Bloch, A. (2007). *Priester der Volksbildung. Der Professionalisierungsprozess der Zürcher Volksschullehrkräfte zwischen 1770 und 1914.* Zürich: Chronos.

Böhny, F. (1953). L'orientation professionnelle en Suisse. *Revue internationale du travail, 67,* 1–20.

Bonjour, E. (1960). *Die Universität Basel von den Anfängen bis zur Gegenwart 1460–1960.* Basel: Helbing & Lichtenhahn.

Bourdieu, P. (1995). La cause de la science: Comment l'histoire sociale des sciences sociales peut servir le progrès de ces sciences. *Actes de la recherche en sciences sociales, 106–107,* 2–10.

Bourdieu, P. (2001). *Science de la science et réflexivité.* Paris: Raisons d'agir.

Brehony, K. (2004). A new education for a new era: the contribution of the conferences of the New Education Fellowship to the disciplinary field of education 1921–1938. *Paedagogica historica, V–VI/XL,* 733–755.

Brinkmann, W. & Petersen, H. (Hrsg.). (1998). *Theorien und Modelle der Allgemeinen Pädagogik.* Donauwörth: Auer.

Brunner, J. (1951). La policlinique médico-psychologique de l'Université de Fribourg au service de la jeunesse anormale. *Bulletin pédagogique, 3,* 31–37.

Bugnard, P.-Ph. (1983). *Le machiavélisme de village. La Gruyère face à la République chrétienne de Fribourg (1881–1913).* Fribourg: Le front littéraire.

Bühler, J. C. von (1990). *Die gesellschaftliche Konstruktion des Jugendalters. Zur Entstehung der Jugendforschung am Beginn des 20. Jahrhunderts.* Weinheim: Deutscher Studien Verlag.

Burmeister, K. H. (1998). *100 Jahre HSG. Geschichte der Universität St. Gallen.* Bern: Stämpfli.

Burri, M. & Westermann, A. (2005). *ETHistory 1855–2005. Sightseeing durch 150 Jahre ETH Zürich.* Baden: hier + jetzt.

Busino, G. (1983). La Faculté des SSP: 80 ans déjà. *Uni Lausanne, 37,* 21–27.

Carpintero, H. & Herrero, F. (s.d.). Early applied psychology (The early days of the IAAP) [verfügbar unter: http://fs-morente.filos.ucm.es/docentes/carpintero/Iaaphist/IAAPhist.htm; recherchiert: 20.02.2011].

Carroy, J. (2000). Sciences humaines et philosophie en France à la fin du 19e siècle. Le cas de la psychologie. *Bulletin de la Société française pour l'histoire des sciences de l'homme, 20,* 17–24.

Charle, Ch. (1994a). *La république des universitaires 1870–1940.* Paris: Seuil.

Charle, Ch. (1994b). Les Universités germaniques: des mythes fondateurs à l'histoire sociale. *Histoire de l'éducation (Les Universités germaniques XIXe–XXe siècles), 62,* 5–14.

Charle, Ch. (1994c). Paris/Berlin. Essai de comparaison des professeurs de deux universités centrales (vers 1870–vers 1830). *Histoire de l'éducation (Les Universités germaniques XIXe–XXe siècles), 62,* 75–109.

Charle, Ch. (1995). Intellectuels, *Bildungsbürgertum* et profession au 19e siècle. Essais de bilan historiographique comparé (France-Allemagne). *Actes de la recherche en sciences sociales, 106/107,* 85–95.

Charle, Ch. (1996). *Les intellectuels en Europe au 19e siècle. Essai d'histoire comparée.* Paris: Seuil.

Charle, Ch., Schriewer, J. & Wagner, P. (Ed.). (2004). *Transnational intellectual networks. Forms of academic knowledge and the search for cultural identities.* Frankfurt/M.: Campus.

Chatelanat, G. & Pelgrims Ducrey, G. (Ed.). (2003). *Education et enseignements spécialisés: ruptures et intégrations* (Raisons éducatives N°2003/6). Bruxelles: De Boeck.

Cicchini, M. (2004). Un bouillon de culture pour les sciences de l'éducation? Le Congrès international d'éducation morale (1908–1934). *Paedagogica historica, V–VI/XL*, 633–656.

Conze, W. & Kocka, J. (Hrsg.). (1985). *Bildungsbürgertum in 19. Jahrhundert. Teil 1. Bildungssystem und Professionalisierung in internationalen Vergleichen.* Stuttgart: Klett-Cotta.

Cremin, L. (1961). *The transformation of the school: progressivism in american education, 1876–1957.* New York: Knopf.

Criblez, L. (1998). 1848: Revolution, Bundesstaatsgründung und Bildungspolitik in der Schweiz. *Zeitschrift für Pädagogik, 44,* 831–851.

Criblez, L. (1999). Der Bildungsartikel in der Bundesverfassung vom 29. Mai 1874. In L. Criblez, C. Jenzer, R. Hofstetter & Ch. Magnin (Hrsg.), *Eine Schule für die Demokratie. Zur Entwicklung der Volksschule in der Schweiz im 19. Jahrhundert* (S. 337–362). Bern: Lang.

Criblez, L. (2000). Das Lehrerseminar – Zur Entwicklung eines Lehrerbildungskonzeptes. In L. Criblez & R. Hofstetter (unter Mitarbeit von D. Périsset Bagnoud) (Hrsg.), *La formation des enseignant(e)s primaires. Histoire et réformes actuelles – Die Ausbildung von PrimarlehrerInnen. Geschichte und aktuelle Reformen* (S. 299–338). Bern: Lang.

Criblez, L. (2002a). *Lehrerbildungsreform, Bildungspolitik und Erziehungswissenschaft. Entwicklungen in der deutschsprachigen Schweiz seit 1960.* Habilitationsschrift, Universität Zürich.

Criblez, L. (2002b). Das Lehrerseminar im Kanton Bern – Anfang, Entwicklung und Ende eines Lehrerbildungskonzeptes, am Beispiel des Staatsseminars 1830–2000. In C. Crotti & J. Oelkers (Hrsg.), *Ein langer Weg – Die Ausbildung der bernischen Lehrkräfte von 1798 bis 2002* (S. 75–118). Bern: Berner Lehrmittel- und Medienverlag.

Criblez, L. (2002c). Wozu Pädagogik? Zum Funktionswandel der Pädagogik in der Lehrerbildung. *Beiträge zur Lehrerbildung, 20*(3), 300–319.

Criblez, L. (2005). Lehrerin, Lehrer sein – gestern und heute. Zur historischen Veränderung des Lehrberufs. In M. Sigrist & Th. Wehner (Hrsg.), *Schule als Arbeitsplatz* (S. 15–38). Zürich: Pestalozzianum.

Criblez, L. (2006). «Experimental pedagogy» in german-speaking Switzerland after 1900: scientific bases for school reform? In R. Hofstetter & B. Schneuwly (Ed.), *Passion, fusion, tension. New education and educational sciences – Education nouvelle et sciences de l'éducation (end 19th – middle 20th century – fin 19e – milieu 20e siècle)* (S. 37–68). Bern: Lang.

Criblez, L. (Hrsg.). (2008). *Bildungsraum Schweiz. Historische Entwicklung und aktuelle Herausforderungen.* Bern: Haupt.

Criblez, L., Jenzer, C., Hofstetter, R. & Magnin, Ch. (Hrsg.) (1999). *Eine Schule für die Demokratie. Zur Entwicklung der Volksschule in der Schweiz im 19. Jahrhundert.* Bern: Peter Lang.

Criblez, L. & Hofstetter, R. (1998). Erziehung zur Nation. Nationale Gesinnungsbildung in der Schule des 19. Jahrhunderts. In U. Altermatt, C. Bosshart-Pfluger & A. Tanner (Hrsg.), *Die Konstruktion einer Nation. Nation und Nationalisierung in der Schweiz* (S. 167–187). Zürich: Chronos.

Criblez, L. & Hofstetter, R. (unter Mitarbeit von D. Périsset Bagnoud) (Hrsg.). (2000). *La formation des enseignant(e)s primaires. Histoire et réformes actuelles – Die Ausbildung von PrimarlehrerInnen. Geschichte und aktuelle Reformen.* Bern: Lang.

Criblez, L. & Späni, M. (2002). Zwischen Universität und Gymnasium, Fachwissenschaft und Lehrerbildung – Zur Geschichte der Ausbildung von Gymnasiallehrkräften an der Universität Bern. In C. Crotti & J. Oelkers (Hrsg.), *Ein langer Weg. Die Ausbildung der bernischen Lehrkräfte von 1798 bis 2002* (S. 457–520). Bern: Berner Lehrmittel- und Medienverlag.

Crotti, C. (2005). *Lehrerinnen – frühe Professionalisierung. Professionsgeschichte der Volksschullehrerinnen in der Schweiz im 19. Jahrhundert.* Bern: Lang.

Delessert, A. (1991). *L'Université au défi. Une histoire sociale de l'Université de Lausanne.* Lausanne: Payot.

Depaepe, M. (1987). Le premier (et dernier) Congrès international de pédologie à Bruxelles en 1911. *Bulletin de la Société Alfred Binet et Théodore Simon*, LXXXVII, *612*, 28–54.

Depaepe, M. (1993). *Zum Wohl des Kindes? Pädologie, pädagogische Psychologie und experimentelle Pädagogik in Europa und in den USA, 1890–1940.* Weinheim: Deutscher Studien Verlag.

Dhombres, J. (2004). Vicissitudes in internationalisation: international networks in mathematics up until the 1920s. In Ch. Charle, J. Schriewer & P. Wagner (Ed.), *Transnational intellectual network. Forms of academic knowledge and the search for cultural identities* (S. 81–114). Frankfurt/M.: Campus.

Dottrens, R. (1933a). *Les études pédagogiques de Genève 1835–1933.* Lausanne: Payot.

Dottrens, R. (1933b). La place de la pédagogie dans les Universités de la Suisse romande. *Internationale Zeitschrift für Erziehungswissenschaft, International Education Review. Revue internationale de pédagogie, 1932/1933, 4*, 575–584.

Dottrens, R. (1954). L'enseignement de la pédagogie dans les Universités suisses. *Revue internationale de psycho-pédagogie, 1*, 105–112.

Dottrens, R. (1971). *L'Ecole expérimentale du Mail.* Neuchâtel: Delachaux & Niestlé.

Drewek, P. (1997). Geschichte der Schule. In K. Harney & H.-H. Krüger (Hrsg.), *Einführung in die Geschichte von Erziehungswissenschaft und Erziehungswirklichkeit* (S. 193–207). Opladen: Leske + Budrich.

Drewek, P. (1998). Educational studies as an academic discipline in Germany at the beginning of the 20th century. In P. Drewek & C. Lüth (Ed.), *Pedagogica historica. History of educational studies* (vol. 1, S. 175–194). Gent: CSHP.

Drewek, P. (2002). Defensive Disziplinbildung: die Akademisierung der deutschen Pädagogik am Beginn des 20. Jahrhunderts im Kontexte der Dynamik des deutschen Bildungssystems. In R. Hofstetter & B. Schneuwly (Ed.), *Science(s) de l'éducation (19ᵉ–20ᵉ siècles). Entre champs professionnels et champs disciplinaires. Erziehungswissenschaft(en) (19.–20. Jahrhundert). Zwischen Profession und Disziplin* (S. 113–140). Bern: Lang.

Drewek, P. (2003). Die bilaterale Rezeption von Bildung und Erziehung am Beginn des 20. Jahrhunderts im deutsch-amerikanischen Vergleich. In H. Kaelble & J. Schriewer (Hrsg.), *Vergleich und Transfer. Komparatistik in den Sozial-, Geschichts- und Kulturwissenschaften* (S. 186–209). Frankfurt/M.: Campus.

Drewek, P. & Lüth, C. (Ed.). (1998). History of educational studies – Geschichte der Erziehungswissenschaft – Histoire des sciences de l'éducation. *Paedagogica historica, Supplementary series* (vol. 3).

Dubois, M. (1999). *Introduction à la sociologie des sciences.* Paris: PUF.

Dubois, M. (2000). *La nouvelle sociologie des sciences.* Paris: PUF.

Eckert, H. (1993). *L'orientation professionnelle en Allemagne et en France.* Paris: L'Harmattan.

European educational research journal (2002, *1*). The emergence and development of educational research in Europe [verfügbar unter: http://www.wwwords.co.uk/rss/eerjall.xml; recherchiert: 12.04.2011].

Favre, P. (1985). Histoire de la science politique. In M. Grawitz & J. Leca (Ed.), *Traité de science politique* (S. 3–45). Paris: PUF.

Favre, P. (1989). *Naissances de la science politique en France 1870–1914.* Paris: Fayard.

Felten, R. von (1970). *Auf dem langen Weg zur Bildung. Das Verhältnis von Allgemeinbildung und Berufsbildung in den Anfängen der Lehrerbildung in der deutschen Schweiz.* Bern: Lang.

Feller, R. (1935). *Die Universität Bern 1834–1934.* Bern & Leipzig: Haupt.

Flatt, R. & Mülly, K. (1946). *Geschichte der Eidg. Turn- und Sportkommission 1847–1945.* Biel: s.n.

Fleury, A. & Joye, F. (2002). *Les débuts de la politique de la recherche en Suisse. Histoire de la création du Fonds national suisse de la recherche scientifique 1934–1952.* Genève: Librairie Droz.

Frey-Wyssling, A. et al. (1980). Die Abteilung für Naturwissenschaften. In H. Grob (Hrsg.), *Eidgenössische Technische Hochschule Zürich, 1955–1980: Festschrift zum 125jährigen Bestehen* (S. 385–403). Zürich: Neue Zürcher Zeitung.

Friedrich, J. (1998). Philosophie, psychologie et pédagogie: un ménage à trois. In R. Hofstetter & B. Schneuwly (Ed.), *Le pari des sciences de l'éducation* (Raisons éducatives, N° 1/2, S. 57–79). Bruxelles: De Boeck.

Fry, K. (1952). *Kaspar Decurtins: der Löwe von Truns.* Zürich: Thomas.

Fuchs, E. (2004). Educational sciences, morality and politics: international educational congresses in the early twentieth century. *Paedagogica historica, XL,* V/VI, 757–784.

Führ, Ch. (1985). Gelehrter Schulmann – Oberlehrer – Studienrat: Zum sozialen Aufstieg der Philologen. In W. Conze (Hrsg.), *Bildungsbürgertum im neunzehnten Jahrhundert* (S. 417–457). Stuttgart: Klett-Cotta.

Gagliardi, E., Nabholz, H. & Strohl, J. (1938). *Die Universität Zürich 1833–1933 und ihre Vorläufer. Festschrift zur Jahrhundertfeier.* Zürich: Erziehungsdirektion.

Gassmann, E. (1933). Die zürcherische Volksschule und die ihr angegliederten Bildungs- und Wohlfahrtseinrichtungen von 1872 bis 1932. In Erziehungsrat des Kantons Zürich (Hrsg.), *Volksschule und Lehrerbildung 1832–1932. Festschrift zur Jahrhundertfeier* (S. 555–689). Zürich: Erziehungsdirektion.

Gautherin, J. (2002). *Une discipline pour la République. La Science de l'éducation, 1882–1914.* Bern: Lang.

Geschichte der Universität Freiburg Schweiz 1889–1989 (3 Bde.). (1991). Freiburg: Editions universitaires.

Gibbons, M., Limoges, C., Nowotny, H., Schwartzmann, S., Scott, P. & Trow, M. (1994). *The new production of knowledge. The dynamics of science and research in contemporary societies.* London: Sage.

Gonon, Ph. (1999). Weltausstellungen im 19. Jahrhundert als Ansporn für Schulreformen. In L. Criblez, C. Jenzer, R. Hofstetter & Ch. Magnin (Hrsg.), *Eine Schule für die Demokratie. Zur Entwicklung der Volksschule in der Schweiz im 19. Jahrhundert* (S. 377–401). Bern: Lang.

Goodchild, L.F. (2006). The beginnings of education at American universities. Curricular conflicts over the study of pedagogy as practice or science 1856 to 1940.

In R. Hofstetter & B. Schneuwly (Ed.), *Passion, fusion, tension. New education and Educational sciences – Education nouvelle et sciences de l'éducation (end 19th–middle 20th century – fin du 19e–milieu du 20e siècle)* (S. 69–106). Bern: Lang.

Goodlad, J.I., Soder, R. & Sirotnik, K.A. (Ed.). (1991). *The moral dimensions of teaching.* Oxford: Jossey-Bass.

Gottraux, P., Schorderet, P.-A. & Voutat, B. (2000). *La science politique suisse à l'épreuve de son histoire. Genève, émergence et institutionnalisation d'une discipline scientifique.* Lausanne: Réalités sociales.

Grob, H. (Hrsg.). (1980). *Eidgenössische Technische Hochschule Zürich, 1955–1980. Festschrift zum 125jährigen Bestehen.* Zürich: Neue Zürcher Zeitung.

Gugerli, D., Kupper, P. & Speich, D. (2005). *Die Zukunftsmaschine. Konjunkturen der Eidgenössischen Technischen Hochschule Zürich 1855–2005.* Zürich: Chronos.

Guggenbühl, G. (1955). Geschichte der Eidgenössischen Technischen Hochschule in Zürich. In H. Pallmann & K. Schmid (Hrsg.), *Eidgenössische Technische Hochschule 1855–1955* (S. 1–257). Zürich: Neue Zürcher Zeitung.

Guichonnet, P. (Ed.). (1974/1986). *Histoire de Genève.* Toulouse & Lausanne: Payot.

Haeberlin, U. (1991). Heilpädagogik. In *Geschichte der Universität Freiburg, Schweiz 1889–1989* (Bd. 1, S. 762–765). Freiburg: Editions universitaires.

Haeberlin, U. (1996). *Heilpädagogik als wertgeleitete Wissenschaft.* Bern: Haupt.

Hameline, D. (Ed.). (1981). *Autour d'Adolphe Ferrière et de l'Education nouvelle* (Cahiers de la Section des sciences de l'éducation N°25). Genève: Université de Genève.

Hameline, D. (1983). L'«Educateur» (1865–1885): compétence et légitimité. *L'Educateur, 8*, 17–21.

Hameline, D. (1994). Adolphe Ferrière (1979–1960). *Perspectives, 23*, 379–406.

Hameline, D., Helmchen, J. & Oelkers, J. (Ed.). (1995). *L'Education nouvelle et les enjeux de son histoire. Actes du colloque international des Archives Institut Jean-Jacques Rousseau (Genève, 1–3 avril 1992).* Bern: Lang.

Hammer, S. (1999). Oswald Külpe. In H.E. Lück & R. Miller (Hrsg.), *Illustrierte Geschichte der Psychologie* (S. 54–55). Weinheim: Psychologie Verlags Union.

Hartwig, A. (1948). *Die Entwicklung der öffentlichen Berufsberatung in Deutschland.* Stuttgart: Siebrecht.

Harwood, J. (2004). National differences in academic culture: sciences in Germany and the United States between the World Wars. In Ch. Charle, J. Schriewer & P. Wagner (Ed.), *Transnational intellectual network. Forms of academic knowledge and the search for cultural identities* (S. 53–80). Frankfurt/M.: Campus.

HBLS (1921–1943). *Historisch-Biographisches Lexikon der Schweiz.* Neuenburg: Administration des historisch-biographischen Lexikons der Schweiz.

Hegi, S. (1982). Rückblick auf ein halbes Jahrhundert Institut für Heilpädagogik Luzern. In Institut für Heilpädagogik Luzern (Hrsg.), *50 Jahre im Dienste der behinderten Jugend (1932–1982)* (S. 14–32). Luzern: Institut für Heilpädagogik.

Heidenreich, M. (1999). Berufskonstruktion und Professionalisierung. Erträge soziologischer Forschung. In H.J. Apel, K.-P. Horn, P. Lundgren & U. Sandfuchs (Hrsg.), *Professionalisierung pädagogischer Beruf im historischen Prozess* (S. 35–58). Bad Heilbrunn: Klinkhardt.

Heilbron, J.L.M., Magnusson, L. & Wittrock, B. (Ed.). (2001). *The rise of the social sciences and the formation of modernity.* Dordrecht: Kluwer.

Heiniger, F. (2003). *Vom Lehrlingspatronat zum Kompetenzzentrum für Berufsberatung.* Zürich: SVB.

Heintz, B. (1998). Die soziale Welt der Wissenschaft. Entwicklungen, Ansätze und Ergebnisse der Wissenschaftsforschung. In B. Heintz & B. Nievergelt (Hrsg.), *Wissenschafts- und Technikforschung in der Schweiz: Sondierungen einer neuen Disziplin* (S. 55–94). Zürich: Seismo.

Heller, D. & Perrez, M. (1990). Die Anfänge der Experimentellen Psychologie in der Schweiz unter besonderer Berücksichtigung ihrer Entwicklung an der Universität Freiburg. *Schweizerische Zeitschrift für Psychologie, 49*(1), 57–65.

Hillenbrand, C. (1994). *Reformpädagogik und Heilpädagogik: unter besonderer Berücksichtigung der Hilfsschule.* Bad Heilbrunn: Klinkhardt.

Histoire de l'Université de Neuchâtel (1988). (Bd. 1: La première Académie 1838–1848.). Neuchâtel: Université de Neuchâtel.

Histoire de l'Université de Neuchâtel (1994). (Bd. 2: La seconde Académie, 1866–1909). Neuchâtel: Université de Neuchâtel.

Histoire de l'Université de Neuchâtel (2002). (Bd. 3: L'Université, de sa fondation en 1909 au début des années soixante). Neuchâtel: Université de Neuchâtel.

Hochschulgeschichte Berns 1528–1984. Zur 150-Jahr-Feier der Universität Bern 1984 (1984) (Herausgegeben im Auftrag des Regierungsrates des Kantons Bern von der Kommission für bernische Hochschulgeschichte). Bern: Hallwag.

Hoffmann, D. & Neumann, K. (Hrsg.). (1998). *Die gegenwärtige Struktur der Erziehungswissenschaft. Zum Selbstverständnis einer undisziplinierten Disziplin.* Weinheim: Deutscher Studien Verlag.

Hofstetter, R. (1998). *Les lumières de la démocratie. Histoire de l'école primaire publique à Genève au 19e siècle.* Bern: Lang.

Hofstetter, R. (2004). The construction of a new science by means of an institute and its communication media: the Institute of educational sciences in Geneva (1912–1948). *Pedagogica historica, 40*, 657–683.

Hofstetter, R. (2010). *Genève: creuset des sciences de l'éducation (fin du XIXe siècle – première moitié du XXe siècle).* Genève: Droz.

Hofstetter, R. & Schneuwly, B. (1998). L'avènement d'un nouveau champ disciplinaire. Ressorts de l'universitarisation des sciences de l'éducation à Genève 1890–1930. In R. Hofstetter & B. Schneuwly (Ed.), *Le pari des sciences de l'éducation* (Raisons éducatives, N° 1998/1/2, S. 79–115). Bruxelles: De Boeck.

Hofstetter, R. & Schneuwly, B. (2000). L'universitarisation de la formation des enseignants et l'émergence des sciences de l'éducation (1870–1933). In L. Criblez & R. Hofstetter (unter Mitarbeit von D. Périsset Bagnoud) (Hrsg.), *La formation des enseignant(e)s primaires. Histoire et réformes actuelles – Die Ausbildung von PrimarlehrerInnen. Geschichte und aktuelle Reformen* (S. 267–298). Bern: Lang.

Hofstetter, R. & Schneuwly, B. (2001). *Les sciences de l'éducation en Suisse. Evolution et prospectives.* Bern: Schweizerischer Wissenschafts- und Technologierat.

Hofstetter, R. & Schneuwly, B. (Ed.). (2002a). *Science(s) de l'éducation (19e–20e siècles). Entre champs professionnels et champs disciplinaires. Erziehungswissenschaft(en) (19.–20. Jahrhundert). Zwischen Profession und Disziplin.* Bern: Lang.

Hofstetter, R. & Schneuwly, B. (2002b). Emergence et développement des sciences de l'éducation. Enjeux et questions vives. In R. Hofstetter & B. Schneuwly (Ed.), *Science(s) de l'éducation (19e–20e siècles). Entre champs professionnels et champs disciplinaires. Erziehungswissenschaft(en) (19.–20. Jahrhundert). Zwischen Profession und Disziplin* (S. 1–32). Bern: Lang.

Hofstetter, R. & Schneuwly, B. (Ed.) (2006). *Passion, fusion, tension. New education and educational sciences – Education nouvelle et sciences de l'éducation (end 19th–middle 20th century – fin du 19e–milieu du 20e siècle).* Bern: Lang.

Hofstetter, R. & Schneuwly, B. (in Vorbereitung). *Les sciences de l'éducation à Genève: entre Rousseau et Piaget?*

Hofstetter, R., Schneuwly, B., Cicchini, M. & Lussi, V. (2004). Formation des enseignants secondaires: logiques disciplinaires ou professionnelles. Le cas de Genève (fin du 19e–première moitié du 20e siècle). *Schweizerische Zeitschrift für Geschichte, 3*, 275–305.

Hofstetter, R., Schneuwly, B., Lussi, V. & B. Haenggeli-Jenni (2006). L'engagement scientifique et réformiste en faveur de la «nouvelle pédagogie». Genève dans le contexte international – premières décades du 20e siècle. In R. Hofstetter & B. Schneuwly (Ed.), *Passion, fusion, tension. New education and educational sciences*

– *Education nouvelle et sciences de l'éducation (end 19th–middle 20th century – fin du 19e–milieu du 20e siècle)* (S. 107–142). Bern: Lang.

Hopf, C. (2004). *Die experimentelle Pädagogik. Empirische Erziehungswissenschaft in Deutschland am Anfang des 20. Jahrhunderts.* Bad Heilbrunn: Klinkhardt.

Horn, K.-P. (1996). Selektive Rezeption. Die Veröffentlichungsreihe der Kommission Wissenschaftsforschung im disziplinären Diskurs. *Erziehungswissenschaft, 7,* 115–128.

Horn, K.-P. (1998). Deutsche Erziehungswissenschaft 1919 bis 1970. Zur fachlichen Rekrutierung und Reproduktion der Disziplin. In P. Drewek & C. Lüth (Ed.), *Pedagogica historica. History of educational studies* (Bd. 1, S. 195–205). Gent: CSHP.

Horn, K.-P. (2003). *Erziehungswissenschaft in Deutschland im 20. Jahrhundert. Zur Entwicklung der sozialen und fachlichen Struktur der Disziplin von der Erstinstitutionalisierung bis zur Expansion.* Bad Heilbrunn: Klinkhardt.

Horn, K.-P., Németh, A., Pukánszky, B. & Tenorth, H.-E. (Hrsg.). (2001). *Erziehungswissenschaft in Mitteleuropa. Aufklärerische Traditionen – deutscher Einfluss – nationale Eigenständigkeit.* Budapest: Osiris.

Hoyningen-Suess, U. (1992). *Sonderpädagogik als Wissenschaft. Heinrich Hanselmanns Theorie der Sonderpädagogik.* Luzern: SHZ.

Huteau, M. & Lautrey, J. (1979). Les origines et la naissance du mouvement d'orientation. *Orientation scolaire et professionnelle, 8,* 3–43.

Im Hof, U. (1984). Hohe Schule – Akademie – Universität. 1528 – 1805 – 1834 – 1984. In *Hochschulgeschichte Berns 1528–1984. Zur 150-Jahr-Feier der Universität Bern 1984* (S. 25–127). Bern: Hallwag.

Institut für Angewandte Psychologie (1973). *50 Jahre Institut für Angewandte Psychologie. 1923–1973.* Zürich: Institut für Angewandte Psychologie.

Institut für Angewandte Psychologie (2003). *80 Jahre Institut für Angewandte Psychologie. 1923–2003.* Zürich: Institut für Angewandte Psychologie.

Jaun, R. (1986). *Management und Arbeiterschaft: Verwissenschaftlichung, Amerikanisierung und Rationalisierung der Arbeitsverhältnisse in der Schweiz, 1873–1959.* Zürich: Chronos.

Jeismann, K.-E. (1999). Zur Professionalisierung der Gymnasiallehrer im 19. Jahrhundert. In H.-J. Apel, K.-P. Horn, P. Lundgreen & U. Sandfuchs (Hrsg.), *Professionalisierung pädagogischer Berufe im historischen Prozess* (S. 59–79). Bad Heilbrunn: Klinkhardt.

Joos, E. (1971). *Bibliographie der schweizerischen pädagogischen Dissertationen: 1896–1969.* Bern: Schweizerische Landesbibliothek.

Jornod, A. (1989). *Théorie/pratique: fusion ou fission? L'union des journaux des «théoriciens» et des «praticiens» de l'éducation de 1921 à 1932:* L'intermédiaire des éducateurs *et* L'Educateur. Mémoire de licence en Sciences de l'éducation, Université de Genève.

Joye, F. (2002). Sortir de la logique du «parent pauvre»? Les sciences humaines et les débuts de la politique de la recherche en Suisse (1930–1950). *Carnets de bord, 4,* 22–37.

Junker, B. (1990). Die Entstehung des demokratischen Volksstaates, 1831–1880. In *Geschichte des Kantons Bern seit 1798* (Bd. 2). Bern: Stämpfli.

Kaelble, H. (1999). *Der historische Vergleich. Eine Einführung zum 19. und 20. Jahrhundert.* Frankfurt/M.: Campus.

Kaelble, H. (2003). Die interdisziplinäre Debatte über Vergleich und Transfer. In H. Kaelble & J. Schriewer (Hrsg.), *Vergleich und Transfer. Komparatistik in Geschichts- und Kulturwissenschaften* (S. 469–493). Frankfurt/M.: Campus.

Keiner, E. (1999). *Erziehungswissenschaft 1947–1990. Eine empirische und vergleichende Untersuchung zur kommunkativen Praxis einer Disziplin.* Weinheim: Deutscher Studien Verlag.

Keiner, E. & Schriewer, J. (2000). Erneuerung aus dem Geist der eigenen Tradition? Über Kontinuität und Wandel nationaler Denkstile in der Erziehungswissenschaft. *Schweizerische Zeitschrift für Bildungswissenschaften, 22,* 27–51.

Keller, H. (1980). Die Kurse für Turnen und Sport. In H. Grob (Hrsg.), *Eidgenössische Technische Hochschule Zürich, 1955–1980: Festschrift zum 125jährigen Bestehen* (S. 465–469). Zürich: Neue Zürcher Zeitung.

Köhler, M. (2003). *Johann Kaspar Sieber. Ein Leben für die Volksrechte (1821–1878).* Zürich: Chronos.

König, M., Siegrist, H. & Vetterli, R. (1985). *Warten und Aufrücken. Die Angestellten in der Schweiz 1870–1950.* Zürich: Chronos.

Kreis, G. (1986). *Die Universität Basel 1960–1985.* Basel: Helbing & Lichtenhahn.

Kreis, H. (1933). Die zürcherische Volksschule von 1845 bis 1872. In Erziehungsrat des Kantons Zürich (Hrsg.), *Volksschule und Lehrerbildung 1832–1932. Festschrift zur Jahrhundertfeier* (S. 345–551). Zürich: Erziehungsdirektion.

Kuhn, T.S. (1967). *Die Struktur wissenschaftlicher Revolutionen.* Frankfurt/M.: Suhrkamp.

Labaree, D. F. (2004). *The trouble with Ed schools.* New Haven: Yale University Press.

Labaree, D.F. (2006) Progressisme, écoles, et *education schools.* Une romance américaine. In R. Hofstetter & B. Schneuwly (Ed.), *Passion, fusion, tension. New edu-*

cation and educational sciences – Education nouvelle et sciences de l'éducation (end 19th–middle 20th century – fin du 19e–milieu du 20e siècle) (S. 305–324). Bern: Lang.

Lagemann, E.C. (2000). *An elusive science. The troubling history of education research.* Chicago: Chicago University Press.

Landenbergue-Gaschen, N. & Lussi, V. (1999). *L'évolution de la formation de l'enseignant spécialisé du XIXème siècle à nos jours: entre formation spécifique et formation polyvalente. L'exemple genevois.* Mémoire de licence en sciences de l'éducation, Université de Genève.

Lang, V. (1999). *La professionnalisation des enseignants. Sens et enjeux d'une politique institutionnelle.* Paris: PUF.

Le Dinh, D. (Ed.). (1997a). *L'avènement des sciences sociales comme disciplines académiques, XIXe–XXe siècles* (Les Annuelles N° 8). Lausanne: Antipodes.

Le Dinh, D. (1997b). Sciences sociales et logiques de gestion. In D. Le Dinh (Ed.), *L'avènement des sciences sociales comme disciplines académiques, XIXe–XXe siècles* (Les Annuelles N° 8, S. 73–88). Lausanne: Antipodes.

Lemoine, G., McLeod, R., Mulkay, M. & Weingart, P. (Ed.). (1976). *Perspectives on the emergence of scientific disciplines.* Mouton: La Hague.

Loty, L. (2000). Sens de la discipline … et de l'indiscipline. Réflexions pour une pratique paradoxale de l'indisciplinarité. *Bulletin de la Société française pour l'histoire des sciences de l'homme, 20,* 3–16.

Luck, J.M. (1964). *Science in Switzerland.* New York: Columbia University Press.

Lundgreen, P. (2000). Schule im 20. Jahrhundert. Institutionelle Differenzierung und expansive Bildungsbeteiligung. In D. Benner & H.-E. Tenorth (Hrsg.), *Bildungsprozesse und Erziehungsverhältnisse im 20. Jahrhundert* (S. 140–165). Weinheim & Basel: Beltz.

Lussi, V. (2002). Quelles sciences pour éduquer les «anormaux scolaires» et former les enseignants primaires? Enjeux disciplinaires, sociaux et professionnels: Le cas de Genève au début du 20e siècle. *Traverse, 3,* 88–100.

Lussi, V. (2003). Emergences institutionnelles de la «pédagogie spécialisée»: entre champ professionnel et champ disciplinaire. L'exemple de la Suisse au début du 20e siècle. In G. Chatelanat & G. Pelgrims (Ed.), *Education et enseignements spécialisés: ruptures et intégrations* (Raisons éducatives N° 2003/6). Bruxelles: De Boeck.

Lussi Borer, V. (2008). *Formations à l'enseignement et sciences de l'éducation. Analyse comparée des sites universitaires de Suisse romande (fin du 19e–première moitié du 20e siècle).* Thèse de doctorat en Sciences de l'éducation, Université de Genève.

Lussi, V. & Muller, C. (2001). Emergence des sciences de l'éducation: la question de l'anormalité scolaire. Genève 1897–1937. *Carnets de bord, 2*, 12–22.

Mack, W. (1999). Die Würzburger Schule. In H.E. Lück & R. Miller (Hrsg.), *Illustrierte Geschichte der Psychologie* (S. 50–53). Weinheim: Psychologie Verlags Union.

Magnin, Ch. (1997). *Le parlement genevois et l'égalité d'accès à l'instruction 1885–1950.* Thèse de doctorat en Lettres, Université de Genève.

Magnin, Ch. (2002). *Un survol de l'histoire du BIE, de sa fondation en 1925 jusqu'à aujourd'hui.* Exposé présenté en ouverture de la 49e Session du Conseil du BIE, 30 janvier 2002.

Mahoney, J. & Rueschemeyer, D. (2003). *Comparative historical analysis in social sciences.* Cambridge: Cambridge University Press.

Marcacci, M. (1987). *Histoire de l'Université de Genève 1559–1986.* Genève: Université de Genève.

Martin, O. (2000). *Sociologie des sciences.* Paris: Armand Colin.

Matalon, B. & Lécuyer, B.-P. (Ed.). (1988). Une histoire des sciences de l'homme. *Revue de synthèse, CIX*(3–4).

Mattmüller, H. (1991). Universität und Volkshochschule in Basel. In Arbeitskreis zur Aufbereitung historischer Quellen der Erwachsenenbildung (Hrsg.), *Volkshochschule und Universität vor dem Zweiten Weltkrieg* (S. 167–185). Bonn & Frankfurt/M.: Arbeitskreis.

Mattmüller, H. & Lindgren, A. (1979). *Volkshochschule Bern 1919–1979.* Bern: Volkshochschule.

Mayeur, F. (1981). *Histoire générale de l'enseignement et de l'éducation en France.* Paris: INRP.

Messerli, A. (2002). Die Angliederung der Sekundarlehrerinnen- und -lehrerbildung an die Hochschule. Konflikte zwischen dem bernischen Staat und der Hochschule um die Zuständigkeit für die Ausbildung der Sekundarlehrkräfte (1875–1898). In C. Crotti & J. Oelkers (Hrsg.), *Ein langer Weg. Die Ausbildung der bernischen Lehrkräfte von 1798 bis 2002* (S. 417–456). Bern: Berner Lehrmittel- und Medienverlag.

Metz, P. (1998). Herbartianismus in der Schweiz – das Beispiel der Lehrerinnen- und Lehrerbildung von Basel-Stadt. In R. Coriand & M. Winkler (Hrsg.), *Der Herbartianismus – die vergessene Wissenschaftsgeschichte* (S. 43–56). Weinheim: Deutscher Studien Verlag.

Meyer, M. (Hrsg.). (1981). *Philosophie in der Schweiz. Eine Bestandesaufnahme. Von Lambert (1728–1777) bis Piaget (1896–1980).* Zürich & München: Artemis.

Meyer von Knonau, G. (1914). Die Universität Zürich in den Jahren 1833–1913. In *Universität Zürich. Festschrift des Regierungsrates zur Einweihung der Neubauten 19. April 1914* (S. 9–110). Zürich: Orell Füssli.

Meylan, H. (1953). L'Université de Lausanne. In *Cent cinquante ans d'histoire vaudoise* (S. 243–254). Lausanne: Payot.

Meylan, L. (1960). La société suisse des professeurs de l'enseignement secondaire de 1880 à 1960. *Gymnasium Helveticum, 14*, 347–437.

Millet, L. (1983). *L'instituteur vaudois en mal d'université: le débat sur la formation des maîtres primaires vaudois entre 1920 et 1930.* Mémoire de licence en Sciences de l'éducation, Université de Genève.

Möckel, A. (1988). *Geschichte der Heilpädagogik.* Stuttgart: Klett-Cotta.

Monceau, G. & Savoye, A. (Ed.). (2001). Monographies et éducation. *Les études sociales, 133*, 1–117.

Montalta, E. (1949). Zur Ausbildung unserer Heilpädagogen. *Heilpädagogische Werkblätter, 2*, 25–42.

Montalta, E. (1950). Das pädagogische Institut unserer Universität Fryburg. *Schweizer Schule, 37,* 481–486.

Montalta, E. (1958). Fünfzig Jahre Institut für Pädagogik, Heilpädagogik und Angewandte Psychologie der Universität Freiburg in der Schweiz. Organisations- und Ausbildungsfragen. In *50 Jahre Institut für Pädagogik, Heilpädagogik und angewandte Psychologie der Universität Freiburg in der Schweiz* (S. 19–27) Luzern: Institut für Heilpädagogik.

Montalta, E. (1974). 50 Jahre Heilpädagogisches Seminar Zürich. *Vierteljahresschrift für Heilpädagogik und ihre Nachbargebiete, 43*(4), 348–350.

Montalta, E. (1996). Rückblick auf die Entwicklung der Heilpädagogik in der Schweiz aus der Sicht eines Beteiligten. *Vierteljahresschrift für Heilpädagogik und ihre Nachbargebiete, 65*(3), 252–265.

Montandon, C. (1974). *Le développement de la science à Genève aux XVIII*[e] *et XIX*[e] *siècles. Le cas d'une communauté scientifique.* Vevey: Delta.

Mucchielli, L. (1998). *La découverte du social: naissance de la sociologie en France (1870–1914).* Paris: La Découverte.

Müller, P. (1942). *Ernst Meumann als Begründer der experimentellen Pädagogik.* Bazenheid: E. Kalberer.

Müller, W. (2005). *Walter Guyer. Leben – Werk – Wirkung.* Dissertation Universität Zürich.

Müller-Rolli, S. (1992). *Der höhere Lehrerstand im 19. Jahrhundert. Der Gründungsprozess des Philologenverbandes.* Köln, Weimar & Vienne: Böhlau.

Németh, A. (2001). Die Entwicklung der Pädagogik zur Universitätsdisziplin, sowie ihre Institutionalisierung an der Universität in Budapest. In K.-P. Horn, A. Németh, B. Pukánszky & H.-E. Tenorth (Hrsg.), *Erziehungswissenschaft in Mitteleuropa. Aufklärerische Traditionen – deutscher Einfluss – nationale Eigenständigkeit* (S. 309–345). Budapest: Osiris.

Nóvoa, A. (1987). *Le temps des professeurs: analyse socio-historique de la profession enseignante au Portugal (XVIIIe–XXe siècle).* Lisbonne: Instituto nacional de investigaçao cientifica.

Nóvoa, A. (1998). Professionnalisation des enseignants et sciences de l'éducation. In P. Drewek & C. Lüth (Ed.), *Histoire des sciences de l'éducation* (S. 403–430). Gent: CSHP.

Nóvoa, A., Carvalho, L.M. Correia, A.C. Madeira, A.I. & do 'O, J.R. (2002). Flows of educational knowledge. The space-time of Portugese-speaking communities. In M. Caruso & H.-E. Tenorth (Hrsg.), *Internationalisierung. Semantik und Bildungssystem in vergleichender Perspektive* (S. 211–247). Bern: Lang.

Oechsli, W. (1905). *Festschrift zur Feier des fünfzigjährigen Bestehens des Eidg. Polytechnikums. I. Teil: Geschichte der Gründung des eidg. Polytechnikums mit einer Übersicht seiner Entwicklung 1855–1905.* Frauenfeld: Huber.

Oelkers, J. (1996). *Reformpädagogik. Eine kritische Dogmengeschichte* (3. Aufl.). Weinheim: Juventa.

Ohayon, A., Ottavi, D. & Savoye, A. (Ed.). (2004). *L'Education nouvelle, histoire, présence et devenir.* Bern: Lang.

Oser, F. (1991). Pädagogik. In *Geschichte der Universität Freiburg Schweiz 1889–1989* (S. 759–762). Freiburg: Editions universitaires.

Otto, H.-U., Krüger, H.-H., Merkens, H., Rauschenbach, Th., Schenk, B., Weishaupt, H. & Zedler, P. (2000). *Datenreport Erziehungswissenschaft.* Opladen: Leske + Budrich.

Ottonello, G. (1979). *La figura e l'opera di Eugène Dévaud per l'integrazione cristiana dell'attivismo nell'educazione e nella scuola.* Excerptum ex dissertatione. Roma: Pontificia Universitas Lateranensis.

Parot, F. (Ed.). (1994). Les territoires de la psychologie. *Revue de synthèse, 115*(3/4).

Périsset Bagnoud, D., Lussi, V. & Hofstetter, R. (2005). Universitarisation de la formation des enseignants: enjeux de savoirs et de pouvoir. Les débats de *L'Educateur* (1865–1950). *Actes du Ve Colloque international Recherche(s) et Formation: «Former des enseignants-professionnels, savoirs et compétences»* [CD-ROM]. Nantes: IUFM Pays de la Loire.

Perregaux, Ch., Rieben, L. & Magnin, Ch. (Ed.). (1996). *«Une école où les enfants veulent ce qu'ils font». La Maison des Petits hier et aujourd'hui.* Lausanne: LEP.

Piaget, J. (1959). *L'Institut des sciences de l'éducation (Institut J.-J. Rousseau) de 1912 à 1956.* In *Université de Genève* (S. 307–316) [Annexes IV: Histoire des Facultés et des Instituts]. Genève: Georg.

Porchet, Y. (1987). *Die Basler Bildungspolitik in der Zeit Fritz Hausers (1919–1941).* Lizentiatsarbeit philosophischen Fakultät. Universität Basel.

Porter, T.M. & Ross, D. (Ed.). (2003). *The modern social sciences. The Cambridge history of science* (vol. 7). Cambridge: Cambridge University Press.

Probst, P. (1991). *Bibliographie Ernst Meumann. Mit einer Einleitung zur Biographie.* Herzberg: Traugott Bautz.

Prost, A. (2001). *Pour un programme stratégique de recherche en éducation.* Rapport remis à MM. les Ministres de l'Éducation nationale et de la Recherche par le Groupe de travail constitué par M. Antoine Prost [verfügbar unter: http://www.inrp.fr/aecse/Prost2001.htm; recherchiert: 12.04 2011].

Prondczynsky, A. von (1999). Universitätspädagogik und lokale pädagogische Kulturen in Jena zwischen 1885 und 1933. In A. Langewand & A. von Prondczynsky (Hrsg.), *Lokale Wissenschaftskulturen in der Erziehungswissenschaft* (S. 75–188). Weinheim: Deutscher Studien Verlag.

Ramsauer, N. (2000). *«Verwahrlost». Kindswegnahmen und die Entstehung der Jugendfürsorge im schweizerischen Sozialstaat 1900–1945.* Zürich: Chronos.

Raphael, L. (1996). Der Verwissenschaftlichung der Sozialen. *Geschichte und Gesellschaft, 22,* 165–193.

Revel, J. (Ed.). (1996). *Jeux d'échelles. La micro-analyse à l'expérience.* Paris: Gallimard.

Ritzmann-Blickenstorfer, H. (1996). *Historische Statistik der Schweiz – Statistique historique de la Suisse – Historical statistics of Switzerland.* Zürich: Chronos.

Ringer, F.K. (1969). *The Decline of the German Mandarins. The german academic community, 1890–1933.* Harvard: Harvard University Press.

Ringer, F.K. (1992). *Fields of knowledge: French academic culture in comparative perspective 1890–1920.* Cambridge: Cambridge University Press.

Robert, O. & Panese, F. (2000). *Dictionnaire des professeurs de l'Université de Lausanne.* Lausanne: Université de Lausanne.

Ruchat, M. (1999). L'enfant arriéré, son psychologue et sa régente: Genève 1901–1911. *Archives de psychologie, 67,* 293–310.

Ruchat, M. (2003). *Inventer les arriérés pour créer l'intelligence. L'arriéré scolaire et la classe spéciale. Histoire d'un concept et d'une innovation psycho-pédagogique.* Bern: Lang.

Rüegsegger, R. (1986). *Die Geschichte der Angewandten Psychologie 1900–1940. Ein internationaler Vergleich am Beispiel der Entwicklung in Zürich.* Bern, Stuttgart & Toronto: Huber.

Sauzède, J.-P. (1995). *Astrologie, déterminisme et orientation. De la typoscomie d'Adolphe Ferrière à l'orientation assistée par ordinateur: quelle est la place du sujet dans son orientation?* Thèse de doctorat en Sciences de l'éducation, Université Lumière Lyon 2.

Scandola, P., Rogger, F. & Gerber, J. (1992). *Lehrerinnen und Lehrer zwischen Schule, Stand und Staat. Die Geschichte des Bernischen Lehrerinnen- und Lehrervereins (BLV).* Bern: BLV.

Schindler, A. (1979). *Geschichte und heutiger Stand der schulischen Heilpädagogik in der deutschprachigen Schweiz unter besonderer Berücksichtigung der Ausbildung von Hilfsschullehrern.* Luzern: Institut für Heilpädagogik.

Schindler, A. (1990). Jalons pour une histoire de l'action en faveur des handicapés de Suisse romande 1889–1989. In D. Raemy, A. Chassot & A. Roig (Ed.), *La pédagogie spécialisée dans la mouvance du temps* (S. 13–34). Luzern: Editions SZH/SPC.

Schmidt, N. D. (1995). *Philosophie und Psychologie. Trennungsgeschichte, Dogmen und Perspektiven.* Reinbek: Rowohlt.

Schriber, S. (1994). *Das heilpädagogische Seminar Zürich – eine Institutionengeschichte.* Zürich: Zentralstelle der Studentenschaft.

Schriewer, J. (1998). Etudes pluridisciplinaires et réflexions philosophico-herméneutiques: la structuration du discours pédagogique en France et en Allemagne. In P. Drewek & C. Lüth (Ed.), *Histoire des sciences de l'éducation* (S. 57–84). Gent: CSHP.

Schriewer, J. (1999). Vergleich und Erklärung zwischen Kausalität und Komplexität. In H. Kaelble & J. Schriewer (Hrsg.), *Diskurse und Entwicklungspfade. Der Gesellschaftsvergleich in den Geschichts- und Sozialwissenschaften* (S. 52–84). Frankfurt/M.: Campus.

Schriewer, J. & Keiner, E. (1993). Kommunikationsnetze und Theoriegestalt: zur Binnenkonstitution der Erziehungswissenschaft in Frankreich und Deutschland. In J. Schriewer, E. Keiner & C. Charle (Hrsg.), *Sozialer Raum und akademische Kulturen* (S. 277–341). Bern: Lang.

Schriewer, J. (2003). Problemdimensionen sozialwissenschaftlicher Komparatistik. In H. Kaelble & J. Schriewer, *Vergleich und Transfer. Komparatistik in Geschichts- und Kulturwissenschaften* (S. 9–52). Frankfurt/M.: Campus.

Schultheiss, F. (2000). Un inconscient universitaire fait homme: le *Privatdozent. Actes de la recherche en sciences sociales, 135,* 58–62.

Selleck, R.J.W. (1968). *The new education 1870–1914.* London: Sir Isaac Pitman and Sons.
Sigrist, R. (2004). *L'essor de la science moderne à Genève.* Lausanne: Presses polytechniques et universitaires romandes.
Smith, R. (1997). *The human sciences.* New York: Norton.
Smith, R. (1999). Pour l'histoire des sciences humaines. Perspective anglaise. In C. Blanckaert, L. Blondiaux, L. Loty, M. Renneville & N. Richard (Ed.), *L'histoire des sciences de l'homme. Trajectoire, enjeux et questions vives* (S. 79–108). Paris: L'Harmattan.
Späni, M. (2002). Erziehungswissenschaft als Berufswissenschaft? Zum Verhältnis von Disziplinarisierung der Pädagogik und Professionalisierung der Lehrkräfte im Kanton Bern zwischen 1830 und 1950. In C. Crotti & J. Oelkers (Hrsg.), *Ein langer Weg. Die Ausbildung der bernischen Lehrkräfte von 1798 bis 2002* (S. 549–585). Bern: Berner Lehrmittel- und Medienverlag.
Spreng, H. (1959). Kleine Chronik der Angewandten Psychologie in der Schweiz. In *Angewandte Psychologie in der Schweiz* (S. 13–20). Bern, Stuttgart & Toronto: Huber.
Stadler, P. (1983). *Die Universität Zürich 1933–1983. Festschrift zur 150-Jahr-Feier der Universität Zürich.* Zürich: Neue Zürcher Zeitung.
Staehelin, A. (1959). *Geschichte der Universität Basel 1818–1835.* Basel: Helbing & Lichtenhahn.
Staehelin, A. (1960). Die Anfänge des Neuhumanismus in Basel. Ein Beitrag zur Basler Bildungsgeschichte. *Basler Stadtbuch,* 140–157.
Stefanov, S. & Terziyska, M. (2006). L'influence des idées de l'Education nouvelle sur l'émergence et le développement des disciplines pédagogiques en Bulgarie (fin du 19e–première moitié du 20e siècle). In R. Hofstetter & B. Schneuwly (Ed.), *Passion, fusion, tension. New education and Educational sciences – Education nouvelle et sciences de l'éducation (end 19th–middle 20th century – fin du 19e–milieu du 20e siècle)* (S. 223–252). Bern: Lang.
Stehr, N. (2003). *Wissenspolitik. Die Überwachung des Wissens.* Frankfurt/M.: Suhrkamp.
Stichweh, R. (1987). Profession und Disziplinen. Formen der Differenzierung zweier Systeme beruflichen Handelns in modernen Gesellschaften. In K. Harney, D. Jütting & B. Koring (Hrsg.), *Professionalisierung der Erwachsenenbildung* (S. 210–267). Bern: Lang.
Stichweh, R. (1991). *Etudes sur la genèse du système scientifique moderne* (F. Blaise, trad.). Lille: Presses Universitaires de Lille.

Stichweh, R. (1993). Wissenschaftliche Disziplinen: Bedingungen ihrer Stabilität im 19. und 20. Jahrhundert. In C. Charle, E. Kiener & J. Schriewer (Hrsg.), *Sozialer Raum und akademische Kulturen* (S. 235–250). Bern: Lang.

Stichweh, R. (1994a). *Wissenschaft, Universität, Professionen. Soziologische Analysen.* Frankfurt/M.: Suhrkamp.

Stichweh, R. (1994b). Differenzierung von Wissenschaft und Politik: Wissenschaftspolitik im 19. und 20. Jahrhundert. In R. Stichweh, *Wissenschaft, Universität, Professionen. Soziologische Analysen* (S. 156–173). Frankfurt/M.: Suhrkamp.

Stock, W. (2000). Was ist eine Publikation? Zum Problem der Einheitenbildung in der Wissenschaftsforschung. In K. Fuchs-Kittowski, H. Laitko, H. Parthey & W. Umstätter (Hrsg.), *Wissenschaft und Digitale Bibliothek* (S. 239–282). Berlin: Gesellschaft für Wissenschaftsforschung.

Suchodolski, B., Roller, S., Stock, R., Avanzini, G., Egger, E. & Darcy de Oliveira, R. (1979). *Le Bureau international d'éducation au service du mouvement éducatif.* Paris: Unesco.

Tardif, M., Lessard, C. & Lahaye, L. (1991). Les enseignants des ordres d'enseignement primaire et secondaire face aux savoirs. Esquisse d'une problématique du savoir enseignant. *Sociologie et sociétés, 13*(1), 55–69.

Tenorth, H.-E. (1989). Deutsche Erziehungswissenschaft im frühen 20. Jahrhundert. Aspekte ihrer historisch-sozialen Konstitution. In P. Zedler & E. König (Hrsg.), *Rekonstruktionen pädagogischer Wissenschaftsgeschichte* (S. 117–140). Weinheim: Deutscher Studien Verlag.

Tenorth, H.-E. (1994). Profession und Disziplin. Zur Formierung der Erziehungswissenschaft. In H.-H. Krüger & T. Rauschenbach (Hrsg.), *Erziehungswissenschaft: Die Disziplin am Beginn einer neuen Epoche* (S. 17–28). Weinheim: Juventa.

Tenorth, H.-E. (1997). Erziehungswissenschaft in Deutschland – Skizze ihrer Geschichte von 1900 bis zur Vereinigung 1990. In K. Harney & H.-H. Krüger (Hrsg.), *Einführung in die Geschichte von Erziehungswissenschaft und Erziehungswirklichkeit* (S. 111–154). Opladen: Leske + Budrich.

Tenorth, H.-E. (1999). Der Beitrag der Erziehungswissenschaft zur Professionalisierung pädagogischer Berufe. In H.-J. Apel, K.-P. Horn, P. Lundgreen & U. Sandfuchs (Hrsg.), *Professionalisierung pädagogischer Berufe im historischen Prozess* (S. 429–461). Bad Heilbrunn: Klinkhardt.

Tenorth, H.-E. (2003). Erziehungswissenschaft. In D. Brenner & J. Oelkers (Hrsg.), *Historisches Wörterbuch des Pädagogik* (S. 341–382). Weinheim: Beltz.

Thomann, A. (in Vorbereitung). *Entre formation et profession: l'orientation scolaire et professionnelle à Genève (1890–1969).* Thèse de doctorat en Sciences de l'éducation, Université de Genève.

Tissot, L. (1996). *Politique, société et enseignement supérieur dans le canton de Vaud. L'Université de Lausanne 1890–1916.* Lausanne: Payot.

Titze, H. (1999). Wie wächst das Bildungssystem? *Zeitschrift für Pädagogik 45,* 103–120.

Torstendahl, R. (1993). The transformation of professional education in the nineteenth century. In S. Rothblatt & B. Wittrock (Ed.), *The european and american university since 1800. Historical and sociological essays.* (S. 109–141). Cambridge: Cambridge University press.

Trombetta, C. (1976). *Edouard Claparède: la famiglia, l'infanzia, gli studi, bibliografia.* Roma: Bulzoni.

Une école pour l'école. 150 ans d'Ecole normale dans le Canton de Vaud (1983). Lausanne: Imprimerie Groux.

Veyne, P. (1971). *Comment on écrit l'histoire. Essai d'épistémologie.* Paris: Seuil.

Vidal, F. (1988). L'Institut Rousseau au temps des passions. *Education et Recherche, 10*, 82–105.

Vonlanthen, A., Lattmann, U.P. & Egger, E. (1978). *Maturität und Gymnasium.* Bern & Stuttgart: Haupt.

Wagner, P. & Wittrock, B. (1991). States, institutions and discourses: a comparative perspective on the structuration of the social sciences. In P. Wagner, B. Wittrock & R. Whitley (Ed.), *Discourses on society. The shaping of the social science disciplines* (S. 331–358). Dordrecht: Kluwer.

Wagner, P., Wittrock B. & Whitley. R. (Ed.). (1991). *Discourses on society. The shaping of the social science disciplines.* Dordrecht: Kluwer.

Weber, K. (1989). Aus den Anfängen der Psychoanalyse in Bern. In Vereinigung Ehemaliger Schüler des Staatsseminars Bern-Hofwil (Hrsg.), *Der Fall Schneider* (S. 39–57). Bern: s.n.

Weber, K. (1999). *«Es geht ein mächtiges Sehnen durch unsere Zeit». Reformbestrebungen der Jahrhundertwende und Rezeption der Psychoanalyse am Beispiel der Biographie von Ernst Schneider 1878–1957.* Bern: Lang.

Weber, M. (1919/1951). Wissenschaft als Beruf. In M. Weber, *Gesammelte Aufsätze zur Wissenschaftslehre* (S. 560–597) (2. Aufl.). Tübingen: Mohr.

Weber, M.-T. (1989). Le professeur Eugène Dévaud et quelques courants pédagogiques étrangers. *Annales fribourgeoises, LVIII.* Fribourg: Fragnières.

Winifred, G. (Ed.). (1938). *International congresses and conferences, 1840–1937: a union list of their publications available in libraries of the United States and Canada.* New York: H.W. Wilson.

Wisard, F. (1998). *L'université vaudoise d'une guerre à l'autre. Politique, finances, refuge.* Lausanne: Payot.

Wolfisberg, C. (2002). *Heilpädagogik und Eugenetik. Zur Geschichte der Heilpädagogik in der deutschsprachigen Schweiz (1800–1950).* Zürich: Chronos.

Wolfisberg, C. (2005). Die Professionalisierung der Heil-/Sonderpädagogik in der deutschsprachigen Schweiz (1850–1950). In D. Horster, U. Hoyningen-Süess & C. Liesen (Hrsg.) *Sonderpädagogische Professionalität. Beiträge zur Entwicklung der Sonderpädagogik als Disziplin und Profession* (S. 53–66). Wiesbaden: Verlag für Sozialwissenschaften.

Wooldridge, A. (1994). *Measuring the mind. Education and psychology in England. 1860–1990.* Cambridge: Cambridge University Press.

Wymann, H. (1975). *100 Jahre Pestalozzianum Zürich 1875–1975.* Zürich: Pestalozzianum.

Zedler, P. & König, E. (Hrsg.). (1989). *Rekonstruktion pädagogischer Wissenschaftsgeschichte.* Weinheim: Deutscher Studien Verlag.

Ziegler, P. (1994). *Sekundarlehrerausbildung an der Universität Zürich.* Wädenswil: Stutz.

Zürcher, M. (1995). *Unterbrochene Tradition. Die Anfänge der Soziologie in der Schweiz.* Zürich: Chronos.

50 Jahre Heilpdädagogisches Seminar Zürich. (1974). *Jahresbericht des Heilpädagogischen Seminars Zürich,* 1–35.

Gedruckte Quellen[1]

Allgemeiner Bericht der Kantonalschulkommission über den Gesetzesentwurf für die Organisation des Schulwesens im Kanton Bern (1856). Bern: s.n.

Änderung Universitätsgesetz. (1917). Gesetz betreffend Abänderung des Universitätsgesetzes vom 30.1.1866, vom 5.7.1917. In Justizdepartement Basel-Stadt (Hrsg.), *Sammlung der Gesetze und Beschlüsse wie auch der Polizeiverordnungen, welche vom 1.1.1915 bis 31.12.1918 für den Kanton Basel-Stadt erlassen wurden.* Basel: Benno Schwabe.

1 Im Zweifelsfall sind Texte, die vor 1950 publiziert wurden, hier nachgewiesen.

Antenen, J. & Minnig (1862). Der schweizerische Lehrerverein an den Hohen Bundesrath in Bern. *Schweizerische Lehrerzeitung, 7,* 91–92/95–96.

Auer, C. (1899). Die Eidgenössische Zählung der schwachsinnigen Kinder und deren Hauptergebnisse als Grundlage des schweizerischen Rettungswerkes für die unglückliche Jugend. In C. Auer & F. Kölle (Hrsg.), *Verhandlungen der II. Schweiz. Konferenz für das Idiotenwesen in Aarau am 29. und 30. Mai 1899* (S. 34–69). Aarau: Sauerländer.

Bäbler, J. J. (1873). *Die Errichtung pädagogischer Seminare an Universitäten.* Zürich: Friedrich Schulthess.

Balmer, F.A. (1925). *Les classes dites faibles: contribution à l'étude du problème des classes sélectionnées.* Neuchâtel: Delachaux & Niestlé.

Balthasar, F.U. (1758). *Patriotische Träume eines Eydgnossen von einem Mittel, die veraltete Eydgnossschaft wieder zu verjüngeren.* Freystadt: s.n.

Baumgarten, F. (1940). Die Ausbildung der Berufsberater. *Berufsberatung und Berufsbildung, 25*(11/12), 187–195.

Baumgarten, F. (1941). Zur Frage des diplomierten Berufsberater. Offene Antwort an Herrn Otto Stocker. *Berufsberatung und Berufsbildung, 26*(6/7), 105–108.

Bericht Unterrichtsgesetz ZH (1871). Bericht des Regierungsrathes zum Gesetz betr. das gesammte Unterrichtswesen des Kantons Zürich vom 25. Christmonat 1871. *Amtsblatt des Kantons Zürich, 1872*(2), 17–50.

Bersot, H. (1942). Le développement et l'état actuel de l'assistance aux anormaux en Suisse. *Gesundheit und Wohlfahrt, 22*(2), 63–94.

Beyel, F. (1917). Die künftige Ausbildung des Gymnasiallehrers an der Hochschule. *Jahrbuch des Vereins schweizerischer Gymnasiallehrer, 46,* 42–52.

Biäsch, H. (1931). Tagung der schweiz. Psychotechniker in Oertlimatt (27.–29. August 1931). *Psychologische Rundschau, 3,* 210–214.

Böhny, F. (1939). *Aufgabe und Tätigkeit der stadtzürcherischen Berufsberatung.* Zürich: Fretz.

Böhny, F. (1949). Zusammenarbeit der Berufsberatung mit der angewandten Psychologie. *Bulletin de l'Association suisse pour l'orientation professionnelle et la protection des apprentis, 34*(1/2), 1–6.

Bovet, P. (1917) *L'Institut J.-J. Rousseau. Rapport succinct sur son activité de 1912 à 1917.* Genève: Kundig.

Bovet, P. (1921). Science de l'éducation et pédagogie expérimentale. *L'Education, 12,* 440–450.

Bovet, P. (1932). *Vingt ans de vie: L'Institut J.-J. Rousseau de 1912 à 1932.* Neuchâtel: Delachaux & Niestlé.

Bovet, P. (1942). Le professeur Eugène Dévaud (1876–1942) et l'Institut J.-J. Rousseau. *L'Educateur, 6*, 89–90.

Brandenberger, K. (1914). Die pädagogische Ausbildung der Mittelschullehrer. *Jahrbuch des Vereins schweizerischer Gymnasiallehrer, 43*, 37–57.

Brandenberger, K. (1917). Die pädagogische Ausbildung der Mittelschullehrer. Rück- und Ausblick. *Schweizerische Lehrerzeitung, 62*, 111–112/123–125/141–143.

Brenner, W. (1925). *Die Neuordnung der Lehrerbildung in Basel-Stadt* (Separatdruck aus Schweizerische Pädagogische Zeitschrift, 35[9]). Zürich: Orell Füssli.

Brenner, W. (1930). Die Lehrerbildungsanstalten. In Erziehungsdepartement Basel-Stadt (Hrsg.), *Das Basler Schulwesen 1880–1930* (S. 286–306). Basel: Lehrmittelverlag.

Brenner, W. (1934). *Das Kantonale Lehrerseminar Basel-Stadt.* Basel: Frobenius A.G.

Buchner, P. (1942). Der Nachwuchs an Gymnasiallehrern in der Schweiz. In Konferenz schweizerischer Gymnasialrektoren, *Der Gymnasiallehrer – seine Person und seine Ausbildung* (S. 30–76). Aarau: Sauerländer.

Buyse, R. (1935). *L'expérimentation en pédagogie.* Bruxelles: Lamertin.

Carrard, A. (1928). *Le développement de la psychotechnique en Suisse. L'Institut psychotechnique de Zurich jusqu'en 1927.* Zürich: Hofer.

Carrard, A. (1949). Le développement de la psychologie appliquée au sein de la Fondation suisse pour la psychotechnique, de 1939 à 1946. In F. Baumgarten (Ed.), *Progrès de la psychotechnique* (S. 299–303). Bern: Francke.

Cellérier, L. (1910). *Esquisse d'une science pédagogique. Les faits et les lois de l'éducation.* Paris: Alcan.

Claparède, E. (1901). La psychologie dans ses rapports avec la médecine. *Revue médicale de la Suisse romande, XXI*, 596–610.

Claparède, E. (1905/1909/1911). *Psychologie de l'enfant et pédagogie expérimentale.* Genève: Kündig.

Claparède, E. (1907). *Rapport sur le Laboratoire de Psychologie.* Genève: Kündig.

Claparède, E. (Ed.). (1910). *VIe Congrès international de Psychologie. Rapports et comptes rendus.* Genève: Kündig.

Claparède, E. (1912). *Un Institut des sciences de l'éducation et les besoins auxquels il répond.* Genève: Kündig.

Claparède, E. (1921). Ière et IIe Conférence internationale d'orientation professionnelle. *Archives de psychologie, XVIII*, 69–70/176–178.

Claparède, E. (1922). *L'orientation professionnelle, ses problèmes et ses méthodes.* Genève: Bureau international d'éducation.

Claparède, E. (1924/1934). *Comment diagnostiquer les aptitudes des écoliers.* Neuchâtel: Delachaux & Niestlé.

Claparède, E. (1941). *Autobiographie.* Genève: Archives de psychologie, Librairie Naville.

Das kaufmännische Bildungswesen in der Schweiz (1914). Dargestellt vom Eidgenössischen Handelsdepartement und von den Handelslehranstalten für die Schweizerische Landesaustellung in Bern 1914. Bern: s.n.

Delorme, C. (1881). *Rapport adressé au Conseil d'Etat du canton de Vaud sur divers établissements d'instruction publique visités en 1880.* Lausanne: Imprimerie Pache.

Descœudres A. (1916). *L'éducation des enfants anormaux.* Neuchâtel: Delachaux & Niestlé [deutsche Übersetzung: *Die Erziehung der anormalen Kinder.* Glarus: Glarner Nachrichten, 1921].

Dévaud, E. (1940). L'enseignement de la pédagogie à l'Université de Fribourg. *Schweizer Schule, 27*(5), 176–179.

Dewey, J. (1929). *The sources of a science of education.* New York: Phi Kappa Delta.

Diplomprüfungsreglement höheres Lehramt ZH (1861). *Reglement betreffend die Diplomprüfung für das höhere Lehramt in den philologisch-historischen Fächern vom 14. August 1861.* S.l.: s.n.

Diplomprüfungsreglement höheres Lehramt ZH (1886). Reglement betreffend die Diplomprüfung für das höhere Lehramt in den mathematisch-naturwissenschaftlichen Fächern vom 10. April 1886. *Officielle Sammlung der seit Annahme der Verfassung vom Jahre 1831 erlassenen Gesetze, Beschlüsse und Verordnungen des Eidgenössischen Standes Zürich, 20,* 264–268.

Dubois, J. (1910). *Le problème pédagogique; essai sur la position du problème et la recherche de ses solutions.* Genève: Kündig.

Dupraz, L. (1957). A propos du cinquantenaire de l'Institut de pédagogie, d'orthopédagogie et de psychologie appliquée de l'Université de Fribourg (1907–1957). *Etudes pédagogiques*, 29–38.

Ecole des Sciences sociales et politiques [Université de Lausanne]. (1933). *Abrégé des Règlements des 3 Août 1917 (sciences pédagogiques), 1er Mai 1922 (Etudes consulaires), 25 Juin 1923 (Sciences sociales et politiques).* Lausanne: Held.

Egli, G. (1908). Die Ausbildung von Volksschullehrern an der Universität Zürich. Referat in der Delegiertenversammlung des Z.K.L.-V., Samstag, den 23. Mai 1908, in Winterthur. *Der Pädagogische Beobachter im Kanton Zürich, 2,* 42–44.

Erni, J. (1907). Lehrerbildung. In *Bericht über den XXI. Schweizerischen Lehrertag abgehalten in Schaffhausen, 5. und 6. Juli 1907* (S. 121–128). Schaffhausen: Kühn.

ETH (1854–1950). *Programm und Stundenplan für die Eidgenössische Technische Hochschule Zürich.* Zürich: Eidgenössische Technische Hochschule.

Flatt, R. (1935). Das eidg. Turnlehrerdiplom I und die einjährigen Turnlehrerkurse an der Universität Basel. *Schweizer Schule, 21,* 476–478.

Flournoy, Th. (1896). *Notice sur le Laboratoire de Psychologie de l'Université de Genève.* Genève: Eggimann.

Fontègne, J. & Luc, H. (1943). *L'école et l'orientation professionnelle.* Caen.

Fries, D. (1861). Über die Möglichkeit oder Wünschbarkeit irgend welcher Centralisation des schweiz. Schulwesens. *Pädagogische Monatsschrift für die Schweiz, 6,* 363–390.

Genoud, L. (1914). *Le musée pédagogique de Fribourg en Suisse. Trente ans d'existence 1884–1913.* Fribourg: Saint-Paul.

Gesetz Sekundarlehrerausbildung ZH (1881). Gesetz betreffend die Ausbildung und Prüfung von Sekundarlehrern vom 27. März 1881. *Officielle Sammlung der seit Annahme der Verfassung vom Jahre 1831 erlassenen Gesetze, Beschlüsse und Verordnungen des Eidgenössischen Standes Zürich, 20*(1883), 237–238.

Gesetz über die Organisation des Schulwesens im Kanton Bern vom 24. Juni 1856. In *Gesetze, Dekrete und Verordnungen des Kantons Bern, 11*(1856), 87–99.

Grossratskommission (1920). *Bericht [2311] zur Vorberatung des Ratschlags und Entwurfs zu einem Gesetz betreffend Lehrerbildung.* Bericht, dem Grossen Rat des Kantons Basel-Stadt vorgelegt am 14. Mai 1920. Basel: s.n.

Grossratskommission. (1922). *Bericht [2420] zur zweiten Lesung des Entwurfs zu einem Lehrerbildungsgesetz.* Bericht, dem Grossen Rat des Kantons Basel-Stadt vorgelegt am 19. Januar 1922. Basel: s.n.

Gubler, Th. (1905). Eröffnungswort zur XVI. ausserordentlichen Versammlung der zürch. Schulsynode vom 8. Mai 1905. *Bericht über die Verhandlungen der zürcherischen Schulsynode*, 174 186.

Guex, F. (1891). Leçon d'ouverture de pédagogie. In *Discours et leçons prononcés à l'ouverture des cours du 1er semestre de l'Université de Lausanne. Octobre 1890* (S. 295–314). Lausanne: Payot.

Guex, F. (1892). *L'éducation professionnelle des candidats à l'enseignement secondaire. Rapport présenté à l'Assemblée générale de la Société vaudoise des maîtres secondaires en 1892.* Lausanne: Impr. Ch. Viret-Genton.

Guex, F. (1903). *Education et instruction: rapport présenté au Haut Conseil fédéral sur le Groupe I de l'Exposition universelle à Paris en 1900.* Lausanne: Payot.

Gutachten betreffend die Gründung einer Lehramtsschule für Mittelschullehrer (Progymnasial- und Sekundarlehrer) an der Hochschule Bern (1875) (Beilage zu den Anträgen des Regierungsrathes an den Grossen Rath betreffend das Gesetz über Lehrerbildungsanstalten (§15), zweite Berathung). Bern: Körber.

Haag, F. (1914). *Die Sturm-und-Drang-Periode der bernischen Hochschule 1834–1854.* Bern: Grunau.

Hanhart, R. (1826a). Zur Würdigung der Schweizerischen Bildungs-Anstalten für Volks-Schullehrer. *Neue Verhandlungen der Schweizerischen Gemeinnützigen Gesellschaft, 16,* 264–286.

Hanhart, R. (1826b). Über Schullehrerbildung nebst Grundlinien eines Plans zu einer für die Schweiz zu errichtenden pädagogischen Anstalt in Basel. *Wissenschaftliche Zeitschrift, 4*(6), 1–26.

Hanselmann, H. (1928). Erziehungsberatung und Erziehungsberatungsstellen. *Schweizerisches Jahrbuch der Jungendhilfe, XII,* 160–165.

Hanselmann, H. (1941). *Grundlinien zu einer Theorie der Sondererziehung (Heilpädagogik): ein Versuch.* Erlenbach-Zürich: Rotapfel.

Hepp, J. (1920). Vorarbeiten zur Gründung eines schweizerischen Heilpädagogischen Seminars. *Pro Juventute,* (7), 324–326.

Hepp, J. (1923). Zur *Schaffung eines Heilpädagogischen Seminars in Zürich.* Vortrag, gehalten in der Schweiz. Gesellschaft für Erziehung und Pflege Geistesschwacher, Ortsgruppe Zürich, März 1923. S.l.: Glarner Nachrichten.

Hochschulgesetz (1834). *Gesetz über das höhere Gymnasium und die Hochschule vom 14. März 1834.* S.l.: s.n.

Honegger, R. (1932). Das Lebenswerk von G.F. Lipps. *Archiv für die gesamte Psychologie, 84,* 305–329.

Horner, R. (1889). Pourquoi une chaire de pédagogie à l'Université de Fribourg? *Bulletin pédagogique, 11,* 295–302.

Huber, K. (1922). Vorschläge zur Reform der Lehrerbildung im Kanton Zürich. *Bericht über die Verhandlungen der zürcherischen Schulsynode,* 117–139.

Humbert, A. (1875). *L'Ecole normale suisse.* Bern: Jent & Reinert.

Institut für Spezielle Pädagogik und Psychologie (1981). *Rückblick auf ein Jahrzehnt 1971–1981.* Luzern: SZH.

Ioteyko, I. (Ed.). (1912). *Ier Congrès international de pédologie. Rapports.* Bruxelles: Librairie Misch et Thron.

Jucker, E. (1938). Psychotechnik und Berufsberatung. *Mitteilungen der Schweizerischen Stiftung für Psychotechnik, 4,* 1.

Junod, E. (1932). La Philanthropie éducative en Suisse. *Schweizerische Zeitschrift für Gemeinnützigkeit, LXXI,* 67–78.

Kantonales Lehrerseminar Basel-Stadt. (1947/49). *6. Bericht.* Basel: s.n.

Kinkelin, H. (1890). *Bericht über die Errichtung eines Lehrerseminars im Kanton Basel-Stadt.* Basel: Wittmer.

Klinke, W. (1913). Neuere Strömungen und Anregungen zur Lehrerbildung. Referat, gehalten an der Delegiertenversammlung des Schweizerischen Lehrervereins in Solothurn, am 30. Juni 1912. *Schweizerische Pädagogische Zeitschrift, 23,* 1–14.

Klinke, W. (1923). Wandlungen und Neuorientierung in der Pädagogik. *Schweizerische Pädagogische Zeitschrift, 33,* 1–6/33–38/65–70.

Kreis, H. (1940). *Die Lehrerbildung im Kanton Zürich* (Separat-Abdruck aus dem Pädagogischen Beobachter. Zürich: A.G. Fachschriften-Verlag.

KSGR/CSRG [Konferenz schweizerischer Gymnasialrektoren] (1942). *Der Gymnasiallehrer. Seine Person und seine Ausbildung – Le choix et la préparation des maîtres de gymnase.* Aarau: Sauerländer.

KSGR/CSRG [Konferenz schweizerischer Gymnasialrektoren]. (1945a). *Ausbildung und Arbeitsverhältnisse des schweizerischen Gymnasiallehrers.* Aarau: Sauerländer.

KSGR/CSRG [Konferenz schweizerischer Gymnasialrektoren] (1945b). Grundsätze für die Ausgestaltung der Ausbildung und der Arbeitsverhältnisse des schweizerischen Gymnasiallehrers. In KSGR/CSRG, *Ausbildung und Arbeitsverhältnisse des schweizerischen Gymnasiallehrers* (S. 8–21). Aarau: Sauerländer.

Kummer, J.J. (1874). *Geschichte des Schulwesens im Kanton Bern.* Bern: Wyss.

Largiadèr, A.Ph. (1896). *Das Schulwesen des Kantons Basel-Stadt 1880–1895.* Basel: Birkhäuser.

Lehrerbildungsgesetz ZH (1938). Gesetz über die Ausbildung von Lehrkräften für die Primarschule vom 3. Juli 1938. *Offizielle Sammlung der [...] erlassenen Gesetze, Beschlüsse und Verordnungen des eidgenössischen Standes Zürich, 36*(1942), 153–166.

Loosli Usteri, M. (1935). *Les enfants difficiles et leur milieu familial. L'activité d'une consultation médico-pédagogique.* Neuchâtel: Delachaux & Niestlé.

Lüthi, A. (1906). Über die Ausbildung von Abiturienten der Gymnasien und Industrieschulen (Oberrealschulen) Zürichs und Winterthurs zu zürcherischen Primarlehrern. *Der Pädagogische Beobachter im Kanton Zürich,* 1–6.

Maillefer, P. (1891). *La révision de la loi sur l'enseignement secondaire. Rapport présenté à l'assemblée générale des maîtres secondaires.* Lausanne: Viret.

Messmer, O. (1906). Über Aufgaben und Methoden der experimentellen Psychologie und Didaktik. Vortrag, gehalten an der Jahresversammlung des Schweiz. Seminarlehrervereins in Bern, 8. Oktober 1905. *Schweizerische Pädagogische Zeitschrift, 16,* 27–45.

Messmer, O. (1911). Die Psychoanalyse und ihre pädagogische Bedeutung. *Berner Seminarblätter, 5,* 281–292.

Meumann, E. (1900). Entstehung und Ziele der experimentellen Pädagogik. Referat an der zürcherischen Schulsynode vom 24. September 1900 in Thalwil. *Bericht über die Verhandlungen der Zürcherischen Schulsynode,* 70–105.

Meumann, E. (1901). Experimente über Ökonomie und Technik des Auswendiglernens. *Schweizerische Lehrerzeitung, 46,* 345–347/353–355/361–363/378–381/386–388/419–421.

Meumann, E. (1905). Zur Einführung. *Die experimentelle Pädagogik, 1,* 1–15.

Meumann, E. (1907/14). *Vorlesungen zur Einführung in die experimentelle Pädagogik und ihre psychologischen Grundlagen* (3 Bde.). Leipzig: Engelmann.

Meyer von Knonau, G. (1914). Die Universität Zürich in den Jahren 1833–1913. In *Universität Zürich. Festschrift des Regierungsrates zur Einweihung der Neubauten 19. April 1914* (S. 9–110). Zürich: Orell Füssli.

Meyer, E.M. (1928). Die Anormalenhilfe in den Berichtsjahren. *Schweizerisches Jahrbuch der Jugendhilfe, XII,* 1–14.

Millioud, M. (1901). *L'enseignement supérieur.* Lausanne: Ch. Viret-Genton.

Millioud, M. (1903). *La réforme de l'enseignement secondaire dans le canton de Vaud.* Lausanne: Adrien Borgeaud.

Moor, P. (1936). *Die Verantwortung im heilpädagogischen Helfen.* Zürich: Leemann.

Moor, P. (1949). Die Ausbildung des Heilpädagogen. In Heilpädagogisches Seminar Zürich, *Jahresbericht 1949* (S. 3–26). Zürich: Heilpädagogisches Seminar.

Moor, P. (1959). Heinrich Hanselmann (15.9.1885–29.2.1960). *Jahresbericht des Heilpädagogischen Seminars.*

Moor, P. (1960). Professor Heinrich Hanselmann. *Jahresbericht der Universität Zürich,* 93–94.

Moosherr, Th. (1903). Lehrerbildung. Referat. In *Bericht über die Tätigkeit der Freiwilligen Schulsynode von Basel-Stadt für das Jahr 1902* (S. 7–23). Basel: Frehner.

Mousson, H. (1926). Richtlinien zur praktischen Lösung der Lehrerbildungsfrage. *Bericht über die Verhandlungen der zürcherischen Schulsynode,* 51–63.

Müller, W. (1917). Zur Geschichte der Sekundarlehramtsschule des Kantons St. Gallen. *Theorie und Praxis des Sekundarschulunterrichtes, 26,* 33–87.

Neuhaus, M.C. (1876). Discours prononcé le 15 novembre 1834, jour de l'inauguration de l'université de Berne. In *Die Eröffnungsfeier der Hochschule Bern, den 15. November 1834* (S. 11–39). Bern: s.n.

Nuttin, J. (1945). *L'Institut de Psychologie et de Pédagogie à l'Université de Louvain.* Louvain: E. Nauwelaerts.

Ordnung AS (1883). *Ordnung betreffend die Erfordernisse für die Anstellung von Lehrern und Lehrerinnen an den öffentlichen und privaten Primar- und Mittel-*

schulen und die Einrichtung von Prüfungen für Primarlehrer und Lehrerinnen vom 28.6.1883. Angenommen vom Regierungsrat am 20. Oktober 1883. Basel: s.n.

Ordnung PR (1881). *Ordnung betreffend die Einrichtung von Prüfungen für Candidaten des Lehramts auf der obern und mittleren Stufe des Unterrichts.* Angenommen vom Regierungsrat am 2. April 1881. Basel: s.n.

Ordnung PS (1873). *Ordnung für das pädagogische Seminar an der Universität Basel vom 13.10.1873.* Basel: s.n.

Ordnung PS (1882). *Ordnung für das pädagogische Seminar an der Universität Basel vom 4.2.1882.* Basel: s.n.

Ordnung PS (1893). *Ordnung für das pädagogische Seminar an der Universität Basel vom 27.6.1893.* Basel: s.n.

Patentprüfungsreglement Gymnasiallehrer (1883). Reglement für die Patent-Prüfungen von Kandidaten des höhern Lehramts vom 11. August 1883. In *Gesetze, Dekrete und Verordnungen des Kantons Bern. Neue Folge* (Bd. XXII, S. 87–104). Bern: s.n.

Patentprüfungsreglement Gymnasiallehrer (1927). *Reglement für die Patentprüfung von Kandidaten des höheren Lehramts vom 24. Mai 1927.* Bern: s.n.

Patentprüfungsreglement Lehramt (1878). *Reglement für die Patentprüfung von Sekundarlehrern des Kantons Bern.* Bern: s.n.

Pfister, O. (1919). Wesen und Aufgabe der psychanalytischen Erziehung. *Die Schulreform, 12,* 291–302.

Protokoll Synode (1865). Protokoll der Synode. Actum Bülach, den 18. September 1865. *Bericht über die Verhandlungen der zürcherischen Schulsynode,* 6–21.

Ratschlag (1892). *Ratschlag [Nr. 901] betreffend die Einrichtung von Fachkursen zur Ausbildung von Primarlehrern.* Dem Grossen Rat des Kantons Basel-Stadt vorgelegt am 11. Januar 1892. Basel: s.n.

Ratschlag (1919). *Ratschlag [Nr. 2234] und Entwurf zu einem Gesetz betreffend Lehrerbildung.* Dem Grossen Rat des Kantons Basel-Stadt vorgelegt am 5. Juni 1919. Basel: s.n.

Reglement Fähigkeitsprüfungen ZH (1881). Reglement über die Fähigkeitsprüfungen zur Patentirung zürcherischer Sekundarlehrer und Fachlehrer vom 11. Juni 1881. *Officielle Sammlung der seit Annahme der Verfassung vom Jahre 1831 erlassenen Gesetze, Beschlüsse und Verordnungen des Eidgenössischen Standes Zürich, 20,* 259–265.

Reglement Fähigkeitsprüfung (1912). Reglement betreffend die Fähigkeitsprüfung zur Patentierung zürcherischer Primarlehrer an der Universität vom 26. September 1912. *Officielle Sammlung der seit Annahme der Verfassung vom Jahre 1831 erlassenen Gesetze, Beschlüsse und Verordnungen des Eidgenössischen Standes Zürich, 29*(1914), 446–449.

Reglement Fähigkeitsprüfungen ZH (1875). Reglement über die Fähigkeitsprüfungen zu Patentirung zürcherischer Volksschullehrer vom 10. Hornung 1875. *Officielle Sammlung der seit Annahme der Verfassung vom Jahre 1831 erlassenen Gesetze, Beschlüsse und Verordnungen des Eidgenössischen Standes Zürich, 18,* 450–463.

Reglement für die Patenprüfung von Kandidaten des höheren Lehramtes vom 16. Januar 1907. Bern: s.n.

Reglement Patentprüfung Sekundarlehrer (1878). *Reglement für die Patentprüfung von Sekundarlehrern des Kantons Bern.* Bern: s.n.

Reglement philologisch-pädagogisches Seminar (1861). Reglement für das philologisch-pädagogische Seminar an der Zürcherischen Hochschule vom 14. Herbstmonat 1861. *Neues Schweiz. Museum,* 159–167.

Reglement Polytechnikum (1866). Reglement für die eidgenössische polytechnische Schule vom 28. Februar 1866. *Amtliche Sammlung der Bundesgesetze und Verordnungen der Schweizerischen Eidgenossenschaft, 8,* 766–803.

Rey, A. (1942). La psychologie appliquée, discipline para-médicale. *Schweizerische Zeitschrift für Psychologie und ihre Anwendungen*, (1/2), 116–122.

Rey, A. (1947). *Etudes des insuffisances psychologiques (enfants et adolescents).* Neuchâtel: Delachaux & Niestlé.

Ribbeck, O. (1901). *Ein Bild seines Lebens aus seinen Briefen.* Stuttgart: s.n.

Richtlinien Primarlehrerbildung (1926). Richtlinien für die künftige Gestaltung der Primarlehrerbildung des Kantons Zürich. *Amtliches Schulblatt des Kantons Zürich, 41*(6), 121–124.

Ruck, E. (1930). *Die Universität Basel.* Düsseldorf & Wien: Lindner.

Rüegg, H.R. (1862). *Grundriss der Seelenlehre: Ein Leitfaden für den Seminarunterricht.* Horgen: s.n.

Rüegg, H.R. (1870). *Die Pädagogik in übersichtlicher Darstellung: Ein Handbuch für Lehramtskandidaten, Volksschullehrer und Erzieher.* Bern: Dalp.

Rüegg, H.R. (1876). *Lehrbuch der Psychologie.* Bern: s.n.

Rüegg, H.R. (1880). *Ueber Bildung und Freizügigkeit der Lehrer an schweizerischen Volks- und Mittelschulen. Ein Vortrag in der Versammlung des schweizerischen Lehrervereins zu Solothurn, den 17. August 1880.* Zürich: Orell, Füssli & Co.

Schneuwly, J. (1891). *Projet anciens de hautes études catholiques en Suisse. Préliminaires de l'Université de Fribourg.* Fribourg: Œuvre de Saint-Paul.

Schulze, E.O. (1912). Über den Handelshochschulgedanken in der Schweiz. In: *Jahresberichte,* 36–52.

Schwaar, J. (1938/39). L'orientation professionnelle en Suisse. *Annuaire de l'instruction publique*, *29*, 90–110; *30*, 65–66.

Schwaar, J. (1945). Quelques considérations sur l'orientation professionnelle. *Berufsberatung und Berufsbildung*, *30*(11–12), 216–217.

Schweiz. Schulrath (1863). Petitum des schweiz. Lehrervereins. *Schweizerische Lehrerzeitung*, *8*, 125–126.

Schweizer, A. (1945). *Les services médico-pédagogiques en Suisse.* Travail de diplôme de l'Institut d'Etudes sociales de Genève. Genève.

Schweizerische Zentralstelle für Heilpädagogik (Hrsg.). (1997). *Heil- und sonderpädagogische Ausbildungen in der Schweiz.* Luzern: SZH.

Sganzini, C. (1936). *Philosophie und Pädagogik. Prolegomena zu einer Theorie der fundamentalen Strukturen.* Bern & Leipzig: Haupt.

SPV [Société pédagogique vaudoise] (1920). *Etude préliminaire en vue de la révision de la Loi sur l'Instruction publique primaire.* Lausanne: s.n.

Société vaudoise des maîtres secondaires (1923). *Rapport sur la préparation professionnelle des candidats à l'enseignement secondaire.* Lausanne: s.n.

Spieler, J. (1934). Beobachtungsstationen? *Zeitschrift für Kinderforschung*, *43*(2), 79–85.

Spieler, J. (1940). Heilpädagogische Ausbildung und Fortbildung in der Schweiz. In H. Hanselmann & T. Simon, *Bericht über den I. Internationalen Kongress für Heilpädagogik.* (*Genève, 24–26 VII 1939*) (S. 223–229). Zürich: Leemann.

Spreng, H. (1932). Ausbildung der «angelernten Psychotechniker». *Industrielle Organisation*, *3–4*, 83–85.

Staatsverwaltungsbericht (1854–1972). *Bericht des Regierungsrathes an den Grossen Rath über die Staatsverwaltung im Kanton Bern. Vom 1. Jenner bis 31. Dezember.* Bern: s.n.

Stein, L. (1896). Experimentelle Pädagogik. *Deutsche Rundschau*, *22*(11), 240–250.

Stein, L. (1899). Experimentelle Pädagogik. In *An der Wende des Jahrhunderts. Versuch einer Kulturphilosophie* (S. 272–491). Freiburg im Breisgau: Mohr.

Stein, L. (1903). *Die soziale Frage im Lichte der Philosophie.* Stuttgart: Enke.

Stocker, O. (1941). Zur Frage des diplomierten Berufsberaters. Offener Brief an Frau Dr. Baumgarten, Solothurn. *Berufsberatung und Berufsbildung*, *26*(3/4), 58–60.

Studienordnung (1912). *Studienordnung zur Erlangung des Primarlehrerpatentes an der Universität Zürich* vom 21. August 1912. S.l.: s.n.

Studienplan Lehramt (1878). *Studienplan für die Studierenden des Lehramtes an der Hochschule Bern vom Mai 1878.* Bern: s.n.

Studienplan Lehramt (1919). *Studienplan für die Studierenden an der Hochschule Bern vom 31. März 1919.* Bern: s.n.

Suter, J. (1922). *Intelligenz- und Begabungsprüfungen*. Zürich: Rascher.

Tagblatt des Grossen Rates des Kantons Bern (1846 ff.). Bern: Staatskanzlei.

Teichmann, A. (1885). *Die Universität Basel in den fünfzig Jahren seit ihrer Reorganisation im Jahre 1835.* Basel: Schultze'sche Universitätsbuchdruckerei.

Thätigkeit der schweizerischen Hochschulen (1869). Die Thätigkeit der drei schweizerischen Hochschulen Basel, Bern und Zürich, mit besonderer Rücksicht auf die Heranbildung von Lehrern für Mittelschulen. *Schweizerische Lehrerzeitung, 14,* 98–100.

Thommen, R. (1914). *Die Universität Basel in den Jahren 1884–1913.* Basel: Reinhardt.

Troxler, I. P. V. (1834/1989). Über Idee und Wesen der Universität in der Republik. Rede zur Eröffnung der Hochschule Bern. 1834. In *Politische Schriften in Auswahl* (Bd. 1, S. 337–354). Zürich: Rohr.

Vischer, W. (1906). *Die Zeit von 1815 bis 1830. Basel in der Zeit der Restauration 1814–1830* (Bd. 2). Basel: Helbing & Lichtenhahn.

Vischer, W. (1911). *Die Basler Universität seit ihrer Gründung.* Basel: Helbing & Lichtenhahn.

Vorlage Unterrichtsgesetz ZH (1872). Gesetz betreffend das gesammte Unterrichtswesen des Kantons Zürich vom 21. Februar 1872. *Amtsblatt des Kantons Zürich,* (24), 1–27.

Wetterwald, X. (1900). Pädagogische Universitäts-Seminare. *Schweizerische Pädagogische Zeitschrift, 10,* 173–209.

Wetterwald, X. (1903). Lehrerbildung. *Bericht über die Tätigkeit der Freiwilligen Schulsynode für das Jahr 1902,* 23–33.

Winteler, J. (1900). Entstehung und Ziele der experimentellen Pädagogik. *Bericht über die Verhandlungen der zürcherischen Schulsynode,* 106–117.

Wreschner, A. (1906). Das Gedächtnis im Lichte des Experimentes. *Schweizerische Lehrerzeitung, 51,* 149–151/157–160/166–167/178–180/191–194/205–208/213–214.

Wreschner, A. (1908). Das psychologische Experiment im Dienste der Sprachforschung. *Schweizerische Lehrerzeitung, 53,* 123–126/132–133/140–143/164–166.

Wyss, W. von (1914). Die pädagogische Vorbildung der Mittelschullehrer. *Jahrbuch des Vereins Schweizerischer Gymnasiallehrer, 43,* 17–37.

Zollinger, E. (1905). Die Lehrerbildung im Kanton Basel-Stadt. *Bericht an das Erziehungsdepartement.* Basel: Wittmer.

Zulassung Abiturienten (1907). Zulassung von Abiturienten der Kantonsschule Zürich und der höheren Schulen der Stadt Winterthur zum Sekundarlehrerstudium vom 16. Oktober 1907. *Amtliches Schulblatt des Kantons Zürich, 22,* 249–254.

Anhänge

Anhang 1

Chronologie der Standorte und Institutionen

Zürich

Datum	Pädagogik/Erziehungswissenschaft(en) als disziplinäres Feld	Universität und andere disziplinäre Felder	Pädagogische Berufe und Lehrerbildung
Vor 1890	1833 (–56) Bobrik, ordentlicher Professor für Philosophie, erteilt sporadisch Lehrveranstaltungen in Pädagogik. 1856: Kym wird ordentlicher Professor für Philosophie, der Lehrstuhl schliesst auch Pädagogik ein. 1870: Lange wird 2. ordentlicher Professor für Philosophie (Lehrstuhl Bobrik), gefolgt von Wundt (1874–1875) und Windelband (1875–1876). 1875: Verhandlungen mit Rüegg, Direktor des Lehrerseminars Münchenbuchsee, bezüglich eines neuen Lehrstuhls für Pädagogik zugunsten der Lehrerbildung scheitern. 1877: Avenarius wird Nachfolger Windelbands; sporadische Vorlesungen in Pädagogik.	1833: Gründung der Universität Zürich. 1870: Der Erziehungsdirektor fordert einen an der induktiven Wissenschaft orientierten Lehrstuhl.	1835: Reglement betreffend Prüfung der Sekundarschullehrer. 1857: erstes philologisch-pädagogisches Seminar für künftige Lehrer der Sekundarstufe II. 1861: Diplomprüfungsreglement für das höhere Lehramt. 1872: Gesetzesvorlage zur universitären Ausbildung der Volksschullehrer scheitert. 1872: Eine grosse Mehrheit der Bevölkerung lehnt eine Akademisierung der Lehrerbildung ab. 1881: vollständige Integration der Sekundarlehrerausbildung in die Universität. 1882/87: Die Schulsynode fordert weiterhin die Akademisierung der Lehrerbildung.
1890–1899	1890: Hunziker wird ausserordentlicher Professor für Pädagogik und schweizerische Schulgeschichte. 1897: Meumann wird ausserordentlicher Professor (ab 1900 ordentlicher Professor) für systematische Philosophie, Geschichte der Philosophie und allgemeine Pädagogik; starke Förderung der Psychologie und der experimentellen Pädagogik.		1895: Keller aus Winterthur schlägt eine universitäre Institution für die Primarlehrerausbildung vor. 1899: 1. interkantonaler Kurs zur Ausbildung von Lehrern, die in Sonderklassen und Institutionen für geistig Behinderte tätig sind.
1900–1909	1900: Maier wird Nachfolger von Kym, als ordentlicher Professor für Geschichte der Philosophie, in Verbindung mit Geschichte der Pädagogik, Logik, Metaphysik und Epistemologie. 1902: Störring wird Nachfolger Maiers, der die Nachfolge Kyms nur kurze Zeit versehen hatte. 1905: Schumann wird Nachfolger Meumanns als Professor für systematische Philosophie, allgemeine Pädagogik und experimentelle Psychologie einschliesslich der Leitung des Labors für Psychologie.	1900: Labor für Psychologie; Beobachtung von Schulklassen; Privatdozent Wreschner wird Laborassistent.	1900: Programmatische Vorträge Meumanns und Wintelers über experimentelle Pädagogik vor der Zürcher Schulsynode. 1905: Zulassung von Studenten mit Maturität zur Primarlehrerausbildung am Lehrerseminar Küsnacht. 1907: Zulassung von Studenten mit Maturität zur Sekundarlehramtsprüfung unter der Bedingung, gleichzeitig ein Primarlehrdiplom zu erwerben; Primarlehrerausbildung an der Universität. 1909: Versuchsschule für die universitäre Institution zur Primarlehrerausbildung.

Zürich (Fortsetzung)

1910–1919	1910: Freytag wird Nachfolger Schumanns als ausserordentlicher (1911 ordentlicher) Professor für Philosophie, vorzugsweise Geschichte derselben, Logik, Metaphysik, Erkenntnistheorie und Geschichte der Pädagogik. 1911: Lipps wird Nachfolger Störrings als ordentlicher Professor für Philosophie, Pädagogik und Psychologie.	1910: Wreschner wird ausserordentlicher Professor für physiologische Psychologie.	1910: Versuchsschule für die Lehrerausbildung Sekundarstufe I. 1912: Prüfungsordnung der Universität für die Lehrbefähigung im Primarschulwesen. 1915: Kurse in Fachdidaktik für die Lehrerausbildung Sekundarstufe II.
1920–1929	1925: Stettbacher wird ausserordentlicher Professor (neuer Lehrstuhl «ad personam») für Didaktik des Volksschulunterrichts.		1920: Gründung des Vereins «Heilpädagogisches Seminar» in Zürich. 1922: Erziehungsdirektor Mousson spricht sich gegen die universitäre Ausbildung in Heilpädagogik aus. 1922: Die Kommissionen der philosophischen und medizinischen Fakultäten treten für die Heilpädagogik ein; Forderung nach einem Mindestprogramm zur universitären Ausbildung in diesem Bereich: ein Institut in Verbindung mit der Universität. 1922/26/29: Intensive Diskussion der Akademisierung der Volksschullehrerausbildung. 1925: Suter gründet das Psychotechnische Institut in Zürich.
1930–1939	1930: Zollinger wird ausserordentlicher Professor (neuer Lehrstuhl «ad personam») für allgemeine Didaktik des Mittelschulunterrichts. 1931: Grisebach wird Nachfolger von Lipps; Ende der experimentellen Ausrichtung; stärkere Gewichtung der Kulturphilosophie und Ethik als Grundlage für Pädagogik und Psychologie. 1931: Hanselmann wird ausserordentlicher Professor «ad personam» für Heilpädagogik (erster Lehrstuhl in Europa). 1933: Freytag muss aus politischen Gründen ausscheiden, der Lehrstuhl bleibt unbesetzt.	1932: Der Lehrstuhl Wreschner wird nach dessen Tod aufgegeben; das Labor wird geschlossen; die Psychologie ist kein Prüfungsfach mehr. 1936: Studenten der Philosophie fordern einen Lehrstuhl für Psychologie als Hauptfach. 1938: Suter wird ausserordentlicher Professor für systematische Psychologie.	1938: Gesetz über die Ausbildung von Primarlehrkräften; Aufgabe des universitären Primarlehramtes; Trennung der Ausbildung in ein dezentrales Unterseminar und ein Oberseminar in Zürich. 1939: Pestalozzianum als «pädagogische Zentrale» mit dem Auftrag zur Lehrerfortbildung, Dokumentation und Behandlung pädagogischer Fragen.
1940–1950	1946: Ordinariat für allgemeine Pädagogik, Geschichte der Pädagogik und Didaktik des Sekundarschulunterrichts für Stettbacher. 1949: Weber (Direktor des Lehrerseminars Solothurn) wird Nachfolger Stettbachers und Direktor der Sekundarlehrerausbildung. 1950: Ausscheiden Hanselmanns (Nachfolger 1951: Moor).	1946: Barth wird Nachfolger Freytags als Professor für Ethik und Staatsphilosophie. 1947: Keller wird Philosophieprofessor als Nachfolger Grisebachs; Einbeziehung der Psychologie.	1940: Moor folgt auf Hanselmann als Direktor des Heilpädagogischen Seminars. 1943: Eröffnung des Oberseminars für die Primarlehrerausbildung in Zürich.

Bern

Datum	Pädagogik/Erziehungswissenschaft(en) als disziplinäres Feld	Universität und andere disziplinäre Felder	Pädagogische Berufe und Lehrerbildung
Vor 1890	1834: Erwähnung der Pädagogik als Disziplin im neuen Gesetz über die Universität. 1870: Der Direktor des Lehrerseminars Rüegg wird ausserordentlicher Professor «ad personam» für Pädagogik an der philosophischen Fakultät. 1878: Die Pädagogik wird Prüfungsfach für angehende Sekundarlehrer 1878: Hitzig wird ausserordentlicher Professor für klassische Philologie und Gymnasialpädagogik. 1883: Die Pädagogik wird Prüfungsfach für angehende Gymnasiallehrer. 1886 Hitzigs Nachfolger Haag wird ausserordentlicher Professor (ohne Gymnasialpädagogik). Rüegg wird ordentlicher Professor.	1834: Die Akademie Bern wird Universität nach deutschem Vorbild.	1834: Gesetz zur Primarlehrerausbildung und -prüfung. 1856: Gesetz über die staatlichen Prüfungen für Lehreranwärter der Sekundarstufe I und II. 1859: philologisch-pädagogisches Seminar für künftige Gymnasiallehrer; weitere Seminare folgen. 1865–78: stufenweise Integration der Sekundarlehrerausbildung in die Universität. 1883: erstes Reglement für die Diplomierung der Gymnasiallehrer im Zuständigkeitsbereich der Universität.
1890–1899	1891: Haag wird ordentlicher Professor für klassische Philologie und Gymnasialpädagogik. 1894: Haag übernimmt die Kurse des verstorbenen Rüegg 1894(–1896): Philosophieprofessor L. Stein erteilt Kurse in experimenteller Pädagogik. 1898: Lehrauftrag für Methodik der Unterrichtsfächer in der Sekundarlehrerausbildung.		
1900–1909	1906: Haag tritt von seinem Mandat zur Sekundarlehrerausbildung zurück. Erziehungsdirektor Gobat schafft einen neuen, ausserordentlichen Lehrstuhl für Pädagogik und Psychologie mit empirischer und experimenteller Ausrichtung für Dürr. 1907: Umwidmung des Lehrstuhls für Philosophie, mit besonderer Berücksichtigung der Psychologie und der Pädagogik. 1906–13: Projekt eines pädagogisch-psychologischen Instituts, nicht konkretisiert.	1909 Doktorat in Psychologie.	1906: Schneider, der für die Schulreform eintritt, wird vom Erziehungsdirektor Gobat zum Direktor des Lehrerseminars ernannt; negative Reaktionen seitens der Primarlehrerschaft.
1910–1919	1913–14: Häberlin wird Nachfolger des verstorbenen Dürr. 1912–1918: Debatte über die Rolle der Pädagogik in der Sekundarlehrerausbildung.	1910: Der wenig populäre Stein geht nach Berlin. 1915: Sganzini wird Privatdozent für Philosophie und Psychologie.	1916: erzwungene Demission Schneiders aufgrund seiner Lehre der Psychoanalyse. 1918: Versuch der Gründung eines Pestalozzi-Fellenberg-Hauses, nach Vorbild des Institut Jean-Jacques Rousseau.
1920–1929	1922: Häberlin geht nach Basel; sein Nachfolger wird Sganzini. 1925–33: verschiedene, nicht weiterverfolgte Versuche zur Entwicklung der Psychotechnik, der Gründung einer entsprechenden Erziehungsberatungsstelle und eines pädagogischen Instituts.	1920: Aufteilung der philosophischen Fakultät in zwei Fachbereiche. 1924: Baumgarten erhält die «venia legendi» in Psychotechnik.	1929: Der Berner Lehrerverein diskutiert die Gründung eines pädagogischen Instituts. 1929: Arbeitsgemeinschaft Berner Lehrer für Pädagogische Forschung – nur wenige Veranstaltungen.
1930–1939	1934: Pädagogik wird Promotionsfach an der philosophischen Fakultät		

Bern (Fortsetzung)

1940–1950	1946–48: Divergenzen zwischen Universität, Regierung und Lehrerverein über die Ausrichtung des Lehrstuhls für Pädagogik nach Sganzinis Ausscheiden. 1948: Der Direktor des Thuner Lehrerseminars, Schmid, wird ausserordentlicher Professor für praktische Pädagogik mit besonderer Berücksichtigung der psychologischen und pädagogischen Problematik der Schule. Der zweite Lehrstuhl für Philosophie wird in Philosophie, theoretische Pädagogik und Geschichte der Pädagogik umgewandelt (Lehrstuhlinhaber: A. Stein).	1948: Meili wird ausserordentlicher Professor für Psychologie und praktische Anwendungen.	1946–48: Der Berner Lehrerverein fordert die Gründung eines pädagogischen Instituts und eines autonomen Lehrstuhls für Pädagogik.

Basel

Datum	Pädagogik/Erziehungswissenschaft(en) als disziplinäres Feld	Universität und andere disziplinäre Felder	Pädagogische Berufe und Lehrerbildung
Vor 1830	1822(–30): Hanhart wird ausserordentlicher Professor für Philosophie und Pädagogik; erste Kurse in Pädagogik und Methodik. 1868: Wiedernahme der Pädagogikkurse durch Teichmüller. 1873: Eucken wird Professor für Philosophie und Direktor des pädagogischen Seminars. 1874: Heinze wird Nachfolger Euckens. 1875: Siebeck wird Nachfolger Heinzes. 1883: Volkelt wird Nachfolger Siebecks und Leiter der theoretisch-pädagogischen Kurse. 1889: Hemann wird ausserordentlicher Professor für Philosophie und Pädagogik sowie Leiter der theoretisch-pädagogischen Kurse.	1866: neues Universitätsgesetz: Aufteilung der philosophischen Fakultät in zwei Fachbereiche: Philologie/Geschichte und Mathematik/Naturwissenschaften.	1820(–22): privates Lehrerseminar unter Leitung von Hanhart. 1871: Pädagogisches Seminar an der Universität, das beiden Fachbereichen der Philosophie zugehörig ist. 1877: erste praktische Übungen für Gymnasiallehramtskandidaten. 1880: Primarlehrerinnenbildung an der Höheren Töchterschule. 1881: Prüfungsordnung für Lehramtskandidaten; Pädagogik wird Prüfungsfach.
1890–1899	Hemann leitet den Fachbereich Sprachen/Geschichte, Largiadèr den Fachbereich Mathematik/Naturwissenschaften. 1898: Flatt wird Nachfolger Largiadèrs.	1893: Aufteilung des pädagogischen Seminars in zwei Fachbereiche: Sprachen/Geschichte und Mathematik/Naturwissenschaften.	1892: dreisemestrige nachmaturitäre Fachkurse für die Primarlehrerausbildung; einzelne Kurse finden an der Universität statt.
1900–1909	1909–14: Häberlin wird Privatdozent für Philosophie und Pädagogik.		1902: Vortrag von Moosherr vor der Schulsynode: Forderung nach einheitlicher Ausbildung für alle Lehrkategorien.
1910–1919	1917: 2. Lehrstuhl für Philosophie, Psychologie und Pädagogik. 1919: Berufung Fischers, der nach einer gegen ihn gerichteten Pressekampagne demissioniert.		

Basel (Fortsetzung)

1920–1929	1920: Berufung Bovets zum Professor für Pädagogik und Philosophie; Bovet verzichtet und wird Professor in Genf. 1920: Berufung Brauns, 1922 Selbstmord. 1922: Häberlin wird Nachfolger Brauns.	1925: Ende der Methodik- und Didaktikkurse für Sekundarlehramtskandidaten; Zusammenlegung der Seminare für Philosophie und Pädagogik.	Ende der Fachkurse. 1922: Lehrerbildungsgesetz: Lehrerseminar zur Ausbildung aller Lehrkategorien im tertiären Bildungsbereich.
1930–1950	1948: Jaspers wird Nachfolger Häberlins; er erteilt keine Kurse in Pädagogik.		

Genf

Datum	Pädagogik / Erziehungswissenschaft(en) als disziplinäres Feld	Universität und andere disziplinäre Felder	Pädagogische Berufe und Lehrerbildung
Vor 1890	Zahlreiche Arbeiten und Kurse im Bereich Pädagogik oder Erziehungswissenschaft, jedoch keine spezielle Institution oder Instanz zur pädagogischen Reflexion und Theoriebildung.	1872: Reform der Akademie, Verbindung von Forschung und Lehre nach Humboldt'schem Vorbild. 1876: Umwandlung der «Académie de Genève» in eine Universität, die sich ab jetzt aus fünf Fakultäten zusammensetzt: Theologie, Recht, Naturwissenschaften, Geisteswissenschaften und Medizin.	1867: Gründung der «Société pédagogique genevoise» (SPG). 1872/86: Pädagogische Abteilungen an den Mittelschulen (für Knaben am Collège, für Mädchen an der Höheren Töchterschule). 1886: neues Schulgesetz; Ausdehnung des Sekundarbereichs; Regelung der Zulassungsbedingungen zum Lehrerberuf.
1890–1899	1890: ausserordentliche (1896 ordentliche) Professur für Pädagogik für den Philosophen Duproix.	1891: ausserordentliche (1908 ordentliche) Professur für Psychologie (an der naturwiss. Fakultät), für Flournoy. 1892: Flournoy gründet das Labor für experimentelle Psychologie (an der naturwiss. Fakultät).	1891: Seminar für Französisch (mit hohem Anteil an Pädagogik). 1898: Praktika, allgemeine und spezielle Kurse (bisweilen von Hochschullehrern erteilt) für Praktikanten im Primarschulbereich.
1900–1909	1903: Erziehungswissenschaft wird erstmals akademisches Prüfungsfach (im Studiengang Sozialwissenschaften). 1906(–07) Seminar in Psychopädagogik von Claparède im Labor für Psychologie (an der naturwiss. Fakultät), auch für die Lehrerbildung bestimmt 1908: Pädagogik ist Prüfungsfach im neu geschaffenen Lehrerdiplom für Naturwissenschaften. 1909: Versuch zur Gründung eines pädagogischen Seminars an der Universität (Dubois, Cellérier, später Claparède); abgebrochen.	1901/04: Claparède wird Assistent, dann Leiter des psychologischen Labors. 1908: 2. ausserordentliche (1915 ordentliche) Professur für experimentelle Psychologie an der naturwissenschaftlichen Fakultät für Claparède.	

Genf (Fortsetzung)

1910–1919	1910–11: vier neue Privatdozenten für Pädagogik an der geisteswissenschaftlichen Fakultät. 1912: «Institut Jean-Jacques Rousseau» (IJJR) – «Ecole des sciences de l'éducation» – Gründung durch Claparède, geleitet von Bovet. 1912: Malche wird Professor für Pädagogik und ersetzt den verstorbenen Duproix. 1912–15: vergebliche Versuche einer Anbindung der Pädagogik an die Sozialwissenschaften. 1913 (bis heute): «Maison des petits» (danach «Maison des grands», 1919 geschlossen). 1913: medizinisch-pädagogischer Beratungsdienst. 1915: Studienrichtung «Education» in den Sozialwissenschaften. 1916: Die Pädagogik wird erstmals Prüfungsfach in Geisteswissenschaften, beim Lizenziat in Moralwissenschaften. 1916: Einführung eines pädagogischen Zusatzdiploms zum Lizenziat in den Geisteswissenschaften. 1916: Studiengänge des IJJR: Kleinkindererziehung, Schulleitung, Kinderschutz, Pädologie. 1918: Berufsberatungsstelle, neuer Studiengang des IJJR: Bildung und Erziehung «Anormaler» (ab 1922 Berufsberatung). 1919: vergebliche Versuche der Anbindung des IJJR an die geisteswissenschaftliche Fakultät.	1915: 6. Fakultät: Wirtschafts- und Sozialwissenschaften.	1912: Malche wird Direktor für das Primarschulwesen. 1913–14: Petition des Vereins Schweizerischer Gymnasiallehrer zugunsten einer akademischen pädagogischen Ausbildung. 1918: Scheitern der Gründung eines pädagogischen Instituts für die Lehrerbildung; «Bureau d'archives scolaires et de recherches pédagogiques» des Erziehungsdepartements (bis 1936).
1920–1929	1920: 2. Pädagogiklehrstuhl für Erziehungswissenschaften und experimentelle Pädagogik an der geisteswissenschaftlichen Fakultät für den Direktor des IJJR, Bovet. 1921: «Association des amis de l'Institut Rousseau» zur Unterstützung des IJJR. 1923: Pädagogikdiplom der geisteswissenschaftlichen Fakultät, das auch Kurse des IJJR einbezieht. 1923: das «Bureau international des écoles nouvelles» (BIEN) unter Leitung von Bovet und Ferrière wird als internationaler Informationsdienst dem IJJR angeschlossen. 1925: Pädagogik wird zum Promotionsfach im Rahmen eines Doktorats in Philosophie. 1925: Gründung des «Bureau international d'éducation» (BIE) unter Leitung von Bovet und Ferrière (wird 1929 intergouvernementale Institution unter Leitung von Piaget und Rosselló). Ab 1927: Beteiligung des IJJR an der theoretischen Ausbildung der Primarlehrer. 1929: Übereinkunft zur Anbindung des IJJR an die geisteswissenschaftliche Fakultät (wird zum «Institut universitaire des sciences de l'éducation» – ISE).	Ab 1921: Tätigkeit Piagets im Labor (als «chef de travaux des Instituts»).	1921 (–32): Die «Société pédagogique romande» (SPR) überträgt Bovet die Redaktion von «L'Educateur»; Zusammenschluss der Organe des IJJR und der SPR. 1922: Das «Maison des petits» wird öffentlich, bleibt aber an das IJJR gebunden. 1928: «Ecole expérimentale du Mail» für den Primarbereich unter der Leitung von Dottrens; die Zusammenarbeit der «Ecole du Mail» und des Instituts wird durch eine Ausbildungsordnung für die Primarlehrerausbildung bestätigt.

Genf (Fortsetzung)

1930–1939	1930–33: Krise des ISE; grundlegende Neuorganisation zugunsten einer akademischeren Ausbildung; die Leitung übernimmt das Triumvirat Bovet, Claparède und Piaget; Vervielfachung der Diplome und Zertifikate in Pädagogik, zunehmende Spezialisierung in Fachrichtungen. 1933: Handelslehriplom («l'enseignement de l'économie politique ou de sciences commerciales»).		1930: «Service d'observation médico-pédagogique» des Erziehungsdepartements (DIP). 1933: Berufsberatungsstelle des DIP. 1933(–94): Primarlehrerausbildung («Etudes pédagogiques de l'enseignement primaire»); die dreijährige Ausbildung sieht ein Jahr am ISE vor; die praktische Ausbildung erfolgt an der «Ecole du Mail». 1933: Die sozialen Dienste des DIP werden im «Office scolaire de l'enfance» zusammengefasst.
1940–1950	1940: Nach dem Tod Claparèdes übernimmt Piaget dessen Aufgaben. 1944: Dottrens wird Lehrbeauftragter für experimentelle Pädagogik und ersetzt den ausgeschiedenen Bovet; Piaget und Dottrens leiten gemeinsam das ISE. 1945: Eröffnung des Labors für experimentelle Pädagogik. 1948: vollständige Anbindung des ISE an die Universität als «Institut interfacultaire des sciences de l'éducation»; vier neue Professorenstellen, 3 in Psychologie (jedoch innerhalb des ISE), 1 in Pädagogik: zahlreiche Lehrbeauftragte.		1940: neues Schulgesetz. Die Berufsbildung der Sekundar- und Gymnasiallehrer wird aus der Universität ausgelagert.

Lausanne

Datum	Pädagogik/Erziehungswissenschaft(en) als disziplinäres Feld	Universität und andere disziplinäre Felder	Pädagogische Berufe und Lehrerbildung
Vor 1890			1833/1837: Schaffung eines kantonalen Lehrerseminars für die Ausbildung von Primarlehrern und Primarlehrerinnen. 1856: Waadtländer Lehrerverein (Société pédagogique vaudoise, SPV). 1870: Waadtländer Sekundar- und Gymnasiallehrerverein («Société vaudoise des maîtres secondaires», SVMS). 1888: Petition der SPV zur Abschaffung des Lehrerseminars.
1890–1899	1890: Guex erhält eine ausserordentliche Professur für Pädagogik in der geisteswissenschaftlichen Fakultät. 1893: Einführung pädagogischer und naturwissenschaftlicher Übungen in den Naturwissenschaften.	1890: Umwandlung der Akademie in eine Universität. 1897: Reglement der Fakultät der Geisteswissenschaften; die Pädagogik kommt in keinem Lizenziatsexamen vor.	1890: Guex wird in die Direktion des Lehrerseminars berufen (die Kurse des Lehrstuhls für Pädagogik sind für die Schülerinnen und Schüler der oberen Klassen der Lehrerseminare offen). 1892: Die Bewerbung auf eine Sekundarlehrerstelle setzt ein Lizenziat in den Geistes- oder Naturwissenschaften der Universität Lausanne voraus. 1892: Bericht von Guex an die SVMS über die Berufsvorbereitung der Lehrer für die Sekundarstufen. 1897: allgemeines Reglement über die Berufsvorbereitung der Kandidaten für die Sekundarstufen.

Lausanne (Fortsetzung)

1900–1909	1901: Millioud, Dekan der geisteswissenschaftlichen Fakultät, leitet eine Kommission zur Prüfung der Einrichtung eines pädagogischen Fachbereichs, die mit der Organisation berufsbezogener Lehre für die Lehramtskandidaten betraut wird (Guex beteiligt sich). 1901: spezielle Schule für die Ausbildung in Französisch, an der Guex bis 1907 Pädagogikkurse erteilt. 1909: Die Studienordnung der Universität für die pädagogische Vorbereitung der Lehramtskandidaten sieht neu Unterricht in Pädagogik für Studierende der Geistes- und Naturwissenschaften vor, deren Ziel die Lehrbefähigung für die Sekundarstufen ist.	1901: «Ecole des Sciences sociales et politiques» (ESSP), der juristischen Fakultät angegliedert. 1903: Kurs von Larguier des Bancels in physiologischer Psychologie an der geisteswissenschaftlichen Fakultät. 1907: ausserordentliche Professur in experimenteller Psychologie für Larguier des Bancels.	1906: Schaffung einer Ausbildung für Lehrer der oberen Primarklassen am kantonalen Lehrerseminar. 1908: Das Zertifikat für die Lehrer der Sekundarstufen erfordert zusätzlich ein Lizenziat in Geistes- oder Naturwissenschaften.
1910–1919	1914: Die Lehre in Pädagogik wird erweitert: Organisation praktischer Übungen für das Lehrerdiplom. 1916: Demission Guex' vom Lehrstuhl für Psychologie. 1917: Fachbereich für pädagogische Wissenschaften an der «Ecole des Sciences sociales et politiques» (ESSP) auf Betreiben des Leiters des ESSP Millioud; es können eine pädagogische Lehrbefähigung, ein Lizenziat oder ein Doktortitel in pädagogischen Wissenschaften erworben werden. Ernennung von Deluz zum Lehrbeauftragten für Kurse in theoretischer und praktischer Pädagogik und in allgemeiner Didaktik sowie von Savary als Lehrbeauftragtem für die Kurse in Sonderpädagogik und als Direktor des pädagogischen Seminars.		1911: Gesetzesvorlage für die Einrichtung von Sonderklassen und für die Ausbildung ihrer Lehrer angenommen. 1914: Savary tritt die Nachfolge von Guex als Leiter des Lehrerseminars an. 1914: Ausführungsreglement der naturwissenschaftlichen Fakultät betreffend die Vorbereitung der Lehramtskandidaten für den naturwissenschaftlichen Unterricht. 1916: Inhaber eines Lehrdiploms für die oberen Primarklassen erlangen Zugang zur Universität.
1920–1929	1925: Tod Milliouds und Berufung Reymonds auf den Lehrstuhl für Philosophie mit einer Stunde Pädagogik. 1929: Nach dem Tod Savarys wird Deluz zum ausserordentlichen Professor für theoretische Pädagogik im Fachbereich für pädagogische Wissenschaften ernannt; die Geschichte der Pädagogik wird Reymond übertragen (Reduktion des Personals und der Kurse des Fachbereichs für pädagogische Wissenschaften).	1929: Annahme von zwei Reglementen bezüglich des Lizenziats für den Unterricht in Naturwissenschaften.	1921: Verlängerung der Ausbildungsdauer für Primarlehrerinnen auf vier Jahre. 1923: Bericht des SVMS über die Berufsvorbereitung der Lehramtskandidaten. 1927: Chevalaz als Nachfolger Savarys in der Leitung des Lehrerseminars. 1929: Ernennung von Deluz zum Abteilungsleiter für den Sekundarunterricht.
1930–1939	1932: Piaget erteilt einen Kurs in allgemeiner Psychologie im Fachbereich für pädagogische Wissenschaften und leitet eine Neuorientierung in Richtung Psychologie ein. 1936: Der Fachbereich für pädagogische Wissenschaften wird durch die Ernennung von Wintsch und Piaget (als Ersatz für Larguier des Bancels) als ausserordentliche Professoren bereichert. 1938: Nach dem Ausscheiden Reymonds streichzt die geisteswissen-schaftliche Fakultät die Pädagogik aus dem Aufgabenbereich des Lehrstuhls für Philosophie.	1930: Privatdozent Wintsch erteilt einen Kurs in pädagogischer Physiologie am ESSP. 1939: Auch Piaget erteilt Kurse in Soziologie am ESSP.	

Lausanne (Fortsetzung)

1940–1950	1941: Verstärkung der praktischen Ausbildung in Psychologie durch die Einstellung eines Assistenten für Wintsch und Piaget. 1944: Meylan wird Nachfolger von Deluz auf dem ausserordentlichen Lehrstuhl für Pädagogik. 1947: Der ausserordentliche Lehrstuhl für Pädagogik wird zum Ordinariat; aber Niedergang des Fachbereichs für pädagogische Wissenschaften, dessen übrige Lehrtätigkeiten keine Bestätigung erhalten: Er begnügt sich seitdem mit einer ergänzenden Rolle bei der Ausbildung der Lehramtskandidaten.	1946: Lucien Bovet wird Lehrbeauftragter in Kinder- und Jugendpsychopathologie am ESSP.	1941: Piaget hält praktische Übungen in experimenteller Psychologie am Lehrerseminar ab. 1942: Öffnung der Psychologiekurse Piagets für Primarlehrer. 1942: Gründung der Erziehungsberatungsstelle durch L. Bovet. 1944: Revision des Sekundarschulgesetzes: Neu stellt die Universität das Fähigkeitszeugnis aus, das Erziehungsdepartement schafft ein Praktikumszertifikat; damit wird die praktische Ausbildung aus der Universität ausgegliedert.

Freiburg

Datum	Pädagogik/Erziehungswissenschaft(en) als disziplinäres Feld	Universität und andere disziplinäre Felder	Pädagogische Berufe und Lehrerbildung
Vor 1890	1889: Horner erhält den ordentlichen Lehrstuhl für Pädagogik an der geisteswissenschaftlichen Fakultät.	1889: Gründung der Universität mit juristischer und geisteswissenschaftlicher Fakultät.	1859: kantonales Lehrerseminar in Hauterive. 1871: Freiburger Lehrerverein («Société fribourgoise d'éducation»).
1890–1899	1891: Beck, Inhaber des Lehrstuhls für Pastoraltheologie, erteilt Kurse in Religionspädagogik. 1898: Die Pädagogik wird an der geisteswissenschaftlichen Fakultät Prüfungsfach für das Sekundarlehrerdiplom. 1899: Konsens in den Geisteswissenschaften hinsichtlich der Pädagogik als Hauptfach bei der Promotionsprüfung.	1890: theologische Fakultät. 1895: Statuten der Universität. 1896: naturwissenschaftliche und mathematische Fakultät. 1899: Gesetz über die Organisation der Universität.	1893: Schaffung eines Sekundar- und Gymnasiallehrerdiploms an der geisteswissenschaftlichen Fakultät (beinhalten keine Kurse in Pädagogik).
1900–1909	1900: Die Pädagogik wird zum Prüfungsfach für das Diplom für das höhere Lehramt an der geisteswissenschaftlichen Fakultät, das auch praktische Übungen in Pädagogik voraussetzt. 1904: Tod Horners. 1905: Dem Philosophieprofessor de Munnynck wird ein Kurs in pädagogischer Psychologie übertragen. 1907: Der Staatsrat beschliesst die Gründung eines pädagogischen Instituts und ernennt Van Cauwelaert zum Leiter und zum ausserordentlichen Professor für experimentelle und pädagogische Psychologie. 1909: Pläne Van Cauwelaerts, das pädagogische Museum an die Universität anzuschliessen; Pläne Dévauds zur Organisation eines universitären pädagogischen Seminars nach dem Jenenser Vorbild.		1902: Reglement für das Sekundarlehrerdiplom in Geisteswissenschaften (Philosophie, Geschichte, Sprachen und Literatur). 1907: Eröffnung einer deutschsprachigen Sektion am Lehrerseminar.

Freiburg (Fortsetzung)

1910–1919	1910: Van Cauwelaert wird nach Belgien zurückberufen (kein Nachfolger). 1910: Dévaud wird Nachfolger Horners als ausserordentlicher (1918: ordentlicher) Professor auf dem Lehrstuhl für allgemeine Pädagogik.		1917: Gymnasiallehrdiplom in den geisteswissenschaftlichen Fächern (1919 in Naturwissenschaften): eröffnet den Primarlehrern den Zugang zur Universität.
1920–1929			1922: Einführung eines Sekundarlehrdiploms in den Naturwissenschaften (Reglement 1935 angenommen). 1923: Dévaud wird Leiter des Lehrerseminars.
1930–1939	1930: Das Erziehungsdepartement beschliesst die Einführung praktischer pädagogischer Übungen für Sekundarlehramtskandidaten. 1931: Die Caritas fordert von der Universität die Einrichtung eines katholischen Instituts für Heilpädagogik. 1931: Studienkommission zur Organisation der vom Erziehungsdepartement geschaffenen Gymnasialpädagogik; in Dévauds Alternativvorschlägen zeichnet sich die Schaffung eines Instituts für Pädagogik an der geisteswissenschaftlichen Fakultät ab. 1932: Spieler wird Privatdozent für Heilpädagogik und Pädagogik in deutscher Sprache sowie Leiter des Instituts für Heilpädagogik in Luzern. 1932: Emmenegger wird Lehrbeauftragter für Gymnasialpädagogik der Sprachfächer. 1932: Das Institut für Pädagogik organisiert sich in 4 Fachbereichen: allgemeine Pädagogik, Didaktik der Sprachfächer, Didaktik der naturwissenschaftlichen Fächer und Heilpädagogik. 1935: Spieler wird zum ausserordentlichen (1943 zum ordentlichen) Professor für Heilpädagogik ernannt. 1935: autonome Entwicklung des heilpädagogischen Instituts, Einführung eines speziellen Diploms.	1931: Auf Verlangen des Erziehungsdepartementes verändern die Geisteswissenschaften die Prüfungsordnung im Sinne einer bestmöglichen Übereinstimmung mit der Vorbereitung der zukünftigen Gymnasiallehrer. 1936: Müller ersetzt Wahl bei den Kursen in Naturwissenschaftsdidaktik.	1931: Dévaud verlässt das Lehrerseminar.

Freiburg (Fortsetzung)

1940–1950	1942: Dupraz wird Nachfolgerin Dévauds auf dem Lehrstuhl für Pädagogik, zunächst als Lehrbeauftragte, danach als ausserordentliche (1944) und als ordentliche Professorin (1948). 1943: Dem Heilpädagogischen Institut wird eine Erziehungsberatungsstelle angeschlossen (ab 1947: Poliklinik). 1945: Spieler wird seines Postens enthoben, Montalta ersetzt ihn als ausserordentlicher (1951 als ordentlicher) Professor für Heilpädagogik. 1949: offizielle Gründung des universitären Instituts für Pädagogik, Orthopädagogik und angewandte Psychologie, das mit der pädagogischen Ausbildung von Sekundarlehrern in den philosophischen, philologischen und historischen Fächern an der geisteswissenschaftlichen Fakultät beauftragt ist (1957 fordert die naturwissenschaftliche Fakultät vom Institut die berufsbezogene Ausbildung der Sekundarlehrer in den naturwissenschaftlichen Fächern). Es verleiht zusätzlich zu Diplomen in allgemeiner Pädagogik, Orthopädagogik und in angewandter Psychologie Doktorate und Lizenziate in allgemeiner und Orthopädagogik.	1940: Volanthen ersetzt Emmenegger als Leiter der praktischen Übungen in Gymnasialpädagogik.	1941: Schliessung des Lehrerseminars in Hauterive, 1943 Wiedereröffnung in Freiburg.
1950–1959	1950: Erweiterung des Instituts durch die Ernennung von zwei Professoren für Psychopathologie des Kindes sowie Arbeitspsychologie und Berufsberatung 1951: Der Staatsrat nimmt die neuen Statuten des Heilpädagogischen Instituts und die allgemeine Studienordnung für Pädagogik, Orthopädagogik und angewandte Psychologie an.		1951: Sekundarschulgesetz; verlangt von den Bewerbern für eine Stelle an Sekundarschulen mindestens ein Sekundarlehrerdiplom der Universität Freiburg und von Kandidaten für eine Stelle an Gymnasien ein Universitätsdiplom oder höheres technisches Diplom.

Neuenburg

Datum	Pädagogik/Erziehungswissenschaft(en) als disziplinäres Feld	Universität und andere disziplinäre Felder	Pädagogische Berufe und Lehrerbildung
Vor 1890	1866: Fachbereich für Pädagogik an der Akademie für die Ausbildung von Primar- und Sekundarlehrern; Humbert wird zum Professor für Pädagogik ernannt. 1872: Schliessung des pädagogischen Fachbereichs an der Akademie und Angliederung an das Gymnasium; es verbleibt eine eigenständige Lehrveranstaltung in Pädagogik an der geisteswissenschaftlichen Fakultät, die Humbert übertragen wird und als fakultativer Kurs im Rahmen der Sekundarlehrerausbildung vorgesehen ist. 1883: Der Kurs in Geschichte der Pädagogik wird ans Gymnasium verlegt und findet an der Universität nicht mehr statt.	1866: Das Gesetz über die höhere Bildung («loi sur l'enseignement supérieure») führt zur Einrichtung einer neuen Akademie (1868: allgemeines Reglement).	1872: Die kommunalen Mittelschulen erhalten das Recht zur Ausbildung von Primarlehrern: Vermehrung der pädagogischen Abteilungen. 1872: Lehrbefugnis für den Primarunterricht wird durch die Kantonsregierung erteilt (kein universitäres Lizenziat erforderlich).
1890–1899			

Neuenburg (Fortsetzung)

1900–1909	1902: spezielles Diplom in Pädagogik.	1909: Umwandlung der Akademie in eine Universität.	1904: Ablehnung eines Gesetzesentwurfs zur Zentralisierung der pädagogischen Ausbildung für Primarlehrer in einem kantonalen Lehrerseminar durch Volksabstimmung (erneute Ablehnung 1917).
1910–1919	1910: Bovet organisiert praktische Veranstaltungen sowie einen fakultativen Kurs über Lehrmethoden in der Sekundarstufe. 1912: Reymond wird Nachfolger Bovets als ordentlicher Professor für Philosophie und Pädagogik.		
1920–1929	1925: Einführung eines pädagogischen Fähigkeitszeugnisses für lizenzierte Lehramtskandidaten in geisteswissenschaftlichen Fächern (dieses Fähigkeitszeugnis ist auch für das naturwissenschaftliche und für das handels- und wirtschaftswissenschaftliche Lizenziat vorgesehen) nach dem Genfer Modell. 1925: Piaget wird Nachfolger Reymonds als ordentlicher Professor für Psychologie, Pädagogik, Soziologie und Wissenschaftsphilosophie. 1929: La Harpe wird Nachfolger Piagets als ordentlicher Professor für Pädagogik, Psychologie und Wissenschaftsphilosophie.		1920: Abschaffung der allgemeinen staatlichen Sekundarlehrdiplome zugunsten universitärer Lizenziate.
1930–1939			1937: Annahme der Prüfungsordnung für die pädagogische Lehrbefähigung für den Primarunterricht durch den Staatsrat.
1940–1949	1947: Muller und Schaerer werden Nachfolger von La Harpe: Muller als ausserordentlicher Professor für allgemeine Philosophie und Psychologie, Schaerer als ordentlicher Professor für Geschichte und Philosophie der Pädagogik.		1948: Einführung einer zweiphasigen Primarlehrerausbildung: eine erste, allgemeinbildende Phase von 7 Semestern im Rahmen der kommunalen Mittelschulen und eine zweite Phase von 3 Semestern zur beruflichen Ausbildung am kantonalen Lehrerseminar; Letztere wird mit der pädagogischen Maturität abgeschlossen.
1950–1959			1953: Die praktische Ausbildung der Lehramtskandidaten wird aus der Universität ausgegliedert und den Gymnasiallehrern übertragen.

St. Gallen

Datum	Pädagogik / Erziehungswissenschaft(en) als disziplinäres Feld	Universität und andere disziplinäre Felder	Pädagogische Berufe und Lehrerbildung
Vor 1890			1857: interkonfessionelles Lehrerseminar in Mariaberg bei Rorschach. 1867: Lehramtsschule für Sekundarlehrer.
1890–1899		1898/99: Handelsakademie St. Gallen.	
1900–1909			1901: Reform der Lehramtsschule für Sekundarlehrer.
1910–1919	1912: Lehrauftrag für Philosophie, Psychologie und Pädagogik (von Nef wahrgenommen); Debes erteilt im Rahmen seiner Professur für Betriebswirtschaft Didaktikkurse. 1915–21: vom Lehrerverband unterstützter Vorschlag Nefs zur Erweiterung des «pädagogischen Seminars»; wird nicht weiterverfolgt.		1911: Studienordnung für die Prüfungen von Handelslehrern. 1912: Fachbereich für die Ausbildung von Handelslehrern (pädagogisch-didaktisches Seminar).
1920–1929		1912: Umwandlung in Handels–Hochschule.	
1930–1939		1923: Reorganisation der Hochschule. 1928: Umwandlung in Hochschule für Wirtschaftswissenschaften.	
1940–1950	1945(–47): Ausscheiden Nefs; der Lehrauftrag wird zur ausserordentlichen Professur (Bally). 1949: Ausscheiden von Debes, Nachfolge durch Gsell.	1934: erste Habilitationsordnung. 1939: Die Hochschule verleiht Doktortitel.	

Eidgenössische Technische Hochschule Zürich

Datum	Pädagogik/Erziehungswissenschaft(en) als disziplinäres Feld	Universität und andere disziplinäre Felder	Berufe im Bereich Bildung/Erziehung und Lehrerausbildung
Vor 1890	1881–83: Glogau, Privatdozent für Philosophie und Pädagogik, erteilt Pädagogikkurse. 1886: Hunziker, Privatdozent (bis 1907), erteilt Kurse in Pädagogik und Kulturgeschichte.	1855: Eidgenössisches Polytechnikum (später: Eidgenössische Technische Hochschule Zürich, ETH).	1855: Die ETH wird mit der Lehrerausbildung für technische Schulen beauftragt. 1862: Petition des Schweizerischen Lehrervereins an den Bundesrat zur Ausbildung von Sekundarlehrern an der 6. Abteilung der ETH. 1866: Neues Reglement für die ETH: spezielle Abteilung für die Ausbildung von Mathematik- und Naturwissenschaftslehrern. 1873: Anpassung des Reglements für die ETH: signifikante Verlängerung der Lehrerausbildung.
1890–1950	1892: Stadler wird Professor für Philosophie und Pädagogik. 1911: Medicus wird Nachfolger Stadlers. 1946: Thévenaz aus Neuchâtel wird Nachfolger von Medicus. 1949: Savioz wird Nachfolger von Thévenaz als Professor für Philosophie und Pädagogik.	1914: Fachdidaktik; Initiator: Brandenberger. 1945: Carrard (Privatdozent seit 1926) wird ausserordentlicher Professor für Arbeitswissenschaft.	

Anhang 2

Biografische Daten

Der biografische Anhang wurde durch die Verantwortlichen der einzelnen Universitätsstandorte redigiert, unter der Leitung von Martina Späni in Zusammenarbeit mit Béatrice Haenggeli-Jenni.

Legende

1 Name, Vorname
2 Lebensdaten, Kantonszugehörigkeit oder Nationalität
3 Ausbildung, Studium
4 Doktorat, Habilitation, Ehrendoktorat
5 Universitäre Tätigkeit
6 Extrauniversitäre Tätigkeit
7 Vereinsmitgliedschaft und -tätigkeit
8 Redaktionelle Tätigkeit oder Mitarbeit bei Zeitschriften

Benutzte Abkürzungen

PD	Privatdozent/in
aoP	ausserordentliche/r Professor/in
oP	ordentliche/r Professor/in
Lb	Lehrbeauftragte/r
Dr. h.c.	Doctor honoris causa

1	**Audemars, Mina**
2	1883–1971, Genf
3	Höhere Töchterschule, Pädagogische Abteilung in Genf; Aufenthalt in England und Weiterbildung am Fröbel-Institut in London; 1908 Bekanntschaft mit der Fröbel'schen Methode in Genf; 1913 Kursbesuch zur Montessori-Methode, durchgeführt von Frau Bontempi und Frau Barrère
5	1912–1947 Lb für Kleinkindererziehung, Institut Jean-Jacques Rousseau/Institut des sciences de l'éducation Genf; ab 1930 mehrere parallel geführte Lehrgänge
6	1908–1913 Praktikantin, anschliessend Lehrerin an der öffentlichen Primarschule von Malagnou; ab 1912 Mitarbeiterin von Claparède, der sie mit der Gründung und Leitung des «Maison des petits» beauftragt (1913); 1914–1945 Grundschullehrerin, Kodirektorin (mit Lafendel) und Ausbildnerin am «Maison des petits»
8	Regelmässige Mitarbeiterin der Zeitschriften «L'Intermédiaire des Educateurs» und «L'Educateur»

1	**Avenarius, Richard**
2	1843–1896, Deutschland
3	Studium der Philosophie, Philologie und Physiologie in Zürich und Berlin
4	1868 Dr. phil., Leipzig («Über die beiden ersten Phasen des spinozischen Pantheismus und das Verhältnis der zweiten zur dritten Phase»); 1876 Habilitation, Leipzig
5	1876–1877 PD, Leipzig; 1877–1896 oP für systematische Philosophie, Pädagogik und Psychologie, Zürich
8	ab 1877 Herausgeber der «Vierteljahresschrift für wissenschaftliche Philosophie»

1	**Bäbler, Johann Jakob**
2	1836–1900, Glarus
3	Studium der Philosophie in Basel und Bonn
4	1859 Dr. phil., Basel («Musonius Rufus»)
5	1870–1875 PD für Geschichte der Pädagogik, Bern
6	1866 Lehrer am Gymnasium in Bern und an der Anstalt Bächtelen; 1875 Lehrer an der Kantonsschule in Aarau
7	Mitglied des Schweizerischen Gymnasiallehrervereins

1	**Bally, Gustav**
2	1893–1966, Solothurn
3	Matura, Studium der Medizin in Zürich und Heidelberg; 1921 Staatsexamen, Zürich
4	1921 Dr. med., Zürich («Psychologische Phänomene im Bedeutungswandel»)
5	1940 Dozent, Zürich; 1947–1957 oP für Philosophie, Psychologie und Pädagogik, Handelshochschule St. Gallen; ab 1948 Leitung der psychotherapeutische Ausbildung für Ärzte, Psychiatrische Universitätsklinik Zürich
6	1924–1932 Ausbildung und Tätigkeit am psychoanalytischen Institut von Sachs in Berlin; ab 1932 eigene psychoanalytische Praxis in Zürich
7	Mitglied der Deutschen Psychoanalytischen Gesellschaft, des Internationalen Psychoanalytischen Vereins, der Schweizerischen Gesellschaft für Psychoanalyse, der Schweizerischen Gesellschaft für Psychiatrie (Präsidium 1956–1958)

1	**Balsiger, Eduard**
2	1845–1923, Bern
3	1869 bernisches Primarlehrerpatent; Studium an der Akademie in Neuenburg; bernisches Sekundarlehrerpatent; 1874–75 Studien in Bern und Berlin
5	1908–1924 Lektor für Pädagogik und Methodik, Lehramtsschule der Universität Bern
6	1869–1872 Primarlehrer in La Neuveville, 1872–1880 Lehrer für Geschichte, Französisch und Turnen am bernischen Lehrerseminar in Münchenbuchsee; 1880–1881 Direktor am kantonalen Lehrerseminar Mariaberg (St. Gallen); Direktor der städtischen Mädchenschule Bern (ab 1895 Leiter der seminaristischen Abteilung)
7	Leiter und Mitglied des Komitees der Schweizerischen permanenten Schulausstellung; Mitglied des Berner Stadtrats und der Schulsynode
8	Redaktor der «Schweizerischen Lehrerzeitung»

1	**Barbey, Léon**
2	1905–1992, Freiburg i. Ü.
3	Studium an der Faculté des lettres, Freiburg i. Ü.; Postgraduiertenstudium in Leuven, Paris und Genf
4	1933 Dr. ès lettres («Les fondements éthiques et psychologiques de l'éducation de la volonté selon M. Jules Payot»)
5	1968–1975 oP für Pädagogik, Freiburg i. Ü.
6	1931–1939 Professor am kantonalen Lehrerseminar Hauterive in Freiburg i. Ü.; 1939–1944 Direktor des Technikums und der Ecole des arts et métiers; 1947–1968 Professor an den Facultés catholiques in Lyon, wo er das universitäre Institut de pédagogie gründete und leitete
8	1932–1936 Redaktor des «Bulletin pédagogique»

1	**Baudouin, Charles**
2	1893–1963, Frankreich
3	1898–1913 Studien in Nancy und Paris; 1912 licence ès lettres, Nancy
4	1920 Dr. ès lettres, Genf («Suggestion et autosuggestion. Etude psychologique et pédagogique d'après les résultats de la nouvelle école de Nancy»); 1943 Träger des Prix Amiel, Genf; 1948 Dr. h.c., London
5	1915–1944 Lb (mit Unterbrechungen) für Psychoanalyse, Institut Jean-Jacques Rousseau/ Institut des sciences de l'éducation; 1920 PD, Faculté des lettres, Genf
6	1920–1921 Professor an der Ecole de la Châtaigneraie, Coppet; 1924 Gründer und Direktor des Institut international de psychagogie et de psychothérapie; 1939–1947 Professor an der Ecole internationale in Genf
8	1924 Gründer und Redaktor der Zeitschrift «Action et Pensée» (Fortsetzung der Zeitschrift «Bulletin de l'Institut international de psychagogie»); 1942 mit Jean Desplanque Gründer und Direktor der Sammlung «Action et Pensée»

1	**Bovet, Lucien**
2	1907–1951, Waadt
3	1932 medizinisches Staatsexamen, Lausanne
4	1935 Dr. med., Zürich («Untersuchungen über die Beziehungen zwischen Auge und Gesamtverhalten beim Frosch»)
5	1942–1949 PD, ab 1949 Lb für Kinderpsychiatrie, medizinische Fakultät, Lausanne; ab 1946 Lb für Psychopathologie des Kindes, Ecole des sciences sociales et politiques; ab 1949 Lb am Institut des sciences de l'éducation in Genf
6	1942 Gründer und erster Chefarzt des Office médico-pédagogique Vaudois; Mitglied des Expertenrats der Weltgesundheitsorganisation (WHO)
8	Redaktor des Berichts über psychiatrische Aspekte der jugendlichen Delinquenz im Auftrag der WHO (1951)

1	**Bovet, Pierre**
2	1878–1965, Neuenburg
3	Baccalauréat ès lettres in Neuenburg; licence ès lettres classiques in Neuenburg; 1902 élève titulaire an der Ecole des Hautes Etudes in Paris
4	1902 Dr. ès lettres, Genf («Le Dieu de Platon d'après l'ordre chronologique des dialogues»)
5	1904–1912 oP für Philosophie und Pädagogik, Neuenburg; 1912 Berufung ans Institut Jean-Jacques Rousseau (IJJR) in Genf; 1920–1944 oP für Erziehungswissenschaften und experimentelle Pädagogik, Genf; 1929–1944 Kodirektor des Institut des sciences de l'éducation (ISE), Genf
6	1903–1912 Professor für Philosophie am Gymnasium und an der höheren Töchterschule in Neuenburg; 1912–1929 Direktor des IJJR in Genf; 1925–1929 Mitbegründer und Direktor des Bureau international d'éducation
7	Vizepräsident der Ligue internationale d'éducation nouvelle
8	1906–1944 Gründer und Direktor der Buchreihe «Actualités pédagogiques»; 1912–1944 Mitarbeiter der «Archives de psychologie, 1912–1920 Redaktor der Zeitschrift «L'Intermédiaire des éducateurs», die 1920 mit der Zeitschrift «L'Educateur» fusionierte; 1920–1932 Redaktor der Zeitschrift «L'Educateur» (Organ der Société pédagogique romande); 1933–1944 Gründer und Verantwortlicher der «Cahiers de psychologie appliquée et de pédagogie expérimentale»

1	**Brantmay, Henry**
2	1889–1974, Russland
3	Medizinstudium in Genf und Spezialisierung für Neurologie und Psychopädiatrie
4	1925 Dr. der Medizin, Genf («Un nouvel appareil pour démonstrations obstétricales»)

5	1929–1948 Lb für Kinderkrankheiten; medizinisch-pädagogische Beratung und Elemente der Pädiatrie und Psychopathologie am Institut des sciences de l'éducation (ISE)
6	1930–1948 Direktor der medizinisch-pädagogischen Beratungsstelle des ISE , 1930 mit Laravoire Begründer des Service médico-pédagogique in Genf; Arzt des Service d'observation médico-pédagogique scolaire in Genf
7	Mitglied des Komitees des Maison des Charmilles (Internat für «schwierige» Kinder)
8	Gründer der Zeitschrift «Juventus»; Koredaktor der Zeitschrift «Journal de Psychiatrie infantile»

1	**Braun, Otto**
2	1885–1922, Russland
3	1903 Abitur, Königsberg; 1903–1907 Studium der Philosophie, Naturwissenschaften und Mathematik in Königsberg, Breslau und Jena; 1907 Prüfung für das Höhere Lehramt
4	Dr. phil., Jena («Schellings geistige Wandlungen 1800–1810»); 1911 Habilitation für Philosophie, Münster
5	1911–1918 PD für Philosophie, Münster; 1917–1920 Lb für Pädagogik und Kulturphilosophie, 1918–1920 aoP für Philosophie, Münster; 1920–1922 oP für Philosophie und Pädagogik, Basel
6	1907–1911 Schuldienst, ab 1909 Oberlehrer an der Oberrealschule in Hamburg

1	**Burckhardt, Fritz**
2	1830–1913, Basel-Landschaft
3	Gymnasium und Pädagogium in Basel; Studium der Mathematik und Physik, Botanik und Zoologie in Basel, Genf, Karlsruhe und Berlin
4	1860 Dr. phil. h.c., Basel; 1874 Dr. med. h.c., Basel
5	1867–1902 aoP für Physik und Mathematik, Basel; 1881–1893 Leiter der Praktischen Abteilung des Pädagogischen Seminars Basel
6	1852 Mathematikhilfslehrer am humanistischen Gymnasium und am Realgymnasium Basel, 1856 definitive Anstellung am Gymnasium, 1861 Unterricht am Pädagogium; 1869–1871 Rektor der Gewerbeschule; 1871–1875 Rektor des Realgymnasiums, 1875–1902 Rektor des Humanistischen Gymnasiums und des Pädagogiums; 1902 Rücktritt vom Schuldienst
7	Mitglied des Schweizerischen Gymnasiallehrervereins, Vorstand des Deutschen Gymnasialvereins; Mitglied der Gemeinnützigen Gesellschaft, des Grossen Rates und des Erziehungsrats in Basel

1	**Carrard, Alfred**
2	1889–1948, Waadt
3	Freies Gymnasium und Matura in Bern; Studium am Eidgenössischen Polytechnikum in Zürich; Diplom als Maschineningenieur
4	1908 Dr. tech., Zürich (Kalorimetrie der ferromagnetischen Substanzen); 1927 Habilitation, Eidgenössische Technische Hochschule in Zürich (ETH) («Zur Psychologie des Anlernens und Einübens im Wirtschaftsleben»)
5	1927 PD ETH, 1925–1945 Mitarbeit am Psychotechnischen Institut Zürich; 1937 Leiter des Instituts für angewandte Psychologie; 1944 aoP für Arbeitswissenschaft, insbesondere angewandte und soziale Psychologie, ETH Zürich
6	1908–1918 Mitarbeiter bei Brown, Boveri & Cie.
7	Präsident des Angestelltenverbands der Firma Brown, Boveri & Cie.

1	**Cellérier, Lucien**
2	1859–1928, Genf
3	Handelswissenschaftliche Studien
5	1910 PD für Pädagogik, Genf
6	Leiter der Banque industrielle und diverser kaufmännischer und industrieller Unternehmen
8	1911–1914 Gründer und mit Dugas Redaktor der Reihe «Année pédagogique»; mit Bertier Kodirektor der Zeitschrift «L'Educateur»

1	**Claparède, Edouard**
2	1873–1940, Genf
3	Collège Calvin in Genf; wissenschaftliches Studium (vor allem Psychologie), ohne Titel; Studium in Psychologie, Aufenthalt in Leipzig; Studium der Medizin
4	1897 Dr. der Medizin, Genf («Du sens musculaire à propos de quelques cas d'hémiotaxie post–hémiplégique»)
5	1901–1904 Mitarbeiter am Laboratoire de psychologie expérimentale Genf unter der Leitung von Flournoy; 1904–1940 Leiter des Laboratoriums; 1908–1915 aoP für experimentelle Psychologie, Genf; 1915–1940 oP für experimentelle Psychologie, 1932–1940 Kodirektor des Institut des sciences de l'éducation
6	1912 Gründer des Institut Jean-Jacques Rousseau – Ecole des sciences de l'éducation, Genf
7	Mitglied der nationalen Vereinigung und des Redaktionskomitees des «Signal»; Mitglied der Société pédagogique genevoise (SPG), Präsident der SPG von 1914–1916; Mitglied des verantwortlichen Komitees für die Organisation der internationalen Kongresse für Psychologie; Gründungsmitglied der für die psychotechnischen Kongresse verantwortlichen Vereinigung
8	1901–1940 Gründer und Redaktor der Zeitschrift «Archives de psychologie»; 1912–1937 Mitarbeit (vor allem formell) an der belgischen Zeitschrift «Pédotechnie», nachfolgend «Documents pédotechniques»; 1925–1940 Mitglied des Herausgeberkomitees der Zeitschrift «Pedagogical Seminary and Journal of Genetic Psychology», 1933–1939 Gründer und (Ko-)Verantwortlicher der «Cahiers de psychologie appliquée et de pédagogie expérimentale»; 1939–1940 Mitglied des Herausgeberkomitees von «Character and personality»

1	**Daguet, Alexandre**
2	1816–1894, Freiburg i. Ü.
3	Studium, Freiburg i. Ü.
4	Dr. h.c., Universität Bern
5	1866–1894 oP für allgemeine Geschichte und Archäologie, nationale Geschichte, Sprache und französische Literatur, Akademie in Neuenburg; 1878–1882 oP für Pädagogikgeschichte; 1876–1880 Dekan der Faculté des lettres
6	Ab 1882 Professor für Geschichte der Pädagogik am Gymnase pédagogique, Neuenburg; Professor an der Höheren Töchterschule
7	Mitbegründer der Société d'histoire de la Suisse romande und weiterer kantonaler Gesellschaften; Mitglied des Komitees der Allgemeinen Gesellschaft für Schweizer Geschichte; assoziiertes Mitglied der Société pour l'enseignement élémentaire in Paris; Abgeordneter der Radikalen im freiburgischen Grossen Rat (1849–1857)
8	1865–1889 Redaktor der Zeitschrift «L'Educateur»; Korrespondent verschiedener politischer Zeitschriften der Westschweiz

1	**Deluz, Auguste**
2	1874–1964, Waadt
3	1896 licence der Theologie, Lausanne; 1901 licence ès lettres – philosophie, Sorbonne Paris
5	1917–1929 Lb für Pädagogik, Lausanne; 1929–1944 aoP für theoretische und praktische Pädagogik, Lausanne; 1939–1946 Dekan der Ecole des sciences sociales et politiques
6	1905–1907 Lehrer am Gymnasium in Aubonne; ab 1907 Sekundarlehrer in Lausanne; ab 1921 Lehrer am Gymnasium von Lausanne, 1929–1940 stellvertretender Inspektor und Abteilungsleiter des Service de l'enseignement secondaire
7	1911–1914 Präsident der Société Vaudoise des maîtres secondaires

1	**Descœudres, Alice**
2	1877–1963, Neuenburg
3	Ecole secondaire mit diplôme pédagogique
5	1912–1947 Lb für Psychologie und Pädagogik anormaler Kinder, Institut Jean-Jacques Rousseau in Genf
6	1895–1908 Stellvertreterin, anschliessend Lehrerin an der Ecole Rosset (Privatschule) in Genf und Kursleiterin an der Ecole de la Cour Saint-Pierre für junge Frauen (Privatschule); 1909 Praktikum bei Decroly (Belgien); 1908–1937 Lehrerin an einer Spezialklasse des Département de l'instruction publique (DIP) Genf; 1911 beauftragt vom DIP, Schulverhältnisse in Zürich und Frankfurt zu studieren

7	1918 Gründerin der Société de patronage des anciens élèves des classes spéciales; 1924 Gründerin der Société des maîtres abstinents; 1933 Mitglied der sozialistischen Partei; Mitglied der Association suisse en faveur des enfants anormaux; 1931 Präsidentin der Amis des arriérés (gegründet vom Centre d'action en faveur des anormaux)

1	**Dévaud, Eugène**
2	1876–1942, Freiburg i. Ü.
3	Gymnasium in Freiburg und Einsiedeln, Seminar; Studium an der Faculté des lettres Freiburg i. Ü.
4	1905 Dr. ès lettres, Freiburg i. Ü. («L'école primaire fribourgeoise sous la République helvétique. 1798–1803»)
5	1910–1918 aoP für Pädagogik, Freiburg i. Ü.; 1918–1942 oP für Pädagogik, 1932–33 Dekan der Faculté des lettres, 1936–37 Rektor
6	ab 1906 Schulinspektor in Freiburg i. Ü., ab 1921 Professor, 1923–1931 Direktor am Lehrerseminar in Hauterive
7	Mitglied des Patronats für das Institut Jean-Jacques Rousseau
8	1922–1931 Chefredaktor des «Bulletin pédagogique»; Mitarbeiter der westschweizerischen katholischen Zeitschrift «Nova et vetera»

1	**Dottrens, Robert**
2	1893–1984, Genf
3	Primarlehrer; 1920 licence ès sciences sociales, mention éducation, Genf, und Diplom des Institut Jean-Jacques Rousseau (IJJR)
4	1931 Dr. ès sciences sociales, Genf («Le problème de l'inspection et l'éducation nouvelle»)
5	1924–1944 Lb für Schulfragen, Schulreform und Didaktik, IJJR in Genf; 1931–1944 PD für Pädagogik, Genf; 1944–1952 Lb für Pädagogik, 1944–1958 Kodirektor des Institut des sciences de l'éducation; 1944 Gründer und Direktor des Laboratoire de pédagogie expérimentale; 1952–1963 oP für Pädagogik
6	1912–1915 Lehrer, 1915 Schuldirektor, 1921 Schulinspektor; 1920–1944 Mitglied des Leitungsrats des Institut des sciences de l'éducation, dessen Präsident 1927–1934; 1928–1955 Leitung der Ecole expérimentale du Mail; 1933–1955 Leiter für pädagogische Studien des Primarunterrichts

7	1929 Gründungsmitglied des «neuen» Bureau international d'éducation als intergouvernementale Organisation und Mitglied des Conseil exécutif; aktiv in der Union des instituteurs primaires genevois; 1920–1924 Sekretär des Zentralkomitees der Société pédagogique romande; Mitglied des Genfer Komitees der Stiftung Pour l'avenir; Präsident der Association suisse des directeurs de musées scolaires cantonaux et des expositions pédagogiques permanentes; Präsident der schweizerischen Sektion der New Education Fellowship
8	Genfer Korrespondent für die Zeitschrift «L'Educateur»

1	**Dubois, Jules**
2	1872–1941, Waadt
3	Studium der Theologie und Philosophie
4	1910 Dr. ès lettres, Genf («Le problème pédagogique: essai sur la position du problème et la recherche de ses solutions»)
5	1912–1930 Lb für Geschichte und Philosophie der Erzieher, Institut Jean-Jacques Rousseau; ersetzte Malche als Professor für Pädagogik an der Universität
6	1906–1935 Professor für Griechisch und Philosophie, Collège Saint-Antoine, Genf
7	1920–1941 Mitbegründer und Mitglied der Stiftung Pour l'Avenir (Ziel: soziale Gerechtigkeit in der Erziehung)

1	**Dupraz, Laure**
2	1896–1967, Freiburg i. Ü.
3	Lehrerinnenseminar Sainte-Ursule in Freiburg i. Ü., kantonales Lyzeum; Sprachaufenthalt in Liechtenstein; licence ès sciences mathématiques, Freiburg i. Ü.
4	1932 Dr. ès lettres, Freiburg i. Ü. («La notion de substance»)
5	1939–1942 Lb für Wissenschaftsdidaktik, Freiburg i. Ü., 1942–1944 Lb für allgemeine Pädagogik, 1944–1948 aoP, 1948 oP; 1949–1950 Dekanin
6	1933–1945 Direktorin der Ecole secondaire de jeunes filles Freiburg i. Ü.
7	Mitglied der Société fribourgeoise de philosophie (auch Vizepräsidentin) und der Société fribourgeoise des institutrices (auch Vizepräsidentin)
8	1949–1964 mit Montalta Herausgabe der «Arbeiten zur Psychologie, Pädagogik und Heilpädagogik»

1	**Duproix, Paul**
2	1851–1912, Frankreich
3	Universitätsstudien en lettres, 1879–1885 Studien an der Sorbonne, am Collège de France und an der Ecole des Hautes Etudes in Paris
5	1878–1879 und 1885–1890 PD für französische Literatur, Genf; 1890–1896 aoP für Pädagogik, 1896–1912 oP für Pädagogik, Genf; Dekan der Faculté des lettres
6	Lehrer für Pädagogik am Gymnasium, section pédagogique in Genf

1	**Duvillard, Emmanuel**
2	1887–1936, Frankreich
3	Ausbildung als Primarlehrer in Genf
5	1912–1918 Lb für experimentelle Pädagogik, Institut Jean-Jacques Rousseau
6	1908–1918 Hilfslehrer, später Lehrer in Genf, 1918–1936 Direktor des Bureau d'archives scolaires et de recherche pédagogique und Inspektor für Sonderklassen, 1932–1936 Schuldirektor
7	1928–1936 Mitglied des Stiftungsrats Pour l'Avenir, Mitglied der sozialistischen Partei und Munizipalrat der Stadt Genf; 1918 Präsident der Union des instituteurs primaires genevois; 1920–1924 Präsident der Société pédagogique romande; Gründer des Croix-Rouge de la Jeunesse
8	Genfer Chronist des Jahrbuchs des Unterrichtswesens in der Schweiz

1	**Emmenegger, Pius**
2	1887–1974, Freiburg i. Ü.
3	Collegium St. Michael Freiburg i. Ü. und Collegium Einsiedeln; Grand séminaire in Freiburg i. Ü.; Ausbildung in Freiburg i. Ü., Wien und Zürich
4	1932 Dr. ès lettres, Freiburg i. Ü. («Die Apperzeption und ihre Forderungen an den Unterricht der alten Sprachen am Gymnasium»); 1936 Habilitation («Die Spontaneität der Schüler des humanistischen Gymnasiums zur Interpretation der altklassischen Autoren, ein Beitrag zum Problem: Der altsprachliche Elementarunterricht als Arbeitsschule»)
5	1932–1937 Lb für praktische Pädagogik, Freiburg i. Ü.; 1937–1940 PD für Gymnasialpädagogik, 1940–1956 Professor für Katechetik und Pastoraltheologie; 1941–1942 Dekan
6	1914–1920 Pfarrer in Orbe; 1920–1937 Professor am Collegium St. Michael in Freiburg i. Ü.; 1921–1932 und 1947–1963 Professor für Religion und Psychologie in der deutschen Abteilung des Lehrerseminars in Hauterive, 1937–1957 Leiter des Grand séminaire in Freiburg i. Ü.
8	Mitbegründer der Zeitschrift «Anima» (Pastoraltheologie), regelmässiger Korrespondent (mit eigener Rubrik) der «Schweizer Schule» und deren Beilage «Mittelschule»

1	**Eucken, Rudolf**
2	1846–1926, Deutschland
3	Studium der Philosophie, klassischen Philologie und antiken Geschichte, Göttingen
4	1866 Dr. phil., Göttingen («De Aristotelis decendi ratione – Aristoteles' Bemerkungen zur Vernunft»)
5	1871–1874 oP für Philosophie und Pädagogik, Basel, 1874 Berufung nach Jena
6	1867–1871 Professor an den Gymnasien in Husum, Berlin und Frankfurt

1	**Ferrière, Adolphe**
2	1879–1960, Genf
3	Collège Calvin Genf; licence ès sciences sociales, Genf; 1901–1902 Praktikum in den Lietzschen Landerziehungsheimen von Ilsenburg und Haubinda
4	1902 Dr. en sciences sociales, Genf («La loi du progrès en biologie et en sociologie»)
5	1910–1912 PD für Pädagogik und für Neue Erziehung, Genf
6	1912–1922 Mitarbeiter des Institut Jean-Jacques Rousseau; 1925–1929 stellvertretender Direktor des Bureau international d'éducation (BIE)
7	1899 Gründer des Bureau international pour l'éducation nouvelle (einziges Mitglied); 1921 Mitbegründer und Vizepräsident des Weltbundes für Erneuerung der Erziehung (New Education Fellowship); 1925 Mitbegründer des BIE
8	1922–1932 Gründer und erster Redaktor der Zeitschrift «Pour l'Ere nouvelle», regelmässiger Mitarbeiter der Zeitschrift «L'Essor» (1919–1924 Leitung) und des «Berner Schulblatts»; Kooperation und Mitarbeit an vielen weiteren Zeitschriften

1	**Flatt, Robert**
2	1863–1955, Zürich
3	Matura, Kantonsschule Zürich; Studium am Eidgenössischen Polytechnikum in Zürich, Lehrdiplom für Mathematik und Physik
4	1889 Dr. phil., Zürich («Elektrische Stromverzweigung»); 1892 Habilitation («Die zyklographischen Bildkurven der Kugelschnitte»)
5	1894–1925 Leiter und Dozent, mathematisch-naturwissenschaftliche Abteilung des pädagogischen Seminars Universität Basel; 1922–1938 Leitung der Kurse für angehende Gymnasiallehrer
6	1886–1903 Lehrer für Mathematik, Physik und Turnen an der unteren und höheren Realschule Basel, 1903–1924 Rektor der Oberen Realschule, 1890–1920 Turn- und Schiesslehrer für Jugendliche
7	1897 Gründer der Freien Akademischen Turn- und Spielabende

1	**Foerster, Friedrich Wilhelm**
2	1869–1966, Deutschland
3	1889–1899 Studium der Philosophie, Ökonomie und Sozialwissenschaften in Freiburg i. Br. und Berlin
4	1893 Dr. phil., Freiburg i. Br. («Der Entwicklungsgang der Kantischen Ethik bis zur Kritik der reinen Vernunft»); 1899 Habilitation, Zürich («Willensfreiheit und sittliche Verantwortlichkeit. Eine sozialpsychologische Untersuchung»)
5	1899–1912 PD für Philosophie und Moralpädagogik, Zürich; ab 1901 Lb, Eidgenössisches Polytechnikum/ Eidgenössische Technische Hochschule in Zürich; 1913–1914 aoP, Wien, anschliessend München
6	1893–1899 Studienreisen, vor allem England und USA; Erziehungstätigkeit, insbesondere im Bereich der sozialen Fürsorge, 1920–1929 Schriftsteller in Zürich und Paris
7	1894–1896 Sekretär der Gesellschaft für ethische Kultur, 1896–1903 Generalsekretär des Internationalen ethischen Bundes
8	1929–1933 Herausgeber «Die Zeit»

1	**Freytag, Willi**
2	1871–1944, Deutschland
3	1905 Habilitation, Bonn
5	1908 Titularprofessor, Bonn; 1910–1911 aoP für Philosophie, Zürich; 1911–1933 oP für Philosophie u.a. Geschichte der Pädagogik; Rücktritt aus politischen Gründen (antisemitische Äusserungen)

1	**Genoud, Léon**
2	1859–1931, Freiburg i. Ü.
3	Lehrdiplom am Freiburger Lehrerseminar in Hauterive
6	Gründer und Direktor des Musée pédagogique fribourgeois; Mitbegründer und Direktor (zwischen 1896 und 1925) der Ecole des arts et métiers (Technikum ab 1898), Freiburg i. Ü.
8	1894 Gründungsmitglied der «Revue suisse d'enseignement professionnel» (= «Schweizerische Blätter für Gewerbeunterricht»)

1	**Grisebach, Eberhard**
2	1880–1945, Deutschland
3	Architekturstudium in Darmstadt, Philosophiestudium in Jena
4	1910 Dr. phil., Jena (Kultur als Formbildung); 1913 Habilitation, Jena (Kulturphilosophische Arbeit der Gegenwart)
5	1913–1922 PD, Jena; 1922–1931 aoP für Kulturphilosophie, Jena; 1931–1945 oP für systematische Philosophie, Pädagogik und Psychologie, Zürich

1	**Gschwind, Hermann**
2	1878–1970, Solothurn
3	Studium in Bern, Berlin, Basel, London, Paris
4	1903 Dr. phil., Bern («Die ethischen Neuerungen der Früh-Romantik»)
5	1920–1945 PD für Pädagogik, Basel
6	1902–1904 Lehrer an der Bezirksschule Therwil, 1904–1906 Lehrer am Landerziehungsheim Glarisegg, 1907–1943 Lehrer an der Mädchenrealschule Basel
7	1935–1947 Kommissionsmitglied des kantonalen Lehrerseminars Basel

1	**Guex, François**
2	1861–1918, Waadt
3	1880 Lehrerpatent, Lehrerseminar in Lausanne; weitere Ausbildung in Gotha, Jena und Berlin
4	Dr. h.c., Universitäten von Zürich und Jena
5	1890–1916 aoP für Pädagogik, Lausanne
6	1880–1883 Französischlehrer in Jena; 1883–1887 Deutschlehrer an der Ecole industrielle cantonale Lausanne; 1887–1890 Französischlehrer an der Kantonsschule Zürich; 1890–1914 Direktor am kantonalen Lehrerseminar in Lausanne; 1890–1894 Professor für Deutsch am klassischen Gymnasium
7	Sekretär der Erziehungsdirektorenkonferenz (EDK); Mitarbeit in verschiedenen eidgenössischen und interkantonalen Kommissionen
8	1899–1916 Chefredaktor der Zeitschrift «L'Educateur»; 1909–1917 Redaktor des Jahrbuchs «Annuaire de l'instruction publique en Suisse»; regelmässiger Korrespondent der «Praxis der schweizerischen Volks- und Mittelschule» und der «Pädagogischen Zeitschrift»

1	**Haag, Friedrich**
2	1846–1914, Thurgau
3	Matura an der Kantonsschule in Frauenfeld; Studium des Sanskrits und der Slawistik in Zürich, Göttingen und Berlin
4	1869 Dr. phil., Zürich («Vergleichung des Prakrit mit den romanischen Sprachen»)
5	1884 PD, Zürich; 1887–1891 aoP für klassische Philologie, Bern; 1891–1914 oP für klassische Philologie und Gymnasialpädagogik (und Lb an der Lehramtsschule bis 1906); 1903–04 Dekan der philosophischen Fakultät
6	Lehrer an den Kantonsschulen Aarau und Frauenfeld und an der Domschule Reval [heute Tallinn, Estland]; 1876–1884 Rektor des Gymnasiums Schaffhausen; 1884–1891 Rektor des Gymnasiums Burgdorf; Mitglied in diversen schulischen Aufsichts- und Prüfungskommissionen des Kantons Bern
7	Mitglied der Gesellschaft für deutsche Erziehungs- und Schulgeschichte und der Allgemeinen Geschichtsforschenden Gesellschaft der Schweiz

1	**Häberlin, Paul**
2	1878–1960, Thurgau
3	Matura in Frauenfeld; 1896–1900 Theologiestudium in Basel, Göttingen und Berlin; 1900–1903 Philosophiestudium in Göttingen und Basel, 1903 Lehrausweis für Mittelschulen (Philosophie, Zoologie, Botanik, Biologie, Mathematik, Geografie), Basel
4	1903 Dr. phil., Basel («Über den Einfluss der spekulativen Gotteslehre auf die Religionslehre bei Schleiermacher»); 1908 Habilitation («Herbert Spencers Grundlagen der Philosophie»); 1948 Dr. h.c., Lausanne
5	1908–1914 PD für Philosophie, Basel; 1914–1922 oP für Philosophie, Bern; 1922–1948 oP für Philosophie und Pädagogik, Basel; 1927 Dekan, 1935 Rektor
6	1900–1902 Hauslehrer in Paderborn und Bremen; 1904 Lehrer an der Unteren Realschule Basel; 1904–1914 Direktor des Thurgauer Lehrerseminars in Kreuzlingen
7	Gründung des philosophischen Kreises Stiftung Lucerna und des Anthropologischen Instituts der Universität Basel; 1940 Gründungsmitglied der Schweizerischen Philosophischen Gesellschaft; Mitglied der nationalen UNESCO-Kommission

1	**Hanhart, Rudolf**
2	1780–1856, Thurgau
3	Studium in Göttingen
4	1800 Dr. phil.
5	1817–1830 Unterricht über Pädagogik, Universität Basel; 1822–1830 aoP für Philosophie und Pädagogik
6	1800 Ordination, ab 1803 Pfarrhelfer und Lehrer in Diessenhofen; 1817–1831 Rektor des Gymnasiums Basel; ab 1831 Pfarrer im Kanton Thurgau

1	**Hanselmann, Heinrich**
2	1885–1960, St. Gallen
3	Ausbildung und Diplom, Evangelische Lehranstalt Schiers; Studium der Philosophie in Zürich, Berlin und München
4	1911 Dr. phil., Zürich («Über optische Bewegungswahrnehmung»); 1924 Habilitation für Heilpädagogik, Zürich («Die psychologischen Grundlagen der Heilpädagogik»)
5	1924–1941 Mitbegründer und Leiter des Heilpädagogischen Seminars Zürich; 1931–1950 oP für Heilpädagogik und Entwicklungspsychologie

6	1905–1908 Taubstummenlehrer in St. Gallen; 1912–1916 Leitung der Beobachtungsanstalt für schwierige Jugendliche Steinmühle in Obererlenbach (Hessen); 1918–1923 Zentralsekretär Pro Juventute; 1924–1941 Leiter einer Erziehungs- und Eheberatungsstelle; 1923–1927 Leiter des Landerziehungsheims Albisbrunn in Hausen am Albis
7	Mitglied der Internationalen Gesellschaft für Heilpädagogik (1937 erstes Präsidium, 1947 Ehrenpräsident); Mitbegründer der Klubschule Migros
8	Redaktor und Mitarbeiter der Zeitschriften «Pro Juventute» und «Pro Infirmis» und der «Zeitschrift für Kinderforschung»

1	**Heinis, Hugo**
2	?–1967
3	Mathematikstudium; 1918–1920 Studium am Institut Jean-Jacques Rousseau (IJJR)
5	1920–1928 Lb für Berufsberatung, IJJR; 1920–1923 Assistent am Laboratorium für Psychologie, IJJR
6	Grundschullehrer an einem Landerziehungsheim; 1925 mit der Durchführung der Eignungsprüfungen am Technikum in Le Locle (Kanton Neuenburg) beauftragt, Arbeit für das Maison Dubied; 1930–1961 Gründer und Direktor des Institut d'orientation professionnelle Genf; 1958 Fertigstellung seiner Methode der rationellen Berufsberatung

1	**Heman, Friedrich**
2	1839–1919, Deutschland
3	Gymnasium in Basel und Zweibrücken; Theologie- und Philosophiestudium in Basel, Tübingen und Erlangen
4	1866 Dr. phil. («Schleiermachers Idee des höchsten Gutes»); 1883 Habilitation, Basel («Über wissenschaftliche Versuche neuer Religionsbildungen»)
5	1883–1889 PD für Theologie und Philosophie, Basel; 1889–1916 aoP für Philosophie und Pädagogik
6	1864–1874 Vikar der evangelischen Kirche der Pfalz; 1874–1876 Leiter der Basler Mission; 1876–1888 Lehrer für Hebräisch und Logik an der Predigerschule in Basel; Lehrer am Missionsseminar der Pilgermission; Mitarbeit bei den Fachkursen für Primarlehrer
7	Vereinsleiter der Freunde Israels

1	**Hitzig, Hermann**
2	1843–1918, Bern und Zürich
3	Gymnasium in Zürich und Heidelberg; Studium in Heidelberg und Göttingen; 1864 Badisches Staatsexamen für philologischen Unterricht
4	1865 Dr. phil., Heidelberg («Quaestiones Herculeae»)
5	1878 PD für Gymnasialpädagogik, Bern; 1878–1886 aoP für klassische Philologie und Gymnasialpädagogik sowie Mitleiter des philologisch-pädagogischen Seminars; 1886 Berufung an die Universität Zürich
6	1872–1880 Rektor, Gymnasium Burgdorf; 1880–1886 Rektor, Gymnasium Bern
7	Mitglied des Schweizerischen Gymnasiallehrervereins

1	**Horner, Raphael**
2	1842–1904, Freiburg i. Ü.
3	Besuch des Collegiums St. Michael in Freiburg i. Ü.; Theologiestudium am Priesterseminar, 1866 Priesterweihe
5	1889–1904 oP für Pädagogik, Freiburg i. Ü.
6	1866–1869 Pfarrer von Echarlens; 1869–1872 Primarschulinspektor; 1869–1882 Professor und Institutsgeistlicher am Freiburger Lehrerseminar Hauterive; 1882–1888 Rektor des Collegiums St. Michael; ab 1891 Professor für Geschichte am Collegium St. Michael
7	Kommissionspräsident des Schulmuseums und des Zentraldepots für Schulmaterial; Kommissionsmitglied der kantonalen Universitätsbibliothek Freiburg i. Ü.
8	Mitbegründer der «Revue de la Suisse catholique» und der Zeitschrift «Bulletin pédagogique» (Chefredaktor 1872–1882, 1887–1902)

1	**Humbert(-Droz), Aimé**
2	1819–1900, Neuenburg
3	Studium der Rechtswissenschaften in Lausanne und Tübingen
5	1866–1872 Rektor der Akademie in Neuenburg; 1866–1873 Professor für Pädagogik und Unterricht der Staatsbürgerkunde; 1873–1893 Professor für französische Literatur
6	Sekretär der provisorischen Regierung von Neuenburg; 1850–1858 Vorsteher des Erziehungsdepartementes, Neuenburg; 1854–1862 Ständerat (1856 Präsident); 1866–1872 Prüfungsexperte für angehende Primarlehrerinnen und Primarlehrer in Neuenburg; 1873–1893 Lehrer für Pädagogik am Gymnase pédagogique, Neuenburg
7	Grossmeister der Freimaurerloge Alpina, Mitglied des radikalen Klubs Trois Suisses
8	Redaktionsbeteiligung am «Dictionnaire de pédagogie» von F. Buisson

1	**Hunziker, Otto**
2	1841–1909, Aargau, Bern und Zürich
3	Gymnasium Zürich; Studium der Theologie in Zürich, 1864 Examen und Ordination; Studienaufenthalt in Heidelberg
4	1875 Dr. phil., Zürich (Wallenstein als Landesherr, insbesondere als Herzog von Mecklenburg); 1878 Habilitation, Zürich
5	1878–1890 PD, 1890–1901 aoP für Geschichte der Pädagogik und Schulgeschichte, Zürich
6	1865–1871 Vikar und Pfarrer in Zürich-Unterstrass; 1871–1879 Lehrer, Prorektor und Rektor der Zürcher Industrieschule; Religionslehrer am Gymnasium Zürich; 1872–1878 Zürcher Kantonsrat; Mitbegründer der Gewerbeschule Zürich; 1879–1902 Lehrer der Pädagogik und Religionsgeschichte am kantonalen Lehrerseminar in Küsnacht
7	Mitglied des Zofingervereins; Mitglied der Schweizerischen Kommission für Armenlehrerbildung; Mitglied und Aktuar der kantonalen Pestalozzistiftung in Schlieren; erster Leiter der Schweizerischen permanenten Schulausstellung in Zürich
8	1869–1873 und 1893–1904 Redaktor «Schweizerische Zeitschrift für Gemeinnützigkeit»; 1880–1890 Redaktor «Schweizerisches Schularchiv»; 1878–1906 Redaktor «Pestalozziblätter»

1	**Inhelder, Bärbel**
2	1913–1997, St. Gallen
3	Primarlehrerdiplom; 1932 Diplom des Institut des sciences de l'éducation (ISE), Genf
4	1943 Dr. phil., mention pédagogie («Le diagnostic du raisonnement chez les débiles mentaux»)
5	1932–1938 unbezahlte Assistenz, 1943–1946 Forschungsleiterin im Bereich der Kinderpsychologie, ISE; 1946–1948 Lb, ISE; 1948 Professorin, ISE
6	1938 Errichtung und Leitung der ersten psychopädagogischen Beratungsstelle in St. Gallen, 1939–1943 Dozentin für Psychologie am Kindergärtnerinnenseminar in St. Gallen

1	**Klinke, Willibald**
2	1879–1963, Zürich
3	1895–1899 Lehrerseminar Küsnacht, Studium in Zürich
4	1907 Dr. phil., Zürich («Das Volksschulwesen des Kantons Zürich zur Zeit der Helvetik 1798–1803»); 1915 Habilitation, Zürich («Die Reform der gelehrten Schulen in Zürich 1765–1775»)
5	1915–1922 PD, Zürich
6	1899–1903 Primarlehrer in Kirchuster, 1903 in Winterthur; 1908–1911 Sekundarlehrer in Zürich-Aussersihl, 1911–1912 zweiter Sekretär der Erziehungsdirektion des Kantons Zürich, 1912 Professor an der Höheren Töchterschule
8	1913–1914 Redaktor der «Jugendwohlfahrt», 1921–1924 der «Schweizerischen Pädagogischen Zeitschrift», 1923–1940 der «Schweizerischen Elternzeitschrift; Herausgeber der Jugendzeitschrift Spatz»

1	**Kym, Andreas Ludwig**
2	1822–1900, Thurgau
3	1840–1843 Pädagogium Basel; 1843–1846 Studium der Theologie und Philosophie in Basel und Berlin
4	1846 Dr. phil., Berlin (Abhandlung über den Rechtsbegriff des Spinoza); 1849 Habilitation (Hegels Dialektik in ihrer Anwendung auf die Geschichte der Philosophie); 1899 Dr. h.c. für Theologie, Basel
5	1849–1851 PD für Philosophie, Zürich; 1851–1856 aoP, 1856–1900 oP, Zürich

1	**La Harpe, Jean de**
2	1892–1947, Waadt
3	Bachelier ès lettres des klassischen Gymnasiums in Lausanne; Studium der Theologie an der Faculté de l'Eglise libre in Lausanne; Studium der Philosphie in Paris; diplôme d'études supérieures de philosophie, anschliessend licence ès lettres, mention philosophie (Sorbonne Paris, 1917)
4	1920 Dr. phil., Lausanne und Paris («La religion comme conservation de la valeur dans ses rapports avec la philosophie de Harald Höffding»)
5	1929–1947 oP für Pädagogik, Psychologie und Philosophie der Naturwissenschaften, Neuenburg; ab 1929 oP für Soziologie an der Faculté de droit, 1938–1944 Dekan der Faculté des lettres
6	ab 1934 Lehrer für Philosophie und Psychologie an der Höheren Töchterschule Neuenburg und für Philosophie an der Handelsschule; 1934–1937 Abgeordneter im Neuenburger Grossen Rat
7	Mitglied der Neuen helvetischen Gesellschaft (1931–1934 Präsident); 1940–1946 Präsident der Schweizerischen Vereinigung für den Völkerbund

1	**Lafendel, Louise**
2	1872–1971, Genf
3	Lehrerseminar Malagnou, Genf; Erlernen der Fröbel'schen Methoden
5	1915–1946 Kurs für Kleinkindererziehung am Institut Jean-Jacques Rousseau/Institut des sciences de l'éducation
6	1896–1915 Grundschullehrerin an der öffentlichen Schule von Malagnou; 1915–1932 Grundschullehrerin, Koleiterin und Ausbildnerin am Maison des petits mit Mina Audemars; nach dem Rücktritt 1932 Fortsetzung der Zusammenarbeit bei der Ausbildung von Studierenden am «Maison des petits» bis 1937
8	Regelmässige Mitarbeiterin der Zeitschriften «L'Intermédiaire des éducateurs» und «L'Educateur»

1	**Lambercier, Marc**
2	1890–1972, Genf
3	Matura am Gymnase scientifique, Lausanne; Technikum der Ecole des arts et métiers in Genf; Diplom als Techniker; Studium der Chemie an der Faculté des sciences, Sorbonne Paris; Studium am Institut Jean-Jacques Rousseau, Genf; 1925 licence ès sciences biologiques, Genf
4	1946 Dr. ès sciences (Psychologie), Genf («La constance des grandeurs en comparaisons sériales»)
5	Ab 1927 unbezahlte Assistenz, anschliessend Oberassistent für Arbeiten am Laboratorium für Psychologie am Institut des sciences de l'éducation (ISE), Genf
6	1937–1945 Mitarbeiter der medizinisch-pädagogischen Beratungsstelle des ISE
8	Ab 1946 Redaktor der Zeitschrift «Archives de psychologie»

1	**Laravoire, Edouard**
2	1893–1955, Genf
3	Diplom der alten pädagogischen Sektion des Collège von Genf; 1912 Praktikum, danach Lehrer an der Ecole du XXI Décembre in Genf
5	1938–1947 Lb für Organisation des Spezialunterrichts, Institut des sciences de l'éducation Genf
6	1930–1955 Leiter des medizinisch-pädagogischen Dienstes und Inspektor der Sonderklassen und Kinderheime, die dem Dienst angeschlossen sind; Gründer von Familienheimen für obdachlose Kinder; führt in Genf die Centres d'entraînement aux méthodes actives (CEMEA) ein
7	Mitglied, anschliessend Präsident der «Union des instituteurs primaires genevois»; Präsident der Vereinigung CEMEA, Mitglied des Komitees für die Ecole d'études sociales Genf, Mitglied des Komitees der Société genevoise de travail manuel et de réforme scolaire

1	**Largiadèr, Anton Philipp**
2	1831–1903, Graubünden
3	Kantonales Lehrerseminar in Chur; Lizenziat am Eidgenössischen Polytechnikum in Zürich an der Abteilung für Fachlehrer der Mathematik
4	1886 Dr. phil. h.c.
5	1885-1898 PD für Pädagogik, Basel; Leiter der mathematisch-naturwissenschaftlichen Abteilung des Pädagogischen Seminars
6	1849–1851 Volksschullehrer in Lü und Chierfs (Graubünden); 1857–1861 Lehrer für Mathematik in Frauenfeld; 1861–1869 Seminardirektor in Chur; 1869–1876 Seminardirektor in Rorschach; 1876–1879 Seminardirektor in Pfalzburg (Lothringen); 1879 Leiter des evangelischen Lehrerseminars in Strassburg; 1886–1892 Inspektor der Mädchenprimarschule in Basel; 1892–1899 Rektor der Töchterschule in Basel; 1872–1876 Kantonsrat St. Gallen; Mitglied der Kirchensynode

1	**Lipps, Gotthold**
2	1865–1931, Deutschland
3	Gymnasium in Zweibrücken; 1883–1887 Studium der Mathematik und Philosophie in München und Leipzig
4	1888 Dr. phil., Leipzig (Die logischen Grundlagen des mathematischen Funktionsbegriffes); 1904 Habilitation, Leipzig (Die Massmethoden der experimentellen Psychologie)
5	1909–1911 aoP, Leipzig; 1911–1931 oP für systematische Philosophie, allgemeine Pädagogik und experimentelle Psychologie, Zürich
6	1888–1902 Mathematik- und Physiklehrer an den Gymnasien in Hagenau und Leipzig sowie an der Oberrealschule in Strassburg

1	**Malche, Albert**
2	1876–1956, Genf
3	Studium u.a. der Romanistik in Genf, Dijon und Paris, Florenz, Freiburg i. Br.; 1900 Licence ès lettres, Genf
4	Dr. h.c., Strassburg
5	1910–1912 PD, Faculté des lettres Genf; 1912–1951 oP für Pädagogik
6	Unterrichtet in Neapel, Paris, Santiago de Chile und St. Gallen; 1907 zweiter Sekretär des Erziehungsdepartementes (DIP), Genf; 1908 erster Sekretär des DIP; 1912–1930 Direktor für den Primarschulunterricht; 1916–1920 Unterricht der Pädagogik am Collège; 1927–1930 Regierungsrat, dabei für das DIP verantwortlich; 1931–1951 Ständerat (1940 Präsident)
7	Mitglied der radikalen Partei, Freimaurer; Präsident der Schweizerischen Vereinigung für den Völkerbund, Präsident des Comité de l'aide aux réfugiés français; Mitglied der Schweizerischen Bibliothekskommission
8	Leiter der Zeitschrift der Radikalen Partei, des «Genevois», Vizepräsident der Kommission für das «Annuaire de l'instruction publique en Suisse»

1	**Medicus, Fritz**
2	1876–1956, Deutschland
3	Studium der Theologie und Philosophie in Jena, Kiel und Strassburg
4	1898 Dr. phil., Jena («Kants transcendentale Ästhetik und die nichteuklidische Geometrie»); 1901 Habilitation, Halle
5	1901–1911 PD, Halle; 1911–1946 oP der Philosophie und Pädagogik an der Allgemeinen Abteilung der Eidgenössischen Technischen Hochschule in Zürich
7	Mitglied der christlichen Studentenverbindung Wingolf, Ehrenmitglied der Karolingia, Mitglied der Bibliothekskommission des Kunsthauses Zürich, Mitglied der Zürcher Naturforschenden Gesellschaft, Präsident der Kommission der Grafischen Sammlung der ETH

1	**Meili, Richard**
2	1900–1991, Schaffhausen
3	Studium in Jena, Bern und Berlin
4	1926 Dr. phil., Berlin («Sur la pensée dans une perspective de la psychologie de la Gestalt»)
5	1926–1943 Assistent, danach Forschungsleiter am Institut Jean-Jacques Rousseau/Institut des sciences de l'éducation (ISE) für psychologische Methoden und Berufsberatung; 1931 PD, Genf; 1946–1948 Leiter der Berufsberatungsstelle in Winterthur; 1948–1954 aoP für Psychologie und Verantwortlicher für praktische Experimente, Bern
6	1930–1943 Mitarbeiter in der Berufsberatungsstelle des ISE

1	**Meumann, Ernst Friedrich Wilhelm**
2	1862–1915, Deutschland
3	Gymnasium in Langenberg, Gütersloh und Elberfeld; 1883–1889 Studium der Philosophie und Kunstwissenschaft in Tübingen und Berlin; Studium der evangelischen Theologie in Halle und Bonn; 1889 Oberlehrerexamen für die Fächer Religion, Hebräisch und philosophische Propädeutik; 1890 Studium der Philosophie in Tübingen; 1891 Studium am Institut für experimentelle Psychologie Leipzig
4	1891 Dr. phil., Tübingen («Das Grundgesetz der Assoziation und Reproduktion der Vorstellungen»); 1894 Habilitation, Leipzig («Untersuchungen zur Psychologie und Ästhetik des Rhythmus»)
5	1897–1900 aoP für induktive Philosophie und allgemeine Pädagogik, Zürich; 1900–1905 oP, 1904–1905 Dekan der philosophischen Fakultät Zürich; 1905 Ruf an die Albertus-Universität Königsberg, später Halle, Leipzig, Hamburg
6	1889–1890 Hauslehrer
7	U.a. Gründungsmitglied und Vorsitzender des Bonner Vereins Deutscher Studenten, Mitglied im Bund für Schulreform (1911 Vorstand), Gründungsmitglied des Instituts für Jugendkunde in Hamburg
8	1903 Gründung des «Archivs für die gesamte Psychologie», 1905 Herausgeber der «Experimentellen Pädagogik» (erscheint 1907–1910 als «Zeitschrift für Experimentelle Pädagogik, psychologische und pathologische Kinderforschung»); 1911 Herausgeber der «Zeitschrift für Pädagogische Psychologie und Experimentelle Pädagogik»

1	**Meylan, Louis**
2	1888–1969, Waadt
3	Matura altsprachlicher Richtung, Lausanne; 1910 licence ès lettres classiques, Lausanne
5	1944–1951 aoP der Pädagogik, Faculté des lettres Lausanne; 1951–1958 oP ; 1953–1954 Dekan der Ecole des sciences sociales et politiques, Lausanne
6	1912–1919 Sekundarschullehrer in Rolle, später in Vevey; 1919–1923 Direktor der kommunalen Schulen; 1923–1926 und 1931–1946 Direktor der Höheren Töchterschule in Lausanne; 1926–1931 Lateinlehrer am Collège classique
7	1940–1943 Präsident des Schweizerischen Gymnasiallehrervereins, Mitglied der Société vaudoise des enseignants secondaires; aktiv in der schweizerischen Gymnasialrektorenkonferenz, Mitglied der nationalen UNESCO-Kommission
8	Regelmässiger Korrespondent der Zeitschriften «L'Educateur», «Bulletin de l'enseignement secondaire» und des «Annuaire de l'instruction publique en Suisse»

1	**Millioud, Maurice**
2	1865–1925, Waadt
3	Licences en lettres (1886) und en théologie (1890)
4	1891 Dr. en théologie, Lausanne; 1893 Dr. ès lettres, Lausanne («Etude critique du système philosophique de Schopenhauer»)
5	1892–1894 PD für Philosophie, Lausanne; 1895–1900 aoP; 1900–1925 oP; 1909–1910 Stellvertreter für allgemeine Soziologie; 1900–1902 Dekan der Faculté des lettres; 1917–1925 Präsident der Ecole des sciences sociales et politiques
6	1892 Pfarrer, 1892–1911 Lehrer für Religion und Ethik an der Industrieschule und am Collège scientifique; Direktor der Ecole préparatoire de théologie des Batignolles in Paris; 1905–1920 Philosophielehrer am klassischen Gymnasium in Lausanne; bis 1925 Philosophielehrer an der Höheren Töchterschule
8	Leiter der «Bibliothèque universelle» (1915–1924), regelmässiger Korrespondent der Zeitschriften «L'Educateur», «Revue de métaphysique et de morale», «Revue de philosophie» und «Revue internationale de l'enseignement»

1	**Montalta, Eduard**
2	1907–1986, Graubünden
3	1926–1929 Studium der Philosophie und Psychologie am Institut supérieur de philosophie in Leuven; 1929–1930 Assistenz am Laboratorium von Michotte; besuchte Kurse für Psychiatrie, klinische Psychiatrie und Gymnasialpädagogik
4	1929 Doktorat im Bereich der experimentellen Psychologie, Leuven («Contribution à l'étude des erreurs systématiques des gestes de localisation»)
5	1946 aoP für Pädagogik und Heilpädagogik, Freiburg i. Ü.; 1949 zusätzlich für experimentelle Psychologie; 1950 oP in den gleichen Bereichen
6	1932–1935 Gymnasiallehrer in Unterägeri, 1935–1939 Gymnasiallehrer für Latein und Deutsch an der Kantonsschule Zug, 1939–1946 Prorektor der Kantonsschule Zug, 1946 Leiter des heilpädagogischen Instituts von Luzern
7	1943 Gründungsmitglied der Schweizerischen Gesellschaft für Psychologie, 1952 Gründer, später Ehrenpräsident der Commission médico-sociale et psycho-pédagogique des Bureau international catholique de l'enfance in Paris
8	Mit Dupraz, Herausgabe der «Arbeiten zur Psychologie, Pädagogik und Heilpädagogik»

1	**Moor, Paul**
2	1899–1977, Basel
3	Matura in Basel; Studium der Mathematik und Naturwissenschaften in Basel; 1922 Oberlehrerpatent für Mathematik, Physik und Geografie; 1920–1922 Assistenz an der astronomisch-meteorologischen Anstalt, Basel
4	1924 Dr. phil. nat., Basel,;1935 Dr. phil., Zürich («Die Verantwortung im heilpädagogischen Helfen»); 1942 Habilitation für Heilpädagogik («Theoretische Grundlegung einer Heilpädagogischen Psychologie»)
5	1941–1961 Leitung des Heilpädagogischen Seminars Zürich; 1942–1951 PD für Heilpädagogik, Zürich; ab 1951 aoP für Heilpädagogik
6	1924–1928 Lehrtätigkeit an verschiedenen Basler Schulen, 1930–1931 Leitung des Kinderheims Schloss Ketschendorf bei Fürstenwalde, 1930 Praktika in der Stephansburg (Beobachtungsheim) Zürich und im Landerziehungsheim Albisbrunn in Hausen a. A., 1931–1933 Leitung der Beobachtungsstation im Landerziehungsheim Albisbrunn

1	**Muller, Philippe**
2	1916–2001, Neuenburg
3	Gymnasium in Neuenburg, Matura; 1938 licence ès lettres classiques und licence en mathématique, Neuenburg; Studium in Bern und Basel
4	1946 Dr. ès lettres, Neuenburg («De la psychologie à l'anthropologie: à travers l'œuvre de Max Scheler»)
5	1947 aoP für allgemeine Philosophie und Psychologie, Neuenburg
6	1947 Professor für Philosophie an der Höheren Töchterschule in Neuenburg; 1950 Professor für Psychologie am Lehrerseminar
7	1944–1947 Sekretär der Schweizerische Vereinigung für die Vereinten Nationen; Mitglied der Sozialdemokratischen Partei der Schweiz; 1964–1976 politisches Mandat im Conseil général der Stadt Neuenburg und 1965–1973 Abgeordneter für den Grossen Rat
8	1949–1969 leitet die Herausgabe der «Ligue du Gothard»; 1950–1969 Redaktor der «Lettres du Gothard»

1	**Murisier, Ernest**
2	1867–1903, Waadt
3	Matura ès lettres, Lausanne; licence en théologie, Philosophiestudium
4	1892 Dr. phil., Lausanne («Maine de Biran. Esquisse d'une psychologie religieuse»)
5	1893–1903 oP für Philosophie und Geschichte der Philosophie, Psychologie und Pädagogik, Neuenburg
6	Philosophie- und Psychologieunterricht am Gymnasium Neuenburg

1	**Nef, Willi**
2	1876–1966, Appenzell Ausserrhoden
3	Gymnasium; Studium der alten Sprachen und der deutschen Literaturgeschichte in Heidelberg, Leipzig und Berlin
4	1906 Dr. phil., Zürich («Die Lyrik als besondere Dichtungsgattung. Ein Beitrag zur psychologischen Grundlegung der Ästhetik»)
5	1906–1947 Dozent an der Handelsakademie St. Gallen im Rahmen der «öffentlichen Vorträge»; 1911–1947 Professor für Philosophie, Psychologie und Pädagogik, Handelshochschule St. Gallen (HSG); ab 1911 Leiter des pädagogischen Seminars für angehende Handelslehrer, HSG; 1948 Ernennung zum Honorarprofessor

6	1903–1906 Fremdsprachenlehrer in englischen und irischen Heimen; längerer Parisaufenthalt, 1906–1947 Lehrer für Deutsch und Geschichte an der Kantonsschule St. Gallen
7	Mitglied der Freisinnigen Partei St. Gallen
8	Publizierte regelmässig im «St. Galler Tagblatt»

1	**Piaget, Jean**
2	1896–1980, Neuenburg
3	Collège, Matura; 1917 licence ès sciences naturelles, Neuenburg; 1919–1920 Psychologiestudium in Zürich und Paris
4	1918 Dr. ès sciences naturelles, Neuenburg (Introduction à la malacologie valaisanne); Dr. h.c. (vor 1949 erhalten): 1936 Universität Harvard, 1946 Universität Sorbonne Paris, 1948 Universität Rio de Janeiro, 1949 Universität Bruxelles
5	1921–1929 Lb am Institut Jean-Jacques Rousseau und PD an der Faculté des sciences, Universität Genf; 1925–1929 oP für Psychologie und Wissenschaftsphilosophie und Soziologie, Neuenburg; 1929–1939 aoP für Wissenschaftsgeschichte, Genf; 1939–1952 Lehrstuhl für Soziologie, Genf; 1940 oP für experimentelle Psychologie; ab 1942 Kurse am Collège de France; 1934–1936 Lb für allgemeine Psychologie, Lausanne; 1936–1939 aoP für Psychologie und 1939–1945 aoP für Soziologie, Lausanne; 1945–1951 oP für allgemeine Psychologie und Soziologie, Lausanne; 1952 Professor für genetische Psychologie, Sorbonne Paris
6	1929–1933 stellvertretender Direktor des Institut des sciences de l'éducation (ISE); 1933–1968 Koleiter ISE; 1929–1967 Direktor des Bureau international d'éducation; 1945 stellvertretender Generaldirektor der UNESCO für die Abteilung Erziehung
7	Präsident der Schweizerischen Gesellschaft für Psychologie
8	1921–1940 Mitarbeiter der Zeitschrift «Archives de psychologie» (ab 1940 Redaktor); 1944 verantwortlich für die «Collection des actualités psychologiques et pédagogiques»; Redaktor der «Schweizerischen Zeitschrift für Psychologie»

1	**Rey, André**
2	1906–1965, Waadt
3	Lehrdiplom; 1929 licence en sciences pédagogiques, Lausanne; 1930 licence en sociologie
4	1935 Dr. en philosophie, mention pédagogie, Genf («L'intelligence pratique chez l'enfant»); 1939 Habilitation an der Faculté des sciences, Genf
	1929 Assistenz am Institut des sciences de l'éducation (ISE), Genf; 1935 PD en Lettres; 1936 Lb für Psychotechnik; 1939 PD en Sciences; 1945 Chef des Laboratoriums für klinische Psychologie am Kantonsspital; 1949 Professor für angewandte Psychologie am ISE
6	1933 Leiter der medizinisch-pädagogischen Beratungsstelle Genf
7	Mitglied des nationalen Komitees für geistige Hygiene; Mitglied des internationalen Komitees für Psychotechnik; Präsident der schweizerischen Gesellschaft für Physik und Naturgeschichte, korrespondierendes Mitglied der Société française de psychologie, Mitglied der spanischen und brasilianischen Gesellschaft für Psychologie
8	1940 Koleiter der Archives de psychologie

1	**Reymond, Arnold**
2	1874–1958, Waadt
3	Matura altsprachlicher Richtung; 1893–1902 Studium der Theologie an der Faculté libre in Lausanne, der Philosophie in Basel, Berlin und London, der «philosophie de mathématique et de physique» an der Sorbonne in Paris
4	1900 Dr. en théologie, Lausanne («Essai sur le subjectivisme et le problème de la connaissance religieuse»); 1908 Dr. ès lettres, Genf («Logique et mathématique, essai historique et critique sur le nombre infini»)
5	1903–1905 freie Kurse zur Religionsphilosophie; 1909–1925 PD für Philosophiegeschichte und Wissenschaftsphilosophie, Lausanne; 1912–1925 oP für Philosophie und Pädagogik, Neuenburg; 1925–1939 oP für Philosophie, Lausanne; 1939–1944 oP für Philosophie, Ecole des sciences sociales et politiques (ESSP) in Lausanne; 1927–1930 Lb an der Sorbonne in Paris; 1927–1930 Dekan der Faculté des lettres Lausanne; 1930–1931 Rektor; 1938–1939 Präsident der ESSP Lausanne
6	1903–1905 Pfarrer in Granges-Marnand; 1905–1907 Lehrer für Französisch und Geografie an der Handelsschule in Neuenburg, 1908 Unterricht am Gymnasium in Neuenburg und an verschiedenen Privatschulen in Lausanne
7	1929 Mitglied der internationalen Akademie für Wissenschaftsgeschichte, 1930 Mitglied des Komitees des internationalen Instituts für Soziologie, 1923 Gründungsmitglied der Société romande de philosophie, 1939 Gründungsmitglied der Schweizerischen Gesellschaft für Philosophie
8	Mitarbeiter der «Revue de théologie et de philosophie», der «Cahiers protestants» und der «Revue internationale de philosophie»

1	**Roller, Samuel**
2	1912–2003, Neuenburg
3	Gymnasium (Lateinabteilung), La Chaux-de-Fonds; 1930 Neuenburger Primarlehrerdiplom; 1931 Neuenburger Diplom aptitudes pédagogiques; 1934 certificat de pédagogie, Genf; 1935 diplôme de pédagogie, Institut des sciences de l'éducation (ISE)
4	1955 Dr. en philosophie, mention pédagogie (La conjugaison française, contribution à la didactique expérimentale); 1937 Träger des Prix Paul Duproix für eine Arbeit über den Unterricht der Dezimalbrüche
5	1943 Assistent von Bovet; 1948 Lb am ISE und Forschungsleiter am Laboratorium für experimentelle Pädagogik; 1952 Professor für experimentelle Pädagogik am ISE
6	1932 Lehrer in Genf; 1955 Koleiter der Etudes pédagogiques in Genf

1	**Rosselló, Pedro**
2	1897–1970, Spanien
3	Lehrdiplom der Hochschule für Lehrerbildung in Madrid; Diplom des Institut Jean-Jacques Rousseau
4	1943 Dr. ès sciences sociales (mention pédagogie), Lausanne («Les précurseurs du Bureau international d'éducation»)
5	1927–1948 Lb für Bibliografie, danach für vergleichende Pädagogik, Institut des sciences de l'éducation (ISE); 1946–1948 PD für vergleichende Pädagogik, Faculté des lettres Genf; 1948 Professor für vergleichende Pädagogik, ISE
6	1920–1924 Schulinspektor in Spanien, 1923–1924 Kursleiter der Psychopädagogik am Pädagogischen Museum und Leiter der psychologischen Abteilung des Instituts für Berufsberatung in Madrid; 1929–1968 stellvertretender Direktor des Bureau international d'éducation
8	Redaktor des Jahrbuchs «Annuaire international de l'éducation et de l'enseignement»

1	**Rüegg, Hans Rudolf**
2	1824–1893, Zürich
3	1839 Besuch des Zürcher Lehrerseminars Küsnacht; Primarlehrerdiplom
5	1870–1886 aoP für Pädagogik, Bern; 1886–1892 oP
6	1841–1848 Primarlehrer in Wädenswil, 1848–1856 Seminarlehrer in Küsnacht (Zürich); Mitglied der Bezirksschulpflege Meilen; 1856–1860 Seminardirektor in St. Gallen; 1860–1880 Seminardirektor in Münchenbuchsee (Bern); 1888–1890 Gemeinderat Bern (Städtischer Schuldirektor); Verfassungsrat
7	Mitglied des Schweizerischen Lehrervereins und langjähriges Mitglied des leitenden Centralausschusses; 1860–1893 Mitglied der Berner Schulsynode, Mitglied des Gemeinnützigen Vereins Münchenbuchsee
8	1882–1889 Redaktor der «Schweizerischen Lehrerzeitung»

1	**Savary, Jules**
2	1866–1929, Waadt
3	1889 licence en théologie, Lausanne
5	1914–1927 Lb für Pädagogik, Lausanne
6	1890–1914 Pfarrer, 1914–1927 Direktor des kantonalen Lehrerseminars in Lausanne
7	Präsident der Société des lectures populaires
8	1917–1929 Redaktor ded «Annuaire de l'instruction publique en Suisse»

1	**Schaerer, René**
2	1901–1995, Zürich und Neuenburg
3	Baccalauréat ès lettres, Neuenburg; 1924 licence ès lettres classiques, Neuenburg; Studium der griechischen Sprache, der Sprachwissenschaft und der Philosophie, Paris (Sorbonne und Ecole des Hautes Etudes)
4	1930 Dr. ès lettres, Lausanne («Etude sur les notions de connaissance et d'art d'Homère à Platon: epistèmè et technè)
5	1947–1953 oP für Philosophiegeschichte und Pädagogik, Neuenburg
6	1938–1947 Philosophieprofessor am kantonalen Gymnasium und an der höheren Töchterschule
7	Sekretär der Schweizerischen Gesellschaft für Philosophie, Präsident des Groupe neuchâtelois de philosophie

1	**Schmid, Jakob Robert**
2	1909–1977, St. Gallen
3	Lehrerseminar Rorschach; Studium Geschichte, Psychologie und Pädagogik, Philosophie, Romanistik und Kunstgeschichte in Zürich, Basel, Berlin und am Institut Jean-Jacques Rousseau, Genf
4	1935 Dr. phil., mention pédagogie, Genf («Le maître-camarade»)
5	1948–1955 aoP für praktische Pädagogik, Bern; 1955–1976 oP für Pädagogik, 1960–61 Dekan der phil.-hist. Fakultät
6	1934–1936 Primar- und Sprachlehrer in den Landerziehungsheimen Hof Oberkirch bei Kaltbrunn und der Ecole Nouvelle La Châtaigneraie bei Coppet; 1936–1941 Direktor der Schweizerschule in Genua; 1941–1955 Direktor des Lehrerinnenseminars des Kantons Bern in Thun; Mitarbeit in diversen Schulkommissionen und Expertengruppen
7	Mitglied des Schweizerischen Lehrervereins

1	**Schumann, Friedrich**
2	1863–1940, Deutschland
4	Dr.; 1893 Habilitation für Philosophie
5	1904 Titularprofessor, Berlin; 1905–1910 oP für systematische Philosophie, allgemeine Pädagogik und experimentelle Psychologie, Zürich; 1910 Ruf an die Akademie für Sozial- und Handelswissenschaften, Frankfurt a. M.

1	**Seidel, Robert**
2	1850–1933, Deutschland
3	1865–1867 Lehrling und Geselle als Tuchmacher; 1880 Primarlehrerpatent am Zürcher Lehrerseminar Küsnacht; 1881–1883 Studium in Zürich, Ausbildung zum Sekundarlehrer
4	1905 Habilitation, Eidgenössisches Polytechnikum in Zürich; 1908 Habilitation, Universität Zürich
5	1905–1929 PD für Pädagogik, Eidgenössisches Polytechnikum/Eidgenössische Technische Hochschule in Zürich; 1908–1929 PD für Pädagogik, Universität Zürich
6	1880–1881 Primarlehrer in Dietikon, 1881–1883 Privatlehrer; 1883–1884 Lehrer in verschiedenen Zürcher Gemeinden; 1884–1890 Sekundarlehrer in Mollis (Kanton Glarus); 1899–1911 Sekundarlehrer in Zürich
7	1887 Ehrenmitglied der Industrial Education Association in New York; 1890–1897 Präsident des Kantonalverbandes zürcherischer Grütli- und Arbeitervereine; 1890–1897 geschäftsleitender Sekretär und Präsident der Arbeiterunion Zürich
8	1890–1898 Redaktor der «Arbeiterstimme Zürichs», 1898 des «Volksrechts», 1900–1926 des «Grütli-Kalenders»

1	**Sganzini, Carlo**
2	1881–1948, Tessin
3	Handelsschule Bellinzona; Studium an der Handelshochschule Leipzig, Handelslehrerdiplom; 1910–1913 eidgenössische Matura, Studium Philosophie und verwandte Disziplinen in Bern und München
4	1912 Dr. phil., Bern («Mengen und Mächtigkeiten, eine erkenntnistheoretische Studie»); 1915 Habilitation, Bern («Die sich selbst zersetzenden Erkenntnisakte, ein Beitrag zur Lösung der logischen und mengentheoretischen Paradoxen»)
5	1915–1923 PD für Philosophie und Psychologie, Bern; 1923–46 oP für Philosophie mit spezieller Berücksichtigung der Psychologie und Pädagogik; 1927–1928 und 1941–1942 Dekan der phil.-hist. Fakultät; 1941–42 Rektor der Universität
6	1904–1910 Handelslehrer an der Verkehrsschule und an der Handelsakademie St. Gallen; 1910–1916 Professor, Handelshochschule St. Gallen; 1916–1923 Direktor am Lehrerseminar in Locarno; ab 1919 Mitglied der eidgenössischen Maturitätskommission
7	Mitglied der Schweizerischen Stiftung für Psychotechnik und der Schweizerischen Arbeitsgemeinschaft für praktische Psychologie, Mitglied der Philosophischen Gesellschaft der Schweiz (Vizepräsident 1940–1942) und Präsident der Berner Sektion
8	Herausgeber von «Mensch und Welt. Berner Abhandlungen zur Psychologie und Pädagogik»

1	**Siebeck, Hermann**
2	1842–1920, Deutschland
3	Gymnasium in Eisleben und Leipzig; 1860–1872 Studium Philosophie und Philologie in Leipzig und Berlin; 1864 Oberlehrerexamen in Halle
4	1872 Dr. phil. («Aristotelis et Herbarti doctrinae psychologicae quibus rebus inter se congruant»); 1872 Habilitation, Halle («De doctrina idearum qualis est in Platonis Philebo»)
5	1875–1883 oP für Philosophie und Leiter des Pädagogischen Seminars, Basel; 1883 Ruf als oP nach Giessen
6	1862 Oberlehrer in Gera, Atargard und Halle/Saale

1	**Spieler, Josef**
2	1900–1987, Deutschland
3	Studium der Philosophie, Psychologie, Pädagogik und Moraltheologie in Freiburg i. Br. und Würzburg
4	1925 Dr. phil., Würzburg («Politik und Moral bei Kant. Staatsbürgerliche Erziehung»); 1931 Habilitation, Freiburg i. Ü. («Lexikon der Pädagogik der Gegenwart»)
5	1931–1935 PD für Pädagogik und Heilpädagogik, Freiburg i. Ü.; 1935–1943 aoP, 1943–1945 oP; 1945 Rücktritt nach einem nationalsozialistisch ausgerichteten Artikel; 1948–1950 Lb für Heilpädagogik, Freiburg i. Br.; 1950–1952 Professor für Psychologie, Pädagogisches Institut von Weilburg/Lahn; 1952–1965 Professor für Psychologie, Pädagogik und Heilpädagogik, Hochschule für Lehrerbildung Karlsruhe
6	1931 Leiter des Instituts für Heilpädagogik in Luzern; ab 1931 Koordinator von jährlichen Ferienkursen für Heilpädagogik
7	1925–1927 Mitglied des deutschen Instituts für wissenschaftliche Pädagogik, Münster i. W.
8	Herausgeber der «Heilpädagogischen Schriftenreihe»; Redaktor der «Heilpädagogischen Werkblätter» und der «Schweizer Schule», 1930–1932 Leiter und Herausgeber des «Lexikons der Pädagogik der Gegenwart»

1	**Spreng, Hanns**
2	1895–?, Bern
3	Licence ès sciences commerciales, Genf
4	1928 Dr. ès sciences économiques et sociales, Genf («La sélection professionnelle et son utilité sociale»)
5	1929–1951 PD; 1951–1954 Lb für Psychotechnik, Neuenburg
6	Ab 1923 Mitglied des Instituts für Psychotechnik in Zürich; 1930–1965 Gründer und Leiter des privaten Psychotechnischen Instituts, zunächst in Biel, ab 1934 in Bern
7	Mitglied der Schweizerischen Stiftung für Psychotechnik und der Schweizerischen Gesellschaft für Psychologie (1945 Präsident)

1	**Stadler, August**
2	1850–1910, Zürich
3	Studium des Baufachs am Eidgenössischen Polytechnikum in Zürich; Philosophiestudium in Zürich und Berlin

4	1874 Dr. phil., Zürich («Kants Teleologie und ihre erkenntnistheoretische Bedeutung»); 1877 Habilitation
5	1877–1892 PD für Philosophie und Pädagogik, Eidgenössisches Polytechnikum in Zürich; 1892 oP

1	Stein, Arthur
2	1888–1978, Zürich
3	Gymnasium und Matura in Bern; 1907–1912 Studium in Berlin und Freiburg i. Br.; 1917 Diplom für das Höhere Lehramt, Bern
4	1912 Dr. phil., Freiburg i. Br. («Der Begriff des Geistes bei Dilthey»); 1920 Habilitation für Kulturphilosophie, Bern
5	1920–1931 PD für Kulturphilosophie, Bern; 1931–1934 aoP für Kulturphilosophie, 1946–1948 aoP für Philosophie, 1948–1955 oP für Philosophie, theoretische Pädagogik und Pädagogikgeschichte
6	1918–1925 und 1932–1946 Gymnasiallehrer in Burgdorf
7	Mitglied der Schweizerischen Gesellschaft für Philosophie
8	Herausgeber der «Beiträge zur Philosophie, Psychologie und Pädagogik»

1	Stein, Ludwig
2	1859–1930, Ungarn und Zürich
3	Studium in Berlin
4	1881 Dr. phil., Berlin («Die Willensfreiheit und ihr Verhältnis zur Göttlichen Praescienz und Providenz bei den Jüdischen Philosophen des Mittelalters»); 1886 Habilitation für Philosophie, Zürich
5	1886–1888 PD und 1888–1891 oP für Philosophie, Eidgenössisches Polytechnikum in Zürich; 1891–1910 oP für Philosophie, Bern; Weggang an die Humboldt-Akademie Berlin
6	Wissenschaftsjournalist in Berlin
7	Mitglied des Internationalen Instituts für Soziologie (1912 Präsident)
8	Mitbegründer, Herausgeber und ab 1887 Redaktor des «Archivs für die Geschichte der Philosophie»; Mitherausgeber des «Archivs für systematische Philosophie und Soziologie» und von «Nord und Süd»

1	Stettbacher, Hans
2	1878–1958, Zürich
3	Primarlehrerdiplom am zürcherischen Lehrerseminar in Küsnacht, 1901 Sekundarlehrerprüfung an der Universität Zürich; Studium der Philosophie, Psychologie und Pädagogik in Zürich und Jena; Studienreise durch Deutschland betreffs Lehrerbildung und Übungsschulen
4	1912 Dr. phil., Zürich («Beiträge zur Kenntnis der Moralpädagogik Pestalozzis»); 1917 Habilitation, Zürich («Die Eigenart des didaktischen Gestaltens»)
5	1909–1925 Methodiklehrer am Sekundar- und Primarlehramt, Universität Zürich; 1917–1925 PD für Pädagogik und didaktisches Gestalten, Zürich; 1925–1947 aoP für Didaktik des Volksschulunterrichts; 1947–1948 oP für allgemeine Pädagogik, Geschichte der Pädagogik und Didaktik des Sekundarschulunterrichts
6	1898 Primarlehrer in Hinwil, 1901–1907 Sekundarlehrer in Zürich, 1908–1910 Lehrer für Psychologie und Geschichte der Pädagogik am Lehrerinnenseminar der Stadt Zürich, 1922 Direktor des Pestalozzianums
7	1920–1926 Mitglied des Zentralvorstands des Schweizerischen Lehrervereins
8	Herausgeber der Sämtlichen Werke und Briefe von Pestalozzi; ab 1922 Redaktor «Pestalozzianum. Mitteilungen des Instituts zur Förderung des Schul- und Bildungswesens und der Pestalozziforschung»; Mitarbeit am «Lexikon der Pädagogik»

1	Störring, Gustav Wilhelm
2	1860–1946, Deutschland
3	Studium der Theologie; Studium der Psychologie und Medizin, Leipzig
4	1889 Dr. phil., Halle («John Stuart Mill's Theorie über den psychologischen Ursprung des Vulgärglaubens an die Aussenwelt»); 1896 Habilitation für Philosophie («Zur Lehre vom Einfluss der Gefühle auf die Vorstellungen und ihren Verlauf»); 1897 Dr. med. («Experimentelle Beiträge zur Thermodynamik des Muskels»)
5	1896–1902 PD, Leipzig (u.a. Studien in Wundts Laboratorium); 1902–1910 oP für Geschichte der Philosophie, Logik, Metaphysik, Erkenntnistheorie, Geschichte der Pädagogik, Zürich; 1910–1911 oP für systematische Philosophie, allg. Pädagogik, experimentelle Psychologie und Leitung des psychologischen Laboratoriums; 1911 Ruf nach Strassburg, später nach Bonn
6	Leiter einer psychiatrischen Klinik in der Nähe von Leipzig

1	Stucki, Gottlieb
2	1854–1908, Bern
3	Kantonales Lehrerseminar Münchenbuchsee (Kanton Bern); Studium in Lausanne, Bern und Heidelberg
5	1898–1910 Dozent für Methodik, Lehramtsschule Universität Bern
6	Primarlehrer in Säriswil; Sekundarlehrer in Nidau; 1883–1886 Fachlehrer an der Realschule Basel; Primarschulinspektor des Kantons Bern; Lehrer am Lehrerinnenseminar der städtischen Mädchensekundarschule von Bern
7	Mitglied des Schweizerischen Lehrervereins
8	Mitarbeiter der «Schweizerischen Lehrerzeitung»

1	Suter, Julius
2	1882–1946, Zürich
3	Gymnasium; technische und kaufmännische Ausbildung in Hamburg und Berlin; Arbeit in einer Seifen- und Kochfettfabrik in St. Gallen; Absolvierung der Zürcher Kantonalmatura; Studium der Philosophie und Psychologie, Zürich
4	1910 Dr. phil., Zürich («Die Philosophie des Richard Avenarius»); 1914 Habilitation, Zürich («Zur Theorie der Aufmerksamkeit»)
5	1923–1938 Titularprofessor für systematische Psychologie, Zürich; 1938–1952 aoP für systematische Psychologie
6	Hilfslehrer für Pädagogik am kantonalen Lehrerseminar und an der Haushaltungsschule Zürich; 1917 Eröffnung einer privaten psychotechnischen Prüfungsstelle; 1921 Eröffnung der psychotechnischen Prüfstelle beim Jugendamt des Kantons Zürich; 1923 Eröffnung eines privaten psychotechnischen Instituts in Zürich; 1929–1931 Gründung und Leitung eines psychologischen Instituts mit Internat in Zollikon
7	1919 Initiative zur Gründung der Volkshochschule; 1927 Errichtung der Schweizerischen Stiftung für Psychotechnik; 1931 korrespondierendes Mitglied der Internationalen Vereinigung für Psychopathologie und angewandte Psychologie in Wien
8	1929 Mitgründer und Redaktion der «Psychologischen Rundschau»; 1925 Mitgründer und Redaktor der Zeitschrift «Technik und Betrieb» (später «Schweizerische Technische Zeitschrift»)

1	Usteri (-Loosli), Marguerite
2	1893–1958, Bern
3	Diplom des Institut Jean-Jacques Rousseau (IJJR)
4	1943 Dr. en philosophie, mention pédagogie, Genf («De l'anxiété enfantine. Etude psychologique et pédagogique»)
5	1930–1948 Lb für Kinderschutz und Praxis des Rorschach-Tests, «Institut des sciences de l'éducation», Genf
6	Mitarbeiterin der medizinisch-pädagogischen Beratungsstelle, Genf
7	Teilnahme an der Association IJJR

1	Van Cauwelaert, Franz
2	1880–1961, Belgien
3	1899–1905 Studium der Philosophie am tomistischen Institut für Philosophie, Leuven; 1902–1905 Medizinstudium, Leuven; 1905–1906 Studium der experimentellen Psychologie bei Wundt (Leipzig) sowie Lipps und Cornelius (München)
4	1905 Dr. ès lettres philosophie, Leuven («Les rapports entre l'âme et le corps»)
5	1907–1910 aoP, Freiburg i. Ü.
6	1910 gewählter katholischer Abgeordneter von Antwerpen; 1921–1932 Bürgermeister; 1931–1934 Staatsminister
7	Mitglied der «Groupe catholique» von Antwerpen

1	**Vittoz, Edouard**
2	1869–1942
5	1912–1928 Lb für praktische Pädagogik (Schulfragen und Didaktik) am Institut Jean-Jacques Rousseau (IJJR), Genf
6	Professeur am Collège Gaillard, später an der Ecole Vinet; 1906–1911 Gründer und Leiter der Ecole nouvelle de la Suisse romande in Chailly (Lausanne)
7	1921–1931 Mitglied des Leitungsrats der Association IJJR

1	**Volkelt, Johannes**
2	1848–1930, Österreich
3	Philosophiestudium in Wien, Jena und Leipzig
4	1871 Dr. phil., Leipzig («Überführung von Spinoza in Hegel durch immanente Begriffsdialektik»); 1876 Habilitation
5	1879–1883 aoP, Jena; 1883–1889 oP, Basel; 1889 Nominierung in Würzburg

1	**Vonlanthen, Adolf**
2	1898–1987, Freiburg i. Ü.
3	Studium in Freiburg i. Ü.
4	1931 Dr. ès lettres, Freiburg i. Ü. («Geilers Seelenparadies im Verhältnis zur Vorlage»)
5	1940 Lb für Gymnasialpädagogik, Freiburg i. Ü.
6	Professor am Collegium St. Michael in Freiburg i. Ü.

1	**Walther, Léon**
2	1889–1963, Russland
3	1912 Diplom der imperialen Universität, St. Petersburg; 1918 licence en droit, Genf; 1918 Diplom des Institut Jean-Jacques Rousseau (IJJR), Genf
4	1926 Dr. en philosophie, mention pédagogie, Genf («La technopsychologie du travail industriel»)
5	1922–1950 Lb für Technopsychologie und Berufsberatung, IJJR Genf; 1927 PD, Universität Genf; 1929–1930 Lb, Universität Belo-Horizonte; 1930–1932 Lb, Milano; 1932 Lb, Bogotà; 1933–1936 Lb, Kairo; 1937–38 stellvertretender Professor, Kairo; 1948 Lb für Arbeitspsychologie, Freiburg i. Ü.
6	1918 Psychologe in einem Unternehmen

1	**Weber, Leo**
2	1909–2000, Solothurn
3	Gymnasium und Lehrerseminar in Solothurn; Studium der Philosophie, Pädagogik und Geschichte der deutschen Literatur in Zürich, Leipzig und Berlin
4	1935 Dr. phil., Zürich («Schichtung und Vermittlung im pädagogischen Denken G. Kerschensteiners»); 1949 Habilitation, Basel
5	1949–1975 aoP für Pädagogik und Leitung der Sekundarlehramtskurse, Zürich
6	Hilfslehrer für Deutsch am Untergymnasium Solothurn; 1938–1946 Lehrer für Pädagogik, Psychologie, Deutsch, Latein und Heilpädagogik am Primarlehrerseminar Rorschach; zusätzlicher Lehrauftrag an der kantonalen Sekundarlehramtsschule in St. Gallen; 1946–1949 Leiter des kantonalen Lehrerseminars in Solothurn

1	**Wintsch, Jean**
2	1880–1943, Zürich
3	Medizinstudium in Lausanne und Zürich
4	1920 Dr. der Medizin («De la prophylaxie des maladies vénériennes»)
5	1930–1936 PD für pädagogische Physiologie, Lausanne; 1936–1943 aoP für angewandte Psychologie, Ecole des sciences sociales et politiques, Lausanne
6	1910–1919 Gründer und Leiter der Ecole Ferrer; führt eine Praxis für Schulberatung; ab 1922 Mitglied der Schulkommission in Lausanne; 1939–1943 Schularzt und Lehrer für Hygiene am kantonalen Mädchengymnasium
7	Mitglied der «Fraternité progressiste» (Anarchisten)
8	Korrespondent der Zeitschriften «Revue suisses d'hygiène» und «Journal de psychiatrie infantile», des «Annuaire de l'instruction publique en Suisse« und Redaktor des «Bulletin de l'Ecole Ferrer»

1	**Witzig, Jean**
2	1890–1961, Thurgau
3	1906–1910 Lehrdiplom am Zürcher Lehrerseminar in Küsnacht; Studium der Pädagogik, deutschen Literatur und französischen Linguistik, Zürich
4	1916 Dr. phil., Zürich; 1927 Habilitation, Zürich («Zur Aufgabe und Methode des psychologisch-pädagogischen Experiments»)
5	1928–1960 PD für Pädagogik, Zürich; 1943 Titularprofessor
6	1912–1917 Primarlehrer in Oberglatt und Zürich, 1917–1955 Sekundarlehrer in Zürich

1	**Wreschner, Arthur**
2	1866–1932, Deutschland
3	Rabbinerseminar in Berlin; Studium der Philosophie, Psychologie und Medizin in Berlin und Wien
4	1891 Dr. phil., Berlin («Ernst Plattner und Kants Erkenntnistheorie»); 1900 Dr. med. («Die Assoziation in einem Fall von Idiotie»); 1900 Habilitation, Universität Zürich; 1903 Habilitation, Eidgenössisches Polytechnikum in Zürich
5	1903–1910 PD für Philosophie und Psychologie, an der Universität Zürich und am Eidgenössischen Polytechnikum; 1910 aoP für Philosophie und Psychologie, Universität Zürich

1	**Zollinger, Max**
2	1886–1967, Zürich
3	Studium in Zürich und Berlin
4	1909 Dr. phil., Zürich («Eine schweizerische Nationalbühne»); 1926 Habilitation («Das literarische Verständnis des Jugendlichen und der Bildungswert der Poesie»)
5	1916 Kursleiter für Fachdidaktik des Deutschunterrichts, Zürich; 1926 PD für Mittelschulpädagogik und allgemeine Didaktik des Mittelschulunterrichts; 1930–1955 aoP für allgemeine Didaktik des Mittelschulunterrichts; 1943–44 Dekan der philosophischen Fakultät I
6	1911 Professor am Zürcher Lehrerseminar in Küsnacht, 1913–1950 Hauptlehrer für Deutsch und Geschichte am Gymnasium Zürich; Mitglied und Experte der Maturitätsprüfungskommission

Verzeichnis der Abkürzungen

Institutionen, Organisationen

AERA	American Education Research Association
BE	Bern
BIE	Bureau international d'éducation, Genf
BIT	Bureau international du travail [Internationales Arbeitsamt]
BLV	Bernischer Lehrerverein
BS	Basel-Stadt
CE	Conseil d'Etat [Staats-/Regierungsrat]
CERI	Centre for Edcuational Research and Innovation [der OECD]
CH	Schweiz
DIP	Département de l'instruction publique [Erziehungsdepartement/-direktion]
DIPC	Département de l'instruction publique et des cultes [Erziehungs- und Kulturdepartement]
EARLI	European Association for Research on Learning and Instruction
ECER	European Conference on Educational Research
EDK	Schweizerische Konferenz der kantonalen Erziehungsdirektoren
EERA	European Education Research Association
ERHISE	Equipe for Research on the History of Sciences of Education
ESSP	Ecole des sciences sociales et politiques [de l'Université de Lausanne] [Schule für Sozial- und Politikwissenschaften (der Universität Lausanne)]
ETH	Eidgenössische Technische Hochschule, Zürich
FR	Freiburg
GE	Genf
HPS	Heilpädagogisches Seminar, Zürich
IJJR	Institut Jean-Jacques Rousseau, Genf
IPC	Institut de pédagogie curative [de l'Université de Fribourg] [Institut für Heilpädagogik der Universität Freiburg]
ISE	Institut des sciences de l'éducation [de l'Université de Genève] [Institut für Erziehungswissenschaften der Universität Genf]
KSGR/CSRG	Konferenz schweizerischer Gymnasialrektoren/Conférence suisse des recteurs de gymnase

LA	Lausanne
OECD	Organisation for Economic Co-operation and Development
SGEPG	Schweizerische Gesellschaft für Erziehung und Pflege Geistesschwacher
SHG	Schweizerische Hilfsgesellschaft für Geistesschwache, später: Schweizerische Heilpädagogische Gesellschaft
SLV	Schweizerischer Lehrerverein
SNF	Schweizerischer Nationalfonds zur Förderung der wissenschaftlichen Forschung
SPG	Société pédagogique genevoise [Genfer Lehrerverein]
SPR	Société pédagogique romande [Westschweizer Lehrerverein]
SPV	Société pédagogique vaudoise [Waadtländer Lehrerverein]
SS	Sommersemester
SVBL	Schweizerischer Verband für Berufsberatung und Lehrlingsfürsorge
SVfA	Schweizerische Vereinigung für Anormale
SVMS	Société vaudoise des maîtres secondaires [Waadtländer Sekundar- und Gymnasiallehrerverein]
VSG/SSPES	Verein Schweizerischer Gymnasiallehrer/Société Suisse des Professeurs de l'Enseignement Secondaire
WHO	World Health Organization [Weltgesundheitsorganisation]
WS	Wintersemester
ZH	Zürich

Archive, Bibliotheken und periodische Quellen

ACV	Archives cantonales vaudoises
AEF	Archives de l'Etat de Fribourg
AEG DIP	Archives de l'Etat de Genève (Département de l'instruction publique)
AEN	Archives de l'Etat de Neuchâtel
AEvF	Archives de l'Evêché de Lausanne, Genève et Fribourg
AFL	Archives de la Faculté des lettres (Fribourg)
AIJJR	Archives Institut Jean-Jacques Rousseau
API	Archiv der Pro Infirmis
AUF	Archives de l'Université de Fribourg
AUG	Archives de l'Université de Genève

AUN	Archives de l'Université de Neuchâtel
BCU	Bibliothèque cantonale et universitaire (Fribourg, Lausanne)
BGC	Bulletin des séances du Grand Conseil de l'Etat de Vaud
BPU	Bibliothèque publique et universitaire (Genève)
BRA	Archives de l'Université de Lausanne
ED-REG	Erziehungsdepartement Basel: Registratur
HfH ZH	Archiv der Hochschule für Heilpädagogik, Zürich
PCUL	Programme des cours de l'Université de Lausanne [Vorlesungsverzeichnis der Universität Lausanne]
PVFL	Procès-verbaux du Conseil de la Faculté des lettres [Protokolle des Rats der geisteswissenschaftlichen Fakultät (der Universität Lausanne)]
PVFS	Procès-verbaux du Conseil de la Faculté des sciences [Protokolle des Rats der naturwissenschaftlichen Fakultät (der Universität Lausanne)]
PVSCU	Procès-verbaux du Sénat et de la commission universitaire [Protokolle des Senats und der Universitätskommission (der Universität Lausanne)]
RL	Recueil des lois du canton de Vaud [Gesetzessammlung des Kantons Waadt]
StAB	Staatsarchiv Bern
StABS	Staatsarchiv Basel-Stadt
StAZ	Staatsarchiv Zürich
UAZ	Universitätsarchiv Zürich

Verzeichnis der Autorinnen und Autoren

Sabine Campana war Primarlehrerin und Forschungsassistentin an der Universität Zürich und der Pädagogischen Hochschule Bern. Zurzeit unterrichtet sie an der Pädagogischen Hochschule der Fachhochschule Nordwestschweiz. Soeben hat sie ihre Dissertation zu Hilfeprozessen unter Kindern in heterogenen Klassen abgeschlossen.
E-Mail: sabine.campana@fhnw.ch

Marco Cicchini ist Oberassistent für Neuere Geschichte an der Universität Genf. Zwischen 2001 und 2004 arbeitete er in der Forschungsgruppe ERHISE und befasste sich besonders mit den Archiven in Freiburg, Genf und in der Waadt. Seine aktuelle Forschung betrifft die Geschichte der sozialen Regulation, die institutionelle und zwischenmenschliche Gewalt sowie die urbane Identität zur Zeit der Aufklärung. Derzeit bereitet er die Veröffentlichung seiner Dissertation über die Polizei in Genf und die soziale Konstruktion der öffentlichen Ordnung im 18. Jahrhundert vor.
E-Mail: Marco.Cicchini@unige.ch

Lucien Criblez ist Professor für Erziehungswissenschaft mit den Schwerpunkten Historische Bildungsforschung und Steuerung des Bildungssystems am Institut für Erziehungswissenschaft der Universität Zürich. Seine Forschungsschwerpunkte: pädagogische Institutionengeschichte, insbesondere des 20. Jahrhunderts, Lehrerbildung, Bildungspolitikanalysen, Lehrpläne und Lehrmittel.
E-Mail: lcriblez@ife.uzh.ch

Béatrice Haenggeli-Jenni war Lehrerin und ist jetzt Doktorandin an der Sektion für Erziehungswissenschaften der Universität Genf. Sie beendet gegenwärtig ihre Dissertation über die Beziehungen zwischen Reformpädagogik *(Education nouvelle)* und Erziehungswissenschaften, mit besonderer Berücksichtigung der internationalen Zeitschrift «Pour l'Ere Nouvelle».
E-Mail: Beatrice.Haenggeli-jenni@unige.ch

Rita Hofstetter ist Professorin für Geschichte der Erziehung an der Universität Genf. Sie ist Verantwortliche der Forschungsgruppe ERHISE und wird jetzt Leiterin der *Archives Institut Jean-Jacques Rousseau.* Ihre Forschungsschwerpunkte: Aufbau des «erziehenden Staates» *(état enseignant),* Veränderungen der Schulform und Schulkultur, Entwicklung der pädagogischen Berufe sowie die «Fabrikation» des Wis-

sens, vor allem in den Erziehungswissenschaften. Sie ist Mitglied des *International Editorial Board* der «Paedagogica Historica, International Journal of the History of Education».
E-Mail: Rita.Hofstetter@unige.ch

Valérie Lussi Borer ist Oberassistentin *(maître d'enseignement et de recherche)* an der Sektion für Erziehungswissenschaften der Universität Genf und Mitarbeiterin von ERHISE. Schwerpunkte ihrer Forschungsarbeiten sind die Bildungsgeschichte der Primar- und Sekundarstufe, die Professionalisierung pädagogischer Berufe sowie die Erarbeitung von Wissen in und für diese Berufe. Sie ist Mitglied der Redaktion der «Schweizerischen Zeitschrift für Bildungswissenschaften».
E-Mail: Valerie.Lussi@pse.unige.ch

Danièle Périsset ist Professorin an der Pädagogischen Hochschule Wallis und Privatdozentin an der Universität Genf. Ihre Forschungsschwerpunkte sind die Sozial- und Politikgeschichte der Lehrerbildung seit dem 19. Jahrhundert, die Erarbeitung, Realisierung und Evaluation von Ausbildungsdispositiven für Lehramtsstudierende sowie Professionalisierungsprozesse im Rahmen der aktuellen Bildungspolitik. Sie ist verantwortliche Redaktorin der «Schweizerischen Zeitschrift für Bildungswissenschaften».
E-Mail: Daniele.Perisset@hepvs.ch

Bernard Schneuwly ist Professor für Sprachdidaktik an der Sektion für Erziehungswissenschaften der Universität Genf. Er ist gegenwärtig Leiter des *Institut universitaire de formation des enseignants.* Seine Forschungsschwerpunkte: Schriftsprachentwicklung, schriftlicher und mündlicher Sprachunterricht, Analyse des Unterrichts im Französisch als Muttersprache, Geschichte der Erziehungswissenschaft, kulturhistorische Ansätze in der Erziehungswissenschaft.
E-Mail: Bernard.Schneuwly@unige.ch

Martina Späni ist wissenschaftliche Mitarbeiterin am Institut Forschung & Entwicklung der Pädagogischen Hochschule der Fachhochschule Nordwestschweiz. Ihre Arbeits- und Forschungsschwerpunkte sind Themen der historischen Bildungsforschung, insbesondere des allgemeinen und beruflichen Bildungswesens und der Erziehungswissenschaften. Zurzeit schliesst sie das Nationalfondsprojekt «Die kaufmännische Ausbildung in der Schweiz – Ausdifferenzierung und Hierarchisierung (1890 bis 2000)» ab.
E-Mail: martina.spaeni@fhnw.ch

Astrid Thomann lehrt an der *Ecole supérieure d'éducatrices et d'éducateurs de l'enfance* in Genf. Sie war Assistentin an der Sektion für Erziehungswissenschaften der Universität Genf, wo sie über das *Bureau international d'éducation* (BIE) und die Geschichte der *Faculté de psychologie et des sciences de l'éducation* forschte. Ihr Doktorat befasst sich mit der Geschichte der Schul- und Berufsberatung (1900–1969).
E-Mail: Astrid.Thomann-jeanneret@edu.ge.ch